Evelyn Heinemann
Hans Hopf

Psychische Störungen in Kindheit und Jugend

Symptome – Psychodynamik – Fallbeispiele –
psychoanalytische Therapie

5., aktualisierte und erweiterte Auflage

Verlag W. Kohlhammer

5., aktualisierte und erweiterte Auflage 2015

Alle Rechte vorbehalten
© W. Kohlhammer GmbH, Stuttgart
Gesamtherstellung: W. Kohlhammer GmbH, Stuttgart

Print:
ISBN 978-3-17-028735-8

E-Book-Formate:
pdf: ISBN 978-3-17-028736-5
epub: ISBN 978-3-17-028737-2
mobi: ISBN 978-3-17-028738-9

Für den Inhalt abgedruckter oder verlinkter Websites ist ausschließlich der jeweilige Betreiber verantwortlich. Die W. Kohlhammer GmbH hat keinen Einfluss auf die verknüpften Seiten und übernimmt hierfür keinerlei Haftung.

Inhalt

Vorwort zur fünften Auflage

Wir freuen uns, dass unser Buch wegen der gleichmäßig hohen Nachfrage unserer Leserinnen und Leser jetzt seine 5. Auflage erfährt. Diese Tatsache haben wir wiederum dazu genutzt, das Buch erneut zu erweitern. Nachdem wir in der vierten Auflage die Bindungstheorie und Traumatheorien eingearbeitet haben, war es uns jetzt ein Anliegen, das Thema *Sexualität, Sexualisierung (Perversionen) und Sexueller Missbrauch* herauszustellen und ihm ein eigenes Kapitel IV zu widmen.

Die Theorie zur psychosexuellen Entwicklung wird heute aus verschiedenen Richtungen kritisch beleuchtet. Die Ethnopsychoanalyse liefert beeindruckende Beispiele von Variationen, in deren Mittelpunkt zwar das Inzesttabu und die Geschlechtsidentifikation steht, nicht aber der Ödipuskomplex unserer Kultur. Vertreter der »Lesben- und Schwulenbewegung« fordern das Ende von Diskriminierungen »abweichenden« Sexualverhaltens. Heute wird von mehreren Sexualitäten gesprochen. Begriffe wie »Perversion« enthalten gesellschaftliche Abwertungen. Der Blick auf dahinterliegende Psychodynamiken muss unserer Meinung nach erlaubt sein, zu Diskriminierung sollte dies nicht führen.

Die strengen Moralvorstellungen, die einst zur Unterdrückung der Triebnatur des Menschen geführt haben, produzierten ein klar konturiertes bürgerliches Individuum mit der Fähigkeit zur Triebbeherrschung. Bekanntlich kann der intrapsychische Konflikt zwischen Trieb und Gewissen, zwischen Es und Über-Ich, unter hilfreichen Bedingungen ein starkes, bisweilen aber auch starres, wenig flexibles Ich erzeugen. Aus dem autoritären Erziehungsstil ist im Laufe der vergangenen dreißig bis vierzig Jahre ein partnerschaftlicher, verhandlungsorientierter geworden. Erziehungsvorstellungen sind nicht mehr überwiegend Gehorsam und Unterordnung, sondern Selbständigkeit und freier Wille. Damit verloren gleichzeitig der Wert der Triebbeherrschung, die Notwendigkeit zum Triebverzicht und zur Sublimierung an Bedeutung. Wir verzeichnen einen Rückgang von väterlicher Struktur, von Symbolen und Ritualen. Inzestgrenzen und Generationenunterschiede werden oft zu wenig geachtet. Bereits für Kinder und für alle Jugendliche ist Pornographie im Internet zugänglich. Noch wissen wir nicht, welche Folgen das haben wird. Vielleicht können Jugendliche den freizügigeren Umgang mit Sexualität sogar als Übergangsraum nutzen, als Probehandeln, das auch Selbstpositionierung und Abgrenzung ermöglicht.

Die Themen Sexualisierungen (Perversionen) und Sexueller Missbrauch werden psychodynamisch und behandlungstechnisch mit Fällen ausgearbeitet. Ein besonderes Anliegen war es uns auch, auf die Situation von Menschen mit (geistigen) Behinderungen hinzuweisen, die von sexuellem Missbrauch eklatant häufiger betroffen sind und denen eine psychoanalytische Therapie in den seltensten Fällen ermöglicht wird. Es ist unser Wunsch, dass sich das innerhalb des Therapieangebotes ändern wird. Der Umgang mit behinderten Menschen lehrt, dass wir eine Symptomatik nicht vorschnell auf physiologische Ursachen und Folgen der Behinderung zurückführen sollten. Es ist erforderlich, immer die psychodynamischen Zusammenhänge, die zur Symptombildung geführt haben können, höchst sorgfältig zu untersuchen.

Mainz und Mundelsheim im Herbst 2014

Evelyn Heinemann und Hans Hopf

Einleitung

Das vorliegende Buch möchte Anregungen für die pädagogische und therapeutische Arbeit mit verhaltensauffälligen Kindern und Jugendlichen geben. Im ersten Kapitel werden Grundkenntnisse der psychoanalytischen Theorie zusammengefasst und die Bedeutung des Verstehens der Psychodynamik psychischer Störungen bei Kindern und Jugendlichen in den Arbeitsfeldern von Pädagogik und der stationären und ambulanten analytischen Kinder- und Jugendlichenpsychotherapie aufgezeigt. Die Autoren bemühen sich, psychoanalytische Theorie am Verstehen konkreter Situationen aus dem pädagogischen und therapeutischen Alltag verständlich zu machen. Das Ziel ist dabei immer, zu einem besseren Verstehen des Verhaltens der Kinder und Jugendlichen zu gelangen. Die Fallbeispiele sind authentisch, auch wenn Namen oder konkrete Hinweise auf die Personen geändert wurden.

Entlang der klassischen Einteilung der Psychoanalyse behandelt das Buch Neurosen, narzisstische Störungen, eine Auswahl der häufigsten psychosomatischen Störungen, Borderline-Störungen und Psychosen sowie Sprachstörungen und Störungen der sexuellen Entwicklung. Auch wenn einzelne Störungsbilder im Kindesalter nur temporär auftreten können oder an Intensität großen Schwankungen ausgesetzt sind, so bleibt die zugrunde liegende Psychodynamik doch ähnlich. Dies berechtigt unserer Meinung nach zu dem Versuch, über ein solches Buch zum Verstehen der Kinder und Jugendlichen beitragen zu wollen. Die Tabelle auf der folgenden Seite gibt einen Überblick über die im Text befindlichen Fallbeispiele. Jedes Kapitel beinhaltet einen theoretischen Teil, mindestens ein Fallbeispiel und die Interpretation des Fallbeispiels im Hinblick auf Psychodynamik und Behandlungstechnik.

Es ist nicht immer einfach, Theorie und Praxis in dieser Form zu verbinden, möchten wir doch nicht zu einer Kategorisierung oder schablonenartigen Diagnostik beitragen, sondern das Kind und den Jugendlichen und dessen Verständnis in den Mittelpunkt stellen. Dabei ist Theorie nützlich und hilfreich. Unsere Falldarstellungen sollen nicht zur Verifikation oder Falsifikation von Theorie benutzt werden, keine Vignetten sein, denen so oft ein eigenständiges Leben fehlt. Aus der langjährigen ambulanten und stationären Arbeit von Hans Hopf sind die Falldarstellungen, mit Ausnahme des Falles zum Autismus und die Fälle zu sexuellem Missbrauch bei geistiger Behinderung. Evelyn Heinemann erarbeitete und schrieb die Theorie zu den einzelnen psychischen Störungen sowie das erste Kapitel, mit Ausnahme des Teils zur Kinder- und Jugendpsychotherapie. Theorie und Praxis wurden dann ausführlich diskutiert und die Fälle gemeinsam interpretiert.

Tab. 1: Fallbeispiele

Name	Diagnose	Alter zu Beginn der Therapie	Geschlecht	Seiten
Bindungsstörungen				
Susi	Obstipation	2	weiblich	87–90
Extremtraumatisierung				
Leon	Misshandlung	4	männlich	95–105
Neurosen				
Tamara	Hysterie	18	weiblich	113–118
Jennifer	Zwangsstörung	11	weiblich	123–128
Simon	Angstneurose	13	männlich	134–138
Sarah	Phobie	11	weiblich	138–143
Narzisstische Störungen				
Sonja	Depression	10	weiblich	151–155
Vanessa	Suizidalität	17	weiblich	160–164
Ronny	Aggression und Dissozialität	8	männlich	170–176
Michael	Autoaggression	8	männlich	182–188
Dieter	Hyperaktivität	8	männlich	194–199
Sexualität, Sexualisierung und Sexueller Missbrauch				
Julia	Störung der Sexualpräferenz	18	weiblich	209–215
Pascal	Transvestitismus	15	männlich	219–224
Marianne	Sexualisierung bei sexuellem Missbrauch	15	weiblich	228–232
Herr A.	Leichte Intelligenzminderung, Sexueller Missbrauch	24	männlich	239–242
Frau D.	Mittelgradige Intelligenzminderung, Sexueller Missbrauch	23	weiblich	242–245
Psychosomatische Störungen				
Rebecca	Magersucht	14	weiblich	257–262
Jasmin	Bulimie	18	weiblich	267–272
Sabine	Einnässen	5	weiblich	277–282
Katharina	Einkoten	7	weiblich	285–290

Tab. 1: Fallbeispiele — Fortsetzung

Name	Diagnose	Alter zu Beginn der Therapie	Geschlecht	Seiten
Borderline-Störungen, Psychosen und Autismus				
Angelika	Borderline-Störung	18	weiblich	297–304
Maria	Psychotische Episode	20	weiblich	315–316
Stefan	Psychose	17	männlich	316–322
Björn	Psychose	11	männlich	322–333
Heiner	Autismus und geistige Behinderung	23	männlich	340–351
Sprachstörungen				
Klaus	Stottern	12	männlich	362–367
Sandra	Mutismus	9	weiblich	372–376
Daniel	Stammeln	8	männlich	378–382

I   Psychoanalytische Theorie

1 Psychische Entwicklung und Struktur

Strukturmodell

Während Freud in seinen ersten Vorstellungen vom seelischen Apparat, dem sogenannten topischen Modell, lediglich zwischen unbewusst, vorbewusst und bewusst unterschied, sprach er in seinem späteren Modell, dem sogenannten Strukturmodell, schließlich von den Instanzen Es, Ich und Über-Ich (Freud 1923b). Das Es ist dabei die psychische Repräsentanz der Triebe, die als Drang oder Wünsche psychisch in Erscheinung treten. Im Es herrscht das Lustprinzip, das Ziel der Triebe ist die Bedürfnisbefriedigung. Im Es gibt es keine Zeitvorstellung, keine Wertungen, keine Moral und Widersprüche bestehen nebeneinander. Es herrscht der Primärprozess mit assoziativen Verknüpfungen. Im Verlauf der Anpassungen an die äußere Realität entwickelt sich das Ich. Wir gehen heute davon aus, dass bestimmte Ich-Kerne bereits bei der Geburt vorhanden sind, eine primäre Autonomie des Ich besteht (Hartmann u. a. 1946). Die Instanz des Ich entsteht nicht nur aus dem Es, wie bei Freud. Das Ich reguliert die Anpassung an die Umwelt, im Ich herrscht das Realitätsprinzip und der Sekundärprozess, es vermittelt zwischen Es, Über-Ich und Realität. Für diese Arbeit stehen dem Ich die Abwehrmechanismen zur Verfügung (▶ Kap. I.2.). Das Ich organisiert Lernen, Erfahrung und Gedächtnis. Das Über-Ich stellt eine Unterstruktur des Ich dar, die ständig verbietend, auffordernd, drohend und belohnend auf das Ich einwirkt. Das Über-Ich entsteht aus der Auflösung des Ödipuskomplexes um das 6. Lebensjahr, Vorläufer gibt es allerdings schon aus der prägenitalen Zeit (vgl. Klein 1928; Grunberger 1974). Als Teil des Über-Ich bildet sich das Ich-Ideal, in dem die Wunschvorstellungen vor sich hergetragen werden.

Hartmann (1939) führte den Begriff des Selbst ein, aus dem die Theorie der Selbststruktur, einer vierten Instanz, entwickelt wurde. Aus der Kritik am Dreiinstanzenmodell, das Neurosen lediglich aus einem Konflikt zwischen den drei Instanzen erklären konnte, und damit sogenannte narzisstische Störungen, die mehr Störungen im Selbsterleben betrafen, wie beispielsweise die Depression, nicht ausreichend verstanden werden konnten, wurde die Theorie des Selbst entwickelt. Das Selbst entsteht aus der Verinnerlichung von Interaktionserfahrungen, die sich als Selbst- und Objektrepräsentanzen im Selbst niederschlagen. Psychische Struktur entwickelt sich aus der Verinnerlichung von Beziehungserfahrungen. Reale und fantasierte Erfahrungen mit der Umgebung werden in innere Charakteristika und Regulationen verwandelt. Mentzos (1984, S. 43) fasst zusammen:

- Es geht nicht um die objektiven realen Beziehungen als solche, sondern um die Erfahrungen, die das Subjekt mit ihnen gemacht hat, also auch um Fantasien über die Beziehungen.
- Gemeint sind nicht nur kognitive Abbilder der Umwelt und im Gedächtnis,

sondern durch sie bedingte Veränderungen in der Struktur des Selbst.

- Es geht nicht nur um eine Verinnerlichung von Charakteristika des Objektes, sondern um die Internalisierung von Interaktionen. Internalisiert werden ganze Objekte oder Teilaspekte. Der Mensch führt ein Leben lang einen inneren Dialog mit den verinnerlichten Objekten.

Wir sprechen von den Selbst- und Objektrepräsentanzen als innerpsychischem Niederschlag von Erfahrungen. Verinnerlichung findet entlang der Entwicklungslinie von Inkorporation – Introjektion – Identifikation statt, von archaischeren zu differenzierteren Formen der Verinnerlichung. Während bei der Inkorporation in Anlehnung an den oralen Modus ein Objekt mit Haut und Haaren verinnerlicht wird, »wir essen und trinken den Leib Christi« und identifizieren uns so auf eine archaische Weise mit ihm, wird das Objekt bei der Introjektion zwar

noch als ganzes Objekt verinnerlicht, aber nicht mehr auf dem Wege konkreter Einverleibung. Bei der reiferen Identifikation wählt das Subjekt unbewusst aus, identifiziert sich mit bestimmten Aspekten, ist aktiver am Prozess der Verinnerlichung beteiligt. Die Inkorporation findet vor einer Differenzierung zwischen Selbst und Objekt statt. Bei der Introjektion hat eine Differenzierung stattgefunden, die Objektbeziehungen sind aber noch sehr ambivalent. Die Identifizierung dagegen setzt eine reife Objektbeziehung voraus.

Erfahrungen werden allerdings nicht nur verinnerlicht, die Psyche steht von Anfang an in einem wechselseitigen Austausch mit der Umwelt. Erfahrungen werden auch externalisiert. Entsprechend ist der früheste Vorgang des Sich-Entledigens die Exkorporation (in Anlehnung an das Erbrechen), in der weiteren Entwicklung stehen dann Projektion und Selbstobjektivierung in der schöpferischen Tätigkeit (ebd., S. 48).

Triebtheorie, Ich-Psychologie und Objekbeziehungstheorie

In der Psychoanalyse wird zwischen der Triebentwicklung, der Entwicklung der Objektbeziehungen und der narzisstischen Entwicklung des Selbst unterschieden. Diese Entwicklungen verlaufen parallel und beeinflussen sich wechselseitig. Die Vorstellung, dass sich die psychische Struktur aus einem komplizierten Interaktionsprozess zwischen Anlage und Umwelt entwickelt, macht die Psychoanalyse nicht nur zu einer Krankheits- und Behandlungslehre, sondern zu einer kritischen Kulturtheorie, die Biologie, Ethnologie und Soziologie integriert.

Die Triebtheorie der Psychoanalyse geht wesentlich auf Freud zurück. Freud stellte im Laufe seiner Publikationen mehrere Trieb-

theorien auf. Zunächst sprach Freud in »Drei Abhandlungen zur Sexualtheorie« (1905d) vom Dualismus der Libido (Sexualtriebe zur Arterhaltung) und der Ichtriebe (Selbsterhaltungstriebe). Freud fasste also ursprünglich Aggression als Teil des Sexualtriebes auf. Aggression diente als Mittel zur Durchsetzung von Ansprüchen. In »Triebe und Triebschicksale« (1915c) trennte sich Freud von der Vorstellung, Aggression sei eine libidinöse Strebung, und sprach vom Gegensatz von Liebe und Hass. In »Jenseits des Lustprinzips« (1920g) geht er schließlich erneut von einem Triebdualismus aus, nämlich dem Lebenstrieb (Libido), der die Sexualtriebe und die Selbst- und Arterhaltungstriebe umfasse, sowie dem Todestrieb (Destrudo), der den Aggressionstrieb beinhalte und das Ziel habe, aufzulösen und zu zerstören. Im Todestrieb wird Aggression primär gegen das Selbst gerichtet und erst sekundär durch die Mischung mit dem Lebenstrieb nach außen gewendet. Nur wenige Psychoanalytiker, speziell die Schulen, die auf Melanie Klein oder Francoise Dolto zurückgehen, halten heute noch an der Todestriebhypothese fest, der Dualismus von Libido und Aggressionstrieb dagegen ist unumstritten.

In der Ich-Psychologie, die auf A. Freud (1936) und Hartmann (1939) zurückgeht, rückte die Störung des Ich und Über-Ich gegenüber der Triebentwicklung in den Vordergrund. Hartmann (1955) führte den Begriff der Neutralisierung ein. Als solche bezeichnet er den Wechsel libidinöser wie aggressiver Energie in einen nicht triebhaften Modus. Auf diese Weise werden die Energien der Triebe dem Ich verfügbar gemacht, das Ich kann sie kontrollieren, nutzen und die Abfuhr aufschieben. Die primär aggressiven Tendenzen werden auf diese Weise in nützliche, expansive und konstruktive verwandelt.

In der Objektbeziehungspsychologie wird die Triebtheorie weiter modifiziert. Nach Kernberg (1989) strukturieren sich Triebe aus spezifischen Affektdispositionen und den verinnerlichten Objektbeziehungen, d. h. den Selbst- und Objektrepräsentanzen. Angeborene Affektdispositionen färben als gute und böse Affekte die Objektbeziehungen. Anfänglich sind Affekte aufgrund der Ich-Schwäche in »gut und böse« gespalten. Erst später wird Spaltung zu einem aktiven Abwehrvorgang. Aus diesen Affektdispositionen und den realen Erfahrungen von Interaktionen, d. h. der Bildung von Selbst- und Objektrepräsentanzen, strukturieren sich nach Kernberg Libido und Aggression: »Libido und Aggression repräsentieren die beiden umfassenden psychischen Triebe, welche die übrigen Triebkomponenten und die anderen, zuerst in Einheiten von internalisierten Objektbeziehungen konsolidierten, Bausteine integrieren« (ebd., S. 106 f.).

Die Theorie der Spaltung der Affekte in »gut und böse« geht auf Melanie Klein (1972) zurück, die zwischen einer frühen paranoid-schizoiden Position und der späteren depressiven Position unterschied. Sie sieht die Ambivalenz der depressiven Position, die Integration guter und böser Aspekte, als wesentliche Voraussetzung der Ichreifung. Kognitive Reifung, Abnahme der Angst vor den eigenen Aggressionen sowie gute Erlebnisse mit der Mutter fördern die Auflösung der paranoid-schizoiden Position, in der Spaltung vorherrscht. In der depressiven Position sind Wiedergutmachung, Ambivalenz und Dankbarkeit möglich. Aggression wandelt sich in Schuldgefühl, wenn die Fähigkeit zur Integration guter und böser innerer Bilder erreicht, das Ertragen des Ambivalenzkonfliktes möglich ist. Beim Vorherrschen von Ambivalenz richtet sich Aggression auch gegen die guten Anteile des Objektes. Aus Schuldgefühl entsteht der Drang, den Schaden wiedergutzumachen, dabei müssen die Liebesgefühle, d. h. die libidinösen Gefühle, nach Klein allerdings den destruktiven Regungen gegenüber überwiegen. Dankbarkeit verstärkt die Liebe zum äußeren Objekt. Dankbarkeit und Wiedergutmachung verstärken sich gegenseitig und steigern die Fähigkeit, anderen zu vertrauen, und die Fähigkeit, Liebe zu geben und zu empfangen. Die bessere Anpassung an die Realität, die Beziehung zu den realen Eltern, ist dem Kind eine große Hilfe gegenüber den fantasierten Imagines. Während in den frühen Entwicklungsstufen die aggressiven Fantasien gegen die Eltern und Geschwister Angst hervorrufen – vor allem Angst, jene Objekte könnten sich gegen das Kind selbst wenden –, bilden nun diese Aggressionen die Grundlage für Schuldgefühle und den Wunsch nach Wiedergutmachung (Klein 1934, S. 103).

Betrachten wir nun die Entwicklung der Triebe, der Objektbeziehungen und ihrer Verinnerlichungen sowie die narzisstische Entwicklung des Selbst.

Die Triebentwicklung

Der Trieb wird bei Freud (1915c, S. 214 f.) definiert als »Grenzbegriff zwischen Seelischem und Somatischem, als psychischer Repräsentant, der aus dem Körperinneren stammenden, in die Seele gelangenden Reize, als ein Maß der Arbeitsanforderung, die dem Seelischen infolge seines Zusammenhanges mit dem Körperlichen auferlegt ist«. Der Trieb wird im Es psychisch repräsentiert und erscheint dort als Drang. Er hat seine Quelle im Körperlichen und ein Triebziel, beispielsweise die orale Einverleibung, sowie ein Triebobjekt, die Mutterbrust oder das ödipale Objekt. Das Triebziel ist immer die Befriedigung und das Objekt dasjenige, an welchem oder durch welches der Trieb sein Ziel erreicht.

Der Trieb entwickelt sich in Phasen, d. h. er progrediert und kann zu einer früheren Form der Triebbefriedigung regredieren. Die Phasentheorie beruht auf verschiedenen erogenen Zonen, die nach bestimmten Gesetzmäßigkeiten mit Triebenergie besetzt werden und die Partialtriebe mit ihren Befriedigungsmöglichkeiten prägen. Die Partialtriebe der frühkindlichen Phasen werden schließlich in der Pubertät in den reifen Genitaltrieb integriert. Entscheidend für das Gelingen der Triebentwicklung ist ein für das Kind verarbeitbares Maß an Triebbefriedigung und Triebversagung. Bei zu viel Versagung kann es zu Fixierungen und Regressionen kommen, bei zu viel Befriedigung ebenfalls.

In der oralen Phase, im ersten Lebensjahr des Kindes, ist die sogenannte erogene Zone die Mundhöhle und die Hautoberfläche. In dieser Phase geht es um die Befriedigung oraler Bedürfnisse, aber auch um Geborgenheit, Urvertrauen (Erikson 1968, S. 241 ff.), Hautkontakt, das Hören der Stimme der Mutter, das Riechen der Mutter, um Wärme, Anklammerung und Sicherheit. Der enge Kontakt zur Außenwelt geschieht über das Saugen an der Mutterbrust oder deren Surrogat. Mit der Muttermilch findet die erste Inkorporation und Exkorporation statt. Die ersten Aktivitäten sind die oralen Aktivitäten des Saugens und Schreiens. Der Aggressionstrieb, der immer auch die Funktion hat, Trennung und Individuation zu fördern, äußert sich im Beißen und führt nach dem Zahnen des Babys zur Beendigung der Stillphase. Der orale Trieb wird autoerotisch, er löst sich vom Partialobjekt Mutterbrust und wendet sich Befriedigungen wie dem Daumenlutschen oder Schnuller zu. Der Säugling erkundet seine Umwelt, indem er alles in den Mund steckt. Orale Aggression drückt sich im Beißen, Aussaugen, im Vampirismus und Kannibalismus, im Auffressen der Beute aus.

Tab. 2: Die psychische Entwicklung

Triebentwicklung	Entwicklung der Objektbeziehungen		Entwicklung des Selbst (Narzismus)
S. Freud	M. Mahler	D. Stern	K. Kohut
Orale Phase 0–12 M.	Phase des normalen Autismus (0–2 M.)	Auftauchen des Selbstempfindens	primärer Narzissmus
	Phase der normalen Symbiose (– 6 M.)	Trennung und Gemeinsamkeitserlebnisse des Selbst mit und gegen den Anderen	Selbst-Objekt-Einheit
	Phase der Loslösung und Individuation	Subjektives Selbstempfinden getrennter Psychen	
Anale Phase 1–3 J.	1) Differenzierung u. Entwicklung des Körperschemas (– 10 M.) 2) Übungsphase (– 17 M.) 3) Wiederannäherung (– 24 M.) 4) Konsolidierung d. Individualität und Objektkonstanz Während 3 und 4: Triangulierung		Größen-Selbst und idealisierte Elternimago Realistische Vorstellungen vom Selbst und den Objekten
Phallische Phase Klitoridal-vaginale Phase 3–6 J.	Ödipuskomplex		Über-Ich und Ich-Ideal Geschlechterrollenidentifikation
Latenzphase 6–11 J.			
Pubertät 12–16 J.	Sekundäre Individuation: Adoleszenzkrise		Generationen-Über-Ich

19

Während der analen Phase vom zweiten bis vierten Lebensjahr wird dem Kind durch den Reifeprozess der Körpermuskulatur die Sphinkterkontrolle möglich. Auch die motorische Fortbewegung, das Sich-Entfernen und Wiederannähern an die Mutter werden zu den zentralen Erfahrungsqualitäten. Das Kind erlebt seinen Kot als Teil von sich, den es nach Lust und Laune behalten oder hergeben kann. Der Kot gilt als das erste Geschenk des Kindes, das es seiner Umwelt geben kann. Die erogene Zone ist in dieser Zeit der Enddarm und der After mit seiner sensiblen Schleimhaut. Zur analen Lust gehört das Gefühl der Meisterung, der Autonomie, des Trotzes und der Stolz auf das eigene Produkt, eine wichtige Voraussetzung für ein Vertrauen in die eigenen Leistungen. Eine anale Fixierung wird in der Psychoanalyse mit individuellem Besitzstreben und Geiz in Verbindung gebracht. Geld galt in den Mythen der Anden Südamerikas als Götterkot (Elhardt 1971, S. 74). In Europa ging der Entstehung des Kapitalismus der Beginn der Reinlichkeitserziehung voraus. Im Mittelalter konnte man noch seine Notdurft verrichten, wo man sich gerade aufhielt. Aus Angst vor inneren Dämonen wurden bereits Säuglingen Klistiere und Abführmittel verabreicht. Ein individuelles Besitzstreben konnte sich so nicht ausbilden (Heinemann 1998b).

In der analen Phase herrschen nicht nur die Modi Festhalten und Loslassen, sondern auch Aktivität und Passivität. Kneten und Schmieren sind bereits Sublimierungen analer Lust. Kreativität wurzelt letztendlich in der schöpferischen Umformung von Materialien. In den typischen analen Reaktions- und Charakterbildungen sind Abwehr wie Befriedigung analer Impulse unverkennbar. Ordentlichkeit, Sparsamkeit und Eigensinn nannte Freud (1917c) die anale Trias. Anale Aggression ist deutlich weniger absolut wie die orale Aggression. Sie äußert sich in Entwertung, beispielsweise durch die sogenannte Fäkalsprache (Hosenscheißer etc.),

im Sich-Unterwerfen, in Sadismus und Masochismus.

Die anale Phase wird schließlich von der phallischen Phase abgelöst, in der auf der Objektbeziehungsebene der Ödipuskonflikt dominiert. Freud ging davon aus, dass in dieser prägenitalen Phase nur ein Geschlechtsorgan wahrgenommen wird, der Phallus des kleinen Jungen. Entweder man hat ihn, oder nicht, kastriert oder nicht, ist hier die Frage. Aus dem Sichtbaren hat Freud den phallischen Monismus (1923e) abgeleitet. Freud meinte, dass das Mädchen über zwei Geschlechtsorgane verfüge, ein männliches, kastriertes, die Klitoris und ein weibliches, die Vagina, die das Mädchen erst in der Pubertät entdecke. Die Modi dieser Zeit sind Eindringen und Umschließen. Dem phallischen Monismus wurde schon frühzeitig widersprochen (Jones 1928, 1933; Horney 1933), indem die Nicht-Existenz der Vagina als Abwehrprodukt im Sinne der Verleugnung aufgrund zu großer Kastrationsängste in der männlichen Entwicklung kritisiert wurde. Mitscherlich-Nielsen (1975) schlägt vor, von einer phallischen und klitoridal-vaginalen Phase zu sprechen (▶ Kap. I.3). Als phallische Aggression wird das Konkurrieren, z. B. beim Urinieren, Stechen oder Kastration betrachtet.

Freud (1915f, S. 242) bezeichnete die Beobachtung des elterlichen Geschlechtsverkehrs als Urszene; das Kind erlebt sich als ausgeschlossen aus der elterlichen Beziehung und erhält so einen Schub in Richtung Aufgabe des Ödipuskomplexes. Die Fantasien, die um die Urszene kreisen, gehören zu den Urfantasien.

In der folgenden Latenzphase ruht die Triebentwicklung, Lernen und kognitive Reifung stehen im Vordergrund. Die Latenzperiode gilt als eine Zeit der Konsolidierung. Das Kind verlegt sein Interesse auf die Bewältigung der Realität.

In der Pubertät kommt es zur erneuten Besetzung der Genitalien mit dem Erlangen der Geschlechtsreife. Die Pubertät gilt als eine der größten Krisen in der gesamten Entwicklung. Durch hormonelle Veränderungen kommt es zu einem erheblichen Zuwachs an Triebdruck und Veränderungen des Körpers durch sekundäre Geschlechtsmerkmale. Es kommt zu einer Reaktivierung frühkindlicher Phasen vor allem auch mit dem Ziel der Integration von Sexualität.

Die Entwicklung der Objektbeziehungen

Lange Zeit galt die frühkindliche Phasentheorie Margret Mahlers (1978) als Kernstück psychoanalytischer Entwicklungstheorie. In Anlehnung an Freuds (1914) Theorie des primären Narzissmus und das Konzept der objektlosen Stufe von Spitz (1969, S. 53 ff.) sprach sie von einer Phase des normalen Autismus in den ersten beiden Lebensmonaten. Die Aufmerksamkeit des Säuglings sei ganz nach innen gerichtet – vermutlich auf seine Körperempfindungen –, so dass die äußere Welt und die Mutter nicht wahrgenommen werden. Die vorherrschende Aufgabe sei in dieser Zeit die Entwicklung einer Homöostase, d. h. eines Zustandes des Wohlbefindens in Koordination von Schlafen, Wachen, Nahrungsaufnahme, Verdauung und Temperaturregelung. Erst durch die Pflegeleistungen der Umwelt verschiebe sich die libidinöse Besetzung zur Körperperipherie. Der Säuglinge befinde sich zuvor in einem Zustand halluzinatorischer Desorientiertheit und Omnipotenz.

Im Alter zwischen vier und sechs Wochen bis zum Alter von fünf Monaten befindet sich nach Mahler der Säugling in einer normalen Symbiose mit der Mutter, einem dunklen Gewahrwerden der Außenwelt und des mütterlichen Objektes. Dieses Objekt wird nicht als unabhängig vom Selbst erfahren, sondern als mit ihm verschmolzen im Sinne einer unabgegrenzten Dualunion mit der Mutter. Hauptkennzeichen sei die »halluzinatorisch-illusorische somatopsychische omnipotente Fusion mit der Mutter« (Mahler 1978, S. 63). Es entsteht ein libidinöses Band zwischen Mutter und Kind, das sich auch in der Lächelreaktion des Säuglings äußert.

Ab dem 6. Lebensmonat beginnt nach Mahler die Loslösungs- und Individuationsphase (ebd., S. 72 ff.), die sie in vier Subphasen unterteilt: Die Subphase der Differenzierung (bis zum 10. Monat), die Übungssubphase (bis zum 17. Monat), die Subphase der Wiederannäherung (18. bis 24. Monat) und schließlich die Phase der Konsolidierung (bis zum 36. Monat).

Während der Subphase der Differenzierung ist das erste Anzeichen beginnender Differenzierung das visuelle Muster des Nachprüfens bei der Mutter. Das Kind beginnt sich für die Mutter zu interessieren, vergleicht sie mit anderen. Die Fremdenangst entsteht. Das vertraute Gesicht der Mutter wirkt angstmindernd. Vor allem Kinder, die gesättigt aus der Symbiose hervorgehen, zeigen aktives Differenzierungsverhalten.

In der Übungsphase ist das Kind aufgrund motorischer Reifung in der Lage zu krabbeln, zu kriechen und bald auch zu laufen. Es kann sich motorisch von der Mutter wegbewegen, Loslösung und Autonomie unmittelbar ausprobieren. Insbesondere durch das aufrechte Fortbewegen beginnt das Liebesverhältnis des Kindes mit der Welt, es kann aktiv erkunden und die unbelebte Umwelt erforschen.

In der dritten Subphase wird sich das Kind physischer Getrenntheit immer bewusster, und es macht stärkeren Gebrauch davon. Das Kind erlebt verstärkt Trennungssituationen und reagiert mit gesteigerter Trennungsangst und Wiederannäherung an die Mutter. Mahler spricht vom emotionalen Wiederauftanken. Körperkontakt wird erneut gesucht. Es beginnt ein Beschatten der Mutter und ein Weglaufen von ihr. In dieser Zeit erhalten die Übergangsobjekte (Winnicott 1971) eine besonders stabilisierende Funktion. Sie sind die ersten Symbole, sie sind die Mutter und sind sie doch nicht, sie können im Gegensatz zur realen Mutter manipuliert werden.

Die vierte Subphase bedeutet die Konsolidierung der Individualität und die Anfänge der emotionalen Objektkonstanz. In dieser Zeit kann das Kind schließlich getrennt von der Mutter funktionieren unter Bewahrung der Repräsentanz des abwesenden Objektes. Es kommt zur Vereinigung von guten und bösen Objektrepräsentanzen zu einem Ganzobjekt, zu einer Mischung von Aggression und Libido.

Vorteil des Mahlerschen Modells ist, dass es, im Gegensatz zu den Rekonstruktionen Freuds aus den Erwachsenenanalysen, aus der direkten Kinderbeobachtung kommt; es steht zudem im Wechselprozess mit der Triebentwicklung. Während der oralen Phase herrscht die Symbiose mit der Mutter und der Beginn der Ablösung der visuellen Wahrnehmung von der Dominanz der taktilen. Während der drei folgenden Subphasen herrscht die anale Phase mit der motorischen Reifung und der Möglichkeit zur Fortbewegung. Das »Nein« der analen Trotzphase fördert die Individuation.

Kritisch ist anzumerken, dass die Herleitung der Phasen des normalen Autismus und der Symbiose, die Mahler als Fixierungsstellen für den Autismus und die Psychosen (▶ **Kap. VI**) geltend macht, d. h. eine Herleitung aus der pathologischen Entwicklung, fragwürdig ist. Diese Phasen stimmen inzwischen nicht mehr mit den Erkenntnissen moderner Säuglingsbeobachtung überein.

Stern (1983; 1985) spricht von den ersten beiden Monaten als Phase des auftauchenden Selbstempfindens. Der Säugling ist bei Stern von Anfang an auf seine Umwelt bezogen. Er verfügt über angeborene Fertigkeiten zu lernen und ein Gefühl von Regelmäßigkeit und Ordnung herzustellen. Sein visuelles Abtastmuster, sein soziales Lächeln zeigen, dass er Sinneseindrücke miteinander in Beziehung setzt. Er verfügt nicht nur über Triebe, sondern über angeborene Vitalitätsaffekte, Furcht, Angst, Scham, Schuld, Freude und Wut, die er mit anderen austauscht. Er befindet sich in einer dialogischen Hör-, Seh- und Fühlwelt. Entgegen dem Konzept von Mahlers Symbiose gibt es bei ihm im Alter bis neun Monate ein sogenanntes Kernselbstempfinden zweier physisch getrennter Wesenheiten, zweier Körper, die miteinander in Beziehung treten können, ohne miteinander zu verschmelzen. Er sieht einen anfänglichen Zustand einer Trennung von Selbst und Objekt (self-versus-other), der Gemeinsamkeitserlebnisse (self-with-other) möglich macht. Gemeinsamkeitserlebnisse sind auch reichlich vorhanden, aber die Grenzen gehen im Normalfall nicht verloren. Das Selbst ist Urheber von Handlungen und Empfindungen und verfügt über ein spezifisches Gedächtnis. Das Alter von 7–9 bis 18 Monate beschreibt Stern als subjektives Selbstempfinden getrennter Psychen, als Gefühle von Intersubjektivität. Das Kind kann jetzt mit Hilfe von Symbolen kommunizieren.

Mit den Beobachtungen und Erkenntnissen von Stern ergeben sich fundamentale Kritikpunkte am Mahlerschen Modell. Wir schließen uns hier Dornes (1993, S. 75) an, der dafür plädiert, die Phase des normalen Autismus fallen zu lassen. Auch Mahlers Konzept der Symbiose betrachtet Dornes als nicht haltbar. Der Säugling nehme nicht symbiotisch wahr, nehme an Interaktionen nicht undifferenziert und passiv teil. Das symbiotische Verschmelzungsgefühl geht seiner Ansicht nach einher mit Sterns Konzept von Gemeinschaftserlebnissen zwischen Mutter und Kind, allerdings ohne einer Verschmelzung. Die Grenze zwischen Selbst und Objekt bleibt bei Stern erhalten. Intensive Gemeinschaftserlebnisse sind nicht von Grenzauflösung oder Konfusion begleitet, das sei nur in einer pathologischen Entwicklung so. Der Säugling kann sich weiterhin beim Erleben vom Miteinander abgrenzen. Nur wenn die Eltern die Autonomie behindern, kann die Flucht in eine Symbiose für einen überforderten Säugling entstehen, die Symbiose ist also bereits Abwehrprodukt.

Gleichermaßen führt Stern zu einer Revision des Spaltungskonzeptes. Bei ihm kann der Säugling bereits ein ganzes Objekt wahrnehmen, erst affektive Belastungen können zu Beeinträchtigungen der Wahrnehmung und damit zur Spaltung als Abwehrleistung führen. Die Erkenntnisse Mahlers haben damit für die pathologische Entwicklung weiterhin uneingeschränkt Gültigkeit.

Ödipuskomplex, Latenzphase und Adoleszenzkrise

Während die Theorie über die präödipale Zeit einer erheblichen Revision unterliegt, bleiben die Erkenntnisse über den Ödipuskomplex weitgehend erhalten. Im vierten und fünften Jahr erreicht das Kind die Dreierbeziehung und den Ödipuskonflikt. Hatte der Vater während der Individuationsphase bereits als drittes Objekt die Funktion der Triangulierung, d. h. der Unterstützung des kindlichen Loslöseprozesses aus der Dualunion mit der Mutter, so tritt das Kind nun in die Dreierbeziehung Vater – Mutter – Kind ein. Es ist inzwischen hinlänglich bekannt, dass der ödipale Konflikt aus dem Begehren des gegengeschlechtlichen Elternteils besteht, der Aufgabe desselben und der Identifikation mit dem gleichgeschlechtlichen Elternteil. Der Ödipuskonflikt hat zwei wesentliche Aufgaben: Die Geschlechtsidentität zu ermöglichen und die Aufrichtung der Generationenschranke durch das Inzesttabu (die Gesetze der Realität). In diesem Sinne ist der Ödipuskomplex ein universeller Komplex, es gibt aber durchaus andere kulturelle Ausgestaltungen des Konfliktes und dessen Lösung (vgl. Heinemann 1995; 1998). Störungen können auftreten, wenn das Kind an einen Elternteil gebunden ist, es nicht attraktiv ist, sich mit dem gleichgeschlechtlichen Elternteil zu identifizieren, wenn Ambivalenz nicht zugunsten

der Liebesstrebungen gelöst werden kann, d. h. der Hass auf den Vater beispielsweise zu groß ist, als dass der Knabe sich mit ihm identifizieren kann. Dies gelingt nur, wenn neben der Rivalität, die ein wichtiges Stadium für das Erleben von Konkurrenz und Selbstentwicklung darstellt, auch Gefühle von Zuneigung und der Wunsch, so werden zu wollen wie der gleichgeschlechtliche Elternteil, vorhanden sind. Nicht der ödipale Wunsch, sondern das Tabu stehen im Vordergrund der psychischen Verarbeitung. Freud (1924d) sah in der Kastrationsangst des männlichen Kindes ein stärkeres Motiv, den ödipalen Wunsch aufzugeben und das Über-Ich zu etablieren. Mit der Aufgabe der Theorie des phallischen Monismus hat das Mädchen das gleiche Motiv, den Ödipuskonflikt aufzugeben, nämlich die Genitalbeschädigungsangst, und damit keine vom männlichen Geschlecht verschiedene Über-Ich-Bildung (▶ Kap. I.3.). Mit der Aufgabe des Ödipuskomplexes kommt es zur entscheidenden Verinnerlichung von Verboten und Geboten, vermittelt durch die Eltern, und der Bildung der eigenen Instanz im Ich, dem Über-Ich. Das Über-Ich ist ein Spezialfall der Verinnerlichung.

Die Latenzphase ist eine Zeit der Konsolidierung zwischen dem abgeschlossenen Ödipuskomplex und der Pubertät. Sie dient der Bewältigung von Realität und dem Ich-Wachstum. Die Pubertät leitet die sogenannte Adoleszenzkrise ein, in der es im Sinne einer sekundären Individuation zur Wiederbelebung der Loslösungs- und Individuationsproblematik kommt. So wie sich das kleine Kind von der Mutter mit Hilfe des triangulierenden Vaters trennt, trennt sich der Jugendliche mit Hilfe der Peergroup von

den Eltern und verinnerlicht die Normen und Werte seiner Generation, das sogenannte Generationen-Über-Ich, das dem elterlichen in vielen Aspekten entgegenwirkt. Neben der Wiederbelebung der Loslöse- und Individuationskrise kommt es durch den Triebschub zur Reaktivierung der ödipalen Konflikte, die mit der Partnerfindung schließlich verarbeitet werden.

Die narzisstische Entwicklung

Die Entwicklung des Selbst wird auch als narzisstische Entwicklung bezeichnet. Ursprünglich ging Freud davon aus, dass in den ersten Wochen und Monaten eine Objektliebe zur Mutter vorhanden ist, dann im Stadium des Autoerotismus eine Abwendung von ihr erfolgt, die dann wieder in eine Zuwendung mündet. »Als die anfänglichste Sexualbefriedigung noch mit der Nahrungsaufnahme verbunden war, hatte der Sexualtrieb ein Sexualobjekt außerhalb des eigenen Körpers in der Mutterbrust. Er verlor es nur später ... Der Geschlechtstrieb wird dann in der Regel autoerotisch und erst nach der Überwindung der Latenzzeit stellt sich das ursprüngliche Verhältnis wieder her ... Die Objektfindung ist eigentlich eine Wiederfindung« (Freud 1905d, S. 123). Als Freud 1914 das Konzept des primären Narzissmus formulierte, nahm er an, dass am Anfang ein subjektiver Zustand der Unabhängigkeit von der Umwelt vorhanden sei. Im Gegensatz dazu hat Balint (1937) die erste Auffassung Freuds aufgegriffen und den primären Zustand als den Zustand der primären Liebe dargestellt. Keiner zweifelt heute an einer intensiven Abhängigkeit und Beziehung zwischen Säugling und Mutter. Wichtiger scheint die Frage, wie Affekte oder Triebe die Besetzung des Selbst und des Objektes gestalten.

Narzisstisch werden all diejenigen Fantasien, Tendenzen oder Befriedigungen genannt, die durch eine Bewegung vom Objekt weg zum Selbst hin charakterisiert werden. In dieser »Entweder-oder-« Form ist Narzissmus ein Schutz und Abwehrvorgang. Mit Narzissmus ist aber auch ein System des Selbst gemeint, das alle Befriedigungen, Affekte und Mechanismen, die der Regulation des Selbstwertgefühls dienen, kennzeichnet. Ereignisse, die das Gegenteil bewirken, werden narzisstische Kränkungen genannt. Bei der Triebentwicklung besteht ein Gegensatz von Befriedigung und Frustration, der Narzissmus entwickelt sich innerhalb der Pole einer positiven narzisstischen Spiegelung und der Kränkung. Das Selbst baut sich auf über Spiegelung, dem sogenannten »Glanz im Auge der Mutter«. Die frühesten positiven Selbstrepräsentanzen sind von positiven Objektrepräsentanzen noch ungetrennt. Die narzisstische Zufuhr ist von äußeren Objekten abhängig. Für die Spiegelung des Selbst braucht es Selbstobjekte, die diese Funktion übernehmen. Auch Erwachsene sind in ihrem Selbsterleben noch von positiver Spiegelung abhängig.

Die narzisstische Homöostase ist durch Kränkungen, Misserfolg, Entzug affektiver Zufuhr gefährdet. Das Ich bevorzugt bestimmte Abwehrvorgänge zur Stabilisierung der narzisstischen Homöostase, zum Beispiel die Regression in den primären Zustand oder die Verleugnung der schmerzlichen Realität mit Hilfe von Größenfantasien. Kohut (1973) beschreibt das Größen-Selbst als eine das Selbst stabilisierende Abwehr von Trennungsangst, die im Kindesalter normal ist. Hinzu kommt im Kindesalter die Idealisierung der Elternimagines. Das Selbst sucht auch eine Rettung des Selbstgefühls durch Identifizierung mit omnipotenten und allwissenden Objekten.

Im Gegensatz zu Triebobjekten braucht das Selbst Selbstobjekte, um gespiegelt zu werden und um Objekte zu idealisieren, damit es sich mit ihnen identifizieren kann.

Allmählich wird das Bild der Eltern realistischer. Dieser von Kohut beschriebene Prozess von magisch überhöhter hin zu realistischer Selbst- und Objektwahrnehmung wird in ähnlicher Weise von Winnicott (1971) als Prozess der Desillusionierung von der Fantasie zur Realität beschrieben. Das magische Weltbild (Piaget 1980) ist das frühere, weil es die Angst und Hilflosigkeitsgefühle des kleinen Kindes bewältigen hilft.

Das Ichideal tritt später das Erbe des frühen Narzissmus an. Ein gesundes Ideal-Selbst macht Menschen relativ unabhängig von Lob und Tadel. Es ermöglicht innere Sicherheit, Selbstbewusstsein und Selbstvertrauen.

2 Konflikte, Abwehrmechanismen und Symptombildung

Konfliktmodell

Zentrale Bedeutung bei der Entstehung psychischer Störungen hat das sogenannte Konfliktmodell. Die Konzepte des Lust- und Realitätsprinzips, des Abhängigkeits- und Autonomiekonfliktes sowie der narzisstischen Spiegelung und Kränkung beinhalten bereits, dass auch die normale psychische Entwicklung auf Konflikten beruht, die eine gewisse Dynamik, die Psychodynamik, erzeugen. Die Psychoanalyse unterscheidet dabei bewusste und unbewusste sowie äußere und innere Konflikte. Ein äußerer Konflikt ist beispielsweise einer zwischen den Wünschen eines Kindes und einem Elternteil, der sich verbietend oder versagend verhält. Ein innerer Konflikt ist der zwischen Es und Über-Ich, wenn der verbietende Part inzwischen zur inneren Struktur geworden ist, ein Student beispielsweise zwischen dem Wunsch, nicht in die Vorlesung zu gehen, und dem Über-Ich-Druck, hinzugehen, in einen inneren Zwiespalt gerät. Das Über-Ich äußert sich dann in Schuldgefühlen. Durch die Über-Ich-Bildung sind ehemals äußere Konflikte zu inneren Konflikten geworden und sind so ein Garant für die bessere Anpassung an die Forderungen und Erwartungen der Umwelt. Konflikte rufen innere Spannungen hervor, die gelöst werden wollen, um zu einer Art Homöostase zu gelangen.

Während der bewusste Konflikt dem Ich zugänglich ist und nach einer bewussten Lösung drängt, sind unbewusste Konflikte verdrängt oder auf andere Weise abgewehrt und können zur Symptombildung führen. Bei psychischen Störungen spielen gerade die unbewussten Konflikte eine zentrale Rolle. Konflikte können mit chronischen oder akuten traumatischen Erfahrungen verbunden werden. Ein Trauma besteht aus einer unerträglichen Erfahrung von Angst, Scham oder anderen unlustvollen Affekten, die zu einem partiellen Zusammenbruch des Ich führen und eine Mobilisierung von Abwehrmechanismen in Gang setzen. Die Abwehrmechanismen geben dem Ich Zeit zur Neuorganisation und zur Bewältigung der Affekte. Sie können aber auch zur Symptombildung führen und damit zu psychischer Erkrankung. Es entsteht eine neue Leidensquelle.

Art und Niveau des Konfliktes sind dabei maßgeblich für die Entwicklung bestimmter Störungen. Die klassische Einteilung der Psychoanalyse geht dabei davon aus, dass neurotische Konflikte aus sogenannten reiferen, weil später in der Entwicklung auftauchenden Konflikten bestehen, den Konflikten zwischen Es und Über-Ich. Die narzisstischen Störungen dagegen beruhen mehr auf einer Störung des Selbst, einem strukturellen Mangel in Form einer Ich-Schwäche oder Schwäche des Selbst. Die narzisstische Homöostase ist labil. Mentzos (1984, S. 83) weist jedoch darauf hin, dass die sogenannte Ich-Schwäche letztlich auch auf ungelösten Konflikten beruht, und zwar auf sehr frühen Konflikten, beispielsweise dem Abhängigkeits-Autonomiekonflikt oder einem Selbstwertkonflikt. Genetisch gesehen sind alle psychischen Störungen konfliktbedingt. Die Ich-Stärke und Selbstkohärenz befinden sich auf unterschiedlichen Niveaus, die der klassischen Einteilung psychischer Störungen entsprechen: Neurotische Störungen, narzisstische Störungen, psychosomatische Störungen, die ebenfalls den narzisstischen Störungen zugerechnet werden, aber in ihrer Symptombildung den Körper einbeziehen, den Borderline-Störungen und Psychosen, die als früheste Störungen gelten, weil Selbst und Ich am schwerwiegendsten und umfassendsten beeinträchtigt sind, die Anpassung an die Umwelt bei den Psychosen am wenigsten möglich ist.

Das Niveau der Ich-Störung lässt sich auch in der Verwendung der Abwehrmechanismen erkennen. Mentzos (ebd., S. 60 ff.) unterscheidet verschiedene Ebenen der Abwehrmechanismen und der sogenannten Selbstkompensationen. Archaische Abwehrmechanismen werden von frühen Störungen verwendet, reifere Abwehrmechanismen von den Psychoneurosen. Früh versteht sich dabei als Ausdruck der Schwere der Störung, was die Hypothese beinhaltet, dass diese Störungen bereits Konflikte der frühen Entwicklungsstufen nicht lösen konnten und so

Fixierungen auf frühesten Stufen seelischer Entwicklung aufweisen, die die Lösung der Konflikte späterer Stufen beeinträchtigten. Dies wird auch als genetisches Modell der Psychoanalyse bezeichnet. Frühe nicht gelöste Konflikte und ihre Folgen sind schwerwiegender, weil sie in die Phase der Konstituierung des Selbst fallen und somit dessen Struktur und Konsistenz beeinflussen.

Abwehrmechanismen sind unbewusst ablaufende Vorgänge, die zwar primär Ich-Funktionen mit Schutz- und Bewältigungsaufgaben darstellen, die aber in der Symptombildung pathologisch werden und den Konflikt nicht lösen, sondern lediglich abwehren und somit aufrechterhalten. Der Konflikt bleibt aktiv und zwingt das Ich zu immer neuen Abwehrleistungen. Die Abgrenzung zwischen normaler Bewältigungsarbeit und pathologischer Abwehr ist dabei nicht immer leicht zu ziehen. Manche Abwehrmaßnahmen können dem Ich Zeit geben, den Konflikt zu bewältigen. Kriterien für das Pathologische eines Abwehrvorganges sind seine Rigidität, die Einschränkung der Ich-Funktionen und der Widerstand gegen die Bewusstmachung des zugrunde liegenden Konfliktes.

Abwehrmechanismen

Folgende Abwehrmechanismen können vom Ich verwendet werden (vgl. Mentzos 1984, S. 60 ff.; A. Freud 1936):

Auf der untersten Ebene wird der Konflikt auf Kosten einer angemessenen Realitätswahrnehmung abgewehrt:

- *Die psychotische, wahnbildende Projektion* verändert die Realität mit Hilfe der Projektion. Eigene, unerwünschte Impulse, meist sexuelle wie im Liebeswahn oder aggressive wie im Verfolgungswahn, wer-

den einer anderen, äußeren Person unterstellt.
- *Bei der psychotischen Verleugnung* werden Ereignisse oder Affekte scheinbar nicht wahrgenommen, zum Beispiel die Behinderung eines Kindes.
- *Die Spaltung* hält inkompatible Inhalte auseinander. Ambivalenz ist nicht möglich, eine Person der Außenwelt erscheint beispielsweise als nur gut oder nur schlecht. Beide Inhalte sind bewusst, die Wahrnehmung des einen oder anderen

Inhalts wird lediglich zeitweise verleugnet. Die Wahrnehmung kann zudem blitzschnell von gut nach böse und umgekehrt kippen.

- *Die Introjektion* ist, wie die Projektion auch, ein wichtiger Vorgang bei der Entstehung des Selbst in der normalen Entwicklung, kann auch für Abwehrvorgänge verwendet werden, wenn sie die Selbst/Objekt-Unterscheidung zu vermeiden oder rückgängig zu machen sucht. Das Subjekt glaubt dann, jemand anders zu sein.

Auf der zweiten Ebene werden ebenfalls unreife, aber die Realität nicht mehr ganz so grob verzerrende Abwehrmechanismen eingesetzt:

- *Die nichtpsychotische Projektion* unterstellt eigene Gefühle, Impulse, Tendenzen unbewusst einer anderen Person, zum Beispiel Menschen anderer Kulturen.
- *Die Identifikation*, zum Beispiel die Identifikation mit dem Aggressor, dem Angreifer, wehrt Angst ab, indem anderen das angetan wird, was man selbst am meisten fürchtet. Es gibt auch hysterische Identifikationen, bei denen Trennung oder seelischer Schmerz abgewehrt wird, indem beispielsweise Symptome einer anderen Person übernommen werden (Husten des verstorbenen Elternteils).

Auf der dritten Ebene befinden sich die psychoneurotischen Abwehrmechanismen:

- *Die Intellektualisierung* wehrt Affekte ab, indem sie Emotionales in affektloser Art behandelt, sich mit kognitiven Aspekten des Lebens beschäftigt, um das Emotionale besser verdrängen zu können.
- *Die Affektualisierung* ist das Gegenstück zur Intellektualisierung. Durch eine Art Überemotionalisierung und Dramatisierung sollen Inhalte oder Affekte, meist entgegengesetzte Emotionen, abgewehrt werden.

- *Die Rationalisierung* liefert sekundäre Rechtfertigungen von Verhaltensweisen durch Scheinmotive, um so von dem eigentlichen Wunsch oder Impuls abzulenken. Das sadistisch motivierte Verhalten eines Pädagogen kann beispielsweise mit pädagogischen Theorien begründet und rechtfertigt werden.
- *Die Affektisolierung* trennt Inhalt und Affekt, wobei der Inhalt bewusst bleibt, der Affekt dagegen wird verdrängt. So kann jemand scheinbar affektlos über einen begangenen Mord reden, nicht, weil er keine Affekte wie Schuldgefühle und Hass hat, sondern weil diese verdrängt sind.
- *Das Ungeschehenmachen* macht einen Impuls durch entgegengesetzte Gedanken oder durch einen magischen symbolischen Akt ungeschehen.
- *Die Reaktionsbildung* ist ein dem Ungeschehenmachen ähnlicher Mechanismus, allerdings werden die unerwünschten und unerlaubten Impulse durch entgegengesetztes Verhalten und Haltungen auf Dauer und habituell abgewehrt. Die Mutter eines behinderten Kindes kann ihre Todeswünsche dem Kind gegenüber durch besonders überfürsorgliches, überbehütendes Verhalten abwehren. Im Unterschied zur Fürsorge aus Liebe ist das Verhalten eher zwanghaft und unflexibel.
- *Die Verschiebung* ist eine Loslösung emotionaler Reaktionen von ihren ursprünglichen Inhalten und die Verknüpfung mit anderen, weniger wichtigen Situationen oder Gegenständen. Klassisches Beispiel ist die Phobie, wenn beispielsweise ein Kind beim Anblick des gerade geborenen Brüderchens in den Armen der Mutter die Angst, die Liebe der Mutter verloren zu haben, auf einen Aufzug verschiebt und nun Angst hat, Aufzug zu fahren.

- *Die Verlagerung* richtet unerwünschte oder unerlaubte Impulse, meist Aggression, auf ein anderes als das eigentliche Objekt. Die Wut auf den Chef wird auf die Ehefrau verlagert.
- *Die Wendung gegen das Selbst* kann eingesetzt werden, wenn Aggression nicht nach außen gegen ein Objekt gerichtet werden kann, meist weil das Objekt fehlt oder weil die Schuldgefühle zu groß sind.
- *Die Wendung von der Passivität in die Aktivität* ermöglicht die Abwehr angstvoller, passiv erlebter Situationen durch eigenes aktives Verhalten. Das Kind spielt beispielsweise nach einem Zahnarztbesuch, dass es selbst die Zähne der Puppen untersucht.
- *Die Verdrängung im engeren Sinne* dient der Unbewusstmachung, wobei bei fast allen Abwehrmechanismen der dritten Ebene Verdrängung im weiteren Sinne eine Rolle spielt.

Auf der vierten Ebene werden Vorgänge wie *Sublimierung und Neutralisierung* angesiedelt. Bei der Sublimierung werden verdrängte Triebimpulse in sozial positiv gewertete Tätigkeiten verwandelt. Diese Form der gelungenen Anpassung ermöglicht dann sowohl Triebabfuhr als auch Anpassung. Neutralisierung meint dagegen auf einer allgemeineren Stufe den Wechsel libidinöser und aggressiver Triebenergie zu einem nichttriebhaften Modus. Die Frage, ob Sublimierung immer Triebverzicht voraussetzt, wurde von Freud bejaht, ist aber heute umstritten.

Wir möchten den klassischen Abwehrmechanismen noch diejenigen anfügen, die speziell der Abwehr narzisstischer Konflikte dienen.

- *Die Sexualisierung* dient der Abwehr schmerzhafter Affekte, zum Beispiel Schamgefühlen, indem die ganze narzisstische Konfiguration sexualisiert wird. Durch aktive, sexuelle Handlung kann die Situation dann toleriert werden.
- *Die Regression in den primären Zustand* ist gekennzeichnet durch Rückzug von äußeren Objekten und Sich-Verlieren in Verschmelzungsfantasien.
- *Die Verleugnung durch Größenfantasien* in Form eines Größen-Selbst dient der Aufrechterhaltung eines narzisstischen Gleichgewichts, das durch Angst, Hilflosigkeit oder Kränkung in Gefahr gerät.
- *Die Kompensierung durch Idealisierung* dient gleichermaßen der Aufrechterhaltung des narzisstischen Gleichgewichts, nur greift das Subjekt zur Idealisierung äußerer Objekte, die zu allwissenden und omnipotenten Objekten werden, mit denen das Subjekt sich dann identifizieren kann.

Symptombildung

Symptome entstehen durch die Verwendung spezifischer Abwehrmechanismen. Sie stellen Kompromiss- oder Ersatzbildungen dar. Sie ermöglichen in gewisser Hinsicht Triebabfuhr, befriedigen aber auch das Über-Ich, die Außenwelt oder die Selbstregulation. Das Kind mit der Aufzugsphobie kann beispielsweise seinen Angstaffekt äußern, aber auch die Beziehung zur Mutter konfliktfrei halten. Indem die Symptome sowohl das Abgewehrte als auch die Abwehr enthalten, dienen sie auch der Mitteilung des unbewussten Konfliktes, der Wiederkehr des Verdrängten, dem Wunsch, den Konflikt doch noch zu lösen. Diese Symptomsprache sucht die Psychoanalyse zu verstehen. Die Wege der

Symptombildung und deren Verständnis werden wir anschließend an den einzelnen Störungen aufzeigen.

Es wird ferner zwischen Symptombildung und Charakterbildung unterschieden, wobei die Symptombildung in der Regel als Ich-dyston, d. h. Ich-fremd, empfunden wird, die Charakterneurose bzw. der neurotische Charakter dagegen erlebt seine Verhaltensweisen als Ich-synton, d. h., dem Ich zugehörig.

3   Alters- und geschlechtsspezifische Aspekte

Freuds phallischer Monismus

Freuds Theorien (1924d; 1925j; 1931b; 1933a) zur männlichen und weiblichen Entwicklung gehen von einem biologisch bedingten Vorteil des Knaben aus und »verherr-lichen« die männliche Entwicklung. Die stärkere Anlage der Frau zur Bisexualität gehe aus der weiblichen Sexualentwicklung hervor, die bis in die phallische Phase hinein männlich sei, da sie unter dem Primat der Klitoris, d. h. einem dem männlichen Glied analogen Organ stehe. Freud zufolge beginnt das Primat der Vagina erst in der Pubertät. Die Frau hat nach Freud ein passives, weibliches und ein männliches, aktives Geschlechtsorgan. Die Weiblichkeit sei durch die Bevorzugung passiver Ziele, die Männlichkeit durch aktive Ziele gekennzeichnet. Ein weiteres zentrales Moment in der weiblichen Entwicklung sei der Penisneid, den Freud als primär betrachtet und der ein tiefes Minderwertigkeitsgefühl in der Frau hinterlasse. »Irgendeinmal macht das kleine Mädchen die Entdeckung seiner organischen Minderwertigkeit, natürlich früher und leichter, wenn es Brüder hat oder andere Knaben in der Nähe sind« (ebd., 1931b, S. 524). Und: »Es bemerkt den auffällig sichtbaren, groß angelegten Penis eines Bruders oder Gespielen, erkennt ihn sofort als überlegenes Gegenstück seines eigenen, kleinen versteckten Organs und ist von da an dem Penisneid verfallen« (ebd., 1925j, S. 23). Beim Knaben löse der Anblick des weiblichen Genitals die Vorstellung einer Wunde, einer

vollendeten Kastration aus. Kastrationskomplex und Penisneid sind bei Freud ein phylogenetisches Erbe, das mittels Erinnerungsspuren bewahrt geblieben ist. Der ursprüngliche Penisneid des Mädchens und die Kastrationsangst des Knaben werden allerdings auch bei Freud später durch Regression und Reaktionsbildungen verstärkt. Freuds Theorie wird als phallischer Monismus bezeichnet: »Auf der nun folgenden Stufe infantiler Genitalorganisation gibt es zwar ein männlich, aber kein weiblich; der Gegensatz lautet hier: männliches Genitale oder kastriert« (ebd., 1923e, S. 297).

Neben den Fantasien über die unterschiedliche organische Ausstattung machte Freud noch auf einen anderen, wesentlichen Unterschied zwischen Knaben und Mädchen aufmerksam. Am Ausgang menschlicher Entwicklung gibt es einen fundamentalen Unterschied: das erste Liebesobjekt des Kindes ist für das Mädchen ein gleichgeschlechtliches, für den Knaben ein gegengeschlechtliches. Freud sah im Penisneid der Mutter die Ursache für deren positivere Haltung dem Jungen gegenüber. »Nur das Verhältnis zum Sohn bringt der Mutter uneingeschränkte Befriedigung; es ist überhaupt die vollkommenste, am ehesten ambivalenzfreie aller menschlichen Beziehungen« (ebd., 1933a, S. 143).

Neben dem Wechsel der erogenen Zone, von der aktiv-männlichen Klitoris zur passivweiblichen Vagina muss das Mädchen bei

Freud nicht nur den Wechsel von der Aktivität zur Passivität bewältigen, sondern auch noch sein Liebesobjekt wechseln. Der Abwendung von der Mutter gehe eine Lockerung des Verhältnisses durch Versagungen voraus. Der entscheidende Schritt von der Mutter hin zum Vater ist bei Freud jedoch eine Auswirkung des weiblichen Kastrationskomplexes. Mit der Entdeckung seiner Penislosigkeit erkennt das Mädchen seine organische Minderwertigkeit und die der Frau schlechthin. Die Liebe des Mädchens galt der phallischen Mutter, die Entdeckung, dass auch die Mutter kastriert ist, entwertet diese in den Augen des Mädchens. Zudem macht das Mädchen sie für die eigene Penislosigkeit verantwortlich. Aus dem Kastrationskomplex gibt es bei Freud drei Entwicklungen für das Mädchen: die Ablehnung von Sexualität, der Männlichkeitskomplex und der Weg in die normale Weiblichkeit. Es ersetzt den Wunsch nach einem Penis durch den Wunsch nach einem Kind, um die Weiblichkeit herzustellen. »Die weibliche Situation ist aber erst hergestellt, wenn sich der Wunsch nach dem Penis durch den nach dem Kind ersetzt, das Kind also nach alter symbolischer Äquivalenz an die Stelle des Penis tritt« (ebd., 1933a, S. 137).

Während der Kastrationskomplex des Mädchens den Objektwechsel und Ödipuskomplex einleite, beende der des Knaben den Ödipuskomplex und führe zur Bildung des Über-Ich. Bei Freud hat das Mädchen kein analoges Motiv, den Ödipuskomplex aufzulösen, es bleibe auf den Vater fixiert. Das Über-Ich des Mädchens ist nach Freud stärker personen- und situationsbezogen. »Man zögert es auszusprechen, kann sich aber doch der Idee nicht erwehren, dass das Niveau des sittlichen Normalen für das Weib ein anderes wird. Das Über-Ich wird niemals so unerbittlich, so unpersönlich, so unabhängig von seinen affektiven Ursprüngen, wie wir es vom Manne fordern« (ebd., 1925j, S. 29).

Wir denken, dass Freud dezidiert die seiner Zeit zugrunde liegenden Fantasien analysiert hat, der Fehler, den er machte, war, diese Fantasien nicht als kulturbedingt, sondern als anatomisches Schicksal zeit- und kulturunabhängig zu postulieren. Bereits das grausame, seit Jahrhunderten bestehende Phänomen der Klitorisbeschneidungen in Afrika zeigt, dass hier ähnliche Fantasien die männliche Dominanz sicherstellen. Auch dort gilt die Klitoris als männliches, aktive Sexualität ermöglichendes Organ, das entfernt werden muss, damit die Frau weiblich wird. Bevor wir auf kulturelle Aspekte eingehen, möchten wir nun zuerst die Diskussion um Freuds Theorien zur Geschlechterdifferenz historisch nachzeichnen. Bereits in den 1930er Jahren lösten Freuds Theorien eine rege Diskussion aus. Unterstützt wurde Freud vor allem von Lampl de Groot, Marie Bonaparte und Helene Deutsch.

Befürworter zu Freuds Zeiten

Bonaparte (1935) sah in der Aufgabe der »männlichen« Klitoriserotik und der Hinwendung zur passiven, empfangenden weiblichen Vaginalerotik die Grundlage der Weiblichkeit. Sie führt diesen Vorgang wie Freud auf die größere Passivität der Frau zurück, die sie aus dem weiblichen Kastrationskomplex begründet. »Die Klitoris, ein verstümmelter Phallus, kann tatsächlich niemals, nicht einmal in der Fantasie, zu jener

Aktivität gelangen, auf die der Penis nach seiner ganz anderen Anlage Anspruch hat« (ebd., S. 29). Lampl de Groot (1927) und Deutsch (1925; 1930) sprachen sogar von der Notwendigkeit der Wendung der Triebe ins masochistische. Erst, wenn sich das Mädchen immer wieder der Kastration unterwirft, sei eine Beziehung zum Vater möglich. Mit der Wahrnehmung der eigenen Penislosigkeit wird bei Deutsch die aktiv-sadistische Klitorislibido ins masochistische gewendet und mündet in den Wunsch, vom Vater kastriert zu werden. Diese Wendung ins Masochistische ist bei Deutsch vorgezeichnet und bildet die erste Grundlage zur endgültigen Entwicklung der Weiblichkeit. Schwangerschaft und Geburt können nur mit Hilfe des Masochismus als lustvoll erlebt und deshalb angestrebt werden. Das Triebleben der Frau diene nicht nur dem Lustprinzip, die Frau müsse auch die durch Menstruation und Geburt mit Schmerzen durchsetzte Sexualität akzeptieren.

Eine Zwischenstellung zwischen Kritikern und Befürwortern nimmt Müller-Braunschweig (1936) ein. Einerseits argumentiert er wie Freud, dass die Mutter ein inadäquates Objekt für das Mädchen ist. Das Mädchen unterdrücke seine weiblichen Strebungen und überbetone seine qua Bisexualität existierenden, männlichen Strebungen. Das Gefühl, mangelhaft zu sein, resultiere aus dem Gefühl, kein adäquates Genital für die Mutter zu haben. Müller-Braunschweig geht im Gegensatz zu Freud aber von einer primär weiblichen, allerdings gleichfalls passiv-masochistischen vaginalen Sexualentwicklung aus, die das Mädchen zuerst unterdrücken müsse. Er sprach von einer primären Anziehungskraft der Geschlechter und erklärte den Objektwechsel nicht mit dem anders gearteten Kastrationskomplex. »Dieses Äquivalent (zur Kastrationsangst des Knaben, E. H., H. H.) sehe ich in der infantilen Weiblichkeit des kleinen Mädchens und der damit, im Gegensatz zum Knaben, von vornherein gegebenen größeren masochistischen und passiven Einstellung« (1926, S. 375).

Kritiker zu Freuds Zeiten

Bereits früh in den 1930er Jahren regte sich Widerstand gegen die Freudschen Theorien zur Geschlechterdifferenz. Es waren vor allem Melanie Klein, Ernest Jones und Karen Horney, die eine der männlichen Entwicklung analoge primäre weibliche Entwicklung postulierten. Horney (1932; 1933) ging in ihrer Kritik am weitesten, sie wurde allerdings wenig beachtet. Sie sah in den verschiedenen sexuellen Ängsten des Knaben und Mädchens, die sich aus den anatomischen Geschlechtsunterschieden ergeben, entwicklungsbeeinflussende Faktoren, die aber nicht zugunsten des einen oder anderen Geschlechtes ausgehen. Horney widersprach der Vorstellung, die Vagina werde erst in der Pubertät entdeckt. »Das Mädchen will auf Grund ihrer biologisch gegebenen Natur empfangen, in sich aufnehmen; sie fühlt und weiß, dass ihr Genitale zu klein ist für den väterlichen Phallus und muss darum auf ihre eigenen genitalen Wünsche mit direkter Angst reagieren, mit der Angst nämlich, dass die Erfüllung ihrer Wünsche ihr oder ihrem Genitale Zerstörung bringen würde. Der Knabe dagegen, der fühlt und instinktiv abschätzt, dass sein Penis viel zu klein ist für das mütterliche Genitale, reagiert mit der

Angst, nicht zu genügen, abgewiesen, ausgelacht zu werden« (1932, S. 13).

Die Angst des Mädchens ist bei Horney eine Beschädigungsangst, die des Knaben eine Bedrohung des Selbstwertgefühls. Horney widersprach Freud, indem sie aufzeigte, dass frühe Fantasien, Ängste, Träume und Verhaltensweisen bei Mädchen belegen, dass es ein Empfinden vaginaler Sensationen in der frühen Kindheit gibt. Besonders starke Ängste führen aber zur Verleugnung der Vagina. »Es scheint mir also nach alledem vieles für die Annahme zu sprechen, dass dem ›Unentdecktseinfi‹ der Vagina eine Verleugnung der Vagina zugrunde liegt« (1933, S. 384). Die Unsichtbarkeit der Vagina erschwere es dem Mädchen, sich durch Nachprüfen ihrer Integrität zu versichern.

Auch Klein (1928) und Jones (1928, 1933) gingen beide von einer primär weiblichen, vaginalen Entwicklung aus. Das Mädchen übertrage seinen oralen Wunsch nach der Mutterbrust auf den Penis. Das Mädchen wendet sich dem Vater zu, um seinen Penis in die Vagina aufnehmen zu können, es bedarf also keines Kastrationskomplexes für den Objektwechsel des Mädchens. Bei Klein und Jones bildet sich die Sexualentwicklung entlang der Vorstellungsreihe Mund-Anus-Vagina beim Mädchen, beim Knaben entlang der Vorstellungsreihe Brustwarze-Kotsäule-Penis. Starke orale Versagungen führen zur Überbewertung des Penis. Das Primat des Phallus ist dabei ein Abwehrprodukt auf beiden Seiten. Durch intensive Kastrationsängste aufgrund der Rivalität mit dem Vater nimmt der Knabe die Vagina als Wunde wahr, verleugnet er die Vagina und überbesetzt seinen Penis. Für das Mädchen sei der Penis die potentere Brust. Sadistische Strebungen gegen die Brust wandeln sich in die Angst vor dem eindringenden Penis. Auch das Mädchen verleugnet die Vagina. Mit der

Annahme einer primär weiblichen Entwicklung hat das Mädchen das gleiche Motiv, den Ödipuskomplex aufzugeben, nämlich den Schutz seines Genitals. Jones (1928) sah die Kastrationsangst als Spezialfall der beide Geschlechter betreffenden Angst vor völliger Vernichtung der Sexualität, der sexuellen Genussfähigkeit, der Aphanisis. Der Mann stelle sie sich typischerweise in Form der Kastration vor, die Frau hat Angst vor dem Verlassenwerden.

Bei Jones bleibt die Vagina passiv. Den Widerspruch, dass der Mund aktiv an der Brust saugt, die Vagina entlang dieser Vorstellungsreihe auch aktiv sein müsste, sah er nicht. Klein (1928) sah die genitalen Ängste des Mädchens als aktive Zerstörungs- und Beschädigungsfantasien, welche aus der Angst vor Vergeltung der Mutter resultieren. »Die sehr intensive Angst des Mädchens für ihre Weiblichkeit ist in Analogie zu bringen zur Kastrationsangst des Knaben, da sie sicher auch eine Rolle für den Abbruch der Ödipusstrebungen seitens des Mädchens spielt. Die Kastrationsangst des Knaben für den sichtbar vorhandenen Penis verläuft aber doch anders, man könnte sagen akuter, als die mehr chronische des Mädchens für ihre weniger gut bekannten inneren Organe« (ebd., S. 74). Mit der Annahme einer primär weiblichen Sexualentwicklung und den entsprechenden Genitalbeschädigungsängsten wurde auch bereits der These Freuds über das schwächere Über-Ich der Frau widersprochen. »Viel besser gelingt der Über-Ich-Aufbau, wenn die Vagina als vollwertiges Genitale in ihre Rechte tritt. Je genitaler sich das kleine Mädchen im Laufe des Ödipuskomplexes einstellt, desto analoger ist die Ich- und Über-Ich-Entwicklung der männlichen. Was hier die Kastrationsangst, leistet da die weibliche Genitalbeschädigungsangst« (Jacobson 1937, S. 411).

Narzissmus und Identifikationswechsel

Die unterschiedliche Lage der männlichen und weiblichen Sexualorgane wird auch weiterhin für Geschlechtsunterschiede herangezogen. Erikson (1966) leitet aus dem Spielverhalten von Jungen und Mädchen ab, dass – parallel zur Anatomie – im weiblichen Erleben der innere Raum im Zentrum der Gefühle steht, bei Knaben dagegen der äußere Raum. Ähnliche Gedanken finden wir heute bei Anzieu (1995). Anzieu betont allerdings mehr die Projektionen und Introjektionen der Fantasien entlang der körperlichen Ausstattungen. Die Mutter habe die Vorstellung einer inneren Höhlung als sexueller Körper des Mädchens. Die weibliche Identität sei eine somato-psychische Umhüllung, den Jungen dagegen definiere die Mutter anhand des Geschlechtsunterschiedes. Die unbewusst genitale Vorstellung der Mutter färbe das Ineinandergreifen von Brustwarze und Mund, Penis und Vagina. Der Penis ist bei Anzieu ein Objekt und die Vagina ein Ort.

In den 1970er Jahren verschob sich die Diskussion von der Frage der Geschlechtsorgane hin zur Frage der narzisstischen Entwicklung der Geschlechter. Arbeiten, wie die von Sherfey (1974), die die Erkenntnisse der damaligen Sexualwissensschaften aufarbeiteten, widerlegten endgültig die Annahme zweier Geschlechtsorgane der Frau. Klitoris, Labien und das untere Drittel der Vagina sind eine untrennbare Funktionseinheit, es gibt keinen vaginalen oder klitoridalen Orgasmus. Die Klitoris ist kein verkümmerter Penis, der männliche Embryo entwickelt sich aus dem weiblichen. Fleck (1969) konstatierte, dass mit der Aufgabe der Theorie zweier Geschlechtsorgane auch die Vorstellung einer passiven weiblichen Sexualität aufgegeben werden müsse. Mitscherlich-Nielsen (1975, S. 777) schlug vor, beim Knaben weiterhin von phallischer Phase zu sprechen, beim Mädchen aber von der klitoridal-vaginalen Phase. Gillespie (1975) fragte: Wenn die Klitoris nicht männlich ist, die Frau kein kastrierter Mann, warum kann dann die Klitoris nicht den Wunsch auslösen, penetriert zu werden?

Bei Chasseguet-Smirgel (1974) ist der Penisneid des Mädchens Abkömmling des Neides auf die allmächtige Mutter, mit der es nur erfolgreich rivalisieren kann, wenn es ein Organ hat, das dieser fehlt. Der Penis ist als Phallus ein narzisstisches Symbol für Macht und Omnipotenz. Er wird benutzt für eine Revolte gegen die Person, die als Ursprung der narzisstischen Kränkungen erscheint. Mit Omnipotenz kann die durch die Mutter zugefügte Kränkung wiedergutgemacht werden. Der Penis symbolisiert Kraft, Vollständigkeit und Autonomie. »Der Penisneid ist im Grunde nur symbolischer Ausdruck eines anderen Wunsches. Die Frau will kein Mann sein, sie will sich von der Mutter befreien und vollkommen, autonom, Frau sein« (ebd., S. 166).

Die Ausgangssituation des Mädchens, in der Mutter ein gleichgeschlechtliches Objekt zu haben, wird weiterhin als Ursache größeren Mangels, jetzt des narzisstischen Mangels, gesehen. Grunberger (1974b) zufolge sind die prägenitalen Stadien des Mädchens besonders frustrierend, da das mütterliche Objekt nur ein Ersatz für das adäquate Sexualobjekt ist, welches nur das gegengeschlechtliche sein kann. Die größeren Versagungen veranlassen das Mädchen, sich zurückzuziehen und sich selbst das zu geben, was die Mutter versagt, d. h., das Mädchen wird seinem Wesen nach narzisstisch. Der Narzissmus der Frau werde noch durch die Klitoris unterstützt. Während der Penis des Mannes nicht nur der Lust, sondern auch dem Urinieren diene, sei die Klitoris ausschließlich Lustorgan. Das Mädchen wendet sich früh dem Vater zu, was eine intensive Abhängigkeit von diesem fördert. Ähnlich Mitscherlich-Nielsen (1975, S. 786): »Zutreffend ist, dass der Knabe, der von der Mutter unmittelbarer angenommen und geliebt wird, der mit der Mutter zusammen sein männliches Glied idealisieren kann, in unserer Gesellschaft und bei unserer Art der Erziehung mehr Chancen hat, einen geglückten Narzissmus zu entwickeln als das Mädchen.«

Erst die Arbeit von Chodorow (1985, S. 143 ff.) stellt diesen scheinbaren Mangel des Mädchens in Frage. Weil sie dasselbe Geschlecht wie ihre Töchter haben und selbst einmal Mädchen waren, neigen Mütter von Töchtern, so Chodorow, dazu, diese nicht in gleicher Weise als verschieden von sich zu betrachten wie Mütter von Söhnen. Das Gefühl von Einheit und Kontinuität ist Töchtern gegenüber stärker. Die primäre Identifikation und Symbiose mit den Töchtern ist stärker und hält länger an, die Tochter wird als Erweiterung und Verdoppelung der Mutter gesehen. Mütter identifizieren sich mehr mit ihren Töchtern und empfinden sie als weniger separat. Die Mutter Sohn-Beziehung ist von Anfang an durch die geschlechtliche Verschiedenheit geprägt. Der Sohn wird von der Mutter stärker als Objekt gesehen, die Tochter als Erweiterung des Selbst. Das mütterliche Verhalten treibe den Sohn eher in eine sexualisierte, genital getönte Beziehung. Der Knabe muss sich im Gegensatz zum Mädchen früher von der Identifikation mit der Mutter lösen, er muss einen Identifikationswechsel vollziehen, d. h. er benötigt ein männliches Objekt, um die frühe Identifikation mit der Mutter abwehren zu können und männlich zu werden (vgl. Greenson 1968). Erstmals wird die Situation des Mädchens nicht mehr als Mangel gesehen, sondern auch als Vorteil gegenüber dem männlichen Geschlecht.

Entscheidend für die Verarbeitung der frühkindlichen Entwicklung ist nicht die anatomische Ausstattung, sondern das Erleben von kulturell vermittelten und von den Eltern verinnerlichten Fantasien und realen Spiegelungen, die sich um die Geschlechterdifferenz drehen und die vom Kind wiederum verinnerlicht werden. Es ist auch zu fragen, welche Institutionen und Riten eine Gesellschaft bereit stellt, um Entwicklungskrisen, zum Beispiel den Identifikationswechsel des Knaben, zu bewältigen.

Der Gebärneid des Mannes

Wie sehr gesellschaftliche Realität die Wahrnehmung der Geschlechterdifferenz prägt, lässt sich bereits am Penisneid und Kastrationskomplex belegen. Waren sie bei Freud zentrale Paradigmen menschlicher Entwicklung, so sind sie in anderen, matrilinearen Kulturen gar nicht zu finden. Gebärneid und andere Sexualängste treten an ihre Stelle (Heinemann 1995; 1998a).

Die Existenz des Gebärneides ist bereits von Freud erwähnt worden. »Es ist nicht immer leicht, die Formulierung dieser frühen Sexualwünsche aufzuzeigen; am deutlichsten drückt sich der Wunsch aus, der Mutter ein Kind zu machen, wie der ihm entsprechende, ihr ein Kind zu gebären, beide der phallischen Zeit angehörig, befremdend genug, aber durch die analytische Beobachtung über jeden Zweifel festgestellt« (Freud 1933a, S. 128). Der alten symbolischen Äquivalenz Penis-Kind liegt dann eher der Wunsch nach einem Kind zugrunde, der im Sinne einer

Reaktionsbildung durch die Idealisierung des Penis abgewehrt werden kann. Jacobson zufolge gibt es orale und anale Schwangerschaftsfantasien bei beiden Geschlechtern. »Der Wunsch nach einem Kind ist historisch älter als der Wunsch nach oder der Stolz auf den Penis. Der Wunsch nach einem Kind scheint sogar zuerst nur die Mutter-Kind-Beziehung zu betreffen ohne Fantasien über die Beziehung der Eltern« (unsere Übers., E. H., H. H.; Jacobson 1950, S. 141). Und Jones: »Es ist eher so, dass es (das Mädchen, E. H., H. H.) eine lustbetonte Vorstellung hat, den Penis in sich aufzunehmen und ein Kind daraus zu machen, als dass es nur deshalb ein Kind wünscht, weil es nun mal keinen Penis sein eigen nennen kann« (Jones 1933, S. 346). Boehm (1930) und Klein (1928) stellten einen intensiven Neid des Mannes auf die weiblichen Brüste und die Gebärfähigkeit fest, sie bezeichnen den Neid des Mannes als Weiblichkeitskomplex. Horney wurde noch deutlicher: »Biologisch betrachtet, verschafft aber die Mutterschaft, resp. die Fähigkeit zu ihr, der Frau eine ganz unbestreitbare und nicht geringe physiologische Überlegenheit. Das spiegelt sich auch aufs deutlichste im Unbewussten der männlichen Psyche wieder in dem intensiven Mutterschaftsneid des Knaben« (1926, S. 365). Über den Weg der Verkehrung ins Gegenteil wird aus dem Neid die Verachtung der Frau, so Horney.

Bettelheim (1975) sieht die Phallusverehrung als ein späteres kulturelles Produkt gegenüber dem Gebärneid. Er interpretiert die Initiationsriten sogenannter primitiver Völker als Bewältigungsversuche des Gebärneides. »So mag die Gesellschaft nicht auf der Verbindung der mörderischen Brüder (wie Freud postulierte), sondern auf einer gemeinsamen Anstrengung der Männer, ein allgemeines Problem (den Gebärneid, E. H., H. H.) zu meistern, gegründet worden sein« (ebd., S. 163).

Inzwischen liegen psychoanalytische Forschungen aus matrilinearen Kulturen vor, die

eine unserer Kultur völlig verschiedene Sozialisation und Gesellschaftsstruktur haben (Heinemann 1995; 1998a). In Palau sind Kastrationsangst und Penisneid nicht zu finden, dafür ist die Kultur durchsetzt von der Gleichsetzung von Essen und Sexualität. Das Tabu des Verzehrs des Totemtieres sichert die Exogamie. Die Geschlechtsorgane von Mann und Frau werden mit Nahrungsmitteln benannt und nichts zu essen zu haben, heißt, keinen Sexualpartner zu haben. Sexualität wird bezeichnet als »Essen von demselben Teller« und Männer und Frauen dürfen nicht gemeinsam miteinander essen. So wird die Geschlechtsidentität durch äußere Trennung der Geschlechter aufrecht erhalten (ebd., 1995, S. 58).

Anstelle der Kastrationsangst tritt beim Mann die Angst, sexuell nicht zu genügen, ähnlich wie dies Horney beschrieben hat. Folgender Mythos erzählt von dieser Angst des Mannes: »Ein Mann, der im Norden von Babeldaob lebte, war unfähig, seine Frau, die viel größer war als er, zu befriedigen. Da er seine Frau liebte und wollte, dass sie Lust empfand, überredete er sie, in ganz Palau nach einem Mann zu suchen mit dem Namen Melechotchachau … Sie fand Melechotchachau und fragte ihn, ob seine legendäre Ausstattung der Wirklichkeit entspreche. Der Mann sagte ihr, sie solle nur seinem Glied folgen, wie es sich einige Meilen zwischen den Felseninseln südlich von Ngerkebesang hinauswinde. Die Frau fand schließlich die Spitze des enormen Gliedes, und sie bestieg es sofort. Sie wurde sogleich in die Luft geschleudert und zur Insel Peleliu in der Nähe des Dorfes Ngerdelolk geworfen. Bis zum heutigen Tag gibt es einen Felsen in der Nähe dieses Dorfes mit dem Namen Ngetkoang, was bedeutet ›geworfen zu werden von einer hockenden Stellung‹. Der Fels hat die Figur der total befriedigten Frau, die Melechotchachau fand« (ebd., S. 50 f.).

Die Angst des Mannes vor der Sexualität der Frau wird mit der Drohung der Versteinerung, vielleicht ähnlich des Konzeptes der Aphanisis (Jones), beantwortet. Im Zentrum aller Riten steht in Palau die Zeremonie der Geburt des ersten Kindes, mit der die Frau einen quasi »göttlichen« Status erhält. Gebärneid auf Seiten der Frauen drückt sich im Ritus aus, wenn die junge Mutter 10 Tage mit kochend heißem Wasser und Rutenhieben von Frauen zur Vorbereitung der Zeremonie behandelt wird. Symbolisch wird ihr Geschlechtsorgan im Essen des Taro, der unter ihrer Vagina gedämpft wurde, kannibalistisch verzehrt. Der Gebärneid des Mannes drückt sich aus, wenn Männer nach der früher stattfindenen Kopfjagd den erbeuteten Kopf in einer der Zeremonie des ersten Kindes analogen Weise präsentierten.

Fantasien um Geschlechtsorgane und Geschlechterdifferenz sind abhängig von der realen Macht und Position der Geschlechter in einer Kultur, bzw. stehen in einem dialektischen Prozess und tragen als unbewusste und bewusste Fantasien zur Erhaltung der Machtstrukturen bei.

Psychische Störungen und Geschlechterdifferenz

Tab. 3: Psychische Störungen und Geschlechterdifferenz (Jungen Mädchen = 100 %)

Jungen	Mädchen
Stammeln (70 %)	Mutismus (62 %)
Stottern (80 %)	Angst (60 %)
Zwang (70–90 %)	Depression bei Jugendlichen (65–75 %)
Vollendeter Suizid (80–90 %)	Suizidversuche (67 %)
Aggression (80 %)	Selbstverletzendes Verhalten bei Jugendlichen (80 %)
Hyperaktivität (75–80 %)	Bulimie (95 %)
Perversionen (o. A.)	Magersucht (95 %)
Enuresis nocturna bei Jugendlichen (o.A.) bei 5-Jährigen 55 % bei 11-Jährigen 67 %	Borderline-Störungen
Einkoten (80 %)	Hysterie (80 %)
Psychosen (60–75 %)	Sexueller Missbrauch (75 %)
Autismus (75–80 %)	
Borderline-Störungen im Kindesalter (o. A.)	

Wenn wir die in diesem Buch beschriebenen psychischen Störungen im Kindes- und Jugendalter unter geschlechtsspezifischen Aspekten betrachten, so fallen deutliche Unterschiede zwischen den Geschlechtern auf, die uns unter Umständen Aufschluss geben können über unbewusste und bewusste Macht- und Sozialisationsverhältnisse in unserer Kultur. »Die Pathologie hat uns ja immer den Dienst geleistet, durch Isolierung und Übertreibung Verhältnisse kenntlich zu machen, die in der Normalität verdeckt geblieben wären« (Freud 1933a, S. 129).

Psychische Störungen bei Knaben konzentrieren sich auf das Alter der Kindheit, grob gesagt, die Schulzeit, während die Störungen der Mädchen hauptsächlich die Adoleszenz betreffen.

Die Geschlechterverteilung der in diesem Buch beschriebenen psychischen Störungen zeigt die **Tabelle 3**.

Eine repräsentative Untersuchung von Hirschmüller, Hopf, Munz und Szewkies (1997) zeigt bei einer Stichprobe von 449 Kindertherapien und 160 Therapien mit Jugendlichen, dass bei Kindern bis 12 Jahren die Jungen 64 % der Therapieplätze in Anspruch nehmen, bei den Jugendlichen sind die männlichen Patienten nur noch mit 32 % vertreten. Die wichtigsten Symptome bei Behandlungsbeginn entsprechen in der Geschlechterverteilung etwa unseren Ausführungen.

Jungen wenden Aggression eher nach außen, Mädchen wenden sie gegen sich selbst. Jungen werden durch geschlechtsspezifische Erwartungen und Erziehung eher in körperlichen Aktionen narzisstisch bestätigt, sie beantworten innere Unruhe bald mit narzisstischen Größenfantasien, Aggression und motorischer Unruhe. Depressionen kommen bei Jungen nicht seltener vor als bei Mädchen, die depressiven Affekte werden nur stärker mit Hilfe einer Aggressivierung abgewehrt. Erstaunlich ist, dass Hyperaktivität kaum zur psychotherapeutischen Behandlung führt (Jungen 2 %, Mädchen 0,5 %, bei Jugendlichen beiderlei Geschlechts 0 % der Behandlungen). Die Abwehr der Anerkennung psychischer Ursachen und die Bevorzugung medikamentöser Behandlung scheint noch immer sehr wirksam, trotz des Wissens um die Gefährlichkeit des Medikamentes Ritalin.

Die Störungen der Jungen dokumentieren die von Chodorow und Greenson beschriebene Identitätskrise des Knaben. Um männlich zu werden, muss er sich von der verführerischen Mutter abgrenzen und mit dem Vater oder einem Ersatzobjekt identifizieren. Der Knabe ist von der Verfügbarkeit eines solchen Objektes abhängig. Wenn der Vater schwach, nicht vorhanden oder als Identifi-

kationsobjekt unattraktiv ist, wächst die Bedrohung für den Knaben, mit der Mutter symbiotisch und inzestuös verstrickt zu bleiben und die Geschlechtsidentität zu verlieren. Aggression und Hyperaktivität zeugen vom Versuch, sich von der Mutter abzugrenzen. Im Zwang, Stottern und Stammeln drückt sich die Ambivalenz aus, Aggression gegenüber der Mutter, aber auch Schuldgefühle und Zuneigung ihr gegenüber zu empfinden. Die sexuellen Identitätsstörungen, das Einnässen und Einkoten wehren Aggression der Mutter gegenüber im Sinne einer Perversion oder psychosomatisch ab, d. h. Aggression ist nicht mehr bewusst und die Ängste um die eigene Geschlechtsidentität stehen unbewusst im Vordergrund. In der Psychose ist die Abgrenzung und Triangulierung schließlich gescheitert.

Ganz im Sinne von Chodorow scheinen die Mädchen das Kindesalter unbeschadeter zu überstehen. Vielleicht ermöglicht die Schule den Mädchen, mit der Mutter in sublimierter Weise zu rivalisieren und sich so von ihr abzugrenzen. Die Mädchen durchlaufen keine mit der männlichen Entwicklung vergleichbare frühe Identifikationskrise. Sie scheinen eher unter Schuldgefühlen zu leiden, ihr Über-Ich ist, im Gegensatz zu Freuds Hypothese, rigider und führt zur Wendung der Aggression gegen das Selbst. Mertens (1992, S. 95) sieht in der frühen Identifikation des Mädchens mit der Mutter eine Ursache für ein strengeres, aber auch konsolidierteres Über-Ich als das des Knaben. Bei den Mädchen ist vermutlich die Verselbständigung komplizierter und löst mehr Schuldgefühle der Mutter gegenüber aus.

Die weibliche Entwicklung scheint in unserer Kultur in der Adoleszenz verstärkten Belastungen ausgesetzt zu sein. Vielleicht gelingt es den Knaben in der Adoleszenz über die Identifizierungen im Beruf, die Ablösung von der Mutter und die Sicherung männlicher Identität zu erreichen. Eggert-Schmid Noerr (1991) fand in gruppenanalytischen

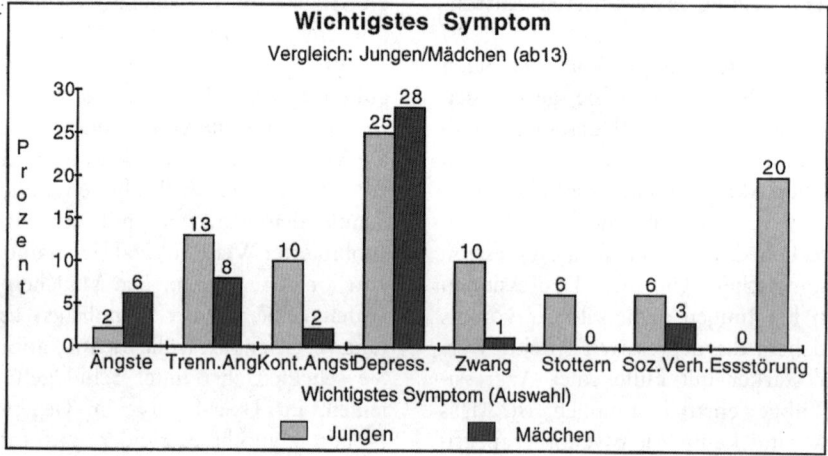

Abb. 1: Wichtiges Symptom bei Behandlungsbeginn. Aus: Hirschmüller u. a., 1997, S. 24

Gesprächen bei männlichen, arbeitslosen Jugendlichen die Angst zu verweiblichen. Die Mädchen geraten in der Adoleszenz jedoch in eine Krise, sich nun endgültig von der Mutter ablösen zu müssen, was offenbar mit starken Schuldgefühlen und Verlustängsten behaftet ist (vgl. Bell 1996), und sie müssen Sexualität integrieren. Hysterie, Bulimie und Magersucht zeugen von der Angst, weiblich und sexuell aktiv zu werden. Über die bekannte Gleichsetzung von Essen und Sexualität wird der Kampf um sexuelle Autonomie auf das Essen verscho-

ben oder ins Körperliche konvertiert und so maskiert. Die Rivalität, die durch den Reiz des Penis ausgelöst wird, weckt und reaktiviert archaische Trennungsängste und Schuldgefühle der Mutter gegenüber (Anzieu 1995). Starke Verlustängste und Aggressionen werden in der Depression introjiziert und über Schuldgefühle gegen das Selbst gewendet. Mutismus, Ängste und Phobien im Kindesalter sind bereits in der weiblichen Entwicklung Ausdruck dieser Trennungs- und Ablösekrise von der Mutter, Aggression wird auf die Außenwelt projiziert und die

Beziehung zur Mutter regressiv stabilisiert. Auch die weibliche Entwicklung scheitert dann letztendlich an fehlenden nicht-mütterlichen, phallischen Identifikationsmöglichkeiten, phallisch nicht im Sinne eines Männlichkeitskomplexes, den Penis besitzen zu wollen, sondern im Sinne eines aktiven Begehrens.

4   Psychoanalyse und Pädagogik

Die Anfänge der psychoanalytischen Pädagogik

Die Geschichte der Psychoanalyse ist von Anfang an eng mit Pädagogik verbunden. Behandelte die Psychoanalyse neurotische Störungen auf dem Hintergrund der genetischen Theorie, d. h. der Annahme einer Entstehung psychischer Störungen durch Erlebnisse, die bis in die Kindheit zurückgehen, so ist die Erforschung des Unbewussten gleichzeitig auch Erforschung der Psychologie des Kindes. Da die Psychoanalyse in ihren Anfängen Interessenten ganz verschiedener Berufszweige offenstand, waren es naturgemäß psychoanalytisch ausgebildete Pädagogen, denen die Entwicklung der psychoanalytischen Pädagogik zu verdanken ist. Diese Diskussion aus der »Blütezeit der psychoanalytischen Pädagogik« fand in der Zeitschrift für Psychoanalytische Pädagogik (1926–1937) ihren publizistischen Niederschlag.

Den ersten im engeren Sinne pädagogischen, d. h. auf das Kind gerichteten Erziehungsversuch unternahm Freud selbst. In seiner Schrift »Analyse der Phobie eines fünfjährigen Knaben« (1909, ▶ Kap. II. 3) behandelte er das Kind, indem er Gespräche mit dem psychoanalytisch aufgeklärten Vater führte, der die Erkenntnisse aus den Gesprächen mit Freud in pädagogisch-therapeutisches Handeln umsetzte. Freud blieb jedoch sehr zurückhaltend in der Einschätzung der Möglichkeit einer psychoanalytischen Behandlung von Kindern, sah er es doch als behindernd an, dass das Kind in seiner Charakterstruktur noch unfertig, noch in der Entwicklung befindlich und zudem der krankmachenden Umgebung des Elternhauses noch ausgesetzt ist und es nicht aus eigenem Streben kommt. »Die Herstellung des Kindes mag dem Arzt gelingen, aber es geht nach der Genesung um so entschiedener seine eigenen Wege, und die Eltern sind jetzt weit mehr unzufrieden als vorher« (1920a, S. 275). Trotzdem sprach Freud (1910, S. 51) von der psychoanalytischen Behandlung als einer fortgesetzten Erziehung zur Überwindung von Kindheitsresten. In diesem Sinne nannte er die psychoanalytische Kur mehrfach »Nacherziehung«. Im Vorwort zu August Aichhorns »Verwahrloste Jugend« schrieb Freud 1925, dass die Theorie und Praxis der Kindererziehung von allen Anwendungen der Psychoanalyse diejenige ist, die das größte Interesse, die meisten Hoffnungen erweckte und die tüchtigsten Mitarbeiter herangezogen habe. Das Kind wurde Objekt psychoanalytischer Forschung und es entstand die Erwartung, die psychoanalytische Bemühung um das Kind werde der erzieherischen Tätigkeit zugute kommen. Freud ließ offen, ob dies gelang, eine gewisse Skepsis ist zwischen den Zeilen zu lesen. Zur psychoanalytischen Pädagogik August Aichhorns schrieb er: »Sein Verhalten gegen die Pflegebefohlenen entsprang aus der Quelle einer warmen Anteilnahme an dem Schicksal dieser Unglücklichen und wurde durch eine intuitive Einfühlung in deren seelische Bedürfnisse richtig geleitet. Die Psychoanalyse konnte ihm praktisch wenig Neues lehren, aber sie brachte ihm die klare theoretische Einsicht in die Berechtigung seines Handelns und setzte ihn in den Stand, es vor anderen zu begründen« (1925, S. 7). Mit dem Begriff der »intuitiven Einfühlung« scheint Freud die pädagogische und analytische Methode trennen zu wollen, wobei das Pädagogische als »Intuition«, d. h. unwissenschaftlich, durchaus eine Abwertung erfährt. Freud war um die Differenz beider Methoden bemüht. »Ein Kind … ist eben noch kein Neurotiker und Nacherziehung etwas ganz anderes als Erziehung des Unfertigen. Die Möglichkeit der analytischen Beeinflussung ruht auf ganz bestimmten Voraussetzungen, die man als ›analytische Situation‹ zusammenfassen kann, erfordert die Ausbildung gewisser psychischer Strukturen, eine bestimmte Einstellung zum Psychoanalytiker. Wo diese fehlen, wie beim Kind, beim jugendlichen Verwahrlosten … muss man

etwas anderes machen als Analyse, was dann in der Absicht wieder mit ihr zusammentrifft« (ebd., S. 8). Beide Methoden bleiben für Freud unvereinbar, er plädiert aber für die Durchführung einer Analyse beim Pädagogen. Er schließt mit dem Schlusssatz, dass Erzieher, sofern sie sich einer Analyse unterzogen haben, für die Ausübung der Analyse freigegeben werden sollen. Psychoanalytische Pädagogik ist dann nicht mehr Pädagogik, sondern aus Pädagogen werden Analytiker. Dies entspricht denn auch den Entwicklungen in der Realität, wie sie nach dem 2. Weltkrieg einsetzten, aus Pädagogen mit einer psychoanalytischen Weiterbildung wurden Kinder- und Jugendlichenpsychotherapeuten, wobei der Status Psychotherapeut weiterhin eine Grenze zum Psychoanalytiker aufrecht hält.

Die Blütezeit der psychoanalytischen Pädagogik

Die Zeit von 1920 bis 1938 gilt als die Blütezeit der psychoanalytischen Pädagogik, wobei die Zeit bis 1932 von uneingeschränktem Optimismus zeugt, das Kind mit Hilfe der Psychoanalyse befreien zu können und Neurosenprophylaxe durch eine an der Psychoanalyse orientierte Erziehung betreiben zu können. »Eine diesen Lehren entsprechende rationellere Kindererziehung wird einen großen Teil der drückenden psychischen Lasten wegräumen« (Ferenczi 1908, S. 17). Zu Beginn war das Engagement der psychoanalytischen Pädagogen für die Befreiung des Kindes von der Leugnung und Unterdrückung seiner Sexualität, von der Missachtung seiner affektiven und sozialen Bedürfnisse und seiner Ansprüche auf Selbstverwirklichung gekennzeichnet. 1932 setzte dann eine kritische Sichtung von Missverständnissen und übersteigerten Hoffnungen ein und führte zur Revision der psychoana-

lytischen Pädagogik, die 1937 in einem Symposium in Budapest zu diesem Thema ihren Höhepunkt fand. Im Zuge der Revision wurde nun gewarnt, vor lauter Verstehen müssen das natürliche Benehmen zu verlieren, und es wurde die wichtige Rolle der Versagungen für die kindliche Entwicklung hervorgehoben (Bornstein-Windholz 1937). Die pädagogische Zielsetzung verschob sich von der Befreiung des Kindes zu einer an Ich-Stärkung gerichteten positiven Erziehungslehre. Dieser Wechsel vollzog sich parallel zur Etablierung der Ich-Psychologie innerhalb der psychoanalytischen Theorie (Füchtner 1979). Die psychoanalytische Pädagogik entwickelte in ihrer Blütezeit drei Schwerpunkte, nämlich den Bereich der Kindertherapie (▶ Kap. I.5), den der Heimerziehung mit verwahrlosten und elternlosen Kindern mit den bedeutenden Erziehungsversuchen von Wera Schmidt, August Aichhorn und

Sigfried Bernfeld sowie den Bereich der Anwendung in der Schule, hier ist vor allem Hans Zulliger zu nennen.

Die Psychoanalytiker, die zugleich Pädagogen waren, hatten einen neuen Anwendungs- und Forschungsbereich geschaffen, die Kindertherapie. Mit Ausnahme von Melanie Klein haben die Pioniere der Kinderanalyse – Anna Freud, Nelly Wolffheim, Hermine Hug-Hellmuth, Hans Zulliger – dem pädagogischen Engagement des Psychoanalytikers in der Kindertherapie einen festen Platz zuerkannt. Vor allem in der Ausarbeitung der Kinderanalyse durch Anna Freud sind die Einflüsse der Sozialarbeit und Pädagogik der Entstehungszeit anzumerken. Sie begründet die pädagogische Dimension der Kinderanalyse mit der Unfertigkeit des Kindes und der Unselbständigkeit des Über-Ich. Das Über-Ich des Kindes müsse sowohl durch die Therapie korrigiert als auch durch Schaffung neuer Eindrücke in der Erziehung beeinflusst werden. »Die Arbeit am kindlichen Über-Ich aber ist eine doppelte: analytisch in der historischen Zerlegung von innen her, soweit das Über-Ich schon Selbständigkeit erlangt, aber außerdem erzieherisch beeinflusst von außen her durch Veränderungen im Verhältnis zu den Erzieherpersonen, durch die Schaffung neuer Eindrücke und durch die Revision der Anforderungen, die von der Außenwelt an das Kind gestellt werden« (A. Freud 1926, S. 96). Bittner (1967, S. 183 ff.) zeigt auf, dass Anna Freud die pädagogischen Elemente der Therapie in späteren Arbeiten nicht mehr als pädagogische reflektieren wollte. Auch sie unterlag dem Sog der Abgrenzung und, damit auch meist verbunden, der Abwertung der Pädagogik.

Die Versuche einer psychoanalytischen Heimerziehung waren revolutionär, scheiterten aber nach meist nur wenigen Jahren an den institutionellen und gesellschaftlichen Widerständen. Wera Schmidt (1923) gründete 1921 in Moskau ein Heim für dreißig Kinder im Alter von 1–5 Jahren, die unter psychoanalytischen Bedingungen erzogen werden sollten. Darunter verstand sie vor allem keine Strafen und Triebfreiheit in oraler, analer und prägenitaler Hinsicht. Durch Bereitstellung von geeigneten Materialien wie Sand, Ton, Wasser und Farben sollten die Erzieherinnen die Sublimierung fördern und keine Unterwerfung der Kinder unter von außen auferlegte Beschränkungen zulassen.

Siegfried Bernfeld (1921) war von August 1919 bis April 1920 Direktor des jüdischen Kinderheims Baumgarten in Wien. In Kindergarten, Schule und Heimleben waren 300 Kinder beiderlei Geschlechts im Alter von 3–16 Jahren untergebracht. Im Grunde ist der Bericht Bernfelds die Beschreibung eines reformpädagogischen Konzeptes, eine psychoanalytische Reflexion oder ein Verstehen der Kinder aus psychoanalytischer Sicht im engeren Sinne ist bei Bernfeld nicht zu finden. Für ihn war es ein großes Anliegen, die Machtstrukturen im Heim zu verändern, den Kindern Ausgang zu ermöglichen, ohne dass sie wie bisher lügen mussten. Sie sollten aufrichtig sagen können, dass sie ins Kino gehen wollen. Auch die Erfindung eines eigenen Gerichtes anstelle der Pädagogenautorität folgt letztendlich reformpädagogischen Ansätzen. Psychoanalytische Pädagogik wird hier noch ganz rudimentär als Respekt vor und Anerkennung der Würde des Kindes verstanden. Begriffe wie Übertragung, Es, Ich und Über-Ich sind hier nicht zu finden.

August Aichhorn (1971) entwickelte seine Erziehungslehre in den österreichischen Fürsorgeerziehungsanstalten von Oberhollabrunn und St. Andrä, die er von 1918 bis 1922 leitete. Bereits 1925 erschienen seine grundlegenden Gedanken in dem Buch »Verwahrloste Jugend«, zu dem Freud das oben zitierte Vorwort schrieb. Zu einer Zeit, als Besserungsanstalten militärähnlich wie Arbeitslager organisiert waren, sprach er von der Nutzlosigkeit des reinen Zwangs zur Anpassung mittels Lob und Strafe. Er wollte Verwahrlosungserscheinungen auf ihre Ursachen zurückführen und so zu beheben suchen. Unbewusste Motive der Verwahrlosung sollten mit Hilfe der Psychoanalyse verstanden werden. Zunächst müsse das große Defizit an Liebe ausgeglichen werden und erst dann, nach und nach, sehr vorsichtig mit stärkerer Belastung vorgegangen werden. Anfangs konnten die Kinder ihre Aggressionen hemmungslos entladen, die Erzieher sollten durch Nichtbeachtung und gewaltlose Reaktionen nicht der Provokation der Kinder erliegen. Die Phase des Wutweinens, die diesen Reaktionen der Erzieher folgte, sah Aichhorn als Wendepunkt in der Entwicklung der Kinder. »Wenden nun die Erzieher verschärfte Zucht an, so machen sie es wie die anderen, mit denen die Kinder in Konflikt stehen, und der ohnehin vorhandene Gegenimpuls muss sich verstärken, die Verwahrlosung vertiefen, statt behoben zu werden« (ebd., S. 147). Obwohl Aichhorn an der Triebtheorie orientiert war, sah er im Gegensatz zu Wera Schmidt, die aber auch ein anderes Klientel betreute, die wichtige Rolle der Versagungen. Aufgabe der Erziehung war nach Aichhorn, das richtige Maß an Versagungen zu vermitteln (ebd., S. 178). Diese Versagungen konnten aber erst einsetzen, wenn die Kinder und Jugendlichen eine positive Beziehung zu den Erziehern aufgebaut hatten. Das wichtigste Hilfsmittel war, ähnlich wie bei Anna Freud, die positive Übertragung, die durch ein lustbetontes Milieu und die liebevolle Haltung der Erzieher hergestellt werden sollte. Die Erzieher sollten sich als Objekt der Identifizierung anbieten und so eine Veränderung des Ich-Ideals bewirken. Voraussetzung der Identifizierung war die libidinöse Besetzung der äußeren Objekte, d. h. der Erzieher.

Für den Bereich der Schule gab es eine angeregte Diskussion in der Zeitschrift für Psychoanalytische Pädagogik. Zulliger (1930a,b; 1936) sah psychoanalytische Pädagogik als eine Erziehungsweise, die auf dem psychoanalytischen Verständnis der Kinder in ihrer Eigenschaft als Einzelindividuen und als Masse sowie auf dem Verständnis der Erzieherreaktionen beruht. »Die praktische Auswertung der massenpsychologischen Erkenntnisse, die tieferen und dynamisch erfassten und in die Tat umgesetzten Zusammenhänge der Psyche des Massen- und des Führerindividuums, wie Freud sie uns gab, ist die psychoanalytische Pädagogik wie wir sie in der Schule betreiben können« (ebd., 1930a, S. 50).

Zulliger charakterisiert die Aufgaben des Lehrers neben der Wissensvermittlung als ein bewusstes Umgehen mit der durch die Übertragung entstandenen Bindung der Schüler. Da er das Lehrer-Schüler-Verhältnis als das eines Führers zur Masse beschreibt, gilt seiner Meinung nach auch die Massenübertragung. Einig war man sich, dass Übertragungen in der Schule stattfinden und dass es Aufgabe des Lehrers ist, diese richtig zu handhaben. Kuendig hebt hervor, dass Sublimierungsleistungen in hohem Maße von der positiven Einstellung zum Lehrer abhängig sind. »Sie (die Leistungen, E. H., H. H.) sind, von der rein intellektuellen Stufe abgesehen, in hohem Maße von ihrer seelischen Einstellung dem Lehrer gegenüber oder wie der Analytiker sagt: von der gesamten Übertragung auf den Lehrer abhängig« (1927/28, S. 73). Damit die Übertragung nicht an Intensität verliert, ist es nötig, dass der Lehrer möglichst viel und in verschiedenen Fächern als Klassenlehrer in der Klasse unterrichtet. Zulliger forderte bereits eine eigene Analyse des Pädagogen, damit nicht die Konflikte des Lehrers im Unterricht agiert werden. Yates (1931) untersuchte an drei Fällen, wie unerledigte Konflikte des Lehrers sein Verhalten in der Schule bestimmten.

Zulliger (1921; 1928) beschreibt, wie beeindruckend es sei, wenn Kinder ihre Hemmungen fallen lassen, wenn sie spüren, dass der Lehrer nicht richten will, sondern verstehen. Wichtiges Mittel sind dabei kleine

Besprechungen im Unterricht. So betrat einst ein Schüler Zulligers wiederholt »aus Versehen« den Klassenraum Zulligers, obwohl er in eine andere Klasse versetzt worden war. Auf die Frage Zulligers, warum er sich so schlecht merken könne, dass er jetzt in einer anderen Klasse sei, antworteten die Schüler nach einigen Überlegungen, dass er wohl gerne in der Klasse bleiben wolle. »Solche kleinen Besprechungen sind dazu angetan, die Schüler auf sich selber aufmerksam zu machen. Haben sie erst einmal die oberflächlichsten Hemmungen überwunden, so antworten sie meist ... mit verblüffender Offenheit, wie es der Schulmeister nicht gewohnt ist von Leutchen, die ihn gewöhnlich als den natürlichen Feind betrachten« (1921, S. 7). Als weitere Möglichkeiten gibt Zulliger freie Aufsätze der Schüler an, die nicht benotet, in Gegenwart des Kindes gelesen und kommentiert werden. Je nach Problemlage finden Einzelgespräche nach dem Unterricht statt. Traumdeutungen nach der Reizwortmethode, Interpretationen des Unbewussten und Provokation von Massengeständnissen sind bei Zulliger weitere Hilfsmittel.

Ein Beispiel aus Zulligers Arbeit: Zulliger (1926/27) erhielt eine neue Schülerin namens Bertha. An ihrem 2. Schultag behielt er sie in der Klasse zurück, um sie zu testen. In den folgenden Tagen hetzte nun eine Schülerin die anderen Mädchen gegen die neue Mitschülerin auf. Es entstand ein heftiger Mädchenstreit. Zulliger ließ die Klasse einen freien Aufsatz schreiben. Während die anderen Schülerinnen von den Streitereien schrieben, schilderte die Schülerin, welche zum Streit anstiftete, einen Traum, den sie vorangegangene Nacht träumte. Sie träumte, sie hätte eine Puppe aufgeschnitten. Da nur Holzwolle heraus kam, schmiss sie die Puppe weg. Die Mutter wollte ihr eine neue Puppe kaufen. Sie aber antwortete: »Ich habe keine Freude an mehr Puppen«. Zulliger führte nach dem Unterricht ein Gespräch mit dem Mädchen über diesen Traum. Es stellte sich heraus, dass die Mutter schwanger war und das Mädchen einen heftigen Neid auf das zu erwartende Geschwisterchen hegte. Im Traum untersuchte sie symbolisch das Innere der Mutter. »Keine Freude an mehr Puppen« ist ein Versprecher – es müsste eigentlich »keine Freude mehr an Puppen« heißen – und bedeutet, dass sie keine Freude an mehr Geschwistern hat. Den Hass auf das neue Geschwisterchen verschob sie auf die Mitschülerin. Die Angst, die Liebe der Mutter zu verlieren, führte aufgrund der Übertragungssituation zur Angst, die Aufmerksamkeit des Lehrers zu verlieren, aktualisiert durch die erhöhte Aufmerksamkeit, die der Mitschülerin durch die Testsituation zuteil wurde. Die Deutung Zulligers bewirkte ein sofortiges Ende des Streites und die Integration der neuen Schülerin.

Auch Kuendig (1927/28) berichtet in zahlreichen Beispielen anhand kleiner Vorkommnisse, Beobachtungen, freier Aufsätze, von den Schülern freiwillig abgegebenen Einfällen und Deutungen von Träumen über die psychische Einstellung der Klasse und derjenigen einzelner Schüler. Einzelgespräche mit dem Schüler sind bei ihm ebenfalls wichtige Hilfsmittel, wichtiger jedoch seien die Gespräche in der Klasse, die der Verarbeitung von Konflikten dienen.

Homburger (1930), der später in den USA als Erik H. Erikson bekannt wurde, sowie Buxbaum (1931) zeigen die Bedeutung sogenannter Fragestunden auf. Während Homburger Fragestunden außerhalb des Unterrichts mit einzelnen Schülern durchführte, bezog Buxbaum die Fragestunden in den Unterricht ein. Die Schüler durften in solchen Stunden fragen, was sie wollten, meist drehten sich die Fragen um sexuelle Probleme. Homburger zeigte auch die Möglichkeit auf, durch das In-Beziehung-Bringen von Unterrichtsstoffen zu den Gefühlen der Kinder die Gefühle der Kinder durchzusprechen und zu verarbeiten. So wurden Erfahrungen von Wut der Kinder besprochen, als sie im

Geschichtsunterricht den Flug Amundsens durchnahmen, der trotz großer Wut auf Nobile sich während des Fluges beherrschte.

Homburger (1931) verwandte auch die Methode der freien Aufsätze für das Erfassen der seelischen Situation des Kindes.

Psychoanalytische Pädagogik in den USA

Der Krieg führte zur Vertreibung vieler Psychoanalytiker, vor allem nach England und in die USA. Der soziale Kontext, in dem sich Psychoanalyse im Exil entwickelte, war ein anderer. In den USA wurde konsequent eine Medizinalisierung der Psychoanalyse betrieben, und es wurden bereits 1938 keine Pädagogen mehr zur psychoanalytischen Ausbildung zugelassen. Die Arbeiten von Bettelheim und Redl blieben so die vereinzelten, aber bedeutsamen Ansätze einer psychoanalytischen Pädagogik in den USA. In England wurde die klassische Kindertherapie weiterentwickelt, vor allem in der Hampstaed Child-Clinic und der Tavistock Clinic (▶ Kap. I.5).

Bettelheim (1971; 1978) übernahm 1944 die Leitung der Orthogenic School der Universität von Chicago und blieb ihr Leiter bis 1973, einer der wenigen psychoanalytischen Erziehungsversuche, die nicht schon nach kurzer Zeit eingestellt werden mussten. Bettelheims Konzept der Milieutherapie versuchte ein therapeutisches Klima in einer Einrichtung zu gestalten, in der 34 psychisch schwerst gestörte, psychotische, autistische und verwahrloste Kinder bis 18 Jahre untergebracht waren. Auf einzigartige Weise hat Bettelheim das räumliche und menschliche Umfeld für die Kinder durchdacht und gestaltet. Die Räumlichkeiten sollten in Form von stummen Botschaften den Kindern die Einstellungen ihrer Beziehungspersonen vermitteln. Die Badezimmer waren so gestaltet, dass sie farblich ansprechend und in ihnen Platz für Gespräche waren. Die Treppenhäuser, Symbole für Regression und Progres-

sion (Auf- und Absteigen), waren ansprechend und bilderreich bemalt, die Kinder konnten ihre Zimmer selbst gestalten, es gab auf jeder Wohngruppe Kochmöglichkeiten, Süßigkeiten waren immer vorhanden, den Kindern wurden Porzellanteller sowie Messer und Gabel gegeben. So sollte ihnen symbolisch vermittelt werden, dass sie anerkannt und wertgeschätzt werden. Das Heim bot die Möglichkeit der Regression, psychotische Kinder durften etwa in den Papierkorb urinieren, wenn die Ängste vor der Toilette zu groß waren. Die Alltagssituationen wurden immer in ein psychoanalytisches Verstehen und eine pädagogische Antwort eingebunden.

Ein Beispiel aus dem Fall Joey, einem autistischen Jungen (▶ Kap. VI.3): »In den ersten Wochen, die Joey bei uns verbrachte, beobachteten wir ihn genau – zum Beispiel wie er den Speisesaal betrat. Zuerst entledigte er sich einer unsichtbaren Drahtspule, die ihn mit seiner elektrischen Energiequelle verbinden würde. Dann spulte er diesen unsichtbaren Draht ab und legte ihn bis zum Esstisch, um sich dort zu isolieren. Nun steckte er den unsichtbaren Draht in die Steckdose. (Er hatte versucht, echten Draht zu benutzen, doch das durften wir nicht zulassen, denn er hätte sich dadurch einen Schaden zufügen und wir hätten über die auf dem Fußboden ausgelegten Drähte stolpern können) ... Seine Pantomime war so gekonnt und seine Konzentration derart ansteckend, dass die, die ihm dabei zuschauten, ihre eigene Existenz zu vergessen schienen und zu Augenzeugen einer anderen Realität wurden ... So

47

wie der Säugling den Kontakt zur Mutter herstellen muss, um gestillt zu werden, musste Joey den Kontakt zur Elektrizität herstellen, bevor er funktionieren konnte … So wie keiner von uns die stillende Mutter und ihr Kind stören möchte, weil hier ein lebensspendender Kreislauf am Werk ist, bemühten sich unsere Kinder und unsere Mitarbeiter unwillkürlich, nicht auf Joeys unsichtbare Drähte zu treten, damit der Strom nicht unterbrochen und seinem Leben kein Ende gesetzt wurde« (1983, S. 309 f.).

Das Heim bot Raum für Regression und Darstellung der Symptome, die von den Mitarbeitern verstanden wurden; dabei wurden auch die Gefühle der Mitarbeiter, deren Gegenübertragungen, auch wenn Bettelheim dieses Wort selten verwendet, reflektiert. Waren die Symptome verstanden, wurden sie dem Kind gedeutet; dabei konnte die Deutung auch in Form der pädagogischen Reaktion gegeben werden.

Als Joey einmal seiner Beraterin sagte, dass der Strom ausgefallen und die Leitungen tot seien, bot sie ihm ihre Hilfe an und fügte spontan hinzu: »Möchtest du einen Bonbon oder Kaugummi, bis die Sache wieder klappt?« Während Joey sich das Bonbon holte, warf er einen Blick auf den Apparat und sagte: »Jetzt sind die Drähte wieder okay« (ebd., S. 328). Der Kontakt war wiederhergestellt, aber er war menschlicher geworden. Psychoanalytische Pädagogik bietet bei Bettelheim Raum für Regression und für das Verstehen der Bedeutung der Symptome. Sie werden den Kindern verbal oder nonverbal durch Reaktionen gedeutet, und allmählich setzt auch bei Bettelheim eine Ich-Stärkung durch Förderung der Progression ein. So wurde Joey irgendwann vorgeschlagen, die Röhren beim Essen zu reduzieren oder beim Toilettengang nur noch eine Taschenlampe mitzunehmen, statt des ganzen Apparates. Durch zahlreiche Gespräche, zum Beispiel, wenn Joey in der Badewanne lag, ergaben sich Möglichkeiten, die Ängste und Fantasien zu verbalisieren. Entscheidend für das Angebot der Ich-Stärkung war, dass die Ängste zuvor bearbeitet waren, d. h. Joey Vertrauen und menschlichen Kontakt herstellen konnte, bevor er angeregt wurde, auf seine Symptome zu verzichten. Die Mitarbeiter passten sich dem Tempo des Kindes an. Gleichzeitig blieb der Rahmen pädagogisch, mit den Kindern wurde Alltag gestaltet und gelebt.

Redl war vor seiner Emigration in die USA in Wien als Lehrer tätig und erhielt ab 1928 eine psychoanalytische Ausbildung. Seit 1930 war er Leiter der Wiener Erziehungsberatungsstellen und als Schulpsychologe in einem Landerziehungsheim tätig. Wahrscheinlich aufgrund seiner reichhaltigen pädagogischen Erfahrungen sind Redls Bücher, wie kein anderes Werk der psychoanalytischen Pädagogik, an pädagogischen Fragestellungen orientiert, die psychoanalytisch verstanden und so differenziert und alltagsnah beschrieben werden, dass sie viele Anregungen für die Praxis geben, ohne dem Fehler zu verfallen, Rezepte bieten zu wollen. 1941 wurde Redl Professor für Sozialarbeit in Detroit. Redl und sein Mitarbeiter Wineman gründeten 1946 das »Pioneer House«, in dem fünf schwer gestörte hyperaggressive Jungen im Alter von acht bis elf Jahren von 10 Pädagogen betreut wurden (Fatke 1974). Die Jungen kamen alle aus Familien der unteren Einkommensgruppen und hatten durchschnittliche Intelligenz. Bereits nach 19 Monaten musste das Projekt aufgrund finanzieller Schwierigkeiten wieder aufgegeben werden.

Redl zweifelte nie am Nutzen der Psychoanalyse für die Pädagogik. »Warum sollte nicht ein Stück analytischen Prozesses in den Dienst der Erziehung gestellt werden können?« (Redl 1932, S. 529). Zweck des Erziehens bleibt auch bei Redl die Herstellung einer gewissen Triebunterdrücktheit und Sublimiertheit. Als Erziehungsmittel muss jedoch nicht immer die Triebunterdrückung dienen. Was wir aufgrund der durch die Psychoanalyse gewonnenen Einsichten pädagogisch tun, bleibt immer noch Erziehung. Unter psychoanalytischer Pädagogik versteht Redl die Verwertung analytischer Forschungsergebnisse, die Erfüllung pädagogischer Aufgaben und die Bearbeitung pädagogischer Probleme.

Redl und Wineman entwickelten ihr Konzept der Milieutherapie auf den Theorien der Ich-Psychologie. Nach dem Konzept von Redl und Wineman (1984, S. 29) leiden aggressive Kinder unter spezifischen Störungen des Ich und Über-Ich. »Um herauszubekommen, wie man sie heilen kann, müssen wir uns daher zunächst ein wirklich gründliches Bild davon machen, was diese Ich-Störungen und Fehlentwicklungen des Über-Ich sind, welche Ich-Funktionen noch intakt und welche gestört sind, und wir müssen auch genau wissen, welche Abwehrmechanismen sie entwickelt haben, um sich gegen die Einwirkungen ihrer Umwelt zu wehren« (ebd., S. 30). Psychoanalytische Pädagogik ist bei ihnen Unterstützung und Stärkung der geschädigten Ich-Funktionen. Erst wenn die Abwehr aufgelöst sei, können Therapiemethoden ausprobiert werden. Alle pädagogischen und therapeutischen Maßnahmen sollen Kontrollen von innen erzeugen, das Ich unterstützen bzw. gestörte Ich-Funktionen wiederherstellen helfen. Es bedarf eines speziellen Heim-Klimas (z. B. Gewähren von Befriedigung durch Freizeit und liebevolle Zuwendung), einer Programmgestaltung zur Ich-Unterstützung (strukturierte Freizeitprogramme) und der therapeutischen Nutzbarmachung von Ereignissen des täglichen Lebens (ebd., S. 36 ff.). Redl und Wineman (1986) beschreiben beispielsweise 17 »antiseptische Techniken zur Ich-Unterstützung«, z. B. Wiedergutmachungsmaßnahmen zur Verminderung von Schuldgefühlen und Aggressionen oder die Interpretation durch Umstrukturierung der Realität, die im Alltag eingesetzt werden und das Ich des Kindes über die pädagogische Reaktion stärken sollen. Die pädagogische Reaktion wird analytisch reflektiert und ist quasi eine indirekte Deutung. Ähnlich wie bei Zulliger, der die Bedeutung kleiner Besprechungen in Schulalltag hervorhob, werden bei Redl die Konflikte im pädagogischen Alltag psychoanalytisch reflektiert, der Rahmen bleibt aber ein pädagogischer.

Psychoanalytische Pädagogik nach 1945

Nach dem 2. Weltkrieg etablierte sich die Psychoanalyse in der BRD neu. Auch hier setzte sich die Professionalisierung in der psychoanalytischen Ausbildung im Sinne eines medizinisch begründeten Heilverfahrens durch und besiegelte den Ausschluss der Pädagogen. Vielleicht wäre die psychoanalytische Pädagogik gänzlich in Vergessenheit geraten, hätte es nicht die Studentenbewegung in den 1960er Jahren gegeben. Im Zuge der antiautoritären Bewegung, den Kinderläden, wurde die psychoanalytische Pädagogik wiederentdeckt. Psychoanalyse war neben Marxismus ein Instrument der Befreiung. Damit knüpfte man an den frühen Optimismus der psychoanalytischen Pädagogik an, die Revision und Weiterentwicklungen der Ich-Psychologie wurden nicht beachtet. Autoren wie Bernfeld und Bettelheim wurden Leitbilder der antiautoritären Bewegung.

Leider hat sich die psychoanalytische Pädagogik nicht in der Pädagogik oder

Psychoanalyse etablieren können. Die Psychoanalyse beschränkt sich immer mehr auf die therapeutische Praxis, die Pädagogik bleibt meist in Vorurteilen stecken, Psychoanalyse sei bei Freuds Triebtheorie stehen geblieben und habe der Pädagogik nichts zu bieten. Immerhin gibt es in der Deutschen Gesellschaft für Erziehungswissenschaften eine Kommission »Psychoanalytische Pädagogik«. Wir möchten an dieser Stelle nur auf einige neuere Autoren hinweisen, die in verschiedenen pädagogischen Arbeitsfeldern an einer Weiterentwicklung der Psychoanalytischen Pädagogik arbeiten: Leber (1986; 1988) gab wesentliche Impulse für eine psychoanalytische Heilpädagogik mit dem Konzept des szenischen Verstehens und fördernden Dialogs. Schäfer (1985; 1989) arbeitet in der Tradition Flitners (1978) an einer Theorie und Praxis des Kinderspiels für Pädagogik und Therapie, Datler (1995) beschäftigt sich umfassend mit theoretischen Konzeptionen der psychoanalytischen Pädagogik, Maass (1999) liefert einen überzeugenden Ansatz der psychoanalytischen Pädagogik in der heilpädagogischen Frühförderung.

Der 1978 gegründete Verein für Psychoanalytische Sozialarbeit widmet sich der psychoanalytischen Arbeit mit ich-strukturell gestörten jungen Menschen und ihren Bezugspersonen. In zahlreichen Publikationen werden beeindruckende Beispiele psychoanalytischer Pädagogik reflektiert (vgl. Feuling 2006; Bruns 2006; Günter 2006).

Im Bereich der Schule war es Reiser (1972), der über symbolische Konfliktverarbeitung versuchte, mit dem Anbieten problembezogener Unterrichtsstoffe die Konflikte der Schüler durchzuarbeiten. Hopf (1976; 1979) wies auf die Übertragungen im Unterricht hin, Neidhardt (1977) entwickelte eine psychoanalytische Didaktik in der Sonderschule. Aktuellere Arbeiten zur psychoanalytischen Pädagogik in der Schule beziehen sich in der Regel auf den Kontext der Sonderschule oder spezifische Forschungsprojekte, so Ulrike Becker (2001), Mertens (2002), Dammasch und Katzenbach (2004), Freyberg und Wolff (2006). Heinemann, Rauchfleisch und Grüttner (2003) zeigen an Fallbeispielen wie psychoanalytisch und pädagogisch in der Sonderschule, im Heim und in der Therapie mit aggressiven Kindern und Jugendlichen gearbeitet werden kann. In einer neuen Arbeit beschreibt Heinemann (Heinemann und Hopf 2006, S. 158 ff.) die psychoanalytisch-pädagogische Arbeit mit Kindern mit AD(H)S.

Praxisbeispiele: Psychoanalytische Pädagogik in der Schule

Da wir mit dem vorliegenden Buch versuchen, Hilfen und Anregungen für die pädagogische und therapeutische Praxis zu geben, möchten wir an dieser Stelle, anhand der Erfahrungen der Koautorin aus ihrem Unterricht in der Sonderschule, Beispiele für psychoanalytische Pädagogik und die Anwendung der in diesem Buch vermittelten Kenntnisse in der Pädagogik geben.

Übertragung und Widerstand:

Übertragungen finden in der pädagogischen wie therapeutischen Situation gleichermaßen statt. Es ist wichtig sie wahrzunehmen, ohne sie immer direkt vor der Klasse deuten zu müssen. Als ich die Klasse einer Sonderschule für Lernbehinderte übernahm, sangen in der ersten Stunde Rainer und Paul, während sie kichernd zu mir hinsahen: »Ich bin ja so verliebt, ich bin ja so verliebt.« Paul gab mir denn auch kurz nach Beginn des Unterrichts zwei Zettel mit der Aufschrift: »Heinemann, ich liebe Sie. Sie kriegen einen heißen Kuss« und: »Ich liebe Sie, Heinemann, Paul.« Anna zeichnete mich sogleich und schenkte mir das Bild mit der Bemerkung: »Sie sind gar keine Frau, sondern ein Mann.« Erstaunt fragte ich: »Du meinst, ich sei ein Mann?« Lächelnd antwortete sie: »Ja, Sie heißen doch Heinemann.« Myriam flüsterte mir zu, dass sie sich am Samstag genau den gleichen Mantel, wie ich ihn habe, kaufen wolle. Meist äußern sich die Übertragungen versteckter und zurückhaltender und werden erst im Laufe der Zeit deutlicher.

Wir haben es aber auch mit Widerstand zu tun. Die gleiche Klasse war die erste Woche extrem schwierig, ständig gab es Raufereien, viele Schüler weigerten sich, mitzuarbeiten. Vor allem eine Inszenierung machte mich sehr wütend. Paul und Rainer, aber gelegentlich auch andere Schüler, provozierten mich, indem sie immer wieder zum Fenster rein und raus sprangen, der Klassenraum lag im Parterre. Hin und wieder warfen sie Gegenstände aus dem Fenster – meist solche von anderen Schülern, um unter dem Vorwand, diese wieder holen zu müssen, erneut aus dem Fenster zu klettern. Nach einigen Tagen versuchte ich den Schülern den zugrunde liegenden Ambivalenzkonflikt bewusst zu machen. Rainer und Paul, die ja am ersten Tag schon eine starke positive Übertragung zeigten, waren bezeichnenderweise auch diejenigen, die den heftigsten Widerstand zeigten. Nachdem Paul nach einer solchen Kletterpartie wieder auf seinem Platz saß, sagte ich betont ruhig zu ihm gewandt, dass er wohl so oft aus dem Fenster rein und raus klettern müsse, weil er sich nicht entscheiden könne, ob er in der Klasse bleiben wolle oder nicht, vielleicht auch, weil er sich nicht entscheiden könne, ob er die neue Lehrerin wolle oder nicht. Die Bemerkung traf ihn sichtlich und der Erfolg war, dass schlagartig

kein Schüler mehr zum Fenster rein und raus kletterte. Das innere Thema war aber noch nicht bearbeitet, sondern nur angesprochen, es musste aber nicht mehr agiert werden.

Zwei Monate später bekam ich einen neuen Schüler, Markus. Die Schüler waren außer sich, schrien, tobten und trommelten auf den Tischen. Der Neue solle abhauen, der würde nur angeben und sei still. Vor allem Anna war ganz aufgelöst. Sie heulte fast und schrie, dass sie nicht mehr in die Schule komme, wenn der Neue bleibe. Ich versuchte, ruhig zu bleiben und die Gefühle der Schüler zu verbalisieren. An Unterricht war den ganzen Vormittag nicht mehr zu denken. Ich fragte Markus nach seinen Leistungen. Als Florian, der Schwächste in Lesen und Schreiben, hörte, dass Markus kaum schreiben könne, setzte er sich neben ihn und sagte erfreut: »Du bist mein Freund. Frau Heinemann, der Markus ist mein Freund.« Der Vormittag endete fast damit, dass die Schüler den Klassenraum demolierten. Ich behielt Markus nach dem Unterricht zurück, die Situation schien ihn aber nicht so sehr zu belasten, im Gegensatz zu mir, denn ich machte mir den ganzen Nachmittag und Abend Sorgen. Umso erstaunter war ich, dass ich die ganze Nacht gut geschlafen hatte, was in der vorherigen Zeit nicht der Fall war. Die Anfangsschwierigkeiten mit der Klasse belasteten mich sehr. Irgend etwas musste sich verändert haben, auf das mein Unbewusstes reagierte. Als ich am nächsten Morgen in der Schule vorfuhr, stand die halbe Klasse auf dem Parkplatz und Myriam hatte einen Blumenstrauß für mich in der Hand. Sie entschuldigte sich für ihr Benehmen. Erst jetzt wurde mir klar, was sich ereignet hatte. Die Klasse hatte das Problem, eine neue Lehrerin zu bekommen, mit dem Schüler reinszeniert. Der Konflikt wurde dargestellt, auf den neuen Schüler verschoben. Durch das Besprechen konnten Gefühle von Ambivalenz, Aggression über Verlust und Angst vor der Schwäche des neuen Lehrers, die Aggression der Klasse nicht auszuhalten,

51

durchgearbeitet werden, ohne dass genetische Deutungen bezüglich der Elternhäuser der Schüler nötig waren.

Didaktik:

Für eine psychoanalytische Pädagogik ist die gute didaktische Vorbereitung des Unterrichtsstoffes unerlässlich. Der Unterrichtsstoff muss angemessen und ansprechend in Arbeitsblättern gestaltet sein, so dass er Freude am Lernen und Erfolgserlebnisse vermittelt. Psychoanalytische Pädagogik kann Didaktik nicht ersetzen, im Gegenteil, ein Unterricht, der die Beziehungsebene mit den Schülern stärker einbezieht und nicht in Ritualen abwehrt, kann besonders heftige Reaktionen durch unübersichtliche oder inadäquate Didaktik hervorrufen. Eine positive Übertragung, die auch im Unterricht, nicht nur in der Therapie, die wesentliche Arbeitsgrundlage ist, setzt ansprechenden und sorgfältig geplanten Unterricht voraus. »Man könnte sagen, dass in Lehrer-Schüler-Beziehungen Liebe gleich Wissen ist, d. h. die Liebe des Lehrers muss die Gestalt des Schenkens von Wissen annehmen« (Herbert 1961, S. 319).

Freie Aufsätze:

Das gelegentliche Anfertigen von freien Aufsätzen ist eine gute Möglichkeit, die inneren Konflikte der Schüler zu verstehen. Ich möchte dies an zwei Beispielen veranschaulichen. Der erste Aufsatz ist von einem stotternden, lernbehinderten 10-jährigen Jungen: »Der Cowboy. Es war einmal ein Cowboy. Er hatte einen Colt. Er konnte sehr schnell schießen. Alle Leute hatten Angst vor ihm. Sie sind ihm aus dem Weg gegangen. Er hatte einen Stern. Er musste immer die Räuber einfangen und sie ins Gefängnis sperren. Dann kamen sie auf das Gericht und wurden verurteilt. Sie bekamen eine Strafe. Sie wurden erschossen. Da kamen die anderen Gangster und erschossen den Sheriff. Da kam die Kavallerie und fing die 100 Gangster ein. Die Gangster wehrten sich, aber sie schafften es nicht.«

Zeigt sich hier nicht die ganze innere Dynamik eines stotternden Kindes (▶ Kap. VII.2), der nichtendende Konflikt zwischen aggressiven Impulsen und hemmendem Über-Ich und der Suche nach männlicher Identität?

Der Aufsatz eines lernbehinderten 12-jährigen Mädchens: »Die grünen Männchen. Die grünen Männchen sind die gefährlichsten Männchen auf der Welt. Ich habe sie gemalt und über Nacht sind sie verschwunden. Sie sind aus dem Papier heraus wirklich geworden. Sie lungerten in der Wohnung herum, bastelten eine Pistole und stellten die Pistole auf den Schreibtisch. Als dann ein Mann vorbeikam, schossen sie. Er duckte sich und die grünen Männchen verschwanden. Der Mann erhob sich langsam wieder. Da kam der Besitzer der Wohnung und fragte: ›Was ist denn los?‹ Der Mann erzählte von den grünen Männchen. Das waren die Männchen, die ich gemalt hatte. Wir suchten sie. Ich suchte im Arbeitszimmer. Im Arbeitszimmer fand ich sie dann.«

In der Nacht kommen die unbewussten aggressiven Impulse, erschießen den Mann, in der Übertragung die Lehrerin, vielleicht sind Mutter oder Vater gemeint. Der Mann (die Lehrerin) kann sich aber ducken und das Mädchen zusammen mit ihm die Männchen, sicher nicht zufällig im Arbeitszimmer, wiederfinden. Zeigt die Geschichte nicht sehr schön, wie das Mädchen, das mit einem IQ von 100 auf der Sonderschule für Lernbehinderte war, ihre eigenen Produkte aggressiv besetzte und eine Lernhemmung entwickeln musste, solange sie diese Aggression nicht ins Ich integrieren konnte, weil sie befürchten musste, dass ihr Gegenüber diese Aggression nicht überlebt? Ohne den Bezug zum Elternhaus herstellen zu müssen, können solche Interpretationen in Einzelgesprächen oder auch in der Klasse, wenn das entsprechende Klima erreicht ist, besprochen werden.

Gespräche vor der Klasse:

Florian war ein Schüler, der anfangs durch sein Übergewicht und sein aggressives Verhalten sowie seiner extremen Lese- und Schreibschwäche Außenseiter war. Er konnte kaum an einem Schüler vorbeigehen, ohne diesen zu boxen. Da er kaum lesen und schreiben konnte, wurde er oft verspottet, was seine Aggression erhöhte. Im Unterricht regredierte er. Er spielte mit Spielzeugautos und rannte bellend durch das Klassenzimmer. Im Gefühl, Hund zu sein, legte er sich auf den Boden, knurrte und biss sogar gelegentlich einen Schüler, was sofort einen Tumult hervorrief. Versuchte ich mit ihm zu reden, bellte er nur als Antwort. Vorsichtig verbalisierte ich sein Verhalten: Er wolle lieber spielen, Hund sein, als lernen zu müssen und erwachsen zu sein. Sein Bellen hörte erst auf, als ich ihm immer wieder kleine Sonderaufgaben im Lesen und Schreiben gab, was ihn freute. Erfreut meinte er einmal, dass er mir etwas zu Ostern schenken wolle. Die anderen Schüler reagierten aggressiv auf die Sonderaufgaben, ich versuchte ihnen aber zu vermitteln, dass es nicht bedeute, dass ich Florian lieber habe, sondern dass er diese Aufgaben brauchte, um besser lesen und schreiben zu lernen. Seine orale Aggression wurde sehr schön deutlich, als ich mit den Schülern in der Schülerbibliothek war, und Florian sich ein Buch über Fische, die Menschen fressen, ausleihen wollte. Als Florian erstmals von einer Kollegin zum Lesekurs abgeholt werden sollte, sprang er entsetzt auf und fauchte mich an: »Gell, das haben Sie verbrochen!« Bellend, knurrend und wild grimassierend ging er schließlich mit. Als er zurückkam, verbalisierte ich im Einzelgespräch seine Ängste, dass er das Gefühl gehabt habe, ich gebe ihn weg, weil

ich ihn vielleicht nicht mehr gern hätte und nicht, damit er besser lesen lerne. Das Verbalisieren seiner Ängste reichte aus, ihn wieder zum Sprechen zu bringen. Er erzählte in der nächsten Stunde viel von seinen Hunden zu Hause und lud mich ständig zu seinem Geburtstag ein.

Wenige Tage später kam er morgens völlig aufgelöst und aggressiv in den Unterricht. Er rannte durch das Klassenzimmer, zog Schülern die Stühle weg, boxte und bellte. Ich versuchte Ruhe zu bewahren und die Schüler auch, was schon eine enorme Leistung war und die Identifikation mit der verstehenden Haltung des Lehrers zeigte. Ich verbalisierte: »Florian, Du bist heute Morgen sehr wütend. Kannst Du uns nicht sagen, warum Du so wütend bist?« Anstelle einer Antwort rannte er auf mich zu, stand mit drohenden Händen, verzerrtem Gesicht, wild knurrend und bellend vor mir. Ich fragte wieder: »Du bist jetzt auch sehr wütend auf mich. Kannst Du nicht sagen, warum?« Völlig unzugänglich rannte er weiter im Klassenzimmer herum. Ich nahm meinen Stuhl, setzte mich frontal zur Klasse und sagte ruhig: »Florian, ich habe den Eindruck, dass Du – vielleicht zu Hause – etwas sehr Unangenehmes erlebt hast.« Er zuckte sichtlich unter meiner Bemerkung zusammen, setzte sich auf seinen Platz und erzählte mit Tränen in den Augen: »Frau Heinemann, meine Maus, die Tina, ist mir gestern weggelaufen. Die läuft jetzt in der Wohnung rum und ich finde sie nicht.« Die anderen Schüler hörten gespannt zu. Ich sagte: »Du hast das Gefühl, etwas sehr Wertvolles verloren zu haben. Du hast auch oft Angst, mich zu verlieren, vielleicht hast Du ja schon einmal die Erfahrung gemacht, etwas sehr Wichtiges verloren zu haben. (Pause) Und weil Du so unglücklich bist, ärgerst Du die anderen Kinder.« Florian war erleichtert und sagte, dass er mir die Maus malen wolle, worin ich ihn bestärkte. Die Schüler konnten erleben, dass jemand einen Grund hat, wenn er sich so verhält. Diese Erfahrung versuchte ich ihnen bewusst zu machen. Florian war inzwischen mit seiner Zeichnung fertig und übergab sie mir. Ich zeigte das Bild der ganzen Klasse. Es war beeindruckend, mit welchem Eifer Florian den Rest des Vormittags mitarbeitete. Der Verlust der Maus hatte seinen zentralen Konflikt, den Verlust der Mutterliebe, reaktiviert. Durch eine orale Regression (Übergewicht) und Identifikation mit den von der Mutter heiß geliebten Hunden suchte er diese wiederzugewinnen. Das Malen der Maus ermöglichte ein Stück Verarbeitung, nämlich dass etwas, das verloren ist, symbolisch präsent bleiben kann. Bis zu einem gewissen Grad von Intimität sind genetische Deutungen auch in den Gesprächen mit der Klasse möglich, intimere Erlebnisse erfordern selbstverständlich den Schutz des Einzelgespräches.

Die Regressionsecke:

Psychoanalytische Pädagogik arbeitet im Widerspruch von Regression und Progression. Die Regression im Dienste des Ich ist eine vorübergehend nötige Wiederbelebung früherer Erlebnisweisen, die in der Übertragung und aufgrund der größeren Reife des Ich durchgearbeitet werden können. Pädagogik dagegen ist an Progression, an Lernen und Ichreifung orientiert. Dieser Widerspruch ist aber nur scheinbar ein Widerspruch. Regression ist gerade dann heilsam, wenn sie im Rahmen von Progression stattfindet, der Patient immer wieder auch zur Progression angeregt wird, was im analytischen Setting in der Regel das pünktliche Stundenende leistet. Einer meiner Patienten mit psychosenahen Ängsten meinte lange Zeit, dass das Schönste an der Analyse der pünktliche Stundenbeginn und das pünktliche Stundenende sei. Auch das analytische Setting hat einen Rahmen, der an Progression, Realität und Sekundärprozess orientiert ist. Dies erklärt vielleicht meine Erfah-

rung, dass ich gerade im Unterricht der Sonderschule, in der ich als Klassenlehrerin Klassen von 7–15 Schülern über einige Jahre hinweg unterrichtete, besonders gute Rahmenbedingungen für eine psychoanalytische Pädagogik vorfand. Als Supervisorin in außerschulischen sozial- oder sonderpädagogischen Einrichtungen erlebe ich immer wieder, dass sich Pädagogen schwer tun, einen klaren Rahmen einzuhalten. Es wird oft den Wünschen der Heimbewohner nach einem familiären Rahmen nachgegeben, Pädagogen und Heimbewohner duzen sich und die Grenzen sind oft unklar. Im meinem Unterricht erlebte ich, symbolisiert im Klingelzeichen, dagegen klare Grenzen, fast so wie im analytischen Setting, wenn ich das Stundenende pünktlich auf die Minute ankündige. Die Abstinenzregel ist in der Schule leichter einzuhalten. Ich habe allerdings auch an anderer Stelle (1992) auf die institutionalisierten Abwehrprozesse in der Schule als Institution hingewiesen, die wie die direkten Interaktionen mit den Schüler reflektiert werden müssen. Die Institution kann ansonsten genau die Schwierigkeiten der Schüler verstärken, die sie zu beheben angetreten ist.

Eine Möglichkeit, die Spannung zwischen Regression und Progression zu handhaben, ist die Regressionsecke im Klassenraum. Eigentlich hatte mich der Schüler Florian auf diese Idee gebracht. Nach den Pfingstferien weigerte sich Florian zum Lesekurs zu gehen. Er schrie: »Ich gehe nicht zu der Hexe, ich will hier bleiben.« Bellend rannte er wieder durchs Klassenzimmer. Er war nicht zum Gehen zu bewegen, so dass wir beschlossen, ihn in der Klasse zu belassen. Die Trennungsängste waren durch die Ferien erneut zu stark. Die beiden nächsten Male benahm er sich im Lesekurs derart undiszipliniert, dass er dort nicht mehr hingehen durfte. Als die Lehrerin ihm dies sagte, nahm er seinen Tisch, wir hatten im Unterricht Einzeltische, die nach Belieben zusammengestellt werden konnten, und setzte sich mit dem Tisch in die äußerste Ecke des Klassenzimmers. Völlig aufgelöst nahm er einen Katalog und blätterte darin herum. Ich sprach seine Trennungsängste an, unterrichtete dann aber weiter. Er war so verstört, dass er am Unterricht nicht teilnehmen konnte. Er regredierte in seiner Ecke und fühlte sich gleichzeitig durch die Anwesenheit der Gruppe geborgen. Nach einiger Zeit meldete er sich und ich ging zu ihm. Er gab mir die Hand mit den Worten: »Entschuldigung, Frau Heinemann, ich bin jetzt wieder brav.« Erleichtert nahm er seinen Tisch, rückte ihn an die alte Stelle und arbeitete wieder mit.

Diese Erfahrung beeindruckte mich so, dass ich die Schüler fragte, was sie davon halten, in die Ecke des Klassenzimmers einen Tisch mit einigen Spielen zu stellen. Wenn sich jemand nicht wohl fühle, so wie eben Florian, und auch nicht darüber reden möchte, könne er sich dorthin setzen und spielen, bis es ihm besser gehe. Wir könnten dann im Unterricht fortschreiten. Ich zweifelte zwar an der Durchführbarkeit, in der Fantasie sah ich die ganze Klasse nur noch in der Spielecke sitzen, wollte es aber wagen. Die Schüler waren natürlich sofort begeistert. Ich sagte mir, dass ich es ja jederzeit rückgängig machen könnte, wenn es nicht klappt. In all den Jahren meiner Arbeit wurde die Regressionsecke nie ausgenutzt. Am Anfang gab es zwar hin und wieder Missfallensäußerungen, wenn ein Schüler – meist war es Florian – spielte und die anderen arbeiteten, sie konnten aber damit umgehen. Ab und zu spielte ich auch im regulären Unterricht mit den Schülern.

Ein Beispiel zur Regressionsecke: Robin war ein 10-jähriger Schüler, der sich völlig weigerte, etwas im Unterricht zu schreiben. Er begann, zwei oder drei Worte zu schreiben, warf dann sofort unter heftigen Protesten wie: er könne das nicht, er mache das nicht oder ein Scheiß-Arbeitsblatt sei das, das Blatt von sich. Er trotzte bei der kleinsten

Kleinigkeit und tat immer das Gegenteil von dem, was man von ihm verlangte. Er entwertete mich ständig: »Sie taugen nichts, Frau Heinemann!« oder ähnliches bekam ich zu hören. Ich versuchte, seine Problematik zu deuten, dass er wütend auf mich sei, weil er das Gefühl habe, ich gebe ihm nichts Gutes, nicht das, was er sich wünsche. Ich verstand die extreme narzisstische Abwertung meiner Person als Versuch, ein solches Trauma in der Wendung von der Passivität in die Aktivität zu bewältigen. Nach etwa vier Monaten Unterricht in der Klasse wollte ich ein Diktat schreiben und Robin weigerte sich, wie immer, mitzuschreiben. Er äußerte diesmal den Wunsch, sich in die Spielecke setzen zu dürfen, was ich ihm gestattete. Er nahm sich das Memory. Ich legte bei der Heftausgabe sein Heft neben ihn. Er warf es das erste Mal nicht weg. Als ich anfing zu diktieren, schrieb ich ihm Datum und Überschrift ins Heft und sagte: »Jetzt ist es nicht mehr viel.« Er schrieb das erste Mal mit. Seine Schwierigkeiten besserten sich in der nächsten Zeit erheblich. Robin arbeitete nun einigermaßen gut im Unterricht mit, er wirkte recht gefestigt, aber jetzt saß er an manchen Vormittagen mit einem aufgespannten, schwarzen Regenschirm in der Klasse. Den Schirm verwahrte er immer unter seinem Tisch. An einem Morgen bemerkte ich, dass er seinen Schirm genau in dem Moment aufspannte, als ich mit ihm schimpfen wollte. Ich sagte wohlwollend: »Du willst Dich wohl mit dem Schirm vor dem Donnerwetter schützen, das Du aus meinem Mund erwartest!« Robin lachte und spannte tatsächlich seinen Regenschirm im Unterricht nicht mehr auf. Es verblüffte mich im Unterricht immer wieder, wie solche kleine Deutungen Symptome zum Verschwinden bringen können. Robin hatte mit den Entwertungstendenzen einen Schutzmechanismus verloren, den er mit seinem Schirm ersetzte. Indem er nicht mehr mit dem kränkenden Aggressor identifiziert war, konnte er in der Interaktion mit mir neue Erfahrungen machen und seine Selbst- und Objektrepräsentanzen änderten sich. Die Regressionsecke gab ihm die Autonomie, die er sonst im analen Kampf nur in der Verweigerung und Abwertung fand.

Wenn Humor wie bei Kohut (1973, S. 364 ff.) die Bewältigung narzisstischer Erlebensweisen darstellt, so kann dieser auch im Klassenzimmer ein wichtiger Bestandteil des Umgangs mit den Kindern werden. Robin lief eines morgens im Klassenzimmer herum, warf mit Papierfliegern und wollte nicht mitarbeiten. Ich fragte ihn, was denn heute Morgen los sei. Er lachte spitzbübig und sagte: »Ach, Frau Heinemann, ich hab die Tollwut!« Ernst antwortete ich: »Das ist ja furchtbar. Da muss ich Dich gleich ins Arztzimmer bringen. Am besten nimmst Du Dein Lesebuch gleich mit.« Er lachte, setzte sich auf seinen Platz und sagte: »Ich glaub, der Anfall ist vorbei.« Er arbeitete wieder mit.

Elternarbeit:

Als Lehrerin hat man sicher nicht die Zeit, die man sich für eine Elternarbeit wünscht. In der Regel sind nur sporadisch Besuche bei den Eltern möglich, die aber immer die Chance für ein genetisches Verständnis der psychischen Probleme der Schüler bieten. Ich möchte zwei Beispiele anführen.

Ich fuhr mit Paul zu seinen Eltern. Auf der Fahrt konnte ich mit ihm ein Einzelgespräch führen. Ich fragte ihn, warum er in der Schule immer so nervös sei, worauf er meinte, dass er nachts schlecht träume. An die Träume könne er sich nicht erinnern, aber er wache morgens mit schlechter Laune auf, ärgere deshalb seine Mutter und so gäbe es immer Krach. Daran müsse er in der Schule immer denken und dann könne er nicht aufpassen. Er fasste während des Gespräches Vertrauen und begann dann doch nach und nach von seinen Träumen zu erzählen. Er träume, dass er seine Rechenaufgaben nicht könne und Herr R., sein Rechenlehrer, am nächsten Tag dann fürchterlich mit ihm schimpfe. In diesem Augenblick erwache er.

Dieses Gespräch teilte mir mit, worauf ich mich im Elterngespräch zu konzentrieren hatte. Im Traum hatte Paul offensichtlich Konflikte mit seinem Vater auf Herrn R. übertragen. Es galt nun, das Verhältnis zum Vater zu verstehen.

Bei den Eltern wurde ich freundlich ins Wohnzimmer gebeten, die Mutter kochte und der Vater unterhielt sich mit mir. Er erzählte mir sogleich, dass er schon viel lernen musste, denn er habe eine Umschulung hinter sich. Er sei 100 % erwerbsunfähig geworden. Er mache jetzt mit den Kindern Hausaufgaben, weil er sonst nicht mehr viel zu tun habe. Er zeigte mir einen Stoß Bücher, den er für die Kinder gekauft hatte.

Ich spürte den enormen Druck, den dieser Mann auf seine Kinder ausübte, mit dem er seine eigene Depression bezüglich der Behinderung letztendlich abwehrte. Die Kinder sollten jetzt das leisten, was er nicht mehr kann. Ich sprach aus, dass es für Paul wichtig sei, dass er ohne Druck und Kontrolle seine Hausaufgaben mache und warum er, der Vater, das Gefühl habe, sich aufgrund der Behinderung ausgerechnet um die Hausaufgaben kümmern zu müssen. Wir konnten ein Stück seiner Probleme in der Verarbeitung der Behinderung bearbeiten.

An einem anderen Nachmittag besuchte ich die Mutter von Florian. Nachdem die beiden Hunde auf dem Balkon eingesperrt waren, durfte ich mich ins Wohnzimmer setzen. Florians Mutter war an der Schule sehr interessiert. Ich fragte sie nach Florians Verhalten zu Hause. Sie erzählte, dass Florian, den sie als den »Dicken« bezeichnete, von seinem Vater und dem ältesten Bruder sehr abgelehnt werde. Von beiden bekomme er immer eins drauf. Sie versuche manchmal einzuschreiten, aber der Vater wäre sehr uneinsichtig. Florian quäle dann immer die Hunde, mit denen er auch nie spazieren gehe. Ich fragte: »Weil er von Vater und Bruder schikaniert wird, quält er die Hunde?« Dieser Zusammenhang war ihr offensichtlich bewusst, denn sie meinte nur »Ja, so ist es.« Nun erzählte sie, dass Florian jede Nacht einnässe. Ich fragte, ob Florian schon einmal eine Zeit lang nicht eingenässt habe, da ich für mich klären wollte, ob es eine primäre oder sekundäre Enuresis ist (▶ Kap. V.4). Überrascht schaute sie mich an und sagte: »Da fällt mir ein, dass Florian, als sein Vater neulich eine Woche nicht da war, überhaupt nicht einnässte.« In diesem Augenblick wurde ihr klar, dass ein Zusammenhang zwischen Florians Enuresis und seiner Angst vor dem Vater besteht. Sie erzählte jetzt viele Einzelheiten der Familie. Plötzlich erschien einer der Hunde hinter der Balkontür. Sie sprang auf, ging zur Balkontür, zog den Vorhang zur Seite und zeigte mir stolz den Hund. In überaus zärtlichem Ton sagte sie, wie zu einem Säugling sprechend: »Ei, da ist er ja, der Gute.« Während sie über den Hund redete, war ihr Tonfall wesentlich herzlicher als wenn sie vom »Dicken« redete. Sie erzählte, dass sie den Hunden manchmal Bratwürste kaufe, damit sie nicht nur Frolic essen müssen. Florian würde dann hinrennen und den Hunden die Bratwurst wegessen. Florian wäre so gierig. Einmal hätte er sich das halbe Ohr abgerissen, als ein Stück Fleisch unter den Schrank fiel und er es unbedingt haben wollte. Ich sagte: »Nun, vielleicht möchte Florian auch so viel Gutes von Ihnen bekommen, wie die Hunde.« Meine Bemerkung traf sie sichtlich. Ihr wurde klar, dass sie über orale Vernachlässigung an Florians Schwierigkeiten Anteil hatte.

Als ich mich verabschiedete, forderte sie mich nachhaltig auf, bald wieder zu kommen. Wie sehr selbst ein einzelnes Gespräch zum Verstehen der Konflikte beitragen kann

und bei den Eltern Veränderungen in Gang gesetzt werden können, lässt zumindest die Reaktion von Florians Mutter hoffen. Am folgenden Montag fragte mich Florian, ob ich am Samstag bei ihnen geschellt hätte. Erstaunt fragte ich, wie er denn darauf komme. Er erzählte, dass seine Mutter am Samstag mein Auto vor dem Haus sah. Da dies unmöglich war, sagte ich, dass es ja viele Autos wie meines gebe. »Nein«, erwiderte er, »meine Mutter hat gesagt, dass das Auto Ihre Nummer hatte.« Florians Mutter musste also versucht haben, sich meine Autonummer zu merken und im Sinne einer Wunschprojektion gehofft haben, dass ich am Samstag bei ihnen schelle. Sie bestellte mir durch Florian noch schöne Grüße und dass ich bald wiederkommen solle. Die Bedürftigkeit Florians ist auch bei der Mutter zu spüren. Warum Florian sich manchmal wünscht, Hund zu sein, machte mir der Besuch drastisch klar.

Einzelgespräche:

Die 13-jährige Manuela blieb seit ihrer Einschulung regelmäßig vom Unterricht fern, so dass sie in die Sonderschule für Lernbehinderte überwiesen wurde. Im ersten Halbjahr war sie bei mir lediglich 25 Tage anwesend. Im Unterricht störte sie nicht, sie weigerte sich aber zu lesen und zu schreiben. Sie war immer sehr auffällig zurecht gemacht, so dass sie die Eifersucht der anderen Mädchen heraufbeschwor. Ich bat sie zu einem Einzelgespräch. Ich begann das Gespräch mit den Worten: »Ich habe den Eindruck, dass Du nicht gerne in die Schule kommst.« Manuela (verlegen): »Na ja, es macht mir halt keinen Spaß. Ich kann ja auch schon alles.« E.H.: »Du meinst, Du bist schon erwachsen, kannst schon alles und brauchst deshalb nicht mehr in die Schule zu gehen? Du möchtest nicht mehr zu Deinen Klassenkameraden gehören?« Manuela:

»Na ja, Frau Heinemann, ich sehe doch auch schon viel älter als die anderen aus. Das sagen meine Freundinnen auch.« E. H.: »Du hast also Angst, zu den Klassenkameraden dazugerechnet zu werden; Angst, dass die Leute Dich nicht für erwachsen halten. Gell, deshalb hast Du Dich auch neulich die ganze Stunde geschminkt und gekämmt, als wir die Referendare zu Besuch hatten?« Manuela: »Ja, ich sehe doch schon viel älter aus.« E. H.: »Deswegen hast Du auch keine Lust zu arbeiten, weil Du schon erwachsen sein möchtest und als Erwachsener kann man halt schon lesen, schreiben und rechnen. Deshalb möchtest Du auch nicht wie hier in der Schule erleben, dass Du das noch gar nicht kannst, dass Du vielleicht doch noch nicht so bist, wie Du gerne sein möchtest.«

Manuela begann von ihrem Elternhaus zu erzählen, von der Mischung aus körperlicher und sexueller Gewalt, dessen Bedrohung sie nur abwehren konnte über ein sexualisiertes Verhalten (▶ Kap. IV). Verführerisch zu sein, gab ihr ein Gefühl von Autonomie und Macht, zu lernen dagegen hieß Kind sein, ohnmächtig und hilflos ausgeliefert sein. Manuela hatte keine Schulphobie (▶ Kap. II.3), sondern schwänzte die Schule, weil sie Lernen mit Abhängigkeit und sexualisiertes Verhalten mit Autonomie gleichsetzte.

Nachdem ich versucht hatte, Manuela diese Situation bewusst zu machen, sagte ich: »Du schämst Dich für das, was Du erlebt hast und weil Du noch nicht so bist, wie Du gerne sein möchtest. Ich sollte denken, dass Du schon alles kannst, dass Du schon erwachsen bist. Deshalb wolltest Du auch nie etwas vorlesen.« Manuela (lächelnd): »Ja.« E. H.: »Ich verstehe jetzt Deine Angst. Wir können ja mal sehen, ob Du nicht vielleicht doch etwas lernen kannst, was Du brauchst, um Dich nicht mehr zu schämen. Dafür musst Du natürlich in die Schule kommen.« Manuela: »Doch, ich komme jetzt in die Schule.« E. H.: »Das freut mich. Wenn es Dir noch so schwer fällt, vor den anderen zu lesen, kannst Du mir ab und an

allein etwas vorlesen.« (Ich hatte eine Stunde pro Woche für Einzelsituationen zur freien Verfügung). Manuela (erfreut): »Ich verspreche Ihnen, dass ich jetzt immer in die Schule komme. Bestimmt. Ganz bestimmt.« E. H. (lächelnd): »Fein.«

Manuela kam nach diesem Gespräch tatsächlich regelmäßig in die Schule und konnte am Schuljahresende aus pädagogischen Gründen eine Klasse überspringen, so dass sie vom Äußeren her nicht mehr so auffällig war. Manuela benötigte den geschützten Rahmen eines Gespräches und einiger Einzellesestunden, um die Erfahrung von Intimität ohne Missbrauch zu machen, so dass sie ihren Schamkonflikt, den sie vom Elternhaus auf die Klassensituation übertrug, bewältigen konnte.

Deutungen durch den Unterrichtsstoff:

Der 6-jährige autistische (▶ Kap. VI.3) Schüler Holger meiner Klasse in der Sonderschule für Geistigbehinderte aß fast nur Pfannekuchen und trank lediglich Kakao. Er aß weder Obst noch Gemüse. Wurde er aufgefordert, andere als die gewohnten Speisen zu essen, reagierte er mit heftigen Todesängsten. Um ihn vor Angstüberflutung zu schützen, tolerierte ich anfangs seine Vermeidungshaltung. Nach etwa 1 1/2 Jahren sprach er selbst häufiger vom Essen und so beschloss ich, das Thema aufzugreifen. Ich führte eine Unterrichtseinheit zum Thema Ernährung mit den Materialien der Deutschen Gesellschaft für Ernährung durch. Diese Materialien enthielten die Geschichte der »kleinen Lok, die alles weiß«. Diese Lokomotive bringt Kinder in ein Ferienlager, wo sie feststellen, dass ihr Essen vergessen wurde. Die Lokomotive fragte die Kinder, welche Speisen sie holen soll. Die Kinder bestellten Süßigkeiten, die Lokomotive kam aber vollgeladen mit den verschiedenen Ernährungsbausteinen zurück. In einem Wagen befanden sich Obst und Gemüse, im nächsten Fette etc. Während der nächsten Unterrichtsstunden hängten die Schüler die Bilder mit den Wagen auf, ordneten Lebensmittel den Wagen zu und stellten ausgewogene Speisepläne für den Tag zusammen. Als Hausaufgabe sollten die Schüler ankreuzen, aus welchen Wagen sie tagsüber Nahrung zu sich genommen hatten. Die Bedeutung einer ausgewogenen Nahrung wurde den Schülern handelnd und kognitiv vermittelt.

Für Holger war die Unterrichtseinheit eine Gratwanderung. Einerseits glaubte er, bestimmte Nahrung bringe Tod, andererseits war die Gefahr aber nun, dass er die Unterrichtseinheit so verarbeitete, dass es lediglich zur Umkehr der Spaltung kam: Wenn er kein Obst und Gemüse isst, muss er sterben. Durch Verbalisierungen versuchte ich, diese Verarbeitung zu verhindern. In der Geschichte symbolisiert die »kleine Lok, die alles weiß«, die freundliche, gute Lehrerin, die ja auch scheinbar alles weiß. Holger arbeitete mit Interesse mit, wurde von mir nicht gedrängt, jetzt unbedingt dies oder jenes zu essen. Er begann von sich aus zu Hause Obst und Gemüse zu essen, als er sah, dass bei ihm bei einigen Wagen immer Leerstellen blieben. Die Inadäquatheit seiner Todesangst wurde ihm durch eigenständige Konfrontation mit der Realität bewusst.

Der Vorteil der Deutung durch den Unterrichtsstoff ist, dass das Kind eine eigene, aktive Auseinandersetzung mit der Realität als drittem Objekt führt. Es entwickelt eigene Deutungskompetenz und Autonomie, was gerade die Selbst-Entwicklung fördert und den fehlenden Dritten einführt. Häufiges Deuten kann die Autonomie des Patienten einschränken. Mertens (1990, S. 109) zufolge ist es unabhängig vom Strukturniveau des Patienten gut, wenn der Analytiker eine wachstumsfördernde Haltung einnimmt. Deutet er zu aktiv, macht er den Patienten abhängig und schränkt vor allem seine autonome Entdeckerfreude sowie die eigene Deutungskompetenz ein. Wenn möglich, sollte deshalb ein Patient dazu ermuntert werden, zu seinen eigenen Deutungen zu kommen, wozu vorbereitende Schritte, z. B. in Form von Fragen, feststellenden Hinweisen und Klärungen von Seiten des Analytikers gehören.

Ich kann gezielt durch die Auswahl des Unterrichtsstoffes solche Deutungskompetenz fördern, meist ereignen sich aber spontan im Unterricht Situationen, in denen das Kind, für den Lehrer unvorhergesehen, einen Unterrichtsstoff für die Verarbeitung seiner Probleme verwendet. Ein 12-jähriger Schüler der Sonderschule für Verhaltensgestörte, der wegen extremer Aggression gegenüber der Grundschullehrerin in die Sonderschule überwiesen wurde, war in meinem Unterricht lange Zeit extrem gehemmt. Als wir im Geschichtsunterricht über die französische Revolution sprachen und er das Bild der Guillotine im Buch sah, war er hochgradig erregt, malte in den nächsten Wochen täglich eine Flut von Bildern, auf denen ich unter der Guillotine lag und der Kopf gerade in den Korb fiel. Mit rotem Stift malte er Aufschriften auf das Bild wie: Der Tod der Frau Heinemann. Seine Kastrationsängste konnten jetzt in der Übertragung bearbeitet werden. Ein anderes Beispiel ist die Geschichte von Sebastian (Heinemann 2003), der über das Sehen des Filmes »101 Dalmatiner« von Walt Disney mit der ganzen Klasse sein Trennungstrauma spielerisch und handelnd im Unterricht bewältigte.

Diese Beispiele mögen einen Eindruck vermitteln, wie wichtig es im pädagogischen Alltag ist, die Konflikte der Kinder zu verstehen und über die wachstumsfördernde Einstellung eine pädagogische Haltung zu erlangen, die unbewusste Prozesse reflektiert und nicht abwehrt. Von einer solchen Praxis profitieren nicht nur die Kinder, sondern auch die Pädagogen selbst, denn der Alltag wird durch die psychoanalytische Reflexion des Geschehens auch zu einer Erforschung des Unbewussten, des eigenen wie des fremden. Wir hoffen, mit diesem Buch einen kleinen Beitrag für eine solche Praxis leisten zu können. »Die bewusste Anwendung massenpsychologischer Erkenntnisse und Forschungsergebnisse der Psychoanalyse können … dem Lehrer im Amt brauchbare Hilfen bei der Disziplinierung, Leitung und Förderung einer Schulklasse geben und so aus Krise und Kampf zu friedlicher, allseitig aufbauender Arbeit verhelfen« (Jordan 1929, S. 124). Neuere Beispiele einer gelungenen psychoanalytischen Pädagogik finden sich bei Heinemann und Hopf (2010).

5   Psychoanalytische Therapie bei Kindern und Jugendlichen

Rückblick

Abgesehen von Freuds Schrift »Analyse der Phobie eines fünfjährigen Knaben« (1909, ▶ Kap. I.4 und II.3), die wir als ersten im engeren Sinne psychoanalytisch-pädagogischen Erziehungsversuch beschrieben haben, blieb Freud auf jeden Fall skeptisch, was eine Analyse von Kindern anging, da er keine therapeutischen Mittel sah, welche die Sprache ersetzen könnten. Der Versuch einer Bewältigung dieses zentralen Problems – der Kampf um die Technik – zog sich durch alle kinderanalytischen Versuche der Anfangszeit. Ferenczi schien ganz nahe an der Bewältigung dieses Problems zu sein. 1913 stellte er in seiner Fallgeschichte »Ein kleiner Hahnemann«, parallel zum »kleinen Hans«, wie zu vermuten ist, den vierjährigen Arpád vor, dessen eigenartiges Symptom des ständigen Krähens er als Folge von Kastrationsdrohungen wegen seiner Onanie und der Wut auf den Hahn bzw. den Vater interpretierte. Interessant ist, dass Ferenczi dem Jungen Bleistift und Papier gab, damit er seine Ängste in Gestalt des bedrohlichen Hahns aufzeichnen könnte. Ein psychoanalytisches Gespräch »langweilte« den kleinen Patienten jedoch rasch, und er wollte »zu seinen Spielsachen zurück« (1913, S. 166). Jene deutlichen Hinweise auf eine dem Kind gemäße Sprache und seinen Wunsch nach Kommunikation konnte Ferenczi damals weder erkennen noch aufgreifen: Er ging im Anschluss daran davon aus, dass eine direkte psychoanalytische Untersuchung des Arpád nicht möglich gewesen sei.

Als erste Kinderanalytikerin gilt die 1871 geborene Hermine Hug-Hellmuth. Nach dem Studium der Naturwissenschaften und einem Lehrerstudium ließ sie sich bereits 1910 vorzeitig pensionieren, um sich ausschließlich ihren psychoanalytischen Interessen zu widmen. 1913 wurde Hug-Hellmuth Mitglied der Wiener psychoanalytischen Vereinigung und für Sigmund Freud eine begehrte Bezugsperson, die ihm unermüdlich Fallmaterial zur Bestätigung seiner Sexualtheorien lieferte (Stephan 1992, S. 115). Bereits 1920 publizierte sie einen Aufsatz über »Die Technik der Kinderanalyse«, der noch stark unter pädagogischem Einfluss stand. Die Psychoanalyse des Kindes ist bei ihr »heilerziehliche Analyse«. Die jungen Patienten sollen unter der erzieherischen Führung des Analytikers zu zielbewussten, willenskräftigen Menschen erstarken. Hug-Hellmuth ging von Anfang an davon aus, dass das identische Ziel von Erwachsenen wie Kinderanalyse die Herstellung der psychischen Gesundheit sei. Unterschiede resultierten ihrer Meinung nach allerdings aus der noch nicht vorhandenen Reife der Kinder, die weder aus eigenem Antrieb zur Behandlung kommen, noch an ihrer Vergangenheit leiden oder sich gar ändern möchten. Als bedeutendste Neuerung führte Hug-Hellmuth ein, neben den Träumen auch auf das Spiel der Kinder einzugehen. Sie war der Auffassung, dass sich in den Spielformen manche Symptome, Eigenheiten und Charakterzüge erkennen ließen; bei jugendlichen Patienten (diesen Sieben-Achtjährigen, E. H.,

H. H.) würde mitunter das Spiel seine herausragende Rolle während der ganzen Behandlung behaupten (ebd., S. 17). Inwieweit und wann freie Assoziation überhaupt anwendbar sei, ließ sich ihrer Meinung nach nur von Fall zu Fall entscheiden.

In einer Würdigung ihres Lebens und ihrer Arbeit betonen Geissmann und Geissmann (1994), dass Hug-Hellmuth als erste die dem Traum oder der freien Assoziation gleichgestellte Verwendung des Spiels in die Kinderanalyse eingeführt hat (ebd., S. 50). Stephan (1992) meint allerdings, dass viele Aussagen von Hug-Hellmuth, insbesondere die Analyse ihres Neffen betreffend, aus heutiger Sicht eher als abschreckendes Dokument einer »Schwarzen Pädagogik« zu werten seien. In der Tat hatte Hug-Hellmuth ihren Neffen, nichteheliches Kind ihrer Schwester, als kleines Kind selbst analysiert. Im Alter von 18 Jahren hatte er schließlich seine 53-jährige Tante, welche seit seinem 9. Lebensjahr die gesamte Erziehungsverantwortung für ihn übernommen hatte, überfallen, beraubt und erdrosselt. Dieser tragische Vorfall bedeutete einen erheblichen Rückschlag für die gesamte Psychoanalyse, weil er zunächst alle damaligen Vorurteile bestätigte, welche Schäden es bewirken könnte, die Psychoanalyse in der Kindererziehung anzuwenden.

Unangefochten gelten Anna Freud und Melanie Klein als die eigentlichen Begründerinnen der Kinderanalyse. Anna Freud wurde 1895 als sechstes Kind von Martha und Sigmund Freud geboren. Nach Gay (1989) wurde sie Sekretärin, Vertraute, Kollegin und Krankenschwester Freuds, und vor allem zu einer glühenden Verfechterin und Verteidigerin seiner Theorien. Nach dem Abitur absolvierte Anna eine pädagogische Ausbildung und arbeitete von 1917 bis 1920 als Lehrerin (Stephan 1992, S. 280). Ihre ersten Überlegungen zur Technik der Kinderanalyse trug Anna Freud in vier Vorträgen 1926 vor der Wiener Psychoanalytischen Vereinigung vor. Zusammen mit einem fünften Vortrag, den sie 1927 hielt, sind diese

Vorträge in dem Buch »Einführung in die Technik der Kinderanalyse« (1973) publiziert. Die vier Vorträge erschienen bereits 1929 in Buchform, gleichzeitig wurde ein Seminar für Kinderanalyse in Wien gegründet, dem u. a. Berta und Steff Bornstein, Edith Sterba, Jenny Waelder, Dorothy Burlingham, Edith Buxbaum, Erik H. Erikson, das Ehepaar Hoffer, Anna Katan, Marianne Kris und Margaret Mahler angehörten (Hamann 1993, S. 39), allesamt später bedeutende Vertreterinnen und Vertreter der Kinderanalyse.

Anna Freud entwickelte wesentliche Grundeinsichten der Kinderanalyse und eine spezielle Technik, die sie darauf gründete, dass das Kind im Gegensatz zum Erwachsenen noch ein unreifes und unselbständiges Wesen sei und der Entschluss zur Analyse nicht vom Patienten selbst, sondern von den Eltern oder seiner sonstigen Umgebung kommt: »So fehlt uns in der Situation des Kindes alles, was in der des Erwachsenen unentbehrlich erscheint: die Krankheitseinsicht, der freiwillige Entschluss und der Wille zur Heilung« (1973, S. 16). Ihre Ausführungen zur Einleitung der Analyse und Äußerungen zum Erziehungsverständnis muten heute äußerst befremdend an. Wie bei Hug-Hellmuth können wir ihr Erziehungsverständnis nur historisch betrachten, eine Auffassung, von der sich die Kinderanalyse erst allmählich befreien musste. Wir sehen es mittlerweile auch als Missbrauch der Kinderanalyse, wenn in der Zeit der Anfänge Analytiker ihre eigenen Kinder analysierten, Sigmund Freud seine Tochter Anna, Melanie Klein zwei ihrer Kinder und Hug-Hellmuth ihren Neffen.

Da ist bei Anna Freud die Rede von einem Jungen mit »Wut- und Schlimmheitsausbrüchen«, dessen Symptom Anna Freud mit Hilfe eines »hinterhältigen und nicht sehr ehrlichen Mittel« mit dem Wüten eines Geisteskranken gleichsetzte, um ihn einzuschüchtern. Es wurde versprochen, geworben, gelockt, Angst gemacht, alles, um dem

Kind die Analyse schmackhaft zu machen, es wurde Anpassung und Unterwerfung eingefordert. Nach Anna Freud muss das Kind erst »analysierbar« gemacht werden. Die Zeit der Vorbereitung, »die Dressur zur Analyse« (ebd., S. 16), dauert um so länger, je weiter das Kind vom idealen erwachsenen Patienten entfernt ist. Manchmal sei es so schwierig, das Interesse für die Analyse zu gewinnen, dass sie »sich wie ein Kinofilm oder ein Unterhaltungsroman benimmt« (ebd., S. 21), der keine andere Absicht hat, als die Zuschauer anzulocken, als sich dem Kinde interessant zu machen. Interessierte sich das Kind für Knoten, bemühte sie sich noch kunstvollere Knoten zu machen als das Kind selbst. Sie strickte und häkelte für die Puppen ihrer Patientinnen und wurde so »brauchbar« für das Kind. »Ich war ihm neben einer interessanten und brauchbaren Gesellschaft zu einer sehr mächtigen Person geworden, ohne deren Unterstützung er nicht mehr recht auskommen konnte« (ebd., S. 22). Erst jetzt sei das Kind in ein vollständiges Übertragungs- und Abhängigkeitsverhältnis geraten. Die Gegenleistung des Kindes ist dann die Preisgabe seiner bisher gehüteten Geheimnisse, mit der erst die wirkliche Analyse einsetzt. »Es muss dem Analytiker gelingen, sich für die Dauer der Analyse an die Stelle des Ichideals beim Kinde zu setzen« (ebd., S. 75). Die Autorität des Analytikers müsse über der der Eltern stehen, der Analytiker müsse den höchsten Platz im Gefühlsleben des Kindes einnehmen, er müsse es völlig beherrschen, damit das Kind die Eltern nicht durch seinen Widerstand veranlasst, die Analyse abzubrechen. Es bestehe die »Notwendigkeit für den Analytiker, das Kind erzieherisch in der Gewalt zu haben« (ebd., S. 80). Der Analytiker muss bei ihr auch die äußere Situation richtig einschätzen, wofür er pädagogische Kenntnisse benötigt, der Analytiker muss erziehen und analysieren.

Bei den eigentlichen technischen Mitteln wird anstelle der bewussten Erinnerung die Krankengeschichte von den Eltern eingeholt.

Einen besonderen Stellenwert nimmt bei Anna Freud die Traumdeutung ein. »Dafür haben wir in der Traumdeutung ein Gebiet, in dem man von der Erwachsenen- zur Kinderanalyse nichts umzulernen hat« (ebd., S. 36). Das Kind stehe dem Traum noch näher als der Erwachsene und so sieht Anna Freud im Traum ein wesentliches Mittel der Kinderanalyse, das selbst »unintelligenten Kindern« (ebd., S. 36) zugänglich sei, da auch sie die Deutungen der Träume verstehen. Neben der Deutung der Träume und Tagträume sah sie die Erzählungen der Fantasien der Kinder oder Kinderzeichnungen als weitere Hilfsmittel. Das große Handicap der Kinderanalyse sei, dass Kinder nur gelegentlich assoziieren. Die Einfallstechnik der Erwachsenen wird bei ihr, hier griff sie auf die Arbeiten von Hug-Hellmuth und Melanie Klein zurück, durch das Spiel ersetzt.

Anna Freud glaubte, eine positive Übertragung herstellen zu müssen, negative Übertragungen gelte es abzubauen, »die eigentlich fruchtbringende Arbeit wird immer in der positiven Bindung vor sich gehen«, so Anna Freud (ebd., S. 54), daher der ganze Aufwand ihrer Einleitung zur Kinderanalyse. Zudem bildet das Kind bei ihr keine Übertragungsneurose, weil es noch den Eltern ausgesetzt und der Kinderanalytiker alles andere als ein Schatten sei.

Weil die klassische Technik der Erwachsenenanalyse nicht zur Anwendung kommen konnte, vor allem durch die Weigerung des Kindes, zu Einfällen zu assoziieren, waren Veränderungen in der Technik erforderlich. Zwar könnten sich auch Kinder verbal ausdrücken, sie bekamen jedoch im Laufe der Zeit zusätzlich Möglichkeiten angeboten, zu spielen, zu malen, zu dramatisieren oder zu agieren. Die Kinder wurden auf diese Weise zum Agieren angeleitet, dennoch musste das Agieren wieder eingegrenzt und beherrscht werden, denn die Interpretationen waren nach Meinung von Anna Freud unsicherer und willkürlicher als in der Analyse von

Erwachsenen. Darum sollte das Agieren des Kindes von einem ständigen Deuten und Verbalisieren begleitet werden. Die Verbalisierung verleiht dem Ich des Kindes mit der Zeit die Möglichkeit, zwischen Wünschen und Fantasien einerseits und der Realität andererseits zu unterscheiden (Anna Freud 1965, S. 2153; vgl. Katan 1961). Neben dem Verbalisieren erschien die Durcharbeitung von Ich-, Es- und Über-Ich-Widerständen geboten sowie die Arbeit mit der Übertragung (Anna Freud 1965, S. 2157).

Nach ursprünglicher Meinung von Anna Freud könnten Kinder zwar einzelne Übertragungsreaktionen entwickeln, jedoch keine volle Übertragungsneurose zustande bringen. Diese Tatsache rühre daher, weil das Kind noch in direkten Objektbeziehungen mit seinen Eltern in seinem häuslichen Umfeld lebt und der Analytiker Liebe und Hass mit den Eltern teilen muss. Da sich der Kinderanalytiker zudem viel aktiver in das spielerische Geschehen einlassen müsse, bleibe er natürlich auch nicht – wie der Erwachsenenanalytiker – wirklich abstinent, sondern werde für das Kind eine unverwechselbare Persönlichkeit. Anna Freud gebrauchte in diesem Zusammenhang eine Kinometapher: Ein Bild lasse sich auf eine Leinwand, auf welcher bereits ein Bild sei, nur schlecht projizieren. Diese Überzeugung hat Anna Freud später revidiert (Anna Freud 1965, S. 2157), als die ehemalige einleitende Phase nach Entwicklung der Ich-Psychologie durch eine konsequente Abwehranalyse ersetzt wurde. Hamann (1993) ist der Meinung, dass es im Laufe der Zeit zu vielerlei Veränderungen und zu einer Annäherung im Hinblick auf die Handhabung der Technik an die Vorstellungen von Melanie Klein kam.

Die von Anna Freud und ihrer Schule entwickelte ichpsychologische Behandlungstechnik wurde in Deutschland – neben ihrem Gesamtwerk »Die Schriften der Anna Freud« (1965) – vor allem in dem von Geleerd (1972) herausgegebenen Band »Kinderana-

lytiker bei der Arbeit« ausführlich anhand Fallmaterial dargestellt, ebenfalls in dem von der Stuttgarter Akademie edierten Almanach »Psychotherapie bei Kindern« (1971) mit Beiträgen von Ruth Cycon, Rosemarie Berna-Glantz und Jacques Berna. In den von Biermann herausgegebenen fünf Bänden »Handbuch der Kinderpsychotherapie« (1973–1981) erschienen Arbeiten aller damaligen Schulrichtungen, zur ichpsychologischen Schule von Anna Freud, insbesondere ein Beitrag von Jacques Berna über die ichpsychologische Behandlungstechnik. Die Anfänge der Kinderanalyse werden bis ins Detail in dem von Bittner und Heller (1983) herausgegebenen Buch »Eine Kinderanalyse bei Anna Freud« mit allen Notizen und Materialien und mit Erinnerungen von Peter Heller nachgezeichnet. Heller, geprägt von seiner eigenen Psychoanalyse bei Anna Freud und liebevoll verbunden mit ihr, war 50 Jahre nach seiner Analyse dennoch der Meinung, dass Anna Freud und ihrem Kreis die Grundstimmung einer »altjüngferlichen Heiligkeit und Puritanismus« anhaftete (ebd., S. 297 f.).

Es war dann Melanie Klein, die der Kinderanalyse ihren klaren analytischen Rahmen gab. Sie deutete und bearbeitete negative Übertragungen beispielsweise als Ausdruck von Ambivalenz der Mutter gegenüber, ging davon aus, dass auch kleinste Kinder bereits eine Übertragungsneurose herstellten, da bei ihr Übertragung auf Projektion und Introjektion früher Teilaspekte beruhte, die es zu deuten gilt. Von Beginn an standen alle theoretischen Überlegungen von Melanie Klein konträr zu denen von Anna Freud. Melanie Klein wurde 1882 geboren, legte mit 17 Jahren die Reifeprüfung ab, entschied sich jedoch gegen ein Studium und heiratete bereits mit 21 Jahren. Nach der Geburt des zweiten Kindes verfiel sie in schwere Depressionen. Wegen ihres Mannes nach Budapest umgezogen, lernte sie dort Ferenczi kennen und machte bei ihm eine

Analyse (eine zweite später bei Abraham). Während dieser Zeit wurde ihre große Begabung im Verstehen von Kindern deutlich und Melanie Klein begann mit ihrer ersten Analyse des fünfjährigen Kindes Fritz, der – wie wir inzwischen wissen – eigentlich ihr Sohn Erich war (Hamann 1993, S. 17). Die Behandlung führte sie – logischerweise – im Hause des Kindes mit dessen eigenen Spielsachen durch und Melanie Klein sah rückblickend diese Therapie als die Entstehung ihrer psychoanalytischen Spieltechnik an: »Das Kind drückte von Anfang an seine Fantasien und Ängste hauptsächlich im Spiel aus, während ich beständig deutete, mit dem Erfolg, dass neues Material im Spiele auftauchte« (Klein 1962, S. 153). Von Beginn an ersetzte also Melanie Klein eine Analyse von verbalen Äußerungen durch die Analyse des Spiels und deutete konsequent, denn sie war – in Widerspruch zu Anna Freud – unerschütterlich davon überzeugt, dass bereits Kleinkinder vollständige Übertragungen auf den Kinderanalytiker entwickeln und dass ihr Spiel in allen Einzelheiten als der symbolische Ausdruck unbewusster Konflikte angesehen werden kann (Stork 1976, S. 143). Das Spiel ist nach Melanie Klein eine Symbolisierung des psychischen Geschehens, also der unbewussten Fantasien des Kindes. Die unbewusste Fantasie ist für Klein psychischer Repräsentant oder Korrelat von Triebregungen. Und da Triebe bekanntlich von Geburt an wirksam sind, setzte sie auch ein primitives Fantasieleben von Geburt an voraus. Dies bedeutete gleichzeitig, dass von Anfang an erste Objektbeziehungen bestehen, was ebenfalls zu Meinungsverschiedenheiten führte, da das neugeborene Kind lange Zeit lediglich als »Reflexwesen« angesehen wurde (ebd., S. 144). Damit wird auch verständlich, warum Melanie Klein eine vollständig andere Definition und Vorstellung von Übertragung haben musste als Anna Freud und auch an Übertragungen von Beginn der Analyse an glaubte, zumal

sie ödipale Strukturen weitaus früher vermutete als bis dahin angenommen. Die Übertragung ist bei Melanie Klein nicht mehr nur eine Repräsentanz des verdrängten Unbewussten, sondern stammt – wie bereits erwähnt – aus dem steten Wirken der unbewussten Fantasie, welche alle Triebregungen begleitet (Hamann 1993, S. 64). Diese Erkenntnis bestimmte ihr Vorgehen in der Analyse ganz entscheidend. Mit der konsequenten Deutung auch der Aggression und archaischer Fantasien legte sie zudem den Grundstein für die Behandlung psychotischer Kinder und so bedeutender Konzepte wie das des »Containings« von Bion (▶ Kap. VI.2).

Von 1923 an stellte Melanie Klein dem Kind in der Analyse ausgewählte Spielsachen zur Verfügung, die speziell für jedes Kind in einer Schachtel aufbewahrt wurden (hölzerne Frauen und Männer, Autos, Tiere, Bäume, Bleistifte, Buntstifte, Leim, Kugeln und Bälle etc.). Ihr Spielzimmer war nur mit dem Nötigsten ausgestattet, u. a. jedoch mit fließendem Wasser. Ob direkt über das Spiel oder indirekt, richtete Melanie Klein ihr Augenmerk primär auf die Ängste des Kindes und versuchte sie durch Deutung zu vermindern (Klein 1962). Alle nicht-analytischen nicht-deutenden Methoden, alle »Erziehungsmaßnahmen« wurden vermieden, es wurde keine Ermutigung, keine Versicherung oder Gratifikation gegeben, um die Übertragungen nicht zu beeinflussen.

Kritisch wird bei Melanie Klein oft angemerkt, ob sie nicht die Rolle der Fantasie zu stark betone und die Realität vernachlässige, ob sie nicht zu aktiv deute. Tatsächlich wirkt manche Deutung sehr intrusiv, was Hamann (1993, S. 84 ff.) aber einer großen Sensibilität im Umgang mit dem Material gegenübergestellt. Jacques Berna spricht sogar von »diktatorisch aufgezwungenen Deutungen« (1967, S. 329).

Während Anna Freud mehr Wert auf die Analyse der Ich-Strukturen und der Abwehr legte und im Bewussten arbeitete, suchte Melanie Klein sofort und schnell Kontakt zu den unbewussten Strukturen ihrer Patienten herzustellen (Hamann 1993, S. 78). Die Unterschiede zwischen den Techniken von Anna Freud und Melanie Klein sind eklatant, vor allem was den Umgang mit der Übertragung und den Stellenwert der kindlichen Sexualität angeht. Stephan hat in diesem Zusammenhang sehr zugespitzt formuliert: »Die Arbeiten von Melanie Klein stellten deshalb eine große Provokation für Anna Freud dar, weil in ihnen all das zur Sprache kam, was sie selbst auf ihrem mühsamen Weg zur väterlichen Psychoanalyse hinter sich gelassen hatte« (1992, S. 298).

Die kleinianischen Annahmen, vor allem die Bedeutung der Projektiven Identifizierung und der Symbolbildung, wurden von ihren Schülerinnen und Schülern fortgeführt und erweitert, insbesondere von Paula Heimann, Wilfred R. Bion und Hanna Segal (▶ Kap. VI.2). Die Gegenübertragung meinte ursprünglich bekanntlich die neurotische Reaktion des Analytikers auf die Übertragungsneurose seines Patienten, welche unbedingt vermieden werden sollte. Paula Heimann (1950, vgl. Thömä und Kächele 1985, S. 86 und 88) verstand – vor dem Hintergrund von projektiven Identifizierungen – unter der Gegenübertragung jedoch alle Gefühle, die der Analytiker seinem Patienten gegenüber erlebt, die dieser aushalten und nicht abreagieren sollte. Mit dieser Auffassung bekam die Gegenübertragung, auch in der Kinderanalyse, eine völlig neue Definition und Dimension.

Einen originären Beitrag zur Kinderanalyse hat Bick (1968) geliefert. Ihre These war, dass Persönlichkeitsanteile in ihrer primitivsten Form so empfunden werden, als müssten sie zusammengehalten werden, um die Katastrophe des Auseinanderfallens zu verhindern. Im frühkindlichen, unintegrierten Zustand kann ihrer Meinung nach ein bewahrendes Objekt ganz konkretistisch als Haut erfahren werden, als hielte es die Teile der Persönlichkeit zusammen.

Der heutige Stand der Psychoanalyse von Kindern und die technische Anwendung dieser theoretischen Neuerungen, insbesondere die Handhabung der Gegenübertragung, wird ausführlich von Harris, Bick, O'Shaughnessy und Eskalinen de Folch in den von Bott-Spillius (1990) herausgegeben zwei Bänden »Melanie Klein Heute« dargestellt. Wie die projektive Identifizierung und Gegenübertragung zur Psychodiagnostik von Jugendlichen in Erstinterviews genutzt werden kann, hat Salzberger-Wittenberg in einem Vortrag verdeutlicht, der 1994 veröffentlicht wurde. Ebenso erscheinen regelmäßig Arbeiten zur kleinianischen Kinderanalyse in der Zeitschrift »Kinderanalyse« sowie in der Zeitschrift »Analytische Kinder- und Jugendlichen-Psychotherapie«.

Donald W. Winnicott wurde 1896 geboren, studierte in Cambridge Medizin und arbeitete als Kinderarzt in einem Londoner Kinderkrankenhaus. 1923 begann er eine Lehranalyse bei James Strachey und arbeitete von da an als Kinderarzt und Analytiker. Winnicott hat viele Gedanken Melanie Kleins aufgenommen, der er dennoch zeitlebens kritisch gegenüberstand; sein Denken zeichnet sich vor allem durch Originalität, Unkonventionalität und Spontaneität aus (vgl. Stork, 1976, S. 152). Abgesehen von der Erfindung des sogenannten Schnörkelspiels, bei dem abwechselnd Kind und Analytiker einen Schnörkel beginnen und ausmalen, was die Fähigkeit zur Assoziation anregen soll, liegt Winnicotts (1973; 1984) Beitrag zur Technik der Kinderanalyse vor allem in seinem Konzept des »Haltens« (▶ Kap. V.2.). Das »Halten« erlaubt dem Kind, Schritt für Schritt sein Selbst zu entwickeln und unabhängig zu werden. Winnicott hat damit den Blick auf Störungen des Selbst und deren Behandlung gelenkt. Nicht allein die Deutung, sondern der Heilungsfaktor der Beziehung zum Analytiker, die Verinnerlichung der Objektbeziehungen und die Strukturierung des Selbst stehen bei ihm im Mittelpunkt. Sein Konzept kann vielleicht dahingehend missverstanden werden (und ist oft missverstanden worden), dass der Analytiker nur, so wie die hinreichend gute Mutter, genügend viel »Halten« müsse. Winnicott betont aber auch die Rolle der Versagungen und die Entwicklung von der Fantasie (Omnipotenz) zur Realität, so dass er, auch wenn der Rahmen oder das dritte Objekt in seinen Therapiekonzepten explizit keine Rolle spielen, die Realität und das dritte Objekt nicht verleugnet.

Khan (1977), einer seiner Schüler, meinte, dass Winnicott zu einer wesentlichen Erweiterung und Vertiefung des klassischen Begriffsrahmens der Psychoanalyse beigetragen und so viele neue Begriffe geschaffen habe, dennoch keine Schule begründete, weil vieles, was er über seine spezifische Behandlungstechnik berichtet, auf ihn selbst zugeschnitten und nicht übertragbar war. Die psychotherapeutische Behandlung eines gerade zweijährigen Mädchens, deren 14 Sitzungen sich über drei Jahre erstreckten, beschreibt und kommentiert Winnicott in seiner Falldarstellung »Piggle« (1980), in welcher Ähnlichkeiten mit der Kleinschen Psychoanalyse, aber auch Unterschiede zu ihr deutlich werden.

Ein bedeutender Vertreter der Kinderanalyse im deutschen Raum war der 1911 in Zürich geborene Jacques Berna. Obwohl er später die ich-psychologische Behandlungstechnik von Anna Freud ausübte und lehrte, konnte er sich den Inhalt ihrer frühen Schriften zur Kinderanalyse nie aneignen (Hermann 1992). Auch Melanie Kleins Position konnte Berna nicht akzeptieren, weil ihm ihre frühe und tiefgehende Deutungsarbeit fremd blieb. Seine therapeutische Arbeit hat er in vielen Aufsätzen in der Psyche dargelegt, insbesondere jedoch in seinem 1973 erschienenen Buch »Kinder beim Analytiker«. Seine wichtigsten Arbeiten wurden noch einmal 1996 mit dem Titel »Liebe zu Kindern – Aus der Praxis eines Analytikers« neu aufgelegt, u. a. »Der Fall eines zwangsneurotischen Jugendlichen«.

Hans Zulliger, 1893 geboren, ehemals Volksschullehrer, wies in seiner Arbeit »Heilende Kräfte im kindlichen Spiel« (1975), die 1951 erschien, auf einen wichtigen Aspekt bei der Frage der Deutung im Kinderspiel hin. Das Spiel ist bei Zulliger die Sprache des Kindes, es ersetzt sie jedoch nicht einfach. Um Kinder verstehen zu können, müsse man sich einfühlen, affektiv mitgehen, sich mit den Kindern identifizieren können. Das Denken des Kindes ist noch magisch, was bedeutet, dass das Spiel kein Spiel, sondern Wirklichkeit sei. Zulliger fiel auf, dass Symptome oft verschwanden, noch ehe er sie gedeutet hatte. Zulliger verstand dies als Zeichen, dass bereits im Spiel dem Kind durch das Reagieren des Therapeuten, der mitspielte, Deutungen gegeben werden, die das Kind verarbeitet. Nicht das Spiel wird gedeutet, sondern im Spiel wird in der magischen Denkweise des Kindes eine Deutung gegeben. Die Kinderanalyse ist nach Zulliger immer in der Gefahr der Intellektualisierung, was nur den Widerstand fördert. Er forderte keine reine Spieltechnik, sondern ein flexibles Umgehen mit der Deutung, die unter Umständen auch eine Deutung im Spiel selbst sein kann, indem zum Beispiel der Kasperl dieses oder jenes sagt.

Zulliger ging davon aus, dass bei Jugendlichen weder die Kinder- noch die Erwachsenenanalyse angewandt werden könnte. So entwickelte er seine »Spaziergang-Behandlung« (1966), die er als »klassische Technik« bei Jugendlichen bezeichnete. Er gestand allerdings auch ein, dass es möglich wäre, dass ihm diese Art, Jugendliche auf Spaziergängen psychoanalytisch zu behandeln, besonders liegen würde, ein anderer jedoch weniger Erfolg bzw. »Glück« damit hätte.

Françoise Dolto, geboren 1908, die in Paris von 1938 bis zu ihrem Tod 1988 mit chronisch kranken, psychotischen und früh gestörten Kindern arbeitete (1989a,b), steht in der Tradition Lacans. Behandlungstechnisch geht es bei ihr um die Verbalisierung des Verworfenen, um die Annahme des Vaters, der als drittes Objekt die Dyade mit der Mutter öffnet, um die Annahme der Gesetze der Realität und der verschiedenen Stufen der Kastration, die Akzeptanz des Mangels und Entwicklung des Begehrens, was wir im Rahmen der Psychosetheorie (▶ Kap. VI.2) ausführlicher beschreiben. Die französische Schule, geprägt durch die Arbeit mit psychotischen und behinderten Menschen, betont die Funktion des Rahmens und die Bedeutung des dritten Objektes. Diese Funktion unterstützte Dolto, indem sie eine symbolische Bezahlung als Vertrag einführte. Das Kind bezahlt den Analytiker symbolisch mit kleinen Kieselsteinen, Briefmarken oder ähnlichen Gegenständen. So wird dem Kind verständlich, dass der Analytiker einen Beruf ausübt. Vergleichen wir dieses Konzept mit Anna Freuds Ausführungen zur Einleitung einer Analyse, wird deutlich, welch weiten Weg die Kinderanalyse im letzten Jahrhundert zurückgelegt hat. Die symbolische Bezahlung hat keinen Eingang in die Behandlungstechnik gefunden, sie war zu eng mit der Persönlichkeit Doltos verknüpft. Problematisch ist bei der symbolischen Bezahlung, ob die Kinder dieses Mitbringsel nicht als Geschenk begreifen; der Rahmen sollte bei Kindern stärker über die Haltung des Analytikers vermittelt werden anstelle einer letztendlich fragwürdigen Regelung von Bezahlung mit Kieselsteinen.

Der Buchtitel »Alles ist Sprache« (1989b) war gleichzeitig ein Grundsatz, der sich durch die gesamte psychoanalytische Arbeit mit Kindern zog. Dolto ging davon aus, dass die Psychoanalyse den Beweis erbracht habe, dass das Kind, wie klein es auch sei, das Verständnis des Sinns für Wörter habe, welche sein »Auf der Welt-sein« beträfen. Das Sprechen könne jeden Menschen be-

freien, wenn es ihm gelänge, dadurch jemanden, der ihm mit Aufmerksamkeit und ohne Werturteil zuhöre, sein Leiden auszudrücken (ebd., S. 168).

Der Einfluss der französischen Schule ist heute vor allem bei der Gruppe um Jochen Stork zu sehen, welche neben Klein und Bion vor allem französische Kinderanalytiker (Dolto, Diatkine, u. a.) mit einbezieht und deren Arbeiten in der von Stork herausgegebenen Zeitschrift »Kinderanalyse«, einem bedeutsamen Forum für die Anwendung der Psychoanalyse des Kindes- und Jugendalters, erscheinen. An dieser Stelle ist auch die Arbeitsgruppe um Hilde Kipp zu erwähnen, die maßgeblich an der Weiterentwicklung der französischen Theorien in der Kinderanalyse in Deutschland arbeitet und dies in der Zeitschrift »Arbeitshefte Kinderpsychoanalyse« dokumentiert.

Neidhardt (1988) hat dargestellt, dass der Wechsel vom Begriff des Psychagogen zu dem des Kinder- und Jugendlichenpsychotherapeuten Mitte der 1970er Jahre nicht lediglich der Austausch eines Etiketts war, sondern dass die veränderte Berufsbezeichnung einem Fortschreiten der psychoanalytischen Technik Rechnung trug. An den von ihm beschriebenen Entwicklungsschritten wurde aber auch deutlich, dass die internationale Psychoanalyse und ihre Weiterentwicklungen erst in den 1960er und 1970er Jahren in Deutschland wieder an Einfluss gewannen. Neidhardt beschrieb in seiner Arbeit drei Meilensteine dieser Entwicklung: Ganz am Anfang, direkt nach dem Zweiten Weltkrieg, stand die Psychagogik, eine Synthese aus Pädagogik und Psychotherapie; die Ich-Psychologie gab den Anstoß zur Entwicklung der analytischen Kinderpsychotherapie, die sich schließlich zur heutigen Kinderanalyse auf der Grundlage von Übertragungsbeziehungen wandelte (Neidhardt 1988, S. 81 f).

Konsequente – ausschließlich – selbstpsychologische Arbeit mit Kindern und Jugendlichen wird eher selten durchgeführt, jedoch haben die Arbeiten von Kohut und seinen Mitarbeiterinnen und Mitarbeitern auch in Deutschland die Ausübung der Kinderanalyse generell beeinflusst, insbesondere im Bereich der Diagnostik. Hilke (2000) hat in einem Beitrag die Perspektive der psychoanalytischen Selbstpsychologie für die Kinderpsychotherapie am Beispiel der Behandlung eines achteinhalbjährigen Jungen dargestellt. Die psychoanalytische Selbstpsychologie sieht als das oberste Ziel jeder Behandlung die Stärkung des Selbst und einen Zuwachs an Struktur. Darum stehen auch im Zentrum einer selbstpsychologischen Behandlung immer der Selbstzustand des Patienten und seine Selbstobjektbedürfnisse. Das Selbstobjekt ist der subjektive Aspekt einer Funktion, die durch eine Beziehung erfüllt wird. Jene Funktionen der Beziehung zu den Pflegepersonen, die im Säugling die Erfahrung seines Selbstseins wecken und aufrechterhalten, werden als Selbstobjektfunktionen definiert. Wesentlich in einer selbstpsychologisch orientierten Behandlung sind darum die Selbstobjektübertragungen, bei denen sich Selbstobjektbedürfnisse auf den Analytiker richten bzw. abgewehrt werden (z. B. Bedürfnis nach Spiegelung und Bedürfnis nach Idealisierung). Von großer Bedeutung ist dabei die Empathie, indem sich der Analytiker in den Patienten hineinversetzt und die Welt aus dessen innerer Perspektive wahrnimmt und interpretiert (ebd., S. 28). Weitere Darstellungen von Kinderbehandlungen aus Sicht der Selbstpsychologie finden sich u. a. bei Seiler (1998).

Der Umgang mit der Übertragung hat sich – auch in der Nicht-Kleinianischen Psychoanalyse – sehr verändert. Mit den Arbeiten von Gill (zit. n. Thomä und Kächele 1985) hat die Deutung der Beziehung im Hier und Jetzt (die lange Zeit vernachlässigt worden war) immer mehr an Einfluss gewonnen, auch in der Kinderanalyse. Die aktuelle Handhabung der Übertragung in der psychoanalytischen Arbeit mit Kindern hat Raue (2000) herausgearbeitet und betont, dass vor allem die Arbeit an den negativen Übertragungen und an den Widerständen von größter Bedeutung ist. Raue hebt auch hervor, dass im Aushalten der negativen Übertragung und späterer Verbalisierung ein wichtiger Beitrag zur Heilung geleistet wird, der viel zu wenig diskutiert wird. Den Stand des Übertragungsbegriffes der Anna-Freud-Schule referieren Fonagy und Sandler (1997). Sie betonen, dass es wichtig sei, dass der Analytiker in der Formulierung der Deutung auch zu verstehen gibt, dass das Kind um Impulskontrolle ringt. Solche Deutungen würden den inneren Konflikt des Kindes zwischen einem Wunsch und dem Versuch, ihn zu bändigen, betonen. Die Autoren unterstreichen, dass auch aktuelle Außenbeziehungen kommentiert werden könnten, zumeist sollten die Beziehungsmuster nach Meinung der Autoren jedoch im Rahmen der therapeutischen Beziehung (also im Hier und Jetzt) gedeutet werden.

Schäberle (1995) hat die Funktion der Sprache in der Kinderanalyse in vielfältiger Weise diskutiert und an eigenem Fallmaterial dokumentiert. Seiner Meinung nach bedeutet zur »Sprache-Bringen« immer auch einen Bruch der Illusion, ganz eingefühlt und befriedigt zu werden (siehe Mutismus). Hieraus erwächst, wie bei Dolto, die Möglichkeit, Wünsche im Spannungsverhältnis von Begehren und Leiden auszudrücken. Sprache hebt aber auch Omnipotenzfantasien auf und sie wirkt triangulierend, denn sie unterbricht den Mechanismus der projektiven Identifizierung.

Eine ausführliche Darstellung der unterschiedlichen Konzeptionen von Elternarbeit bei Anna Freud und Melanie Klein findet sich in einem Aufsatz von Windaus (1999). Der Autor erörtert zudem kritisch neuere Ansätze zur Elternarbeit und stellt seine Anwendung von szenischem Verstehen im »Hier und

Jetzt« vor. Ahlheim und Eickmann (1999) beschreiben spezielle Wirkfaktoren in der Arbeit mit den Eltern, wobei sie als wesentliche Ziele die Stärkung der elterlichen Position und die Wiederherstellung der elterlichen Allianz sehen. Eine umfassende Arbeit mit den wesentlichen Behandlungszielen und einer Diskussion der aktuellen Literatur zur begleitenden tiefenpsychologisch fundierten Psychotherapie der Bezugspersonen hat Ahl-

heim verfasst (Hopf und Windaus 2007). Kurz erwähnt werden soll in diesem Zusammenhang auch die Bedeutung der Säuglingsbeobachtung (Lazar 2000) für die Ausbildung wie auch für die analytische Psychotherapie von Müttern mit Säuglingen und kleinen Kindern (Hirschmüller 2000; Eliacheff 1994), zur Neurosenprophylaxe und Bewältigung entstehender psychischer Störungen.

Analytische Kinder- und Jugendlichenpsychotherapie heute

Thomä und Kächele (2006, S. 37) kritisieren, dass an den Ausbildungsinstituten so gut wie keine nennenswerte Forschung betrieben worden ist, vor allem wurden zu wenig Evaluationen durchgeführt. Die Erkenntnis, dass Psychoanalyse immer Krankenbehandlung *und* Forschung ist, ist zwar hinsichtlich von hermeneutischer Forschung richtig, genügte aber nicht mehr, seit psychoanalytische Behandlungen Bestandteil der kassenärztlichen Versorgung geworden sind. Die traditionelle Empiriefeindlichkeit führte zu Versäumnissen, der geforderte Nachweis für wissenschaftliche Fundierung konnte nicht ausreichend erbracht werden (Seiffge-Krenke 2007, S. 350).

In einzelnen Instituten in Deutschland sind heute bestimmte Schulrichtungen (vor allem von Klein/Bion und C.G. Jung) vertreten. Gelegentlich haben sich auch Gruppierungen etabliert, die eine spezifische Lehre vertreten und sich nach außen abgrenzen. Bereits die Dauer von Behandlungen lässt institutseigene (damit natürlich auch theoretische und behandlungstechnische) Unterschiede deutlich werden. In einer Untersuchung konnte beispielsweise festgestellt werden, dass analytische Kinder- und Jugendlichenpsychotherapeuten im Durchschnitt

zwischen 75, an anderen Instituten bis zu 148 Stunden für eine Kinder-Behandlung benötigten (vgl. Hirschmüller u. a. 1997).

Die Großgruppe der analytischen Kinder- und Jugendlichenpsychotherapeuten, auch der analytisch arbeitenden Psychologen und Ärzte, ist jedoch nicht schulgebunden und bezieht behandlungstechnische Neuerungen vieler Psychoanalytikerinnen und Psychoanalytiker in ihre psychoanalytische Arbeit ein; sie partizipieren somit an der Pluralität der Psychoanalyse, entwickeln jedoch vor dem Hintergrund der eigenen Persönlichkeit ihre ganz persönliche Sichtweise und ihren persönlichen Stil. Die zugrunde liegenden theoretischen und behandlungstechnischen Überzeugungen sind allmählich im Rahmen persönlicher Entwicklungsprozesse, durch Auseinandersetzung, Aufnahme und Abstoßung, durch Identifizierung und Unverträglichkeit mit wichtigen Personen und Theorien gewachsen und bedürfen darum immer auch der Anerkennung und Respektierung anders denkender und argumentierender Kolleginnen und Kollegen. Sie sollten grundständige Tugenden aller Diskussionen sein (vgl. Will 2006, S. 69). Pine (1990) nennt vier psychoanalytische Psychologien, die der heutigen Psychoanalyse zugrunde liegen:

Trieb-, Ich-, Objektbeziehungs- und Selbstpsychologie, sie sind genauso die zentralen Grundlagen der Psychoanalyse des Kindes- und Jugendalters.

Der Beginn: Spiel, Rahmen, Abstinenz und Neutralität, Grundregel

Wie in der analytischen Psychotherapie Erwachsener ist die Erkenntnis von einem Unbewussten wichtigstes Essential und die entscheidende Leitlinie für das Verstehen seelischer Prozesse. Somit gibt es zwischen Erwachsenenanalyse und psychoanalytischer Behandlung von Kindern mehr Gemeinsamkeiten als Trennendes (vgl. Stork 2001, S. 347). Die eingeschränkten Möglichkeiten von Kindern, ihre Träume zu berichten und vor allem zu deren Inhalten zu assoziieren, verlangten die Einführung eines Parameters, des Spiels. Es eröffnet einen intermediären Raum, um unbewusste Konflikte und Beziehungen darzustellen, die der Analytiker mit dem Patienten erleben und verstehen kann. Bereits an der Einrichtung des Praxiszimmers scheiden sich Geister und Theorien. Die psychoanalytischen Konzepte empfehlen hier sorgsame Überlegung und Zurückhaltung. Zum einen bleibt bei wenig Material die Arbeit an der Beziehung, die im Vordergrund steht, deutlich und überschaubar. Zum anderen wird die Kreativität eines Kindes sowie seine Tendenzen zu verbalisieren und zu symbolisieren durch weniger Spielmaterial eher gefördert. Es bleibt zudem wichtig, auch in der Kinderpsychoanalyse mit Träumen zu arbeiten; bei einer entsprechenden Haltung des Analytikers werden Kinder gern Träume erzählen und – in Grenzen – zu ihnen assoziieren (Hopf 2007a).

Damit sind wir bereits bei der Gestaltung eines Settings, was zu den nicht-analytischen Aktivitäten gehört. Es wird auch häufig als der *Rahmen* einer psychoanalytischen Behandlung bezeichnet. Zu den Bedingungen eines Rahmens gehören die regelmäßigen Sitzungen, die Frequenz, also alle zeitlichen und räumlichen Begrenzungen, die Schweigepflicht, die Finanzierung, die mögliche Einbeziehung von Bezugspersonen, das Ausfallhonorar, etc. Wir können das ganze wie einen Sandkasten betrachten, in dem ein Kind spielt und seine Konflikte agiert. Ohne dessen haltende Begrenzungen würde das Spielen des Kindes unübersichtlich und ungeordnet. Werden die Rahmenbedingungen nicht ausreichend beachtet, werden auch Affekte und Beziehungen undurchschaubar, und der Patient findet keinen ausreichenden Halt. Der Rahmen ist also eine unwandelbare Konstante und kann auch Trennung und Triangulierung repräsentieren. Gemeinsame Regeln und Rahmenbedingungen können auch zu professionellen Kennzeichen werden, so dass ausschließlich eine intensive Stundenfrequenz darüber entscheiden kann, ob eine Behandlung Analyse genannt werden darf (Holder 2002, S. 15; Thomä und Kächele 2006, S. 235). Allerdings kann eine Verabsolutierung von Regeln die Effektivität einer psychoanalytischen Behandlung genauso gefährden wie ein willkürliches Infragestellen von Rahmenbedingungen. Bei der Arbeit an den Rahmenbedingungen kommt es darauf an, diese nicht einfach als Voraussetzung, sondern ihre Etablierung als Gegenstand und Aufgabe von Beziehungsarbeit zu sehen (Berns 2002). Der Kinderanalytiker sollte immer langfristig *aushaltbare* Rahmenbedingungen aushandeln, damit die Beziehung überleben kann.

Es kann in diesem Abschnitt nicht um eine umfassende Darstellung aller behandlungstechnischen Prinzipien gehen, hierfür gibt es eine Vielzahl von Lehrbüchern (Thomä und Kächele 2006; Hopf und Windaus 2007; Seiffge-Krenke 2007; u. a.). Exemplarisch soll jedoch die *Abstinenzregel* diskutiert werden. Sie wird von Laplanche und Pontalis (1972/73, S. 22) so definiert, dass der Patient in einer psychoanalytischen Behandlung die geringstmögliche Ersatzbefriedigung für seine Symptome findet. Die Befriedigung seiner Wünsche muss ihm versagt werden, gleichzeitig sollten jedoch die Rollen übernommen werden, die der Patient dem Analytiker aufdrängt; über Abstinenz wird die Etablierung einer Übertragungsbeziehung gefördert. Es sollten also keine irgendwelchen Surrogate beschwichtigend eingesetzt werden. Somit bleibt ein immerwährendes Spannungspotenzial erhalten, welches den psychoanalytischen Prozess aufrecht erhält. Es sollte aber immer reflektiert werden, dass wir unsere Kinderpatienten auf der einen Seite anleiten, ihre Konflikte agierend im Spiel darzustellen. Auf der anderen Seite müssen wir ihr Agieren begrenzen, damit daraus wieder Fantasien und Erinnerungen werden. Die Gefahr ist darum bei Kindern wesentlich größer als bei Jugendlichen und Erwachsenen, dass sich der Analytiker auf das szenische Geschehen einlässt, es aber zu wenig reflektiert, verbalisiert und deutend mit ihm umgeht.

Winnicott hat dem ersten Gespräch mit einem Kind eine besondere therapeutische Bedeutung beigemessen, weil es eine einmalige Gelegenheit darstellt, mit einem Kind zu kommunizieren, wie es später kaum mehr möglich sei. Gemäß Greenson (1973) bilden den zuverlässigen Kern eines Arbeitsbündnisses die Motivation des Patienten, seine Krankheit zu überwinden, sein Gefühl der Hilflosigkeit, seine bewusste und rationale

Bereitwilligkeit mitzuarbeiten und seine Fähigkeit, den Anweisungen und Einsichten des Analytikers zu folgen (ebd., S. 204). Das wirkliche Bündnis bestehe aus dem vernünftigen Ich des Patienten und dem analysierenden Ich des Analytikers, was es so wahrscheinlich nicht gibt, aber immerhin eine Idealvorstellung repräsentiert. Der Therapeut muss die therapeutische Situation so gestalten, dass der Patient Derivate aus dem Unbewussten hervorbringen und ihm mitteilen kann (vgl. Berns 2000, S. 173). Dem erwachsenen Patienten wird gewöhnlich in den ersten Stunden die so genannte Grundregel mitgeteilt, von Thomä und Kächele (2006) wie folgt behutsam formuliert: »Bitte versuchen Sie alles mitzuteilen, was Sie denken und fühlen. Sie werden bemerken, dass dies nicht einfach ist, aber der Versuch lohnt sich« (ebd., S. 238). Älteren Jugendlichen kann das in ähnlicher Weise gesagt werden. Wenn wir einem Kind zum ersten Mal begegnen, sind wir nicht mehr unbefangen, denn in der Regel haben wir bereits mit den Eltern gesprochen, zumeist auch über Absprachen und Rahmenbedingungen. Aber betrachten wir die aktuelle Situation eines Kindes, das zum Erstkontakt kommt: Das Kind steht in der Regel einem wildfremden Menschen gegenüber, weiß nicht, was es tun soll und was von ihm erwartet wird. Das wird zwangsläufig große Ängste hervorrufen, die nur gemildert werden können, indem einem Kind die fremde Situation erklärt wird. Anna Freud hat gemeint, dass kleinere Kinder weniger über die Behandlungsmethode erfahren wollen, sondern darüber, dass sie Hilfe bekommen. So wurde also einem Jungen von viereinhalb Jahren gesagt, er werde hierher gebracht, damit er und seine Mutter nicht mehr so viel Streit miteinander hätten (Sandler, Kennedy und Tyson 1982, S. 188). Dieser antwortete, er streite gern mit seiner Mami! Hier begegnen wir einem Problem. Der Leidensdruck, der in der Regel auf Eltern lastet, muss keineswegs auch bei einem Kind vorhanden sein. Und Behandlungsziele, welche Eltern anstreben, müssen keineswegs die sein, welche ein Kind erreichen will. Eine andere gängige Variante ist es, einem Kind zu sagen: »Wir werden uns jetzt ein- oder zweimal die Woche sehen und du kannst hier spielen und tun, was du willst.« Ich empfehle Ihnen nicht, so etwas beispielsweise einem Kind mit so genannter ADHS und entsprechenden Symbolisierungsstörungen zu sagen. Es wird vielleicht Ihre gut gemeinte Aufforderung unsymbolisiert-konkretistisch umsetzen und Ihr Praxiszimmer in eine Müllhalde verwandeln. Diese Aufforderung missachtet, dass es – wie bereits diskutiert – einen Rahmen, Regeln, Absprachen, eine Realität gibt. Das Kind soll begreifen, wie seine Mitarbeit in dem künftigen analytischen Prozess aussieht, und das können erfahrungsgemäß auch schon kleine Kinder erfassen. Es existiert eine Fülle von Literatur über die erste Stunde, eine Arbeit stammt von Berna-Glantz (1972). Darin sagt sie zu ihrer elfjährigen Patientin folgendes: »Die Eltern möchten, dass ich Euch helfe. Ich tue das gern. Die Hilfe sieht so aus, dass ich Dir –

und den Eltern – helfe, das, was schwierig ist, besser zu verstehen. Dazu ist es am besten, wenn Du mir möglichst viel erzählst, was Dir gerade in den Sinn kommt. Für uns ist alles interessant« (ebd., S. 58). Es fällt auf, dass Berna-Glantz sich mit ihrer Formulierung stark an der Grundregel für Erwachsene orientiert, Träume und Spielen bleiben unerwähnt. Wir sind der Überzeugung, dass immer wieder aufs Neue erspürt werden muss, was oder wie etwas einem bestimmten Kind erklärt werden soll. Wir folgen hier Anna Freud, die festgestellt hat, dass es keine Formel dafür gibt, wie man ein Kind in die Behandlung einführen soll: »Tatsächlich könnte ein standardisiertes Schema für die Durchführung von Anfangssitzungen ohne Rücksicht auf die Natur der Störung des Kindes oder den Grad seines Bewusstseins davon nur die optimale Entwicklung der analytischen Arbeit beeinträchtigen« (Sandler, Kennedy und Tyson 1972, S. 188). Indem wir von Anfang an mit dem Kind analytisch arbeiten, die Szenen verstehen und deutend mit ihnen umgehen, können wir auch sukzessive das Arbeitsbündnis vermitteln und herstellen.

Ärztliche Untersuchung, eventuelle Medikation, psychoanalytische Verfahren

So gut wie alle analytischen Psychotherapien von Kindern und Jugendlichen finden innerhalb des Psychotherapie-Richtlinien-Verfahrens statt, das sich innerhalb von vierzig Jahren bestens bewährt hat. Auch Thomä und Kächele (2006, S. 217) gehen davon aus, dass es insgesamt gute Lösungen mit großem Spielraum für den einzelnen Fall ermöglicht. Das Gutachterverfahren erfordert einen ärztlichen Konsiliar-Bericht, also eine organmedizinische Untersuchung des künftigen Psy-

chotherapie-Patienten. Da fast alle Psychotherapeuten für Kinder und Jugendliche keine Ärzte sind, ist diese Untersuchung verpflichtend und wird von den Behandlern in der Regel hilfreich und entlastend erlebt. In vielen Fällen wird zur kinder- und jugendpsychiatrischen Untersuchung überwiesen. Der konsiliarisch untersuchende und zuweisende Arzt kann sich in Einzelfällen bei Indikation für eine medizinische Mitbehandlung entscheiden. Ideal ist ein dynamischer

Umgang mit dem Medikament, mit dem Ziel, es in Nutzung des Behandlungsbündnisses mit dem Patienten und seinen Eltern und *in enger Zusammenarbeit mit dem Arzt* bei fortschreitender Symptomverbesserung auszuschleichen. Pharmaka haben immer eine Übertragungs- und Gegenübertragungsbedeutung (vgl. Pozzi 2002). Die Wirkung eines Medikaments wird meist aus der jeweiligen individuellen Übertragungs- und Gegenübertragungssituation interpretiert: Das Medikament kann als Geschenk angesehen werden, aber auch als Eingriff in die Autonomie oder gar als Bedrohung des Körperselbst erlebt werden. Meist wird das Medikament durch einen Dritten verordnet, der auf diese Weise in der Dynamik der Behandlungsbeziehung eine Bedeutung bekommt. So können vielfältige psychodynamische Implikationen die Wirksamkeit eines Medikaments, unabhängig von den pharmakokinetischen Beschreibungen, ganz entscheidend bestimmen (vgl. Heinemann und Hopf 2006; Borowski 2007).

Die Anwendungsformen der psychoanalytischen Verfahren werden in den Psychotherapie-Richtlinien beschrieben. Die dort definierten Anwendungsformen beschreiben inhaltlich Verfahrensmodifikationen psychoanalytischer Arbeit, die auf einem Kontinuum zu verstehen sind. Auf der einen Seite dieses Kontinuums steht die Psychoanalyse, auf der anderen Seite die tiefenpsychologisch-fundierte Psychotherapie und im Zwischenfeld die psychoanalytische Psychotherapie (vgl. Borowski 2007).

Hoch frequente Kinderanalyse (4–5 Wochenstunden) ist kein Richtlinienverfahren und kann darum nicht – auch nicht zum Teil (!) – über eine Krankenkasse finanziert werden. Eine hoch frequente Analyse kann in der Regel tiefgreifende und nachhaltige strukturelle Veränderungen erreichen, während bei der üblichen zweistündigen Frequenz die Behandlung stärker auf die Symptomauflösung und Förderung der Entwick-

lung konzentriert ist (vgl. Müller-Brühn 1998, 2002). Die kinderanalytischen Ausbildungsanforderungen sollten auch in kommenden – vermutlich schwierigen – Zeiten Ideal und Anspruch bleiben: Zumindest *eine* vier- oder wenigstens dreistündige Behandlung sollte jeder Kinderanalytiker einmal unter Supervision durchführen. Ein zweistündiges Setting ist allerdings nicht nur notwendiges »Übel«, sondern ein durchaus annehmbarer Kompromiss, wie Ahlheim (1998, S. 131) schreibt: Die therapeutische Beziehung ist dicht genug, um Übertragungsfantasien und Widerstände systematisch zu bearbeiten. Andererseits kann das Kind seinen Alltag noch gut bewältigen und besitzt noch ausreichenden Raum für Spiel und Freizeit.

Die Häufigkeiten der in Deutschland durchgeführten Analysen mit einer – zeitweiligen – Frequenz von drei Sitzungen liegen seit Jahren bei 1 % und darunter. Offensichtlich wird über hoch frequente Behandlungen häufiger gesprochen, als dass sie durchgeführt würden. Insofern stellt das zweistündige Richtlinien-Setting den kleinsten gemeinsamen Nenner der verschiedenen Interessen von Kinderpatient, Behandler und Krankenkasse dar (vgl. Ahlheim 1998). Wie die *analytische* ist auch die *tiefenpsychologisch* fundierte Kinder- und Jugendlichen-Psychotherapie ein von der Psychoanalyse abgeleitetes Verfahren. Interessanterweise geht der Kommentar der Psychotherapie-Richtlinien (Faber und Haarstrick 2005) davon aus, dass eine exakte Unterscheidung der beiden Behandlungsarten in der Kinderpsychotherapie nicht begründet werden kann (ebd., S. 41), so dass auch die gleichen Kontingente gewährt werden. Der Stand der Theorie-Diskussion ist allerdings ein anderer. Wie in der Erwachsenenpsychotherapie können sehr wohl auch für die Kinder- und Jugendlichen-Psychotherapie Gemeinsamkeiten und Unterschiede der beiden Methoden herausgearbeitet werden. Gemeinsam ist den beiden Verfahren

- das Lehrgebäude der Psychoanalyse,
- die Annahme eines Unbewussten und einer Neurosenlehre,
- über Einsicht und positive Beziehungserfahrungen werden Besserung und Heilung erzielt,
- im Zentrum der Behandlung stehen Widerstand, Übertragung und Gegenübertragung,
- Neutralität und Abstinenz müssen gewahrt werden (vgl. Wöller und Kruse 2001).

An dieser Stelle wird bereits deutlich, dass für beide Verfahren auch die gleiche umfassende psychoanalytische Ausbildung Voraussetzung sein muss. Tiefenpsychologisch fundierte Kinder- und Jugendlichen-Psychotherapie ist keine ausgedünnte Anwendung von Psychoanalyse; sie ist ein aus der Psychoanalyse abgeleitetes Verfahren mit modifizierter Behandlungstechnik. Indikationsstellung und Anwendungen der speziellen Technik verlangen sogar besondere Kenntnisse von Behandlerin oder Behandler. Wie sehen die Unterschiede aus?

- In der Regel ist eine tiefenpsychologisch fundierte Behandlung nieder frequent und zeitlich begrenzt, die Behandlungsziele konzentrieren sich auf die Auflösung der Symptomatik und auf Verhaltensänderungen.
- Dies wirkt sich natürlich auf die Tiefe der Regression aus, welche gesehen, auch geduldet, aber nicht forciert werden sollte.
- Konflikte werden fokussiert, das heißt, es werden psychische Störungen mit deutlich abgrenzbaren Konfliktbereichen aufdeckend bearbeitet.

Dies bedarf erfahrungsgemäß – wie bereits erwähnt – besonderer Erfahrungen und Kenntnisse. Zentraler Unterschied ist die Handhabung von Übertragung und Gegenübertragung. Die Entstehung einer Übertra-

gungsneurose sollte vermieden werden; Übertragungsdeutungen sollten darum nicht im »Hier und Jetzt«, sondern ausschließlich im »Dort und Damals« erfolgen. Dies macht es auch möglich, dass der Therapeut aktiver und direkter mit dem Material der Stunden umgeht. Ob andere Interventionsformen einbezogen werden können, hängt vom Geschick und Können der Behandlerin, des Behandlers ab, wahrzunehmen, was solche Techniken bei dem Patienten und seiner Übertragungsbeziehung bewirken. Zusammengefasst heißt das, die *Psychoanalyse und die analytische Psychotherapie* beziehen sich auf die *Herstellung und Gestaltung eines analytischen Prozesses*, beide Verfahren rücken die Bearbeitung der Übertragungsneurose in den Vordergrund und verbinden damit die Möglichkeit der Veränderung der neurotischen Struktur. Die *tiefenpsychologisch fundierte Psychotherapie* beachtet wohl Übertragung und Gegenübertragung, fühlt sich jedoch, bezogen auf die psychoanalytische Haltung, an die Herstellung einer analytischen Atmosphäre und analytischen Erfahrung gebunden (s. u.), verzichtet aber auf die Entfaltung der Bearbeitung der Übertragungsneurose, unter Einschränkung regressiver Prozesse. Das Behandlungsziel ist nicht eine Veränderung der neurotischen Struktur, sondern die Wiederherstellung des Gleichgewichts in der Selbstregulierung und Beziehungsgestaltung. Damit fokussiert sich die Wahrnehmung des Therapeuten auf die Ebene psychosozialer Konfliktkonstellationen (Borowski 2007).

Eine Sonderstellung nimmt die Kurzzeittherapie, eine *analytische Fokaltherapie* ein. Nach Windaus (2007b, S. 546) ist sie bei passageren Entwicklungsproblemen, neurotischen Konflikten und reaktiven Störungen auf der Basis einer sonst hinreichend guten Entwicklung bei Kindern und Jugendlichen indiziert. Sie wird auch bei Kriseninterventionen eingesetzt und kann bei schweren Störungsbildern der Einleitung einer Langzeittherapie im Sinne einer Probebehandlung dienen. Voraussetzung für eine Indikationsstellung zur Fokaltherapie sind mögliche Fokalisierung auf einen zeitnahen und abgrenzbaren Problembereich und die verbale Ausformulierung eines Fokus. Ein Fokus ist ein bewusstseinsfähiger aktualisierter Kernkonflikt, der in einer Formulierung festgehalten werden kann (Windaus 2007b, S. 541).

Übertragung – Gegenübertragung – Deutung – Arbeit mit den Eltern – Beendigung

Bekanntlich haben Anna Freud und Melanie Klein hinsichtlich der *Übertragung* von Kindern unterschiedliche Haltungen eingenommen. Beide gingen davon aus, dass bei Kindern eine spontane Übertragungsbereitschaft besteht und positive und negative Übertragungen möglich sind. Nach Melanie Kleins Beobachtungen bildet sich allerdings beim Kind eine Übertragungsneurose, die der des Erwachsenen völlig analog ist. Anna Freud ging dagegen davon aus, dass Kinder eine ständige, durch Abhängigkeit gekennzeichnete Beziehung zu ihren Eltern in der Gegenwart haben, was die Ausbildung einer Übertragungsneurose wie beim Erwachsenen erschwert (Sandler, Kennedy und Tyson 1982, S. 103). Dadurch erfährt der Analytiker eine geringere Bedeutung als die Eltern. Sie unterscheidet darum zwischen einer *Übertragung von üblichen Beziehungsweisen, Übertragung gegenwärtiger Beziehungen* und schließlich einer *Übertragung früherer Erlebnisse*, was der eigentlichen Definition von Übertragung entspricht. Damit bestätigt Anna Freud, dass es während einer Kinderpsychoanalyse durchaus auch Phasen gibt, in welcher sich wiedererweckte Wünsche, Erinnerungen, Fantasien auf den Behandler richten können (Sandler, Kennedy und Tyson 1982, S. 112).

Die *Gegenübertragung* war einst stringent als eine unbewusste Reaktion auf unbewusste Übertragungen des Patienten gesehen worden und war darum eine lästige Störquelle im psychoanalytischen Prozess (siehe auch Abschnitt vorher). Die pathologischen Anteile des künftigen Analytikers, seine blinden Flecken, mussten also in einer Lehranalyse behoben werden. Heimann hat die Gegenübertragung in das wichtigste Arbeitsmittel des Psychoanalytikers verwandelt, indem sie unter ihr alle Gefühle verstand, die der Analytiker seinem Patienten gegenüber erlebt. Die Annahme, dass die Gegenübertragung das A und O einer analytischen Beziehung und die Schöpfung des Patienten ist, brachte entscheidende Veränderung auch in der analytischen Kinderpsychotherapie mit sich. Eine ausführliche kritische Würdigung und Wege, aber auch ihrer »Entmystifizierung« finden sich bei Thomä und Kächele (2006). Auf unbewusst bleibende spezifische Gegenübertragungsreaktionen bei Kindern, die den analytischen Prozess stören können, weist Windaus hin (2007a, S. 236), wie etwa Rivalität um das Kind mit den Eltern, einseitige Loyalitätsverteilungen zwischen Kind und Eltern, therapeutische Größenfantasien etc. Es muss also auch weiterhin sorgfältig differenziert werden, ob es sich bei der Gegenübertragung um neurotische Anteile des Analytikers handelt oder um nicht neurotische Anteile als Resonanz auf die Übertragungen des Patienten. An dieser Stelle wird die große Bedeutung von Supervision erkennbar.

Ich gehe mit Stork (2001) davon aus, dass Deutung und Deutungsarbeit das wesentliche Spezifikum und Charakteristikum der Psychoanalyse darstellen. Laplanche und Pontalis (1972/73, S. 117) definieren Deutung als eine »Aufdeckung der latenten Bedeutung der Worte und Verhaltensweisen eines Subjekts durch die analytische Untersuchung«. Deutung ist also eine Bewusstmachung von unbewussten psychischen Inhalten mittels Verbalisierung und in der Fortführung das Bestreben, einem unbewussten Geschehen, das bewusst geworden ist, »Bedeutung, Verständnis und Sinn zu geben« (Stork 2001, S. 352). Hinsichtlich der Deutungsziele gibt es geringe Unterschiede zwischen Erwachsenen- und Kinderanalyse, es ist allerdings darauf zu achten, dass die Formulierung einer Deutung kognitiv und emotional auf den Entwicklungsstand eines Kindes Rücksicht nimmt (Windaus 2007a, S. 241). Deutung dient bei Kindern nicht nur der Bewusstmachung von Unbewusstem, sondern auch der Entwicklungsförderung.

Die Deutungsarbeit ist entscheidend von der schulischen Zugehörigkeit geprägt. Gemeinsam ist allen Psychoanalytikern, dass Deutungen in das Übertragungs-Gegenübertragungs-Geschehen im Hier und Jetzt eingebettet sein sollten. Berns (2000) unterscheidet die psychoanalytischen Schulen »deutungstechnisch« an Hand zweier Merkmale: Das eine Merkmal ist die jeweilige Konzeption des Primärprozesses als Bildner der Derivate des Unbewussten, so wie es heutige freudianische Psychoanalytiker verstehen. Anhänger der kleinianischen Schule begreifen unbewusste Fantasien als primäre Triebabkömmlinge und nutzen deutungstechnisch sämtliche Mitteilungen des Patienten konsequent als Derivate des Unbewussten, aus einer innerseelischen Objektbeziehungsperspektive heraus, die genetisch konzipiert ist (ebd., S. 133f). Darauf werde ich kurz im Zusammenhang mit der Diskussion des Containments zurückkehren.

Jede Deutung kann *auch* eine narzisstische Kränkung sein, selbst wenn sie dem Patienten langfristig psychische Erleichterung verschafft. Die Bewusstmachung unbewusster Inhalte ist immer ein schmerzhaftes Ereignis. Kinder machen das oft sehr deutlich, wenn sie sich die Ohren zu halten oder den Analytiker zum Schweigen bringen wollen, weil ihnen seine Worte weh tun. Darum sollten Deutungen immer in »nicht-deutende« Aktivitäten eingebettet sein; dies sind gemäß Stork »Ermutigungen, Beruhigungen, Rückversicherungen, allgemeine Erklärungen, Aufforderungen, Konfrontationen, Suggestionen, Ratschläge, die Vermittlung von Sicherheit, das Setzen von Grenzen und vieles mehr« (2001, S. 354), was natürlich andererseits eine konsequente aufdeckende Arbeit nicht verhindern darf. Der deutenden Funktion steht somit eine haltende (holding function) gegenüber. Winnicott (1984, S. 317) versteht unter dem Halten eines Patienten, dass der Analytiker dem Patienten im richtigen Moment etwas mitteilt, das zeigt, dass der Analytiker die tiefe Angst, die erlebt wird oder deren Erleben erwartet wird, kennt und erlebt. Will (2006) formulierte dies so, dass eine abstinente Zurückhaltung gleichzeitig eine »warmherzige, offene und entwicklungsfördernde Atmosphäre« braucht (ebd., S. 37). Dolto hat zudem gemeint, dass Deutungen am besten als Frage formuliert werden sollten, dann bleibt die Deutungskompetenz beim Patienten (Dolto 1989a, S. 74).

Es ist hier nicht der Raum auf die Problematik von Deutungen einzugehen, ich verweise in diesem Zusammenhang auf die Arbeiten von Berns, Stork, Windaus und andere. Deutungsversuche sind immer von vielerlei Gefahren begleitet. Kurts (2001) hat in einer Arbeit auf eine zentrale Gefährdung hingewiesen: Die unbewussten Repräsentanzen und Wünsche, die in den Spielen und Zeichnungen von Kindern erkannt werden, können sehr faszinieren. Dies kann leicht dazu verleiten, Deutungen über *unbewusste* Fantasien zu geben, als ob es sich bei ihnen um denkfähige Fantasien handelte. Dabei werden die Abwehrbedürfnisse nicht ausreichend berücksichtigt – in einer solchen Situation kann der Analytiker für das Kind invasiv und verfolgend werden.

Kinder sind von ihren *Eltern* noch in vielen Bereichen – auch – real abhängig. Wird eine Kinderpsychotherapie geplant, so ist die künftige *Zusammenarbeit mit den Eltern* ausschlaggebend. Ein Kind kann weder die Notwendigkeit einer Behandlung erkennen, noch kann es die erforderlichen äußeren Bedingungen erfüllen. Das Behandlungsbündnis mit den Eltern entscheidet maßgeblich über einen ungestörten und prognostisch günstigen Verlauf einer Therapie. Darum ist die Mitarbeit der Eltern eine wesentliche Rahmenbedingung, deren Klärung von Beginn an von zentraler Wichtigkeit ist, beispielsweise, wie beide Eltern zur künftigen Therapie stehen und mitarbeiten wollen. Alle erforderlichen Rahmenbedingungen werden mit Eltern und Patienten erarbeitet, der Therapeut darf sie sich jedoch nicht aus den Händen nehmen lassen, denn sie sind sein Werkzeug, und er allein trägt die Verantwortung für den Verlauf und Erfolg einer Therapie. Details wie Frequenz, Dauer, Ferienplanung, Stundenausfall etc. müssen immer vorrangig von psychodynamischen Notwendigkeiten geleitet werden, nicht von realen Wünschen oder Rationalisierungen der Eltern oder des Patienten. Gelegentlich kann eine sorgfältige Klärung sogar dazu führen, dass eine Therapie nicht zustande kommt; diese würde jedoch auch bald scheitern, würden die Eltern die Bedingungen vorgeben. Stehen keine Eltern zur Verfügung, so müssen professionelle Helfer die Einhaltung des Settings gewährleisten.

Die elterliche Konfliktdynamik ist immer maßgeblich mit den neurotischen Konflikten eines Kindes verknüpft. Bereits in den ersten Lebensmonaten kann es zu Entgleisungen des präverbalen Affektaustausches kommen, zum Versagen des Containments. In jeder Entwicklungsphase können nicht bewältigte Konflikte bei den Eltern wiederbelebt werden und ihre eigenen Neurosen wirksam werden lassen. Die Umstellungsfähigkeit und Bereitschaft der Eltern, sich in psychodynamische Prozesse zu begeben und diese zu verstehen, ist ein wesentlicher Aspekt für die Prognose einer geplanten Behandlung. Sie wird auch davon abhängig sein, wie chronifiziert eine pathogene Familiendynamik bereits ist und ob Veränderungen möglich sind. Zentrale Behandlungsziele sind die Auflösung von Projektionen oder Delegationen und damit jener pathologischen intrapsychischen Bereiche der Eltern, die eine gesunde Entwicklung des Kindes oder Jugendlichen hemmen oder verhindern. Dabei soll der Vater immer als Dritter einbezogen werden, damit ein Kind unerlässliche Dreieckssituationen internalisieren kann. Dem ist bereits innerhalb der Psychotherapie-Richtlinien Rechnung getragen, dass immer *beide* Eltern eine Therapie beantragen müssen und dies durch ihre Unterschriften dokumentieren.

Es ist immer im Auge zu behalten, dass es nicht um eine *grundlegende* Aufarbeitung der elterlichen intrapsychischen Konflikte, auch nicht der Paarkonflikte gehen kann, so verführerisch sich das gelegentlich anbieten mag. Ein bedeutsames Teilziel kann es aber sein, Eltern für eine eigene Therapie oder Paartherapie zu motivieren und vorzubereiten. Im Fokus der Gespräche mit den Eltern steht immer ihre Beziehung zum Kind: »Wie fühlt sich ein Kind bei den Beziehungserwartungen dieser Eltern!« Bereits in einem ersten Elterngespräch wird jeder Teilnehmer versuchen, die Szene unbewusst so zu gestalten, wie es seinen inneren Objektfantasien und Beziehungsentwürfen entspricht. Aufmerksames Beobachten der Gegenübertragung bewahrt den Therapeuten davor, unbemerkt eine Rolle in der Inszenierung der Familie zu übernehmen. Wichtige Ziele sind es, *elterliche Position* und Allianz anzustreben. Ersteres meint die Fähigkeit und Bereitschaft von

Erwachsenen, ihren Kindern einigermaßen unbelastet durch eigene infantile Konflikte sicher und liebevoll zur Verfügung zu stehen und die Frustrationen, die die Auseinandersetzung mit der Realität unvermeidlich mit sich bringt, altersangemessen, einfühlend und relativ frei von Angst zu vertreten; *elterliche Allianz* wiederum ist nach Ahlheim getragen von gemeinsam entwickelten Fantasien über das Kind, wie es ist und wie es werden kann, und von dem Entschluss, miteinander die Verantwortung für das Gelingen gemeinsam zu tragen (2007, S. 257). Beide Ziele sollten auch mit getrennt lebenden Eltern zumindest angestrebt werden.

Bei Jugendlichen, vor allem solchen mit sehr belastender Familiendynamik, ist oft ein getrenntes Setting zu empfehlen, Eltern und Patient haben verschiedene Therapeuten. Wolff (1999) beschreibt am Beispiel eines solchen Falles dessen Vor- und Nachteile. Sie sieht vor allem eine Erleichterung der psychoanalytischen Haltung und dass Eltern in ihrer Not und mit ihren Problemen oft besser verstanden werden können. Die größere Möglichkeit, sich auf die Welt der inneren Objekte und Beziehungen der Eltern konzentrieren zu können, zieht nach Wolff auch die Gefahr nach sich, die Grenze der begleitenden Elternarbeit zu verlieren und regressive Prozesse zu fördern, eine Gefahr, die immer besteht. Überhaupt wird Elternarbeit bei Jugendlichen zu lange durchgeführt, oft bis in das Erwachsenenalter. Dies kann durchaus eine autonome Entwicklung erschweren, so dass es besser ist, älteren Jugendlichen ein abgegrenztes Therapieerleben zu ermöglichen.

Die *Beendigung* einer psychoanalytischen Therapie muss mit dem Patienten *und* seinen Eltern langfristig vorbereitet werden, denn es besteht – wie zuvor verdeutlicht – immer ein doppeltes Behandlungsbündnis. Freud hat bekanntlich gemeint, dass eine Psychoanalyse erst dann beendet werden kann, wenn sie vom Patienten als *endlich* erlebt wird. Die Beendigung ist allerdings nicht nur eine Abmachung zwischen Analytiker, Patient und Eltern, die Endlichkeit einer Behandlung wird auch durch die Höchstgrenzen der Psychotherapie-Richtlinien mit bestimmt. Somit müssen zum einen Abschlusstermine festgelegt werden, zum anderen müssen sich die Parteien darüber verständigen, was noch durchgearbeitet werden muss und kann. Endlichkeit ist immer auch eine Auseinandersetzung mit Trennung und Tod. Dies kann sowohl beim Patienten, als auch bei den Eltern und beim Analytiker alte Ängste mobilisieren, verlassen und von der Mutter getrennt zu sein (Sandler, Kennedy und Tyson 1982, S. 304). Also müssen verstärkt Objektverlustängste durchgearbeitet und Übertragungen langfristig aufgelöst werden. Solche Ängste können auch in unterschiedlicher Weise verleugnet werden: Vorzeitiger Abbruch kann gewünscht werden, die häufig wieder aufflammenden Symptome können auch bedeuten, dass der Patient der gleiche wie am Anfang wäre und eine Behandlung nie stattgefunden hätte (ebd., S. 303 f.). Aber auch der Therapeut kann versuchen, Endlichkeit zu verleugnen. Er kann immer neue Verlängerungen einer Therapie beantragen. Er kann, wie das oft geschieht, Beendigungen vor Ferien legen, um Trennung nicht wahrzuhaben und er kann die Frequenz immer mehr verdünnen, um einen klaren Schnitt zu vermeiden und die Trennung hinaus zu zögern. Die rezidivierenden Symptome sind natürlich nicht nur ein Versuch, die Behandlung zu verleugnen, sie sind nicht selten ein Ergebnis von Erschütterungen der Symbolisierungsfähigkeit unter dem Einfluss der anstehenden Trennung, so dass die Fähigkeit, Getrenntheit auszuhalten, wieder geringer wird.

In diesen Tagen hat mir ein 12-jähriger Junge zum Abschluss seiner Behandlung einen Brief geschrieben. Über bewegende, gefühlhafte Dinge wollte er nie gerne sprechen, aber er konnte sie immer auf seine Art vermitteln, und er schrieb: »Es war eine tolle Zeit, aber irgendwann endet immer etwas. Ich hoffe, dass Sie gesund bleiben und noch mehr Spaß am Leben haben.« Ich habe den Eindruck, dass er über Vergangenes trauern kann, dass er Trennung aushält und dass er sicher ist, dass wir beide die Trennung überleben werden. Fast hätte ich glauben mögen, er hätte Winnicott gelesen, der einst geschrieben hat: »Ich habe meine Freude daran, Analyse zu betreiben, und ich freue mich immer auf das Ende jeder Analyse. Analyse um der Analyse willen hat für mich keinen Sinn. Ich betreibe Analyse, weil es das ist, was mit dem Patienten gemacht werden muss, und weil es das ist, was der Patient hinter sich bringen muss. Wenn der Patient keine Analyse braucht, dann mache ich etwas anderes« (Winnicott 1984, S. 217).

Ausblick – Brauchen wir andere Behandlungstechniken?

Wir stellen fest, dass sich in den vergangenen Jahrzehnten die Krankheitsbilder bei Kindern und Jugendlichen vor dem Hintergrund veränderter soziokultureller Verhältnisse erheblich gewandelt haben: Externalisierende Störungsbilder (hyperkinetische Störungen und Störungen des Sozialverhaltens) gehören mittlerweile zu den am häufigsten diagnostizierten Auffälligkeiten bei männlichen Kindern und Jugendlichen. Es kommt häufiger zu Störungen der Symbolisierung sowie der Mentalisierung. Hierzu gehören auch die hyperkinetischen Störungen. Externalisierende Störungen nehmen zu, *auch* weil der gesellschaftliche Rahmen nicht ausreichend haltend und begrenzend ist. Reale Angst und Scham scheinen sich rückzubilden. Viele Väter sind zunehmend »unsichtbar« und besitzen keine ausreichende triangulierende Funktion. Die Jungen geraten zunehmend in Schwierigkeiten mit ihrem Umfeld. Ihre Kommunikationsfähigkeiten sind störanfälliger – es zeigen sich bei ihnen durchgehend höhere Raten von hyperkinetischen Störungen, von dissozialen Störungen, Störungen durch Substanzgebrauch sowie monosymptomatische Störungen wie Tics und Enkopresis (Ihle und Esser 2002). Viele Kinder, die heute in analytische Psychotherapie kommen, haben neben Symbolisierungsstörungen auch Spielstörungen. Sie erleben Spielen nicht symbolisch, nicht überwiegend »als ob« und in einem Zwischenbereich von Fantasie und Realität angesiedelt (Streeck-Fischer 2006). Das Spiel kann bei ihnen leicht konkretistisch, real werden und blitzschnell aus der Kontrolle und in einen bitteren Ernst geraten. Diese und die zuvor erwähnten Tatsachen schaffen erhebliche neue behandlungstechnische Probleme.

Symbolisierungsfähigkeit macht es einem Kind möglich, Trennungen samt dazugehörenden Unlustgefühlen auszuhalten. Die Fähigkeit zum Symbolisieren entwickelt sich bekanntlich von der symbolischen Gleichsetzung, über das Übergangsobjekt hin zu einem reifen symbolischen Verstehen. Symbolbildung, eng mit der Sprachentwicklung verknüpft, strukturiert die innere Welt des Kindes und erlaubt eine zunehmende Unabhängigkeit von realen äußeren Objekten. Sie schafft die Möglichkeit, intermediäre Räume für Denken und Fantasieren zu nutzen, um Bedürfnisse aufschieben zu können. Mit Mentalisierung bezeichnen Fonagy u. a. (2001; 2002) die Fähigkeit, sich selbst und einen anderen Menschen als ein Wesen mit geistig-seelischen Zuständen zu begreifen.

Dem Kind wird bewusst, dass es ein Bewusstsein hat; es erkennt, dass es ein Lebewesen unter vielen ist; und es wird fähig zu symbolischem und kreativem Denken. Besitzt ein Kind Mentalisierungsfähigkeit, so kann es sich in einen anderen Menschen einfühlen, kann mit ihm leiden und ihm beistehen. Es hat im Sinne von Winnicott die Fähigkeit zur Besorgnis erworben.

Mit dem von Fonagy u. a. (2002) entwickelten spielerischen »Markieren« wurden neue Möglichkeiten entwickelt, einem Kind zu bedeuten, dass seine Externalisierung »nicht real« ist: »Wissende Blicke, ein leichtes Neigen des Kopfes, eine hohe Tonlage oder betont langsames Sprechen, eine übertriebene Intonationskontur, eine angedeutete, verkürzte oder nur partielle Ausführung von Handlungsschemata und der Gebrauch unsichtbarer imaginärer Objekte – all dies sind klare und auffällige Signale, an denen das Kind erkennt, dass sich der Als-ob-Ausdruck kategorial von seinem realistischen Pendant unterscheidet – das heißt, ›nicht wirklich‹ ist« (ebd., S. 299).

In der aktuellen kinderanalytischen Literatur werden eher selten Fragen zur Behandlungstechnik bei ambulanten Psychotherapien von *externalisierenden Störungen*, also von hyperkinetischen Störungen und Störungen des Sozialverhaltens, diskutiert. In der Vergangenheit waren es vor allem Autoren, die Erfahrungen mit traumatisierten Kindern und dissozialen Patienten hatten, wie etwa Diepold (2005), Bettelheim (1997), Cohen (2004), Alvarez (2001), Hurry (2002), Rauchfleisch (2003) und Streeck-Fischer (2006).

Es können zwei zentrale Positionen innerhalb der Psychoanalyse und ihren Schulen beschrieben werden: Arbeit an Beziehung und Übertragung sowie Arbeit an Struktur und Rahmen. Anne Alvarez (2001) hat mit dem folgenden Zitat eine schöne Brücke zwischen den beiden Polaritäten geschlagen: »Mutiges und aufnahmebereites Zuhören, aber auch eine feste, nicht zu stark masochistische Einstellung gegenüber den vielleicht furchtbaren Projektionen des Kindes – d. h. gegenüber dem verzweifelten Bedürfnis des Kindes, uns das anzutun, was seinem Gefühl nach ihm angetan wurde – scheinen in der Tat zu helfen« (ebd., S. 21). Alvarez betont aber auch, dass Verlässlichkeit, Regelmäßigkeit des Settings und eine feste Struktur der psychoanalytischen Technik erst Entwicklung von psychischer Struktur ermöglichen. Das bedeutet, dass ein produktiver Prozess *immer* eines stabilen Rahmens bedarf, damit Beziehungen internalisiert werden können (Hopf 2006).

Damit unterstreicht Alvarez aber auch die Bedeutung des Containments. Bion (1990) beschrieb in Anlehnung an Melanie Kleins Theorien eine frühe Form von Kommunikation über projektive Identifizierung. Das Kind kann auf diese Weise namenlose Ängste, bedrückende Gefühle, generell Unaushaltbares in die Mutter projizieren. Sind die Bedingungen gut, so ist die Mutter in der Lage, diese Gefühle umzuwandeln und sie dem Kind in vertrauter und erträglicher Form zurückzugeben. Dies führt dazu, dass das Kind auf diese Weise die Container-Funktion verinnerlicht. Bion hat mit seinem Container/Contained-Modell dieses Konzept erweitert. Bei jenen Kindern mit strukturellen und Symbolisierungsstörungen sollte innerhalb der psychoanalytischen Therapie solch eine Beziehung etabliert werden, die es dem Patienten langfristig ermöglicht, zu fantasieren, symbolisieren und zu träumen (vgl. Eskalinen du Folch 1991; Bovensiepen 2007). »Wenn das Kind spürt, dass der Analytiker seine Mitteilungen versteht, dann introjiziert es einen Analytiker, der die unerträglichsten Gefühle auszuhalten, zu betrachten, zu reflektieren und über sie zu sprechen vermag« (Eskalinen du Folch 1991, S. 278).

Es war immer Aufgabe von Kinder- und Jugendlichenpsychotherapeuten, Behandlungstechniken neu zu überdenken und zu modifizieren, damit auch Kinder mit strukturellen Defiziten, mit Symbolisierungs- und Spielstörungen psychoanalytisch behandelbar werden. Wir wollen mit einem weisen Satz von Anna Freud schließen, der hinsichtlich der Flexibilität von psychoanalytischen Techniken hoffen lässt: »Die Wege und Mittel der Therapie in der Kindheit sind so zahlreich, wie die auf dem Entwicklungsweg erworbenen Störungen und so verschieden voneinander, wie die verschiedenen Anteile der kindlichen Persönlichkeit« (Sandler, Kennedy und Tyson 1982, S. 210).

6   Bindungstheorie und Bindungstherapie

Die Bindungstheorie ist eine auf äußerer Beobachtung beruhende empirisch fundierte entwicklungspsychologische Theorie über die emotionale Entwicklung. Sie wurde vom englischen Psychiater und Psychoanalytiker John Bowlby in den 1950er Jahren begründet. Die Theorie wurde in den drei Büchern Bindung, Trennung und Verlust (Bowlby 1975; 1976; 1983) dargelegt. Die Forschungsgruppe um John Bowlby mit Anna Freud, Mary Ainsworth und James Robertson wurde nach dem Krieg gegründet und konzentrierte sich auf die Bedeutung von Trennungssituationen, speziell auch der Kriegswaisen (Brisch 1999, S. 30; Brisch 2002).

Aus Sicht der Bindungstheorie entwickelt der Säugling auf der Grundlage eines biologisch angelegten Verhaltenssystems im ersten Lebensjahr eine starke emotionale Bindung zu seiner Hauptbezugsperson. Der Säugling wird geschützt und ihm wird Bindungssicherheit vermittelt. Bindung ist Teil eines komplexen Systems der Beziehung. Das Bindungssystem ist ein primär genetisch verankertes motivationales System, das nach der Geburt aktiviert wird und überlebenssichernde Funktion hat. Der Säugling sucht die Nähe zur Mutter, wenn er Angst erlebt. Er sucht Sicherheit, Schutz und Geborgenheit durch Blickkontakt oder physischen Kontakt (Brisch 1999, S. 35). Eine sichere Bindung stellt die emotionale Basis während des gesamten Lebens bis ins Alter hinein dar. Es bilden sich innere Arbeitsmodelle und die mit ihnen verbundenen Affekte, was als Bindungsrepräsentanz bezeichnet wird. Die Bindungsrepräsentanz kann im Laufe des Lebens durch einschneidende Erlebnisse verändert werden, und zwar in beide Richtungen. Dem Bindungsbedürfnis steht das Explorationsbedürfnis gegenüber. Die Mutter dient dabei als sicherer Hafen, von dem aus das Kind die Umwelt exploriert. Bindungssicherheit ermöglicht Neugierverhalten. Wenn die Mutter oder eine primäre Bezugsperson das Kind zu sehr bindet, wird das Explorationsbedürfnis nicht gewährt und frustriert (ebd., S. 38).

Die Wahrnehmung der Bedürfnisse des Säuglings und die richtige Interpretation seiner Wünsche und Bedürfnisse gewährleistet nach Mary Ainsworth die Feinfühligkeit der Mutter. Feinfühliges Verhalten der Bezugspersonen besteht darin, dass diese die Signale des Kindes wahrnehmen und richtig interpretieren und sie angemessen und prompt befriedigen. Der Säugling entwickelt eine sichere Bindung, wenn seine Bedürfnisse feinfühlig befriedigt werden, eine unsichere Bindung, wenn die Bedürfnisse nicht, unzureichend oder inkonsistent beantwortet werden (ebd., S. 36). Empathische Verbalisation der Bezugspersonen unterstützt die sichere Bindung (Brisch 2002, S. 50).

Das Pflegeverhalten der Bindungsperson wird über die eigenen Bindungserfahrungen wachgerufen. Über die Bindungserfahrung erlangt der Säugling ein beobachtbares Bindungsverhalten, das in der Bindungstheorie in verschiedene Bindungsqualitäten unterteilt wird. Im sogenannten Ainsworth-Fremde-Situations-Test aus dem Jahr 1969 (Brisch 1999, S. 33) wird eine Trennungssituation von der Bezugsperson und das Verhalten nach der Rückkehr in standardisierten Situationen beobachtet. Eine sichere Bindung wird diagnostiziert, wenn die Bezugsperson als sichere Basis erlebt wird, die Schutz, Geborgenheit und Trost bietet. Bei der unsicher-vermeidenden Bindungsqualität reagiert die Bezugsperson eher mit Zurückweisung auf die Bedürfnisse des Kindes. Der Säugling reagiert auf die Zurückweisung scheinbar emotionslos, nicht mit Trennungsprotest. Die Kinder begrüßen die Mutter nicht bei Rückkehr, ignorieren sie eher oder laufen weg. Reagiert die Bezugsperson manchmal zuverlässig und feinfühlig, dann wieder mit Zurückweisung und Ablehnung, entsteht die unsicher-ambivalente Bindungsqualität. Die Reaktionen des Säuglings sind lautstarkes Weinen und intensives Anklammern an die Bindungsperson. Diese Säuglinge zeigen die deutlichsten Trennungsproteste. Sie sind nach der Rückkehr kaum zu beruhigen. Beim desorganisierten/desorientierten Bindungsverhalten zeigen die Kinder widersprüchliches Verhalten (Brisch 2002).

Die Klassifikation der kindlichen Bindungsqualität in sicher gebundene Kinder, unsicher-vermeidend gebundene Kinder, unsicher-ambivalent gebundene Kinder und Kinder mit desorganisiertem Verhaltensmuster beruht auf standardisierten Beobachtungen und macht die Theorie auch außerhalb der psychoanalytisch orientierten Entwicklungstheorie akzeptabel (vgl. Fonagy 2009).

Das Konzept der Feinfühligkeit der Mutter ist aus psychoanalytischer Sicht problematisch, da die Gefahr der »Schuldzuweisung« an die Mütter besteht. Eine Kritik am Konzept der Feinfühligkeit wird durch die Studie von de Wolff und Ijzendoorn (1997, zit. nach Brisch 1999, S. 49) auch aus bindungstheoretischer Sicht reflektiert. Die Studie führt nur 12 % der Varianz der kindlichen Bindungsmuster auf mütterliche Feinfühligkeit zurück. So wird aus Sicht der Bindungstheorie die Suche nach äußeren Traumatisierungen bedeutsam, da eine Konzentration auf eine, wenn auch erworbene, defizitäre Haltung der Mütter, bzw. Bezugspersonen zu problematischen pädagogischen und therapeutischen Haltungen führen kann.

Die Bindungstheorie spricht heute von sogenannten Schutz- und Risikofaktoren, die zu Bindungsstörungen führen können: Das Risiko einer Frühgeburt kann unsicher gebundene Kinder hervorrufen, besonders bei extrem kleinen Frühgeborenen (Brisch 1999, S. 75). Desorganisierte Bindung wird häufiger bei misshandelten Kindern beobachtet. Wenn Eltern unter Depressionen oder Schizophrenie leiden, besteht ein Trend für unsicher gebundene Kinder. Unsichere Bindung wird häufiger bei Borderline-Persönlichkeitsstörung, Agoraphobie, sexuellem Missbrauch, suizidalem Agieren in der Adoleszenz, Depression, psychiatrischen Erkrankungen und verschiedenen psychosomatischen Erkrankungen diagnostiziert (ebd., S. 76). Im Säuglingsalter werden Ess-, Schrei- und Schlafstörungen sowie Wachstumsretardierungen mit der mütterlichen Ambivalenz in Verbindung gebracht (ebd., S. 90).

Desorganisiertes Bindungsverhalten wird bei Kindern mit ADHS (Brisch 2002, S. 48) diskutiert, aber auch bei Autismus (Bergmann 2009). Kinder mit Vernachlässigung, Misshandlung und Missbrauch zeigen zu 80 % desorganisierte Verhaltensweisen, bei psychosozial unbelasteten Eltern zeigen dagegen nur 15 % desorganisiertes Bindungsmuster. Mütter, die selbst schwerwiegende Traumata wie Missbrauch und Misshandlung erlitten haben, zeigen häufiger desorganisiertes Bindungsverhalten.

Armut und Gewalt als Belastungen können feindseliges und hilfloses elterliches Verhalten bewirken und damit ein unsicher-desorganisiertes Bindungsmuster bei Kindern (Brisch 2002, S. 51). Klinische Erfahrungen zeigen, dass Kinder mit Bindungsstörungen gehäuft traumatische Erfahrungen gemacht haben und desorganisierte Verhaltensweisen zeigen. Desorganisiertes Bindungsverhalten führt oft zu sozialen Interaktionsstörungen und emotionalen Ablehnungsreaktionen. Längsschnittstudien in Deutschland, in den USA und in England zeigen, dass sicher gebundene Mütter mit etwa 70 % Übereinstimmung auch sicher gebundene Kinder haben. Zwischen der Bindungshaltung der Väter und den Kindern besteht nur 65 % Übereinstimmung (ebd., S. 55). Eine sichere Bindung erhöht die psychische Vulnerabilitätsschwelle (Brisch 1999, S. 77). Eine ausführliche Diskussion über Bindungsverhalten in den verschiedenen psychischen Störungen findet sich bei Strauß (2008).

Behandlungsansätze

Im Rahmen der psychoanalytischen Theorie möchten wir folgende Punkte kritisch hervorheben:

- Die Problematik des Konzepts der Feinfühligkeit der Mutter, wie bereits oben von Brisch selbst einschränkend vermerkt.
- Die Kategorisierung der Bindungsstörungen beruht auf äußeren Beobachtungen und sagt nur begrenzt etwas über das innere Erleben der Kinder aus.
- Dass bei allen psychischen Störungen und Verhaltensauffälligkeiten auch Bindungsstörungen zu finden sind, ist unumstritten und auch in der klassischen Psychoanalyse in allen Theorien enthalten (Narzissmustheorie, Objektbeziehungstheorie etc.).
- Die Bindungstheorie war lange einseitig auf die Mutter-Kind-Beziehung reduziert, wird heute aber kritisch erweitert durch das Konzept der komplexen triadischen Beziehungen vom Anfang des Lebens an. Hier erhält auch die Vater-Kind-Beziehung einen bedeutenden Stellenwert in Bezug auf Bindungssicherheit und Exploration (von Klitzing 2002b; 2002a).

Brisch betont: Bei jeder Symptomatik und bei jedem Störungsbild können bindungstheoretische Überlegungen angestellt werden (1999, S. 276).

Die Konsequenzen der Bindungstheorie für die Behandlung enthalten ebenfalls nicht wirklich neue Aspekte. Bei der Therapie liegt der Fokus auf der Bindungsqualität der Therapeut-Patient-Beziehung (ebd., S. 97). Feinfühligkeit und Empathie sollen erfahren und in der Übertragungsbeziehung reaktiviert werden (ebd., S. 98). Im Übertragungskonzept der klassischen Psychoanalyse (z. B. Containing nach Winnicott) ist der Aspekt der Verinnerlichung der mit dem Therapeuten reinszenierten und durch seine Reaktionen und Deutungen veränderten Repräsentanzen gleichermaßen enthalten.

Die Konsequenzen für die Kindertherapie (Brisch 1999, S. 100) werden aufgeführt:

- Sichere Bindungsbeziehung,
- Symbolspiel,
- Bindungsrelevante Interaktionen werden gedeutet,
- Ermöglicht neue sichere Bindung,
- Behutsames Lösen des therapeutischen Bündnisses.

Die therapeutische, sichere Bindungsbasis ermöglicht einen affektiven Neubeginn im Sinne einer korrigierenden Erfahrung (ebd., S. 106).

Unsere kritische Einschätzung der Bindungstheorie ist, dass sie einen fundamentalen und wichtigen Aspekt der Entwicklung betont, der nicht oft und intensiv genug betont werden kann. Sie ist eine Brücke der Psychoanalyse zu psychologisch (qua empirischer Methodik) und physiologisch (qua genetische Verhaltenssysteme) orientierten Ansätzen (vgl. Fonagy 2009). Mit der Betonung der Eltern-Kind-Beziehung und des Bindungsaspektes wird jedoch für die Theorie und Behandlung im Sinne der klassischen Psychoanalyse kein wesentlich neuer Aspekt hinzugefügt. Insofern werden wir auch bei den verschiedenen Störungsbildern nicht explizit hinzufügen – soweit überhaupt vorhanden – welche Bindungsmuster hier gehäuft zu finden sind. Uns geht es bei der Darstellung der verschiedenen Störungen um die Qualität der inneren Bilder und Erfahrungen, die sich äußerlich nur reduziert in den Klassifikationssystemen der Bindungstheorie wiederfinden.

Eine besonders wertvolle Konsequenz der Bindungstheorie ist unserer Einschätzung nach vor allem ihr vielfältiges Anwendungsgebiet im therapeutischen und pädagogischen Feld. Sie regt an zu Informations- und Aufklärungsarbeit über die Konzepte der Bindung beim Eintritt in den Kindergarten und in die Schule. Sie stellt Zusammenhänge zwischen Schul- und Lernprozessen her. Sie richtet im Sinne der Prävention ihr Augenmerk auf Problemsituationen wie die Eingewöhnung in eine neue Umgebung: Tagesmutter, Krippe, Wechsel von Schulen, Umzug (Brisch 1999, S. 268). Schwellensituationen wie Abschied und Trennungsprozesse sollten begleitet werden (ebd., S. 269). Dabei wertschätzt die Bindungstheorie die Pädagogik und Therapie gleichermaßen. Bei der pädagogisch-therapeutischen Arbeit mit Kindern und Jugendlichen gelten die gleichen Grundsätze wie sie für bindungsorientierte Psychotherapie formuliert werden. Sie müssen den jeweiligen Gegebenheiten des pädagogischen Settings angepasst und bei Bedarf modifiziert werden. Lehrer gelten auch als wichtige sekundäre Bindungspersonen (ebd., S. 276). Es gibt ein Feinfühligkeitstraining für werdende Eltern und videounterstütztes Wahrnehmungstraining (1999, S. 44) sowie die Elterntrainingsprogramme »SAFE« (Brisch 2010).

Inspiriert vom Gedanken der Prävention von Bindungsstörungen führten wir ein Forschungsprojekt durch, in dem die Notwendigkeit von Hausfrühförderung, wie sie in der Sonderpädagogik angeboten wird, gezeigt werden sollte. Eltern frühgeborener Kinder wurden in regelmäßigen Abständen zu Hause besucht und über szenisches Verstehen und analytische Gespräche zur Verbalisierung und Mentalisierung der Affekte angeregt. Bindungsstörungen sollten präventiv durch psychoanalytisch-pädagogische Hausfrühförderung verhindert werden. Ähnliche Konzepte gibt es bereits in den NIDCAP-Modellen (Als und Butler 2008).

Ich (E.H.) möchte eine kurze Vignette aus einem Besuch bei einem Elternpaar beschreiben. Die Mutter ist erst eine Woche vor meinem Besuch zusammen mit ihrem frühgeborenen Säugling – nennen wir ihn Tim – nach Hause entlassen worden. Wir sitzen gemeinsam auf der Couch-Landschaft in einem gepflegten, gemütlichen Reihenhaus. Liebevoll steht das Kinderbett mit Tim am Fenster. Die Mutter erzählt von ihren traumatischen Erlebnissen während der Schwangerschaft und in der Klinik. Auch der Vater, der sich in der Klinik am Känguruhen beteiligt hatte, wirft hin und wieder ein, wie hilflos sie sich gefühlt haben, und auch jetzt sei ihre einzige Stütze die Hebamme, die regelmäßig zu ihnen nach Hause kommt. Angstvoll würden sie beobachten, wie die Hebamme mit dem Kind umgeht. Nach einem langen intensiven Gespräch über ihre Erfahrungen beginnt sich die Mutter zu entspannen und holt das Bett von Tim in unsere Mitte. Die Mutter packt behutsam die Decke zur Seite und ich kann Tim im Bett liegen sehen. Ich bin wie gelähmt und entsetzt. Vor mir liegt ein Säugling, der bis zum Kopf in Bänder gewickelt ist. Zufällig hatte ich eine Woche zuvor ein Buch über Wickelkinder (Frenken 2011) gelesen. Ich denke an die Bilder und kann nicht sprechen. Die Eltern nahmen wohl meinen entsetzten Blick wahr und erklärten mir, dass die Hebamme das »pucken« empfohlen habe. So würde das frühgeborene Kind Begrenzung wie im Mutterleib erfahren und sich beruhigen. Allmählich beginne ich wieder denken und sprechen zu können. Ich gebe zu bedenken, dass das Ungeborene sich im Mutterleib bewegen kann, mit den Beinen und Armen gegen den Bauch der Mutter boxen oder sich bemerkbar machen kann. In diesem Moment ist der Vater sichtbar erleichtert. Er habe sich schon die ganze Zeit gefragt, ob durch das Wickeln der Wille des Kindes gebrochen werde. Während die Mutter anfangs die Idee der Hebamme »super« fand, kam durch die Bemerkung des Vaters, der sich jetzt erstmals dazu äußerte, Bewegung in die Situation. Die Mutter begann das Kind zu »entwickeln« und mit den Füßchen und Ärmchen zu spielen. In den nachfolgenden Besuchen zeigte sich, dass die Familie das Kind nicht mehr »einpuckte« und ein Stück elterliche Kompetenz zurückgewonnen hatten.

Zum Schluss möchten wir noch ein Beispiel aus einer Kurzzeittherapie mit dem Schwerpunkt einer Bindungsstörung aufzeigen.

Fallbeispiel »Susi«

Susi, 2 Jahre und 9 Monate alt, war eines Abends gestürzt und hatte sich an einem Legostein verletzt. Mutter und Vater brachten sie in die Klinik, denn die Wunde musste genäht werden. Die Eltern wurden während des Eingriffes hinausgeschickt, was dramatische Folgen hatte, weil die erzwungene Trennung das kleine Mädchen überforderte. Susi hatte von nun an panische Angst vor Schwestern und Ärzten und wollte nachts nicht mehr allein schlafen.

Susi sei zum Zeitpunkt vor dem Unfall schon recht selbständig und angstfrei gewesen, nach dieser Operation habe sie jedoch begonnen, sich wieder an die Eltern zu klammern. Auch hätte sie bereits Anstalten gemacht, trocken und sauber zu werden, erlitt jetzt auch in diesem Bereich einen Rückfall. Ganz langsam habe sie zudem angefangen, den Stuhl zurückzuhalten. Kotete sie in die Windel, wenn es nicht mehr anders ging, tat ihr der verhärtete Stuhl weh, was dazu führte, dass sie vor jedem künftigen Stuhlgang immer mehr Angst bekam. So kam es, dass die Abstände zwischen den jeweiligen Stuhlgängen immer länger wurden, manchmal bis über eine Woche, was die Eltern zunehmend in Panik versetzte. Die vom Kinderarzt verschriebenen Abführmittel zeigten kaum eine Wirkung. Susi versuchte immer verbissener, den Stuhlgang zurückzuhalten, hockte sich, wenn sie Stuhldrang bekam, in eine Ecke, drückte und presste mit hochrotem Kopf, dass nur nichts in die Windel ging. Daraufhin verordnete der Kinderarzt die Verabreichung von Klistieren. Immer wenn drei bis vier Tage vergangen waren, wurde Susi ausgezogen, festgehalten, bekam einen Einlauf und hatte dann meistens Stuhlgang. Vor den Einläufen hatte sie mittlerweile ebenfalls panische Ängste, ließ sich aber weder durch Zureden noch durch Anschreien davon überzeugen oder zwingen, dass sie von selbst Stuhlgang hatte. Dabei war Susi sonst über die Maßen »lieb« und es gab keinerlei Trotz.

Die Mutter kommt zum vereinbarten Gespräch in meine Praxis mit einem winzigen Mädchen an der Hand. Vielleicht hatte ich auch vergessen, wie klein noch nicht Dreijährige sind. Während Frau S. spricht, schaut Susi munter im Zimmer herum, ich spüre keine Angst bei dem Mädchen, vielmehr Neugierde und Lust, die Welt zu erobern. Und tatsächlich: Mit einem Mal springt Susi vom Schoß der Mutter, rennt wie ein geölter Blitz zum Schrank, holt sich dort einen Becher mit Würfeln, springt wieder auf den Schoß der Mutter zurück und leert die Würfel auf dem Tisch aus. Sie spritzen regelrecht in die Gegend, fallen runter, verstreut in alle Ecken. Ich erlebe den »Entleerungsvorgang« reichlich lustvoll und gleichzeitig aggressiv gegen die Mutter gerichtet. Frau S. ist etwas verblüfft, steht dann aber wortlos auf, bückt sich, füllt den Becher wieder – und zufrieden lächelnd leert Susi den Becher wieder aus. Immer wieder und immer rascher. Geduldig sammelt die Mutter die Würfel wieder ein und lässt sich sichtlich von Susi in ihr Spiel einspannen, ja kontrollieren und beherrschen. Susi kann offensichtlich dann loslassen und entleeren, wenn sie es selber will und wenn sie die Mutter damit beherrschen kann. Das zeigt sie ihrer Mutter und mir. Dabei lächelt mich die Kleine an und gibt mir zu verstehen, dass sie sich hier pudelwohl fühlen würde. Ich sage zu ihr: »Susi zeigt der Mama und mir, dass sie etwas kann. Sie kann Aa machen. Aber die Mama hilft noch dabei mit.«

In den ersten Stunden war es, als fühle sich Susi befreit und wolle nur noch loslassen, ausstoßen, herumspritzen und ein »Liebesverhältnis mit der Welt« beginnen. Schon als ich die Tür zum Wartezimmer öffne, schießt Susi wie ein Pfeil an mir vorbei und rennt ins Spielzimmer. Von da an konnte sie sich mühelos von der Mutter trennen und immer allein bei mir bleiben. Susi stürzt sich auf die Wasserleitung, findet dort ein Glas, lässt Wasser hinein und leert es wieder aus. Ich sage zu ihr: »Das ist jetzt, wie wenn Susi eine Rolle macht.« (Rolle bedeutet in der schwäbischen Mundart »urinieren«). Susi lacht und sagt, mich genussvoll imitierend: »Rolle!« Mit spürbarer Lust füllt sie immer wieder

das Glas, leert es aus, stopft etwas in den Ausguss, füllt wieder Wasser ins Becken, lässt es wieder auslaufen und verspritzt mit dem Wasser die gesamte Gegend und sich selbst. Sie ist hinterher patschnass. Sie will größer sein, damit sie alles bewerkstelligen kann und befiehlt: »Hopf, hochheben!« Ich sage: »Susi will ganz groß sein.« Ich frage sie, ob wir einen Stuhl hinstellen sollten, dann könnte sie doch alles selber machen. Susi strahlt und nickt eifrig. Ich will auf diese Weise vermeiden, dass ich ihre regressiven Wünsche unterstütze und bedeute ihr damit gleichzeitig, dass ich ihr zutraue, dass sie für sich selbst sorgen kann. In jedem Fall möchte ich damit nicht einfach »ich-stärkend« oder gar moralisch unterstützend sein, sondern ihr mitteilen, dass ich um ihre verloren gegangene Selbständigkeit weiß.

Rasch geriet die Wiederannäherungsphase in den Mittelpunkt der Therapie. Susi malte und ich schaute vor ihr stehend zu. Plötzlich guckt sie von unten rauf und sagt zu mir im breitesten Schwäbisch: »Hock di na« (Setz Dich hin). Sie hat den großen überlegen tuenden Kerl nicht mehr ertragen. Zwar hat sie seine Nähe gesucht und seine Bewunderung. Aber sie will auch selbständig sein und fühlt sich dabei grandios und überlegen. Wenig später sucht sie wieder Nähe und attackiert und entwertet das Objekt. Wenn ich das Stundenende ankündigte, sprang Susi regelmäßig unter den Tisch und versteckte sich dort. Da die Stunde jetzt zu Ende war, entsprach es unserem Setting, dass die Mutter wieder als reales Objekt in Erscheinung trat. Ich teilte also das Ende der Stunde sowohl Susi als auch ihrer wartenden Mutter mit und widmete mich meinen notwendigen Aufgaben wie Protokollieren, Telefonieren und anderem. Susi wartete bis die Mama kam, sie suchte und entdeckte. Mit lustvollem Kreischen ließ sie sich von der Mutter hervorlocken, spielte ein wenig bockige Verweigerung und ließ sich scheinbar widerstrebend hervorziehen. Was sie zuvor in der Übertragung inszeniert hatte, übte sie nach der Stunde mit der Mutter. Die Beziehung zu ihr wurde langsam aggressiver, gleichzeitig hatte Susi immer häufiger Stuhlgang, ohne dass die Eltern aktiv etwas unternommen hätten.

Zuhause erlebten die Eltern eine immer widerspenstigere, oft eigensinnige Susi. Trotziger Autonomiekampf setzte ein, die destruktive Aggression kam wieder direkt in die Beziehung. Die Ausscheidung musste nicht mehr von Objektverlustängsten begleitet werden. Susi begann wieder regelmäßig unbeschwerten Stuhlgang zu haben, wenig später sogar auf dem WC, so dass ich die Behandlung mit Beendigung der Kurzzeittherapie abschloss (vgl. Hopf 1998a, S. 133).

Interpretation

Psychodynamik

Susi hatte bereits Autonomie erworben und die Wiederannäherungsphase nahezu bewältigt. Sie hatte ein gutes mütterliches Objekt integriert und eine relativ stabile Objektkonstanz erreicht. Wir können bei Susi von einer primären stabilen sicheren Bindung ausgehen. Dann kam es zu der unfallbedingten Krankenhausbehandlung, die – so wie sie abgelaufen war – traumatisierend gewirkt hatte. Die Eltern haben Susi in ihrer Angst und in ihrem Schmerz alleingelassen und Susi hatte Angst, verloren zu gehen. Große Angst überwältigte das Mädchen, Susi fürchtete zudem, bestraft und vor allem von den Eltern verlassen zu werden. Dies führte zu einer schweren Erschütterung der Bindungssicherheit des Mädchens. Eine ambivalent-unsichere Bindungsstörung wurde manifest: Susi konnte nicht mehr allein sein und klammerte an der Mutter.

Gleichzeitig wurden die autonomen Strebungen des Mädchens von nun an schuldhaft erlebt und unterblieben. Aufkommende Aggressivität durfte Susi nicht auf die Mutter richten, sie wandte sie von nun an gegen das eigene Selbst. Susi reagierte wieder mit anklammerndem Verhalten, mit Kontrolle und bekam Angst, den Stuhl loszulassen, das innere Objekt herzugeben. Susi bemerkte natürlich auch Angst und Unsicherheit bei den Eltern, so wurde der Stuhlgang zum Mittelpunkt aller trotzig-aggressiven Kämpfe um Autonomie und Loslösung, aber gleichzeitig auch zum Vehikel, die Eltern zu beherrschen.

Hergeben des Kots hieß mittlerweile für Susi Unterwerfung. Auf eine Frage von mir, ob sie denn Aa gemacht habe, meinte sie einmal in einer späteren Stunde: »Nein! Erst Einlauf kriegen!« Susi arrangierte somit auch die traumatische Situation, in welcher sie einst den Ärzten ohnmächtig ausgeliefert war. Mittlerweile suchte sie die Eltern ohnmächtig zu machen, um sie kontrollieren zu können. Die Verabreichung des Klistiers bedeutete somit auch die ständig reinszenierte Wiederholung des Traumas »Operation«, jetzt allerdings mit den Eltern, die im steten Wechsel Opfer und Täter wurden. Die Eltern waren sich dabei rundum einig und bildeten somit ein eher symbiotisches Paar. So konnte der Vater auch nicht als hilfreicher, entwicklungsfördernder Dritter zur Verfügung stehen, war er doch anscheinend mit der Mutter verschmolzen und hatte mit ihr einen Pakt gegen Susi geschlossen. Ich, als Therapeut, stand jedoch außerhalb dieses sadomasochistischen Zirkels und konnte Susi als mögliches triangulierendes Objekt helfen, den mütterlichen Einflussbereich wieder zu verlassen sowie wieder zu besserem symbolischen Denken zurückzufinden. Die Internalisierung neuer Beziehungsmodelle sollte die stagnierende Entwicklung wieder in Gang setzen.

Wir haben es diagnostisch mit einer Bindung zu tun, die durch ein externes Ereignis bedroht wurde. Hätte es sich um eine Bindungsstörung gehandelt, die durch den Bindungsstil der Eltern, z.B. ambivalent oder unsicher-vermeidend, erzeugt worden wäre, wäre die psychosomatische Affektabwehr stärker und so vermutlich nur durch eine tiefenpsychologisch fundierte Therapie und nicht durch eine Kurzzeittherapie behandelbar gewesen.

Die therapeutische Arbeit

Leiden Kinder nach dem ersten Lebensjahr an einer Verstopfung, so handelt es sich in der Regel um eine funktionelle Obstipation. Im Laufe der Zeit verschärft die wachsende Angst des Kindes vor schmerzhafter Defäkation die Problematik entscheidend, so dass sich nicht selten ein Teufelskreis entwickelt. Lassen sich zugrunde liegende psychodynamische Zusammenhänge erkennen, etwa eine nicht bewältigte Loslösung, Trennungsproblematik, so ist eine psychotherapeutische Behandlung indiziert.

Eine Kurzzeittherapie mit ihrer begrenzten Dauer, niedrigen Frequenz und bei einem klar umschriebenen Konflikt eignet sich besonders gut bei Vorschulkindern, bei denen wir die Entstehung von Neurosen gleichsam in statu nascendi beobachten können. Kurzzeittherapie ist immer eine Fokaltherapie, das heißt, sie ist auf eine psychische Störung, einen zentralen, zeitnahen und relativ bewusstseinsnahen Konflikt ausgerichtet (vgl. Heigl 1978, S. 251). Der Therapeut greift darum nicht jedes Material auf, sondern nur solches, welches mit dem Fokus in Zusammenhang steht, und er vermeidet möglichst Regression. Der Konflikt, welcher der Symptomatik zugrunde liegt, sollte nicht allzu lange zurückliegen, und als prognostisch günstig erweist sich, wenn die Patienten ein relativ hohes Strukturniveau besitzen. Am besten eignen sich darum Patienten, deren Selbst von der Außenwelt einerseits gut abgegrenzt ist, deren trennende Scheidewand andererseits so durchlässig ist, dass Innen und Außen durch Symbole von Spielen, Gesten, Emotionen und Sprache auch wieder verbunden werden können. Solche Patienten sind natürlich rar, darum werden echte Kurzzeittherapien mit der Bearbeitung eines abgrenzbaren, zeitnahen Konflikts auch nur sehr selten durchgeführt.

Beim kleinen Kind bilden sich aus primitiven Formen von Aggression reifere Formen von Selbstbehauptung. Belastende Lebenssituationen, traumatische Ereignisse können diesen Entwicklungsprozess stören, so dass es zur Stagnation und auch zum Rückfall kommen kann. Die Aggression kann nach innen gewandt werden, oder es können sich destruktive Formen mischen. Eine Kurzzeittherapie von etwa drei Monaten, deren Ziele zwangsläufig bescheiden sein müssen, konnte im vorliegenden Fall wahrscheinlich verhindern, dass sich ein Konflikt chronifizierte und eine schwerwiegendere neurotische Störung zur Folge hatte. Ich führte letztendlich eine entwicklungsfördernde Psychotherapie durch. Hinzu kam, dass Susi zum Zeitpunkt des Therapiebeginns noch nicht drei Jahre alt war, so dass sich meine verbalen Interventionen auch an ihrer kognitiven Entwicklung orientieren mussten. Als Ziele dieser – bewusst sehr begrenzten Therapie – strebte ich darum an, dass zum einen die Angst soweit abgebaut werden sollte, dass die nicht-destruktive Aggression wieder zur Loslösung eingesetzt werden konnte. Die destruktive Aggression, die einerseits über das Zurückhalten des Stuhls und andererseits im Verabreichen von Klistieren in einen für die Beteiligten unlösbaren sadomasochistischen Zirkel geraten war, sollte wieder direkt in die Beziehung kommen und als normaler kindlicher Trotz in Erscheinung treten.

7 Extremtraumatisierte Kinder und Jugendliche – Psychoanalyse und/oder Traumatherapie

Die Psychodynamik der Extremtraumatisierung ist in neuerer Zeit Gegenstand der Diskussion in der Psychoanalyse geworden (Hirsch 2004, S. 57). Im Erwachsenenalter stehen psychische Folgen von Krieg, Folter, das Überlebenden-Syndrom, Naturkatastrophen wie Erdbeben, aber auch von Menschen hervorgerufene Katastrophen wie Brände, Vergewaltigung sowie Katastrophen in der Familie wie Erkrankung, Tod und schwere Trennungserlebnisse im Vordergrund (Riedesser 2009, S. 161). Im Kindes- und Jugendalter haben wir es bei extremtraumatisierten Kindern und Jugendlichen meist mit den Folgen von Vernachlässigung, Misshandlung und sexuellem Missbrauch zu tun. Schätzungen von Jugendämtern zufolge werden etwa 3–6 % aller Kinder vernachlässigt und 0,7 % misshandelt (Streeck-Fischer 2006, S. 89). 10–16 % aller Kinder werden mit Gegenständen geschlagen. Die Familiäre Gewalt wird dabei generationsübergreifend weitergegeben. Schätzungsweise 12,2 % der Kinder und Jugendlichen haben sexuellen Missbrauch erlebt, Jungen und Mädchen im Verhältnis von ca. 1:3 (ebd., S. 92).

Traumatische Erfahrungen zerstören die Bindungssicherheit und wirken sich besonders zerstörerisch aus, wenn das Trauma durch Bindungspersonen ausgeübt wird (Brisch 2009, S. 114). Verlassenheits- und Vernichtungsängste werden vor allem aktiviert, wenn die primäre Bindungsperson in Zuständen von Angst und Not keinen Schutz bietet, kein Urvertrauen ermöglicht.

Als Trauma wird die Diskrepanz zwischen der Bedrohung und der individuellen Bewältigungsmöglichkeit verstanden. Es entsteht ein Gefühl von Hilflosigkeit und die dauerhafte Erschütterung des Selbst- und Weltverständnisses (Riedesser 2009, S. 161). Ob ein Ereignis traumatisierend wirkt oder nicht, hängt von den kognitiven, emotionalen und sozialen Faktoren ab. Es können einmalige Ereignisse sein oder kumulative Traumata. Die vielfältigen Symptome sind in der posttraumatischen Belastungsstörung (PTBS) beschrieben. Zur Diagnostik gehört nach Riedesser,

- auf welchem Stand seiner biologischen, psychischen und sozialen Entwicklung das Kind durch das Trauma getroffen wurde,
- ob das Trauma durch ein einmaliges Ereignis oder durch lang andauernde Belastungen verursacht wurde (Beziehungstrauma),
- welches die bewussten und unbewussten Aspekte der traumatischen Situation sind,
- welche Entwicklungslinien dadurch beschädigt wurden und
- welche protektiven Faktoren und Ressourcen im Kind selbst und in seiner Umgebung vorhanden sind und genutzt werden können, um eine Chronifizierung der Traumatisierung zu verhindern und einen Heilungsprozess in Gang zu setzen (ebd., S. 170).

Die Theorie des Traumas und die Konflikttheorie der Psychoanalyse werden häufig als Gegensätze gesehen. Trauma wird als von außen hereinbrechende Katastrophe definiert, während der Konflikt widerstreitende

Gebote, Verbote und Triebwünsche meint. Traumatheoretiker betonen die äußere Realität, während die Konflikttheorie sich mit innerer Realität beschäftigt. Beide werfen einander vor, den jeweils anderen Aspekt zu vernachlässigen (Küchenhoff 1998, S. 13). Wir stimmen Küchenhoff zu, dass diese Gegenüberstellung nicht gerechtfertigt ist. Die Grenzen zwischen innen und außen verschwimmen bei Konflikten. Äußere Gewalt wird auch verinnerlicht.

Trauma heißt Erregung und die Arbeitsanforderung an den psychischen Apparat überfordert diesen, egal ob er von innen oder außen bedroht wird.

Der Konflikt ist eine Arbeitsform, die Abwehr und Kompromisse schafft. Konflikte binden Energie, sie verhindern Überlastung. Die Konfliktfähigkeit arbeitet der Traumatisierung entgegen, wenn wir über Mechanismen wie Unbewusstmachung und Verdrängung verfügen (ebd., S. 15).

Überwältigende innere Bilder und äußere Gefährdungen machen die Stärke der Belastung aus, dem die Kapazität der Verarbeitung gegenübersteht. Denken heißt verbinden. Erfahrungen müssen gedacht und symbolisiert werden. Ansonsten werden die Repräsentanzen, die als bedrohlich erlebt werden, ausgestoßen. Die Repräsentationsfunktion wird durch das Trauma angegriffen. Traumatische Erlebnisse werden nicht verdrängt (ebd., S. 19). Traumata werden reinszeniert. Die Wiederholung ist das Charakteristikum des Traumas. Der Wiederholungszwang kennzeichnet aber auch den Konflikt (ebd., S. 20). Freud sprach von der Wiederkehr des Verdrängten.

Patienten können oft die schrecklichen Erlebnisse nicht sprachlich ausdrücken, deshalb werden diese nicht erkannt. Sie sind in dissoziierter Form gespeichert, in den Körper und das Sensorium eingegraben oder werden in Szene gesetzt (Streeck-Fischer 2006, S. 87).

Dabei besteht die Angst vor der Wiederholung des Traumas zusammen mit dem unbewusstem Wunsch nach Wiedererleben des Traumas. Das Wiedererleben dient dabei der ersten Bewältigung, da die Erwartung besteht, das Trauma als gemilderte Wiederholung zu erleben (Bergmann 1998).

Während Freud anfangs von realen traumatischen Belastungen ausging, rückte er später die Bedeutung von Fantasien in den Vordergrund. Auf die Diskussion um die Frage, warum Freud die Verführungstheorie, der zufolge realer sexueller Missbrauch die Ursache hysterischer Erkrankungen war, widerrief (Hirsch 2004, S. 9 ff.), wollen wir hier nicht mehr eingehen. Auf jeden Fall darf die Rolle äußerer Ereignisse nicht vernachlässigt werden.

Es kommt zur Fixierung an den Moment des traumatischen Ereignisses, als ob eine noch nicht bezwungene Aufgabe bevorsteht (Streeck-Fischer 2006, S. 93). Die traumatische Erfahrung wird handelnd wiederhergestellt. Vorhandene Bindungen werden zerstört oder aufgelöst. Es besteht die Tendenz, sich Gefahren auszusetzen. Die Symptome sind vielfältig: allgemeine Ängste, Hyperaktivität, mangelnde Impulskontrolle, Einnässen, Schlafstörungen, sozial unpassendes Verhalten, Wiederholung des traumatischen Erlebnisses in Träumen oder Fantasien, aggressives Spiel, selbstdestruktives Verhalten, Delinquenz, depressive Symptome, mangelhaft integriertes Selbstkonzept, Gefühle von Hilflosigkeit, Essstörungen, Schuldgefühle, Rückzug, Misstrauen, Vermeiden von Reizen, Betäubung, Suizidversuche, Suchtgefährdung (ebd., S. 96). Es wird zwischen Kurzzeit-, Mittelzeitigen und Langzeiteffekten unterschieden (ebd., S. 97). Weitere Reaktionen werden genannt wie Blickvermeidung, Erstarrungsreaktionen, Kampf, Affekttransformation und Affektumkehr (ebd., S. 89 ff.). Die Reinszenierung wird oft nicht verstanden (ebd., S. 100).

Behandlungsansätze

Für die psychoanalytische Behandlung extremtraumatisierter Kinder und Jugendlicher bestehen folgende Ansätze:

Aus Sicht der Bindungstheorie ergibt sich für die therapeutische Behandlung die Konsequenz, Eltern oder Patienten in den Übertragungen mit den Therapeuten sichere Bindungserfahrungen machen zu lassen, unabhängig von der Therapieschule. Brisch betrachtet zum Beispiel auch EMDR (Eye Movement Desensitization Reprocessing) als erfolgreich bei Traumata und dissoziativen Affekten (2002, S. 64). Der Aufbau einer sicheren therapeutischen Beziehung und die Feinfühligkeit des Therapeuten ermöglichen es, die zerstörerische Macht des Traumas dem Patienten verständlich zu machen. Ohne Bindungssicherheit entsteht Angst und als Folge Symptombildung oder Reinszenierung (Brisch 2009, S. 121).

Dass der Aufbau einer Bindungssicherheit vermittelnden therapeutischen Beziehung wichtig ist, aber immer wieder durch traumatisierende Übertragungen erschwert wird, betont vor allem Holderegger (1993). Traumatisierende Übertragungen sind durch Projektion oder projektive Identifizierung (ebd., S. 18/19) hervorgerufene Inszenierungen innerer Dramen des Patienten. Aufgabe des Analytikers ist, die affektive Struktur der in der Übertragung dargestellten Szenen zu verstehen und in Worte auszudrücken (ebd., S. 21). Die Fähigkeit, bei sich selbst Wahrnehmungen zuzulassen, die der Patient abwehrt, bestimmt die therapeutische Beziehung; das Konzept der Feinfühligkeit ist hier nur eingeschränkt gültig. Die Inszenierungen des Patienten sind Darstellungen von nicht integrierbaren affektiven Erfahrungen (ebd., S. 22). Nicht das reale Geschehen wird wiederholt, sondern wie es psychisch erlebt und verarbeitet wurde. Der Analytiker läuft dabei Gefahr, selbst zu »traumatisieren«

durch Verschmelzung mit den bedrohlichen Introjekten. Er darf sich durch die Vorgänge nicht manipulieren lassen, darf nicht gefangen bleiben in der Inszenierung. Die traumatische Erfahrung wird sonst wiederholt und die Unvermeidbarkeit bestätigt: Man kann sich nicht wehren. Die Handhabung der Trauma-Übertragung sieht Holderegger als technisches Problem.

Riedesser (2009) betont, dass in der Therapie die Erinnerung an das Erlebte nur in erträglicher Dosierung in einer strukturierten Spieltherapie stattfinden kann. Behandlungstechnisch sieht Küchenhoff (1998) keinen Widerspruch in den Forderungen, die Traumata eher durch eine mütterliche Haltung des Versorgens und Beschützens und durch korrigierende emotionale Erfahrungen zu überwinden, während Konflikttheoretiker eher die väterliche Aufklärung, Deutung und Bewusstmachung betonen (ebd., S. 13). Während die Bindungssicherheit die Reinszenierung ermöglicht, muss das Trauma sprachlich bearbeitet werden.

Beim Trauma fühlt sich der Mensch schutzlos ausgeliefert. Zum Trauma gehört die Erfahrung von Gewalt und Dehumanisierung. Ziel einer Traumaverarbeitung muss sein, die psychische Repräsentation wieder herzustellen: vom Agieren oder Inszenieren des Traumas zur Versprachlichung. Dies ist der Weg vom Trauma zum Konflikt und Ziel der psychoanalytischen Arbeit (ebd., S. 30).

In nicht sprachlichen Botschaften teilen Kinder und Jugendliche mit, was sie erfahren haben. Der Therapeut leiht dem Patienten ein beobachtendes Ich, spiegelt zurück, konfrontiert ihn mit seinem Verhalten, eine Art soziale Spiegelung, Bewusstmachen von seelenblinden Zuständen. Damit werden erste Schritte der Distanzierung erreicht (Streeck-Fischer 2006, S. 216f). Durch Konfrontation und Benennen begreift der Patient die Pathologie und lernt Begrenzung und Schutz von gesunden Anteilen des Selbst. Für das Überwinden der traumatischen Reinszenierung ist die Klinik ein guter Ort, weil klare Grenzen zwischen Öffentlichkeit, Therapie und Alltag gesetzt werden können. Die Klinik kann als sicherer Ort der Ruhe ohne Gefühle von Hilflosigkeit und Überwältigtwerden äußere und innere Sicherheit vermitteln (ebd., S. 220). Streeck-Fischer betont für die stationäre psychoanalytische Therapie traumatisierter Kinder und Jugendlicher folgende Aspekte:

- Äußere sichere Orte finden
- Hilfe zur Selbstfürsorge
- Arbeit an der Objektspaltung
- Ausbau von Kompetenzen
- Arbeit an der Selbstregulation
- Beziehung zum Körper verbessern durch Körpertherapie
- Kognitive Fähigkeiten trainieren
- Traumaexposition
- EMDR

Eine umfassende Darstellung der »neuen Traumatherapien« und eine abgrenzende Auseinandersetzung mit ihnen können und wollen wir an dieser Stelle nicht leisten. Mit Hirsch (2004, S. 126) halten wir es aus psychoanalytischer Sicht für unabdingbar, dem Patienten die Aktivität zu überlassen und die Bedeutung der Inszenierungen zu verstehen. Jedes Vorschlagen oder Anordnen, aktives Lenken oder vorgefertigte Übungen, sind keine psychoanalytische Therapie mehr. Es besteht die Gefahr, dass die aktive Konfrontation als erneuter Übergriff erlebt wird und eine Retraumatisierung stattfindet.

Hirsch (2004, S. 6) fasst für die psychoanalytische Behandlung zusammen: Wiedergewinnung der Symbolisierungsfähigkeit, eine therapeutische Beziehung mit entwicklungsfördernden Qualitäten im Sinne Winnicotts »Holding«, eine haltende Umgebung, ein »Containing« in dem nicht symbolisierte Inhalte und Affekte modifiziert und benannt

zurückgegeben werden, Stärkung der Ich-Kontrolle, Übernahme von Hilfs-Ich-Funktionen, z. B. beim Grenzensetzen, aber auch beim Aufrichten von inneren Grenzen (Selbst-Objekt-Grenzen). Die Realität des Traumas wird aktiv benannt.

Aus unseren Erfahrungen mit extremtraumatisierten Kindern und Jugendlichen (Heinemann 2008; Hopf 2011) möchten wir betonen, dass Bindungssicherheit die Basis jeder Therapie darstellt, aber auch die Fähigkeit der Kinder und Jugendlichen, das Trauma zu verbalisieren und mentalisieren, immer gleichzeitig angeregt werden sollte, und zwar in einer sicheren Beziehung und sicheren Umgebung (Heim, pädagogischer Rahmen, Klinik, unter bestimmten Bedingungen auch das Gefängnis).

Bei allen psychischen Störungen, die wir in unserem Buch vorstellen, können bei schweren Ausprägungen zunächst stationäre kinder- und jugendpsychiatrische Behandlungen stattfinden. Dies ist die Regel bei Psychosen, bei schweren Angststörungen und Depressionen oder bei Essstörungen. Auch bei frischen Traumata, etwa nach Katastrophen, Unfällen, bei extremen Posttraumatischen Belastungsstörungen mit schwerer Symptomatik, ist in der Regel ein stationärer Aufenthalt in einer Kinder- und Jugendpsychiatrie oder in einer psychosomatischen Klinik für Kinder und Jugendliche unvermeidbar. Dort können unterschiedliche Traumatherapien und -techniken zum Einsatz kommen, auch EMDR und Medikation, wenn sie entsprechend in ihrer Wirkung kontrolliert werden. Solche Therapien sind jedoch weder als tiefenpsychologisch fundiert noch als psychoanalytisch zu bezeichnen.

Wir beschreiben im Folgenden tiefenpsychologisch fundierte und analytische ambulante Psychotherapie, sowie langfristige Traumabearbeitung im Heim mittels Psychoanalyse und psychoanalytischer Pädagogik. Eine tiefenpsychologisch fundierte sowie eine analytische Psychotherapie finden innerhalb von Abstinenz und Neutralität des

Therapeuten statt. Eine simultane Anwendung aktiver/übender traumatechnischer Verfahren und Techniken ist darum grundsätzlich ausgeschlossen (vgl. Hirsch 2004). Die Aktivität bestimmt der Patient durch seine Abwehr. Diese gilt es nicht durch die Aktivität des Therapeuten zu bedrohen, sondern über geduldige Verbalisierung langsam dem Ich verfügbar zu machen. Die Zusammenarbeit mit der Pädagogik ist durch die Externalisierung der Konflikte unabdingbar.

Fallbeispiel »Leon«[1]

Im Folgenden stellen wir einen Jungen mit multiplen schweren Störungen vor, wie sie heutzutage nicht selten auch zu ambulanten Behandlungen kommen. Leon wurde in ein therapeutisches Heim aufgenommen, weil er nirgends mehr tragbar gewesen war. Im Folgenden zitieren wir aus dem Bericht seiner betreuenden Erzieherin über die erste Begegnung:

Ein stämmiger Junge schaut uns mit einem weitaufgerissenen Auge angespannt, jedoch auch versteckt freundlich an. Das andere Auge ist wegen Schielens abgeklebt. Als die Eltern gehen, tobt und schreit er so, dass er festgehalten werden muss. Sofort reißt er sein Pflaster vom Auge und wirft es zu Boden. Die ersten Stunden sind dann schwierig, dennoch scheint Leon sich zu mühen, seine neue Umgebung und die neuen Personen genau zu mustern. Nach kurzem Weinen schläft er abends rasch ein.

Am nächsten Morgen bricht beim Frühstück seine unbeschreibliche Gewalt hemmungslos aus ihm heraus. Aufgrund einer kleinen Anweisung einer Erzieherin droht er seine volle Tasse auf den Tisch zu kippen. Als diese mit einem lauten »Nein, so nicht!« reagiert und ihm die Tasse aus der Hand nimmt, wirft er den Stuhl zurück und spuckt der Erzieherin sein Essen ins Gesicht. In Sekundenschnelle klopft er mit seinem Messer drei Löcher in den Tisch und schreit: »Du Arschloch!« Vielleicht ist es wichtig, an dieser Stelle zu sagen, dass der Junge gerade mal vier Jahre und neun Monate alt ist. In der Einrichtung sind sich alle Mitarbeiter einig, solch ein Kind noch nie erlebt zu haben.

Neben seinen Affektdurchbrüchen fällt Leon auch mit seiner kaum verstehbaren Sprache auf. Mehrere Konsonanten – g, k, r – kennt er nicht, er spricht noch wie ein Kleinkind. Es mangelt an der Artikulation, am unzureichenden Wortschatz, vor allem jedoch an Symbolisierungsfähigkeit. Leon kann nicht still sitzen, wippt ständig mit dem Stuhl: Gefühle werden nicht wahrgenommen, sondern in Form von Bewegung und Unruhe abgeführt. Andererseits hat Leon Angst vor dem Treppensteigen, er fürchtet sichtlich, den Halt zu verlieren. Die ersten Tage sichert er sich mit seinen Händen auf den Stufen. Schließlich verliert er etwas von der Angst und schafft die Stufen mit den Händen am Handlauf, immer ein Bein nachsetzend. Täglich geht etwas zu Bruch, er fegt blitzartig Regale mit der Hand leer, flutet Zimmer mit Wasser, wirft Stühle durch das Zimmer. Geringste Anforderungen oder Verweigerungen genügen, dass er gnadenlos zu brüllen beginnt und unglaubliche Schimpfworte benutzt. Er attackiert die Person, ob Erwachsene oder ein Kind, mit

---

1 Ich danke Herrn Dipl.-Psych. Martin Schmid, dem Leiter des Therapiezentrums Osterhof, für die gute Zusammenarbeit.

Treten, Kratzen, Schlagen und Beißen. Einmal trifft er eine Erzieherin so heftig mit dem Schuh an die Stirn, dass diese eine Gehirnerschütterung hat. Seine Therapeutin beobachtete, dass Leon während seiner Wutanfälle keineswegs »besinnungslos« war. Vielmehr suchte er mit flackernden Augen nach Gelegenheiten, so zerstörerisch wie möglich zu sein, um sein Gegenüber zu vernichten. In solch schrecklichen Momenten sehnte sich der Junge ganz offensichtlich nur nach Grausamkeit und roher Macht, wie das Alvarez (2001) benannt hat. Wie konnte es zu solch schwerwiegenden Störungen kommen?

Die Eltern

Leon ist das dritte von fünf Kindern eines unverheirateten Paars. Der Vater ist mit vielen Geschwistern unter desolaten Bedingungen groß geworden und hat zu seinen Geschwistern und Halbgeschwistern heute keine Kontakte mehr. Er sei immer das schwarze Schaf und gleichzeitig Prügelknabe gewesen. Dazu gibt er an, vom Vater missbraucht worden zu sein. Er ist später in Heimen und verschiedenen Pflegefamilien groß geworden. Bald zeigte sich eine dissoziale Entwicklung mit delinquentem Verhalten und vielerlei Süchten. Er hatte einmal Dachdecker gelernt. Wegen seiner körperlichen Einschränkungen in Folge eines Unfalls hatte der Vater jedoch so gut wie nie gearbeitet. Mit seiner Familie lebte er seit langem von Hartz IV mit sieben Personen in einer Dreizimmerwohnung. Es wurde früh deutlich, dass sich der Vater in keinen psychotherapeutischen Prozess einlassen wollte. Unaufhörlich redete er, beschwerte er sich, griff er an. Dabei war er höchst misstrauisch und fürchtete andauernd, selbst angegriffen zu werden. Niemandem schien er mehr vertrauen zu können, bereits bei geringsten Widrigkeiten geriet er in heftige

Erregungszustände, die er nicht mehr steuern konnte. Früh war das Jugendamt verständigt worden, weil der Vater die Kinder brutal geschlagen hatte.

Neben dem hochaggressiven Vater mit seinen ständigen lauten Beschwerden und Drohgebärden verschwand die Mutter regelrecht. Gelegentlich sprach sie leise etwas, das kaum zu verstehen war, verstummte jedoch rasch. Andererseits schien sie nichts anzurühren oder zu bewegen, sie wirkte nahezu schwingungsunfähig. Jeder wurde von einer unbeschreiblichen Leere in der Gegenübertragung überwältigt. Ihr Gesicht blieb starr, weder konnten ihre eigenen Gefühle wahrgenommen werden, noch war ein Sich-Spiegeln möglich. Sie war lediglich über ihr »Nicht-anwesend-Sein« spürbar!

In der Familie hatten unberechenbare, unglaublich chaotische Zustände geherrscht. Die Kinder schrien unaufhörlich, tobten, spuckten und schlugen sich. Die Mutter war zu schwach, um auch nur ein wenig Ordnung ins Chaos zu bringen, der Vater versuchte es mit Brutalität und Gewalt. Es existierte kaum mütterliches Spiegeln, wenig Halten, kein Containment. Aber es war auch kein väterliches Gesetz vorhanden, es gab keine Grenzsetzungen. Seiner Therapeutin erzählte Leon einmal, dass er die Eltern auf dem Boden im Schlafzimmer beim Sex gesehen habe. Er erzählte auch, dass er und sein Papa nackt gewesen seien und dass der Papa mit ihm »defit« habe. Der Vater habe auch seine Geschwister »defit«, dabei seien ebenfalls alle nackt gewesen. Seine Aussagen waren ganz spontan, ohne dass er danach gefragt wurde. Die Atmosphäre während seines Erzählens war ernsthaft. Nach seiner Aussage drehte er den Kopf auf die Seite und meinte, dass er nichts mehr sagen wolle. Nach Besuchen seiner Eltern war Leon immer besonders sexualisiert, seine Grenzenlosigkeit und Respektlosigkeiten wurden dann uferlos. Erst als keine Telefonate und Besuche der Eltern mehr stattfanden, ihn keine pathogene Familiendynamik immer wieder ins Nichts zurückfallen ließ, wurde Leon ruhiger und konnte in seiner Entwicklung fortschreiten.

Entwicklungsverlauf

Es fällt auf, dass die Eltern den Entwicklungsverlauf im ersten Lebensjahr als geradezu unauffällig beschreiben. Es kann jedoch vermutet werden, dass es sich dabei um einen depressiven Rückzug des Säuglings gehandelt haben könnte. Mit dem zweiten Lebensjahr sei der Junge zunehmend unruhiger und impulsiver geworden. Auf Grenzsetzungen der Eltern reagierte er mit Schreien, mit Aggressionen anderen gegenüber oder er begann zu zerstören. Als Leon mit drei Jahren in den Kindergarten kam, eskalierte die Situation rasch; nach drei Monaten sahen sich die Erzieherinnen außerstande, den Jungen noch bei sich zu halten. Danach wurde Leon bei wechselnden Tagesmüttern untergebracht. Weitere Kindergärten folgten, das Verhalten des Jungen eskalierte zunehmend. In Frustrationssituationen schrie er, zerstörte er Spielsachen, warf mit Gegenständen. An einem Abend gipfelte zu Hause alles in einem extremen Wutausbruch. Er habe die Geschwister, auch die Eltern, an den Haaren gezogen, auf sie eingeschlagen, getreten, gebissen. Ein Familienhelfer brachte ihn in eine Notpflegefamilie. Die Pflegeeltern gaben ihn nach drei Tagen bei der Polizei ab, weil sie ihn nicht mehr aushielten. Es folgten Aufenthalte in zwei Kinderpsychiatrien, schließlich das therapeutische Heim.

Auszüge aus dem Behandlungsverlauf

Indem zwischen dem Kind und einem Erwachsenen seiner stationären Gruppe erste Interaktionsmuster entstehen, entwickelt sich ein Raum für Gemeinsames und für einen Neubeginn von Bindung sowie für die Bildung von Repräsentanzen; das kann aber nur der Fall sein, wenn ausreichend einfühlsame und intensive, kontinuierliche Beziehungen zur Verfügung stehen. Aber wer kann zu solch einer liebevollen Unbefangenheit noch bereit sein, wenn er ständig aus dem Nichts angegriffen wird, wenn Beziehungen immer wieder bereits im Entstehen zerstört werden?

Denn am Anfang kam es zu wahrlich archaischen Aggressionsdurchbrüchen. Leon war nicht zu bändigen. Er schüttete seinen Becher mit Kakao aus, zertrat den Zwieback, riss sich selbst an den Haaren, schrie. Dann hörte er wie auf Knopfdruck auf – und fing genauso plötzlich wieder an. Er warf Stühle, ja Tische um, zerstörte Brillen und Ketten, tobte wie ein Wahnsinniger. Er riss sich oder andere an den Haaren oder packte andere Kinder, er würgte sie und warf sie zu Boden. Hinzu kam, dass Leon anfänglich nachts, gelegentlich auch tagsüber einnässte und einkotete.

So paradox das ist, suchte Leon mit seinen Attacken vor allem Hilfe und Unterstützung. Welche Fantasien hatten wohl seine Eltern von ihm gehabt? Leon besaß ein Sweatshirt, auf dem gedruckt stand: »Ich bin nicht wie alle anderen – ich bin viel schlimmer«. Das hatten ihm seine Eltern gekauft. Einst sagte er: »Wenn ich groß bin, werde ich wie Papa. Ich mache nichts und baue Scheiße!« Als er nicht gleich alle Türchen des Adventskalenders öffnen durfte, drohte er seiner Bezugserzieherin, dies seinem Vater zu sagen. Dann werde sie gefeuert!

Der Vater verkörpert in der Regel Gesetz und Inzestverbot, gegen beides hatte dieser Vater verstoßen. Der Sohn lernt vom Vater auch die Bewältigung von Affekten und Zügelung seiner Triebhaftigkeit.

Und dennoch entstanden langsam Bindungen, bildeten sich erkennbar Repräsentanzen von seinem Selbst und seinen Erzieherinnen. Er verfolgte alle Erzieherinnen wie ein Schatten, fasste sofort eine Hand und ließ sie nicht mehr los. Bislang hatte er niemanden gehabt, der ihn gehalten hatte, niemanden der ihn aufgewertet hätte. Leons Augen begannen zu leuchten, wenn er zu seiner Therapeutin durfte. Anfänglich protestierte er noch, wenn er abgeholt wurde. Es war dann für ihn erkennbar schön, an der Hand geführt zu werden. Malen und Basteln war von Anfang an seine Lieblingsbeschäftigung, sowohl im Kindergarten als auch in seinen Therapiestunden. Gelang ihm etwas nicht, so geriet er jedoch blitzschnell außer sich. Dann raufte er sich die Haare, versuchte sein Werk zu zerreißen, fegte die Buntstifte vom Tisch und stampfte mit dem Fuß auf dem Boden: Unversöhnliche narzisstische Wut kommt nach Kohut auf, wenn die Kontrolle über das widerspiegelnde Selbst-Objekt verloren geht oder wenn das allmächtige Selbst-Objekt nicht verfügbar ist. Narzisstische Wut ist erbarmungslose, heftigste Aggression, welche die Funktion hat, Spiegelung und die Kontrolle über den anderen zu sichern, zu erzwingen, da er sich als unzuverlässig erwiesen hat.

In der Gegenübertragung seiner Therapeutin entstand das Bild vom Rumpelstilzchen, das nicht bekommt, was es will und sich darum mitten entzweireißt. Noch heftigere Affekte entstanden, wenn Leon begrenzt werden musste. Manchmal half nichts anderes, als ihn festzuhalten, bis er sich in den Armen der Therapeutin langsam wieder entspannte. Aber das geschah immer seltener! Leon geriet vor allem »außer sich«, wenn er nicht ausschließlich beachtet wurde, wenn er einen Menschen nicht ganz für sich hatte. In Zweierbeziehungen war er zufrieden, wollte beharrlich Hilfe bei seinem Tun und rief ununterbrochen den Namen seines Gegenübers, so wie das Kinder im zweiten Lebensjahr gerne machen, um sich der Mutter zu versichern.

Anfänglich zeigten sich in den Therapiestunden noch Folgen seiner sexuellen Trau-

matisierungen. Bei Menschzeichnungen hob er gerne hervor, dass Männer einen Penis haben, und malte einen entsprechend großen Phallus. Sein Verhalten, sein Lachen wirkten dabei, wie wenn Männer über schmutzige Witze lachen. Dabei fasste er sich immer wieder an den Schritt und stöhnte laut dabei. Nachdem Leon von den Übergriffen seines Vaters berichtet hatte, wurden solche Szenen immer seltener und schließlich traten sie überhaupt nicht mehr auf. Obwohl es der Therapeutin nicht leicht gefallen war, die inzestuösen Erinnerungen und Fantasien des Jungen auszuhalten, hatte sie ihn – ohne weiter nachzufragen – reden lassen, so dass er sich von seinen quälenden Erinnerungen teilweise befreien konnte.

Im Folgenden wollen wir eine Szene bringen, wie die Erziehungsleiterin mit dem Jungen – nach etwa einem Jahr – an seinen Affekten und der Frustrationstoleranz gearbeitet hat. Zuvor hatte Leon seiner Erzieherin mit voller Wucht mit der flachen Hand ins Gesicht geschlagen, nachdem sie eine Kleinigkeit verweigert hatte – blitzartig war sie zum nur bösen Objekt geworden. Daraufhin nahm die Erziehungsleiterin den Jungen in ihre Räume mit, um die Erzieherinnen ein wenig zu entlasten. Seine Sprache wird so defizitär wiedergegeben, wie sie war. Erst so werden auch die ständigen Kommunikationsprobleme deutlich. Es wird aber auch der regressive Anteil seiner Dyslalie deutlich, seine Sehnsucht nach Symbiose mit einer guten Mutter. Es ist die Illusion, dass es in dieser Welt nur gut und »tusselis« (kuschelig) sein möge.

Die Erziehungsleiterin hatte das Gefühl, Leon wollte etwas von ihr zerreißen, was sie ihm, als sie es bemerkte, sofort untersagte. Dem war unmittelbar eine Situation vorausgegangen, in der er sich von ihr nicht ausreichend beachtet gefühlt hatte, als sie nicht sofort auf eine Frage von ihm reagiert hatte. Die Erziehungsleiterin: »Ich will nicht, dass du das zerreißt!« Leon beobachtete sie lauernd, er schien abzuschätzen, ob er es doch machen könnte. Sie knüpfte an eine Abmachung zwischen ihm und ihr an: Leon durfte sich aussuchen, ob er später ein Eis oder Waffeln essen wollte. Er hatte sich für Waffeln entschieden.

Die Erziehungsleiterin: »Du willst von mir etwas Gutes zum Essen, nämlich Waffeln, und du benimmst dich jetzt so, dass ich wütend auf dich werden soll.« Leon fing sofort an zu schreien. »Is will aba Waffel!« Provokant schaute er die Erziehungsleiterin an und begann so zu tun, als zerreiße er schon.

Die Erziehungsleiterin, schon recht ärgerlich in der Stimme: »Ich will nicht, dass du meine Sachen zerreißt. Ich habe dir versprochen, du kannst Waffeln essen, und die bekommst du auch. Aber du benimmst dich so provozierend, willst meine Sachen kaputtmachen.« Während sie sprach wurde sein Gesichtsausdruck weniger drohend, dann ließ er seine Arme sinken und sagte: »Is lass es.«

Während der gesamten Szene hatte die Erziehungsleiterin das Gefühl, es stünde auf Messers Schneide: Leon hätte durchaus auch einen seiner heftigen unkontrollierten »Wutausbrüche« bekommen können. Wirklich wissen, wie er reagieren wird, kann man immer noch nicht. In der Gegenübertragung schwingt eine ständige Angst vor blitzartigen Attacken.

Es ist zu vermuten, dass auch eine Ahnung in ihm spürbar wurde – Sehnsucht nach Geborgenheit, Beschütztsein, Geschütztsein, Versorgt werden. Er wollte gut mit ihr sein: »Wi massen es uns heute wieda gemütliss.« – »Bei dis smett alles danz dut.« – »Bei dis is es so tusselis.« Mit diesen Worten kuschelte er sich im Sessel auf der Terrasse so zusammen wie ein Kleinkind. Innerhalb von 30 Sekunden sprang er dann wieder auf und wollte etwas tun. Am Anfang hatte es geheißen, dass man nur mit Sprechen nichts bei ihm erreichen würde. Das war inzwischen zumindest

begrenzt möglich geworden. Und er hatte eine Ahnung gewonnen, dass gut und böse zu einem einzigen Objekt gehören.

Die gewonnene Verbalisierungsfähigkeit, aber auch erste Fähigkeit zur Besorgnis wurde noch in einer weiteren Szene deutlich. Leon war in den Ferien auf dem Bauernhof von Anne, einer Sozialpädagogin. In seiner Wut zerbricht Leon häufig seine Brille, was die Erwachsenen regelmäßig, werden sie es gewahr, dass er wieder die Brille zerbrechen will, zu sofortiger Reaktion zwingt. So zerbrach Leon auch bei Anne seine Brille, als diese ihm etwas verbot. Die Brille wurde von ihr mit Tesaband notdürftig zusammengeklebt, da es am Wochenende keine andere Möglichkeit gab. Anne: »Leon, wenn du noch einmal deine Brille kaputtmachst, musst du im Haus bleiben. Hier ist ein Bauernhof und wenn man da herumläuft, muss man sehen können und das kannst du nur mit Brille. Wenn du sie also wieder kaputtmachst, kannst du nicht mehr auf dem Hof herumlaufen. Dann bist du nur noch im Haus.« Die Wirkung dieser klaren Ansage war: Er konnte sich von da an besser kontrollieren.

Nach einigen Monaten waren bei Leon erhebliche Entwicklungsschritte festzustellen. Er kotete nicht mehr ein, nässte auch nur noch selten ein. Seine Bezugserzieherin berichtet: »Nach seiner Rückkehr aus den Ferien fasste er meine Hand und wollte sie nicht mehr loslassen. Leon äußerte, dass er so froh sei, wieder bei uns zu sein, und folgte mir wie ein Schatten die ganze Zeit durch das ganze Haus. Leon hat gelernt, uns anzusehen, wenn wir mit ihm sprechen. Strahlend kann er mich anschauen, wenn er gelobt wird und voller Stolz erzählte er überall, dass seine Erzieherin gesagt habe, seine Augen stünden schon fast gerade, weil er das Augenpflaster immer gut darauflasse. Er hatte gelernt, Fahrrad zu fahren und konnte lange Zeit im Sandkasten spielen, gelegentlich sogar mit einem anderen Kind. Waren jedoch mehrere

Kinder auf dem Hof, geriet er oft ohne ersichtlichen Grund in Wut und schlug schon mal mit einem Besen um sich. Offensichtlich wurden in einer größeren Gruppe von Kindern beunruhigende Erinnerungen an die Geschwister getriggert.«

Im Kindergarten zeigte er sich ebenfalls sehr anhänglich, wenn ihn nicht ein anderes Kind störte, oder er meinte, es würde die Zuneigung der Erzieherin zu ihm mindern. Auf seine Therapeutin freute er sich ungemein. Als diese einmal krank wurde, mochte er das nicht akzeptieren: Ging eine Türe auf, so glaubte er, sie würde jetzt kommen. Es war eindrücklich, zu erleben, wie er mittlerweile ein gutes Objekt verinnerlicht hatte. Aber immer wieder konnte es in Sekundenschnelle vom bösen Objekt überwältigt werden.

Die Symbolisierungsfähigkeit von traumatisierten Kindern hat sich nur unzureichend gebildet oder sie ist wieder zerstört worden. Die Behandlung solch schwerer Traumata fordert langen Atem auf einem sehr langen Weg. Gelingt es, die schmerzlichen Affekte in uns aufzunehmen, das Kind in seinem Elend zu begreifen und seine Scham zu spüren, kommt es langfristig zu einer Veränderung der negativen Introjekte und zur Verbesserung der Symbolisierungsfähigkeit. Bei einem Kind wie Leon, das so wenig inneren Raum besitzt, alles konkretistisch wahrnimmt und erlebt, war eine Entwicklung von Symbolisierungsfähigkeit kaum anzunehmen. Umso eindrücklicher ist jene Szene, die ich an den Schluss des Behandlungsverlaufs stellen will. Seiner Bezugserzieherin erzählte Leon, er würde manchmal nachts träumen, könne sich aber an nichts erinnern. Und dann geschah eines Tages das Folgende:

Die Erziehungsleiterin wollte ein anderes Kind abholen und hatte Leon auf diese Reise mitgenommen. Seine verwaschene, undeutliche Sprache verlangt vom Zuhörer, genau hinzuhören. Leon erzählte, dass er geträumt habe:

Leon: »Da sind Häusa, alle aus Ton ... un ein Slüsse, au aus Ton...« Leon sprach langsam, es klang nachdenklich, Gefahr lag in der Luft. Alles an ihm schien angespannt, konzentriert.

Die Erziehungsleiterin: »Wenn alles aus Ton ist, sind die Häuser nicht stabil und der Schlüssel kann kaputt gehen, wenn du ihn in ein Schloss steckst.« Sie sah im Rückspiegel, dass er noch nachdenklicher wurde.

Leon: »Dann, tommt dann, is ein Spielpatz, alles Holz.« Fast erleichtert klang dieser Satz, als hätte er wieder Boden unter den Füßen.

Die Erziehungsleiterin: »Das Holz ist fest und hält, ist sicher. Es ist gut, dass unser Heim aus Holz ist. Hier ist es für dich sicher.«

Leon nickte nachdenklich, dann summte er vor sich hin, wirkte entspannter und schlief in den nächsten fünf Minuten auf dem Rücksitz ein.

Interpretation

Psychodynamik

Leon hat von Häusern aus Ton geträumt, auch der Schlüssel, der den Zugang zu den Häusern ermöglichte, war aus Ton. Ton ist hart und gibt nicht nach. Er leistet somit auch unerbittlichen Widerstand, aber er zerbricht und zerbröselt dabei. Der Spielplatz des Heims ist jedoch aus Holz, lebendig und nachgiebig. Symbolisiert das vielleicht einen Entwicklungsweg von Leon? Vom unerbittlichen, aber auch selbstzerstörerischen Widerstand bis zur einfühlsamen Nachgiebigkeit? Er hatte einen Ort äußerer Sicherheit gefunden (vgl. Streeck-Fischer 2006).

Eine Erzieherin hat es damals auf den Punkt gebracht: »Sein innerliches bei uns ›Gegen-die-Mauer-Knallen‹ kostet ihn und uns viel Kraft«. Von einer solch heilsamen Entwicklung ist Leon natürlich nach einem Jahr noch weit entfernt, denn seine Durchbrüche von destruktiver Wut sind noch lange nicht vorbei.

Während des gesamten Behandlungsverlaufs sind in allen Bezugspersonen von Leon immer wieder Gegenübertragungsbilder entstanden. »Ein kleines Ungeheuer« – »Er reagiert wie ein Tier, nicht wie ein Kind«. Ein gefährliches Triebwesen bedroht die Beziehungspersonen. Am schwersten war in der Gegenübertragung auszuhalten, dass in eine scheinbar gute Beziehung unvermittelt und jederzeit zerstörerische Wut einbrechen konnte. War wieder einmal Hoffnung entstanden, so konnte sie im nächsten Moment schon wieder vernichtet werden. Liebe wurde immer wieder von Hass zerstört. Wir können unschwer eine Umkehrung von paranoider Verfolgungsangst erkennen. Leon löst jetzt aus, was er einst empfunden hat, als er von unberechenbaren Objekten, von erschreckenden Reizen, von Übergriffen und roher Gewalt umgeben war. Darauf reagierte er mit namenlosen Ängsten, mit Gefühlen von Hilflosigkeit und Ohnmacht. Seine unintegrierten destruktiven Objekte bringt er jetzt per projektiver Identifikation in seinen Erzieherinnen unter. Im psychologischen Eingangsgutachten heißt es: Wenn man Leon folgt, verwischen sich die Grenzen. Man wird selbst zu einem erweiterten Teil seines chaotischen Innenlebens, kann nur noch reagieren, kaum mehr aufnehmen und agieren.

Bei Jungen wie Leon wird unweigerlich irgendwann, meist schon beim Eintritt in den Kindergarten, ein hyperkinetisches Syndrom diagnostiziert werden. Damit wird für die Zukunft das Seelenleben ausgeblendet und eine rein organische Verursachung festgestellt. Über Jahre werden solche Kinder mit Höchstdosen von Methylphenidat behandelt, eine psychotherapeutische Behandlung findet eher selten statt. McFarlane und van der Kolk (2000) haben festgestellt, dass die ADHS (Hyperkinetische Störung) einen hohen Grad von Komorbidität mit der PTBS (Posttraumatischen Belastungsstörung) auf-

weisen würde. Dies konnte u. a. an einer Gruppe sexuell missbrauchter Mädchen nachgewiesen werden. Die Autoren bemängeln, dass in keinem Fall eine mögliche Vorgeschichte mit eventueller Traumatisierung überhaupt in Erwägung gezogen wurde (S. 54). Dem können wir uns direkt anschließen: Traumatisierte Kinder, wie etwa Leon, bekommen nicht nur keine angemessene Behandlung. Sie werden als organisch krank diskriminiert, ihr Befinden wird von einem Medikament abhängig, und sie werden ihrem Selbst entfremdet.

Der Fall Leon zeigt alle Besonderheiten, die Hyperkinetische Störungen bei Kindern oft haben. Ein mütterliches Containment hat nur unzureichend stattgefunden. Es fehlt an väterlichem Gesetz und väterlicher Struktur (▶ Kap. III.5). Leon führt Affekte über Bewegung oder direkt und impulsiv ab. Beziehungsstörungen, Traumata und Vernachlässigungen behindern auch den Aufbau einer möglichen Aufmerksamkeit. Dann entstehen *Aufmerksamkeitsdefizite*, die jedoch – aus vielerlei Gründen – als Transmitterstörungen deklariert werden. Damit ist eine Trias von Impulsivität, Bewegungsunruhe und Aufmerksamkeitsdefiziten entstanden, die gemäß den Klassifikationssystemen von nun an als Hyperkinetische Störung bezeichnet werden kann. Von jetzt an ist nur noch Medikation angesagt, Erzieherinnen, Lehrer und Eltern müssen sich nicht mehr mühen.

Es muss festgestellt werden: Die Arbeit mit unruhigen, unaufmerksamen und unbeherrschten Kindern, ob mit oder ohne Medikation, ist zuallererst Aufgabe der Pädagogen und Psychotherapeuten. Psychoanalyse und Pädagogik haben sich von einer völlig falsch verstandenen »Wissenschaftlichkeit« viel zu häufig vertreiben lassen.

Bei Leon haben wir es mit einer schweren Bindungsstörung durch Vernachlässigung und Misshandlung im Sinne Brischs (2009, S. 114) zu tun. Die schweren strukturellen Störungen, wegen derer solche Kinder zur

Vorstellung kommen, sind so gut wie immer sowohl auf zurückliegende Deprivation als auch auf vielfältige kumulative Traumata zurückzuführen. Diese Kinder weisen oft schwere Bindungsstörungen auf, haben große Probleme mit der Affektregulation, zeigen eine aggressive antisoziale Symptomatik und sind fast immer unkonzentriert und unruhig.

Gemäß van der Kolk (1998) besteht die nachhaltigste Auswirkung eines Traumas auf die Psyche im Verlust der Fähigkeit zur Selbst-Regulation oder indem der Aufbau eines strukturierten Selbst generell verhindert wird. Je jünger ein Kind zum Zeitpunkt der Traumatisierung ist und je länger das Trauma dauert, umso höher ist die Wahrscheinlichkeit, dass ein Kind langfristige Probleme bei der Regulation von Wut, Angst und sexuellen Impulsen hat. Dieser Verlust der Selbst-Regulation kann sich als Aufmerksamkeitsdefizit bemerkbar machen, er zeigt sich aber auch als Unfähigkeit, im Erregungszustand Handlungen zu bremsen. Diese Kinder reagieren mit unbeherrschter Angst, Wut oder Traurigkeit und werden somit ständig retraumatisiert. Leon ist ein Beispiel dafür, wie irgendwann nicht mehr unterschieden werden kann, was Ergebnis von hirnorganischen Beeinträchtigungen ist oder was Auswirkungen einer traumatisierenden, deprivierenden und gewalttätigen familialen Atmosphäre sind. Hinzu kommen noch transgenerationale Belastungen.

Mittlerweile gibt es auch Untersuchungen über – zwar räumlich anwesende – Mütter mit permanenter Geistesabwesenheit oder chronischer Depression mit verheerenden Ergebnissen auf die emotionale und kognitive Entwicklung eines Kindes. Die Mutter Leons ist wahrscheinlich depressiv mit aggressiver Hemmung und Schwierigkeiten, Ängste und Affekte eines Säuglings zu containen. Sie ist eine »tote Mutter«, die wahrscheinlich auf keine affektiven Signale des Säuglings und Kindes eingehen konnte. Der Vater ist selbst ein missbrauchtes und miss-

handeltes Kind und hat das offensichtlich direkt fortgesetzt, indem er vom Opfer zum Täter wurde.

Diagnose:

F90.1 Hyperkinetische Störung des Sozialverhaltens mit Impulsivität
F94.2 Bindungsstörung mit Enthemmung
F80.0 Artikulationsstörung
Allgemeine Entwicklungsverzögerung einschließlich einer Intelligenz im Bereich einer Lernbehinderung.

Leon mangelt es vor allem an einem inneren Raum, um zu fantasieren, wahrzunehmen, nachzudenken, aufzuschieben. In der psychologischen Untersuchung wurde festgestellt, dass eine Trennung zwischen Innenwelt und Außenwelt nicht gelungen ist. Sein Denken ist konkret geblieben, noch nicht als symbolische Repräsentanz, sondern als symbolische Gleichsetzung zu verstehen. In der Untersuchungssituation ist Leon kaum an einen Ort zu binden, sein Interesse hängt ausschließlich von Außenreizen ab. Zitat: »In einer gefährlichen, von Misstrauen und Übergriff geprägten Welt ist ein gemeinsamer Boden des sozialen Zusammenlebens noch nicht entstanden. Sein Erleben ist geprägt von Schuld und Verfolgungsangst. Verfolgt wird er wegen seiner eigenen oralen Aggression bzw. des Habenwollens und Sich-Einverleibens und auch des Eroberns und Einnehmens«. Ein mütterliches Containment hat nur unzureichend stattgefunden.

Die Innenwelt von Leon ist angefüllt mit konkreten destruktiven Introjekten, die er im Gegenüber unterzubringen sucht und sich dann immer wieder verfolgt sieht. In seiner bisherigen familiären, von Angst und Misstrauen geprägten Gemeinschaft hat er lediglich gelernt, dass man nie hilflos sein darf, weil man dann zerstört wird. Nur der Stärkere kann überleben. Leon kann nicht wahrnehmen, dass es das gleiche Objekt ist, das ihm Gutes tut, wie jenes, das wenig später von ihm attackiert und zerstört wird. Liebe zum guten Objekt und Hass auf das böse sind noch getrennt. Ein »Borderline-Risiko« oder eine »Borderline-Persönlichkeits-Entwicklung« (► **Kap. VI.1**) wird deutlich.

Die therapeutische Arbeit

In einer stationären Psychotherapie geschieht letztendlich ähnliches wie in einer ambulanten Einzeltherapie. Ständig ringen alle Mitarbeiter um ein psychoanalytisches Verstehen jedes Kindes und seiner Interaktionen. Damit versuchen sie zu erreichen, was Stork (2000) zutreffend so formuliert hat: »Sie (die psychoanalytische Haltung) gibt Gesagtem und Agiertem, welche in einer gewöhnlichen Umgebung Abstoßung, Entfremdung oder sogar Ausschluss hervorrufen, den Wert einer wichtigen Aussage und Mitteilung« (S. 218). Dieses »Nachdenken« verändert die Einstellung grundlegend, denn die Mitarbeiter werden die Beziehungs- und Übertragungsangebote des Einzelnen und der Gruppe nicht mehr unreflektiert beantworten. Diese Haltung der Mitarbeiterinnen und Mitarbeiter, sowie das therapeutische Milieu bilden einen klaren und stabilen Rahmen, sie schaffen einen geschützten Übergangsraum, in welchem produktive therapeutische Prozesse stattfinden können.

Bei unzureichender emotionaler Verfügbarkeit der Eltern, bei Vernachlässigungen und Traumatisierungen kommt es zu massiven Defekten von Bindung und zu den bekannten Bindungsstörungen. Diese Mängel bedürfen einer stationären Psychotherapie. Ambulante Psychotherapie kann sicherlich Bindungsfähigkeit auch verbessern, jedoch können erst lange stationäre Aufenthalte die »Zündschnur der Bindung wieder entfachen«, wie das Cohen so schön beschrieben hat (Cohen 1997, S. 515). Dies ist die erste und wichtigste Aufgabe einer sta-

tionären Einrichtung. Bindung existiert jedoch nicht unabhängig, sie ist Teil einer Zweierbeziehung und braucht zur Entwicklung gemäß Winnicott eine hinreichend gute Mutter (Holding), welche deprivierte und traumatisierte Kinder zumeist nicht hatten. Eine sichere Bindung kann in der Regel in einer Pflegefamilie nicht mehr nachgeholt werden, weil die Beziehungen für diese mehrfach geschädigten Kinder dann oft zu dicht und darum bedrohlich sind und die Pflegeltern das Maß an Destruktivität und Frustrationen nicht aushalten.

Damit sind wir an einem zentralen Punkt in der Behandlung von traumatisierten Kindern mit grenzenlosen Affektdurchbrüchen angelangt. Die Auseinandersetzungen enden zumeist in einem anal-sadistischen Machtkampf, in einem Wechsel von Hilflosigkeit und Machtausübung, und enden in totaler Erschöpfung und Wut. Die Neigung, die drängenden Spannungen über averbales Agieren abführen zu wollen, kann auch in der Gegenübertragung heftig und manchmal sogar unaushaltbar werden. Können wir kindliche Aggressionen nicht verbieten oder stoppen, werden wir in der Regel hilflos. Gefühle von Ohnmacht und Hilflosigkeit sind äußerst beängstigend und können immer weniger ausgehalten werden. Mit der Zeit werden die kindlichen aggressiven Attacken so infizieren, dass uns Affekte aus den Tiefen des Unbewussten regelrecht überschwemmen. Das Verhalten des Kindes kann so tief kränken, so viel Wut nach sich ziehen, dass auch reife Menschen nur noch Racheimpulse empfinden, die sie am liebsten ausleben möchten, oder – noch schlimmer – dass sie ihre intellektuelle und verbale Überlegenheit einsetzen, um die Haut zu retten und sich in Gestalt von so genannten Deutungen zu rächen versuchen. Anfänglich kam es deshalb mit den Erzieherinnen zu gewaltigen anal-sadistischen Machtkämpfen, was lediglich zu Ohnmacht und Pattsituationen führte und aus denen beide Parteien erschöpft und mit schlechten Gefühlen herausgingen (»Sein innerliches bei uns ›Gegen-die-Mauer-Knallen‹ kostet ihn und uns viel Kraft«).

Darum sind ständige Teambesprechungen, Supervisionen in der Gruppe, aber auch Einzelgespräche so wichtig, um wieder in die Realität zurückzufinden. Leon stellte vermutlich mit seinen grandiosen Wutanfällen auch jene Hilflosigkeit dar, die er wahrscheinlich in seiner Familie empfunden hatte. Er brachte jetzt Hilflosigkeit und archaische Wut im anderen unter. Eine Erzieherin beschreibt, wie sie versuchte, dem Jungen zu vermitteln, dass es Gesetze gibt, die eingehalten werden müssen, und dass dennoch die Beziehung nicht verlorengeht: »Nur mit Sprechen erreicht man ihn nicht. Ist er in Wut, reagiert er nicht mehr auf seinen Namen. Man muss ihn an der Schulter halten, ihn zu sich drehen und den anfangs meist verweigernden Blickkontakt suchen, halten«. Halt, im Sinne von Stopp, gibt auch Halt, im Sinne von Gehalten-Werden.

Winkelmann (2007) hat die erforderliche therapeutische Haltung bei Traumatherapien folgendermaßen beschrieben: »Der Therapeut muss in der Lage sein, das Trauma ohne Vorbehalte anzuerkennen. Er bemüht sich vor allem mit Hilfe der Analyse seiner Gegenübertragungsgefühle den Patienten in seinem Erleben als *Traumatisierten* zu sehen« (S. 455). Leon war ein misshandeltes und missbrauchtes, ein leidendes Kind, das musste immer wieder ins Bewusstsein gerufen werden!

Erwähnen möchten wir auch, dass es in ambulanten und stationären Therapien auch latente anhaltende Gegenübertragungen auf aggressive Verfolgung von Patienten gibt: Zum einen eher leise feindselige Formen wie Langeweile und Schläfrigkeit. Oder laute Ausdrucksformen wie Wut, Sadismus, Rachewünsche oder Lähmung, Resignation, Leere und Hilflosigkeit (Kreuzer-Haustein 2008). Diesen manchmal nicht ausreichend beachteten und reflektierten Gefühlen ist darum besondere Aufmerksamkeit zu schenken.

Alvarez (2001) meint, dass das destruktive Kind trotzdem immer wieder erfahren muss, was es mir angetan hat und dass es zu weit gegangen ist. Leon erwachte gelegentlich erschöpft und ernüchtert aus seinen grandiosen, destruktiven Zuständen. Zwar war das noch weit entfernt von Schuld und Besorgnis, aber dennoch war leise beginnender Respekt zu spüren. Man sollte den Patienten keineswegs das Fürchten lehren, meint Alvarez, »aber es ist wichtig zu verstehen, dass die bewusstere und ernüchternde Angst in der Destruktivität zu weit gegangen zu sein, den unbewussten, abgespaltenen Ängsten vorzuziehen ist, deren Opfer der Patient zuvor zweifellos gewesen ist« (ebd., S. 187).

Immer besser gelang es, mit Leon auch über Sprache zu kommunizieren, bewusste Zusammenhänge zu besprechen, unbewusste Vorgänge zu verbalisieren. Dadurch vergrößerte sich sein Wortschatz, und seine Fähigkeit zum symbolischen Denken nahm zu. Denn die frühkindliche traumatische Situation kann bei schwer deprivierten Kindern nicht in differenzierten Gefühlen und Erinnerungen wiederbelebt werden, sondern sie wird immer wieder neu produziert und konkretistisch inszeniert. Dennoch besteht eine Chance, in einer psychoanalytischen Therapie die diffusen Spannungszustände bzw. panischen Angstzustände in spezifische, differenziertere Wünsche und Gefühle zu wandeln, die dann nicht mehr als Fremdkörper erlebt werden, sondern wieder in die seelische Kommunikation hineingenommen werden können (vgl. Hopf 1998a). Gelingt es, jene schmerzlichen Affekte in uns aufzunehmen, das Kind – auch – in seinem Elend zu begreifen und seine Scham zu spüren, kommt es langfristig zu einer Veränderung der negativen Introjekte und zur Verbesserung der Symbolisierung. Alvarez (2001) hat dies mit den folgenden Worten formuliert: »Mutiges und aufnahmebereites Zuhören, aber auch eine feste, nicht zu stark masochistische Einstellung gegenüber den vielleicht furchtbaren Projektionen des Kindes – d. h. gegenüber dem verzweifelten Bedürfnis des Kindes, uns das anzutun, was seinem Gefühl nach ihm angetan wurde – scheinen in der Tat zu helfen« (ebd., S. 21). Alvarez betont aber auch, dass Verlässlichkeit, Regelmäßigkeit des Settings und eine feste Struktur der psychoanalytischen Technik (Containment) erst Entwicklung von innerer Struktur ermöglichen. Das bedeutet, dass ein produktiver Prozess *immer* eines stabilen Rahmens bedarf, den im Fall Leon das therapeutische Heim bot. Traumatisierte Kinder und Jugendliche greifen immer wieder den Raum und die Rahmenbedingungen an und suchen sie zu zerstören. Parallel hierzu finden Angriffe auf das Denken des Therapeuten statt, auch mit länger anhaltenden Zuständen von Verwirrung. Die Gegenübertragungen sind nur schwer zu kontrollieren und auszuhalten.

Eine psychoanalytische Behandlung, ambulant und stationär, ist hervorragend geeignet, deprivierte und traumatisierte Kinder zu behandeln. Von großer Wichtigkeit ist es, bereits am Anfang herauszuarbeiten, wie das Erleben von Gewalt und Missbrauch subjektiv in bereits vorhandene Bindungs- und Beziehungsmuster einbezogen worden ist. Eine ausführliche und hilfreiche Diskussion der psychodynamischen Zusammenhänge von Konflikt, Struktur und Symptom findet sich bei Hohage (2011). Besonders Behandlungen von traumatisierten Kindern, denen Misshandlungen und Missbrauch widerfahren sind, müssen vor dem Hintergrund einer standhaften abstinenten Haltung des Therapeuten stattfinden.

Schamaffekte müssen sensibel bemerkt und aufgegriffen, direktives Handeln und intrusives Drängen sollen unbedingt vermieden werden. Alvarez weist darauf hin, dass eventuell das Bedürfnis des Kindes respektiert werden soll, dass Missbrauch und Vergangenheit so lange ausgegrenzt werden, bis eine äußere nicht missbrauchende Welt aufgebaut ist (2001, S. 214).

II   Neurosen

1   Hysterie

Körperliche und psychische Symptome der Hysterie werden schon seit der Antike als »hysterisch« bezeichnet. Die alten Ägypter und Griechen brachten die hysterischen Phänomene mit einer Wanderung der Gebärmutter im Körper in Zusammenhang. Die neueren Klassifikationen wie ICD-10 und DSM-IV sprechen nicht mehr von Hysterie, sondern unterteilen die Symptome in Konversionsstörungen, dissoziative Störungen und histrionische Persönlichkeit. Wir möchten dagegen in Anlehnung an die unten dargestellte Diskussion innerhalb der psychoanalytischen Theorie weiterhin von Hysterie bzw. dem hysterischen Modus sprechen.

Die Symptome der Hysterie sind körperliche Funktionsstörungen, dissoziative Phänomene und hysterische Charakterzüge. Zu den körperlichen Funktionsstörungen gehören Lähmungen, Seh-, Hör-, Gleichgewichts-, Sprechstörungen u. a., die mehr oder weniger körperliche Erkrankungen unbewusst imitieren, ohne dass ein entsprechender organischer pathologischer Befund vorliegt. Bei den hysterischen Lähmungen sind die Reflexe erhalten, die Muskeln zeigen keine Atrophie. Bei einer hysterischen Blindheit reagieren die Pupillen normal. Bei den dissoziativen Phänomenen gibt es abgegrenzte Erinnerungslücken (Amnesien), Bewusstseinsstörungen wie psychogene Dämmerzustände, hysterische Ich-Spaltungen oder hysterische Pseudohalluzinationen. Hysterische Charakterzüge sind bestimmte Verhaltensmuster wie die Tendenz zur Dramatisierung, verminderte Fähigkeit, zwischen Fantasie und Realität zu unterscheiden, ausgeprägte Suggestibilität, übertriebene Koketterie und Theatralik oder ähnliches (Mentzos 1984, S. 154 f.).

Innerhalb der Kinder- und Jugendpsychiatrie werden hysterische Störungen mit 1,5–5 % angegeben, Mädchen überwiegen gegenüber Jungen im Verhältnis 3:1 bis 4:1. Etwa 40 % aller Konversionssyndrome äußern sich in Anfällen und Bewegungsstörungen, 13 % in psychogenen Lähmungen und sensoriellen Ausfällen (Remschmidt 2000, S. 226).

Hysterie und hysterische Persönlichkeitsstörung werden unter F60.4 klassifiziert, weil die Termini Konversionsneurose und Hysterie wegen ihrer vielen unterschiedlichen Bedeutungen vermieden werden sollen. Konversionsstörungen werden unter F44 klassifiziert.

F60.4	histrionische Persönlichkeitsstörung
F44	dissoziative Störungen (Konversionsstörungen)

Theorie der Hysterie

Mentzos (1996) plädiert dafür, die Diagnose Hysterie beizubehalten, aber vom hysterischen Modus zu sprechen. Je nach Ich-Struktur und Ich-Reife kann dieser Modus von der Psychose, Borderline-Störung über die Neurose bis zum nicht-neurotischen Verhalten eingesetzt werden.

Das Ziel des hysterischen Modus ist immer eine Quasiveränderung der Selbstrepräsentanz. Bei der Besessenheit der Frühen Neuzeit (Heinemann 1998b) bot die Annahme, der Teufel verursache diese oder jene Symptome, die denen der Hysterie sehr nahe kommen, eine Über-Ich Entlastung. Der Teufel repräsentierte die Triebimpulse, Fantasien und Affekte, die vom kontrollierenden Ich abgespalten und für sich alleine wirksam wurden. Dies ist nach Mentzos die wichtigste Funktion der hysterischen Symptombildung. Der Konflikt, der die Triebbefriedigung unmöglich macht, ist dabei nicht äußerlich, sondern durch Gebote und Verbote internalisiert worden, er lässt sich nicht mit dem Über-Ich und Ich-Ideal vereinen (Mentzos 1980, S. 23, S. 57). In der Psychoanalyse wurde die Betonung der ödipalen Problematik in der Hysterie hinterfragt und umformuliert (Mentzos 1980; 1996; Hoffmann 1979). »In der klassischen psychoanalytischen Konzeption ist die Hysterie mit der Genitalität verbunden, während die klinische Praxis von heute die Bedeutung der prägenitalen Fixierungen ... unterstreicht« (Green 1976, S. 630).

Das Gemeinsame in der großen Vielfalt der ehemaligen hysterischen Störungen und Phänomene ist nicht in der Annahme eines einheitlichen, ödipalen Konfliktes zu sehen, sondern im Modus der Konfliktverarbeitung. Es wurde die Hypothese aufgestellt, dass sowohl ödipale, orale und narzisstische Konflikte dadurch abgewehrt, pseudogelöst oder kompensiert werden, dass der Betroffene im Rahmen einer unbewussten Inszenierung sowohl für die Anderen als auch für sich selbst als quasi anderer erscheint, als er tatsächlich ist. Sowohl die Konversionssymptome als auch die dissoziativen Störungen dienen letztlich diesem Ziel. Es ist nicht die Intensität des Affektes oder das scheinbare Fehlen eines Affektes, was die Hysterie ausmacht. Die Hysterie ist eine Verkehrung ins Gegenteil. Wenn der Patient scheinbar gleichgültig über die Lähmung der Beine spricht, steckt dahinter ein gegenteiliger Affekt. Neben der Verkehrung ins Gegenteil ist der Hauptabwehrmechanismus der Hysterie die Konversion ins Körperliche. Die Abwehrleistung der Patienten ist Vernebelung, Negierung durch das Gegenteilige, aber auch eine kompromisshafte Befriedigung durch Handeln unter falschem Vorzeichen oder vorgetäuschter Betonung und Überaktivierung des Gegenteiligen. Der hysterische Modus ist wegen unerträglichen Schulderlebens, aber auch im Zusammenhang mit unerträglicher Scham notwendig. Der ödipale Konflikt ist in jedem Fall triangulär, es gibt im hysterischen Modus aber auch dyadische Konflikte. Das Theatralische der Hysterie verweist auf einen inneren und äußeren Zensor. Der hysterische Patient imponiert, da er sich seiner zur Schau gestellten Affekte nicht schämt. Der Modus dient der Abwehr der Scham und Schuld. Die Tendenz der Abwehr ist, das Gegenteil dessen zu behaupten, was wirklich vorliegt. Es geht um einen zum Zwecke der Inszenierung aktualisierten unechten Affekt und um einen abgewehrten wahren Affekt. Die Affekte sind nicht pathologisch, sie werden nur im obigen Sinne eingesetzt. Die hysterischen Inszenierungen mit ödipalem Inhalt unterscheiden sich nicht von denen anderer Themen, zum Beispiel Trennung, Hilflosigkeit, narzisstische Verwundungen oder Kränkungen (Mentzos 1996, S. 92 ff.).

Auch Rupprecht-Schampera (1996) geht davon aus, dass es genügend Gründe gibt, hysterische Störungsbilder jeden Schweregrades auf einen gemeinsamen Grundkonflikt zurückzuführen und die klinisch-nosologische Kategorie eines einheitlichen Störungsbildes aufrecht zu erhalten, wobei nicht nur ödipale, sondern auch präödipale Faktoren bei der Hysterie eine Rolle spielen.

Sie geht von einem Zusammenwirken präödipaler und ödipaler Faktoren aus. Die Separation von der Mutter ist oft missglückt, der Vater steht nicht für eine Triangulierung zur Verfügung. Das Mädchen verwendet dann die ödipale Triangulierung, um die präödipale Trennung von der Mutter zu lösen. Gleichzeitig besteht häufig ein erotisierender Umgang des Vaters mit dem Kind. Die Hysterie lebt von der – zumindest partiellen – Wirksamkeit des sexualisierten Lösungsversuches. Eine Begegnung mit dem Vater, in der die Generationengrenzen verwischt werden, trifft auf eine Annährung des Kindes, die als selbstreparativer Versuch gedacht, aber unter Umständen zu weiteren Traumatisierungen führt, in der Übergriffe erlebt und Affektstürme mit schweren Schuldgefühlen in einem hochangeheizten Triebgeschehen ausgelöst werden. Die typisch hysterische Lösung, den Vater auf erotisierende Weise zu gewinnen, führt erneut zu Enttäuschungen.

Die Verdrängung ist der Versuch, das erotische Geschehen aus dem Bewusstsein fernzuhalten. Inzestuöses Agieren, schwere Schuld- und Schamgefühle bedrohen das Selbst. Oft kommt es zu einem zwanghaften Idealisieren von Ersatzvätern. In der Hysterie wird eine ödipale Szene geschaffen, die dem Ödipuskomplex ähnelt, aber einen komplizierten Abwehrvorgang darstellt.

Durch verführerisches Verhalten versucht das Mädchen oder die Jugendliche einen idealen Vater auf sich aufmerksam zu machen und an sich zu binden, um ihn als trianguläres Objekt für ihre Mutterkonflikte

zu gewinnen. Alle Hysterien haben nach Rupprecht-Schampera die Verwendung eines ödipalen Dritten als progressive Lösungsform zum Gegenstand. Das Ziel ist, die Separation von der Mutter zu erreichen, hierfür wird die sexualisierte Beziehung zum gegengeschlechtlichen Elternteil benutzt. Die Hysterie ist ein sexualisierter, progressiver Abwehrversuch unter Verwendung ödipaler Fantasien zur Aufrechterhaltung der Abwehr. Der hysterische Lösungsversuch kann ganz ohne sexuelle Traumatisierung stattfinden. Es können im Rahmen des sexualisierten Abwehrversuchs aber auch sexuelle Traumen hinzutreten. Es kann nicht überraschen, wenn sexuelle Traumen im Rahmen eines sexualisierten Lösungsversuches zu finden sind. Sexuelle Verführung oder sexueller Missbrauch sind nicht die eigentlichen Ursachen der Hysterie, sie können aber zur Ausformung einer Hysterie im Rahmen eines sexualisierten progressiven Abwehrvorganges beitragen (ebd., S. 68 f.).

Eng verbunden mit der Hysterie ist die Frage nach der Verführungstheorie, der Annahme eines sexuellen Traumas in der Kindheit. Freud (1896) hat diese Annahme zwar zunächst verworfen, sie aber nie ganz aufgegeben. Sehen wir in der Hysterie den Abwehrmodus der Verkehrung ins Gegenteil und den der Sexualisierung wirken, so kann die Hysterie sexuellen Missbrauch zur Ursache haben, muss es aber nicht notwendigerweise. Zudem möchten wir darauf hinweisen, dass das Spektrum, was sexueller Missbrauch ist, sehr weit gefasst werden kann. Auch die zwanghaft abgewehrte inzestuöse Fantasie des Vaters kann als Missbrauch, als latenter Missbrauch, vom Mädchen empfunden werden und eine ähnlich destruktive Wirkung haben wie manifester Missbrauch (Hirsch 1993).

Streeck-Fischer (2006, S. 125 ff.) sieht dissoziative Phänomene bei Kindern als normale Reaktion auf Stresserfahrungen und Trennungen. »Einiges von dem, was als psychopathologische Dissoziation später in der Entwicklung erscheint, wird im jungen Alter noch als normal angesehen« (ebd., S. 126). Folglich zeigen Kinder, die Opfer von sexueller Misshandlung oder Vernachlässigung wurden, mehr dissoziative Prozesse. Die Fähigkeit, ein kohärentes Selbst zu bilden, wird beeinträchtigt.

King (1996) bringt die adoleszente Entwicklung und die hysterische Symptombildung in Zusammenhang. Aufgabe der Adoleszenz sei ein Ringen um Integration der Genitalität. Die Integration der Genitalität ist eine Entwicklungsaufgabe, die sich in der Adoleszenz neu stellt. Die bisherigen Konfliktlösungen müssen mit der Genitalität vermittelt werden. Die hysterische Lösung kann als ein Negativ der in der Adoleszenz anstehenden Integrationsforderung angesehen werden. Die Spannungen in der Adoleszenz zwischen Allmacht und Entwertung, zwischen homosexuellen und heterosexuellen Identifizierungen, Verschmelzungswünschen und narzisstischem Rückzug, unersättlicher Gier und strenger Askese, »diese Schwankungen und Polarisierungen können als Anpassungs- und Abwehrreaktion auf den in der Adoleszenz beinahe unerträglich anwachsenden Druck verstanden werden« (ebd., S. 148). In der Spannung von Wunsch und Verbot, Regression und Progression bleibt das Subjekt der Inszenierungen in der Hysterie scheinbar ahnungslos Opfer der Geschehnisse. Die Hysterie ist ein passageres oder auch dauerhaftes Muster, die Integrationsanforderung der Adoleszenz zu vermeiden.

Elisabeth von R. (Freud 1895, S. 135 ff.), eine 24-jährige unverheiratete junge Frau, litt zum Zeitpunkt der Behandlung bei Freud seit eineinhalb Jahren an großen Schmerzen beim Gehen, wobei die Schmerzen von einer schlecht abgrenzbaren Stelle an der Vorderseite des rechten Oberschenkels ausgingen. Zusätzlich zu den Schmerzen entstand eine funktionelle Gangstörung. Ihr

bisheriges Leben schien durch schwere Schicksalsschläge gezeichnet. Sie verlor durch eine chronische Herzschwäche nach längerer Pflege ihren Vater, zu welchem sie ein inniges Verhältnis hatte. Auch die Mutter wurde augenleidend und pflegebedürftig, schließlich starb ihre jung verheiratete Schwester während der zweiten Schwangerschaft.

Eine Schicht der Symptombildung ist der Konflikt zwischen den durch die Pflege des Vaters auferlegten Pflichten und der erotischen Anziehung zu einem geheimen Freund. Die Patientin berichtet davon, wie sie vom Krankenbett weg zu einer Gesellschaft ging, um besagten Freund zu treffen, erst spät zurückkehrte und sich wegen des verschlimmerten Zustandes ihres Vaters die heftigsten Vorwürfe machte. Die Konversion kann dabei als Abwehr einer erotischen Vorstellung verstanden werden. Eine weitere Schicht des Symptoms ist mit dem Vater verbunden. Die Stelle des Oberschenkels ist genau dort, wo das Bein des Vaters sie beim Wickeln berührte. Der aktuelle Konflikt besteht aus der erotische Anziehung des Freundes und der Pflicht, den Vater zu pflegen. Gleichzeitig ist der Konflikt mit einer ödipalen Thematik unterlegt, die sie an den Vater bindet und eine Lösung unmöglich macht. Bei Elisabeth ist der Versuch einer Lösung des adoleszenten Ablösekonfliktes über Sexualisierung und Zuflucht zum ödipalen Objekt zu erkennen.

Green (1976, S. 645) formuliert den Grundkonflikt der Hysterie: Die Unfähigkeit, die sexuelle Erfahrung mit einem neuen Objekt mit phallischer Bedeutung in Einklang zu bringen mit der Erhaltung der elterlichen Objektliebe. Hysterische Frauen verwenden neben der Verkehrung ins Gegenteil die Sexualisierung und Suche nach einem ödipalen Objekt zur Lösung prägenitaler Konflikte, aber auch im Zusammenhang mit der Abwehr von Verführung und Missbrauch.

Zusammenfassung

Die Symptome der Hysterie sind körperliche Funktionsstörungen, dissoziative Phänomene und hysterische Charakterzüge. Je nach Ich-Struktur und Ich-Reife kann der hysterische Modus von der Psychose, Borderline-Störung, Neurose und im nicht-neurotischen Verhalten Anwendung finden. Das Einheitliche beim hysterischen Modus ist nicht der ödipale Konflikt, sondern die unbewusste Inszenierung, anders zu erscheinen als man ist. Die Hysterie ist eine Verkehrung ins Gegenteil unter Verwendung von Konversionsvorgängen und Bewusstseinsspaltungen. Die Abwehrleistung des Patienten ist Vernebelung, Negierung durch das Gegenteilige, kompromisshafte Befriedigung durch Handeln unter falschen Vorzeichen und vorgetäuschte Überaktivierung des Gegenteiligen. Auf diese Weise können sowohl ödipale wie präödipale und narzisstische Konflikte abgewehrt werden. Die Erotisierung des ödipalen Objektes erscheint im hysterischen Modus als sexualisierter Lösungsversuch. Schwere Schuld- und Schamgefühle für das inzestuöse Begehren bedrohen zusätzlich das Selbst. Die Sexualisierung des ödipalen Objektes kann ohne reale sexuelle Traumatisierung stattgefunden haben, sie kann aber auch zur Abwehr realer sexueller Traumen eingesetzt werden. Die Frage der Verführungstheorie stellt sich somit nicht grundsätzlich alternativ. Der hysterische Modus ist vor allem in der Adoleszenzkrise, die eine Integration der Genitalität und Ablösung vom Elternhaus fordert, ein oft in der normalen Entwicklung eingesetzter Modus. Verbleibt der oder die Jugendliche im hysterischen Modus, kann er oder sie eine partnerschaftliche Sexualität nicht entwickeln. Die sexualisierte Beziehung zum ödipalen Objekt bleibt bestehen und die Ablösung misslingt.

Fallbeispiel »Tamara«

Die 18-jährige Tamara rief bei mir an und erkundigte sich, ob sie mit mir ein Gespräch führen könne, denn sie habe einige Beschwerden und vielerlei Probleme. Die Stimme klang schmeichlerisch, und zum Gespräch kam eine hübsche Jugendliche mit langen blonden Haaren. Spontan erinnerte sie mich an die Loreley, deren Anblick so viele Schiffer hatte blind für Realitäten werden lassen, so dass ihre Boote an den Felsen zerschellten und sie selbst im Wasser ertranken. Dass dieses Bild tatsächlich auf Tamara zutraf, erfuhr ich später. Tamara strahlte viel Sympathie aus, ließ sich bereitwillig auf unser Gespräch ein, dass rasch solche Vertrautheit und Nähe entstand, als würde ich Tamara schon lange kennen. Gleichzeitig spürte ich von Beginn an ein geheimes Verführen. Ich konnte mir vorstellen, wie Tamara in der Disco tanzend auf Männer wirkte und deren Herzen brach. Dennoch erschien mir alles, was ich während des Gesprächs mit der Jugendlichen erlebte, irgendwie unecht und fern jeder Realität. Dieses eigentlich durch nichts zu begründende Gefühl verstärkte sich noch, als Tamara von ihren Problemen berichtete. Sie hatte eine ältere Schwester und einen jüngeren Bruder und war engste Vertraute ihrer Mutter. Dies empfand Tamara mittlerweile jedoch als drückende Last, zumal es der Mutter in den letzten Jahren nicht gut ging. Zunehmend hatte die Mutter depressive Verstimmungen und vielerlei psychosomatische Beschwerden. Ohne ersichtlichen Grund begann die Mutter immer häufiger zu weinen. Diese Zustände steigerten sich vor zwei Jahren so sehr, dass die Mutter sich schließlich einer stationären Behandlung in einer psychiatrischen Klinik unterziehen musste. Die Mutter sei sensibel und verletzlich, strahle immer etwas Trauriges und Schweres aus. Schon immer habe sie alle ihre Probleme mit der Tochter besprochen und geteilt, vor allem darum, weil der Vater ein sehr distanzierter, korrekter Mann war, der sich selbst nie eine Schwäche anmerken ließ und der Meinung war, man müsse sich eben zusammenreißen. Es sei schwer, ihn mit irgend etwas zu beeindrucken, alles nehme er wie selbstverständlich hin, und Tamara konnte nicht sagen, ob er ihre Mutter oder sie überhaupt liebe. Er sei ein Karrieretyp, tätig im Management einer Automobilfirma und sehe das Verhalten »seiner Frauen« eher kritisch. Trotzdem fühlte sich Tamara zum Vater hingezogen, wollte ihn mit ihren guten Leistungen beeindrucken, was dieser aber gar kaum wahrnahm. Ihre Mutter lehnte Tamara ab, weil sie sich von ihr nur ausgenutzt und gebraucht fühlte.

An dieser Stelle spürte ich zum ersten Mal, wie Tamara traurig wurde und es war zu erkennen, dass ihr in allen Beziehungen wirkendes unbewusstes Werben wohl dem Vater galt, der sie immer zurückgewiesen hatte. Trotzdem erinnerte Tamara ihre frühe Kindheit als unproblematisch, beinahe harmonisch, und sie sei stetig in die Rolle der Vernünftigen und Ausgleichenden hineingewachsen, weil sie von der Mutter als Gesprächspartnerin gebraucht wurde. Mit Beginn der Pubertät wäre sie allerdings stark abgemagert. Die Mutter war darüber sehr erschrocken, hielt sich mit den eigenen Problemen etwas zurück und umsorgte Tamara. Mittlerweile sei ihr Gewicht wieder normal.

Als die Mutter vor zwei Jahren in psychiatrische Behandlung kam, nahm Tamara deren Stelle im Haus ein. Sie versuchte, dem Vater eine perfekte Frau zu sein und die Mutter zu ersetzen. Während dieser Zeit stürzte Tamara. Alles schien zunächst recht harmlos, doch seither hatte sie dauernd Schmerzen im rechten Unterarmgelenk. Sie war bei verschiedenen Ärzten in Behandlung, es konnte jedoch keine organische Schädigung festgestellt werden. Trotzdem verstärkten sich die Schmerzen immer mehr und ließen sie nicht mehr zur Ruhe kommen. In den Sitzungen assoziierte sie zu den Schmerzen eine Situation ihrer Kindheit, in der die triebfeindliche Mutter sie beim Masturbieren »erwischt hätte«, woraufhin sie heftige Scham- und Schuldgefühle verspürte. Seit etwa der gleichen Zeit des Beginns der Unterarmschmerzen kam es auch zu eigenartigen Ohnmachtsanfällen. Immer, wenn Tamara weit weg von zu Hause war, von vielen Menschen umgeben, fürchtete sie, es könnte ihr schwarz vor den Augen werden und sie könnte in Ohnmacht fallen. Sie kippte tatsächlich mehrfach um, verlor jedoch nie ganz das Bewusstsein, musste sich aber danach für einige Stunden hinlegen, bis es langsam besser wurde. Mittlerweile hatte Tamara große Angst, sich in Menschenansammlungen zu begeben, weil sie fürchtete, ein entsprechender Anfall könnte auftreten. Tamara brachte die Ohnmachtsanfälle in Zusammenhang mit ihren Wünschen, die Eltern zu verlassen und einen Freund zu finden. Die Symptome verschwanden nach kurzer Zeit in der Therapie und waren danach kein Thema mehr.

Tamara trug ihre Probleme in einem selbstbewussten Ton vor und mir erschien wiederum alles an ihr perfekt zu sein. Doch alles war einfach zu glatt, zu schön, zu perfekt. Leise störte mich etwas. Ich spürte Unstimmiges, Aufgesetztes. Tamara war äußerst beliebt, hatte viele Freundinnen und noch mehr Freunde. Die ältere Schwester habe sogar neidvoll, wie abwertend gemeint, sie hätte tausende Männerfreundschaften. Andererseits litt Tamara darunter, dass sich nie etwas Dauerhaftes daraus entwickelte, weil sie nach kurzem Verliebtsein rasch die

Lust am Partner verlor, und sie ihn nur noch hinderlich bei ihren Vorhaben fand, einen neuen Mann zu erobern.

Danach äußerte sie recht zögerlich, dass sie von etwas anderem noch viel mehr gequält werde. Gelegentlich habe sie schlimme depressive Verstimmungen und eigenartige Zustände von innerer Leere, dann häufig begleitet von Suizidfantasien. Niemand sähe der selbstsicheren und tatkräftigen Tamara an, dass sie auch Schwächen habe. Mittlerweile glaubte Tamara, nicht mehr durchhalten zu können. Nach außen müsse sie etwas spielen, was innen nicht mehr stimme. Sie habe wohl dieselben Depressionen wie die Mutter.

In der Therapie standen Tamaras vielfältige Beziehungen im Mittelpunkt. Tamara erinnerte eine Fülle von Träumen, bei denen ich allerdings zunehmend ein ähnliches Gefühl wie zuvor verspürte, dass sie alles ein klein wenig zu theatralisch, zu dramatisch und zu gefühlvoll darstellte. In ihrem Initialtraum lebte sie mit der Familie in einem Haus, in einer idyllischen Gegend, umgeben von herrlichen grasbewachsenen Bergen. Und dennoch versuchte sie mit einem Freund wegzulaufen. Aber es gelang nicht, weil die Berge – obwohl nicht sehr hoch – nicht zu überwinden waren. Immer wieder versuchten es die beiden, immer wieder misslang es und Tamara kehrte resigniert in das Haus der Eltern zurück. Dort musste sie entdecken, dass alle Angehörigen mittlerweile steinalt geworden waren und kurz vor dem Sterben standen. Gleichzeitig spürte sie, dass auch das eigene Leben vorbei war und erwachte mit großen Ängsten. Assoziativ fiel ihr die Mutter ein mit ihrer Depression, für die sie ständig da sein musste, denn ihr mitfühlendes Interesse an Menschen wurde ja nicht nur von Lehrern und Mitschülern, sondern auch von den Familienangehörigen sehr geschätzt. Immer mehr spürte Tamara aber, dass ihr die Bedürftigkeit der Mutter zu viel wurde und dass sie letztlich einen Part übernommen hatte, den der Vater nicht ausfüllen konnte.

Bei ihm hatte die Mutter nicht gefunden, was sie sich von einer Beziehung erwünschte, Nähe und Einfühlung. Darum mussten auch Tamaras Beziehungen zu Freunden scheitern, weil sie von der Mutter so sehr gebunden wurde, bis sie »alt« sein würde. Die Flucht aus dem Elternhaus misslang, die »idyllischen Berge«, die »Pseudoharmonie« waren nicht zu überwinden. Die Enge und beinahe missbräuchliche Beziehung zur Mutter wurde danach in vielen Träumen dargestellt, wobei der folgende besonders eindrücklich war. Tamara träumte, dass die Mutter einem kleinen Mädchen, das dicht am Meer stand, immer wieder einen Ball zuwarf. Der Ball kam jedoch so ungeschickt an, dass das Mädchen beim Fangen – gewollt oder ungewollt – jedes Mal ins Wasser fiel und beinahe ertrank. Dann wurde Tamara der Ball zugeworfen und mit einem Male entdeckte sie, dass ihr Körper eine einzige große Fleischwunde war.

Erstaunlich war, dass Tamara, die so einfühlsam mit anderen Menschen umgehen konnte, Beziehungen auch unvermittelt beenden und Frau oder Mann dann blitzartig fallen lassen konnte. Immer wieder machte sie Männer in sich verliebt und spürte wenig später, dass sie die Lust an der Beziehung verlor, und beendete diese. Da dies völlig abrupt geschehen konnte, waren die jungen Männer in der Regel verzweifelt und verstanden die Welt nicht mehr. In ähnlicher Weise konnte sie auch mit Freundinnen umgehen.

Über einen solchen Vorfall berichtete mir Tamara eines Tages in einer Therapiestunde. Sie hatte eine Freundin besucht, bei welcher zur gleichen Zeit deren Freund zu Besuch war, zu dem sie früher selbst eine Beziehung gehabt hatte. Die Freundin ging weg, um Kuchen zu kaufen. Während dieser Zeit schlief Tamara mit dem Freund der Freundin. Tamara erzählte mir diese Geschichte ein klein wenig stolz, fast triumphierend. Den Treuebruch an der Freundin wiegelte sie ab, indem sie fast schnoddrig meinte, dass »ihre

Körper einfach nacheinander verlangt hätten«. Es waren keinerlei Scham- oder Schuldgefühle spürbar, als gäbe es weder Treue noch Zuverlässigkeit. Ich spürte, wie Empörung in mir aufstieg, wollte das Mädchen vorwurfsvoll damit konfrontieren, dass sie offensichtlich alle Gewissensstrebungen verleugnete. Im selben Moment wurde mir bewusst, dass Tamara in jenem Moment ihre Über-Ich-Funktion externalisierte und auf mich übertrug. Ich deutete ihr schließlich das scheinbare Fehlen von Scham- und Schuldgefühlen.

Dieser Konfliktbereich wurde später in vielen Träumen verbildlicht: Immer wieder tauchten im Traum verführerische Schaufensterpuppen auf mit deutlichem Sex-Appeal, andererseits waren sie leblos und starr. Wir konnten gemeinsam die gestörte Beziehungsfähigkeit erkennen, die Tamara allerdings nur schwer verstand, weil sie andererseits so tiefgehende Beziehungen eingehen konnte und als einfühlsame Partnerin beliebt war. Immer deutlicher kristallisierte sich jedoch heraus, dass es gleichsam zwei Beziehungsarten gab, welche Tamara lebte. Eine ernste Tiefe, so wie zur Mutter, von der sie sich allerdings bedrängt und ausgebeutet fühlte, die sie aber dennoch leidend aushielt. Daneben existierte noch eine andere Art von Beziehung, in der sie alle ihre sexuelle Anziehungskraft einsetzte, um Männer für sich zu gewinnen, zu irritieren und sie dann fallen zu lassen.

Es war deutlich, dass Tamara den distanzierten und kühlen Vater erreichen wollte, und, wenn sie ihn erreicht hatte, rächte sie sich an ihm für das, was er ihr angetan hatte. Dies hatte ich so eindeutig bislang nicht verstanden, weil Tamara mit ihren überbordenden sozialen Beziehungen nach außen hin eher das Bild einer selbstlosen »Mutter Teresa« hinterlassen hatte. Bislang hatte ich immer nur die Sehnsucht nach dem Vater gesehen, nicht den Hass und die narzisstische Wut als Ergebnis einer schweren Verletzung. Dann sah sich Tamara in einem Traum nackt vor dem Spiegel stehen, nahm sich Rasier-klingen des Vaters und schnitt sich ins Fleisch. Wieder sah sie – wie im Traum vorher – eine hässliche, klaffende Fleischwunde, die sie spontan an ihr Genital erinnerte. Als sie den Traum mit seinen Assoziationen erzählt hatte, schwieg sie, wurde starr und bleich und teilte mir dann mit, dass ihr etwas eingefallen sei, was sie längst vergessen hatte. Als sie fünf Jahre alt war, hätte sie mit dem Vater gebadet. Dieser stieg vor ihr aus der Badewanne und sie hätte dabei sein großes erigiertes Glied gesehen. Sie vermutete, dass ihn ihre Nacktheit erregt hatte. Als der Vater entdeckte, dass Tamara dies sah, hätte er sein Genital spontan mit einem Tuch zugedeckt. Gleichzeitig fiel ihr ein, dass sie kürzlich mit dem Vater eine heftige Auseinandersetzung gehabt hatte, weil ihr derzeitiger Freund bei ihr übernachten wollte und der Vater dies nicht dulden mochte. Tamara wurde auf einmal bewusst, dass sie der Vater regelrecht stimulierte und ihre Zuneigung suchte, dann wieder Angst bekam und besonders prüde und distanziert reagierte und dass sich so der Circulus vitiosus schloss.

Interpretation

Psychodynamik

Eine klassisch-hysterische Neurose ist heute in unserem Kulturkreis kaum mehr zu finden. Sie kommt noch häufiger bei Patientinnen aus dem mediterranen Kulturkreis vor, oft mit Konversionssymptomen. Wir haben von daher ein Beispiel mit einer narzisstisch-depressiven Störung, die über einen hysterischen Modus abgewehrt wurde, ausgewählt. Wie im Theorieteil ausgeführt, kann der hysterische Modus bei verschiedenen psychischen Störungen Anwendung finden. Das Fallbeispiel Angelika (▶ Kap. VI.1) ist ein weiteres Beispiel für die Anwendung des hysterischen Modus, dort im Rahmen einer Borderline-Störung.

Tamara wurde von der depressiven Mutter für deren Bedürfnisse benutzt und über Schuldgefühle gebunden. Von einer kranken Mutter durfte sie sich nicht loslösen und mit ihr um den Vater rivalisieren. Vom Vater wurde Tamara inzestuös-verführerisch angelockt, aber auch wieder zurückgestoßen. Um sich aus der depressiven Beziehung mit der Mutter zu befreien, versuchte Tamara den Vater über die erotisierenden Angebote zu gewinnen. Der Vater erschien als eine progressive Lösung, um die Separation von der Mutter, an die Tamara über Schuldgefühle gebunden war, zu ermöglichen.

Der unbewusste Konflikt spitzte sich zu, als die Mutter in die Psychiatrie kam und Tamara nun der Erfüllung ödipaler Sehnsüchte bedenklich nahe kam. In den Unterarmschmerzen drücken sich im Sinne einer Konversion sexuelle Triebwünsche und deren Abwehr (das Verbot der Mutter zu masturbieren) aus. Die Ohnmachtsanfälle können als Überaktivierung des Gegenteiligen verstanden werden. Wenn sie weit weg von zu Hause war, reaktivierte dies Schuldgefühle dem Vater gegenüber, aber auch den Wunsch, sich sexuell einem jungen Mann hinzugeben: Der hysterische Konflikt zwischen dem Wunsch nach einem Objekt mit phallischer Bedeutung und der Erhaltung der elterlichen Objektliebe. Der hohe Grad der Symbolisierung und Ichreife zeigt sich in der Möglichkeit, über Bewusstmachung die Symptome relativ rasch auflösen zu können.

In der Adoleszenz schwankte Tamara zwischen einer Konfliktlösung im Sinne der Abwehr sexueller Triebwünsche über eine Essstörung (▶ Kap. V.2) und der progressiven Sexualisierung im hysterischen Modus. Dabei ging Tamara kurzfristig Beziehungen ein und brach diese wieder ab. Dies kann im Sinne des Rachetypus verstanden werden (Abraham, zit. n. Kuiper 1969): Eine Frau, die deshalb Rache am Mann nimmt, ihn im Verlassen kastriert, weil ihr das fehlt, was er

hat. Wir können dies allerdings auch so verstehen, dass Tamara vom Vater zutiefst gekränkt und entwertet worden war. Dies reinszenierte Tamara nun in der Wendung von der Passivität zur Aktivität. Es sei an dieser Stelle erwähnt, dass im hysterischen Modus Frauen auch die Enttäuschung bei Mutter und Vater in der Wahl ihrer Liebesobjekte reinszenieren können, d. h. sich in unerreichbare Objekte verlieben, den Pfarrer, einen Schüler, den Ehemann der Freundin oder andere verboten-verführerische Objekte. Das Schuldgefühl wird befriedigt, indem das Leiden am Objekt reinszeniert wird.

Tamara erlebte ihr weibliches Genital als Fleischwunde, d. h. als kastrierten Körper. Im Bild des kastrierten Körpers ist die ganze Aggression der Mutter- und Vaterbeziehung enthalten. Als Tamara im Traum den Ball der Mutter fing, entdeckte sie, dass ihr Körper eine einzige Fleischwunde war. Sie ertrinkt entweder in der oralen Depression der Mutter oder wird von der Mutter kastriert. Aber auch die Aggression gegen den verführerischen Vater drückt sich in der Fleischwunde aus. Mit seinen Rasierklingen fügt sie sich im Traum selbst die Fleischwunde zu. Sie kann die Aggression nicht gegen den Vater richten, wendet sie gegen sich selbst, kastriert sich selbst.

Der Initialtraum, mit einem Freund die Berge nicht überwinden zu können, zeigt den hysterischen Konflikt, die Ablösung vom Elternhaus und die misslungene Integration von Sexualität mit einem adäquaten Partner. Der progressive Lösungsversuch des hysterischen Modus hat eine Art Pseudo-Autonomie zur Folge. Tamaras Träume zeigten drastisch, dass ihre Beziehungen keinen Tiefgang hatten, unecht waren und ihre Schönheit nur die einer Schaufensterpuppe war, sie selbst war in ihrer Weiblichkeit – von der Mutter wie vom Vater – schwer verwundet.

Diagnose:

F44   dissoziative Störung (Konversionsstörung)
F60.4 histrionische Persönlichkeitsstörung
F34.1 Dysthymia

Die therapeutische Arbeit

Behandlungstechnisch war es ein Problem, dem Verführen der Jugendlichen standzuhalten, wobei das weniger auf der triebhaften, als auf der mentalen Ebene zum Problem wurde, denn Tamara konnte sehr für sich einnehmen, so dass es schwer war, sich hiervon wieder abzugrenzen. Das Unechte, Theatralische löste Befremden bis Aggression aus, die so ganz im Widerspruch zur erotisierten Übertragung stand. Generell war der Wechsel zwischen libidinösen und aggressiven Übertragungen schwer zu ertragen, wobei diese jedoch nie die Schärfe von Spaltungen bekamen, wie etwa bei der Borderline-Störung. Einmal war der Therapeut der wichtigste Mensch für sie und ein anderes Mal wurde er von ihr schnöde fallen gelassen, so dass er glaubte, Tamara überhaupt nicht erreichen zu können. Die anfänglich erlebte Vertrautheit in der Beziehung, die Nähe und die verführerische Haltung konnten sich von einer Stunde zur anderen umkehren. Dann konnte Tamara mit Eiseskälte über andere Menschen herziehen und auch seine Schwächen gnadenlos in den Mittelpunkt rücken. Sie konnte zutiefst treffen und verletzen, oder auch kastrieren, was oft kaum aushaltbar war. Die kastrierende Aggression und die massiven, verdrängten Schuld- und Schamgefühle mussten immer wieder gedeutet und durchgearbeitet werden, damit die zugrunde liegende depressive Struktur überwunden und eine echte Progression in Richtung Integration von Sexualität mit einem Partner möglich wurde.

2   Zwang

Die Zwangssymptomatik besteht aus Zwangsvorstellungen, Zwangsimpulsen und Zwangshandlungen. Ein Kind kann die Zwangsvorstellung haben, seine Eltern könnten sterben. Es verspürt völlig unerwartet den Impuls, seinem Geschwisterchen etwas anzutun, oder es muss alles, was es wahrnimmt, zählen. All dies wird von den Betroffenen als persönlichkeitsfremd wahrgenommen. Wird den Zwängen nachgegeben, kommt eine gewisse Erleichterung auf. Die Unterlassung einer Zwangshandlung dagegen führt zu Befürchtungen wie Tod, Erkrankung, Unfall oder anderen Katastrophen. Die Handlung muss ständig wiederholt werden, so dass im fortgeschrittenen Stadium eine stereotype ritualisierte Wiederholung der gleichen Handlung besteht. Man spricht vom Waschzwang, Kontrollzwang, Zählzwang u. a. Zwängen. Zwangshandlungen umfassen neben den motorischen auch die sprachlichen Handlungsvollzüge. Bei den meisten Formen der Zwangshandlungen ist das Moment des Kontrollierens und Überprüfens, des In-Ordnung-Bringens und Saubermachens, des Büßens und Wiedergutmachens vorherrschend (Benedetti 1978, S. 8; Quint 1988, S. 11).

Im Kindesalter gibt es vielfältige, meist zeitlich begrenzte Zwangsstörungen. Zwänge als Ausdruck einer ernsthaften psychischen Störung werden mit einer Prävalenz von 0,2–0,35 % im Kindes- und Jugendalter angegeben (Bürgin 1998, S. 71; Steinhausen 1996, S. 159). Im Kindesalter scheinen Jungen mit 3 bis 6:1 häufiger betroffen zu sein als Mädchen (Steinhausen 1996, S. 159), im Jugend- und Erwachsenenalter scheint das Verhältnis 1:1 zu betragen (Remschmidt 2000, S. 222). Die Symptomatik beginnt oft schon im 5. oder 6. Lebensjahr, manifestiert sich aber meist erst im Jugendalter (Bürgin 1998, S. 71).

Je jünger Kinder sind, desto häufiger treten Zwangsstörungen gemischt mit Ängsten und hypochondrischen Befürchtungen auf, weil ihr Ich nicht ausreichend reif ist, Affekte und Emotionen zu regulieren und reifere Abwehrmechanismen einzusetzen. Rituale dienen in der kindlichen Entwicklung der Abgrenzung von innen und außen, der Minderung von Ängsten (Einschlafrituale) und dem Übergang von einer Entwicklungsphase zur nächsten (Bovensiepen 2007b, S. 291). Die klinisch relevanten Symptome von Zwangsstörungen werden ab dem Vorschulalter wie folgt klassifiziert:

F42	Zwangsstörung
F42.0	vorwiegend Zwangsgedanken oder Grübelzwang
F42.1	vorwiegend Zwangshandlungen (Zwangsrituale)
F42.2	Zwangsgedanken und -handlungen, gemischt
F42.8	sonstige Zwangsstörungen
F42.9	nicht näher bezeichnete Zwangsstörung

Theorie des Zwangs

Als Zwangssymptome gelten psychische Vorgänge (Vorstellungen, Impulse, Handlungen), die sich gegen den Willen des Patienten aufdrängen und durchsetzen. Sie werden zwar vom Patienten als zum eigenen Selbst gehörend erkannt, aber als befremdend und unsinnig abgelehnt. Die Symptome der Zwänge sind Kompromissbildungen zwischen abgewehrten Impulsen und abwehrenden Tendenzen, wobei in einem Fall mehr das Abgewehrte (z. B. der Impuls, unflätige Dinge zu sagen), das andere Mal mehr die Abwehrkomponente (Waschzwang, Kontrollzwang) im Vordergrund steht. Der Waschzwang etwa besteht aus der wiedergutmachenden, magischen Handlung. Im Zwangssymptom wird in höchst übertriebener und zum Teil magischer Weise ein Impuls oder Gedanke rückgängig gemacht. Bei den zwangsneurotischen Symptomen sind folgende Abwehrmechanismen maßgebend: Affektisolierung, Ungeschehenmachen, Reaktionsbildung, Isolierung, Intellektualisierung und Rationalisierung.

Der zwangsneurotische Patient interessiert sich für die Folgen seiner Handlung, er möchte nicht, wie der hysterische Patient, anders erscheinen als er ist, er sucht auch nicht, wie der angstneurotische Patient, ein Sicherheitspendendes Objekt. Der zwangsneurotische Patient wäscht sich 20–30-mal am Tag seine Hände, nicht um sauber zu erscheinen, sondern um seine Schuld effektiv abzuwaschen (Mentzos 1984, S. 161).

In der klassischen Theorie der Psychoanalyse war der Zwang Ausdruck einer analen Fixierung, ausgelöst durch Traumata und/oder einer rigiden Reinlichkeitserziehung, die in der weiteren Entwicklung die Lösung des ödipalen Konfliktes unmöglich machten. Phallisch-exhibitionistische Triebimpulse führten bei einem triebfeindlichen Über-Ich zur Regression auf die analsadistische Phase.

Analsadistische und analerotische Impulse können nicht ausreichend integriert werden, sie werden in der Zwangsstörung abgewehrt (Freud 1907; 1913).

Heutige Theorien zur Zwangsstörung betonen nicht, wie Freud, den Trieb-Abwehr-Konflikt, sondern die Störungen der Entwicklung des Selbst, d. h. den narzisstischen Aspekt. Mentzos (1984, S. 161 ff.) betrachtet den Zwang unter dem Abhängigkeits-Autonomie-Konflikt. Das Kind reagiert auf die Einschränkungen seiner Autonomiewünsche mit Wut, es ist übermäßiger kontrollierender Strenge und Disziplinierung ausgesetzt. Aus dem ehemals externen Konflikt mit den Eltern wird dann später ein innerer zwischen Es und Über-Ich. Das nach Abfuhr drängende Es und das nach Autonomie strebende Ich treffen auf ein rigides Über-Ich. Die Schuldgefühle führen zu den magischen Wiedergutmachungsaktionen oder Reaktionsbildungen. Das Ich wird dem Über-Ich gerecht.

Beim Zwang ist die Selbst-Objekt-Beziehung zwar äußerst ambivalent, wird aber aufrechterhalten. Autonomiestrebungen werden als zerstörerisch empfunden, deshalb besteht eine hohe Ambivalenz dem Selbst-Objekt gegenüber. Das Zwangssymptom erzeugt einerseits Schuldgefühle, weil es den zerstörerischen Impuls enthält, dient aber gleichzeitig der Schuldentlastung und Beschwichtigung durch Wiedergutmachung. Durch Unterwerfung und Gehorsam sucht der Zwangskranke das idealisierte Objekt zu Liebesäußerungen zu veranlassen.

Die Über-Ich-Forderungen werden erfüllt, gleichzeitig wird aber eine gewisse Abgrenzung vorgenommen, weil der Zwangskranke sich auch behauptet. Schuldgefühle, die sich aus dem Widersetzen ergeben, werden beschwichtigt, und es wird Wiedergutmachung geleistet.

Im Zentrum der Zwangsstörung steht die Angst vor den als besonders gefährlich wahrgenommenen eigenen aggressiven Regungen. Die Triebregungen kreisen um anal-erotische Inhalte wie Besudeln, Beschmutzen und/oder um anal-sadistische Inhalte wie Rebellieren, Unterdrücken, Zerstören und Quälen; die Ambivalenz von Liebe und Hass ist nicht integriert. In der Zwangsstörung besteht ein Bedürfnis nach autonomem Handeln und Sich-Unterwerfen, ein Kampf zwischen Aufbegehren und Gehorchen. Das magische Erleben der eigenen Aggression spielt eine große Rolle. Der Zwangskranke glaubt, wenn er wirklich aktiv Einfluss nehmen könnte, würde es zu einer schrecklichen Katastrophe kommen und alles könnte zerstört werden. Die bedrohlichen Triebimpulse werden mit magischen Beschwörungen ungeschehen gemacht. Der Handlungserfolg ist verboten, weil die Aggression mit Zerstörung gleichgesetzt wird. Gleichzeitig besteht eine große Ambivalenz, sich zu unterwerfen und zu rebellieren, die in konträren motorischen Handlungsansätzen in Erscheinung tritt. Der Zwangskranke befindet sich in einer Autonomiebeweisnot. Er muss unbewusst bei jeder Gelegenheit rebellieren und sich widersetzen, um damit seine Autonomie unter Beweis zu stellen. In der Folge entstehen Schuldgefühle wegen der Opposition gegenüber seinem Über-Ich (Quint 1988, S. 20 ff.).

»Die psychodynamische Funktion des Zwanges besteht hier darin, aggressive Impulse nicht nur zu kontrollieren, sondern auch auszudrücken« (Benedetti 1978, S. 56). Beim Zwangskranken besteht nicht nur eine übermäßige Aggressivität, sondern auch eine übermäßige Angst vor jeglicher Aggressivität. Die motorischen Wiederholungen des Zwanges verschaffen ein Gefühl der Kontrolle über die eigene Aggression. Die Gefahr der Selbst-Objekt-Verschmelzung wie auch der Zerstörung des Selbst-Objektes wird umgangen, indem die Aggression im Zwang ausgedrückt und kontrolliert wird. Die Ambivalenz muss nicht immer auf einen Triebkonflikt reduziert werden. Dem Ich gelingt die Besetzung einer motorischen Vorstellung nicht, weil auch die Gegenvorstellung gleichfalls aktiviert wird. Weil beide Vorstellungen simultan aktiviert werden, misslingt eine stufenweise Gliederung der aufeinanderfolgenden motorischen Abläufe (ebd., S. 93).

Der Wiederholungszwang ist nach Quint ein primitiver Erinnerungsvorgang. Im Laufe der Entwicklung wird daraus das reife Erinnern. Die Bewegungsperseveration kann als Vorform der integrativen, synthetischen, die Selbstexistenz garantierenden Funktion des Ich angesehen werden. Sie ist die erste Form der Sicherung der Selbstexistenz und auch die letzte Bastion der Selbsterhaltung (Quint 1984, S. 729 ff.).

Eine Zwangsstörung kann, wie bei Freud, Ausdruck einer reiferen Neurose mit einem ödipalen Konflikt sein, sie kann aber auch Ausdruck einer narzisstischen Problematik mit einem Autonomie-Abhängigkeitskonflikt sein oder der Abwehr einer depressiven oder psychotischen Entwicklung dienen. Es gibt viele Patienten, die, bevor sie eine Depression entwickeln, vorher eine Zwangssymptomatik hatten. Mit der Zwangssymptomatik wird versucht, eine Depressionsentwicklung zu verhindern. Der Zwang übt eine kontradepressive Funktion aus. Der Zwang versucht, den Objektverlust zu verhindern, welcher den Depressionszustand einleitet und zu Selbstentleerung und Selbstentwertung führt (Quint 1987, S. 45 f.; Benedetti 1978, S. 90).

Der Zwang wehrt aber auch die psychotische Gefahr der Selbstfraktionierung, des Selbstzerfalls und der Selbstaufsplitterung ab. Die Wiederholung hat die Funktion, sich auf die Beziehung zu sich selbst zu beschränken, sie vermittelt ein Gefühl der Selbsteinheit (Quint 1984, S. 728). Streeck-Fischer fügt ergänzend hinzu, dass nicht nur die Gefahr der Verschmelzung oder Zerstörung des Objektes durch den Zwang verhindert wird, sondern dass er auch eine grenzziehende Funktion im Sinne der Herstellung von Distanz bei Gefahr des Verlustes von Ich-Grenzen hat (1989, S. 238). Der Zwang dient der Angstbewältigung und soll eine omnipotente Kontrolle der Situation sichern. Zwangshandlungen wie Händewaschen, Türenschlagen dienen der aktiven Herstellung von Grenzen, der Unterstützung von Spaltungsvorgängen und der Abwehr von regressiven Wiederverschmelzungsfantasien (1988, S. 370; 1998, S. 91).

Mentzos (1984, S. 163) diskutiert aufgrund der vielfältigen Funktion des Zwanges, ob nicht dem Zwang eine allgemeine strukturbildende Kraft zukommt. Die Allmacht der Gedanken, das Prinzip der Wiederholung, das symbolische Denken und die symbolische Wiedergutmachung haben besonders in der kindlichen Entwicklung während der analen Phase eine wichtige adaptive und strukturbildende Form. Die allgemeine Bedeutung der Zwangshandlung für die psychische Entwicklung hat bereits Freud (1907) aufgezeigt, indem er Zwangshandlungen in der Religionsausübung aufzeigte.

Der Zwang tritt als Neurose oder im Vorstadium von Psychosen, Depressionen und hirnorganischen Leiden auf. Zwangserscheinungen allein reichen nicht aus für die Diagnose einer Zwangsneurose (Quint 1987, S. 40; Benedetti 1978, S. 90). Von 30 Jugendlichen einer Kinder- und Jugendpsychiatrischen Anstalt war bei 29 Jugendlichen mit Zwangsstörungen der Erkrankungsbeginn zwischen 12 und 16 Jahren. Bei 11 Jugendlichen wurde eine präpsychotische Ich-Organisation, bei 11 Jugendlichen eine narzisstische oder Borderline-Störung und bei 7 Jugendlichen eine neurotische Persönlichkeitsstörung diagnostiziert (Streeck-Fischer 1988, S. 372).

Diese Unterscheidung ist wichtig für das therapeutische Vorgehen. Der therapeutische Umgang mit manchen Zwangskranken lässt erkennen, dass die vorausgesetzte intakte Ich- und Selbst-Struktur der neurotischen Störung oft gar nicht vorhanden ist und die

Konfrontation mit den unbewussten Triebansprüchen und Über-Ich-Verurteilungen sogar zum Zerfall bzw. zum Ringen um Selbsterhalt führt. Deutungen können erst gegeben werden, wenn die unbewussten Konfliktanteile akzeptiert und integriert werden können. Erst wenn im Verlauf einer Behandlung die zugrunde liegende Selbststabilität so weit bearbeitet ist, dass der Zwang nicht mehr existentiell zur Selbsterhaltung und Selbstreparation benötigt wird, kann er therapeutisch angegangen werden (Quint 1987, S. 44 ff.). Es gibt Patienten, bei denen deutende, konfrontierende Therapie zu Selbstfragmentierung, zum Gefühl von Entfremdung, zur Selbstauflösung, zum autistischen Rückzug oder in depressive Zustände führt, weil sie eben nicht über die Ich-Struktur des neurotischen Patienten verfügen (Quint 1984, S. 719).

Auch Streeck-Fischer (1998, S. 93) betont in der Arbeit mit Kindern und Jugendlichen die Stärkung des Selbstgefühls vor der Deutung und Konfrontation. Gerade bei psychosenahen Kindern und Jugendlichen sind Ziele wie das Stützen der Selbststruktur, die Realitätsanbindung, die Unterstützung bei Grenzziehungen zwischen Selbst und Objekt, z. B. durch Einzelzimmer und bei der Körperpflege im Alltag, sowie die Entwicklung einer Tagesstruktur als Alternative zur Zwangsstruktur besonders wichtig. Das Austragen aggressiver Konflikte kann gelernt und der Zwang muss als reparative Maßnahme akzeptiert werden.

Zusammenfassung

Die Zwangssymptomatik besteht aus Zwangsvorstellungen, Zwangsimpulsen und Zwangshandlungen. Die Zwänge werden vom Betroffenen als befremdend erlebt, es bestehen aber massive Befürchtungen, wenn ihnen nicht nachgegeben wird. Der Zwang selbst ist dabei eine Kompromissbildung zwischen abgewehrten Impulsen und der

Abwehrkomponente. Die wesentlichen Abwehrmechanismen sind Isolierung, Ungeschehenmachen, Reaktionsbildung, Intellektualisierung und Rationalisierung. Während Freud den Zwang als neurotische Störung mit einem Scheitern am ödipalen Konflikt und nachfolgender Regression auf die analsadistische Stufe, d. h. als Trieb-Abwehr-Konflikt, beschrieb, wird heute stärker die selbsterhaltende und selbstreparative Funktion des Zwangs gesehen, vor allem in der Funktion der Abwehr einer Psychose oder Depression. Im Zentrum der Zwangsstörung steht dabei die Angst vor der eigenen, magisch überhöhten Aggression. In der Zwangsstörung werden die unterdrückten Impulse sowohl ausgelebt als auch kontrolliert. Es entstehen Schuldgefühle und der Versuch der Wiedergutmachung oder des Ungeschehenmachens. Die starke Ambivalenz dem Objekt gegenüber führt zu widerstreitenden Impulsen von Unterwerfung und Rebellion, beide im Symptom ausgedrückt. Entscheidend für das therapeutische Vorgehen bei einer Zwangsstörung ist immer das Niveau der Ich-Struktur.

Fallbeispiel »Jennifer«

In meine Sprechstunde kam eine blasse, bedrückt und unglücklich wirkende Frau, gekleidet wie eine graue Maus. Gleich, als sie über ihre Familie, insbesondere über die Kinder berichtete, fing sie an zu weinen. Doch trotz ihrer heftigen Gefühlsausbrüche blieb während des Gespräches eine ängstliche und vorsichtige Distanz zu mir bestehen. Insbesondere um die 11 Jahre alte Tochter Jennifer machte sie sich Sorgen. In den vergangenen Jahren sei das Mädchen immer scheuer und ängstlicher geworden. Nach einer sechswöchigen Mutter-Kind-Kur habe sie wieder eingenässt und gemeint, dass sie nie wieder von zu Hause fort wolle. Danach habe sie begonnen, immer wieder Befürchtungen zu äußern, krank zu werden und sterben zu müssen. Von jetzt an mussten ihr die Eltern regelmäßig versprechen, dass sie bestimmt nicht krank werde, wenig später musste ihr die Mutter zudem noch versichern, dass das Haus nicht abbrenne. Anfänglich teilte Jennifer ihre Befürchtungen ausschließlich der Mutter mit, später gelegentlich auch dem Vater, jedoch niemals ihren beiden älteren Brüdern. Zunehmend kam es zu immer größeren Ängsten vor fremden Menschen und vor Räumen mit geschlossenen Fenstern. Diese Symptomatik war zunächst mehr oder weniger stark, doch schließlich kam es zur entscheidenden Verschlimmerung. Anlässlich einer ärztlichen Untersuchung, bei der sich Jennifer ganz ausziehen musste, fiel sie in Ohnmacht. In der unmittelbaren Nachbarschaft starben zwei Menschen an Krebserkrankungen. Jennifer war von nun an von der grausigen Ahnung erfüllt, wie der Nachbar, der an Lungenkrebs gestorben war, ersticken zu müssen. Insbesondere in den Abendstunden, wenn Jennifer im Bett lag, begann sie stereotype Sätze zu wiederholen wie: »Es macht nichts aus, dass der Teufel kommt. Unser Haus brennt nicht ab.« Die Mutter musste Jennifer dann tief in die Augen sehen und das Gesagte bestätigen. Zudem hatte sie begonnen, über rote Teppichquadrate zu steigen, stereotyp Knöpfe zu zählen und schließlich auch tagsüber ihre rituellen Sprüche aufzusagen, wobei sie anschließend Erleichterung erkennen ließ.

Der Vater von Jennifer war Finanzbeamter, wurde von der Mutter als sehr ordentlich bis zwanghaft geschildert. Er spielte in der

Familie jedoch eine geringe Rolle, da er zu Hause am liebsten seine Ruhe wünschte und sich entspannen und ausschlafen wollte. Die beiden älteren Brüder zeigten ähnliche Probleme wie Jennifer, wären ängstlich und wenig durchsetzungsfähig, wobei sie einigermaßen zurechtkamen. Dieses erste Gespräch mit der Mutter wurde von langen Pausen, immer wieder von Weinen, tiefen Seufzern unterbrochen, und mich beschlich das Gefühl, eine überaus ängstliche, von der Partnerschaft und überhaupt vom Leben enttäuschte Frau vor mir zu haben.

Ich lud das Mädchen zu einem ersten Kontakt ein. Ich war verblüfft, wie ähnlich Jennifer mit ihren dunkelbraunen Haaren und der etwas pummeligen Figur ihrer Mutter sah. Sie hatte eine blaue Hose an und trug dazu einen roten Pullover. Während des gesamten ersten Teils der Therapie trug das Mädchen weder einen Rock noch ein Kleid. Die Mutter, die beim Gespräch blass und unsicher gewirkt hatte, erschien jetzt selbstsicher und gefeit gegen alle Angriffe. Sie sprach mit lauter und selbstbewusster Stimme, und es war augenfällig, dass jetzt die Tochter die ängstlich-unsichere Rolle einnahm: Jennifer wirkte starr, erschien mir wie hypnotisiert vor Angst und unsicher in ihren Bewegungen. Widerwillig ging sie mit mir in das Therapiezimmer. Auch hier bewegte sie sich extrem langsam und blieb schließlich wie erstarrt stehen – es war, als endete eine Zeitlupe in einem Standbild. Als ich vorschlug, dass wir über alles sprechen, etwas miteinander spielen könnten, dass sie aber auch etwas gestalten oder basteln könne, trat eine lange, quälende Pause ein. Schließlich meinte Jennifer resigniert: »Dann mal ich halt an die Tafel.« Sie nahm sich Kreide und zeichnete mit verzagten, blassen Strichen eine Mohnblume. Ich erlebte sie genauso verhuscht und verweht wie Jennifer, fürchtete, dass bereits ein leichter Wind die Blütenblätter wegtragen könne. Jennifer meinte lapidar, dass sie Mohnblumen einfach gut malen könnte. Nach einem überaus zähen Karten-

spiel flüsterte Jennifer schließlich, dass sie jetzt zur Mutter wolle. Sie wüsste nicht, ob sie noch einmal zu mir kommen möchte. Am gleichen Tag rief mich die Mutter an, dass sie mit Jennifer gesprochen habe und dass wir doch eine Therapie beginnen sollten.

Zur ersten Stunde kam Jennifer mit ihrer Mutter und wünschte, dass sie mit ins Zimmer kommen sollte. Ich schlug der Mutter vor, ein wenig spazieren zu gehen, doch dass sie pünktlich zum Stundenende wieder hier sein sollte. Widerwillig und mit missmutigem Gesicht ließ Jennifer dies geschehen. Wieder begann sie zu malen, dieses Mal mit Wachsfarben. Sie malte eine etwas schematische Blumengirlande, in deren Inneren es schauerlich und ekelig zuging. Da wimmelte es von Käfern, Würmern und Raupen, die einander auffraßen. Abrupt hörte Jennifer auf zu malen, und ich meinte, dass dies ein sehr schönes Blumenbild sei. Doch im Inneren geschehe allerlei Beunruhigendes. Jennifer blieb stumm. Ihr Verhalten mir gegenüber blieb abweisend, mürrisch, unterschwellig aggressiv, und in einer der nächsten Stunden schnitt sie aus Linoleum ein monströses Nilpferd, schaute den Betrachter an, und ich gestehe, dass es mich spontan an die unfreundliche Jennifer erinnerte. Es verkörperte aber auch die insgesamt feindselige Haltung Jennifers gegenüber einer Außenwelt, von der sie sich bedroht sah. Selbstredend auch in der Übertragung zu mir, denn Jennifer betrachtete mich als lästigen Eindringling. Die andere, verletzliche Seite des Mädchens hatte ich ja bereits kennengelernt: Da gab es eine Mohnblume, die von jedem Wind umgepustet werden konnte, und hiervor musste sie beschützt werden.

Allerdings bekam ich weiterhin zu spüren, dass mich Jennifer nicht recht leiden mochte. Sie kam widerwillig zur Behandlung, obwohl mir die Mutter mitteilte, dass sie inzwischen das Gefühl habe, »Jennifer habe sich an die Therapie gewöhnt«. Ständig würde sie sich allerdings über irgendein Verhalten von mir beschweren, worauf die Mutter jedes Mal meinte, sie sollte das doch mit mir besprechen, aber das tat Jennifer natürlich nicht. Zunehmend spürte ich in meiner Gegenübertragung, dass ich verachtet und abgelehnt wurde und darüber so langsam in Wut geriet. Ich konnte mich um das Mädchen bemühen, wie ich wollte, ich war zuverlässig, ich ging auf alles ein, aber es schien ein unterschwelliger Hass fortzubestehen.

Im Elterngespräch teilte mir die Mutter mit, die konstant alleine kam, obwohl ich immer wieder vorschlug, dass der Vater mitkommen sollte, dass sich die Symptomatik noch verstärkt habe. Jede Nacht käme Jennifer mittlerweile ins Bett der Eltern, weil sie Angst vor ihren Alpträumen hatte. Ihre stereotypen Beschwörungen häuften sich, und es entwickelte sich zudem ein Waschzwang. Jennifer fürchtete, von Speisen, die sie später essen wollte, vergiftet zu werden, wenn sie diese anfasse, ohne sich gewaschen zu haben. Hintergründe für dieses Verhalten des Mädchens erahnte die Mutter, als sie mit

Jennifer eines Abends ein Gespräch führte. Jennifer hatte wieder einmal Angst, dass sie der Teufel holen würde. Sie fürchtete, sterben zu müssen, weil sie Nahrung verzehrt hatte, die sie mit ihren vergifteten Händen angefasst hatte. Sie musste darum ihre Sprüche aufsagen. Danach erzählte sie der Mutter, dass sie abends regelmäßig vor dem Einschlafen masturbiere; ob das schlimm sei; ob das andere auch machten. Die Mutter kam schier um vor Scham, es war ihr entsetzlich, mit Jennifer über dieses – für sie sehr schuldbesetzte – Thema zu sprechen; immerhin rang sie sich den Satz ab, dass das viele in ihrem Alter machten und dass es selbstverständlich nicht schlimm sei.

Schlecht gelaunt und muffig kam Jennifer zu den weiteren Stunden. Eines Tages brachte sie ein Buch mit, das genaue Anleitungen zum Zeichnen enthielt und aus dem heraus Jennifer einige Figuren übernahm. Sie fertigte das folgende Bild.

Abb. 2: Krokodile

Auf diesem Bild ist recht eindrücklich zu sehen, wie destruktive Aggression mit buchhalterischer Akkuratheit verwaltet wird. Jennifer hatte die Krokodile aus ihrem Buch mit Zeichenvorlagen entnommen, reihte schablonenhaft Krokodil an Krokodil und setzte die ganze Schar schließlich unter Wasser. Mir fiel ein, dass Jennifer immer noch sporadisch nachts einnässte. Ich erkannte aber auch gleichzeitig, wie mörderische Impulse gebannt werden sollten. Den gleichen Zweck verfolgten natürlich ihre ritualhaft vorgetragenen Sprüche. Damit wurde eine Grundfunktion des Zwanges deutlich, nämlich mit magischen Gedanken und Fantasien etwas zu erreichen, zu verhindern oder ungeschehen zu machen.

Etwa um die 15. Stunde kam Jennifer, schaute mich an und gab mir – zum ersten Mal – die Hand. Ich war überrascht über so viel Nähe. Sie brachte ein Spiel mit, das sie mit mir spielen wollte, und ich ließ das auch zu. Mir war deutlich geworden, dass sie meine Spiele fürchtete. Ich vermutete, dass sie sie nicht anfassen konnte, weil sie wusste, dass andere Kinder sie in der Hand gehabt hatten, bei denen sie Ähnliches vermutete wie bei sich selbst. Zunehmend entdeckte ich, dass Jennifer etwas lockerer erschien als bisher. Gerne machte sie rivalisierende Spiele mit mir, wobei sie unbedingt gewinnen wollte. Gleichzeitig sollte ich aber diese Absicht nicht erkennen. Im Elterngespräch erfuhr ich, dass Jennifer die Stunden zu gefallen schienen. Dennoch blieb ich weiterhin überwiegend ein Bösewicht und Unmensch, auf den alle Abneigung übertragen wurde.

Immer deutlicher nahm ich wahr, wie unglücklich und traurig die Situation in der Familie war. Zunehmend entzog sich der Vater der Familie. Jennifers Mutter wirkte immer depressiver und niedergeschlagener. Sie strahlte geradezu eine Todessehnsucht aus. Nach etwa 30 Stunden begannen sich die Symptome des Mädchens zurückzubilden, ohne dass dies besonders aufgefallen wäre und Jennifer begegnete mir immer freundlicher und begann, mit mir ganz normal zu sprechen. Sie sprach jetzt aus, wenn es ihr nicht gut ging und wenn sie nicht wusste, was sie bei mir machen sollte und wenn ihr wieder Gedanken durch den Kopf

gingen, die sie sehr ängstigten. Zunehmend konnten wir Konflikte verbalisieren, Lösungsversuche ausprobieren und Jennifer begann, meine Deutungen zu akzeptieren und in ein verändertes Verhalten umzusetzen. Die Mutter erzählte mir, dass sich Jennifer immer mehr darauf freute, wenn Stunde wäre, ja manchmal könnte sie es gar nicht erwarten. Sie wunderte sich über die Veränderung des Mädchens, hatte sie mich doch anfänglich ausschließlich abgelehnt, und mittlerweile wäre ich eine wichtige Persönlichkeit in ihrem Leben. Dass ich an jene Stelle getreten war, die eigentlich der Vater ausfüllen sollte, konnte der Mutter bewusst gemacht werden. Von jetzt an kam er mit zur begleitenden Behandlung und er begann sich verstärkt um seine Tochter zu kümmern. Er hatte dies aufgegeben, weil er die zickige und muffige Art des Mädchens nicht mehr ertragen konnte. Er hatte sich chronisch beleidigt gefühlt.

Etwa um die 60. Stunde kam es noch einmal zu einem Einbruch. Mitten in der Stunde wurde es Jennifer schlecht und schwindelig, und sie wollte zu ihrer Mutter. Zu Hause meinte sie, dass sie nicht mehr zu mir kommen wollte. Ich machte mir insgeheim Vorwürfe, ob ich wohl zu progressiv mit den Konflikten umgegangen wäre und Jennifer zu viel zugemutet hatte.

Jennifer wurde krank und kam zwei Wochen nicht zu den Stunden. Als sie wieder kam, war jedoch alles wie zuvor und wir setzten die Therapie fort. Nach etwa 100 Stunden konnte sie abgeschlossen werden, weil Jennifer von den Zwängen befreit schien. Zurückgeblieben war noch etwas Unsicherheit und Ängstlichkeit, was Kontakte zu Gleichaltrigen anging, und in einem letzten Gespräch, das die Mutter unbedingt mit mir alleine führen wollte, erfuhr ich erhellende Hintergründe. Jennifers Mutter vertraute mir an, dass sie vor Männern Angst habe und sich vor Sexualität mit ihnen sehr ekele. Sie hätte als Jugendliche eine lesbische Beziehung gehabt, sich jedoch gescheut, nochmals eine Beziehung zu einer Frau aufzunehmen. All ihre Fantasien würden jedoch um Sexualität mit Frauen kreisen. Als Jennifer Pubertätsmerkmale entwickelte, begann sie mit einem Male die eigene Tochter erotisch anziehend zu erleben und sexuelle Fantasien zu entwickeln. Sie wäre über sich hell entsetzt gewesen und hätte versucht, alles, so gut das nur ging, zu verdrängen. Ich war mir sicher, dass Jennifer jene Ängste und Wünsche unbewusst gespürt hatte und dass dies die eigenen Ängste hatte anwachsen lassen. Ich besprach mit der Mutter, dass sie unbedingt mit einer eigenen Therapie beginnen solle, um wieder ihr psychisches Gleichgewicht zu finden.

Interpretation

Psychodynamik

Die Mutter Jennifers war eine ängstlich-unsichere Frau mit großen Ängsten vor Männern bzw. unterschwelligen Aversionen gegen sie. Auf der einen Seite wirkte sie verunsichernd auf das Kind, auf der anderen Seite wurde Jennifer für ihren eigenen Halt gebraucht und gleichsam zur Lebensgefährtin. Der Vater, enttäuscht und frustriert, mit einer zwanghaften Persönlichkeitsstruktur ausgestattet, zog sich immer mehr zurück und spürte die unterschwellige Ablehnung von Mutter und Tochter, was einen Teufelskreis induzierte. Die Objektvorstellungen Jennifers waren wenig stabil und es kam zur erkennbaren Entwicklung einer angst-neurotischen Struktur nach der Trennungs-erfahrung einer Mutter-Kind-Kur. Mit Einnässen reagierte sie psychosomatisch auf den unbewussten Konflikt. Dieser war zur damaligen Zeit ein Abhängigkeits- Autonomie-Konflikt; Jennifer war der Mutter während der Kur sehr nah, der Vater war ausgeschaltet, was bei dem Mädchen offenbar ambivalente Gefühle hervorrief. Sie wünschte die Nähe, fürchtete sie aber auch aufgrund der

latenten inzestuösen, phallisch-sexuellen Triebregungen. Sie nahm eine männliche Position der Mutter gegenüber ein, was sich im Symptom des Einnässens unbewusst darstellte (▶ Kap. V.4). Die ärztliche Untersuchung aktivierte den Triebkonflikt, den Wunsch nach und die Angst vor einem Mann, den sie mit dem hysterischen Modus einer Konversion (Ohnmacht) abwehrte. Die Schuldgefühle ihrer sexuellen Triebhaftigkeit wegen waren, wie bei der Mutter selbst, zu groß. Vielleicht stellte das Einnässen symbolisch eine phallische Aggression (im Strahl zu urinieren) und Löschen des Feuers (der sexuellen Triebe) dar. Die Angst, wie der Nachbar sterben zu müssen oder vom Teufel geholt zu werden, als Strafe für ihre Triebhaftigkeit, führte zur Bildung der Zwangs-symptome, der magischen Beschwörung von Wiedergutmachung und Ungeschehen machen.

Die latente Homosexualität der Mutter irritierte das Mädchen vermutlich zusätzlich zu ihren Schuldgefühlen, so dass es ihr nicht gelang, ödipal mit der Mutter um den Vater zu rivalisieren, und schließlich reichten alle bisherigen Abwehrmaßnahmen und Symptombildungen nicht mehr aus. Es kam zur Entwicklung des vorliegenden zwangsneurotischen Erscheinungsbildes. Die zwanghafte Charakterstruktur des Vaters, vor allem jedoch das vorliegende strenge und rigide Über-Ich, welches Jennifer von der schuldbeladenen Mutter gleichsam übernommen hatte, taten ein übriges. Wenn also Jennifer im Bett die Mutter beschwörend sagen ließ, dass sie der Teufel nicht holen, dass das Haus nicht abbrennen würde, dann versuchte sie auf diese Weise auszudrücken, dass sie Angst hatte, wegen ihrer sexuellen Wünsche bestraft zu werden, nach dem Vorbild der Mutter. Über die Beschwörung sollte die Tat jedoch ungeschehen gemacht werden.

Der Triebkonflikt traf bei Jennifer auf ein Selbst, das wenig strukturiert und von aggressiven Impulsen sehr gefährdet war, wie das Bild der Mohnblume und die sich gegenseitig fressenden Würmer, Raupen und Käfer im Inneren der Blumen zeigten. Auch die Krokodile, die unter Wasser gesetzt wurden (wie bei ihrer Enuresis), zeugen von der heftigen Aggression, die das Mädchen nicht verarbeiten konnte. Erst als in der Therapie ein Rivalisieren und Symbolisieren der aggressiven Impulse möglich war, konnte die Aggression verarbeitet werden.

Wir denken, dass mit diesem Fall wiederum deutlich wird, wie eng angstneurotische, phobische, hysterische, depressive und zwangsneurotische Entwicklungslinien im Kindesalter miteinander verknüpft sind und wie die Krankheitsbilder einander ablösen können. Sowohl bei Sonja (► Kap. III.1) als auch bei Sarah (► Kap. II.3) war eine depressive wie eine angstneurotische Struktur erkennbar. Auch wird in allen drei Fällen deutlich, wie sehr die Beziehungspersonen, in der Regel die Mütter, in die Symptomatik einbezogen werden, weil es zur Externalisierung der neurotischen Konflikte kommt. Von einem eindeutigen Modus, wie bei Erwachsenen möglich, kann darum in der Regel noch nicht ausgegangen werden.

> **Diagnose:**
>
> F42.2 Zwangsgedanken und -handlungen gemischt
> F45.2 hypochondrische Störung
> F93.0 emotionale Störung mit Trennungsangst des Kindesalters

Die therapeutische Arbeit

Alle Konfliktbereiche manifestierten sich in der Übertragung des Mädchens während seiner Therapie, insbesondere der Hass auf die Mutter und auf den sich entziehenden Vater. Die Behandlung konzentrierte sich weitgehend auf die Symbolisierung des unbewussten Konfliktes, auf konfrontierende Deutung und auf ein Durcharbeiten in der Übertragung. Jennifer konnte rivalisieren, Aggression und Angst ausdrücken und Schuldgefühle auf einem reiferen Niveau bewältigen.

Problematisch für die psychoanalytische Behandlung des Zwangs ist, dass es zu schweren partiellen Ich-Regressionen auf ein magisch-animistisches Niveau kommt. Die Realitätsprüfung versagt, die Grenzen zwischen Subjekt und Außenwelt zerfließen. Bei Jennifer blieb die Regression auf neurotischem Niveau. Zur Zwangsentwicklung auf der Grundlage einer Borderline-Störung oder zur Abwehr einer Psychose möchten wir auf die entsprechenden Kapitel des Buches (► Kap. VI.1 und 3) verweisen.

3 Angst

Ängste sind Bestandteil der affektiven Grundausstattung jedes Menschen. Sie dienen der Antizipation von Gefahren und der sozialen Anpassung in Gestalt der äußeren Realität und des Über-Ich. Hier sind vor allem Trennungs- und Verlustangst, Schuldangst, Angst vor Kränkungen, Angst vor Liebesverlust, Schamangst, Kastrationsangst, Angst vor Autonomie und Autonomieverlust (vgl. Hopf 2007b) zu nennen.

Gleichwohl gibt es Kinder und Jugendliche, die unter besonders starken oder unbegründeten Ängsten leiden. Es gibt spezifische Ängste, die ein Ausdruck des jeweiligen Konfliktes der einzelnen Störungen sind, wie psychotische Ängste in der Psychose, Ängste vor Gewichtszunahme in der Essstörung, Angst vor körperlicher Überwältigung in der Aggression oder sexuelle Ängste bei den Sexualstörungen. Vor allem ist hier auch die posttraumatische Belastungsstörung (PTB) zu nennen. Es gibt aber auch Störungen, in denen die Angst das dominierende Symptom ist. Zu den klassischen Angststörungen zählen die Trennungsangst, die Phobie und die Angstneurose.

Kinder mit starken Trennungsängsten haben häufig eine ausgeprägte Angst vor Krankheiten, dem Sterben und vor dem Tod. Etwa ein Drittel der Kinder mit Trennungsängsten zeigt gleichzeitig Anzeichen einer Depression. Während im Kindesalter die Trennungsangst bei Mädchen und Jungen gleich häufig auftritt, überwiegen ab dem Alter von 12 Jahren die Mädchen mit einem Geschlechterverhältnis von 4:1 (Schneider 2004, S. 111).

Kinder mit einer Phobie zeigen eine unangemessene, dauerhafte und starke Angstreaktion gegenüber bestimmten Objekten (z. B. Aufzüge, Brücken, Straßen), Situationen (Dunkelheit, Gewitter) oder Tieren (Hunde, Spinnen, Pferde etc.). Die Angst tritt unmittelbar nach der Konfrontation auf und führt üblicherweise zu einem Vermeidungsverhalten. Die Phobie kann zur sozialen Isolation des Kindes führen. Während der phobischen Reaktion kommt es zu Herzklopfen, Zittern, Schwitzen oder Bauchschmerzen. Bei den Vorschulkindern überwiegen Angst vor Fremden, Dunkelheit und Tieren, bei den Grundschulkindern kommen Ängste vor Gewitter und um die eigene Sicherheit hinzu. Bei den 12–17-Jährigen sind Tiere, Naturkatastrophen oder spezifische Situationen wie Räume, Höhen etc. phobische Objekte. Insgesamt sind Mädchen von Phobien häufiger betroffen als Jungen (ebd., S. 135).

Die soziale Phobie zentriert Ängste auf soziale Situationen, wie Auftreten in der Öffentlichkeit, Angst vor Bewertungen u. a. Die Schulphobie ist in diesem Zusammenhang zu nennen. Im Jugendalter sind die sozialen Phobien ausgeprägter. Sie sind bei beiden Geschlechtern gleichermaßen verteilt.

Man unterscheidet die Angst vor geschlossenen Räumen (Klaustrophobie), die Angst vor großen und belebten Plätzen (Agoraphobie), die Angst vor Dunkelheit oder vor Höhen. Zur Phobie gehört eine ausgeprägte Angstintensität, ungewöhnliche Inhalte und Objekte der Angst sowie eine Chronifizierung der Angst. Die panischen Angstattacken gehen einher mit physiologischen Veränderungen wie Tachykardie (Beschleunigung der Pulsfrequenz), Händezittern, Übelkeit, manchmal Drang zum Wasserlassen, Vermeidung von Blickkontakt und Händezittern (Steinhausen 1996, S. 209).

Starke Trennungsängste werden bei 1–4 % aller Kinder vermutet, die Häufigkeit der Phobien wird auf 2,4–5,8 % geschätzt (Steinhausen 1996, S. 148).

Die Angst tritt in der sogenannten Angstneurose als diffuse Angst auf, sie ist im Gegensatz zu Phobien weniger auf ein konkretes Objekt gerichtet. Die körperliche Überflutung mit Beschleunigung der Pulsfrequenz, Ansteigen des Blutdrucks, Schweißausbrüchen und anderen vegetativen Erscheinungen konkretisiert sich bei manchen Patienten in der Befürchtung eines Herzstillstandes (Herzneurose).

Ob eine generalisierte Angst (GAS) aus psychoanalytischer Sicht eine Angstneurose, eine Trennungsangst oder eine Reaktion auf belastende Entwicklungsbedingungen ist, muss im Einzelfall geprüft werden. In der generalisierten Angst sorgen sich Kinder übermäßig, haben Zukunftsängste und zeigen anklammerndes Verhalten an Eltern und Lehrer. Die Häufigkeit wird im Kindesalter mit 1,3–2,4 % und im Jugendalter mit 4,2 % angegeben, Angaben zur Geschlechterverteilung liegen nicht vor (Schneider 2004, S. 201).

Die ICD-10 beschreibt die folgenden Störungen mit Leitsymptom »Angst« innerhalb der *emotionalen Störungen des Kindesalters,* welche allerdings, wie Knölker, Mattejat und Schulte-Markwort zu Recht kritisch bemerken, »die Bandbreite der emotionalen Störungen nur unbefriedigend abbilden« (2000, S. 288):

F93.0	emotionale Störung mit Trennungsangst des Kindesalters
F93.1	phobische Störung des Kindesalters
F93.2	Störung mit sozialer Ängstlichkeit des Kindesalters
F93.3	emotionale Störung mit Geschwisterrivalität
F93.8	sonstige emotionale Störungen des Kindesalters
F93.9	nicht näher bezeichnete emotionale Störung des Kindesalters

Im Jugendlichenalter kommt es zu ähnlichen Angststörungen wie bei Erwachsenen.

F40	phobische Störungen
F40.0	Agoraphobie (Platzangst)
F40.1	soziale Phobien
F40.2	spezifische (isolierte Phobien)
F40.8	sonstige phobische Störungen
F40.9	nicht näher bezeichnete phobische Störung

F41	andere Angststörungen
F41.0	Panikstörung – episodisch paroxysmale (anfallsweise auftretende) Angst
F41.1	generalisierte Angststörung
F41.2	Angst und depressive Störung, gemischt
F41.3	andere gemischte Angststörungen
F41.8	sonstige spezifische Angststörungen
F41.9	nicht näher bezeichnete Angststörung

Theorie der Angst

In Freuds erster Angsttheorie ist der Angstaffekt Resultat nicht abgeführter Triebenergie. Angst ist die Folge von Verdrängung bzw. Nicht-Befriedigung. Dabei blieb unklar, was die Ursache der Verdrängung ist. Schließlich revidierte Freud seine Angsttheorie; Angst ist nicht mehr die Folge, sondern die Ursache der Verdrängung, und zwar dergestalt, dass eine Antizipation einer traumatischen Situation ein Angstsignal hervorruft, welches das Ich zur Verdrängung veranlasst. Je nach Stand der Ich-Entwicklung ergibt sich eine Sequenz von Gefahrensituationen: psychotische Angst, auseinanderzufallen oder zu verschmelzen, Angst vor Objektverlust, Angst vor Liebesverlust, Kastrationsangst, Überich-Angst (Freud 1917e; 1926d; 1933a). Anna Freud (1980, S. 2812) unterscheidet zwischen Furcht und Angst. Furcht ist dabei ausschließlich ein Verhalten gegenüber realen Gefahren, die das Individuum von der Außenwelt bedrohen. Von Angst spricht sie, wenn Bedrohungen aus der Innenwelt vorliegen. Aus Furcht, so groß sie auch sein mag, wird nie eine Phobie, während sich Angst unter bestimmten Umständen in eine solche verwandeln kann. Die Objektbeziehungstheorie geht derzeit von einer Reihe angeborener Affekte aus, welche die Objektbeziehungen färben. Aus den Affektdispositionen und den realen Erfahrungen von Interaktionen strukturieren sich nach Kernberg (1989a, S. 106 f.) Libido und Aggression. Dass Affekte lediglich Abkömmlinge von Trieben sind, ist nach heutiger Erkenntnis zu unbefriedigend (▶ Kap. I.1).

Faktische oder befürchtete Trennungssituationen sind die häufigsten Auslöser von Trennungsangst, die eine unsichere Bindung des Kindes bewirken (Brisch 1999). Die Trennungsangst, die als existentielle Angst erlebt wird, ist im Kindesalter noch deutlich sichtbar. Sowohl der Erwachsene als auch das Kind mit Angstanfällen suchen ein Sicherheit spendendes Objekt, um die mangelnde Ausbildung ihrer inneren Objektkonstanz zu kompensieren. Sie zeigen sogenanntes »anklammerndes« Verhalten.

Winnicott (1976, S. 293 ff.) hat die Bedeutung des Übergangsobjektes für die Bewältigung der Trennungsangst aufgezeigt. Bei Kindern mit starken Trennungsängsten kann dies die mangelnde innere Sicherheit ersetzen. Gelegentlich kommt es dann zu dem Phänomen eines fantasierten ständigen Begleiters. Auch dieser ist ein Sicherheit spendendes Objekt.

In der Angstneurose ist der innere Konflikt verdrängt. Die Angst bleibt diffus. Die Autonomiestrebungen und damit zusammenhängende Aggressionen gegen das Sicherheit spendende Objekt müssen verdrängt werden. Der angstneurotische Patient hat die Fantasie, dass seine Aggression das Objekt zerstören würde (Mentzos 1984, S. 171 ff.).

Bei den Phobien (von griech. phobos = Furcht) handelt es sich um eine objektiv nicht begründete Angst vor bestimmten Situationen oder Objekten. Hauptabwehrmechanismus der phobischen Symptombildung ist die Verschiebung. Eine Vorstellung, die Angst erzeugt, wird verdrängt und an die Stelle der ursprünglichen Inhalte tritt die Angst vor einer äußeren Situation. Der ursprüngliche Inhalt ist verdrängt, aus der inneren Gefahr wird eine äußere, was den Vorteil hat, dass die äußere Gefahr vermieden werden kann und die Beziehungen scheinbar konfliktfrei bleiben. Die Phobie ist eine Abwehr gegen die Angst. Mit Angst wird eine andere Angst abgewehrt. Die Frage ist, ob das phobische Objekt durch den Konflikt determiniert oder rein zufällig gewählt wird. Dabei können Symbolisierungsvorgänge eine Rolle spielen (Schlangen als phallische Symbole wegen der Gestaltähnlichkeiten), es können aber auch einfache Konditionierungen eine Rolle spielen (Mentzos 1984, S. 165).

Bei einem vierjährigen Mädchen entstand eine Aufzugsphobie, als sie nach der Geburt ihres Geschwisterchens erstmals ins Krankenhaus kam. Die Aufzugsphobie begann noch im Krankenhaus. Die Angst vor dem Verlust der Mutterliebe und die Aggression auf den Rivalen wurden verdrängt und durch die Verschiebung der Angst auf den Aufzug im Unbewussten gehalten. Die Beziehung zur Mutter blieb scheinbar konfliktfrei.

In der klassischen Theorie stehen ödipale Konflikte im Vordergrund der Phobie. Freuds (1909) berühmtes Beispiel der Tierphobie des »Kleinen Hans« – wie wir heute wissen war der »Kleine Hans« Herbert Graf, geboren 1903, Sohn von Max Graf, der an den Sitzungen der Mittwochsgesellschaft teilnahm – war die erste psychoanalytische Arbeit über Phobien. Freud selbst sah Hans nur einmal, beriet den Vater aber in dessen Arbeit mit seinem Sohn, was bis heute als Einstieg in die Kinderanalyse gilt, obwohl die Arbeit des Vaters kaum als Therapie zu bezeichnen ist. Freud und der Vater des kleinen Hans kamen aber bereits zu grundlegenden Thesen über die Phobie. Sie erkannten die Bedeutung der intensiven Beschäftigung von Hans mit seinem »Wiwimacher« (Penis) und die Drohungen der Mutter, diesen bei fortgesetzten Berührungen abzuschneiden, als eine Vorbedingung der Phobie. Der kleine Hans erwarb einen intensiven Kastrationskomplex. Sie erkannten auch die Angst, die Mutter zu verlieren, als Bestrafung für seine Verführungsversuche, aber auch die Verschiebung der Angst vor dem Vater wegen seiner ödipalen Wünsche der Mutter gegenüber auf die Pferde. Insofern sie alle grundlegenden Erkenntnisse über Phobien beinhaltet, ist diese Fallgeschichte beeindruckend, die akribisch genaue Darstellung der Gespräche mit dem kleinen Hans ist zudem ein erzieherisches Zeitdokument.

Die Betonung des Kastrationskonfliktes bei Freud muss allerdings relativiert werden.

Mentzos (1984, S. 170) betont, dass alle Arten von Konflikten durch den phobischen Modus verarbeitet werden können. Bowlby (1976, S. 337 ff.) unterzieht die Fallgeschichte des »Kleinen Hans« einer Revision und kommt zu etwas anderen Interpretationen als Freud. Er sieht die Angst des »Kleinen Hans« weniger in der Kastrationsangst als in der Trennungsangst begründet, die durch die gelegentlichen Drohungen der Mutter, die Familie zu verlassen, ausgelöst wurde. Die Angst, von weißen Pferden gebissen zu werden, sei zudem mit einer Trennungssituation verbunden. Als nämlich ein kleines Mädchen aus der Nachbarschaft mit einer Droschke abreiste, warnte der Vater des Mädchens, dem weißen Pferd nicht die Finger zu geben, sonst beiße es.

Bowlby (ebd., S. 314 ff.) beschreibt auch die typischen Angstbindungen bei Schulphobie. Eine Schulphobie muss unterschieden werden von einfachen Schulängsten wie Prüfungsängsten, Versagensängsten u. a. sowie dem Schulschwänzen, meist begleitet von einem Verwahrlosungssymptom. In der Schulphobie werden Ängste auf die Schule verschoben, d. h. es bestehen eigentlich keine objektiven Anlässe in der Schule, die die enorme Angst der Kinder erklären. Bowlby beschreibt vier typische Familiensituationen bei Kindern mit Schulphobie. Im ersten Familienmuster leiden der Vater oder die Mutter unter Angst und binden das Kind unbewusst oder bewusst als Gefährten zu Hause. Dabei ist die Angstbindung ausgesprochen ambivalent, d. h. es bestehen auch erhebliche Aggressionen. Im zweiten Familienmuster fürchtet das Kind, dass dem Vater oder der Mutter etwas zustößt und möchte zu Hause bleiben, um dies zu verhindern. Drohungen der Eltern, dass sie krank werden könnten, wenn das Kind sich nicht benehme oder dass sie es verlassen, können ebenfalls die Ursache dieser Angstbindung sein. Im dritten Familienmuster hat das Kind Angst, das Elternhaus zu verlassen, weil es fürchtet, ihm selbst könne etwas zustoßen. Im vierten Muster fürchtet ein Elternteil, dass dem Kind etwas zustoßen könne und behält es deshalb zu Hause. Es wird deutlich, dass in allen Fällen Projektionen von Aggression eine Rolle spielen sowie eine enge symbiotische Verstrickung, bei der der Wunsch nach Autonomie unterdrückt werden muss. Die Aggression in den Fantasien, dem Anderen könnte etwas zustoßen, kann im Sinne einer Wunscherfüllung gedeutet werden (Verkehrung ins Gegenteil). Bowlby (ebd., S. 335) gibt ferner an, dass psychiatrische Untersuchungen schulunwilliger Kindern bei den Eltern einen erheblichen Prozentsatz an Auffälligkeiten zeigen.

Für die Arbeit mit einem Kind, das unter einer Schulphobie leidet, ist somit wichtig, nicht nach realen Gründen zu suchen, warum es nicht in die Schule gehen mag, sondern sich den unbewussten Ängsten zuzuwenden. Auslösesituation der Schulphobie ist oft eine Situation, die Trennungsangst mobilisiert. Ein achtjähriger Junge entwickelte eine Schulphobie in der Grundschule, als ein Lehrerwechsel stattfand. Er musste für zwei Jahre ausgeschult werden und kam dann in eine Sonderschule. Er war sofort bereit, in diese Schule zu gehen, als die Lehrerin ihm beim Vorstellungsgespräch sagte, dass sie glaube, dass er keine Angst vor der Schule habe, sondern Angst, von zu Hause wegzugehen und dass sie dies verstehen könne. Mit der Hilfestellung, die Mutter anfangs noch in jeder großen Pause anrufen zu dürfen, konnte der Junge wieder die Schule besuchen. Die Angst konnte mit der Lehrerin bearbeitet werden.

Erfahrungsgemäß lassen sich Angstneurosen mit Trennungs- und Kontaktängsten im Kindesalter kaum von depressiven Krankheitsbildern unterscheiden: Auch bei Depressionen im Kindesalter kommen regelmäßig Trennungsängste vor, und Angstneurosen werden immer von depressiven Symptomen begleitet. Bereits Mentzos (1984, S. 178) hat diskutiert, warum Objektverlust das eine

Mal zur Angstneurose, das andere Mal zur Depression führt. Er meint, dass es dann zur Entstehung einer Angstneurose kommt, wenn ein Objektverlust droht, der Schutz und Sicherheit garantiert. Tritt hingegen ein Objektverlust ein, der Liebe, Anerkennung und Bewunderung in Gefahr bringt, kommt es zur Entstehung einer Depression.

Zusammenfassung

Übermäßige Trennungsangst ist Ausdruck eines unsicher gebundenen Kindes. Mangelnde Objektkonstanz wird mit der Suche nach Sicherheit spendenden Objekten kompensiert. Das Übergangsobjekt erfüllt diese Funktion.

Die Angstneurose taucht als diffuse Angst mit vegetativen Begleiterscheinungen auf und mündet bei Erwachsenen nicht selten in eine Herzneurose, der Befürchtung eines Herzstillstandes. Faktische und symbolische Trennungssituationen lösen in der Regel eine Angstneurose aus und zeigen, dass mehr oder weniger bewusst die Trennungsangst *auch* Grundlage der Angstneurose ist. Erwachsene und Kinder suchen nach Sicherheit spendenden Objekten, Übergangsobjekten oder ständigen Begleitern, welche die mangelnde Ausbildung innerer Objektkonstanz kompensieren.

In der Phobie wird eine Angst auf jedem Strukturniveau, Angst vor Liebesverlust, Kastrationsangst, Schamangst, Überich-Angst u. a., verdrängt und auf ein äußeres Objekt verschoben. Dieses äußere phobische Objekt kann dann vermieden werden, was die Illusion schafft, den Konflikt oder die Angst vermeiden zu können. Die Beziehungen können scheinbar konfliktfrei gehalten werden. Während den Tierphobien im Kindesalter zahlreiche Ängste zugrunde liegen, ist bei der Schulphobie in der Regel eine ausgeprägte Angstbindung an Vater oder Mutter vorhanden. Mit der Befürchtung, ihm selbst oder der Mutter könne etwas zustoßen, wenn das Kind in die Schule geht, bleibt das Kind zuhause. Es ist symbiotisch gebunden, die Aggression drückt sich im Sinne der Verkehrung ins Gegenteil in einer Zwangsbefürchtung aus, dem anderen oder ihm selbst könne etwas zustoßen.

Fallbeispiel »Simon«

Als Simon etwa 13 Jahre alt war, trat zum ersten Mal eine Panikattacke mit Todesängsten auf. Die Mutter war weggegangen, der Junge war abends mit seinem Vater allein zu Hause und hatte sich gerade zum Schlafen hingelegt. Da begann Simon mit einem Male so entsetzlich zu schreien, dass der Vater Schlimmstes befürchtete. Er rannte zum Bett des Jungen, der schweißgebadet und mit weit geöffneten Augen dalag und schrie. Weil Simon nicht zu beruhigen war, rief der verunsicherte Vater den Hausarzt zur Hilfe. Als dieser eintraf, beruhigte sich Simon augenblicklich und schlief wenig später völlig erschöpft ein.

Danach traten solche und ähnliche Angstanfälle immer häufiger auf. Auslöser waren aber nicht nur Situationen, in denen Simon allein und ohne Mutter war. Es konnte ein Blick in den nächtlichen Abendhimmel voller Sterne sein, ein Gedanke oder ein Hinweis über die Entstehung der Erde und über die Entwicklung von Lebewesen. Dies löste zunächst lustvolles, später immer mehr dranghaftes Fantasieren aus und es kam schließlich zu den panikartigen Ängsten, die hilfloses Schreien herauf beschwörten. Simon spürte während seines Schreiens Herzrasen, hatte Schweißausbrüche, zitterte am ganzen Körper, wollte wegrennen, konnte es aber nicht und war während des Anfalls in keiner Weise zu erreichen oder zu beruhigen. Die Anwesenheit seiner Mutter oder eines Arztes führten allerdings rasch zur Beruhigung und Entspannung der Situation, wobei Simon hinterher körperlich sehr erschöpft war. Dies empfand er allerdings eher als ange-

nehm, wie nach einem Bad, so meinte er später einmal.

Schließlich suchte Simon all jene Situationen zu meiden, in denen seine gefährlichen Fantasien angeregt werden konnten, etwa wenn von der Erschaffung der Welt, über die Weiten des Sternenhimmels oder über Zeugung geredet wurde. Dies führte allerdings zur immer weiteren Einschränkung seiner Aktionskreise. Zuletzt konnte er weder den Religionsunterricht besuchen, in dem gerade über die Genesis gesprochen wurde, noch den Biologieunterricht, wenn im weitesten Sinne Themen von Zeugung drankamen. Simon hatte noch einige weitere recht auffallende Symptome. Er sammelte heimlich Damenunterwäsche, die er gelegentlich anzog, wobei ihm später bereits Abbildungen aus Katalogen genügten. Und er hatte Angst davor, angesehen zu werden – ständig fürchtete er überall Augen, welche ihn beobachteten.

In der ersten Therapiestunde lernte ich einen ausgesprochen schönen, etwas femininen Knaben kennen, der offen und sympathisch wirkte und bereitwillig über seine quälenden Symptome berichtete. Mittlerweile war es – wie bereits angedeutet – so, dass Simon sein Leben immer mehr eingrenzen musste, um nicht in Situationen zu geraten, in denen es zu den Angstausbrüchen kommen konnte. Trotz seiner 13 Jahre wirkte Simon noch recht kindlich und zeigte kaum Pubertätsmerkmale. Der Junge war als dritter Sohn geboren worden. Schwangerschaft, Geburt und frühkindliche Entwicklung wurden von den Eltern als unauffällig geschildert. Allerdings fiel bald auf, dass Simon erhebliche Trennungsprobleme hatte und sich immer an die Mutter klammerte, was beständiger Anlass zur Kritik des Vaters wurde.

Ursache für das angstvolle Anklammern des Jungen war die Beziehung seiner Eltern bzw. deren chronische Krise, die unschwer zu erkennen war. Die Mutter stammte aus einer Flüchtlingsfamilie, war eine ängstliche, unsichere Frau und neigte phasenweise zu erheblichen depressiven Verstimmungen. Sie hatte sich immer an ihrem jüngsten Sohn festgehalten, mit der Zeit war er ganz und gar Partnerersatz geworden. Simon war der letzte verbliebene Sohn, die beiden anderen waren bereits aus dem Haus, und die Mutter hatte große Angst vor dem Zeitpunkt, wenn auch Simon einmal wegginge und sie mit dem Ehemann allein ließe. Dieser hatte nach seinen Erzählungen als junger Mann unter einem herrschsüchtigen, prügelnden Vater gelitten und hatte sich bereits mit 17 Jahren selbständig gemacht. Simons Vater war ein schwieriger, sehr kränkbarer, zum Jähzorn neigender Mann, der sich zeitweise regelrechten Verfolgungen ausgesetzt sah und dann paranoid reagierte. Überall witterte er Komplotte und er glaubte, dass sich in der Familie alle hinter seinem Rücken gegen ihn verschworen hätten. Die Kinder hatten große Angst vor ihm, vor allem vor seinen Tobsuchtsanfällen. Insbesondere Simon klammerte sich dann ängstlich an die Mutter, für die er wiederum Schutzschild vor dem tobenden Ehemann war. Noch als älterer Jugendlicher schloss Simon nachts seine Tür ab, weil er fürchtete, der tobende Vater könne bei ihm eindringen. Er wurde von der immerwährenden Fantasie gequält, der Vater könnte in einem Wutanfall die ganze Familie ausrotten. So ganz abwegig war diese Fantasie nicht, denn oft hatte sich die Mutter mit den Söhnen in einem Zimmer verbarrikadiert, um sich vor dem tobenden Vater zu schützen. Von früh an ersetzte Simon darum der Mutter den Partner, sowohl körperlich,

indem sie seine intime Nähe suchte, sowie auch in geistiger Hinsicht, indem sie alle privaten Probleme, insbesondere Partnerprobleme, mit dem Jungen besprach. Dies geschah immer häufiger, weil sich Simon – im Gegensatz zu seinem Vater – zu einem sensiblen, ein wenig femininen, aber sehr einfühlsamen Jungen entwickelte. Hinzu kam, dass Simon in der Schule stets beste Leistungen zeigte und hervorragend die Violine spielte, so dass er gelegentlich als Solist in einem städtischen Orchester auftrat.

In den Mittelpunkt der Therapie traten natürlich bald die Themen, welche die übergroße Nähe zur Mutter zum Inhalt hatten. Seit früher Kindheit hatte Simon zwar Angst, der Vater könnte der Mutter oder seinen Geschwistern etwas antun, andererseits fürchtete er, der Vater könnte die Familie verlassen. Er wollte nicht, dass er ging, weil er nicht mit der Mutter allein sein wollte. Aber er wollte auch nicht, dass der Vater in der Familie blieb.

Rasch entfaltete sich eine positive Übertragung, Simon fühlte sich geborgen und angstfrei, wenn er bei mir war, und er meinte, er nähme jedes Mal ein Stück von mir mit nach Hause, so dass es zu keinen Angstanfällen mehr kommen würde. Dies war in der Tat so, aber nur zu Zeiten, wenn die Therapie stattfand. Waren Therapieferien, konnte ich sicher sein, dass es bereits in den ersten Tagen zu einem schweren Angstanfall kam, wobei es den Jungen am schnellsten beruhigte, wenn er mich anrufen konnte. Diese Tatsache setzte mich unter erheblichen Druck, denn zum einen widersprach dies meiner Vorstellung von einem stabilen äußeren Rahmen, andererseits kam ich mir hart und grausam vor, den Jungen in seiner Angst allein zu lassen, zumal wir inzwischen wussten, dass jede Trennung zu einem Angstanfall führt. Ich ließ darum anfänglich zu, dass mich Simon beim Beginn eines Angstanfalles anrufen durfte. Bereits wenn er meine Stimme hörte, war die Angst weg. Auf diese Art und Weise bekam ich sogar einmal einen

Anruf am Silvesterabend, direkt zum Jahreswechsel – ich denke, weil Simon nicht vom zurückliegenden Jahr loslassen konnte. Immer deutlicher wurde, in welch inzestuöser Nähe der Junge zur Mutter lebte, aber auch, welche Angst, Scham und Schuldgefühle dieser schwerwiegende Konflikt induzierte. Wir führten die Therapie, wie bei Jugendlichen üblich, im Sitzen durch. Dies war für Simon anfänglich kaum zu ertragen, weil er sich von meinen Augen durchdrungen bzw. durchschaut sah. Er ertrug meine Blicke einfach nicht. Später meinte er sogar, er fürchte, von meinen Augen aufgesogen zu werden. Ich sagte ihm, dass er mich aushalten müsse, damit wir verstünden, was diese Angst bedeute. Schließlich kamen wir zur Erklärung dieses eigenartigen Phänomens. Die Eltern schliefen schon längere Zeit getrennt, und die Mutter hatte ihren Kleiderschrank im Zimmer von Simon stehen. Dort kleidete sie sich jeden Abend für die Nacht um. Simon hatte sich angewöhnt, sie dabei heimlich zu beobachten, was ihn mittlerweile ungemein erregte. Im Laufe der Zeit hatte er sich immer drängender gewünscht, die Unterwäsche der Mutter zu besitzen. Wir verstanden miteinander, dass die Angst vor den beobachtenden Augen auch die Umkehrung seines abendlichen Voyeurismus war. Mit seinen fetischistischen bzw. transvestitischen Neigungen hatte er seine sexuellen Reaktionen von der Mutter auf einen »entmenschlichten Teil«, nämlich die Unterwäsche, verlagern können. Auf diese Weise schuf er einen Kompromiss, um der bedrohlichen Inzestgefahr auszuweichen. Die verfolgenden Augen waren aber auch die misstrauischen, kontrollierenden und eifersüchtigen Augen des Vaters, der den Inzest nicht verhindern konnte, sich enttäuscht zurückgezogen und mit narzisstischer Wut auf diese Kränkung reagiert hatte. Als wir diese Konflikte über längere Zeit durchgearbeitet hatten, verschwand Simons Angst vor den beobachtenden Augen. Seine Neigung, Unterwäsche zu besitzen, wurde jedoch nicht geringer. Allerdings verlagerte sich dieser Wunsch inzwischen auf Unterwäsche anderer Frauen, die er von der Leine, aber lieber noch aus Wäschecontainern zu stehlen versuchte. Später wurde auch diese Neigung ersetzt, indem er Wäschekataloge sammelte. Als er nach einigen Jahren die erste Freundin hatte, bildeten sich seine fetischistischen Neigungen zurück.

Mittlerweile waren die Angstanfälle seltener geworden, aber auch deswegen, weil Simon es geschickt verstand, jenen Situationen auszuweichen, die Auslöser für die Panikattacken waren. Es waren offenkundig Konstellationen, die mit Zeugung und Sexualität zu tun hatten, oder ein Sternenhimmel, welcher Todesängste auslöste, weil die Gefahr bestand, ins Nichts zu fallen und darin zu verschwinden. Diese Bedrohung entsprach der Angst, mit der Mutter zu verschmelzen und das gesamte Selbst aufzugeben. Immer mehr begriff Simon, dass es in den Angstanfällen nicht nur um Angst vor Verschmelzung ging, sondern dass auch sexuelle Lust darüber aufkam, dass dies geschehen könnte. In der Tat war es so, dass Simon den angstmachenden Situationen nicht nur auswich, sondern die Gedanken anfänglich gerne zuließ, mit ihnen spielerisch umging, bis sie immer intensiver wurden und ihn dann buchstäblich überwältigten. Schließlich endete dies in Schreien, Zittern und Schweißausbrüchen. Endlich wurden die Angstanfälle immer seltener und blieben schließlich ganz aus. Nach einigen Stunden erzählte mir Simon beschämt, wie dies zustande gekommen war. Er hatte begriffen, dass jene Angstanfälle letztendlich einen symbolischen Orgasmus darstellten. Wenn Simon mittlerweile spürte, dass ihn Angst zu überwältigen drohte, lief er rasch in sein Zimmer, wenn das möglich war, und masturbierte. Schlagartig war die Angst weg, weil der Junge den dranghaften Wunsch nach Inzest zum Verschwinden gebracht hatte. Auf diese Weise konnte Simon weitere Angstausbrüche verhindern. Als er später seine Freundin kennenlernte, mit der er regelmäßig schlief, war die Angst mit ihren körperlichen Begleiterscheinungen bald völlig verschwunden. Die Therapie, die anfänglich zweistündig, später niederfrequent 14-tägig über fünf Jahre stattfand, führte zum Rückgang aller Symptome. Allerdings blieb immer ein Rest von seinen fetischistischen Neigungen. Von Wäschekatalogen fühlte sich Simon weiterhin eigenartig angezogen und er fühlte immer leise sexuelle Erregung. Nach dem Abitur zog Simon zum Studieren in eine andere Stadt, bald nahm er mit seiner Freundin eine gemeinsame Wohnung, und die Mutter, die sich mit dem Ehemann wieder etwas arrangiert hatte, konnte das inzwischen gut ertragen.

Interpretation

Psychodynamik

Simon war eng an seine Mutter gebunden, die aufgrund ihrer eigenen Depression und Selbstunsicherheit Simons autonome Regungen unterdrückte. In allen sozialen Schwellensituationen kam es darum zu Trennungsängsten mit Anklammerungswünschen. Simons zentrale Angst war, die Bindung zum Objekt zu verlieren; er hatte keine Objektkonstanz erreicht. Simon konnte Trennungen nicht mit reifem seelischem Schmerz beantworten, sondern sie führten immer wieder zu einem Verlust der Objektrepräsentanz, was Selbstverlustängste und damit unerträgliche Todesangst nach sich zog. Seine Angst, im Weltall verloren zu gehen, zeigt einerseits seinen Wunsch, in die weite Welt hinaus zu gehen, möglichst weit weg, aber auch die Angst, dabei von Selbstauflösung bedroht zu sein. Simon war darum auf die reale Anwesenheit von Objekten angewiesen, um angstfrei zu bleiben.

Der Vater, der Mutter und Söhne bedrohte, war natürlich auch kein geeignetes Objekt, welches eine Triangulierung und Iden-

tifikation mit ihm gefördert hätte. Er verstärkte Simons Angst vor Loslösung und dessen Kastrationsängste, was zusätzlich zu einer sehr instabilen Geschlechtsidentität führte. Simons Beziehung zur Mutter war nicht nur eng, sondern inzestuös und stark sexualisiert. Der Einbruch der Pubertät lud den Konflikt zusätzlich auf, so dass kompromisshaft Symptome entwickelt wurden. Die vorliegende Angstneurose bezog daraus ihre wahrhaft explosive Wirkung. Der erste Ausbruch abends im Bett, als die Mutter weg war und der Vater anwesend, setzte den Konflikt in Szene. Die Angstlust, im Sternenhimmel die Entwicklung von Lebewesen und die Entstehung der Erde zu sehen, macht deutlich, dass Simon die inzestuöse Verschmelzung wünschte, die Urszene (beim Sexualakt von Vater und Mutter ausgeschlossen zu sein) verleugnete und den Inzest mit der Mutter auf grandios narzisstische Weise fantasierte, was allerdings gleichzeitig psychotische Ängste nach sich zog. Es kam zu einer Art orgiastischem Angstanfall. Fetischismus und Transvestitismus wurden zur Abwehr der Inzestängste gebildet; ihre Faszination ließ nach, als die frühen Konflikte bewältigt waren und sich Simons Sexualität auf ein heterosexuelles Liebesobjekt richtete.

Nebenbei kam es auch hier zur phobischen Verarbeitung. Simons diffuse Angst erfuhr eine Pseudoobjektivierung durch Verschiebung auf eine konkrete Gefahr (Sternenhimmel, Religions- und Biologieunterricht). Mied Simon jene Gefahrenpunkte, konnte er sich mit seinen Konflikten arrangieren und relativ angstfrei bleiben, allerdings auf Kosten der Einschränkung seines Aktionsradius.

Diagnose:

F41.0 Panikstörung
F65.0 Fetischismus

Die therapeutische Arbeit

Aufgabe einer wirksamen Therapie ist es, den Patienten wieder in die Situation zu bringen, in der er mit der Angst zu kämpfen hat. Darum hilft Bewusstmachung nur bedingt; der Therapeut sollte nichts tun, was Tendenzen des Patienten fördert, der Angst ausweichen zu können. Die phobische Verarbeitung bedeutet darum immer eine Gefahr für die Therapie, weil der Patient auf diese Weise einigermaßen symptomfrei und ohne Leidensdruck bleiben kann. Der Therapeut sollte also weder Atteste schreiben, noch sich anrufen lassen oder Sonderstunden gewähren (Hopf 1998). Insofern war es ein vom Therapeuten bewusst in Kauf genommener Kunstfehler, sich anfänglich anrufen zu lassen, was den Patienten – wegen dessen damaliger positiver Übertragung – rasch symptomfrei werden ließ. Es war ein zeitlich begrenztes Zugeständnis, weil Simon erst dreizehn Jahre alt und die Symptomatik wirklich gravierend war. Als sich die Angstanfälle milderten, kam es zur klaren Absprache, dass Simon den Therapeuten nicht mehr anrufen dürfe. Die Einhaltung jenes klaren Rahmens ist gerade bei Trennungsängsten von allergrößter Wichtigkeit, damit sich nicht eine ähnlich symbiotische Beziehung, wie sie zwischen Mutter und Kind vorherrscht, im therapeutischen Setting wiederholt. Ansonsten bleibt der Patient lediglich solange symptomfrei, wie die Therapie stattfindet, und an die Stelle der verwöhnenden, bindenden Mutter ist der Therapeut getreten.

Das Gewähren von solchen Übergangsarrangements, wie bei dem im Theorieteil geschilderten Jungen mit Schulphobie, der, nachdem er zwei Jahre ausgeschult war, unter anderem wieder in die Schule gehen konnte, weil er vorübergehend in jeder Pause seine Mutter anrufen durfte, scheint bei Kindern mit schwerer Angstneurose oder Phobie gelegentlich notwendig zu sein. Aber auch hier wurde das pädagogische Setting allmählich wieder in ein »normales« übergeführt, von Anfang an war das Arrangement als Übergangsregelung besprochen.

Fallbeispiel »Sarah«

Die Mutter von Sarah rief mich an und teilte mir in bedrücktem Ton mit, dass ihre 11-jährige Tochter Sarah bereits seit einigen Wochen nicht mehr zur Schule ginge. Sie wollte wissen, ob ich ihrer Tochter helfen könnte. Ich konnte mit keiner Psychotherapie beginnen, weil ich in absehbarer Zeit keinen Platz frei hatte, dennoch bestellte ich die Mutter ein, weil mich ihre spürbare Not berührte. Es kam eine mit ihrer Kurzhaarfrisur sehr männlich wirkende Frau. Sie war ungeschminkt und hatte eine traurige, depressive Ausstrahlung. Auf meine Frage, ob bereits irgendwelche Maßnahmen eingeleitet worden wären, schien Sarahs Mutter wie ein Schulmädchen ertappt und gestand, dass Sarah seit einigen Monaten bei einem Kollegen in Therapie wäre. Sie wollte jedoch nicht mehr hingehen, weil sie meinte, er wäre zu streng. Ich bestand darauf, dass Sarah zumindest noch einmal zu einer Stunde gehen müsse, um sich zu verabschieden und die Therapie ordentlich zu beenden, ehe überhaupt an einen Erstkontakt bei mir zu denken wäre. Ich konnte mir natürlich vorstellen, dass es mir bald ähnlich wie dem Kollegen ergehen würde. Trotzdem bestellte ich Sarah zu einem Termin, nachdem ihre

Therapie beendet worden war und obwohl ich keinen Therapieplatz frei hatte. Ich war bereits in die Dynamik der Familie verstrickt, was ich zu diesem Zeitpunkt jedoch noch nicht ausreichend reflektierte.

Zum ersten Termin kam ein sehr blasses, blondes, kleines Mädchen, das mich glücklich anstrahlte und buchstäblich zur Harmonie zwang. Die Gegenübertragungsempfindungen überwältigten mich regelrecht, diesem verletzlichen Kind zu helfen und es vor einer schlimmen und gefährlichen Welt schützen zu wollen. Spürbar war aber auch eine riesengroße Angst vor Aggressionen, welche das Mädchen zu leugnen und zu vermeiden suchte.

Sarah war nicht ehelich geboren, wurde aber von der Mutter ausdrücklich als Wunschkind bezeichnet. Der Vater war ein verheirateter Arbeitskollege der Mutter, Sarah wusste von seiner Existenz, hatte aber zu keiner Zeit eine engere Beziehung zu ihm. Nach Sarahs Geburt beendete Sarahs Mutter das Verhältnis und blieb zwei Jahre lang bei der Tochter zu Hause, um sich ihr ausschließlich zu widmen. Später trat sie eine Halbtagsstelle an, und Sarah musste jeden Morgen zu einer Tagesmutter. Jedes Mal, wenn sie die Mutter dort abgab, entwickelte sich ein Drama. Sarah weinte herzzerreißend und wollte nicht bleiben. Ansonsten waren die Meilensteine der weiteren Entwicklung eher unauffällig. Laufenlernen, Sprechen und Sauberkeit waren regelgerecht. Sarah hatte allerdings keine Trotzphase, was die Mutter wie selbstverständlich und zufrieden zur Kenntnis nahm. Sie meinte, dass ihre Tochter genauso wäre wie sie selbst, sie würden beide keinen Streit ertragen. Darum wäre es auch zu keinerlei Trotz bei dem Mädchen gekommen.

Als Sarah in den Kindergarten kam, gab es erneut Probleme, weil sie sich wiederum nicht von der Mutter trennen wollte, weinte und klammerte. Nach einiger Zeit hatte sie sich zwar einigermaßen eingelebt, jedoch begleiteten die Trennungsprobleme und zu-nehmend auch Kontaktprobleme die weitere Entwicklung des Mädchens. Es wirkte zunehmend überangepasst, lieb, hatte ständig Sorge, jemandem weh zu tun oder gar zu verletzen. Die Mutter berichtete mir allerdings auch von zeitweiligen depressiven Verstimmungen des Mädchens. Sarah weinte in solchen Momenten und äußerte ernsthaft, nicht mehr leben zu wollen. Auch litt Sarah häufig unter Appetitlosigkeit und wollte nichts essen, was zu ersten Machtkämpfen mit der Mutter führte. Als Sarah in die Realschule versetzt wurde, kam es zu zwei nachhaltigen Ereignissen. Zuerst starb der Großvater ganz plötzlich an einem Herzinfarkt. Danach wurde Sarah im Turnunterricht ein Medizinball an den Kopf geworfen, so dass sie wegen einer Gehirnerschütterung ins Krankenhaus musste. Als sie danach wieder zur Schule gehen sollte, kam es zu den ersten großen Befürchtungen Sarahs, dass bestimmte Mädchen in der Klasse sie nicht mögen würden. Nach einigen Tagen beklagte sie sich bei der Mutter, dass ein Mädchen mit einem anderen über sie getuschelt habe und weigerte sich, am nächsten Morgen die Schule zu besuchen. Nach intensivem Zureden ging sie zunächst widerwillig hin. Dann schrieb ein anderes Mädchen – angeblich – eine Beschimpfung an die Tafel und ein weiteres Mädchen verspottete sie auf dem Pausenhof. Von da an weigerte sich Sarah entschieden, in die Schule zu gehen. Nachdem Lehrer, Mutter und Großmutter Druck machten, versuchte sie es noch einige Male, drehte jedoch regelmäßig um, ehe sie das Klassenzimmer betrat, und schließlich ging sie endgültig nicht mehr hin. Die Mutter akzeptierte das zwangsläufig, bestand allerdings darauf, dass Sarah morgens mit ihr aufstehen musste. Sie musste die Aufgaben, welche ihr die Klassenlehrerin tagtäglich zusammenstellte, bearbeiten und kleinere häusliche Arbeiten verrichten. Sarahs Mutter lebte mit ihrer Tochter im Haus der Großmutter. Die Ehe ihrer Eltern wäre immer katastrophal gewesen, und während ihrer gesamten Kindheit hätte sie schlichten und ausgleichen müssen. Vor allem hätte sie den Vater vor der streitsüchtigen Mutter beschützen müssen, weil er sich nicht gegen sie zur Wehr setzen konnte.

Ich begann mit der Therapie. Sarah kam regelmäßig und gab mir das Gefühl, gerne bei mir zu sein. Im Mittelpunkt stand von Anfang an die große Furcht Sarahs vor allen Formen von Aggressionen, etwa kritisiert zu werden, etwas verweigert zu bekommen usw. Sarah betrat ängstlich prüfend das Zimmer. Es durfte nicht zur geringsten Schweigepause kommen, sofort fragte sie mich, geradezu flehentlich: »Würden Sie heute mit mir spielen? Darf ich später etwas tonen?«, was sie selbstredend durfte. Doch Sarah hatte trotzdem ständig Angst, ich könnte an ihren Wünschen Kritik üben oder sie gar verweigern. Es war zu spüren, dass sie alle Lücken, Pausen und generell Trennungen zu vermeiden suchte. Sie redete unaufhörlich, um den Kontakt nicht zu verlieren, zum anderen aber auch, um meine sprachlichen Interventionen zu verhindern. Deutungen und Interventionen erlebte sie trennend und darum Angst machend. Es brauchte eine Weile, ehe ich feststellte, wie mich die sanfte Sarah mit ihrem Verhalten beherrschte und mir regelrecht ihren Willen aufgezwungen hatte, ebenfalls immer lieb zu sein und sie zu schonen. In der Gegenübertragung spürte ich zunehmend Wut, dass ich nicht an die Konflikte Sarahs heran durfte, nichts bearbeiten konnte, weil ich von Sarah bislang geschickt abgelenkt und manipuliert worden war.

Ähnliches berichtete die Lehrerin, die einmal mit Sarahs und ihrer Mutter Einverständnis zum Gespräch gekommen war. Sie beschrieb Sarah als ein liebes, angepasstes und bedürftiges Mädchen, das es jedoch jedem unmöglich machte, nur die leisesten Probleme zu erwähnen oder etwa eine Beteiligung des Mädchens an den bestehenden Konflikten anzusprechen. Ich konnte später einmal beobachten, wie der Dialog zwischen Mutter und Sarah üblicherweise ablief. Sarah fühlte sich schlecht und depressiv und konnte oder wollte eigentlich nicht zur Stunde kommen. Die Mutter rief an, obwohl vereinbart war, dass Sarah Rahmenbedingungen direkt mit mir besprechen müsse. Ich bestand jedoch auf dem Kommen von Sarah. Die Mutter betrat mit Sarah das Praxiszimmer und Sarah war sichtlich wütend auf die Mutter, weil sie diese hergefahren hatte. Aber die Mutter fing alle schlechten Stimmungen, alle aggressiven Attacken direkt an der Quelle auf, so dass sie sich in Nichts aufzulösen schienen. Sarah hatte keinerlei Gelegenheit, ihre Wut anzubringen, schon im Entstehen wurde sie wie Wasser von einem Schwamm aufgesogen. Auf diese Weise unterdrückte die Mutter alles Konflikthafte und Trennende. Sie blieb die gute Mutter, welche verhinderte, dass Sarah an einer gefährlichen Welt leiden muss. Alle aggressiven Gefühle, Trotz und Ablösung, waren auf diese Weise von früher Kindheit an regelrecht im Keim erstickt worden. Gefährlich und zerstörerisch waren jedoch alle Objekte, von denen sich Sarah kritisiert, bedroht und gekränkt fühlte, so dass sich die vorliegende Phobie entwickelte: Sie musste den Objekten ausweichen, so dass sich eine Kontaktangst manifestierte.

Trotz des zuvor beschriebenen Widerstandes entwickelte sich eine produktive psychoanalytische Therapie. Die Neigung Sarahs, zu sprechen, um Kontakt und Beziehung aufrechtzuerhalten, als auch um depressive Löcher zu füllen, blieb lange Zeit erhalten. Mit der Zeit konnte ich feststellen, dass Sarah diese Abwehr nicht länger ertrug; und es kam zu stark depressiven Phasen, in welchen die suizidalen Neigungen Sarahs in der Therapie deutlich wurden. Die einbrechende Pubertät verstärkte alle bestehenden Konflikte, so dass die zugrunde liegende Depression nicht mehr anders zu bewältigen war. Dies war an einem Traum zu erkennen, den mir Sarah erzählte und dessen depressive Stimmung schwer auf mir lastete: Ein Baby wäre gestorben. Sarah sah weißen Gips auf der Wiese und fühlte sich unendlich traurig. Als Assoziationen fielen ihr ein, dass sie eine Familie kannte, deren Säugling vor einiger Zeit von einem Pferd totgetrampelt worden war. Auch erinnerte sie sich an ein anderes Baby, das einen Herzfehler hatte und daran kurz nach der Geburt verstorben war. Sie selbst wolle einmal keine Kinder. Ihre Angst wäre zu groß, dass ihr Kind einmal sterben könne. Sie könne wahrscheinlich niemals in einen Raum gehen, in welchem ihr Kind aufgebahrt läge. Ich deutete die vielfältigen Facetten jenes Traumes nicht, sondern sprach lediglich an, dass ich an viele ihrer Gedanken vom Tod, die sie mir während unserer Begegnungen berichtete, erinnert werde und, dass Trennung für sie so schwer zu ertragen sei, weil Trennung in ihrer Vorstellung Tod bedeutete.

Der Druck, in die Schule zu gehen, wurde natürlich immer stärker, je länger Sarah den Schulbesuch verweigerte. Sie suchte zum einen die Situation einfach zu verleugnen, so zu tun, als mache es ihr nichts aus, dass Mutter, Verwandtschaft, Freunde ständig fragten, sie ständig unter Druck setzten. Doch immer wieder brach Sarah in der Therapie in Weinen aus, weil sie große Angst vor der Schule und den Mädchen dort hatte. Immer deutlicher entstand das Bild eines schwachen, kleinen Kindes, das nie Gelegenheit bekommen hatte, sich selbst durchzusetzen, weil die Mutter ständig für sie da war und die Tochter kein eigenes Selbst entwickeln ließ. Doch jetzt begann sich Sarah, zunehmend mit ihren Ängsten vor gleichaltrigen Mädchen auseinander zu setzen, begann, über ein Mädchen zu fantasieren, das sie immer verletzte und beleidigte, und schließlich gelang es ihr zum ersten Mal, wieder die Schule zu besuchen, obwohl ihr dieses Vorhaben große Ängste bereitete und sie noch einmal in tiefe Verzweiflung versetzte. Sie nahm sich vor, die Schule nach den bevorstehenden Ferien wieder regelmäßig zu besuchen, was ihr in der Tat gelang.

Wie bei Schulphobien üblich, wollte Sarah jetzt die Therapie abbrechen. Darum konfrontierte ich sie mit ihren Ängsten, die keineswegs bewältigt waren, sondern nur nicht mehr in die Schule projiziert wurden. Dann stellte sich heraus, dass die Großmutter das Mädchen von klein auf regelrecht zum Wohlverhalten gezwungen hatte. Sie hatte zu Sarah gesagt, wenn sie nicht brav wäre, würde das ihr Herz schädigen, weil sie sich so aufregen müsse. Dann müsste sie sterben. Der Traum Sarahs konnte vor diesem Hintergrund von uns noch ganz anders verstanden werden. Ihr erpresserisches Verhalten hatte die Großmutter immer wieder auch benutzt, um Sarah in die Schule zu drängen. Sowohl mit Mutter als auch mit der Großmutter wurden viele begleitende Gespräche geführt, damit sie sich mit dem jetzt trotzig und aktiver gewordenen Mädchen auseinandersetzen konnten. Die Therapie Sarahs machte weiterhin Fortschritte. Sarah wurde aggressiver, sowohl gegenüber Mutter und Großmutter als auch gegenüber ihren Freundinnen, von denen sie sich mittlerweile gut abgrenzen konnte. Sie ließ sich nicht mehr alles gefallen, nur um nicht die Beziehung zu gefährden, sondern konnte sich in förderlicher Weise streiten, ohne sofort ein schlechtes Gewissen zu bekommen. Die neu geknüpften Freundschaften und die Schule begannen ihr Freude zu bereiten, so dass die Behandlung zu Ende geführt werden konnte.

Interpretation

Psychodynamik

Bei der Mutter bestand – aufgrund der eigenen Biografie – ein intensiver Wunsch nach harmonischer Verschränkung und immerwährender guter Symbiose. Sie wollte eins sein mit der Tochter und suchte diesen Zustand auch in allen sozialen Schwellensituationen aufrecht zu erhalten. Aggressive Tendenzen wurden darum von Sarah als

141

etwas Gefährliches, Zerstörerisches erlebt und in Außenbeziehungen projiziert, um die Beziehung zur Mutter nicht zu gefährden, auf welche sich natürlich zunehmend Tötungsfantasien richteten. Im Zusammenleben nahm die Mutter alle aggressiven Affekte Sarahs im Entstehen auf, neutralisierte sie und erstickte so aggressive Durchsetzung und Ablösung gleichsam im Keim, wie die Mutter selbst sagte, sie konnte keinen Streit ertragen. Darum wurden für Sarah die Außenwelt und alle darin lebenden Menschen zur generellen Bedrohung, weil alle negativen Vorstellungen in sie hinein projiziert wurden. In den sozialen Schwellensituationen bekam der zentrale Konflikt jeweils Zündstoff von außen, mit beginnender Pubertät kam noch der Triebschub hinzu. Jetzt war die Verleugnung der Aggression nicht mehr möglich, die Wut Sarahs machte sich in Durchbrüchen bemerkbar, in ständiger Kontrolle und Beherrschung der Mutter, was sich später in der Übertragung wiederholte.

Die Ausschließlichkeit der Beziehung zur Mutter wurde durch das reale Fehlen des Vaters natürlich sehr verstärkt. Sarah war ein Kind, das in seiner Eigenständigkeit nie gesehen worden war und nichts Eigenes entwickeln durfte. Sie durfte sich nicht mit anderen auseinandersetzen, der Aufbau psychischer Repräsentanzen und die Fähigkeit zur Symbolisierung blieben gestört, aber auch das Selbstwertgefühl des Mädchens. Der vorliegenden Schulphobie lag eine nicht bewältigte Loslösungsproblematik zugrunde. Deutlich zu erkennen ist aber auch eine depressive Struktur. Dass Sarah Trennung mit Tod gleichsetzte, wie in ihrem Traum deutlich zu erkennen, hing sicher nicht zuletzt mit dem nicht verarbeiteten Tod des Großvaters zusammen. Als sie selbst wegen des Balles ins Krankenhaus kam, wurde die Identifikation mit dem sterbenden Großvater eingeleitet. Von jetzt an wollte sie nicht mehr in die Schule gehen aus Angst, ihr selbst könne etwas zustoßen, wie Bowlby dies für

einen der vier Familientypen herausarbeitete. Die Großmutter hatte sicher einen entscheidenden Anteil an der Nichtverarbeitung von Trennung und Tod, indem sie den Herzinfarkt des Großvaters mit einer möglichen Schädigung des Herzens durch Ungehorsam in Verbindung brachte. Damit wurde jede aggressive Äußerung des Kindes mit Schuld und Todesangst besetzt. Sarah vermied diesen Konflikt, indem sie nicht mehr in die Schule ging.

Bei Sarah waren bei dem drohenden Verlust der Mutter sowohl Schutz und Sicherheit als auch Liebe und Zuwendung gefährdet, darum kam es zunächst zu schweren, phobisch abgewehrten Trennungsängsten, später zur Depression.

Diagnose:

F93.0 emotionale Störung mit Trennungsangst des Kindesalters

F93.1 phobische Störung des Kindesalters

Die therapeutische Arbeit

Am Anfang der Therapie versuchte Sarah in der Übertragung die gewohnte harmonische und aggressionsfreie Situation zu wiederholen. Später wurden die latenten und offenen Aggressionen immer direkter in die Beziehung zum Therapeuten gebracht und gedeutet. Der Traum Sarahs von einem vom Pferd niedergetrampelten Kind zeigte einerseits, dass es bislang kein eigenes Leben gegeben hatte, aber er machte vor allem auch die Angst des Mädchens vor Trieben und zerstörerischer Aggression deutlich.

Über die Projektion ihrer Aggression in die Schule erfuhren die Ängste Sarahs eine Pseudoobjektivierung, indem sich eine – vermeintlich – konkrete Gefahr herausbildete. Hätte Sarah ohne Druck auf den

Schulbesuch verzichten dürfen, hätte sie relativ angstfrei bleiben können, allerdings unter Verzicht auf ein soziales Leben. Wie bei der Angstneurose darf die Therapie der Schulphobie niemals verhindern, dass der Patient weiterhin mit der Angst konfrontiert wird. Zentrale Rahmenbedingung ist in der Regel, dass das Kind die Schule besuchen sollte, ehe mit der Behandlung begonnen wird. Leicht könnte sich ansonsten die pathologische Beziehung zwischen Mutter und Kind, zwischen Anklammern und aggressiver, sadistischer Kontrolle wiederholen. Der Therapeut sollte sich also auf keinen Fall als Attestschreiber, Lehrervertröster oder gar Hilfslehrer missbrauchen lassen, was in dem bei Schulphobien üblichen Agieren rasch geschehen kann. Von Eltern und Institutionen wird erheblicher Druck auf den Therapeuten ausgeübt, schnell mit der Behandlung zu beginnen, um das störende Symptom rasch zu beseitigen. Bald ist der Therapeut in die Dynamik verstrickt und fühlt sich außerstande, noch frei zu handeln. Vordergründig harmonischen Beziehungen liegen latente Aggressionen zugrunde. Die Abbruchgefahr ist immer groß, wenn das Kind wieder zur Schule geht, weil bei allen Beteiligten eine große Angst besteht, an den vorliegenden symbiotischen Beziehungen könnte sich grundsätzlich etwas verändern (vgl. Hopf 1998b, S. 9 ff.).

III Narzisstische Störungen

1 Depression

Depressionen im Kindesalter galten lange Zeit als selten. Heute gehen wir davon aus, dass sie nicht zuletzt aufgrund der häufigen Koppelung mit einer Angstsymptomatik und der stärkeren Verwendung von externalsierenden Abwehrformen, z. B. im Bereich der Lernstörungen, bei Aggression und Hyperaktivität, aber auch bei der sogenannten Aufmerksamkeitsstörung ohne Hyperaktivität, häufig übersehen werden. Im Kindes- und Jugendalter wird von einer Prävalenz von etwa 1 % der Kindergartenkinder, 2 % der Grundschulkinder und 6 % bis 8 % der Jugendlichen ausgegangen, bei deutlicher Mädchenlastigkeit (vgl. Schulte-Markwort 2007, S. 311). Insbesondere in der Adoleszenz kommt es zu einem starken Ansteigen depressiver Störungen, vor allem bei den Mädchen. Obwohl depressive Störungen zu den häufigsten psychiatrischen Störungen gehören, bleiben schätzungsweise 70 %– 80 % der depressiven Kinder und Jugendlichen unbehandelt (Seiffge-Krenke 2007a, S. 193).

Die Symptome der Depression sind eine gedrückte Grundstimmung, Antriebshemmung, Verlust der Interessen, Absinken der Leistungs- und Konzentrationsfähigkeit, Stimmungsschwankungen, Insuffizienzgefühle, verminderte Konzentration und Aufmerksamkeit, ängstliches Anklammerungsverhalten, Schuldgefühle und latente oder manifeste Suizidwünsche. Die depressive Stimmung ist häufig begleitet von körper-lichen Symptomen wie Appetit- und Gewichtsverlust, Müdigkeit, Kopfschmerzen oder Schlafstörungen. Das depressive Syndrom kann Stunden, Tage, Wochen, oft aber Monate dauern, schwächer und stärker sein, je nach Grad der Ich-Störung als psychotische oder narzisstische Störung in Erscheinung treten. Die Depression kann mit Phasen manischer Abwehr wechseln (Remschmidt 2000, S. 196; Mentzos 1989, S. 183).

Das Spektrum depressiver Erkankungen reicht von einfacher Traurigkeit bis zu schweren Formen von Depression. Seiffge-Krenke (2007a, S. 189) fordert von einer Klassifizierung wie der ICD-10, dass altersspezifische Symptome für die Depression entwickelt werden müssten. Depressionen gehören zu den häufigsten psychischen Störungen im Kindes- und Jugendalter. Umso mehr überrascht es, dass in der ICD-10 keine eigene Klassifikation für Depressionen im Kindes- und Jugendalter existiert. Chronisch depressive Zustände, die nicht den Schweregrad einer depressiven Episode erreichen, werden im Konzept der Dysthymia zusammengefasst, wobei die Unterscheidung in schwer, mittel und leicht nicht einfach zu treffen ist. Als Diagnosen können lediglich verwendet werden:

F32	depressive Episode
F34.1	Dysthymia

Theorie der Depression

Freud (1917e) beschreibt die Depression als pathologische Abart der Trauerreaktion. Der Vergleich mit der Trauerreaktion ist aufgrund dreier Besonderheiten bzw. Circuli vitiosi zulässig. In der Trauerreaktion findet man eine Ich-Hemmung, ein Absinken der Aktivität und Leistung und einen Rückzug von der Welt. Während es sich bei der Trauer um eine sinnvolle vorübergehende Reaktion zum Schutz vor äußeren Reizen und zur Reorganisation handelt, wird daraus in der Depression eine extreme Ich-Hemmung in Form von Apathie und Antriebsarmut, die den Charakter eines Abwehrmechanismus annimmt. Auf Dauer bewirkt dieser keinen Schutz, sondern im Gegenteil, eine weitere Herabsetzung der Selbstachtung.

Die zweite Besonderheit ist die der Trauerreaktion vergleichbaren Bedeutung der Aggression. Aggression und die Wendung der Aggression gegen das Selbst in Form von Autoaggression ist bei der Trauerreaktion normal, bei der Depression führt die Aggression aber zu weiteren Komplikationen. Die massiven aggressiven Fantasien werden autoaggressiv abgewehrt in Form von Selbstvorwürfen, Selbstanklagen, Nahrungsverweigerung, Selbstverstümmelung, Suizidalität oder Selbsttötung. Je größer die Selbstbestrafung, desto intensiver ist die Wut und Aggressionsfantasie, die wiederum autoaggressiv abgewehrt wird.

Der dritte Circulus vitiosus betrifft die Introjektion des verlorenen Objektes. In der Depression kommt es durch eine orale Fixierung zur Introjektion des Objektes. Während in der normalen Trauerarbeit über passagere Identifizierungen der Verlust irgendwie rückgängig gemacht wird, ist die Introjektion in der Depression primitiv und undifferenziert. Es kommt nicht zur Entlastung, sondern zu größeren Schwierigkeiten, da das Objekt in der Depression sowohl gehasst als auch geliebt wurde, d. h. es wird ein hochgradig ambivalentes Objekt introjiziert. Die typischen Selbstvorwürfe des Depressiven gelten dann nicht nur sich selbst, sondern auch diesen introjizierten bösen Anteilen des Objektes. Diese Introjektion ist wiederum Grundlage für die Wendung der Aggression gegen das Selbst.

Die drei Circuli vitiosi beschreiben das Wesentliche der Depression, die als narzisstische Störung immer auch charakterisiert ist durch einen narzisstischen Rückzug, der in allen drei Vorgängen enthalten ist. Viele depressive Zustände beginnen nach einem faktischen oder symbolischen Objektverlust und/oder einer narzisstischen Traumatisierung oder Kränkung. Da die Objekte der Kindheit meist abwesend oder stark ambivalent besetzt waren, kam es in der Regel nicht zu stabilen Internalisierungen. Die Stabilisierung erfolgt durch Anklammerung an äußere Objekte oder durch übermäßige Leistungsansprüche. Diese Konstruktion ist sehr labil und es kann bei Störungen zur Dekompensation kommen. Bei der Depression geht es um den Verlust des Liebes-Anerkennung-Aufwertung bietenden Objektes. Durch die frühe Fixierung bei der Depression ist das Über-Ich geprägt von Absolutheit, Rigidität und Undifferenziertheit. Aber auch das Ich-Ideal ist überhöht, d. h. die Ansprüche, die der depressive Mensch an sich stellt, überfordern ihn. Das Ausmaß der Ich-Störung entscheidet dann über das Entwicklungsniveau der Depression, d. h. ob es sich um eine narzisstische Störung oder psychotische Form handelt (Mentzos 1984, S. 184 ff.).

Sandler und Joffe (1980) dagegen gehen von einer depressiven affektiven Grundreaktion analog zu dem Grundaffekt der Angst aus, dessen Durchbruch mit Abwehrreaktionen verhindert wird. Aggressive Komponenten kommen lediglich hinzu. Beim Versagen der Abwehr und der Ich-Kontrollen kommt es zum Durchbruch von Angst oder depressiver Reaktionen. Es gibt einen normalen psychobiologischen Affekt, der anormal wird, wenn er in inadäquaten Situationen auftritt oder unverhältnismäßig lange andauert. Hand in Hand mit dem Durchbruch geht ein Gefühl von Hilflosigkeit und Unfähigkeit. Auslöser der depressiven Reaktion ist ihrer Meinung nach nicht nur der Objektverlust, sondern auch der Verlust eines Zustandes des Selbst. »Sogar ein älteres Kind, das hinlänglich zwischen Selbst und Objektvorstellungen unterscheiden kann, reagiert möglicherweise mit einer Depression auf die Geburt eines Geschwisters; dabei handelt es sich unseres Erachtens nicht primär um eine Reaktion auf einen Objektverlust, sondern vielmehr um das Gefühl, des Idealzustandes – gewährleistet durch den alleinigen Besitz der Mutter – beraubt worden zu sein« (ebd., S. 421). Ein seelischer Schmerz spiegelt eine Diskrepanz wider, die zwischen dem aktuellen Zustand des Selbst und einem Idealzustand psychischen Wohlbefindens herrscht. Fühlt sich ein Mensch angesichts einer schmerzlichen Situation hilflos, ohnmächtig und resigniert, so erlebt er die affektive Antwort der Depression. Die Differenz wird dabei von Kindern unterschiedlich erlebt. Je unerreichbarer der Idealzustand empfunden wird, je stärker er vom Kind besetzt wird und je hilfloser es sich fühlt, desto ausgeprägter ist die depressive Reaktion. Die Aggression dient dann der Anpassung an die neuen Lebensumstände. Die Aggression tritt bei Sandler und Joffe nicht als Wendung gegen das Selbst auf, sondern als Folge einer direkten Aggressionshemmung. Als Abwehrmechanismen gegen den Durchbruch einer depressiven Reaktion zählen Sandler und Joffe auf: die magische Beherrschung des Selbst und der Umwelt; eine Affektumkehr, zum Beispiel Clownerien und Erregung, psychosomatische Reaktio-

nen und Identifizierung mit idealisierten Objekten. Die Hilflosigkeit wird bei diesen Abwehrmanövern geleugnet. Im Normalfall sei der Verlust befriedigender Zustände des Selbst ein Ansporn für neue Entwicklungen und Erfahrungen.

Das Erscheinungsbild der Depression ist im Kindesalter schwerer zu erkennen. Kinder neigen noch dazu, Konflikte zu externalisieren, d. h. Spannungen mit den Beziehungspersonen ihrer Umwelt auszutragen und nicht in ihrem Inneren. Trotzdem ist auch bei ihnen die Stimmung herabgesetzt, sie sind unzufrieden und gereizt, zeigen Versagensängste. Das Kind zeigt wenig Aktivitäten, äußert Langeweile, seine Kontakte sind eingeschränkt und seine Handlungen verlangsamt. Schlaf- und Essverhalten sind häufig verändert, bis hin zu suchtartigem Essen. Auch im Kindesalter ist der Endpunkt einer depressiven Entwicklung suizidales Verhalten (Diepold 1989, S. 4 f.).

Erfahrungen von Verlust oder Liebesverlust führen bei Kindern eher zu Anklammerungsverhalten, zur Vermeidung ängstigender Situationen. Aggressionen werden noch stärker in Form von Vorwürfen nach außen gewendet, aber auch in Zwangshandlungen kanalisiert. Die Kinder schwanken zwischen Aggression und hilfloser Anklammerung. Bei realem Verlust des Liebesobjektes, wie im Hospitalismus, hat Spitz (1969, S. 279 ff.) bereits in den 1940er Jahren bei Säuglingen und Kleinkindern die Symptome als anaklitische Depression bezeichnet. Es kommt zur passiven Abhängigkeit von äußeren Objekten, zu Weinerlichkeit und Hilflosigkeitsgefühlen.

Trennungsängste, Kontaktängste, Stimmungslabilität, Enuresis sind – wie beim Fallbeispiel »Sonja« – häufig Zeichen einer depressiven Erkrankung, vor allem bei Mädchen dieser Altersstufe. Oft werden diese Symptome jedoch isoliert betrachtet und behandelt und nicht im Zusammenhang mit einer kindlichen Depression gesehen. Bei der Depression können wir typische

Geschlechtsunterschiede erkennen: Mädchen neigen zur phobisch-depressiven oder »oknophilen« Verarbeitung und machen deutlich sich und den eigenen Körper zum Opfer der bestehenden Verhältnisse: Verstimmungszustände, Ängste, Schlafstörungen lassen die depressive Erkrankung immerhin ansatzweise erkennbar werden.

Bei Jungen sind es Hyperaktivität und Getriebenheit, aggressive Durchbrüche und ausagierende, sozial störende Verhaltensweisen, die oft eine dahinter liegende Depression abwehren. Sie können keine verlässlichen, gefühlsmäßigen Bindungen eingehen und sich nicht einschränken: Eine hohe Anspruchlichkeit und die Größenfantasien lassen eine depressive Erkrankung nur bei genauem Hinsehen vermuten, weil vordergründig die narzisstische Störung beeindruckt. Es findet eine »Affektumkehr« statt, indem depressive Gefühle nur agitiert-erregt in Erscheinung treten und mittels der die Umwelt nervenden Clownerien maskiert werden.

In der pädagogischen Situation fallen depressive Kinder eher durch Leistungsverweigerung auf, wobei selten die dahinter liegende Depression erkannt wird. Aufgrund eines überfordernden Ich-Ideals haben die Kinder enorme Ansprüche und gleichzeitig durch ihr rigides Über-Ich das Gefühl, nichts zu können, zu versagen. Die Versagensangst führt schließlich zur Leistungsverweigerung, z. B. in der sogenannten ADS (vgl. Heinemann und Hopf 2006).

Aufgrund des Triebeinbruches und der vielfältigen notwendigen Umstrukturierungen während der Adoleszenz kommt es bei fast allen, also auch bei sogenannten normalen Entwicklungsverläufen, zu gelegentlichen depressiven Einbrüchen mit Verstimmungen, herabgesetztem Selbstwertgefühl, Reizbarkeit etc. In der Regel bilden sich die Symptome zurück, ohne dass es im Erwachsenenalter zu weiteren depressiven Verstimmungen kommt. Manchmal entsteht jedoch eine manifeste depressive Erkrankung, die drin-

gend behandelt werden muss. Die diagnostische Abklärung, ob vorübergehende Entwicklungsstörung oder depressive Erkrankung, ist nicht leicht durchzuführen (vgl. Branik 1990, S. 128). Es bedarf einer gründlichen Untersuchung der psychischen Struktur, wobei in der Regel schon bei der Erhebung der Anamnese deutlich wird, dass der depressive Einbruch keineswegs unvermittelt geschieht, sondern eine lange, jedoch oft stumme Vorgeschichte hat.

Für die pädagogische und therapeutische Arbeit sind die Stärkung des Selbst, die Wendung der Aggression nach außen ohne Schuldgefühle, nach Sandler und Joffe (1980, S. 429) eine Stärkung der Aggression im Sinne einer Förderung der Autonomie und Entwicklung der Individuation als wesentliche Ziele zu nennen.

Zusammenfassung

Die Depression im Kindesalter ist oft schwer zu erkennen; sie verbirgt sich hinter ängstlich-anklammerndem Verhalten, Versagensängsten, Leistungsverweigerung, Schlafstörungen, Essstörungen sowie Antriebs- und Interesselosigkeit. Bei Jungen wird die Depression eher über eine Aggressivierung abgewehrt. Sie zeigen Größenfantasien, aggressives Verhalten und Clownerien. Im Jugendalter nimmt die Depression meist die Züge des Erwachsenenalters an und die Depression ist häufiger bei weiblichen Jugendlichen zu finden.

Die Depression ist charakterisiert durch drei Circuli vitiosi. Chronische, nicht bewältigte Trauer führt zur Ich-Hemmung, die wiederum zur Herabsetzung des Selbstgefühls beiträgt. Die Aggression wird nicht nach außen, sondern gegen das Selbst gewendet, wodurch neue Aggression entsteht, die wiederum gegen das Selbst gewendet wird. In der Depression kommt es zur Introjektion eines hochgradig ambivalenten Objektes. Die gegen das Selbst gewendete

Aggression gilt auch diesen gehassten Objektanteilen. Ein rigides Über-Ich sowie ein unerreichbares Ich-Ideal verhindern eine gesunde narzisstische Entwicklung.

Fallbeispiel »Sonja«

Sonja war etwa zehn Jahre alt, als sie mir wegen ihrer Schwierigkeiten vorgestellt wurde. Im Vorgespräch berichteten die Eltern, dass das Mädchen immer wieder in große Panik gerate, wenn es sich von ihnen trennen müsse. Wollten sie auch nur für kurze Zeit weggehen oder wegfahren, befürchte Sonja sofort, den Eltern könne etwas Schlimmes geschehen, sie könnten verletzt oder gar getötet werden. Außerdem wäre Sonja sehr verletzlich und reizbar, sie lebten mit ihr fortdauernd wie auf einem Pulverfass. Die häusliche Situation sei noch dadurch verschärft, dass Sonja unaufhörlich am Schürzenzipfel der Mutter hinge und keinerlei Freundinnen habe. Meist finde sie andere Kinder böse oder auch doof, jedenfalls sei sie nicht zu bewegen, jemanden zu besuchen oder zu sich nach Hause einzuladen. Andererseits erfuhr ich auch von den Eltern, dass man Sonja nur schwer zufrieden stellen könne. Ständig gebe es Vorwürfe und fortlaufend Streit: Sonja werfe zu allem Überfluss noch der Mutter vor, dass sie immer alles besser wissen wolle. Sie habe kürzlich geäußert, dass alles wohl besser wäre, wenn sie nicht mehr in der Familie sei. Darum wollte sie am liebsten sterben. Als Säugling hatte Sonja an juckenden Ekzemen gelitten, sie aß sehr viel, insbesondere Süßigkeiten und lutschte am Daumen.

Sonjas Mutter hatte beide Eltern früh durch einen Autounfall verloren. Sie war bei der Großmutter mütterlicherseits und einer unverheirateten Tante aufgewachsen. Schon lange litt sie selbst an depressiven Verstimmungen, Schlafstörungen und chronischen Rückenschmerzen. Sie begann mit einer analytischen Psychotherapie, welche jedoch ein jähes Ende fand, weil der Therapeut starb. Danach nahmen übrigens Sonjas Symptome rapide zu. Der Vater war während des ersten Gesprächs zwar physisch anwesend, sprach jedoch so gut wie nicht, und ich konnte ihn weder spüren noch irgendwie einschätzen, so blass und ausdruckslos wirkte er.

Die Symptomatik hatte – für die Eltern erkennbar – eingesetzt, als das Mädchen, damals vier Jahre alt, von den Eltern allein gelassen und aus dem Schlaf erwacht war. Es rannte durchs Haus, suchte die Eltern und lief schließlich schreiend auf die Straße. Diesen Vorfall habe Sonja allerdings mittlerweile »vergessen«.

Sonja war ein eher unscheinbares, wenig ansprechendes, etwas adipöses Mädchen. Wie von der Mutter angekündigt, wirkte sie auch auf mich gereizt und missmutig. Die Mimik schien regelrecht eingefroren, Trauer schimmerte gelegentlich durch, andererseits hatte ich den Eindruck, als sei Sonja chronisch beleidigt. Sie sprach nicht, mochte auch nichts spielen und ließ mich wie bestellt und nicht abgeholt dastehen. Spontan durchzuckte mich der Gedanke, ich müsste Sonja etwas anbieten, sie zu etwas überreden – und erkannte gleichzeitig, dass ich damit wohl das gleiche machen würde wie die Mutter, nämlich Sonja alle Steine und Widerstände aus dem Weg räumen. Wenig später stellte ich fest, dass ich zunehmend wütend wurde und mir unfreundliche Gedanken durch den Kopf schossen: Warum kommt sie überhaupt hierher, wenn sie nichts von mir will, wenn sich überhaupt nichts verändern soll.

Sonja wirkte weiterhin unfreundlich, muffig, gereizt, und ich bekam das unangenehme Gefühl, sehr überflüssig zu sein. Mein Zorn wurde zusehends größer, das schien Sonja allerdings zu spüren. Sie erzählte, zwar stockend und einsilbig, jedoch sichtlich bemüht, ein wenig von sich und dass es so schlimm sei mit ihren Ängsten. Gleich bekam ich ein schlechtes Gewissen und das Gefühl, meine Arbeit besonders gut machen zu müssen, um diesem armen und bedürftigen Mädchen unbedingt zu helfen.

Immer wieder lauschte Sonja, ob die Eltern auch wirklich noch draußen warteten. Ich bot ihr schließlich alles mögliche aus dem Therapiezimmer an, nur damit es ihr gut gehe, dass sie zufrieden sei und wiederkomme. Sie wählte schließlich, sichtlich gelangweilt, irgendein Spiel, wollte erkennbar nicht gewinnen und natürlich erst recht nicht verlieren, die Zeit sollte lediglich spannungslos und aggressionsfrei so dahin plätschern. Heftigere Affekte schienen sie zu beunruhigen. Ich begleitete Sonja am Schluss der Stunde hinaus, schaute mich vorsichtig für sie um, ob das Auto der Mutter bereits draußen stand, um sie abzuholen. Mit Erstaunen stellte ich danach fest, dass ich Sonja – entgegen meinen Absichten – wie ein rohes Ei behandelte und ihre unbewussten Wünsche relativ unreflektiert mitagierte. Sonja hatte mich recht geschickt eingewickelt. Wenn ich an diese erste Stunde zurückdenke, erinnere ich vor allem Zorn und Langeweile, und dass ich wenig Lust hatte, mit Sonja, die so wenig motiviert schien, eine Therapie anzufangen. Andererseits fühlte ich, dass ich Sonja nicht mehr fallen lassen durfte und so wurde eine Therapie geplant und eingeleitet.

Jenes Pendeln zwischen den beiden konträren Haltungen – Wut und Langeweile – blieb lange bestehen: Zum einen zeigte sich Sonja hilflos, unentschlossen, wusste nicht, was sie tun sollte und drängte mich in die Rolle der versorgenden Mutter. Ich sollte vorschlagen, was sie spielen sollte, sollte die Spiele heranschaffen, für gute Stimmung sorgen, die Beziehung aufrechterhalten usw. Je mehr ich mich anfänglich auf diese Wünsche einließ, um so unzufriedener wurde Sonja. Denn andererseits war Sonja über die Maßen anspruchsvoll, richtete an mich Forderungen in quengeligem und forderndem Ton, die ich nur als unverschämt erleben konnte und die ständigen Ärger, ja Zorn nach sich zogen. Niemand konnte es ihr offensichtlich recht machen. Inzwischen wusste ich, was die Mutter damit meinte, dass Sonja sie die ganze Zeit plage. Ich konfrontierte Sonja mit ihrem Verhalten, deutete ihr ihre unterschwellige, latente Aggression. Doch Sonja ließ mich regelrecht auflaufen, sie tat, als höre sie nichts, und ging in keiner Weise auf irgendwelche Deutungen ein.

Sonjas tugendhaftes Bravsein, das zunächst beeindruckte, wurde von einem schmollenden, grollenden Unterton begleitet. Sie suchte sichtlich Halt, den sie über vordergründiges Wohlverhalten einforderte, trat dem Haltgebenden jedoch permanent gegen das Schienbein. Dabei ging Sonja direkten aggressiven Auseinandersetzungen aus dem Weg. Spiele, die nur ansatzweise Konkurrenzcharakter aufwiesen, mied sie anfänglich, suchte harmonische Nähe, die sie allerdings nach einiger Zeit nicht mehr aushielt. In den ersten Stunden erlebte ich bis ins Detail die ambivalente Beziehung zur Mutter: Sonja hatte Angst, sie zu verlieren und fantasierte gleichzeitig Unfall und Tod, wenn sie sich von ihr entfernte. Von Beginn an wurde deutlich, wie sehr auch das mütterliche Schicksal mit Sonjas Entwicklung verwoben und verstrickt war. Die Eltern von Sonjas Mutter waren bekanntlich durch einen Autounfall ums Leben gekommen, als sie ein kleines Kind war.

Sonjas Art und Weise zu spielen, nervte mich anfänglich unendlich. Baute sie ein Spiel auf, konnte ich gewiss sein, dass Würfel und andere Kleinstteile unter den Tisch fielen und beschwerlich gesucht werden mussten.

Sonja hätte sie zwar einfach liegen gelassen, ich bestand jedoch auf Wiederherstellung des Spiels und beteiligte mich immer wieder an den auch körperlich strapaziösen Suchaktionen. War dann alles wieder auf dem Tisch, begleitet von Sonjas Stöhnen über mein kleinliches Zusammensuchen der Spielteile, ging es ebenso mühselig weiter. Sonja wollte würfeln, fand den Würfel nicht gleich, fuhr hektisch mit zappelnden Fingern über den Tisch, fand den Würfel, würfelte und meist rollte und flog der Würfel ebenfalls wieder unter den Tisch, wobei sie mich seufzend zum Schuldigen machte. Um es kurz zu machen: Meine Gefühle alternierten ständig zwischen Mitleid und Leiden, doch am schwersten ertrug ich Sonjas dauerndes Beleidigtsein, weil sie mir alle Schuld an ihrem Befinden zuwies. Ich fürchtete, es könnte noch lange so weitergehen, denn nach wie vor schien ich mit meinen Deutungen nichts zu bewirken. Es kam zu einem Schwebezustand, in welchem Sonja mir zunächst vermittelte, mich zu brauchen, mich jedoch im gleichen Moment quälte, entwertete und überflüssig machte.

Dieses monochrome analsadistische Beieinandersein wurde von einem dramatischen Zwischenfall unterbrochen. An einem Stundenende verabschiedete ich mich von Sonja, geleitete sie hinaus und ging in meine Wohnung, die über der Praxis lag. Oben angekommen hörte ich mit einem Mal einen gellenden Schrei aus der Praxis und ein panisches: »Wo sind Sie?« Ich eilte hinunter, Sonja rannte in heller Panik, das Gesicht angstverzerrt, auf mich zu und umschlang mich mit ihren Armen. Ich ließ das einige Sekunden zu, befreite mich langsam, jedoch entschieden und sagte zu Sonja in beruhigendem Ton, dass ich da sei und auch vorher dagewesen sei, auch wenn sie mich für kurze Zeit nicht gesehen habe. Es stellte sich heraus, dass Sonja auf die Straße geschaut hatte, ob die Mutter bereits gekommen sei, was bislang stets der Fall war. An jenem Tag hatte sich die Mutter allerdings etwas verspätet, Sonja ging wieder in die Praxis zurück, die Haustüre hatte sie angelehnt gelassen aber sie fand mich nicht mehr vor. Es war zur wiederholenden Inszenierung jenes Vorfalls gekommen, der zum Symptomausbruch geführt hatte, damals, als die Eltern abends weggegangen waren und Sonja in heller Panik auf die Straße rannte.

Wie sehr Sonja fürchtete, sich selbst zu verlieren, wenn das Objekt nicht mehr real anwesend war, wurde mir auf diese Weise wieder ins Bewusstsein gehoben. Ich konnte daraufhin das Mädchen in seiner ganzen Not und Bedürftigkeit erleben, die aus meinem Sichtfeld geraten war, weil ich nur noch die analsadistische Quälerei überleben wollte. Meine veränderte Haltung verwandelte auch Sonjas Beziehung zu mir schlagartig: Sie zeigte offen, dass sie mich brauchte, begann mit mir, ihr alltägliches Elend zu besprechen und wurde mit der Zeit für Deutungen zugänglich. Sie veränderte auch ihr Spielen: Über eine lange Phase begann sie zu tonen und Ängste und Konflikte darzustellen, so dass wir sie miteinander ansehen und besprechen konnten. Ängste und Beunruhigungen nahm ich in guter Weise auf, so wie ich den Panikanfall miterleben und mitbewältigen half, dass sukzessive eine Veränderung der Objektbeziehung einsetzen konnte.

Die Therapie dauerte fast drei Jahre, danach war Sonja relativ symptomfrei. Vor ihrem Abitur rief mich ihr Klassenlehrer an, weil sie Prüfungsängste entwickelte – sie hatte offensichtlich noch einmal Angst bekommen, selbständig zu werden, ließ auch wieder einen anderen für sich tätig werden. Ich empfahl einige Sitzungen bei einem Kollegen, die offensichtlich ausreichten.

Interpretation

Psychodynamik

Auslöser von Sonjas ängstlichem Anklammerungsverhalten war das nächtliche Erwachen und Suchen der Eltern. Sonja hing am Schürzenzipfel der Mutter. Zeigt sich nicht in der Befürchtung, die Eltern könnten sterben, die Angst der Mutter bezüglich ihres eigenen erlittenen Traumas? Gleichzeitig mag diese Angst auch die hochgradige Ambivalenz der Mutter gegenüber ausdrücken: Aggression und Todeswünsche einem überfürsorglichen, selbst ängstlichen Objekt gegenüber. Die Angst der Mutter ist lebensgeschichtlich mehr als verständlich, führte im Kind aber zu einem Autonomie- und Separationskonflikt. Die unbewusste Weitergabe des Traumas der Mutter zeigt sich an der Auslösesituation von Sonjas Symptomen. Als die Eltern nicht da sind, sucht sie diese verzweifelt auf der Straße, wie die Mutter selbst in ihrer Kindheit vermutlich die Eltern suchte. Die traumatische Verlustangst führt bei Sonja schließlich zu einem gesteigerten Essverhalten, zur suchtartigen oralen Inkorporation des Objektes und zu Daumenlutschen.

Es bestehen Kontaktprobleme, wobei deutlich wird, dass sich das Mädchen in zweifacher Weise vor den Objekten schützt: Zum einen, indem sie sich ängstlich zurückzieht, also nach dem phobischen Modus reagiert und angstmachende Konflikte vermeidet, oder indem sie die Objekte entwertet (»andere Kinder sind doof«). Die Stimmung Sonjas ist herabgesetzt, sie wirkt unzufrieden und gereizt, andererseits gelangweilt und desinteressiert, und sie zeigt vor allem geringe Frustrationstoleranz und Versagensängste. Dabei beeindruckt eine schwere Störung des Selbstwertgefühls, wobei sich Sonja psychisch erleichterte, indem sie ihre Schwäche in der Mutter unterbrachte. Eine für Depressionen bei Kindern typische Eigenheit zeigt sich in der Wut auf die Mutter, indem die Mutter für alle Missempfindungen, alles Unerträgliche verantwortlich gemacht wird, begleitet von gelegentlichen aggressiven Attacken, die das vorherige ängstliche Klammern unvermittelt ablösen und zu ständigen Vorwürfen führen.

Doch Sonja richtet die Aggressivität nicht nur auf das äußere Objekt, sondern auch auf die schlechten Introjekte, indem sie deutlich suizidale Fantasien äußert und der unerträglichen Situation ausweichen möchte. Damit kann sie wiederum den Eltern indirekt Druck machen und bei diesen Schuldgefühle auslösen. Im Spielverhalten, aber auch im Leistungsverhalten in der Schule, zeigt sich die Vermeidungshaltung; sie vermeidet, sich Versagensängsten aufgrund ihres hohen Ich-Ideals und ihres rigiden Über-Ich auszusetzen. Im Spiel darf sie weder gewinnen noch verlieren, in der Schule verweigert sie häufig die Leistung, aus Angst zu versagen.

Weil es innerhalb der emotionalen Störungen keine eigene Klassifikation gibt, müssen für »Depression im Kindesalter« andere Ziffern gewählt werden.

Diagnose:

F41.2 Angst und depressive Störung gemischt
(Diese Diagnose soll Verwendung finden, wenn keine der beiden Störungen ein Ausmaß erreicht, das eine entsprechende **einzelne** Diagnose rechtfertigen würde, was hier der Fall war)

Die therapeutische Arbeit

In der Gegenübertragung erlebt der Therapeut Aggression, Abwertung und durch die ständigen Forderungen und das Beleidigtsein unbewusst Schuldgefühle, die aggressiv abgewehrt werden. Die Aggression wird in der Gegenübertragung in Schuldgefühlen und in direkter Aggression dem Kind gegenüber sichtbar. Aus Schuldgefühl heraus entsteht der Wunsch, Sonja alle Steine aus dem Weg zu räumen, ihr alles recht zu machen. Es entsteht ein Pendeln zwischen Wut und Langeweile. Im Spiel muss der Therapeut ständig verloren gegangene Objekte suchen. Die Vorwürfe werden bei Sonja einem äußeren Objekt gegenüber (der Mutter, dem Therapeut) geäußert, nicht nur gegen das Selbst gewendet. Sonja kann in ihrer chronischen Trauer die Aggression nicht bearbeiten und muss sie von daher abwehren.

Der Therapeut, aber auch die Pädagogen fühlen sich im Umgang mit dem Mädchen gekränkt, hilflos, laufen unbewusst Gefahr, zum strafenden Über-Ich zu werden, um die ständigen Schuldgefühle abzuwehren. Sie machen die Arbeit selbst oder sie stellen an Sonja Forderungen (Schulleistungen oder die Würfel aufzuheben), die diese wieder verweigert.

In der therapeutischen Situation kommt es zur Reinszenierung der angstvollen Situation. Die Mutter ist nicht da und Sonja rennt in Panik zurück in die Praxis. Während der Therapeut im Spiel erst die Spielklötze (Übergangsobjekte) suchen und wieder zurückbringen musste, wurde der Affekt noch über den depressiven Mechanismus abgewehrt. Es kam aber schließlich zur Reinszenierung in der therapeutischen Situation mit der Möglichkeit der Arbeit am eigentlichen Affekt, der Angst um die Eltern sowie der chronischen Trauer.

2　Suizid

Suizid wird bei Kindern unter 12 Jahre mit 1,5 Fällen auf 100 000 angegeben, für Jugendliche bis 20 Jahre mit 18 Fällen auf 100 000 (Knölker u. a. 2000, S. 401). Statistisch steht Suizid bei Kindern an 10. Stelle der Todesursachen, stellt aber in der Adoleszenz ein weitaus größeres Problem dar. In der Altersgruppe der 15–25-Jährigen steht der vollendete Suizid an zweiter bis dritter Stelle der Todesursachen. Bei einer hohen Dunkelziffer kann man davon ausgehen, dass Suizidversuche etwa 8–10-mal häufiger vorkommen als Suizide. Suizidversuche werden von Mädchen etwa 2–3-mal häufiger als von Jungen unternommen, während bei den vollendeten Suiziden das männliche Geschlecht deutlich überwiegt. Dabei bevorzugen Jungen in 80–90 % der Fälle aggressive Methoden wie Erhängen, Erdrosseln, Ersticken, Erschießen; Mädchen dagegen bevorzugen Selbsttötung durch Vergiftung (Remschmidt 2000, S. 309). Kinder scheinen eher harte Suizidmethoden anzuwenden, zum Beispiel vor ein Auto zu laufen, weil sie wahrscheinlich keine anderen Methoden zur Verfügung haben (Orbach 1990, S. 36 f.). Dies bedeutet auch, dass im Kindesalter Suizid möglicherweise häufiger als Unfall erscheint und somit die Dunkelziffer im Kindesalter besonders hoch ist.

In einer Studie mit 3086 Schülern und Studenten zwischen 14 und 19 Jahren fand Stork eine Häufigkeit von 7,5 % der Jungen und 13 % der Mädchen, die angaben, eine Suizidhandlung schon begangen zu haben und die ein typisch depressives Persönlichkeitsprofil aufwiesen (Stork 1993a, S. 15). Die Häufigkeit der suizidalen Handlungen scheint im Steigen begriffen zu sein, Müller-Küppers (1983, S. 5) spricht von einem sprunghaften Ansteigen mit 6–12-facher Häufigkeit. Nach du Bois (2007, S. 216) zeigen 4–5 % der Jugendlichen depressive Tendenzen, 2–4 % unternehmen einen Versuch, sich das Leben zu nehmen, Mädchen 4–7-mal häufiger als Jungen. 50 % der Jugendlichen, die einen Suizid versuchten, haben im Verwandten- und Bekanntenkreis depressive und suizidale Krisen miterlebt.

Suizid und Suizidversuch unterliegen den gleichen Motiven und Ursachen, es gibt keine unernsten Suizidversuche, nur etwa 4 % der Patienten mit Suizidversuch haben diesen gut geplant, aber bei nur 7 % ist der Versuch als harmlos einzustufen (Henseler 1984, S. 53). Die meisten Suizidhandlungen fallen in das dritte bis vierte Lebensjahrzehnt. Mit zunehmendem Alter steigt der Anteil mit tödlichen Ausgängen. Psychosen werden im Erwachsenenalter bei 10 % der Suizidversuche und bei 30–40 % der vollendeten Suizide vermutet (ebd., S. 55 f.).

Innerhalb des Kapitels V der ICD-10 – psychische Störungen – ist keine Verschlüsselung für Suizid vorgesehen. Es können die Klassifizierungen für *vorsätzliche Selbstbeschädigung (X60–X84)* verwendet werden.

Theorie des Suizids

Die Psychoanalyse betrachtet Suizid als letzte Konsequenz einer depressiven Dynamik. Bei Freud steht die Erkenntnis im Vordergrund, dass beim Suizid Aggression gegen das Selbst gewendet wird: »Kein Neurotiker verspürt Selbstmordabsichten, der solche nicht von einem Mordimpuls gegen andere auf sich zurückwendet« (1917e, S. 438 f.). Freud hat jedoch nicht nur die Bedeutung der Aggression im Suizid gesehen, sondern auch schon auf die narzisstische Problematik hingewiesen, indem er die Fixierung auf die orale Stufe und die Ambivalenz der Objektbeziehungen herausstellte. Bereits Freud erkannte, dass die Wendung der Aggression gegen das Selbst im Suizid einen narzisstischen Mangel oder Konflikt voraussetzt, die Frage der Aggression sekundär ist.

Suizid und Suizidversuch sind Endpunkte einer depressiven Dynamik und Versuche der Lösung einer narzisstischen Krise. Die eigentliche narzisstische Dynamik teilt sich dabei oft erst nach einer spiralförmigen Annäherung an das Geschehen mit (Henseler 1984, S. 18 f.).

In der Supervision wurde von einer Pädagogin der Fall eines Jungen geschildert, der versuchte, sich das Leben zu nehmen. Der erste Eindruck war, dass er aufgrund von Ängsten wegen einer lebensbedrohlichen Krankheit diesen Suizidversuch unternahm. Bei intensiverer Auseinandersetzung mit der Situation des Jungen wurde die narzisstische Dimension sichtbar. Die Mutter war erneut mit einem Jungen schwanger und der Vater verbot ihr, den Sohn in der Klinik weiter zu besuchen, damit der neue männliche Nachfolger im Mutterleib nicht durch den Kummer der Mutter beeinträchtigt werde. Diese schmerzhafte Erfahrung des Kindes, von den Eltern abgeschrieben zu sein, zeigt die Tragweite solch narzisstischer Kränkungen, die sich hinter einer Suizidhandlung verbergen

können, und die in der Arbeit mit dem Kind bearbeitet werden müssen.

Als Anlass des suizidalen Verhaltens werden bei Kindern Konflikte mit den Eltern zu 87 % angegeben, 53 % Konflikte mit Freunden, 45 % Liebeskummer und nur 17 % gaben Schulkonflikte an (Mansmann und Schenk 1983, S. 40). Ein sehr hoher Prozentsatz der Suizidpatienten lässt schwere psychische Belastungen in der frühen Kindheit erkennen. Beschrieben werden immer wieder Verluste von Elternteilen durch Tod oder Scheidung oder sonstige frühe und lang dauernde Trennungserlebnisse. Die zwischenmenschlichen Beziehungen sind gering und oft relativ flüchtig (Henseler 1984, S. 55 ff.). Bereits 1/4 der suizidalen Jugendlichen haben den Suizid eines Elternteils erlebt (Orbach 1990, S. 85).

Das Selbstgefühl ist in der Regel nicht zur reifen Bewältigung von Kränkungen in der Lage. Das Selbsterleben ist scheinbar widersprüchlich, schwankt zwischen extremer Größe und völliger Nichtigkeit. Den geheimen Größenfantasien entspricht ein realitätsfernes, hochgespanntes Ich-Ideal, dessen Befolgung vom Über-Ich streng und rigide eingefordert wird. Je höher die Anforderungen, desto leichter das Versagen, das neue Anstrengungen nach sich zieht. Eine wesentliche Möglichkeit, den narzisstischen Defekt auszugleichen, liegt in der vorwiegend narzisstischen Objektwahl. Die Beziehungsperson versagt in einer für das narzisstische System des Suizidenten wichtigen Rolle und führt dadurch eine Krise herbei. Es gibt eine soziale Isolierung und erhöhte Suggestibilität. Die Beziehungspersonen dienen dazu, auf Dauer den Defekt im Selbstbild auszugleichen. Aufgrund einer Resignation gegenüber zwischenmenschlichen Kontakten sind die Patienten oft isoliert. Aggressive Impulse werden magisch überschätzt. Die Unfähigkeit, mit aggressiven Impulsen angemessen umzugehen bzw. die Neigung, sie gegen die eigene Person zu wenden, in Verbindung mit einer überhöhten Einschätzung der eigenen Person führt zu magischen Vorstellungen über die Auswirkungen der eigenen Triebimpulse. Wutausbrüche können in diesem Erleben katastrophale Folgen haben.

Der Suizid wird in der Regel als Flucht aus einer unerträglichen Situation oder als Zuflucht in einen harmonischen Zustand fantasiert, bei Kindern zum Beispiel die Wiedervereinigung mit einem verstorbenen Eltern- oder Großelternteil. Vielfach bedeuten Suizidgedanken und Suizidhandlungen das aktive Vorwegnehmen einer passiv gefürchteten Gefahr, also die Sicherung eines bedrohten Machtgefühls. Suizidhandlungen sind in der Regel das Produkt aus selbstzerstörerischen und selbsterhaltenden Tendenzen. Da letztere im allgemeinen dominieren, endet nur etwa jede zehnte Suizidhandlung tödlich. Subjektiv ist aber die überwiegende Mehrzahl der Suizidenten überzeugt von der tödlichen Wirkung der Suizidmethode. Mit der Suizidhandlung wendet der Suizident sich meist an nahe stehende Beziehungspersonen, die auch eine wichtige Rolle für den Anlass zur Suizidhandlung darstellen.

Die Suizidhandlung selbst ist der Versuch einer Konfliktlösung. Der Konflikt besteht in der Gefahr, einer als vernichtend fantasierten Situation passiv und hilflos ausgeliefert zu sein, und ihrer Abwehr durch Agieren von Fantasien, die dieser Gefahr aktiv zuvorkommen. Das Ziel ist dabei das Aufgehen in einem Zustand von Harmonie und Sicherheit mit einem diffus erlebten primären Objekt. Die Gefahr wird so übersprungen und die Illusion von Selbstbestimmung aufrechterhalten. Dies erklärt die Flüchtigkeit der Suizidimpulse. Höchstens jeder fünfte Patient ist nach dem Aufwachen aus einer Vergiftung oder anderen Methoden noch suizidal. Die Zuwendung und die Scheinlösung heben den Konflikt zumindest vorübergehend auf (Henseler 1984, S. 85ff).

Kurz vor einer Suizidhandlung tritt relativ häufig das sogenannte präsuizidale Syndrom auf. Das präsuizidale Syndrom wurde von Ringel bereits 1953 (zit. nach Löchel 1984, S. 214) beschrieben. Es wird charakterisiert als »Einengung«, »gehemmte und gegen die eigene Person gerichtete Aggression«, »Suizidfantasien«, »direkte oder indirekte Suizidankündigungen«, »Arztkonsultationen« und »Depression«. Die Frage ist, ob dieses präsuizidale Syndrom auch im Kindesalter zu finden ist. Bei einer Befragung von 40 Kindern im Alter von 9,1 und 18,5 Jahren im Anschluss an einen Suizidversuch gaben 15 Patienten einen vorhergehenden Suizidversuch an, fünf dieser Patienten nannten bereits zwei Suizidversuche. Löchel kommt zu dem Ergebnis, dass auch bei Kindern und Jugendlichen von einem präsuizidalen Syndrom gesprochen werden kann und nennt folgende Merkmale: Konkrete Vorstellung über die Durchführung eines Suizidversuchs, Suizidgedanken, dysphorische Stimmungen und psychosomatische Erkrankungen, meist Schlafstörungen, Veränderungen des Essverhaltens, Müdigkeit, Konzentrationsstörungen, orthostatische und vegetative Irritationen. Lediglich im Merkmal der häufigen psychosomatischen Erkrankungen unterscheiden sich Kinder und Jugendliche von Erwachsenen, wobei Löchel dies auf Ringels Erklärung zurückführt, dass die Organsprache die Suizidtendenz reduziere, da die Aggression sich gegen den Körper wendet (Löchel 1984, S. 217).

Versuchter und vollendeter Suizid ist im Jugendalter ein bedeutsames Phänomen. Das Jugendalter bringt mit dem Triebschub und der Ablösung vom Elternhaus eine schwierige Aufgabe für das Ich. Suizidales Verhalten in der Adoleszenz ist bei Stork (1993a) oft Ausdruck eines scheinbar unlösbaren Konfliktes zwischen einer engen Bindung an die Mutter und narzisstischen Verschmelzungswünschen, die letzten Endes einer fantasmatischen Verwirklichung eines Inzestwunsches gleichkommen. Meist wird die Mutter idealisiert und alle aggressiven Regungen abgespalten und verleugnet. Jeder Trennungsversuch bedeutet eine Mobilisierung der abgespaltenen und verleugneten aggressiven Regungen und beschwört Angst und Schuldgefühle herauf, die jede Ablösung verhindern. Die Fähigkeit, Konflikte zu organisieren und auszutragen, ist herabgesetzt. Die Abwendung von den Eltern erfolgt oft nur in Form eines renitenten Protestverhaltens. Das primitive Ich-Ideal verlangt absolute Lösungen, das Ergebnis ist oft ein Gefühl des Versagens, der Nutzlosigkeit und der Interesselosigkeit, ein offenkundig depressiver Zustand, der meist nur verdeckt in Erscheinung tritt. Bei Jugendlichen mit suizidaler Neigung kommt zur depressiven Problematik noch hinzu, dass sie sich mit Todes- und Suizidfantasien beschäftigen. Der Suizident idealisiert den Tod und den Suizid. Erst die Möglichkeit, sich das Leben zu nehmen, ist für ihn ein Beweis der eigenen Existenz. Auch bedeutet der Suizid eine besondere Freiheit. Der Suizident opfert sein Leben für die Freiheit, straft und rächt sich an jemandem. Diese Intensität der Auseinandersetzung mit dem Tod beginnt meist schon im Alter von 5 bis 8 Jahren. Dem Tod ist das Erschreckende und Bedrohliche genommen. Er wird zu etwas Beruhigendem, Friedlichem und Fantasien der Wiedergeburt und Vereinigung im Tode, das Zusammenfallen von Mutterverbundenheit und Todesgedanken, sind häufig anzutreffen. Stork betont die Bedeutung der Sexualisierung der Todesfantasien in der Adoleszenz. Er schildert den Tagebucheintrag eines Jugendlichen, der sich später das Leben nahm: »Der Tod ist eine Frau, mit der man nur einmal Liebe macht, aber für alle Ewigkeit« (ebd., S. 23). Stork sieht darin eine Sexualisierung der Todesfantasien und eine regressive Inzestthematik, die für Suizidhandlungen in der Adoleszenz ausschlaggebend sei.

Fonagy und Target (2002) sehen Suizid als auch aggressives Verhalten gegen andere als Mentalisierungsstörung. Das Versagen der Containing-Funktion der frühen Objekte führt zu pathologischen Lösungen, das fehlende oder negative Bild des Kindes wird in das eigene Selbst hineingenommen, bleibt aber im Selbst fremd und nicht assimiliert. Aggression gegen andere und gegen das Selbst haben als Motiv, Gedanken, die nicht mentalisiert werden können, im Selbst oder im anderen anzugreifen. Beim Suizid ist die psychische Selbstrepräsentanz pathologisch getrennt von der physischen. Der Körper wird zur Repräsentation psychischer Zustande benutzt.

Klüwer (2003) weist auf die Beachtung von spezifischen Übertragungs- und Gegenübertragungskonstellationen bei der Behandlung suizidaler Patienten hin. Im Sinne eines Enactments drohen Patienten mit Suizid und lösen Angst und Schrecken beim Therapeuten aus. Patienten können aber auch Verzweiflung und Rettungsfantasien auf Seiten des Analytikers inszenieren sowie Omnipotenz- oder Hilflosigkeitsfantasien. Klüwer hält angemessene Grenzmarkierungen in der Arbeit für bedeutsam, die oft als unanalytische Haltung missverstanden werden. Halten bedeutet, Halt geben (bei Verlusterlebnissen), Halten im Sinne eines Containments, Festhalten am Rahmen gegen Manipulationsversuche und interessanterweise vor allem bei Patienten mit Suizidgefährdung: Halten im Sinne eines Stop-Schildes, ein Halten im Sinne des Anhaltens, einer Grenzziehung (ebd., S. 405).

Die Gedanken Klüwers habe ich (E.H.) selbst sehr eindrücklich erlebt. Ein junger Mann mit einer geistigen Behinderung mit schweren Traumatisierungen durch sexuellen Missbrauch war wegen gewalttätigen, aggressiven und sexualisierten Verhaltens sowie suizidalen Impulsen aufgrund einer Gerichtsauflage bei mir in analytischer Psychotherapie. In einer Stunde, in der er von Handlungen berichtete, die seine fragliche Wendung zum Täter betrafen, sprach ich, ihm zugewandt, freundlich und ohne Schuldgefühle zu machen, an, dass er möglicherweise hier anderen Kindern das antue, was ihm in seiner Kindheit von X angetan wurde. Blitzschnell, ohne darüber nachzudenken, griff er in seinen bei ihm liegenden Rucksack, holte eine Schere heraus und setzte sie an seinen Arm an. Ich reagierte genauso schnell, ohne zu überlegen, hielt beide Arme an den Handgelenken fest und sagte: »Nein, das geht nicht. Ich möchte nicht, dass Sie das tun. Ich habe Ihnen keine Vorwürfe machen wollen, wir sind hier, zu verstehen, warum sie das machen, worüber wir gerade geredet haben.« Erst als er sich beruhigt hatte, ließ ich seine Arme los.

Zusammenfassung

Suizid und Suizidversuch sind Endpunkte einer depressiven Dynamik und Versuche der Lösung einer narzisstischen Krise. Die narzisstische Dynamik teilt sich oft erst nach einer spiralförmigen Annäherung an das Geschehen mit und zeigt sich in einem hohen Ich-Ideal und rigidem Über-Ich, wobei das Selbstbild zwischen Größenfantasien und Minderwertigkeitsgefühlen schwankt. Aggressive Impulse werden magisch über-schätzt und gegen das Selbst gewendet. Beziehungspersonen erhalten oft die Funktion, den narzisstischen Defekt auszugleichen und führen, wenn dies misslingt, eine Krise herbei.

Der Suizid wird in der Regel als Flucht aus einer unerträglichen Situation oder Zuflucht in einen harmonischen Zustand fantasiert. Die Suizidhandlung ist eine Konfliktlösung. Die Gefahr, einer Situation passiv ausgeliefert zu sein, wird durch Agieren von Fantasien, dem zuvor zu kommen, abgewehrt. Auch bei Kindern gibt es ein sogenanntes präsuizidales Syndrom mit konkreten Vorstellungen über die Durchführung eines Suizids, dysphorischen Stimmungen und psychosomatischen Erkrankungen. Im Jugendalter kommt es häufiger zu scheinbar unlösbaren Konflikten zwischen dem Triebschub und dem Wunsch nach Ablösung vom Elternhaus sowie regressiven und inzestuösen Verschmelzungswünschen, die zu Suizidhandlungen führen können. Trennungsversuche mobilisieren verleugnete Aggressionen und erzeugen Angst und Schuldgefühle. Neben der depressiven Problematik scheinen Jugendliche Todes- und Suizidfantasien im Sinne einer Freiheit zu idealisieren.

Fallbeispiel »Vanessa«

Von einem Psychiater wurde mir eine 17-jährige Jugendliche angekündigt, die unter einer Bulimie leiden würde. Zum Erstkontakt erschien eine magere, sehr jungenhaft wirkende Jugendliche mit bleichem Gesicht und dunklen Augenhöhlen. Vanessa sprach mit leiser, hoher Stimme und trug Scham und Schüchternheit regelrecht vor sich her. Allerdings konnte diese augenfällige Zurückhaltung – bereits während der ersten Sitzung – blitzartig umschlagen in ein aufgebläht selbstbewusstes Verhalten, das allerdings selten länger anhielt. Im Gespräch charakterisierte sich Vanessa als schüchtern und ängstlich, mit großen Selbstwertzweifeln, die zur Zeit rundum bestätigt wurden, weil sie glaubte, Banklehre und begleitenden Unterricht nicht zu schaffen. Das Pendeln zwischen ängstlicher Schüchternheit und Aufgeblähtheit wurde auch von entsprechenden Affekten begleitet. Vanessa sah sich einem ständigen Pendeln zwischen depressiven, bedrückten und nahezu manisch abgehobenen Stimmungen ausgesetzt, was auch ihr Umfeld in reichem Maße abbekam.

Vor etwa vier Jahren bemerkte Vanessa, dass sie sich nach üppigen Mahlzeiten erbrechen musste, was sie zunächst wenig gestört und kaum beachtet habe. Schleichend habe sich diese Eigenart allerdings verstärkt. Zudem habe sie gespürt, dass sie immer häufiger nicht mehr mit dem Essen aufhören konnte, so dass die Nahrungsaufnahme in eine gierige Gefräßigkeit ausartete. Hinterher waren ihr diese Attacken peinlich, sie habe sich sehr geschämt und schuldig gefühlt, jedoch die Fressorgien heimlich fortgesetzt. Die Scham nach dem gierigen Schlingen wandelte sich zunehmend in heftigen Ekel, und sie habe sich erbrochen, indem sie den Finger in den Hals steckte, was sie kurzzeitig von Scham und Schuld befreite. Diese Verhaltensweisen steigerten sich, als die Eltern verreist waren und dem Bruder, der meist bei seiner Freundin wohnte, sowieso nichts auffiel. Vanessas Versuche, die Nahrung wieder loszuwerden, steigerten sich bis zu drei- bis viermaligem Erbrechen pro Tag, inzwischen begleitet von zunehmendem Abmagern und Ausbleiben der Regel. Vor allem vergrößerten sich die Ängste Vanessas, die fürchtete, ihr heimliches Tun könnte entdeckt werden. Die Geheimhaltung vor Freunden und Verwandten führte zur Isolation. Gleichzeitig traten Durchschlafstörungen auf, stundenlang lag Vanessa wach im Bett, grübelte und hatte große Angst vor den anstehenden Prüfungen und überhaupt vor der Zukunft. Ein Jahr vor ihrer Vorstellung bei mir hatte sie einen ersten Suizidversuch begangen, bei dem sie eine Packung 10er Valium geschluckt hatte. Der Bruder hätte zwar festgestellt, dass sie nicht wach zu kriegen war, den Vorfall jedoch gegenüber den Eltern verschwiegen. Ein halbes Jahr später versuchte Vanessa ihre Pulsadern zu öffnen, was großes Entsetzen bei den Eltern auslöste, da sie verständlicherweise fürchte-

ten, Vanessa könnte nach einem weiteren Suizidversuch nicht mehr ins Leben zurückgeholt werden.

Diese Ängste hatten einen besonderen Hintergrund. Die Großmutter väterlicherseits hatte mit in der Familie gelebt, sich jedoch mit ihrer Schwiegertochter nicht verstanden, so dass es zu ständigen Spannungen und Streitereien kam. Vor drei Jahren, am Geburtstag von Vanessas Vater, hatte sich die Großmutter schließlich suizidiert und in einem Abschiedsbrief alle Schuld der Schwiegertochter angelastet. Dies veränderte die gesamte Familiendynamik. Die Ehe der Eltern schien auf einmal hochproblematisch, der Vater entwickelte massive depressive Symptome, litt unter Schlaflosigkeit, Reizbarkeit und Niedergeschlagenheit. Es war mit Vanessa leicht zu verstehen, dass der Ausbruch ihrer Symptomatik mit den Hintergründen des Suizids der Großmutter verwoben war. Vanessa hatte die Therapie für sich allein gesucht, trotzdem bat sie mich, mit ihren Eltern zu sprechen, die sie seit ihren Suizidversuchen zu beschützen suchten, was jedoch in eine regelrechte Verfolgung ausgeartet wäre. Ich lernte im Gespräch zwei adipöse Personen kennen; der Vater war trostlos traurig und depressiv, die Mutter unfreundlich, hart und unerbittlich. Vanessa erzählte mir, dass die Mutter übertrieben penibel wäre, ständig Kritik übe, weil das Zimmer nicht aufgeräumt, sie zu ungepflegt sei usw. Die depressiven Symptome des Vaters waren jedoch nur die eine Seite seines Verhaltens. Mittlerweile reagierte er schon auf geringe Kränkungen mit heftigen Wutausbrüchen, die zumeist in Verzweiflung und Vorwürfen gegen die gesamte Familie endeten. Zu ihrem Bruder hatte Vanessa eine überaus enge, wie ich spürte, inzestuöse Verbindung. Der Bruder hatte sie bezeichnenderweise sexuell aufgeklärt und nach ihrem zweiten Suizidversuch hielt sich Vanessa häufig bei ihm und seiner Freundin auf. Bevor ihre Symptomatik ausgebrochen war, ging Vanessa oft mit ihm aus, in Discos, zu Techno-Parties, und gelegentlich nahmen sie gemeinsam Ecstasy. Es kam mir so vor, als ob Vanessa die libidinösen Gefühle, die sie beim Vater nicht unterbringen konnte, auf den Bruder richtete.

Ich begann mit der Therapie, wobei ich mich von den vielfältigen Familienkonflikten, aber auch den intrapsychischen Konflikten des Mädchens regelrecht umstellt und bedroht sah. Eine intensive Übertragung mit reger Traumtätigkeit setzte ein. Vanessa erzählte mir anfänglich ihr ganzes Leben, immer wieder unterbrochen von schweren Weinkrämpfen, sprach über ihre Ängste, über ihre depressiven Verstimmungen und ihre Hoffnungslosigkeit. Immer deutlicher traten die Umstände ihrer Bulimie und ihre zwiespältige Beziehung zum Vater in den Mittelpunkt. Sie ekelte sich darüber, dass der Vater übergewichtig war, aber unterschwellig war auch zu spüren, dass eine große Sehnsucht nach ihm vorhanden war. Eines Abends hatte sich der Vater im Wohnzimmer ausgezogen und sich überraschend nackt gezeigt, was dazu führte, dass die Symptomatik wieder stärker wurde. Vanessa träumte von Männern, die sie mit einem Messer bedrohten, die sie verfolgten und erzählte einen detailgetreuen Traum, in welchem sie Erbrochenes in einem WC schwimmen sah. In relativ kurzer Zeit kam es zu erstaunlichen Verbesserungen der Symptomatik, die Brechanfälle wurden weniger und blieben schließlich aus. Vanessa fand zu einem relativ normalen Essverhalten zurück und hatte bald ihr altes Gewicht wiedergewonnen, da sie nicht mehr erbrach. Dass Vanessa bereits zwei Suizidversuche begangen hatte, vergaß ich in der Euphorie darüber, weil Vanessa eine solch erfreuliche Entwicklung mit erstaunlichen Entwicklungsschritten nahm.

Jetzt geriet der Bruder immer mehr in den Mittelpunkt des Behandlungsgeschehens. Das Verhältnis zu ihm war in der Tat eng und – wie bereits bemerkt – inzestuös eingefärbt. Vanessa war mit ihm im Urlaub, sie

hatten gemeinsam in einem Zelt und häufig in einem Doppelbett geschlafen. Ich sprach mit ihr über diese Nähe zum Bruder, über ihre Gefühle und der Möglichkeit, hiervon überwältigt zu werden. Vanessa geriet in regelrechte Panik, reagierte mit einem Wutausbruch und mit Beschimpfungen gegen mich. Daraufhin wurde Vanessa wieder schwieriger, aggressiver und zu Hause waren Eltern und Bruder in Sorge, was wohl mit ihr geschehe. Im Wechsel bombardierten sie mich mit Anrufen, um mir ihre Sorgen über Vanessa mitzuteilen, aber ich sah nur, dass Vanessas Entwicklung weiterhin gut voranschritt, obwohl es zunehmend zu negativen Übertragungen kam – oder gerade deshalb. Der Arzt, der Vanessas Entwicklung medizinisch begleitete, rief mich an und gratulierte mir zu meinem Behandlungserfolg. Vanessa wäre ja beinahe wieder ganz gesund. Zu Hause kam es allerdings weiterhin zu schweren Auseinandersetzungen mit der Mutter und dem Vater, die Vanessa fortwährend Vorwürfe machten, dass sie so nicht mit ihr zusammenleben wollten. Vanessa war verzweifelt. Sie wollte doch alles recht machen, konnte aber nicht genügen. Trotzdem begann sie, wieder intensivere soziale Kontakte aufzubauen, besuchte Freundinnen, feierte bei Partys mit, und die Beziehung zum Bruder wurde etwas distanzierter.

Eines Nachmittags rief mich der delegierende Arzt an, was denn mit Vanessa los wäre. Ich konnte darauf zunächst nichts antworten, und da teilte er mir mit, dass Vanessa auf der Intensivstation läge, weil sie einen Suizidversuch begangen hätte. Ich erschrak und erlebte alle Scham und Schuld, die Vanessa immer gezeigt hatte, plötzlich bei mir. Ich rief im Krankenhaus an, sprach mit dem Stationsarzt und besuchte Vanessa im Krankenhaus. Sie lag mit bleichem Gesicht im Bett. Als sie mich sah, schossen ihr Tränen in die Augen, und ich spürte wiederum ihre Scham. In meiner Gegenübertragung fühlte ich, dass ich Vanessa Vorwürfe machen wollte, warum sie mir denn nichts vorher gesagt oder mich angerufen habe, doch ich sagte nichts. Vanessa erzählte mir einen Traum, den sie in der Nacht vor ihrem Suizidversuch geträumt hatte. Sie habe mit dem Vater auf dem Balkon gestanden und wollte allein mit ihm sprechen. Sie zog darum die Tür heran, ließ sie jedoch angelehnt. Dann hörte sie die Mutter kommen und fühlte sich in ihrem Zusammensein mit dem Vater sehr gestört.

Sie wüsste eigentlich nicht, warum sie erneut einen Suizidversuch begangen habe. Es hatte keinerlei äußere Gründe gegeben, außer, dass sie sich vor der Prüfung beim Abschluss ihrer Banklehre gefürchtet hätte. Den Abend zuvor hatte sie mit den Eltern verbracht, die ihr wiederum viele Vorwürfe wegen ihrer Unordnung und ihres Lebenswandels machten. Als sie allein im Zimmer war, hatte sie mit einem Male das Gefühl, nichts wert zu sein und nur noch weg sein zu wollen. Sie habe sich in einem dunklen Tunnel gesehen, aus dem es keinen Ausweg mehr gab. Wie unter Hypnose habe sie sich die Antidepressiva des Vaters aus dem Bad geholt und sie vollständig runtergeschluckt. Die Tür zu ihrem Zimmer ließ sie danach angelehnt – so wie in der Nacht im Traum vorher. Der Vater fand sie morgens tief schlafend, als er sie wecken wollte. Er trug sie auf seinen Armen ins Wohnzimmer und forderte einen Krankenwagen an.

Nach ihrem Krankenhausaufenthalt kam Vanessa weiterhin zur Therapie, und wir waren damit befasst, zu verstehen, was während diesem lebensbedrohlichen Agieren abgelaufen war. Die Symptomatik bildete sich weiterhin zurück. Vanessa bestand ihre Prüfung als Bankkauffrau, und wir konnten die Therapie schließlich mit gutem Erfolg abschließen. Vanessa rief mich nach einem Jahr an, um mir mitzuteilen, dass es ihr gut gehe und dass alle Gedanken auf die Zukunft gerichtet seien. Sie habe einen Freund, mit dem sie sich gut verstehe, und sie sei guter Dinge, dass nichts »Schlimmes« mehr geschehen werde.

Interpretation

Psychodynamik

Wenn wir Vanessas Geschichte betrachten, fällt auf, dass bereits die Großmutter Suizid begangen hatte, so wie statistisch gesehen etwa 1/4 der suizidalen Jugendlichen den Suizid eines Elternteils erleben. Auch der Vater litt unter schweren Depressionen, so dass Vanessa in einem Klima voll depressiver Abwehr aufwuchs. Die Flüchtigkeit suizidaler Impulse zeigt sich bei Vanessa ebenfalls in deutlicher Weise.

In der Bulimie (▶ Kap. V.3) äußerte sich ihre hochambivalente Beziehung zu ihrer Mutter, die ihr kaum weibliche Identifikation bot. Vanessa wirkte jungenhaft. Der Mutter konnte es Vanessa nie recht machen, so entwickelte sie selbst ein unerbittliches Ich-Ideal und litt entsprechend unter der narzisstischen Kränkung, die Prüfungen möglicherweise nicht zu bestehen. Während die Mutter Aggression in Form von Vorwürfen nach außen wendet, scheinen Vater, Tochter und Großmutter eher die Aggression gegen sich selbst zu wenden. Dass möglicherweise die erheblichen Prüfungsängste bei Vanessa nicht nur Angst vor narzisstischer Kränkung, sondern auch mit ihrer Schwierigkeit verbunden waren, sich vom Elternhaus zu lösen, kann vermutet werden. Heftige Schuldgefühle mussten einen solchen Prozess in die Autonomie blockieren.

Hinter den symptomatischen Manifestationen von Vanessa verbarg sich eine deutliche depressive Struktur mit der Neigung zur Selbstanklage sowie mit Schuld- und Schamgefühlen. Vanessa war besonders gefährdet, weil der Suizid der Großmutter ein unbewältigtes Konfliktthema geblieben und Suizid als mögliche Lösung einer Krise zumindest vorstellbar war. Hinzu kam, dass Vanessa bereits zwei Suizidversuche begangen hatte. Der Traum des Mädchens machte deutlich, dass der ödipale Konflikt völlig ungelöst war. Angst vor der Zukunft, das

Gefühl, es den Eltern niemals recht machen zu können, brachten das Fass schließlich zum Überlaufen. Der Suizid diente unverkennbar der Wiederherstellung des narzisstischen Gleichgewichtes, es kam aber auch zur demonstrativen Inszenierung – und damit zur hysterischen Lösung – des Konfliktes, fast wie im Traum der vorherigen Nacht: Vanessa benutzte die Antidepressiva des Vaters, sie wurde von ihm aufgefunden und auf Armen getragen. Damit fand sie zugleich jene Aufmerksamkeit und Zuwendung, die sie so sehr vermisst hatte. Vanessas Suizidversuch war aber auch ein Versuch, Zuwendung und Aufmerksamkeit des Therapeuten zu prüfen. Für ihn kam der Suizidversuch der Patientin zu jenem Zeitpunkt völlig überraschend, und er überlegte später, ob er die Jugendliche zu jener Zeit überhaupt richtig gesehen und verstanden hatte.

Die Pubertät hatte bei Vanessa, wie bei anderen Jugendlichen auch, die ödipale Problematik wiederaufleben lassen. Stork sieht die Inzestproblematik als ausschlaggebend beim Selbstmord von Jugendlichen. Bei Vanessa scheint dies zutreffend. Vielleicht aufgrund der mangelhaften libidinösen Bindung an die Mutter ist Vanessa stark auf Bruder und Vater fixiert. Wenn sie die Tabletten des Vaters nimmt und von diesem ins Zimmer getragen wird, mutet dies sehr wie die Erfüllung einer Inzestfantasie an. Vanessa schien am Konflikt der Adoleszenz, der Wiederbelebung ödipaler Themen und Ablösung vom Elternhaus zu scheitern.

Diagnose:

F50.2 Bulimia nervosa
F32.1 mittelgradige depressive Episode
Innerhalb des Kapitels V der ICD-10 – psychische Störungen – ist keine Klassifizierung für Suizid vorgesehen.
X 61 vorsätzliche Selbstvergiftung durch Antidepressiva

Die therapeutische Arbeit

Neben dem Durcharbeiten der von der Patientin geäußerten Konflikte ist es bei einer suizidalen Jugendlichen sicher schwierig, die Impulshaftigkeit suizidaler Handlungen richtig einzuschätzen. Der Therapeut verließ den Rahmen des therapeutischen Settings und ging zur Patientin ins Krankenhaus, ein auf den ersten Blick ungewöhnlicher Schritt. In diesem Falle scheint er zu einer bedeutenden, guten inneren Erfahrung beigetragen zu haben. Oft reagiert die Umwelt nach Suizidversuchen mit Abwertung: »Sie wollte ja nur Aufmerksamkeit« oder: »Der Suizidversuch war ein Erpressungsversuch«. Auch der Therapeut spürte den Impuls von Aggression und Abwertung, es gelang ihm aber, sich zu kontrollieren und die innere Bedürftigkeit der Jugendlichen zu spüren und so eine Introjektion zu ermöglichen, die anscheinend eine beträchtliche Stabilisierung des Selbst Vanessas bedeutete.

3   Aggression

Aggressives Verhalten zählt zu den sogenannten Störungen des Sozialverhaltens, ein Phänomen, das oft einhergeht mit dissozialem Verhalten wie Lügen, Schulschwänzen und Delinquenz. Die Prävalenz von dissozialem Verhalten bei Kindern und Jugendlichen liegt zwischen 2 % und 8 %, das sind 30– 50 % aller kinder- und jugendpsychiatrischen Zuweisungen (Remschmidt 2000, S. 278 f.). Aggressives Verhalten wird als Verhaltensstörung bei Jungen etwa dreimal häufiger diagnostiziert als bei Mädchen. Etwa 4–8 % der 10–12-jährigen Jungen zeigen aggressive und dissoziale Verhaltensweisen (Steinhausen 1996, S. 221). Die männliche Dominanz bei aggressiven Verhaltensweisen zeigt sich auch in der Gewaltstatistik. 93 % aller Personen, die in den vergangenen 20 Jahren wegen eines Gewaltverbrechens verurteilt wurden, waren männlichen Geschlechts. In den Gefängnissen verbüßen etwa 95 % Männer und lediglich 5 % Frauen eine Strafe (Hopf 1998a, S. 29, vgl. auch Heinemann 2008).

Ein sich wiederholendes und andauerndes Muster dissozialen, aggressiven oder aufsässigen Verhaltens kennzeichnet die Störungen des Sozialverhaltens nach der ICD-10.

F91	Störungen des Sozialverhaltens
F91.0	auf den familiären Rahmen beschränkte Störung des Sozialverhaltens
F91.1	Störungen des Sozialverhaltens bei fehlenden sozialen Bindungen
F91.2	Störungen des Sozialverhaltens bei vorhanden sozialen Bindungen
F91.3	Störungen des Sozialverhaltens mit oppositionellem, aufsässigen Verhalten
F91.8	sonstige Störungen des Sozialverhaltens
F91.9	nicht näher bezeichnete Störung des Sozialverhaltens

Die Störungen des Sozialverhaltens können sich in manchen Fällen zu *dissozialen Persönlichkeitsstörungen (F60.2)* entwickeln. Mit der hyperkinetischen Störung sind die Störungen des Sozialverhaltens die am häufigsten diagnostizierten Störungsbilder bei den Jungen, die als *externalisierende Störungen* zusammengefasst werden.

Theorie der Aggression

Aggressives Verhalten im Sinne einer Verhaltensstörung ist nicht einfach Ausdruck eines Aggressionstriebes, sondern eine komplizierte Störung der Persönlichkeit. Schon Freud sah aggressives Verhalten nicht einseitig als Triebmanifestation, sondern im Zusammenhang mit der Entwicklung des Ich und Über-Ich. Das Ich als Vertreter des Realitätsprinzips hemmt die sofortige Entladung der Triebe und regelt die Anpassung an die Umwelt. »Beim Verwahrlosten, der ohne Liebe erzogen wurde, entfällt die Spannung zwischen Ich und Über-Ich, seine ganze Aggression kann sich nach außen richten« (Freud 1930, S. 490). Freuds Diskussion, ob Aggression Teil der Selbsterhaltungstriebe sei oder ein Gegensatz zu den Sexualtrieben, dokumentiert, dass auch er zwischen den verschiedenen Aspekten der Aggression schwankte. Aggression als Mittel der Durchsetzung sah Freud positiv, Aggression im Sinne der Destruktion negativ bzw. als biologischen Todestrieb (▶ Kap. I.1).

Im Mittelpunkt des Verständnisses aggressiver Verhaltensweisen stehen Störungen des Ich und Über-Ich. Redl und Wineman (1984, S. 75 ff.) beschreiben das Ich, das seine Aufgaben nicht erfüllen kann. Es äußere sich in einer geringen Frustrationstoleranz, in der Panik angesichts neuer Situationen, im Zusammenbruch angesichts von Schuldgefühlen, in der leichten Erregbarkeit durch die Gruppe, durch fehlende Herrschaft über die Schleusen der Vergangenheit, fehlendem Realismus im Hinblick auf Regeln und Routinevorschriften, der Schwierigkeit, aus eigenen Erfahrungen zu lernen und anderen Störungen. Bei delinquenten Handlungen hat das Ich wiederum eigene Abwehr-Strategien entwickelt, um Schuldgefühle zu vermeiden, zum Beispiel die Suche nach Unterstützung durch andere Kinder sowie die Abwehr von Veränderungen der delinquenzfördernden Lebens- und Umweltbedingungen (ebd., S. 145 ff.). Ziel der therapeutischen und pädagogischen Arbeit muss demzufolge die Unterstützung des Ich sein. In »Steuerung aggressiven Verhaltens beim Kinde« (1986) beschreiben Redl und Wineman sogenannte »antiseptische« Techniken zur Ich-Unterstützung, z. B. Kontrolle durch körperliche Nähe und Berührung, vorbeugendes Eingreifen durch Signalisieren, affek-

tive Zuwendung, Wiedergutmachungsmaßnahmen zur Verminderung von Schuldgefühlen und Aggressionen, Interpretation durch Umstrukturierung der Realität oder auch den sogenannten »antiseptischen Hinauswurf« bei physischer Gefahr oder bei Reizung durch gruppenpsychologische Prozesse und das sogenannte »Einmassieren« des Realitätsprinzips. Voraussetzung für einen »antiseptischen Hinauswurf« ist, dass ein Erzieher beim Kind bleibt, dass eine Strukturierung und Kontrolle des nachfolgenden Programms erfolgt und dass die nachträglichen Affekte aufgefangen werden, z. B. durch ein Gespräch mit dem Direktor in dessen Zimmer.

Mit der Konzentration auf Ich-unterstützende Maßnahmen ist Redls Ansatz eine in der Pädagogik leicht zu integrierende Sicht. Er sollte allerdings nicht als ein Regelkatalog missverstanden werden. Entscheidend bei den Maßnahmen ist die innere Haltung des Pädagogen. Diese Haltung reflektiert Redl vor allem in seiner Abhandlung zur Strafe. Strafe kann nach Redl (1971, S. 203 ff.) Ich-unterstützend sein, wenn sie nicht aus sadistischen Gefühlen des Pädagogen entspringt, sondern angemessen ist und der Verarbeitung von Schuldgefühlen und der Anpassung an die Realität dient (vgl. Heinemann 2003, S. 64 ff.). Hier verweist Redl auf die Reflexion des Pädagogen, auch wenn ansonsten bezüglich Übertragung und Gegenübertragung bei Redl wenig zu lesen ist.

Ein weiterer wesentlicher Aspekt aggressiven Verhaltens ist die zugrunde liegende narzisstische Störung, die Störung des Selbst. Bei Kohut (1981, S. 108) ist Aggression ein Trieb, der nicht-destruktiv ist und der der Unterscheidung von Selbst und Umwelt dient. Elementare nicht-destruktive Aggression steht im Dienste der Etablierung eines rudimentären Selbst. Nicht-destruktive Aggression ist Teil der Selbstbehauptung; sie wird mobilisiert, wenn optimale Frustrationen dazu führen, dass das Selbst sich von der Umgebung abgrenzen muss. Aufgabe dieser nicht-destruktiven Aggression ist es auch, die Herrschaft über Selbst-Objekte zu sichern (1975, S. 243 f.). Diese nicht-destruktive Aggression hat nach Kohut eine eigene Entwicklungslinie, sie entwickelt sich aus primitiven Formen nicht-destruktiver Aggression zu reiferen Formen der Selbstbehauptung, in der Aggression der Erfüllung von Aufgaben zugeordnet ist. Destruktive Aggression bezeichnet Kohut als narzisstische Wut (1981, S. 111 f.). Wenn das phasengerechte Bedürfnis nach allmächtiger Kontrolle über das Selbst-Objekt in der Kindheit chronisch und traumatisch frustriert wurde, dann entsteht chronisch narzisstische Wut mit all ihren verderblichen Folgen. Unversöhnliche narzisstische Wut kommt auf, wenn die Kontrolle über das widerspiegelnde Selbst-Objekt verloren geht oder wenn das allmächtige Selbst-Objekt nicht verfügbar ist (1975, S. 234). Narzisstische Wut ist nach Kohut erbarmungslose, heftigste Aggression, die die Funktion hat, Spiegelung und die Kontrolle über den anderen zu sichern, da er sich als unzuverlässig erwiesen hat.

Destruktivität ist nach Kohut nicht die Manifestation eines primären Triebes, sondern ein Desintegrationsprodukt, das sekundär entsteht durch das Versagen der Selbst-Objekt-Umgebung, die dem Bedürfnis nach optimaler empathischer Reaktion nicht entspricht. Destruktive Aggression (narzisstische Wut) ist immer durch eine Verletzung des Selbst motiviert, d. h. sekundär. »Die Grundlinie des aggressiven Verhaltens ist nicht das wütend-destruktive Baby, es ist von Anfang an das sich selbst behauptende Baby, dessen Aggressionen ein Bestandteil der Festigkeit und Sicherheit sind, mit der es seine Forderungen an Selbst-Objekte stellt, die ihm eine Umgebung (durchschnittlich) empathischen Widerhalls verschaffen. Obwohl traumatische Empathiebrüche (Verzögerungen) natürliche Erfahrungen sind, denen jedes Kleinkind unweigerlich ausgesetzt ist, ist die vom Baby gezeigte Wut nicht primär. Die primäre psychologische Konfiguration, so kurzlebig sie auch ist, enthält keine destruktive Wut, sondern unvermischte Selbstbehauptung; das darauf folgende Zerbrechen der größeren narzisstischen Konfiguration isoliert die selbstbehauptende Komponente und verwandelt sie dabei sekundär in Wut« (1981, S. 109 f.). Narzisstische Wut versklavt das Ich und erlaubt ihm nur, als Handwerkszeug und Rationalisierer tätig zu werden. Aggression hingegen steht unter der Kontrolle des Ich, und der Grad der Neutralisierung wird vom Ich in Übereinstimmung mit den Zwecken, für die sie eingesetzt wird, reguliert (1975, S. 235). Nach Kohut (ebd., S. 240) geht es bei aggressiven Kindern und Jugendlichen nicht darum, narzisstische Wut in konstruktive Aggression umzuformen oder Ich-Kontrollen zu errichten, sondern darum, die psychische Struktur zu verändern, aus der narzisstische Wut entspringt. Therapie und Pädagogik müssen aus dieser Sicht den Schwerpunkt auf eine Stärkung des Selbst legen.

Die Unterscheidung von destruktiver und nicht-destruktiver Aggression wird heute auch von Mentzos (1984, S. 24 ff.) unternommen und knüpft letztendlich schon an Freud an. Die von Kohut beschriebenen narzisstischen Phänomene haben nach Kernberg allerdings Abwehrcharakter. Kohut vernachlässigt Kernberg zufolge die Rolle aggressiver Konflikte in der Psychopathologie narzisstischer Persönlichkeitsstörungen. Das Größen-Selbst habe Abwehrfunktion gegen Aggression, die in Form oraler Wut und Neidgefühlen vorhanden ist und zur Angst vor Vergeltung (Projektion aggressiver Anteile) führe. Über-Ich-Störungen sind nicht einfach Entwicklungshemmungen wie bei Kohut, sondern aktive Verzerrungen und pathologische Entwicklungen. Die Integration konträrer Introjektionen ist nach Kernberg (1989) die wichtigste Quelle für die Neutralisierung von Aggression. Neutralisierung sieht er als wichtige Energiequelle der Ich-Entwicklung. Aggressives Verhalten ist bei Kernberg ein Ergebnis übermäßiger

Aggressionstriebe, die durch unlustvolle Erlebnisse und Affektdispositionen bedingt sind und zu Fixierungen der auf Spaltung beruhenden Abwehrvorgänge führen.

Bei Kernberg liegt der Schwerpunkt wieder auf der Trieb-Entwicklung, der Übertragung und Gegenübertragung sowie den Abwehrmechanismen, d. h. auch der Ich-Entwicklung. Betrachten wir aggressives Verhalten unter dem Aspekt der verwendeten Abwehrmechanismen, so finden wir ein Vorherrschen der projektiven Identifizierung, Spaltung, Idealisierung, Verleugnung und Omnipotenzfantasien. Innere Konflikte werden in die Außenwelt projiziert und es kommt zur Externalisierung von Konflikten. Es entstehen Konflikte in der Realität, die einen Circulus vitiosus von Angst vor verfolgenden äußeren Objekten, Abwehr durch aggressives Verhalten und erneuter Angst in Gang setzen (vgl. Klein 1972, S. 80, S. 107).

Unter der Dominanz der projektiven Identifizierung werden Therapeuten und Pädagogen in ein Übertragungs-Gegenübertragungsagieren gezogen, das ein Schwanken zwischen Wut, Ohnmacht, Angst und Aggression kennzeichnet. Stärkung des Ich und des Selbst des aggressiven Kindes bedeutet dann, in der pädagogischen und therapeutischen Arbeit die Gegenübertragung zu reflektieren, Gelegenheit zur Wiedergutmachung zur Verarbeitung von Schuldgefühlen zu geben sowie eine angemessene Konfrontation mit der Realität, die der Spaltung entgegenwirkt und Ambivalenz ertragen hilft und damit das Ich des Kindes stärkt (vgl. Klein 1972; Hopf 1998a; Heinemann, Rauchfleisch und Grüttner 2003).

Erzeugt das Über-Ich in erster Linie Angst, werden heftige Abwehrmechanismen wie Spaltungen im Ich hervorgerufen. Wenn das Über-Ich nicht mehr nur Angst, sondern Schuldgefühle erzeugt, werden jene Abwehrmechanismen tätig, die Grundlage moralischen Handelns sind. Schwere Ängste und

Ohnmachtserlebnisse werden über eine Aggressivierung, eine Identifikation mit dem Aggressor, abgewehrt. Die Opfer-Täter-Position stellt sich in der Übertragung in wechselnden Positionen dar, mal ist der Pädagoge oder Therapeut mit dem Täter identifiziert, was sadistische Strafimpulse nach sich ziehen kann, mal das Kind, was heftige Ängste und deren Abwehr im Gegenüber auslöst.

Heinemann, Rauchfleisch und Grüttner (2003) zeigen in den verschiedenen Arbeitsfeldern von Schule, Heim und Therapie, wie über das szenische Verstehen Gegenübertragung reflektiert werden und in einen fördernden Dialog münden kann. Über das Halten der aggressiven Kinder kann deren Selbst gestärkt werden und narzisstische Spiegelung erfolgen. Durch Konfrontation mit der Realität (zur Arbeit an der Spaltung), durch Gelegenheit zur Wiedergutmachung (zur Stärkung des Ich gegenüber sadistischen Über-Ich-Impulsen), durch die Übernahme von Hilfs-Ich-Funktionen (zur Bewältigung von Ohnmachtsgefühlen, Scham und narzisstischer Wut), und durch symbolische Konfliktverarbeitung und nicht-genetisches Deuten kann das Ich der Kinder und ihr Umgang mit der Realität im pädagogischen Alltag verändert werden.

Häufig liegt dem aggressiven und dissozialen Verhalten eine Borderline-Störung (▶ Kap. VI.1) zugrunde, so dass wir es mit schweren realen Traumatisierungen und Externalisierungen von Konflikten in der Realität zu tun haben (Kernberg 1978).

Fonagy und Target (2002) betrachten Aggression als Ausdruck einer Mentalisierungsstörung. Sie sehen sowohl in der Selbstbeschädigung als auch in den Angriffen auf andere eine fehlende Fähigkeit mentaler Repräsentation. Gewalt wird als Versuch aufgefasst, unerträgliche psychische Erfahrung auszulöschen. Aggression kann als Abwehr des psychischen Selbst dargestellt werden, eines Selbst, das durch Missbrauch und Vernachlässigung geschwächt ist und in allen drauffolgenden Beziehungen bedroht ist. Die Container-Funktion der frühen Objekte versagte und triadische Beziehungen zerbrachen. Wenn psychische Zustände gedanklich nicht repräsentiert werden können, bleibt oft kein anderer Weg als diese auf der körperlichen Ebene auszutragen. Sie beschreiben vier Phasen der Entwicklung (ebd., S. 282):

- Das psychische Selbst kann sich nicht stabilisieren, weil der reflektive Prozess gefährdet ist. Sind die Gedanken des Gegenübers häufig negativ, fühlt das Kind sich unsicher und vermeidet, sich die Gedanken des anderen vorzustellen.
- Die Aggression schützt das fragile Selbst vor der angenommenen Feindseligkeit des Objektes.
- Es entsteht eine pathologische Verschmelzung zwischen Selbstausdruck und Aggression.
- Die mangelnde Fähigkeit zur gedanklichen Repräsentation vermindert die Fähigkeit zur Aggressionskontrolle, da das Opfer ohne Gefühle zu sein scheint.

Aggression gegen andere und gegen das Selbst stellen den Versuch dar, sich von unerträglichen Fantasien über die Gedanken des anderen zu befreien, die ursprünglich Gedanken eines Elternteils waren.

Gilbert (2002) interpretiert die Straftaten zweier Jugendlicher, die mit Messerstichen ihre Opfer töteten, als Mentalisierungsstörung. Unerwünschte psychische Zustände werden sozusagen in die Opfer »hineingeschoben«. Die Gewalt männlicher Jugendlicher müsse zudem im Zusammenhang mit adoleszenter Entwicklung gesehen werden, einer Bedrohung männlicher Identität. Die Delinquenz, z. B. das Messer, diene dann der Stabilisierung männlicher Identität.

Für die Behandlung geht es nach Fonagy und Target (2002) nicht primär um Deutungen, sondern um das Verstehen der Versuche der Kontrolle und der Omnipotenz als Verleugnung des Objektverlustes. Die Angst

könne erst durch die Psyche eines Gegenübers kontrollierbar werden, das Verständnis anbiete. Therapie sei Hilfe zur Entwicklung durch aktive Involviertheit, Anerkennungzeigen, Reaktivierung der Beschäftigung des Patienten mit psychischen Zuständen in sich selbst und in seinem Objekt sowie Identitätsgefühle herstellen. Der Therapeut müsse eine dritte Perspektive anbieten, damit Raum für das Denken entstehe. Das psychische Funktionieren befreit davon, den Körper zu benutzen, um psychische Zustände zu repräsentieren.

Die von Streeck-Fischer u. a. (2003) beschriebene entwicklungsorientierte Psychotherapie am Beispiel eines aggressiven Jungen sehen wir in diesem Zusammenhang. Im stationären Setting bieten sie soweit möglich ein Containment, welches projektive Identifizierungen, Wahrnehmungsverzerrungen, die im Kontext von traumatischen Erfahrungen zur Entwicklung eines »Täterreflexes« (vom Opfer zum Täter) führen, und Spaltungen reflektiert. Pflegepersonen übernehmen reflektierende und interaktive Funktionen, die Mentalisierung ermöglichen. Begleitend werden Lerntrainings zur besseren Frustrationskontrolle, Bewegungstherapie und ananlytisch orientierte Psychotherapie angeboten. In einer entwicklungsorientierten Psychotherapie stehen nach Streeck-Fischer u. a. (ebd., S. 636) Interventionen im Vordergrund, die auf Affekt-, Stress- und Verhaltensregulierungen, Versprachlichen gehandelter Botschaften und Entwicklung von selbstreflexiven Fähigkeiten zentriert sind. Dies sei nur möglich, wenn der ursprünglich traumatischen und unberechenbaren Objekterfahrung ein neues, anderes Entwicklungsobjekt entgegensteht, das prompt, feinfühlig, empathisch und die Belange des Kindes oder Jugendlichen wahrnehmend antwortet und die Institution einen Rahmen bietet, der Sicherheit vermittelt.

Die Fähigkeit zur Mentalisierung auch bei Jugendlichen aus anderen Kulturkreisen zeigen die Gespräche von Heinemann in einer JVA eindrücklich (Heinemann 2008).

Zusammenfassung

Aggressives Verhalten und Dissozialität sind nicht einfach nur Ausdruck eines Aggressionstriebes, sondern komplizierte Störungen der Persönlichkeit; oft liegt eine Borderline-Störung zugrunde. Schwere Traumatisierungen, Erfahrungen von körperlicher Misshandlung und Gewalt, führen häufig zu einer Verarbeitung von Angst und Ohnmacht durch Identifikation mit dem Aggressor. Selbst- und Objektanteile werden über projektive Identifizierung im Gegenüber untergebracht, es kommt zur Reinszenierung von Angst und Aggression in der Realität. Aggressive Impulse äußern sich in der Gegenübertragung nicht selten in heftigen sadistischen Strafimpulsen, die beim Opfer wiederum Ohnmachtsängste bewirken, welche wiederum aggressiv abgewehrt werden. Spaltungen, Verleugnung, Omnipotenzfantasien führen zu Verzerrungen in der Realitätswahrnehmung mit der Folge, dass verfolgende, äußere böse Objekte entstehen und ein Circulus vitiosus von Angst und Aggression in Gang gesetzt wird.

Es besteht eine immense narzisstische Kränkbarkeit und Verwundbarkeit des aggressiven Kindes, die über Omnipotenzfantasien, Idealisierung und narzisstische Wut abgewehrt wird. Narzisstische Wut sucht die Kontrolle über die Selbst-Objekte herzustellen und Spiegelung zu erzwingen. Um eine Stärkung des Ich und des Selbst sowie eine Neutralisierung der Aggression zu ermöglichen, sind der Umgang mit Schuldgefühlen, Gelegenheit zur Wiedergutmachung, »Einmassieren des Realitätsprinzips«, die Verarbeitung von Wut, Neid und Angst notwendig. Sadistische Impulse aus einem Gegenübertragungsagieren heraus müssen in der Pädagogik und Therapie reflektiert werden und zu einer Form von Strafe führen, die das Ziel hat, die Regeln der Realität durchsichtig zu machen.

In Pädagogik und Therapie bedarf es der Erfahrungen mit neuen Objekten, die feinfühlig, empathisch und die Belange des Kindes wahrnehmend Containment-Funktionen und positive Spiegelungen übernehmen, die den Prozess der Mentalisierung wieder in Gang bringen.

Fallbeispiel »Ronny«

Ronny kam als viertes Kind seiner Eltern zur Welt. Bereits mit 16 Jahren – der Vater war damals 18 Jahre alt – gebar Ronnys Mutter als erstes Kind eine Tochter; zu jener Zeit lebte sie noch bei ihren Eltern. Der Vater wohnte damals in der Außenwohngruppe eines Kinderheimes, seine Eltern hatten sich scheiden lassen, als er sechs Jahre alt gewesen sei. Seither lebte er in jenem Heim. Als Ronnys Mutter 18 Jahre alt war, heirateten die Eltern. Im Abstand von wenigen Jahren kamen die weiteren Kinder, und als Ronny sechs Jahre alt war, ließen sich

seine Eltern scheiden. Die Kinder besuchten den Vater gelegentlich an den Wochenenden. An einem jener Besuchswochenenden sperrte der Vater die jüngeren Geschwister in ein Zimmer und versuchte, die inzwischen 12-jährige Tochter zu vergewaltigen. Er wurde von der Mutter angezeigt und kam ins Gefängnis. Weil es ständig an Geld fehlte, war die Mutter ganztägig berufstätig. Gelegentlich schaute die Großmutter nach den Kindern. Ansonsten waren sie nach der Schule den ganzen Nachmittag sich selbst überlassen.

Ronny war schon immer schwierig. Ständig musste jemand nach ihm schauen. Er rannte bereits als kleines Kind davon, später fuhr er einfach mit dem Fahrrad stundenlang weg und benötigte deshalb rundum Aufsicht. Selbst kleinere Aufgaben führte er nicht durch, Verbote ignorierte er und ihm Grenzen zu setzen, war immer vergeblich gewesen. Der Mutter gelang es nur noch, sich mit extremen Mitteln gegen ihn durchzusetzen, indem sie den Jungen anschrie, ihn in eine Ecke setzte oder schlug. Gleichzeitig fiel auf, dass Ronny Unmengen von Süßigkeiten in sich hineinstopfte. Die Mutter sprach später von einer regelrechten Sucht. Die gleichen Auseinandersetzungen wie zu Hause fanden im Kindergarten statt. Ronny schlug andere Kinder, zerlegte alles und machte viele Dinge kaputt, unterlief natürlich auch hier alle Anweisungen und Regeln. Alles eskalierte noch, als der Junge in die Schule kam. Er störte ununterbrochen, ließ sich auf keinerlei Anweisungen ein und verweigerte die Mitarbeit. Wenn er keine Lust mehr hatte, verließ er das Klassenzimmer, um nach Hause zu gehen. Zwar stellte die Lehrerin fest, dass der Junge überdurchschnittlich intelligent war, doch konnte er sich weder konzentrieren, noch irgend etwas durchhalten. Sie musste erkennen, dass sie ihm in der großen Klasse nicht jene Aufmerksamkeit und liebevolle Zuwendung geben konnte, die er für ein kontinuierliches Arbeiten benötigte. Immer häufiger kamen jetzt Beschwerden der Schule, was bei der Mutter ein zwiespältiges Verhalten auslöste. Sie versuchte Ronnys widerspenstiges Tun, so weit das noch möglich war, zu Hause gewaltsam zu unterdrücken, nach außen hin verteidigte sie ihn jedoch wie eine Löwin. Das gleiche Verhalten hatte Ronny seinerzeit von seinem Vater erfahren. Zwar ertrug auch er Ronnys Verhalten nur schwer, hörte er jedoch von den »Streichen« des Jungen, zeigte er diebische Freude hierüber und gab damit dem Sohn ein deutliches Signal zum Weiterma-

chen. Hinzu kam noch, dass ältere Kinder Ronny leicht zu irgendwelchen Untaten anstacheln konnten. Es kam sogar zu einem Einbruch in ein Lebensmittelgeschäft, in welchem Ronny Berge von Süßigkeiten entwendete. Da der Rahmen für eine ambulante Therapie in keiner Weise mehr gegeben war, wurde Ronny vom Jugendamt aus der Familie genommen und in einem therapeutischen Heim untergebracht. Nur ein stationärer Rahmen konnte noch eine Möglichkeit bieten, mit dem Jungen therapeutisch zu arbeiten.

Als Ronny aufgenommen wurde, war er gerade acht Jahre alt. Wenige Tage nach dem Einzug ins Heim wurde er ernsthaft krank. Zwar mochte er es nicht zugeben, doch war deutlich zu erkennen, wie es der Junge genoss, umsorgt und gepflegt zu werden. Alle waren überrascht, mit dieser weichen und bedürftigen Seite des Jungen konfrontiert zu werden. Ronny wurde bald gesund und rasch zeigten sich seine anderen Eigenschaften. Das ehemals weiche Kindergesicht des Jungen wirkte auf einmal hart und kalt – Ronny war wieder auf innere Distanz gegangen. Es fiel auf, dass er keinerlei Essmanieren hatte. Er stopfte jede Nahrung gierig und unkultiviert in sich hinein, schmierte, schmatzte, rülpste und schaffte es nicht, ruhig am Tisch sitzen zu bleiben. Es stellte sich heraus, dass in seinem Elternhaus so gut wie nie gemeinsame Mahlzeiten eingenommen wurden und dass sich jedes Kind geholt hatte, was gerade vorhanden war. Ronny konnte sich auch keinerlei Namen der Erzieherinnen merken, sprach jede nur mit »He« an, und es entstand der Eindruck, als wären für ihn Personen austauschbar. Auch hatte er zu seinem Eigentum keinen größeren Bezug. Er passte auf nichts auf, verschlampte Dinge, nahm anderen Kindern weg, was sie besaßen und verschenkte es wieder. Es wurde erkennbar, dass es für ihn weder »Ich« und »Du« gab, noch »Mein« und »Dein«. Der Junge war bislang weder ausreichend gesehen wor-

171

den, noch war ihm von seinen Beziehungspersonen ein »Innen« und »Außen« und ein »Selbst« und »Andere« vermittelt worden. Er war seinen Eltern einfach zuviel, und er musste sich darum in seiner charakteristischen Weise bemerkbar machen.

Als Ronny etwas verwurzelt war, stülpte er immer häufiger innerseelische Konflikte nach außen – er externalisierte. Ständig war etwas los. Stellte er etwas an und wollten die Erzieherinnen jenen Konflikt mit ihm besprechen, fing er gellend an zu schreien und rannte weg. Nach einer gewissen Zeit kehrte er wieder zurück. Dann tat er so, als habe die ganze Angelegenheit nicht stattgefunden. Wenn er aufs Neue mit dem Konflikt konfrontiert wurde, reagierte er erbost mit dem Vorwurf, man würde immer alles nur ihm unterstellen. Anordnungen und Anweisungen beantwortete er in ähnlicher Weise. Er fing an, fürchterlich zu schreien, oder er hielt sich die Ohren zu, um keine Interventionen anhören oder sie gar akzeptieren zu müssen. Während solcher Situationen war Ronny so gut wie überhaupt nicht zu erreichen. Zudem fiel auf, dass er andere Kinder, insbesondere größere, so lange provozierte, bis er von ihnen geschlagen wurde – in gleicher Weise, wie es ihm mit seinen Geschwistern erging. Wurde er dann geschlagen, war sein gellendes Schreien weithin zu hören, und er beschwerte sich voller Zorn bei den Erzieherinnen. Die Stimme des Jungen war auffallend schrill, beinahe quietschend; während eines solchen Anfalls wurde sie immer lauter und strapazierte und quälte alle Mitbewohner. Es war das Schreien eines unzufriedenen Säuglings, der nicht wahrgenommen wurde und darum auch nicht bekam, was er zum Überleben benötigte.

Ronny wollte sich an keinerlei Regeln halten, und das wurde natürlich zu einem großen Problem. Die Regeln der Einrichtung entsprachen dem Rahmen einer analytischen Therapie, dessen Bedingungen notwendigerweise eingehalten werden müssen, wenn ein

therapeutischer Prozess stattfinden soll. Vor allem erreichte Ronny mit seinen aggressiven Attacken, dass Erzieherinnen und Therapeuten aufgrund der Tatsache, sie nicht unterbinden zu können, in eine hilflose Wut mit schlimmsten Rachefantasien gerieten. Am liebsten hätten sie mit sadistischen Strafmaßnahmen reagiert – eine Reinschlagen, Einsperren, Verbote. Natürlich wurde keine dieser aus dem Bauche kommenden Fantasien realisiert, Supervisions- und Teamgespräche halfen, immer wieder den unbewussten Hintergrund zu erhellen, und führten zum Abbau der Rachegelüste. Dennoch mussten Regeln durchgesetzt, musste der stationäre Rahmen erhalten werden, sollte am Ich des Patienten sinnvoll pädagogisch und therapeutisch gearbeitet werden. Eines Tages schlug Ronny mit einem Knüppel mutwillig eine wunderschöne Lampe in der Außenanlage in kleine Stücke. Weil der Junge zu den Dingen immer noch kaum Bezug hatte und sie nicht wertschätzte, war es natürlich besonders wichtig, mit ihm hierüber zu sprechen und Wiedergutmachung zu fordern. Ronny gab breit grinsend zu, die Lampe kaputtgeschlagen zu haben. Zu viele Zeugen hatten es bestätigt, sonst hätte er bis Ultimo geleugnet. Wie immer spürte die Erzieherin Zorn über die Rücksichtslosigkeit und über das unverschämte Grinsen. Erinnerungen an vergangene Supervisionen halfen weiter, Ronny ertrug Gefühle von Hilflosigkeit nicht, und weil er sich unbewusst mit dem Angreifer identifizierte, reagierte er gewohntermaßen mit Angriff. Alle Kinder der Einrichtung erhielten Taschengeld, welches ausschließlich für eigene Bedürfnisse ausgegeben werden konnte. Ronny setzte es regelmäßig in Süßigkeiten um. Die Erzieherin eröffnete dem Jungen, dass in den kommenden Monaten die Hälfte des Taschengeldes abgezogen werde, um davon die Lampe zu bezahlen. Auf diese Weise habe er immer noch genügend Geld und könne gleichzeitig den entstandenen Schaden wiedergutmachen. Ronny grinste ungerührt weiter. Das sei ihm scheißegal, dann hätte er eben weniger Taschengeld. Beim Auszahlen des nächsten Taschengeldbetrages bekam Ronny konsequent nur noch die Hälfte, was einen entsetzlichen Wutausbruch nach sich zog. Doch blieb die Erzieherin unnachgiebig, Ronny erhielt eine Rechnung, auf welcher die Taschengeldbeträge von dem Preis der Lampe abgezogen wurden. Nach drei Monaten hatte er abgezahlt. Ronny hatte den Schaden – zumindest materiell – wiedergutmachen können, hatte trotzdem noch weiterhin Geld besessen und gleichzeitig erfahren, welchen Wert Dinge besitzen. Es war eine Strafe, die nicht sadistisch war, und sie stellte gleichzeitig eine Rahmenbedingung dar, die Ronny aushalten konnte und die ihm gut tat, entlastete sie ihn doch von den Vorwürfen seines eigenen sadistischen Über-Ich.

Mit der Zeit wurde noch deutlicher, wie sich Ronny durch alles zu mogeln versuchte. Es entstand der Eindruck, als sei der Junge chronisch unehrlich und versuchte ständig, mit kleinen Betrügereien, Anstrengung und Unlust zu umgehen. Ronny verfügte zudem über einen nur geringen Spannungsbogen, hielt nichts aus, und er konnte vor allem nie etwas zugeben. Er radierte Aufschriebe aus seinem Hausaufgabenheft, zeigte alte Arbeiten, die er als neue ausgab usw. Zudem häuften sich Ereignisse, die massive Konflikte nach sich zogen. Ronny warf Steine auf Besucher, beschmierte ein Auto mit Kot, rief zu irgendwelchen, ihm fremden Passanten beleidigende Ausdrücke. Es war, als müsste er ständig Konflikte in Szene setzen, um sich etwas psychische Erleichterung zu verschaffen. Einmal erlebte ich, wie er wieder einmal einen Konflikt inszenierte. Es war während des Laternenumzugs, Ronny war nicht zu sehen. Mit einem Male sprang er in der Dunkelheit auf allen Vieren aus einem Strauch, grunzte und quiekte wie ein Schwein. Die Kinder erschraken fürchterlich,

stieben auseinander, ließen ihre Laternen fallen und schrien. Ronny schüttete sich aus vor Lachen. Er hatte jenen Schrecken inszeniert, der ihm als Kind oft widerfahren war. Später dachte ich, ob er nicht mit seinem Erschrecken auch jenen Tag reinszenierte, als der Vater die Schwester vergewaltigen wollte.

Zunehmend wurde deutlich, dass Ronny vor allem dann destruktive Ideen entwickelte, wenn er allein war und sich langweilte. Es gelang mit der Zeit wesentlich besser, ihn dabei zu erreichen und seine – durchaus auch – konstruktiven Ideen in positiver Weise umzulenken. So fing er an, beim Heilpädagogen Gerätschaften zu konstruieren, die Bewunderung und Anerkennung fanden und deren Herstellung ihm sichtlich große Befriedigung gaben. Die Strategie des Jungen in Konfliktsituationen hatte sich mittlerweile etwas verändert. Wurde er zurechtgewiesen, begehrte er nicht mehr offen dagegen auf, meinte auch nicht mehr, dass er ungerecht behandelt werde, sondern er ließ alles über sich ergehen und riss sich für kurze Zeit zusammen. Gewährte man ihm wieder mehr Freiheit, nutzte er das allerdings schamlos aus, und es kam bald zum Eklat. Es war deutlich, dass Ronny langfristig einen stabilen Rahmen brauchte und dass er auf keinen Fall im Chaos bei der völlig überforderten Mutter leben könnte.

In Zweierbeziehungen wirkte der Junge anschmiegsam, weich und zeigte tiefe Sehnsucht nach Halt und Geborgenheit. Immer wieder suchte er sich in den Schoß seiner Erzieherinnen zu kuscheln. Fiel allerdings der haltende äußere Rahmen weg, wurde er nicht mehr ausreichend gesehen, gab der Junge seinen destruktiven Fantasien und Impulsen spontan nach, was sofort zu Grenzüberschreitungen und vielfältigen zwischenmenschlichen Konflikten führte. Ronny brauchte den ständigen Blick, in dem er sich spiegeln konnte. Alleingelassen suchte er in der Außenwelt ein Über-Ich, welches ihn zwang, seine gefährlichen Impulse zu begrenzen, zu beherrschen und sie von außen zu steuern. Und es wurde auch deutlich, dass dem Jungen Menschen guttaten, die sich von seinen ständigen Angriffen nicht zerstören ließen und seine Unvollkommenheit aushalten konnten, ansonsten geriet er rasch wieder in einen Teufelskreis von missglückter Selbstbehauptung und anschließender Strafverfolgung. Ronny kam nach seiner stationären Psychotherapie in ein Heim, in welchem er bis zu seinem 18. Lebensjahr bleiben konnte.

Interpretation

Psychodynamik

Die zentralen Ursachen für Ronnys Entwicklung können in der unzureichenden frühen Versorgung gesehen werden. Zwei überforderte Elternteile, drei ältere Geschwister und die Berufstätigkeit der Eltern hatten zur Folge, dass Ronny viel zu früh aus der schützenden Versorgung in Freiheit und Autonomie entlassen wurde, der er aufgrund von fehlenden inneren Strukturen nicht gewachsen war. Seine ungestillten oralen Wünsche machen sich in seinem suchtartigen Verhalten, aber auch in einer oralen Gier nach Süßigkeiten bemerkbar. Auch sein lustvolles Zerstören und Beschmutzen von Gegenständen, seine trotzigen Provokationen verweisen darauf, dass die anale Phase mit Loslösung- und Autonomieentwicklung nicht bewältigt worden war. So kam es zur Entwicklung einer Verwahrlosung, zumal die Eltern wenig grenzsetzend wirkten, weil sie mit ihrer Paarproblematik befasst waren. Der seinerseits dissoziale Vater stimulierte seinen Sohn eher, als dass er ihn begrenzte, und nahm an dem ungesteuerten Verhalten von Ronny lustvoll Anteil.

Ronny zeigt eine ausgeprägte narzisstische Störung mit fehlender Frustrationstoleranz und wenig Realismus in Hinblick auf Regeln. In narzisstischer Omnipotenz, mit der er Unlust und Kränkung zu vermeiden sucht, betrachtet er die Außenwelt als ihm gehörig, nimmt sich Dinge, die ihm nicht gehören und verschenkt sie eigenmächtig weiter. Auch die Bezugspersonen werden anfangs als nicht eigenständig erlebt, lediglich manipulierend mit »He« bezeichnet und herumkommandiert. Er hält sich die Ohren zu, d. h. er verleugnet, wenn ihm die Regeln der Realität erklärt werden. Dieses narzisstische Defizit kann er im therapeutischen Heim auffüllen, wenn er in Zweiersituationen mit Erzieherinnen weich und anhänglich wird.

In der Beziehung zur Mutter stellt sich ein wechselseitiger Macht-Ohnmacht-Konflikt immer und immer wieder ein, die Mutter verhält sich bei Wut, Ohnmachtsgefühlen und Gefühlen von Hilflosigkeit aggressiv, schlägt Ronny und sperrt ihn ein, dieser wiederum verhält sich provozierend und unkontrollierbar. Der Vater handelt nicht als Vertreter der Realität. Indem er sich mit der Triebhaftigkeit des Jungen identifiziert, sich über dessen Streiche freut, verinnerlicht Ronny ein delinquentes Über-Ich. Dieses wird zudem gestärkt, indem die Eltern Ronny den Vertretern der Realität gegenüber immer in Schutz nehmen, die Realität als böse, missgünstig, d. h. unter dem Einfluss von Spaltungen wahrnehmen. Da der Vater als ödipales Objekt kaum zur Verfügung stand, grenzt sich Ronny mit seiner Aggression auch zur inzestuös verführerischen Mutter ab. Er flüchtet in Autonomie und Aggression, um sich männlich zu fühlen. So bleibt Ronny in einem Kreislauf von Nähe, Unterwerfung und aggressivem Aufbegehren verstrickt, ein ödipales Rivalisieren mit dem Vater und der Aufbau einer ödipalen Struktur ist nicht möglich, zumal der Vater, als Ronny sechs Jahre alt war, die Familie verließ. Ronny verbleibt in der Illusion eines ödipalen Triumphes, den Vater besiegt zu haben, muss sich aber aggressiv von der bedrohlichen, inzestuösen Mutter abgrenzen und Bindungen fürchten. Er verfügt nicht, wie auch der Vater, der seine Tochter sexuell missbrauchte, über ein ödipales inneres Gesetz, das auf dem Einhalten des Inzesttabus beruht.

Diagnose:

F91.1 Störungen des Sozialverhaltens bei fehlenden sozialen Bindungen
Die Störung des Jungen war gekennzeichnet durch eine Kombination von andauerndem dissozialen oder aggressiven Verhalten mit einer deutlichen und umfassenden Beeinträchtigung seiner Beziehungen.

Die therapeutische Arbeit

Kinder und Jugendliche mit dissozialen Störungen wie Ronny setzen ihre intrapsychischen Konflikte nicht ausschließlich im Therapiezimmer in Szene, sondern in ihrem Umfeld und in allen Außenbeziehungen. Dies macht die Durchführung einer ambulanten Therapie schwer, und sie benötigt, wenn überhaupt, immer einen individuellen Rahmen, der mit dem Patienten entwickelt werden muss. Bei Kindern wie Ronny, deren Eltern nicht für den geregelten Ablauf einer Therapie sorgen und die nicht das notwendige stabile Umfeld bieten können, müssen stationäre Maßnahmen stattfinden. Sie bieten einen festen, klaren Rahmen und grenzen somit das handelnde Inszenieren nicht nur ein, sondern ermöglichen auch, dass dem Patienten nicht nur in seiner Einzeltherapie, sondern in allen Beziehungen in der Einrichtung konfrontierend und deutend begegnet wird. Bei manchen Kindern sind natürlich auch teilstationäre Maßnahmen, wie Tagesheimschulen, eine geeignete Maßnahme. Bei dissozialen Störungen wird erfahrungsgemäß vom Therapeuten wie von den stationären Betreuern besonders großes Durchhaltevermögen und Ausdauer verlangt, weil alle

Deutungen und Interventionen nur kurzfristig wirken und langfristiges Durcharbeiten erforderlich ist, um ein stabileres Ich mit verbesserten Funktionen zu erreichen. Andererseits ist es wichtig, dass die Patienten im Laufe der Therapie erfahren, was sie ihren Beziehungspersonen mit dem Agieren antun, damit sie erkennen, wie sehr jene besorgt um sie sind. Mit seinen Inszenierungen sucht der Patient über eine symbolische Sprache einen Partner, der ihm bei der Bewältigung seiner Konflikte beisteht.

Ronny externalisiert seine inneren Konflikte, d. h. er inszeniert immer wieder aufs Neue Konflikte mit der Umwelt. Auf diese Weise macht er – auf dem Weg der projektiven Identifizierung – Vertreter der Realität zu Verfolgern, d. h. er erfährt immer wieder in der Realität Reaktionen von Aggression und sadistischen Impulsen, gegen die er sich dann wieder, vermeintlich zu Recht, schützen muss; ein Circulus vitiosus von Macht, Aggression, narzisstischer Wut, Angst und Hilflosigkeit mit wechselnden Rollen. Die Übernahme eines sadistischen, strafenden Über-Ich durch Vertreter der Realität (Therapeuten, Lehrer, Erzieher) dient letztendlich der äußeren Kontrolle der Triebe bei einem Ich, das nicht in der Lage ist, innere Kontrollen aufzubauen. In Ronnys Inszenierungen ist zudem eine deutliche Tendenz zur Selbstbestrafung angelegt und in seinem Straffälligwerden manifestiert sich gleichzeitig der verzweifelte Versuch, seine archaischen Schuldgefühle zu befriedigen. Reue und Einsicht bedeuteten für den Jungen, Unterlegener in einem Machtkampf zu sein, dass er verlacht werde und grausige Scham erleben müsse. Es fand der ständige Versuch des Jungen statt, beschämender Unterlegenheit auszuweichen, weil ihm keine adäquaten Möglichkeiten zur Verfügung standen, mit Schuldgefühlen umzugehen.

Um an der verzerrten Realitätswahrnehmung, den Spaltungen, projektiven Identifizierungen, Verleugnungen und Omnipotenzfantasien arbeiten zu können, sind Konfrontationen mit der Realität ohne Macht-Ohnmacht-Inszenierung, Gelegenheit zur Wiedergutmachung und Deutungen der zugrunde liegenden Angst und Schamgefühle nötig. Immer wieder geht es darum, die verleugneten Gesetze der Realität und damit die ödipale Struktur zu installieren. So reagierten die Erzieherinnen auf das Zerstören der Lampe nicht gemäß ihrer spontanen Gefühle von Wut und Aggression, den Gegenübertragungen, die der Junge auslöste, sondern reflektierten diese. Anstelle einer sadistischen Strafe, ihn zu schlagen oder psychisch zu verletzen, konfrontierten sie ihn mit den Strukturen der Realität, massierten, wie Redl es formuliert, das Realitätsprinzip ein. Ronny leistete Wiedergutmachung. Damit machten sie aus einem Macht-Ohnmacht-Konflikt zwischen Erzieherinnen und dem Jungen einen Konflikt des Jungen mit der Realität. Das von Ronny verleugnete dritte Objekt, die Realität und das väterliche Gesetz, werden eingeführt. Nicht männliche Omnipotenz und ödipaler Triumph, sondern die Anerkennung der Strukturen der Realität werden von Ronny gefordert. Indem die Erzieherinnen

narzisstische Befriedigung bei Bindung und Nähe boten, auf der Einhaltung der Gesetze der Realität bestanden, ohne die archaischen Schuld- und Schamgefühle des Jungen zu vertiefen, sondern diese durch Gelegenheit zur Wiedergutmachung entlasteten, war für Ronny ein wachstumsfördernder Raum geschaffen.

Bei Patienten mit der Neigung zum handelnden Externalisieren bleibt es ein großes Problem, dass sich der Handlungsdialog lange Zeit in Außenbeziehungen manifestiert, weil diese Patienten es anders noch nicht ertragen. Der Handlungsdialog muss also erst in die Beziehung zum Therapeuten zurückgewonnen werden, erst dann kann er über Verständnis und Einsicht auf die Ebene des Verbaldialogs geführt werden (vgl. Klüwer 1983, S. 144). Der reflektierte Handlungsdialog ist dabei nicht weniger wichtig, er ermöglicht Mentalisierung und Entwicklung (vgl. Fonagy und Target 2002).

Heinemann (2008) zeigt, dass selbst in einer Justizvollzugsanstalt für Jugendliche und Heranwachsende Raum für Mentalisierung aggressiver Konflikte besteht.

4   Autoaggression

Zu den Autoaggressionen, der wiederholten Beschädigung des eigenen Körpers, zählen stereotype Bewegungsstörungen mit selbstverletzendem Verhalten wie Jactationen (Kopfwackeln), Kopfschlagen, Ins-Gesicht-Schlagen, In-die-Augen-Bohren, Beißen in Hände, Lippen oder andere Körperpartien, Sich-Kratzen, Nägelkauen und Nagelreißen. Diese Formen der Selbstbeschädigung treten häufig bei Hospitalismus und/oder Geistiger Behinderung auf.

Weitere Formen der Autoaggression sind die sogenannten habituellen Störungen wie Trichotillomanie (Haareausreißen) und Trichophagie (Haareessen) – beide Störungen vor allem bei Mädchen verbreitet (Delgado und Mannino, 1969) –, die Rumination (Hervorwürgen und erneutes Kauen und Schlucken von Speisen) und die Pica-Symptomatik (Essen von Ungenießbarem).

Bei etwa 40 % der geistig behinderten Kinder und Jugendlichen im Heim werden selbstverletzende Verhaltensweisen angegeben, bei Magersucht und Bulimie sind es 35–40 %, bei Persönlichkeitsstörungen ca. 34 % und bei Gefängnisinsassen bis zu 24 %. Bei Jugendlichen mit Störungen des Sozialverhaltens, Delinquenz und aggressivem Verhalten wird selbstverletzendes Verhalten bei annähernd 40 % der Betroffenen beschrieben. Kinder und Jugendliche mit Blindheit zeigen sehr hohe Raten von Stereotypien und selbstverletzendem Verhalten, bis nahezu 100 %. Zwischen 42 % und 66 % der weiblichen Jugendlichen um das 20. Lebensjahr mit selbstverletzendem Verhalten berichten von körperlichem und/oder sexuellem Missbrauch in der Vorgeschichte (Remschmidt 2000, S. 310).

Jactationen werden mit einer Rate von 1,5–4 % zu Beginn des Schulalters angegeben; das Symptom tritt nur selten nach der Pubertät auf. Jungen sind doppelt so häufig wie Mädchen betroffen (Eggers 1994, S. 212). Im Jugendalter stehen Formen des offen selbstverletzenden Verhaltens (Sachsse 1994) und die heimliche Selbstbeschädigung in Form selbstmanipulierter Krankheit oder Beschädigung (Münchhausen-Syndrom oder das Münchhausen-Stellvertreter-Syndrom, vgl. Plaßmann 1989; Häußler 2007, S. 462) im Vordergrund. Bei offener Selbstverletzung beginnt die Symptomatik meist zwischen dem 15. und 22. Lebensjahr (Sachsse 1994, S. 41). Es sind Jugendliche oder junge Erwachsene, die in ihre Haut meist mit Rasierklingen tiefe Schnitte einritzen oder sich mit Zigaretten oder Bügeleisen Brandwunden zufügen. Frauen überwiegen im Verhältnis 3 bis 5:1 (ebd., S. 33). Die Tendenz ist steigend; vielleicht findet dieses Symptom seinen abgeschwächten Ausdruck in der Modeerscheinung des Piercing.

Den größten Bereich der autoaggressiven Störungen stellt das Selbstverletzende Verhalten dar. In die ICD-10 wurde das Selbstverletzende Verhalten als eigenständige Störung bislang noch nicht aufgenommen. Erwähnung findet es allerdings als Symptom bei der Persönlichkeitsstörung *Borderline-Typ F60.31*. Als »*artifizielle Störung*« (F68.1) werden Verhaltensweisen bezeichnet, bei denen der Betroffene selbst eine behandlungsbedürftige Erkrankung hervor-

ruft. Am bekanntesten ist hier das so genannte »Münchhausen-Syndrom« oder
»*Münchhausen by proxy*« *(Kindesmiss-*
handlung T74.8).

Theorie der Autoaggression

Autoaggression tritt in der Wendung der
Aggression gegen das Selbst in verschiedenen
Formen bei allen psychischen Störungen in
Erscheinung, vor allem bei psychosomatischen Erkrankungen (z. B. Magersucht), bei
Suchterkrankungen, dissozialem Verhalten,
beim Hospitalismus, bei motorischen Stereotypien oder auch bei Depressionen und als
schwerster Form in der Selbsttötung (Battegay 1988). Wir möchten hierzu auf die
entsprechenden Kapitel und Fallbeschrei-
bungen verweisen.

Autoaggression tritt als Wendung der
Aggression gegen das Selbst auf, wenn das
Über-Ich zu streng ist oder die Angst zu groß,
Aggression nach außen zu wenden. Sie tritt
aber auch auf, wenn ein äußeres Objekt fehlt,
d. h. in Situationen des Mangels an affektiver
Zufuhr wie im Hospitalismussyndrom. Die
Symptome des Hospitalismus sind bereits in
den 1940er Jahren eindrücklich von Spitz
(1969, S. 289 ff.) als zunehmend schwerer
Verfall, der mindestens zum Teil irreversibel
zu sein scheint, beschrieben worden. Hospitalismus entsteht nach Spitz durch Entzug
affektiver Zufuhr, der im ersten Lebensjahr
länger als fünf Monate anhält. Die Kinder
zeigen eine Verlangsamung der Motorik,
wirken passiv, der Gesichtsausdruck wird
leer und erscheint oft schwachsinnig. Es
kommt zu einer gesteigerten Infektanfällig-
keit und sogar zu einer Erhöhung der Sterb-
lichkeitsquote, wenn der Mangel an affektiver Zufuhr anhält. Wenn die Triebe kein
Objekt finden, kommt es zur Wendung der
Aggression gegen sich selbst. Die Kinder
leiden an Schlaflosigkeit, schlagen mit dem
Kopf gegen die Gitterstäbe ihres Bettchens,

schlagen sich mit den Fäusten gegen den
Kopf oder reißen sich die Haare büschelweise
aus. Der Verfall schreitet fort und führt zu
Marasmus und Tod. Da weder Aggression
noch Libido nach außen gewendet werden
kann, wird sowohl die Libido in Form des
Autoerotismus (Daumenlutschen, Schaukeln, etc.) als auch die Aggression gegen das
Selbst gewendet. Wenn die affektive Zufuhr
über längere Zeit entzogen wird, hört allerdings, so Spitz, selbst der Autoerotismus auf,
wie im Zustand des Marasmus. Spitz beschreibt beim Hospitalismus zudem ein oft
anklammerndes Verhalten Personen gegenüber, vergleichbar vielleicht mit dem von
Bettelheim (1973, S. 37 ff.) beschriebenen
Hospitalismussyndrom der oralen Gier.

Autoaggression lässt sich allerdings nicht
nur triebdynamisch mit dem Fehlen des
Objektes erklären, sondern auch mit Hilfe
der Narzissmus- und Objektbeziehungstheorie. Unter narzisstischen Gesichtspunkten
kann Autoaggression eine Form von Autonomie und narzisstischem Gewinn darstellen. Der eigene Körper wird zum Objekt
(Hirsch 1989a), über den das Selbst Macht
und Herrschaft ausübt und somit Hilflosigkeit und Ausgeliefertsein verleugnet und
abwehrt. McDougall (1985, S. 351) beschreibt am Symptom des Meryzismus (ständig wiederholtes Erbrechen und Verschlucken der Nahrung) den Autarkiegewinn. Die
Säuglinge unterliegen einem schweren symbolischen Mangel, da das Fehlen der Mutter
psychisch keineswegs kompensiert wird. Der
Mangel wird vollständig verleugnet, denn
der Säugling hat sich frühzeitig einen eigenen
Schutz gegen ihre Abwesenheit geschaffen,

der ihn selbst dann von ihr isoliert, wenn sie zugegen ist. Die orale Einverleibung dient dann nicht mehr allein als Ersatzobjekt für die Mutter, sondern auch dem narzisstischen Gewinn, der Angstabwehr durch Verleugnung.

Zahlreiche Formen der Autoaggression werden in stereotyper Weise in heftigen Bewegungen ausgeführt (Kopfwackeln, Kopfschlagen etc.), so dass sie auch einen Lustgewinn durch motorische Aktivität enthalten, also Aspekte des Autoerotismus. Körperspannung und Bewegung sind häufig ein Mittel, ein Selbstgefühl zu gewährleisten, die Lust an der Motilität als Ersatz für ein gutes Mutterobjekt. Schmideberg (1935) versteht die Hyperaktivität schwer gestörter Kinder als Heilmittel gegen psychotische Ängste. Die motorische Aktivität ermöglicht die Wahrnehmung der Abgrenzung des eigenen Körpers von dem der Mutter. Später kann die Bewegung ersatzweise dazu dienen, Ängste vor Desintegration oder Selbstauflösung zu mindern. »Das Moment der Manipulation, des Beherrschen des Körpers, der Kontrolle über ihn lässt mich daran denken, ob nicht das Objekt Körper auch als Übergangsobjekt verstanden werden kann, als Mutterobjekt, das einen nicht verlassen kann, dem man aber auch nicht hilflos ausgeliefert ist, weil man es selbst erschaffen hat« (Hirsch 1989a, S. 10).

Das Übergangsobjekt hilft, die Abwesenheit der Mutter zu ertragen, indem es an ihre Stelle tritt, und zwar durch die Aktivität des Kindes selbst, mit der die fantasierte Einheit wiederhergestellt wird. In dieser ursprünglichen Definition von Winnicott kann der eigene Körper nicht als Übergangsobjekt verwendet werden. Hirsch verweist aber darauf, dass auch schon bei Winnicott eine weitergefasste Definition geäußert werde, die auch den Körper und Teile desselben zulasse. Hirsch schlägt vor, von einer frühen Symbolisierung der Mutter im Körperteil zu sprechen, ähnlich einem Vorläufer des Übergangsobjektes. Dabei muss allerdings berücksichtigt werden, dass die Anwendung des Konzeptes des Übergangsobjektes auf den eigenen Körper eher in der pathologischen als in der unauffällig verlaufenden Entwicklung eines Kindes möglich ist. Im pathologischen Fall liegt eine Spaltung vor, die den Körper als äußeres Objekt behandelt. Erst dann kann er auch als äußeres Objekt verwendet werden.

Auslöser für habituelle Störungen sind oft Situationen des Alleinseins, Trennungssituationen, aber auch Fortschritte in der Entwicklung, d. h. Aktualisierungen des Autonomie-Abhängigkeitskonfliktes. Bei Kindern, die wenig Halt in den primären Beziehungen erlebt haben, kann man die beginnende symbolische Herstellung eines Mutterobjektes im eigenen Körper sehen, also eines pathologischen Übergangsobjektes. Das Kind schafft sich ein Mittel, das die Gefahr der Desintegration bannt. »Meinem Verständnis nach wird durch die aktive, gegen den eigenen Körper gerichtete destruktive Handlung im Körper selbst ein Mutterobjekt geschaffen, das wie die Mutter dem Säugling zur Entspannung verhilft« (ebd., S. 14). Das Schaukeln und Kopfschlagen ist auch ein Mittel, sich ein Existenzgefühl zu verschaffen, die Körpergrenze zu bestätigen oder herzustellen. Eine unerträgliche Spannung wird in ein Gefühl der Erleichterung verwandelt.

Der Körper kann sowohl als gutes Objekt als auch als böses Objekt gesehen werden, ein böses Objekt, das Aggression, Schuld und Bestrafung auf sich zieht. Das erlittene Trauma wird reinszeniert. Bei frühen Deprivationen oder traumatischen Übergriffen sexueller oder physischer Gewalt erfolgt eine Abspaltung eines schlechten Selbstanteils im eigenen Körper, der wie ein äußeres Objekt erlebt, beherrscht und manipuliert wird. Der Körper repräsentiert so gleichzeitig das Opfer des traumatischen Geschehens wie das Gefühl von Macht und Autarkie und schützt darüber hinaus vor dem Alleinsein (ebd., S. 25 ff.).

Neben der Funktion des Körpers als gutem Objekt, das durch Bewegung Ängste mindert, und der Funktion des bösen Objektes, das zum Objekt der eigenen Aggression wird, gibt es auch bei verschiedenen Formen der Autoaggressionen den Aspekt der Einverleibung von Teilen des Körpers. Hermann (1936, S. 9) sieht im Beißen von Nägeln, im Essen von Körperteilen (Haare, Hautstücke) eine selbstvollzogene Trennung, d. h. eine aktive Wiederholung einer gewaltsamen Trennung mit dem Bestreben der Wiedervereinigung mit dem Mutterobjekt. Die Trennung wird anschließend durch Inkorporation ungeschehen gemacht. Buxbaum (1960) zufolge wird das Haar als intermediäres Objekt verwendet, um eine Trennung ungeschehen zu machen, aber auch um eine relative Trennung von der Mutter herzustellen. Das Haareausreißen (Trichotillomanie) ist oft von anschließendem Essen der Haare begleitet. Durch Beißen oder Ausreißen entsteht gleichzeitig ein Schmerz und taktiler Reiz, der dem Herstellen eines Existenzgefühls dient, als ob der Säugling von der Mutter gehalten würde. Buxbaum versteht die Hinwendung zu äußeren Übergangsobjekten als Fortschritt in Richtung Selbst-Objekt-Differenzierung. Buxbaums Patientin riss einer Puppe an der gleichen Stelle die Haare aus, an der sie ihre eigenen Haare ausriss, wenn die Mutter nicht anwesend war. Beim Haareausreißen ist bedeutsam, dass das Haar im Tierreich der Anklammerung dient. Es steht für Bindung und Losreißen (Hermann 1936, S. 78).

Buxbaums Beobachtung des Aufhörens von Autoaggression beim Verwenden äußerer Übergangsobjekte lässt sich vor allem bei autistischen Kindern beobachten. Wird autistischen Kindern das sogenannte autistische Objekt, das sie in der Regel ebenfalls in starke Bewegungsstereotypien versetzen, weggenommen, kommt es häufig zum Einsetzen heftiger Autoaggression. Das eigentliche, nämlich äußere Übergangsobjekt (im Sinne Winnicotts) scheint vor Autoaggres-

sion zu schützen, wobei zu diskutieren wäre, ob es sich bei autistischen Objekten um ein Übergangsobjekt handelt. Auch das folgende Fallbeispiel zeigt die Bedeutung des Übergangsobjektes bei der Wendung der Aggression nach außen oder gegen das Selbst.

Die Autoaggression bei Jugendlichen nimmt meist andere Formen an als im Kindesalter. Besondere Bedeutung hat im Jugendalter das sogenannte Ritzen oder Einbrennen in die Haut. Bei diesen Symptomen scheint die Abwehr depressiver Gefühle im Vordergrund zu stehen. Meist liegt eine narzisstische Persönlichkeitsstörung vor, die in Belastungssituationen auf ein Borderline-Organisationsniveau regrediert und präpsychotisch dekompensieren kann (Sachsse 1994, S. 46; Battegay 1988, S. 30; Branik 2004, S. 2). Alle Patientinnen mit selbstverletzendem Verhalten haben schwere Störungen des Körperbildes, die meisten haben eine Suchtproblematik oder sie entwickeln eine solche als Zwischenphase der therapeutischen Behandlung. Ausgeprägte Phobien, Angst vor dem Alleinsein, Arbeits- und Beziehungsstörungen sind häufig (Sachsse 1994, S. 33).

Auch bei den Jugendlichen lässt sich eine frühe Flucht in die Autarkie feststellen. Die Notreifung bedingt, dass Leistung, Kompetenz, Denken und Autarkie narzisstisch hoch besetzt werden. Es entsteht ein Größen-Selbst und Ich-Ideal von Härte und Gnadenlosigkeit. Der Körper wird zum Nicht-Selbst, zum fremden Objekt, zum Objekt projektiver Identifizierungen. Das Über-Ich fordert depressive Selbstaufopferung. Das Ich-Ideal fordert Härte. Wesentliche Ich-Funktionen sind defizitär: Die Binnenwahrnehmung mit der Subfunktion der Affektdifferenzierung, die Frustrationstoleranz, der Umgang mit Trieben und Affekten, die adaptive Regression im Dienste des Ich, die Antizipationsfähigkeit sowie die synthetische Funktion des Ich. Die Verdrängungsfähigkeit ist regelmäßig schwer gestört. Traumatische Erfahrungen werden verleugnet und abgespalten.

Der Impuls, »ich muss mich schneiden«, ist ein Hinweis auf eine drohende Ich-Fragmentierung. In Situationen der Einsamkeit und des Alleinseins droht ständig eine Überflutung mit Zuständen objektloser Depression, die auf Kindheitsdeprivationen zurückzuführen ist. Es handelt sich um Empfindungen von Leere, Dysphorie, Hoffnungslosigkeit, Stillstand. In solchen Zuständen wirkt selbstverletzendes Verhalten als Antidepressivum, das oft in einem Zustand geschieht, wenn der Kontakt zur Umwelt verloren gegangen ist. Auf einem höheren Niveau fungiert selbstverletzendes Verhalten auch als Suizidkorrelat und Suizidprophylaxe. Es kann eine neurotische Kompromissbildung sein zwischen sich aufdrängenden, destruktiven Impulsen, Über-Ich Anforderungen und dem Überlebenswillen im Sinne der Wendung der Aggression gegen die eigene Person in abgeschwächter Form. Der eigene Körper ist auch hier weitgehend vom Selbst abgespalten, ist Nicht-Selbst. Auf ihn wird das Schlechte projiziert, also eine Objektumkehr oder Identifikation mit dem Aggressor: das Opfer wird zum Täter. Neben der Funktion als Antidepressivum dient das Symptom auch als narzisstisches Regulativ. Das Gefühl, ich bin eine »Ritzerin«, verleiht Gefühle von Stolz, Stärke und Autarkie. Das Blut als Zeichen des Lebens verleiht ein Gefühl von Lebendigkeit (ebd., S. 38 ff.).

Der pädagogische und therapeutische Umgang mit autoaggressiven Verhaltensweisen ist so schwierig, weil das Verhalten heftige Gefühle von Hilflosigkeit und ohnmächtiger Wut in der Gegenübertragung auslöst. Die Praxis der Fixierung ist dann der Endpunkt eines unglaublichen Machtkampfes und Circulus vitiosus. Betrachten wir die Fixierung als Fantasma, so scheint der erzeugte zwangsweise Bewegungsmangel und Kontrollverlust genau das zu sein, was das Kind oder der Jugendliche in den motorischen Stereotypien abzuwehren suchen, wenn der Körper etwa als Übergangsobjekt

verwendet wird. In diesem Sinne kann Fixierung als Gegenübertragungsagieren gesehen werden. Natürlich ist man in der Behandlung in der Zwickmühle, schwere Selbstverletzungen nicht zulassen zu können. Fixierungen sollten aber durch Deutung und pädagogisch-therapeutische Arbeit ersetzt werden. Sie sind dann selten nötig und sollten nur angewandt werden, um unmissverständlich klar zu machen, dass der Therapeut nicht tatenlos autoaggressivem Verhalten zusieht. Bei solchen Maßnahmen sollte die Gesprächszeit erhöht werden (vgl. Sachsse 1994, S. 118 ff.).

Branik (2004) sieht in Anlehnung an Fonagy und Target (2002) das selbstverletzende Verhalten als Versuch, das bedrohte Selbstgefühl und vom Individuum nicht tolerierte Affekte zu regulieren sowie die Selbststeuerung unter Kontrolle zu bringen. Es sei die Folge eines anhaltenden oder vorübergehenden Fehlens der Fähigkeit zur Mentalisierung. An die Stelle der Reflexion eigener oder fremder psychischer Zustände werden diese über die selbstverletzenden Handlungen reguliert. Ziel einer Behandlung müsse von daher die Förderung der Fähigkeit zu mentalisieren sein. Es müsse ein psychologischer Raum geschaffen werden, der Reflexion der Umstände und Auslöser der aktuellen, unmittelbaren Selbstverletzung ermöglicht. Der Umgang mit Krisen, die Nähe-Distanz-Regulierung und der Aufbau eines positiveren Verhältnisses zum eigenen Körper durch Bewegung, Nahrung, Kleider und Mode gehören gleichfalls zum stationären Alltag.

In der Supervision (E.H.) wurde mir die Situation einer Jugendlichen geschildert, die in der therapeutischen Wohngemeinschaft heftig von ihren Mitbewohnern attackiert wurde und vorgeworfen bekam, für einen Schaden in der Wohnung verantwortlich zu sein. Sie konnte sich verbal nicht wehren, stand irgendwann auf, ging in ihr Zimmer und ritzte sich. Die Entlastung von Schuldgefühlen durch Gelegenheit zur Wiedergutmachung, das Ermöglichen von Ich-Funktionen wie Verbalisierung von eigenen Aggressionen ohne Angst vor den Konsequenzen, das Ich-dyston-Machen des Symptoms und das Aufzeigen des Selbsthasses in der Therapie oder in solchen pädagogischen Alltagssituationen sind Alternativen zur Fixierung. Sie ermöglichen Mentalisierung und Entwicklung.

Zusammenfassung

Autoaggression tritt in der Wendung der Aggression gegen das Selbst bei fast allen psychischen Störungen in Erscheinung. Wenn das Über-Ich zu rigide ist, die Angst zu groß, Aggression nach außen zu wenden, oder beim Fehlen eines Objektes, wie im Hospitalismus, dann wird die Aggression und die Libido gegen das Selbst gewendet. Bei der Autoaggression wird der eigenen Körper zum Objekt. Über den Körper Macht und Herrschaft auszuüben, verleiht narzisstischen Autarkiegewinn, ein Ausgeliefertsein wird verleugnet.

Die Lust an der Motilität – zahlreiche Autoaggressionen werden in Bewegungsstereotypien ausgeführt – kann dazu führen, dass der Körper als gutes Übergangsobjekt

erlebt wird, das nicht verlassen kann und Ängste abwendet, weil man es selbst manipulieren kann. Indem der Körper Gefühle von Macht und Autarkie verleiht, repräsentiert er die Unabhängigkeit von der Mutter, aber er ist auch gleichzeitig das Opfer des traumatischen Geschehens. Der Körper wird auch zum bösen Objekt, der alle Aggression, Schuld und Bestrafung auf sich zieht. Das Essen von Körperteilen ermöglicht eine selbstvollzogene, selbstinduzierte gewaltsame Trennung und Wiedervereinigung durch Inkorporation. Die Trennung wird ungeschehen gemacht. Beim Vorherrschen von Spaltungen zur Abwehr, nicht in der normalen Entwicklung, können Körperteile die Funktion eines Vorläufers des Übergangsobjektes übernehmen. Auf jeden Fall ist die Existenz eines äußeren Objektes ein Fortschritt in der Entwicklung und der Wendung der Aggression nach außen.

Bei Jugendlichen dienen das Ritzen oder andere Formen selbstverletzenden Verhaltens noch deutlicher der Abwehr depressiver Gefühle und der Suizidprophylaxe. Auch hier ist der Körper vom Selbst gespalten, er wird zum bösen Objekt. Das Beherrschen von Schmerz verleiht Gefühle von Stolz, Stärke und Autarkie, also narzisstischen Gewinn.

Fallbeispiel »Michael«

Als mir Michael vorgestellt wurde, war er 8 Jahre alt. Unmittelbar fiel mir sein beinahe kahler Kopf auf – der schmale Junge wirkte, insbesondere neben seiner korpulenten Mutter, wie ein gerupftes Huhn. Er hatte ein blasses, eingefallenes Gesicht mit Augen, die wie leer erschienen. So wie er dastand, wirkte er leblos, verloren und löste im Gegenüber Gefühle von Mitleiden und Traurigkeit aus.

Michael litt schon längere Zeit unter Trennungsproblemen. Sie begannen im Kindergarten und steigerten sich mit der Einschulung noch: Der Junge wollte nicht mehr in die Schule gehen. Er fiel dort auf, weil er einzelgängerisch war und gelegentlich andere Kinder, scheinbar völlig unmotiviert, rücksichtslos attackierte und schlug. Zuhause, aber auch im Unterricht, zupfte sich der

Junge ununterbrochen Haare aus, so dass der Kopf schließlich fast haarlos war. Später begann Michael, auch seine Hände aufzukratzen und sich die Haut abzuziehen.

Michael wurde – nach Diagnose des Krankenhauses – aufgrund von Sauerstoffmangel mit einem »exogenen Psychosyndrom« geboren, blieb ein Sorgenkind und er wurde von der Mutter angstvoll gehütet und versorgt. Die Mutter war eine massige Person, gleichzeitig jedoch überempfindlich und reizbar. Sie war ebenfalls Einzelkind, litt an angstneurotischen und depressiven Symptomen, an Stimmungsschwankungen und an Ängsten, allein zu sein. Sie benutzte und band Michael wohl zur Stabilisierung und zur Bewältigung der eigenen Ängste an sich. Der Vater schien wenig differenziert und konnte nur schwer Gefühle zeigen. Mit Michael konnte er nicht viel anfangen und er zog sich, wann es nur möglich war, in einen seiner Vereine zurück.

Michael hielt von klein an den Stuhlgang zurück, so dass er von der besorgten Mutter regelmäßig Klistiere bekam. Da der Kot jetzt meist sehr hart war, der Stuhlgang sehr schmerzhaft, führten die Klistiere gelegentlich zu Verletzungen, was einen Circulus vitiosus bewirkte, denn Michael verweigerte nun erst recht. Mehr und mehr kam es wegen des Stuhlgangs zum chronisch trotzigen Machtkampf, obwohl der Junge ansonsten eher angepasst und unauffällig erschien.

Die Entstehungsgeschichte des Haaresausreißens war eindrücklich: Als Michael etwa zwei bis drei Jahre alt war, hätte er ständig eine Puppe mit sich herumgetragen, die einst der Mutter gehört hatte. Dann habe er begonnen, die Haare der Puppe zu drehen, sie herauszuzupfen und an der Puppe herumzuschnüffeln. Irgendwann ging der Kopf der Puppe ab, und Michael habe jetzt beständig den Kopf und die restlichen Teile der Puppe herumgetragen. Doch der Junge drehte immer weiter an den Haaren der Puppe, manipulierte solange an den Resten herum,

bis er die Puppe gänzlich aufgelöst hatte. Wenig später kam Michael in den Kindergarten, wo er rasch wegen seiner Aggressivität auffiel. Wenig später begann er an seinen eigenen Haaren zu drehen und die ausgerissenen Haare aufzuessen, so dass sein Kopf zum ersten Mal beinahe kahl war. Das Haaredrehen und -aufessen hörte nach Aussagen der Eltern immer dann auf, wenn Ferien waren und Michael zu Hause bleiben durfte. Musste der Junge wieder in den Kindergarten und später in die Schule, setzten seine autoaggressiven Manipulationen mit voller Intensität ein.

Michael wirkte schüchtern und steif, als er im Therapiezentrum ankam. Er zeigte äußerlich kaum Reaktionen. Freudlos blickte er drein, was durch sein verhärmt-blasses Gesicht noch unterstrichen wurde, und ließ fürs erste alles über sich ergehen, als wäre es selbstverständlich, dass er nun hier war, getrennt von seiner Mutter. Doch in den ersten Nächten weinte er versteckt in sein Kissen. Er konnte den Trost der Erzieherinnen gut annehmen, aber Michaels Heimwehreaktion wurde in den ersten Wochen und Monaten zu einem zentralen Problem. Der Junge weigerte sich, sich auf das therapeutische Geschehen einzulassen, war in seinen Fantasien bei der Mutter und suchte lediglich die Zeitspannen zu überbrücken, bis er wieder zu ihr Kontakt aufnehmen konnte. Auf der anderen Seite geschah mit der Mutter Ähnliches. Sie weinte in jeder Trennungssituation, überschüttete den Jungen mit Briefen und konnte sichtlich nicht loslassen.

In der Anfangszeit zeigte Michael die ganze Palette seiner Symptome und inszenierte all jene vorher erwähnten Schwierigkeiten. Er wollte, oder besser, er konnte nicht spielen, nichts schien ihn zu interessieren. Vor allem schien er mit anderen Kindern nichts zu tun haben zu wollen. Er ging ganz in einer machohaften Attitude auf, gab sich großsprecherisch und angeberisch, was bei den Kindern seiner Gruppe natürlich wenig Anerkennung, sondern lediglich Spott oder Abneigung hervorrief. Erkennbar wollte er mit Lässigkeit und Überheblichkeit bestehende Ängste und Unsicherheiten tarnen. Helles Entsetzen löste jedoch bei allen Erzieherinnen seine sexualisierte Sprache aus. Er benannte sie mit den übelsten vulgären Ausdrücken, Scheißhure, alte Fotze, Wichser, verfickter Arsch etc., was Ärger bis heillosen Zorn auslöste. Die Frauen fühlten sich entwertet, verletzt, als würden sie mit Schmutz beworfen. Ständige Supervision und vor allem immer wieder Gespräche mit Michael und seinen Eltern waren notwendig, damit der Prozess weitergehen konnte. Die Erzieherinnen fühlten sich unaufhörlich von dem Jungen gequält, der sich nicht in ihren Schmerz einfühlen konnte. Im Gegenteil, er schien sich sogar klammheimlich darüber zu freuen, wenn seine Verletzungen Wirkung zeigten.

So schaffte er es in kürzester Zeit, dass ihn niemand mochte. Damit wurde Michael nachdrücklich in seinem Denken bestätigt, dass sein Platz bei seiner Mutter sei, die ihn als einzige verstünde. Es war auch nicht zu übersehen, dass Michael nach Besuchen seiner Eltern immer wieder besonders aggressiv reagierte, danach die Einrichtung mit ihren Mitarbeiterinnen entwertete und die Eltern idealisierte. Damit umzugehen, war für seine Erzieherinnen ebenfalls nicht leicht, mussten sie doch alles Schwere aushalten und alles Gute war bei der Mutter. Aber auch das Haareausreißen blieb anfänglich ein erhebliches Problem, weil es Ekel und Abscheu auslöste. Augenfällig fand es während jener Zeiten statt, wenn Michael unterwürfig und angepasst war. Natürlich wurde es von den Erzieherinnen nicht »verboten«, denn der Junge hätte solche Regeln sowieso nicht einhalten können. Aber es war ebenso schwer wie seine aggressiven Verhaltensweisen zu ertragen. Zum einen lagen überall Haare umher. Michael aß sie aber auch häufig, was ärztlich kontrolliert werden

musste, eine Erzieherin fast bis zum Erbrechen ekelte.

Michael begann immer vor Ferienabschnitten, ehe er zu seinen Eltern heimkehrte, wieder an den Haaren zu reißen. Wurde er zu sehr eingegrenzt, reagierte eine Erzieherin auf seine sexuellen oder aggressiven Attacken zu heftig, rupfte er ebenfalls wieder an den Haaren. Es war also ein Tanz auf dem Drahtseil. Ließ man den Jungen zu sehr gewähren, uferte er aus und suchte seine Bezugspersonen zu beherrschen und sadistisch zu quälen. Verwies man ihn zu heftig in die Schranken, wurde er unterwürfig, stand da wie ein Häufchen Elend und begann wenig später an den Haaren zu zupfen, zu reißen und sie zu verzehren.

Zu jener Zeit inszenierte Michael in der Einzeltherapie die folgenden Rollenspiele, die das zuvor beschriebene Verhalten eindrücklich illustrierten: Er selbst war ein Dieb, die Therapeutin war seine Frau. Er war ein besonders hinterhältiger Dieb, der allen möglichen Personen Angst machen wollte. Wenn er allerdings mit seinem Chef telefonierte, war er angstvoll angepasst und unterwürfig. Gleichzeitig behandelte er seine Frau (die Therapeutin) abfällig, gehässig und gemein. Damit boten sich ausgezeichnete Möglichkeiten, an Michaels Ängsten und seiner abwertenden Haltung Frauen gegenüber zu arbeiten. Später sagte er einmal in einer Therapiestunde: »Eigentlich haben Diebe ein gutes Herz, aber sie sind von einer Hexe der Traurigkeit verzaubert worden.«

Immer wieder wurden die Zeiten des Haareausreißens und -essens von aggressiven Zeitabschnitten abgelöst. Ganz unerwartet kam es immer wieder zu plötzlichen Durchbrüchen. So wurde eines Tages im Religionsunterricht darüber gesprochen, dass es manchmal besser sei, bestimmte brutale Filme nicht zu sehen. Michael schrie dazwischen, dass Kriegsfilme und Schießen ›klasse‹ seien. Er sehe gerne solche Filme. Gleichzeitig stellte er sich in den Raum, richtete sein Lineal auf Kinder und Lehrerin und begann wüst zu ballern. Die Lehrerin, sehr betroffen über Michaels uneinfühlsames Verhalten, sprach an, dass es während der Kriege sehr schlimm gewesen sei. Viele Männer, Väter von Kindern, seien gefallen. Michael schrie, dass ihm das ›scheißegal‹ sei. Er brauchte keinen Vater. Sein Vater könnte ruhig tot sein. Dabei geriet er in einen regelrechten Rausch und konnte fast nicht mehr beruhigt werden.

Michaels weitere Entwicklung zeigte ständig Höhen und Tiefen. Zunehmend konnte er sich besser einlassen, legte sein negativistisches Verhalten etwas ab – in gleichem Maße wie auch die Elternarbeit fortschritt – und er begann häufiger mit anderen Kindern zu spielen, brachte sogar gute Ideen ins Spiel ein. Der Junge gewann etwas an Stärke, sein Blick wurde offener, er suchte gelegentlich vorsichtigen Dialog, doch nach wie vor blieb der Alltag mit ihm recht anstrengend. Es wurde vor allem immer deutlicher, wie Michael die Erwachsenen auszuspielen suchte. Er mogelte bei den Hausaufgaben, »vergaß« Aufgaben, riss Seiten aus dem Hausaufgabenheft oder strich Bemerkungen durch, und es wurde deutlich, wie sehr Michael einen klaren, überschaubaren Rahmen brauchte. Aufgrund der engen Beziehung zur Mutter schien er mit der väterlichen Welt bislang kaum in Berührung gekommen zu sein, um so mehr begann er jetzt den regelhaft strukturierten Rahmen der Therapieeinrichtung ernst zu nehmen. Gleichzeitig wurde dem Jungen aber auch bewusst, wie wenig er konnte, und sein geringes Selbstwertgefühl, bislang unter seinen schrecklichen Aktionen verborgen, wurde deutlich. Michael wirkte deprimiert, äußerte immer wieder, dass er nichts könnte und niemand ihn möge. In der Therapie spielte er, dass zwei Freunde Arbeiter seien. Einem der beiden wurde nichts zugetraut. Der Chef schickte ihn weg, weil er ja nichts könnte. Alle anderen lachten darüber. Er bat flehentlich seinen Freund, sich doch für ihn einzusetzen. Doch der sagte herablassend und kalt:

»Es ist doch so, dass Du nichts kannst. Du bist schlecht geboren!«

Nachdem sich über längere Zeit eine günstige Entwicklung angebahnt hatte, kam es wiederum zu einem schweren Einbruch. Michael zeigte alle jene anfänglichen Auffälligkeiten, die sich inzwischen zurückgebildet hatten. Er zerstörte Dinge anderer, ärgerte und schlug Kleinere und Schwächere und geriet wieder in einen heftigen Clinch mit Erwachsenen, insbesondere mit Frauen. Er beschimpfte sie wieder mit übelsten Ausdrücken, entwertete sie und die Sprache schien immer lustvoll sexualisiert. Dies löste wiederum in der Gegenübertragung seiner Erzieherinnen Ekel und Wut aus, es wurde wiederum schwer, eine gute Beziehung aufrechtzuerhalten. Was war geschehen? Ganz deutlich war der Junge sehr früh vom Triebeinbruch der Pubertät regelrecht überrascht worden. Michael bekam bereits Bartwuchs und einen Stimmbruch.

Ziel der begleitenden Psychotherapie war es immer gewesen, und das wurde jetzt noch intensiviert, den Vater einzubeziehen. Tatsächlich entdeckte der Vater seinen Sohn neu. Er gewann Freude an der Beziehung zu ihm und unternahm viele Freizeitaktivitäten. Immer deutlicher zeigte der Junge vielerlei Ähnlichkeiten mit seinem Vater, was diesen beglückte. Er teilte dessen Freude an praktisch zupackender Arbeit, an der Feuerwehr und vielen Betätigungen in der Natur. Erfreulich war dabei, dass die Mutter dies nicht nur akzeptieren konnte, sondern sich befreit und erlöst fühlte. Michaels Entwicklung stabilisierte sich zusehends; mittlerweile waren die Haare auf seinem Kopf völlig nachgewachsen und die aggressiven Durchbrüche, die seine Umwelt immer geängstigt hatten, traten nur noch selten auf. Der Junge war ruhiger, wirkte zusehends selbständig, selbstbewusst und von der Mutter abgelöst. Er war inzwischen auch verbalen Interventionen zugänglich, zeigte begrenzt Einsicht und konnte innerhalb eines überschaubaren Rahmens gut zurechtkommen.

Einen Einbruch brachte die Ankündigung der Rückkehr ins Elternhaus. In der Therapie sprach er wieder mit schriller Stimme, kommandierte, zupfte sich an den Haaren, allerdings ohne sie auszureißen und spielte mit der Therapeutin »Schwarzer Peter«. Wenn sie die »schlechte Karte« hatte, lachte er hämisch. Hatte er sie, war er traurig oder wütend und wollte nicht weiterspielen. Dann begann er ein Schiff zu tonen, über die gesamten letzten Therapie-Stunden hinweg. Gelegentlich flackerte auf, dass er nicht durchhalten wollte, dass er von sich enttäuscht war. Das Schiff wurde wunderschön, Michael brannte und glasierte es. In einer der letzten Stunden beschloss er, es seinem Vater zu schenken. Einen Einbruch brachte noch einmal nach der Rückkehr die Umschulung in die Schule zu Hause. Gespräche mit Lehrern und dem Schulleiter konnten jedoch die Krise bewältigen, so dass Michael die Grund- und Hauptschule relativ unauffällig bewältigen konnte.

Interpretation

Psychodynamik

»Es ist so, dass Du nichts kannst. Du bist schlecht geboren.« Mit diesem Satz hatte Michael die ganze schreckliche Wahrheit gesagt. Es ist das Fantasma des Vaters, der seinen Sohn nicht annehmen kann. Michael war schlecht geboren, war bei der Geburt beinahe erstickt und hatte eine Hirnschädigung davongetragen. Er war ein behindertes Kind, das besonders viel Einfühlung verlangte. Belastet durch die eigene Biographie gelang es der Mutter kaum, sich auf die Bedürfnisse ihres Kindes einzustellen – Gefühle von Angst und von Überfordertsein standen im Mittelpunkt, nicht Freude und Glück. Für Michael wurde es von Beginn an bedeutsam, Stimmungen und das Wohlgefühl seiner Mutter zu erspüren. Belastet von beständigen Schuldgefühlen durfte Michael

seine Bedürfnisse nach Eigenständigkeit nicht befriedigen.

Weil der Vater weder real noch psychisch präsent war, konnte eine Annäherung an ihn nicht soweit gelingen, dass sie hätte identitätsstärkend wirken können. Die Triangulierung blieb beeinträchtigt, so dass der Junge immer wieder im Sog und im Einflussbereich der Mutter verblieb, um deren psychisches Wohlbefinden er sich weiterhin sorgte.

Die Zurückhaltung des Stuhls zeigte – neben einem krampfhaften Festhaltenwollen der Mutter –, dass es Michael nicht gelungen war, reifere Aggression zur Loslösung und Selbstbehauptung einzusetzen, denn Michaels Aggression stieß bei der überverwöhnenden Mutter gleichsam ins Leere bzw. führte zu überkontrollierendem Verhalten, dem Verabreichen von Klistieren. Ein Kampf um Macht und Ohnmacht und Scham des Kindes entbrannte. Vermutlich hat Michael die Verabreichung der Klistiere in sexualisierter Weise wahrgenommen; die erlebte Stimulierung förderte aber auch Ängste, Aggression, Scham und Schuldgefühle, die abgewehrt werden mussten. In der Wendung von der Passivität zur Aktivität äußerte er die Sexualisierung im Umgang mit seinen Erzieherinnen (verfickter Arsch etc.).

Derart mit der Mutter verstrickt, führten Trennungssituationen wie im Kindergarten oder der Schule zu Aggressionen der Mutter gegenüber, die Michael aber aufgrund von Schuldgefühlen abwehren musste. Es kommt zu dem autoaggressiven Haareausreißen. In der Situation des Überschwemmtwerdens von Trennungsängsten und Aggressionen richtet Michael seine Aggression gegen den abgespaltenen eigenen Körper. Er gewinnt Autarkie, indem er die Trennungssituation (Haareausreißen) und Wiedervereinigung (Essen der Haare) mit dem Körper als Objekt inszeniert, und zwar nicht in der Position des Opfers, sondern der des Täters.

»Eigentlich haben Diebe gute Herzen, aber sie sind von der Hexe der Traurigkeit verzaubert worden«, dieser Satz Michaels weist darauf hin, dass hinter der Aggression eine kindliche Depression vermutet werden kann. Als behindertes und unterschwellig abgelehntes Kind erlebte er eine unglückliche Mutter, die ihre eigene Ablehnung des Kindes durch überbehütendes Verhalten abwehrte, und einen Vater, der seine Ablehnung und Abwertung offen zeigte. Ekel und Ablehnung sind auch die Reaktionen, die Michael bei den Erzieherinnen auslöste.

Betrachten wir die Szene in der Schule, in der Michael in einen Aggressionsrausch geriet, so zeigt uns die Reaktion der Lehrerin als Gegenübertragungsreaktion wahrscheinlich, wie in der Familie auf die Aggressionen des Kindes reagiert wird. Ihm werden Schuldgefühle gemacht, es wird gedroht, dass Kinder und Väter im Krieg sterben, so als ob Michael mit seinen Fantasien dafür verantwortlich sei. Die Lehrerin empfand den Jungen als uneinfühlsam; als unbewusste Szene spiegelt sich hier vielleicht die Uneinfühlsamkeit der Eltern in die Todesbedrohung des behinderten Kindes wieder. Michael wehrt sich und meint, dass der Vater ruhig tot sein könne, konnte dieser sich doch nicht in seinen Sohn einfühlen.

Auf der Suche nach einem Objekt, mit welchem er sich hätte aggressiv auseinandersetzen können, hatte Michael mit der Puppe seiner Mutter ein vorläufiges Ziel gefunden. Indem er das Übergangsobjekt zu zerstören suchte, wollte er sich eigentlich mit aggressiver Destruktivität von der Mutter lösen. Das Übergangsobjekt des Jungen überlebte jedoch seinen Hass und seine Aggression nicht. Weil er seine Aggression aber nicht in die Beziehung zur Mutter bringen konnte – der Vater stand zur Triangulierung nicht zur Verfügung –, musste er sie jetzt nach innen richten, um das mütterliche Introjekt zu zerstören. So entstand ein neurotischer Circulus vitiosus: Das Ausreißen der Haare symbolisierte zugleich die Trennung von der Mutter. Der dabei entstehende Trennungsschmerz war für Michael jedoch nicht aushaltbar, so dass es sofort zur oralen Inkorporation kam, indem die Haare wieder aufgegessen wurden.

Das Haareausreißen von Michael symbolisiert aber auch Trauer und kann – wie in der jüdischen Tradition – gleichsam als Haareraufen eines trauernden Menschen gesehen werden. Michael war in chronischer Trauer darüber, dass es ihm nicht gelungen war, den Schritt ins eigene Leben zu wagen.

Diagnose:

F63.3 Trichotillomanie
F92.2 Störung des Sozialverhaltens mit depressiver Störung
F82.0 umschriebene Entwicklungsstörung der motorischen Funktionen
(Die motorische Koordination des Jungen bei feinmotorischen Aufgaben lag deutlich unterhalb des Niveaus, welches aufgrund des Alters und der Intelligenz zu erwarten war.)

Die therapeutische Arbeit

Die therapeutischen Ziele waren, Trauer und Depression zu bewältigen, die fehlgeleitete Aggression wieder in die Mutter-Kind-Beziehung zu bringen und bestehende Fixierungen in der Oralität und Analität aufzulösen. Der Therapieverlauf macht deutlich, wie Michael ständig zwischen inzestuösen Wünschen und aggressiven Attacken schwankt, zwischen Sexualisierung und Aggressivierung. Er fühlte sich von der Mutter umschlungen, und er wollte sich von ihr befreien. In der Gegenübertragung wurde rundum deutlich, dass ihn niemand mochte. Michael war ein abgelehntes Kind, aber die Ablehnung war von Überverwöhnung kaschiert worden.

Im Verlauf der Therapie begann er sich aus der Welt mütterlicher Abhängigkeiten zu lösen, ergriff mehr Eigeninitiative und hielt zunehmend Ausschau nach männlicher Identität. Er sehnte sich nach Struktur, Halt und väterlichem Dialog. Damit einher ging auch ein ständiger Wechsel zwischen Autoaggression und Aggression, denn Michael war es ja nicht gelungen, Aggression zur Ablösung von der Mutter einzusetzen. Sie stand ihm nur in destruktiver Weise, entweder nach innen gewandt in Gestalt des Haarausreißens, der Selbstwertzweifel und Anklagen, oder nach außen als Gewalt gegenüber den Dingen und seinen Beziehungspersonen zur Verfügung.

Die Erzieherinnen fühlten sich von seinem sexualisiertem Verhalten wie mit Schmutz beworfen, was einerseits den Zusammenhang zur Analität, zu den Ritualen mit den Klistieren und der sexualisierten Wahrnehmung dieser Szenen herstellt, aber auch darauf hinweist, dass die Erzieherinnen im Sinne der projektiven Identifizierung mit Michaels Gefühlen identifiziert waren, ihm aber ein Containing für diese Gefühle boten und nicht agierten. Gleiches gilt für die Gefühle des Ekels, eine heftige somatische Abstoßungsreaktion dem Jungen gegenüber.

Wie sehr der Umgang mit Schuldgefühlen Einfluss auf das autoaggressive Verhalten hat, wird darin deutlich, dass er unterwürfiges Verhalten zeigte und sich die Haare ausriss, wenn er gemaßregelt wurde. Aggressiv konnte er zuerst nur in einem Klima des Gewährenlassens sein. So war die pädagogisch-therapeutische Arbeit eine Gratwanderung zwischen der notwendigen Entlastung des Über-Ich von Schuldgefühlen, um Aggression nach außen zu wenden, aber auch ein verbalisierender Umgang mit der Aggressivierung, die wiederum Abwehrcharakter hatte, etwa der Abwehr depressiver Gefühle und der auftauchenden Schuldgefühle diente. Im »Aggressionsrausch« brauchte er keine Schuldgefühle zu haben, dem Vater den Tod zu wünschen.

Bei Michael war ein wichtiger Bestandteil der therapeutischen Arbeit die Verbesserung der Beziehung zu seinem Vater. Kompliziert wurde alles, als die Pubertät viel zu früh einsetzte. Andererseits wurde er von dem Entwicklungsschub jetzt regelrecht gedrängt, die Macht der festhaltenden Mutter über Bord zu werfen, die ihn sexualisiert hatte, natürlich auch, weil der Vater sich entzog. Ohne ausgesprochen väterlich-männliche Führung und deutliche Grenzsetzung zur inzestuös bedrohlichen Mutter ging es in der Adoleszenz nicht mehr. Darum wurde der Vater nun letztendlich so wichtig.

5   Hyperaktivität

Die häufigste Diagnose in der Kinder- und Jugendpsychiatrie scheint derzeit das Hyperkinetische Syndrom (HKS) zu sein. Nach verschiedenen Schätzungen sind 2–10 % aller Kinder (Steinhausen 1996, S. 109; Albert und Horn 1999, S. 327) und zwischen drei und acht Prozent aller Jungen im Schulalter hyperaktiv. Etwa sechs- bis zehnmal mehr Jungen als Mädchen sind betroffen (Hocke 1993, S. 118; Albert und Horn 1999, S. 327). Remschmidt (2000, S. 144) unterscheidet in klinische und nichtklinische Stichproben, denen zufolge bei nichtklinischen Stichproben Jungen etwa dreimal so häufig, bei klinischen Stichproben dagegen sechs- bis neunmal häufiger betroffen seien.

Die Diagnose Hyperaktivität (HKS) trat in der Folge der in den 1960er Jahren verbreiteten Diagnose »minimale cerebrale Dysfunktion«, kurz MCD genannt, auf. Hier wurden cerebrale Schädigungen vermutet, ohne diese nachweisen zu können. Die MCD verknüpfte Verhaltensauffälligkeit mit Hirnschädigung und lenkte damit den Blick fort von den psychischen Verursachungen oder Mitverursachungen. An diese Stelle ist heute die ebenfalls medizinisch orientierte Diagnose AD(H)S (Aufmerksamkeits Defizit Störung mit und ohne Hyperaktivität) getreten, die gleichfalls wenig zur Psychodynamik beiträgt.

Beim HKS werden verschiedene Symptome zusammengefasst. Die wichtigsten Symptome sind eine Aufmerksamkeitsstörung, Impulsivität und Hyperaktivität. Hyperaktive Kinder zeigen mangelnden Gehorsam, sogenanntes oppositionelles Verhalten und Störungen im Spiel- und im Sozialverhalten.

Sie besitzen eine geringe Frustrationstoleranz und reagieren in Versagenssituationen häufig mit heftigen Wutausbrüchen. Sie sind impulsiv und neigen zu Unfällen. Sie sind meist bei anderen Kindern nicht beliebt und sozial isoliert. Bei durchschnittlicher Intelligenz zeigen sie unterdurchschnittliche schulische Leistungen und häufig Lernstörungen. Dabei ist zu beobachten, dass die Symptome bevorzugt in Gruppensituationen auftauchen, beschäftigt man sich mit dem Kind allein, verschwinden die Symptome häufig. Bei der sogenannten Variante ohne Hyperaktivität ist das Hauptsymptom Tagträumerei (vgl. Heinemann und Hopf 2006, S. 9 ff.).

Die Bezeichnung »Aufmerksamkeits-Defizit-Hyperaktivitäts-Störung (ADHS)« wird innerhalb der ICD-10 nicht verwendet. Die folgenden Störungsbilder, die nur schwer zu unterscheiden sind, werden beschrieben:

F90	hyperkinetische Störungen
F90.0	einfache Aktivitäts- und Aufmerksamkeitsstörung
F90.1	hyperkinetische Störung des Sozialverhaltens
F90.8	sonstige hyperkinetische Störungen
F90.9	nicht näher bezeichnete hyperkinetische Störung

Die Zunahme der Diagnose ADHS oder hyperkinetische Störung ist in der Regel nicht auf bessere, sondern auf ungenauere Diagnosen zurückzuführen. Oft wird nach kurzer Symptombeschreibung undifferenziert Bewegungsunruhe und hyperkinetische Störung gleichgesetzt, so als wäre jede Angst bereits eine Angstneurose. In der Tat nennen Brandau, Pretis und Kaschnitz (2003, S. 19 f.) allein 16 Krankheitsbilder mit Bewegungsunruhe, von Angst- und Zwangsstörungen bis zum »Fragilen X-Syndrom«. Betrachtet man die Fülle von möglichen Differentialdiagnosen, wird rasch deutlich, warum oft ungenau diagnostiziert wird:

- Affektive Störungen (F30-F39)
- Angststörungen (F41oder F93.0)
- Schizophrenie (F20)

- Tiefgreifende Entwicklungsstörungen (F84)

Würden diese Störungsbilder stets sorgfältig ausgesondert, so würde vermutlich die von Nissen (2005) genannte Zahl von 1–2 %, welche er als »hirnorganische Kerngruppe« bezeichnet, durchaus realistisch werden. Es stellt sich somit die Frage, ob es überhaupt möglich ist, ein Störungsbild »hyperkinetische Störung« mit einem Kometenschweif von Komorbiditäten (Depressive Störungen 9,1 %, Angststörungen 17,2 %, dissoziale Störungen 46,9 %, zit. nach Ihle und Esser 2002) exakt zu diagnostizieren.

Theorie der Hyperaktivität

Freud (1911) hat die Beherrschung der Motilität als eine der wichtigsten Funktionen des reifen Ich hervorgehoben. Während der Herrschaft des Lustprinzips habe die motorische Abfuhr, durch das Innere des Körpers gesandte Innervationen, zur Entlastung des seelischen Apparats von Reizzuwächsen gedient. Im Laufe der Entwicklung erhalte die Motorik eine neue Funktion, indem sie zur zweckmäßigen Veränderung der Realität verwendet werde: Sie wandelt sich zum bewussten und zielgerichteten Handeln. Eine der Hauptaufgaben des Ich ist die Kontrolle der Motorik. Die Motorik kann dabei in die Ausdrucksmotilität, wie etwa den Gesichtsausdruck und die Sprache, sowie die Leistungsmotorik unterschieden werden. Beide Bereiche sind anfangs noch untrennbar verbunden, divergieren dann in verschiedenen Entwicklungen. Störungen der Ausdrucksmotilität äußern sich etwa im Stottern oder in Tics, die der Leistungsmotorik in der Hyperaktivität (Mahler 1944, S. 103). Die motorische Ausstattung der frühen Lebensjahre dient dazu, Mutter und Kind wiederzuver-

einigen, während das spätere neuromuskuläre System auch der Distanzierung von der Mutter, durch Wegkrabbeln beispielsweise, dient. Mit dem ödipalen Konflikt wird das Ich mit dem potentiellen Ausbruch machtvoll unterdrückter anstößiger Triebe konfrontiert. Durch Selbstbeherrschung erhalten Kinder allmählich die notwendige Ich-Stärke und Reife. Sie erreichen die Latenz nur dann mit Erfolg, wenn sie unmittelbares Agieren (Triebdurchbrüche) durch Probehandeln, d. h. Denken, ersetzen. Bei Kindern, die bereits im frühen Kindesalter unter Störungen ihres Triebgleichgewichtes leiden und zu ständigen Triebdurchbrüchen neigen, bleibt die kinetische Funktion des Ich unterentwickelt und die Leistungsmotilität wird gestört. Die Triebdurchbrüche geschehen dann im Einverständnis mit dem Ich (ebd., S. 106). Wir sprechen heute in Anlehnung an Fonagy und Target (2001) auch von einer Mentalisierungsstörung, der Fähigkeit eigene Gefühle und die Anderer zu erkennen und zu benennen (vgl. Heinemann und Hopf 2006, S. 88 ff.).

Situationen

Hausaufgaben
Zubettgehen
Mutter telefoniert
Besuch kommt
Aufträge erledigen
Mahlzeiten
Spiel mit anderen
Besuche bei anderen
In der Öffentlichkeit
Beim Fernsehen
Mutter ist beschäftigt
An- und Ausziehen
Waschen und Baden
Im Auto
Kind spielt alleine
Wenn Vater daheim ist

0 10 20 30 40 50 60
Anteil: ausgeprägte Probleme (%)

■ Hyperkin. Auff. (N=62) □ Repräsentativ (N=263)

Abb. 3: Häufigkeit problematischer Situationen in der Familie bei hyperkinetisch gestörten Kindern und in einer Repräsentativstichprobe (Alter: 6–10 Jahre) (aus: Döpfner und Lehmkuhl 1995, S. 179).

Die Familiensituationen sind häufig geprägt von ambivalenten Bindungen an die Mütter. Die Väter sind physisch und/oder psychisch oft nicht anwesend. Regeln werden von den Kindern nicht eingehalten, sie provozieren Drohungen, die nicht konsequent umgesetzt werden. Oft werden die Kinder parentifiziert, sie leben im illusorischen Glauben, selbst Regeln bestimmen zu können, sind aber auch gleichzeitig enttäuscht über die fehlenden väterlichen Funktionen bei den Eltern (vgl. Heinemann und Hopf 2006, S. 47 ff.).

In Anwesenheit des Vaters tritt das hyperaktive Verhalten am seltensten auf, bei Hausaufgaben, die meist mit der Mutter zusammen gemacht werden, dagegen am häufigsten (vgl. Döpfner und Lehmkuhl 1995, S. 179). In Gegenwart der Mutter wird der unbewusste Abhängigkeits-Autonomie-Konflikt aktiviert. Wie in Kapitel I.3 bereits ausgeführt, ist der symbolische oder reale

Verlust des Vaters als Repräsentant für das väterliche Gesetz gerade für den Knaben eine besondere Bedrohung. Er verliert das Identifikationsobjekt, das ihn zudem schützt, in die inzestuös bedrohliche Beziehung mit der Mutter zurückzufallen und seine Geschlechtsidentität zu verlieren. Das Abgewehrte ist dann in der Hyperaktivität: Die inzestuöse Bedrohung durch die Mutter, die Intensivierung inzestuöser Wünsche, die depressive Verarbeitung von Verlust und Trennung, die Angst, geschlechtliche Identität zu verlieren, und der Konflikt zwischen dem Wunsch nach Wiederverschmelzung mit der Mutter und dem Wunsch nach Individuation.

Das hyperaktive Verhalten selbst dient der Abwehr des Kindes. Heinemann und Hopf (2006, S. 101 ff.) beschreiben verschiedene Konflikte und Psychodynamiken, die der Symptombildung zugrunde liegen können:

- Trennungs- und Bindungsstörungen
- Selbst- und Objektabgrenzung: Individuationsstörung
- Fehlen der väterlichen Funktion: Sexualisierung und Aggressivierung
- Reizschutz gegen Depression

Kinder mit hyperaktivem Verhalten zeigen oft ambivalente und desorganisierte Bindungsmuster, in ihrer Lebensgeschichte finden sich Trennungen und Objektverluste. Mit der Bewegung kann Trennung verleugnet und/oder das fehlende Objekt gesucht werden.

Bei einer Traumatisierung kann der Körper und die Körperwahrnehmung die Funktion eines fehlenden Reizschutzes übernehmen. Durch verstärkte Körperwahrnehmung können frühe Ängste des Selbst- und Objektverlustes abgewehrt werden (vgl. auch v. Lüpke 1983, S. 63; Schmideberg 1935). Das Hin und Her der Bewegungsunruhe ist dann Ausdruck der Unentschlossenheit zwischen narzisstischer Suche nach Verbundenheit und dem Wunsch nach Autonomie. Sie ist

191

eine Form des Autoerotismus, die frühe Ängste im narzisstischen Rückzug abwehrt.

Bei Jungen kann die Nähe zur Mutter und das Fehlen des Vaters bzw. der väterlichen Funktion zu einer Intensivierung inzestuöser Wünsche und Ängste führen. Hyperphallisches Verhalten und Fortbewegungsimpulse dienen der Abgrenzung zur Mutter.

Die motorische Unruhe dient im Zusammenhang mit einer Aggressivierung der Individuation. Das hyperaktive Kind ist eng mit der Mutter verschmolzen. »Während er wie ein Fisch am Angelhaken zappelt, kann er sich nicht abgrenzen« (Berger 1993, S. 143). Die motorische Unruhe ist dann eine Form der Aggressivierung, die den Individuationskonflikt mit der Mutter durch Fortbewegungsimpulse ausdrückt. Mit dem Fehlen des Vaters als Triangulierungsobjekt ist das Kind hin- und hergerissen zwischen dem Wunsch, mit der Mutter narzisstisch zu verkleben und sich zu individuieren. Es besteht ein Harmoniebedürfnis, Schuldgefühle und Aggression gegen den narzisstisch verführerischen Elternteil, die Mutter. Dies ist die grundsätzliche Problematik: Von der Mutter vereinnahmt zu sein und sich vergeblich gegen diese Vereinnahmung durch das Zappeln und Ausagieren zu wehren. »Das hyperkinetische Symptom ist als Ausdruck des Schwankens und Oszillierens zwischen narzisstischer Verbundenheit mit den Mutterbildern und eine Öffnung in Richtung auf eine eigene Identität und Individuation verständlich« (Stork 1993b, S. 229).

Die motorische Unruhe ist auch eine Form von Sexualisierung. Die Bewegung erzeugt eine erotische Spannung, die vom Kind selbst erzeugt ist und durch das Kind kontrolliert werden kann, im Gegensatz zur erotischen Spannung, die von der Mutter erzeugt wird. Sexualisierung als Abwehrmechanismus (vgl. Goldberg 1975) dient der Abwehr passiv erlebter Ängste vor inzestuöser Überwältigung, die durch das Fehlen des Vaters als ödipales Objekt auftreten. In der Wendung von der Passivität zur Aktivität wird

das Kind selbst durch sein sexualisiertes Verhalten zum Täter, beim hyperaktiven Kind zum Erzeuger der dann autoerotischen Spannung.

Ein erwachsener Patient mit einer narzisstischen Störung berichtete in der Analyse, dass er als Kind unter Jactationen litt. Er konnte die Kopfbewegung anhalten, wenn er fantasierte, dass sein Vater ihm die Hand auf die Stirn legte. Dann entwickelte er die Fantasie, mit einer schönen jungen Frau Arm in Arm spazieren zu gehen. Bedeutet dies nicht, dass, wenn der Vater einschreitet, die inzestuöse Bedrohung gebannt ist und die libidinösen Impulse angstfrei fantasiert werden können, eine ödipale Entwicklung möglich wird?

Hyperaktivität kann aber auch Ausdruck einer depressiven Grundstimmung sein, die bei Jungen in der Hyperaktivität manisch abgewehrt wird. Bei Mädchen äußert sich die Depression unmittelbar in Tagträumereien, Unkonzentriertheit, Lernstörungen u. a., was nach Heinemann und Hopf (2006, S. 74 ff.) oft fälschlicherweise als ADS diagnostiziert wird.

So beschreibt Berger (1993) die motorische Unruhe als einen Reizschutz, eine somatische Abwehr schmerzhafter Ängste und Konflikte, eine Art manische Abwehr depressiver Ängste (Berger 1993, S. 146). Durch In-Aktion-Bleiben werden unerträgliche depressive Affekte und Leeregefühle abgewehrt und eine Beziehung zu sich selbst aufrechterhalten (Quint 1987).

Die motorische Unruhe lenkt in allen Fällen vom Innern des Kindes ab. Die Abwehr beschwichtigt sein Über-Ich. Der psychische Konflikt wird unkenntlich gemacht und der Eindruck vermittelt, es handele sich um einen hirnorganischen Defekt, der mit der Psyche nichts zu tun hat (Stork 1993b, S. 210). Bei dieser Form der Abwehr werden vermutlich die inzestuösen Wünsche und deren Gegenbewegung, die dem Wunsch keine Verwirklichung gestattet, unkenntlich gemacht. Dieses Hin und Her mündet in einen Prozess des Ausagierens, der jede psychische Bearbeitung erschwert.

In der Arbeit mit hyperaktiven Kindern fällt auf, dass es schwer ist, über die vorhandenen Konflikte zu sprechen. Konflikte dürfen nicht besprochen oder bewusst gemacht werden, sonst droht unaufhaltsam eine Katastrophe. Die Kinder benutzen deshalb eine Art Körpersprache, um ihren inneren Problemen wenigstens auf diese Weise Ausdruck zu geben. Die Auflösung des Agierens geht, wie bei anderen Störungen auch, über die Sinngebung der symbolischen Mitteilungen und mündet zuletzt in die Gestaltung einer psychischen Konflikthaftigkeit. Der Pädagoge oder Therapeut gerät bei diesem Versuch in eine oft schwer auszuhaltende Gegenübertragungsreaktion. Man fühlt sich als nutzloses, unbrauchbares und zugleich genarrtes Objekt, an das Botschaften gerichtet und widerrufen werden. Hyperaktive Kinder scheinen sich emotionalen Angeboten scheinbar zu widersetzen (Berger 1993, S. 146). Es entwickelt sich eine heftige Gegenübertragungsaggression: Man möchte das Kind mit Zwang zur Ruhe bringen.

Wie bei psychosomatischen Störungen geraten hyperkinetische Kinder häufig in den Circulus vitiosus von narzisstischen Beeinträchtigungen durch Behandlungsversuche und der Abwehr dieser Beeinträchtigungen durch vermehrtes Auftreten des Symptoms. Es besteht die Gefahr der Entwicklung eines sadomasochistischen Übertragungs-Gegenübertragungsagierens. Die bei Hyperaktivität oft verabreichten Diäten, die auf der Theorie, bestimmte Nahrungsmittel erzeugten das hyperkinetische Syndrom, beruhen, rufen beim Kind das Gefühl eines Selbst-Defektes hervor und erhöhen seine Aggression, die es gleichzeitig wieder gegen das Selbst wenden muss. Oft werden gerade solche Nahrungsmittel verboten, die von den Kindern heiß begehrt werden, wie Süßigkeiten, Schokolade etc. So bedeutet die Diät unbewusst eine Strafe und entlastet von Schuldgefühlen. Gleichzeitig erhalten die Kinder vermehrt Zuwendung, und es entsteht ein mit den Eltern geteiltes Drittes – das gemeinsame Projekt Diät –, das die destruktiven Elemente der Eltern-Kind-Beziehung bindet. Der eigentliche Konflikt wird jedoch weiter abgewehrt (Hocke 1993, S. 124).

Auch die oft eingesetzte Ritalin-Medikation dient der Aufrechterhaltung der Verleugnung psychischer Konflikte. Das Kind wird behandelt, die Gefahren einer Medikamentenabhängigkeit werden in Kauf genommen oder verharmlost. Dem Kind wird suggeriert, nur mit einer Pille zu funktionieren (Berger 1993, S. 140). Die narzisstische Beschämung, eine hirnorganische Störung zu haben, schwächt weiter das Selbst-Gefühl des Kindes und erhöht die Abhängigkeit von der Mutter im Gegensatz zur rituellen Einnahme von Pflanzen in sogenannten mutterzentrierten Kulturen (vgl. Heinemann und Hopf 2006, S. 145 ff.).

Zusammenfassung

Hyperaktivität ist eine vor allem bei männlichen Kindern weit verbreitete Störung. Die Familienverhältnisse sind durch starke Konflikte geprägt, Trennungsängste entstehen und durch das häufig reale oder psychische Fehlen des Vaters gerät das Kind in einen regressiven Sog von Wiederverschmelzungswünschen und gleichzeitiger Aggressivierung mit dem Wunsch, sich von der Mutter zu lösen. Das Fehlen des Vaters bewirkt eine Verschärfung von inzestuösen, ödipalen Wünschen und der Gegenbewegung, dem Wunsch nach Aufrechterhaltung der Inzestschranken.

Hyperaktives Verhalten dient auch der manischen Abwehr depressiver Ängste, dient der Selbst-Objekt-Abgrenzung, der Sexualisierung als aktiver Form der Beherrschung von Ängsten inzestuöser Überwältigung, es dient der Aggressivierung, um eine Trennung und Individuation zu ermöglichen. Die Maskierung der Hyperaktivität als hirnorganisches Leiden dient der Unbewusstmachung psychischer Konflikte und lenkt vom eigentlichen Problem ab. Das Über-Ich wird beschwichtigt. Folge des hyperaktiven Verhaltens ist meist ein Übertragungs-Gegenübertragungsagieren mit aggressiven Impulsen, dem Wunsch nach Ausübung eines äußeren (Aggression auf Seiten des Therapeuten oder Pädagogen) oder inneren Zwanges (Diät, Ritalin).

Fallbeispiel »Dieter«

Dieters Mutter war mit 19 Jahren von zu Hause ausgezogen, arbeitete als Verkäuferin in einem Kaufhaus und lernte einen Mann kennen, der dort als Dekorateur arbeitete. Sie zog mit ihm zusammen und wurde später von ihm schwanger. Der Mann arbeitete jedoch nur unregelmäßig und trank sehr viel. So musste sie sogar während der Schwangerschaft weiter arbeiten, obwohl sie unter psychosomatischen Beschwerden litt: Kopfschmerzen, hohem Blutdruck und Schwindelgefühlen. Die finanziellen Probleme häuften sich, und es kam zu massiven existentiellen Ängsten. Der Freund wurde endgültig arbeitslos. Die Eltern trennten sich schließlich nach vielen, teilweise auch gewalttätigen Auseinandersetzungen, als Dieter zweieinhalb Jahre alt war. Mit dem Kind und einem Berg Schulden ließ der Vater die Mutter zurück und wurde nicht mehr gesehen. Dieter kam tagsüber in verschiedene Pflegestellen, weil die Mutter Geld verdienen musste.

Im Gespräch erinnert sich die Mutter, dass der Junge damals zum ersten Mal aufgefallen sei. Er sei unruhig, quengelig geworden und sei ständig weggelaufen, er habe immerzu an der Straße gestanden und den fahrenden Autos nachgesehen. Erste Probleme gab es im Kindergarten, weil er laut, aggressiv und nicht zu bändigen war. Er rannte herum, störte andere Kinder beim Spielen und zerstörte, was sie aufgebaut hatten. Schon damals wurde deutlich, dass Dieter außerordentlich stark mit seiner Mutter verbunden war. Trennungen von ihr erlebte er angstregend, und er geriet sichtlich in Unruhe, wenn sie nicht anwesend war. Immer wieder ging die Mutter Beziehungen zu anderen Männern ein, die jedoch zerbrachen, weil die Männer das Zusammenleben mit Dieter als zu kräftezehrend empfanden. Ständig suchte er sich dazwischen zu drängen und die Männer auszubooten.

Der behandelnde Kinderarzt verordnete ab dem sechsten Lebensjahr Methylphenidat, was nach Aussagen der Mutter jedoch Dieters Verhalten nur unwesentlich veränderte. In der Schule konnte Dieter keinen Arbeitsanweisungen folgen, hielt nichts durch, beschädigte oder bekritzelte, was er vorfand, und kam nicht zur Ruhe. Manchmal verkroch er sich mit einem Buch, gelegentlich ärgerte er die Mitschüler und versuchte, sie abzulenken. Bisweilen brüllte er unvermittelt laut auf, biss einem Kind in den Arm, oder er schnitt einem anderen Kind die Haare ab, stach sie mit dem Bleistift, warf Knete im Zimmer herum oder schmierte und spuckte. Er zeigte sich nicht ansprechbar und reagierte weder auf Zuwendungen noch Ermahnungen und Strafen. Die Lehrer bestellten die Mutter in die Schule und beklagten Dieters Verhalten, aber diese verteidigte ihn rundum und gab den Lehrern die Schuld wegen ihres mangelnden einfühlenden Verhaltens. Irgendwann war der Dialog so gestört, dass nichts mehr ging.

Daheim wurden die Hausaufgaben rasch zur Qual, denn Dieter wollte nicht anfangen und wurde nicht fertig. Gelegentlich meinte der Junge resigniert, dass er nichts könnte und nichts wert wäre und dass es besser wäre, er würde sterben. Dann habe seine Mutter nicht mehr so viel Mühen mit ihm wie bislang. Eine ambulante Psychotherapie wurde eingeleitet, die jedoch nicht zu den erhofften Erfolgen führte. Die Therapeutin schlug der Mutter eine stationäre Psychotherapie vor, was sie nach längeren zähen Gesprächen, in denen sie zwischen Festhalten und Hergeben des Kindes schwankte, akzeptierte.

Im ersten Gespräch erlebte ich die Mutter feindselig und misstrauisch, sie stellte verfängliche Fragen, um etwas aus mir herauszulocken, was sie dann wenig später kaputtzuschlagen suchte. So fragte sie etwa, wie wir Dieters Probleme verändern wollen, um danach jeden meiner Erklärungsversuche, wie wir therapeutisch arbeiten würden, anzuzweifeln und regelrecht lächerlich zu machen. Damit wurde ich in die fatale Rolle gedrängt, mich ständig rechtfertigen zu müssen, was bei mir Ärger und Zorn auslöste. Als ich Dieters Mutter mit ihrem Verhalten konfrontierte und bemerkte, dass wir doch miteinander sprächen, weil etwas für ihren Sohn getan werden sollte, begann sie hemmungslos zu weinen. Dieters Mutter fühlte sich offensichtlich ständig bedroht und inszenierte oder provozierte unaufhörlich, dass sie angegriffen wurde. Darum hatte sie auch alle Lehrer nur feindselig erlebt, so dass sie glaubte, sich und Dieter vor ihnen schützen zu müssen. Später, als sich die Beziehung zu mir gefestigt hatte, erzählte mir Dieters Mutter, dass sie bei Auseinandersetzungen mit den Kindern ständig gegen Gefühle von Unlust und Zorn ankämpfen müsse. Trotzdem habe sie versucht, alles so lange wie möglich auszuhalten. Regelmäßig wäre sie jedoch an Grenzen geraten, dann sei alles in ihr zusammengebrochen und oft habe sie dann – völlig unkontrolliert – Dieter geschlagen. Während dieses Erstkontakts saß Dieter auf dem Schoß der Mutter, ängstlich klammernd und war erst nach längerem Überreden bereit, sich von ihr zu trennen.

Als Dieter im Therapiezentrum ankam, war rasch zu spüren, dass er eine ähnlich feindselige Haltung wie die Mutter einnahm. Dabei lotete er ständig aus, wie weit er gehen konnte. Er war ein großer kräftiger Junge, wirkte viel älter als acht Jahre. Misstrauisch schielte er unter seiner Brille hervor, manchmal in geduckter Haltung, als würde er jederzeit mit körperlichen Misshandlungen rechnen. Als ich ihn etwas fragte, schwieg er. Erst als der Druck stärker wurde, antwortete er in einem gereizt beleidigten Ton, so dass bei mir – wie in den Gesprächen mit der Mutter – rasch Ärger aufkam. Ich fühlte mich von ihm verachtet und als unfähig eingeschätzt.

In den ersten Tagen tobte Dieter herum, rannte die Treppen auf und ab, riss dabei etwas um, zerstörte Dinge, attackierte andere Kinder, alles gleichzeitig und er war nicht zu erreichen. Nach Ausschleichen des Ritalins reagierte er zunächst müde, schlapp und antriebslos. Das Methylphenidat hatte ihn bislang offensichtlich eher stimuliert, nicht wie erwartet, beruhigt. Selbst etwas zu tun, zu erarbeiten, etwas zu lernen war dem Jungen völlig fremd. Er tat, ob in der Gruppe oder in der Schule, als nähme er nichts wahr, kaute auf seinem Bleistift herum und verblieb in einer chronischen Verweigerungshaltung. Dabei benutzte er beständig sexuelle Ausdrücke und geriet mit seinem Zimmergenossen in heftigen Streit. Von Sexualität schien er wie besessen und er sprach nicht nur davon, sondern versuchte immer wieder, sich nackt an andere Kinder anzuschmiegen.

Abends zeigte er meist eine heftige Heimwehreaktion, klagte über sein Hiersein und wollte unbedingt nach Hause. Als die Mutter zum ersten Mal anrief und mit ihm sprach, beklagte er sich über mannigfaltige Situationen, in welchen ihm – angeblich – Schlimmes widerfahren sei. Die Mutter rief mich empört zurück. Sie erklärte mir, dass Dieter ganz offensichtlich von uns nicht gut behandelt würde, dass die Lehrerin ihn wohl geschlagen habe und drohte damit, ihn wieder heim zu holen. Alle Mitarbeiter machte es zornig, dass die Mutter den Pädagogen bei ihren Bemühungen immer wieder in den Rücken fiel. Sie verteidigte Dieter vehement und löste damit aus, dass selbst die Gutwilligsten resigniert aufgaben und sich nicht mehr um den Jungen bemühen mochten. Dies machte ihn zum – vermeintlichen – Sieger. In der Tat hatte die Lehrerin Dieters Problematik gut erfasst, sie war allerdings über die kleinkindhaften Bedürfnisse des Jungen erschrocken, vor allem aber über seine Grenzüberschreitungen. Er hatte sie – wie seine Erzieherinnen – mit groben sexuellen Ausdrücken benannt. Trotzdem forderte sie beharrlich von ihm, dass er schrieb, rechnete, malte und auf dem Platz blieb. Das war nicht leicht, denn Dieter versuchte, sich mit allen Kräften zu entziehen. Natürlich hatte die Lehrerin Dieter nicht einmal angefasst. Als Dieter mit seiner Aussage, die Lehrerin habe ihn geschlagen, konfrontiert wurde, gestand er kleinlaut, dass sie ihn möglicherweise im Vorbeigehen etwas gestreift habe. Beim Besuchstermin musste unbedingt mit der Mutter besprochen werden, dass ohne elementares Vertrauen, eine weitere Zusammenarbeit nicht möglich sei. Andernfalls müsste sie ihren Sohn wirklich nach Hause nehmen, weil er sonst in einen schweren Loyalitätskonflikt geraten würde. Während dieser ersten Zeit schrieb die Mutter Dieter häufig. Der Inhalt der Briefe schien weniger an ein geliebtes Kind gerichtet als an einen lieben Freund und Lebensgefährten.

Dieter war weiterhin in ständiger Bewegung. Er zeigte sich in seiner außergewöhnlichen Dünnhäutigkeit und hielt nichts aus. Er konnte nicht stillsitzen, nicht aufmerken, nicht spielen, alles mündete über kurz oder lang in eine hektische Unruhe. Andererseits infizierte er die anderen Kinder mit seinem unruhig-aggressiven Verhalten, indem er sie störte, sie ebenfalls aggressiv machte, so dass sich in der Gruppe bald extreme Unruhe

ausbreitete. Er bewies somit auch eine ausgeprägte Fähigkeit, vorhandene Erregung in anderen Menschen unterzubringen. Dieter störte beim Geschichten-Vorlesen, brach so gut wie jedes Spiel ab, behinderte andere beim Spielen und langweilte sich ununterbrochen. Es war, als stünde er ständig unter Strom und könne seine Spannungen nicht anders als motorisch abführen. Gelang ihm das nicht, spürte er nur unerträgliche Leere.

Sauberkeit und Ordnung waren Fremdwörter für ihn. Er kotete ein, suhlte sich gerne im Schlamm, trank aus Pfützen, war ständig klebrig und verschmiert. Sein Verhalten erschien amorph, ungetrennt und regellos. Bald wurde erkennbar, dass er Dinge um sich weder ausreichend wahrnahm, noch dass sie einen Wert für ihn besaßen. Er steckte alles in den Mund, zerkaute es und bestand darauf, nachts seinen Schnuller zu benutzen, den ihm die Mutter vorsorglich mitgegeben hatte. Dies wurde anfänglich gestattet, mit der Zeit wurde jedoch mit ihm besprochen, dass er versuchen solle, ohne Schnuller auszukommen.

Langsam setzten vielerlei Veränderungen ein und die beginnende Veränderung der Mutter-Sohn-Beziehung zeigte Wirkung. Eines Tages rief mich die Mutter an, fragte entsetzt, wie es ihrem Sohn gehe. Sie habe geträumt, er habe neben ihr im Bett gelegen und sei gestorben. Dieter hatte andererseits in dieser Zeit häufiger ängstlich nach seiner Mutter gefragt, ob es ihr gut gehe, ob sie auch wirklich nicht krank sei.

Zur Lehrerin entwickelte Dieter einen regen Kontakt, er meinte sogar, dass sie recht nett und hübsch wäre. Trotzdem war er weiterhin an schulischen Dingen desinteressiert und verweigerte die Hausaufgaben. Nach längerer gemeinsamer Überlegung wurde beschlossen, dass er seine Hausaufgaben künftig begleitet vom Heilpädagogen machen sollte. Rasch veränderte sich sein Verhalten, ihm wollte er gefallen und jetzt fertigte er die Hausaufgaben in immer kürzerer Zeit an.

War Dieter in der Nähe seiner Erzieherinnen, wurde er ruhiger, war er außer Sichtweite, setzte seine Unruhe ein und er stritt und schlug sich. Und dennoch, langsam veränderte sich das Verhalten des Jungen. Er schien sich wohl zu fühlen, fragte kaum mehr nach der Mutter und als er in den Weihnachtsferien nach Hause fahren sollte, wollte er das nicht und fragte: »Warum muss ich zu ihr, wo es mir doch hier sehr gut geht?« Auf der anderen Seite fürchtete die Mutter, dass er nach Hause kommen werde.

Dieter behauptete jetzt immer seltener, der Größte zu sein, sondern fing an, verächtlich von sich selbst zu sprechen, dass er nichts könnte. Eines Nachts wachte er aus einem Alptraum auf, den er seiner Erzieherin erzählte. Im Traum hatte er einen riesengroßen Menschen auf einem Platz gemalt. Gleichzeitig hatte eine Stimme sein Tun kritisiert und verurteilt. Dieter erschrak darüber sehr. Die depressive Struktur, die sich hinter seiner Unruhe und seiner Angeberei verbarg und sich gelegentlich in Gestalt von Selbstbeschimpfungen zeigte, wurde erkennbar, das machte den Jungen gleichzeitig aber auch weich und liebenswert.

Mit einem Mal konnte er sich für das Spielen begeistern. Es waren anfänglich einfache Dinge, die ihn faszinierten, eine Schnur, eine Tüte, Kugeln, Wasser, Sand, mit denen er zu spielen begann. Dieter wollte ständig in den Sandkasten. Dort matschte er lustvoll, baute Burgen, Straßen und Teiche. Er legte Dämme an, durchbrach die Dämme, überschwemmte sie und baute sie aufs Neue auf. Das konnte er stundenlang tun, und in seinem Gesicht stand ein leises Staunen darüber, was er alles schaffen konnte. Die ehemalige chronische Langeweile begann zu verschwinden. In jener Zeit bat ich einmal ein Kind, es sollte Dieter sagen, dass er zu mir ins Büro kommen sollte. Er trat ein, völlig mit Sand bedeckt, den er gleichmäßig in meinem Büro verteilte und fragte etwas unsicher, ob er tatsächlich zu mir kommen sollte. Ich sagte, dass es nichts weiter gebe, als dass ich

wieder einmal mit ihm sprechen wollte, weil ich ihn schon einige Tage nicht mehr gesehen habe. Ich erkannte, dass er nicht mehr misstrauisch und feindselig war, sondern, dass er mich freudig anstrahlte. Er erzählte mir voller Freude, dass er gerade eine Burg gebaut habe. Dabei bröselte der Sand auf den Boden, was mich nicht im Geringsten störte.

Und eine andere Seite wurde erkennbar. Dieter wurde sensibel für das Leiden anderer Kinder, zeigte sich einfühlsamer und hilfsbereit. Er kümmerte sich um kleinere Kinder, holte Hilfe, wenn jemandem etwas geschehen war und half den Erwachsenen bei ihren alltäglichen Arbeiten. Er inszenierte nicht mehr vorrangig Ablehnung, sondern machte es allen leichter, ihn anzunehmen und gern zu haben.

Interpretation

Psychodynamik

Die Mutter des Jungen hatte bereits während der Schwangerschaft, aber auch später unter depressiven Verstimmungen mit psychosomatischen Beschwerden gelitten. Die paranoiden Ängste des Jungen, seine unruhige Getriebenheit, seine frühen Fortbewegungsimpulse ließen vermuten, dass die frühen »namenlosen« Ängste nur unzureichend contained worden waren. Seine Symbolisierungsfähigkeit war vermutlich etwas eingeschränkt, eine symbolvermittelte Abfuhr von Affekten bedingt möglich, jedoch erschwert. Auslösesituation von Dieters hyperkinetischem Verhalten war dann vermutlich der Verlust des Vaters. Er rannte auf die Straße und schaute den Autos nach. Vielleicht suchte er so den Vater, vielleicht bewältigte er auch die traumatische Trennung mit Hilfe einer symbolischen Gleichsetzung. Die Autos sind dann nicht Symbole, welche den Vater repräsentieren, sondern sie sind ganz real der sich entfernende Vater. Indem die bestehende unerträgliche Leere ausgefüllt wird und das verschwundene Objekt – scheinbar – wieder präsent wird, kann die hyperkinetische Unruhe die Depression abwehren; das Symbol wird hier benutzt, um die Trennung zu verleugnen und nicht zu überwinden.

Der Verlust des Vaters hat aber auch die inzestuöse Bedrohung und die inzestuös verschmelzenden Wünsche des Knaben in unlösbarem Konflikt reaktiviert. Die ziellos in entgegengesetzte Richtungen fahrenden Autos könnten seine Wünsche nach Annäherung und Entfernung darstellen. Wie Berger (1993, S. 143) es ausdrückt: Dieter zappelte an der Leine. Die Mutter verführte Dieter zu einer regressiven Verschmelzung, sie ergriff immer seine Partei und gab ihm einen Schnuller mit ins Heim. Dieter mochte sich nicht trennen, er saß beim Erstgespräch auf ihrem Schoß, die väterliche Welt des Lernens musste er verweigern. Die Hausaufgaben wurden zur Qual, vielleicht auch weil sie den Nähe-Distanz-Konflikt zur Mutter verschärften; die Mutter kontrollierte sicher oft die Hausaufgaben. Dieters Dilemma war, zunehmend gefangen zu sein in der Beziehung zur Mutter, die ihn eher als Ersatzpartner betrachtete, wie sich in den Briefen zeigte. Er konnte sich nicht entfernen und fürchtete zugleich die inzestuöse Bindung. Er wurde zunehmend aggressiv, erfuhr Ablehnungen im Kindergarten und in der Schule. Diese Aggressivierung war vermutlich der Versuch, sich von der Mutter abzugrenzen und männlich zu sein. Gleichzeitig zeigte sich im Therapeutischen Heim eine erhebliche Sexualisierung, mit der er seine inzestuösen Ängste abwehrte.

Dass die motorische Unruhe auch depressive Ängste abwehrt, zeigt sich deutlich in den Selbstbeschimpfungen bis hin zu Dieters Wünschen zu sterben. Erkennbar sind auch Fixierungen in der Analität und eine Suchtstruktur. Es handelte sich im geschilderten Fall Dieter um eine tiefgreifende Störung auf niedrigem Niveau. Hyperkinetische Störungen gibt es auf unterschiedlichen Struktur-

niveaus, von der Abwehr psychotischer Ängste bis hin zu leichten neurotischen Unruhezuständen.

> **Diagnose:**
>
> **F90.1** hyperkinetische Störung des Sozialverhaltens
> **F92.2** Störung des Sozialverhaltens mit depressiver Störung
> Diese Klassifikation wurde zusätzlich gewählt, weil sich die depressiven Symptome sehr ausgeprägt zeigten.
> **F98.1** nichtorganische Enkopresis

Die therapeutische Arbeit

Die Behandlung Dieters fand im stationären Setting statt. Der Therapeut war in Dieters Übertragung zuerst ein feindseliges Objekt, das die Mutter-Kind-Symbiose bedrohte. Er nahm diese projektiven Identifizierungen auf, entgiftete sie und übernahm nun vor allem die Aufgabe der schützenden und trennenden väterlichen Funktion, den Rahmen sicherzustellen und das inzestuös Übergriffige und regressiv Verführerische der Mutter in Schranken zu weisen, um Dieter Raum für Entwicklung zu geben. Die Szene mit dem Sand zeigt, wie sich aus der anfänglich feindseligen eine positive Übertragung entwickelte. Verstrickt in die Beziehung zur Mutter war der Therapeut auch ein Container für die Aggression und Abwertung der Mutter.

Die Erzieherinnen boten Raum für Übertragungen, die eher positive haltende Funktionen zuließen. In ihrer Nähe konnte Dieter »auftanken«, sich sicher fühlen und allmählich mochten die Erzieherinnen Dieter auch. Das stationäre Setting ist nach Bick (1968, S. 236) auch eine bewahrende, mütterliche Haut, die Dieter half, sein Selbst zu entwickeln. Nach Introjektion der bewahrenden Funktionen, verschwand ein Teil der Unruhe, er konnte zum »Vierjährigen« werden, der seine analen und kreativen Impulse spielerisch ausprobierte.

Die Lehrerin war vor allem Objekt seiner inzestuösen Ängste; er beschimpfte sie mit sexuellen Ausdrücken und fürchtete ihre Schläge, vielleicht war dies auch im Sinne von Anna Freud (1922) eine Projektion des Wunsches, geschlagen (sexuell stimuliert) zu werden. Dieter sehnte sich aber auch nach väterlichem Gesetz und Struktur, weshalb ein klarer und eindeutiger Rahmen so notwendig und hilfreich war, aber auch der Heilpädagoge, der Dieters positive männliche Identifikation erlaubte. Es galt, jene positiven väterlichen Übertragungen aufzugreifen, um die inzestuöse, durch Aggressivierung und Sexualisierung verzerrte Bedrohung durch die Mutter bewältigen zu können. Die Lernverweigerung diente hier auch dem Schutz vor projizierter inzestuöser Überwältigung. Mit dem Heilpädagogen erhielt Dieter Schutz vor seinen inzestuösen Ängsten; er begann zu lernen und konnte eine positive Übertragung zur Lehrerin zulassen, musste sie nicht mehr als überwältigend erleben. Sie war in seinen Augen nun hübsch und ganz nett. Unruhe und Aufmerksamkeitsdefizit hatten sich nach einem Jahr bereits soweit verändert, dass Dieter eine öffentliche Schule besuchen konnte. Vor allem aber hatte sich sein Sozialverhalten gewandelt: Der Junge hatte Freunde, mit denen er hin und wieder spielte, mit denen es den üblichen Streit gab, der jedoch leichter als früher beigelegt werden konnte.

IV Sexualität, Sexualisierung und Sexueller Missbrauch

1 Sexuelle Entwicklung und Geschlechtsidentität – Mehrere Sexualitäten oder Pathologie?

Bei sexuellen Auffälligkeiten im Kindes- und Jugendalter kann es sich um vorübergehende Durchgangsstadien handeln. Reifungsverfrühungen und Reifungsverzögerungen, aber auch soziale Erfahrungen können die Entwicklung des Kindes beeinträchtigen. Selten lassen sich klare Störungen der Geschlechtsidentität und Störungen der Sexualpräferenz erkennen. Hospitalismus kann zu einem zwanghaften, exzessiven Onanieren oder anderen autoerotischen Stimulationen führen. Das Thema Intersexualität berücksichtigen wir in dieser Arbeit nicht.

Im Kindesalter wird gelegentlich von einer Störung der Geschlechtsidentität gesprochen, d. h. dem Wunsch, dem anderen Geschlecht anzugehören. Die Jungen zeigen sich in ihrem Äußeren mädchenhaft und bevorzugen mädchentypische Spiele, die Mädchen umgekehrt. Nicht selten wird derartiges Verhalten durch die Eltern herbeigeführt. Unerfüllte Wünsche der Eltern, ein Kind eines bestimmten Geschlechts zu bekommen, können eine Ursache sein (Remschmidt 2000, S. 289). Im Alter von 4–11 Jahren möchten sich ca. 3–6 % der Jungen und 10–12 % der Mädchen bisweilen wie das andere Geschlecht verhalten. Etwa 0–2 % der Jungen und 2–5 % der Mädchen möchten bisweilen oder oft dem anderen Geschlecht angehören (Steinhausen 1996, S. 282; vgl. Meyenburg 1997, S. 314).

Reifungskrisen und psychosexuelle Entwicklungsstörungen werden unter F66 codiert. Heterosexualität, Homosexualität und Bisexualität können mit x0, x1 und x3 an fünfter Stelle angefügt werden.

Theorie sexueller Entwicklungen

Im Fokus der psychosexuellen Entwicklung des Kindes steht in unserer Kultur der Ödipuskomplex (▶ Kap. I.1). Das »Nein« der Eltern sichert das Inzesttabu und die Exogamie. Das »Nein« der Eltern ist aber auch der Anreiz, so werden zu wollen wie der gleichgeschlechtliche Elternteil (Geschlechtsidentifikation) und sich einen Partner zu suchen, der so ähnlich oder gerade anders ist als der gegengeschlechtliche Elternteil. Dieses Modell ist idealtypisch und bietet Raum für andere Verläufe.

Sexualität und die gesamte psychische Struktur ist ein Konstitutionsprozess (Quindeau 2014, S. 28), keine rein biologische Entwicklung. Sinnliche Interaktionserfahrungen führen zu Einschreibungen, die im Laufe des Lebens, vor allem in der Adoleszenz, Umschriften erfahren. Es gibt eine vom Subjekt geprägte Geschichte der Sexualität. Entwicklung wird als fortlaufende Umschrift verstanden, in der Lust- und Befriedigungsmodalitäten, aber auch Konflikte und Sozialisationserfahrungen ein- und umgeschrieben werden (ebd., S. 64f.).

Die gängige Lehrmeinung (Rauchfleisch 2011, S. 23), der homosexuelle Mann identifiziere sich mit der dominanten Mutter bei schwachem Vater und die homosexuelle Frau wende sich vom enttäuschenden Vater zur verführerischen Mutter, sieht Homosexualität als Scheitern in der ödipalen Phase und pathologisiert die Entwicklung. Rauchfleisch spricht dagegen von einer Kern-Geschlechtsidentität, einem primordialen, bewussten und unbewussten Erleben, ein Junge oder ein Mädchen zu sein. Dabei komme es zu einem komplexen Zusammenwirken von biologischen und psychischen Einflüssen bereits ab der Geburt des Kindes. Bei der Kern-Geschlechtsidentität wirken sich, so Rauchfleisch, individuelle Erwartungen der Eltern, eine Gesamtheit an inneren Bildern des Selbstverständnisses und der sozialen Realität aus. Rauchfleisch fordert mehr Toleranz gegenüber anderen Entwicklungen.

Begriffe wie »mehrere Sexualitäten«, die die Toleranz gegenüber anderen Entwicklungen postulieren, möchten wir ausdrücklich unterstützen, wollen aber den Blick auf unbewusste Funktionen, Autoaggressionen oder Aggressionen nicht ausblenden. Die Toleranz würde dann zum Widerstand werden und nicht zur individuellen und gesellschaftlichen Befreiung.

Mit der Frage nach dem dialektischen Prozess von Kultur und Sexualität beschäftigt sich die Ethnopsychoanalyse. Das Inzesttabu ist universell, nicht aber der Ödipuskomplex. Bevor wir uns den Varianten von Sexualität in unserer Kultur zuwenden, möchten wir die erhebliche Variabilität in der psychosexuellen Entwicklung in ihrer psychodynamischen Funktion in anderen Kulturen aufzeigen.

Tonga (Polynesien)

In Polynesien wird noch heute vielerorts im mütterlichen Klan und in den Familien ein Junge von klein auf als Mädchen erzogen (Heinemann 1998a). In Tonga werden sie »fakafefine« genannt, übersetzt: Männer, die wie Frauen sind. Diese zeigen transvestitisches und transsexuelles Verhalten. Sie tragen Mädchenkleider und Mädchenfrisuren und verbleiben in der Kindheit bei den Schwestern und der Mutter. Die Beziehung zu den Schwestern und zur Mutter ist sehr eng und latent inzestuös. Die »fakafefine« dürfen als Kinder mit den Schwestern in einem Raum schlafen und die Schwestern küssen, so dass die Brüder, die »normalerweise« ab sechs Jahren bei den Männern schlafen und mit dem Vater arbeiten gehen müssen, eifersüchtig sind. In der Pubertät wechseln einige »fakafefine«, auch unter dem Einfluss der Mütter, die dann manchmal aufhören, den Knaben an sich zu binden, in die Gruppe der Männer. Die meisten bleiben aber der ständige Gefährte der Mutter, kochen, waschen und helfen den Müttern im Haushalt. Sie bleiben ohne Partner oder haben heute teilweise homosexuelle Beziehungen. In einem kulturellen Sozialisationsmuster werden Jungen zu Transsexuellen erzogen, bleiben in einer latent inzestuösen Beziehung zu den Schwestern und der Mutter gebunden, können sich nicht männlich entwickeln, da sie nicht der Männergruppe übergeben werden. Die Beziehung zu den Müttern wird idealisiert, Aggression bleibt unbewusst. Zur Abwehr der Inzestangst verleugnet der »fakafefine« sein Geschlecht, wobei einige Jugendliche eher transvestitische Verhaltensweisen zeigen, direkt sagen, dass sie nur so tun, als ob sie weiblich sind. Transvestitismus und Transsexualität erscheinen so als Entwicklungsreihe im Rahmen der Abwehr von Inzestangst durch Verleugnung.

Aus einem Gespräch: »Von Geburt an wollte ich ein Mädchen sein. Ich wurde von allen, auch in der Schule, gut behandelt. Ich half meiner Mutter, wusch die Teller ab und kochte. Ich war der Mutter sehr nah. Ich habe fünf Schwestern, die alle älter sind als ich. Ich bin der jüngste und einzige Junge. Bei allem, was ich tat, folgte ich meinen Schwestern. Ich war immer mit ihnen zusammen. Mein Vater starb als ich 12 Jahre alt war. Meine Mutter freute sich, dass ich ihr half. Mein Vater mochte das nicht. Er verbot mir, Frauenkleidung zu tragen und schimpfte. Meine Mutter sagte ihm dann immer, er solle sich nicht einmischen und aufhören zu schimpfen. Als ich sechs Jahre alt war, nahm ich an einer Blumenschau teil und tanzte in der Gruppe der Mädchen. Das gefiel mir sehr gut ...« (Heinemann 1998a, S. 485).

Als kultureller Ritus bearbeiten die »fakafefine« den Bruder-Schwester- und Mutter-Sohn-Inzest. Folge des Inzests ist in den Mythen die Bisexualität. Der »fakafefine« weist auf die Notwendigkeit der Trennung der Geschlechter hin. Der »fakafefine« lebt dies als warnendes Beispiel vor und sichert so das Inzesttabu mit der Trennung von männlich und weiblich. Im Klan der polynesischen Kulturen stehen Bruder und Schwester an der Spitze. Bruder- und Schwester-Inzest wird in den Mythen und Riten bearbeitet, wie in unserer Kultur der Eltern-Kind-Inzest im Ödipuskomplex. Das Inzesttabu wird kulturell installiert.

Die männliche und weibliche Entwicklung wird durch Teilnahme an den Frauenarbeiten und Männerarbeiten, die streng geschlechtsspezifisch organisiert sind, geregelt. Mann ist, wer den Männerweg geht, mit Männern gemeinsam Männerarbeiten macht. Die äußere Trennung der Geschlechter sichert die Geschlechtsidentität.

Ein dritter Ritus sichert das Inzesttabu. In der Kava-Zeremonie der Männer, eine symbolische Variante des historischen kannibalistischen Aktes, einem Männerritus, in dem Männer das Fleisch von Gefangenen oder anderen minderwertigen Menschen (Män-

ner, Frauen und Kinder) aßen. Diese wurden vorher rituell sexuell missbraucht. Orale Aggression bearbeitet die Inzestangst (Wendung von der Passivität in die Aktivität). Die inzestuös bedrohliche Frau wird verspeist. Der Kava wird noch heute von nichtgeschlechtsreifen Frauen oder Männern serviert.

Bei meinen Versuchen, Gesprächspartner zum Thema zu finden, wurde ich – anders als bei allen anderen Forschungen – als Bedrohung erlebt. Das Gesprächsanliegen löste heftigen Widerstand aus, was auf die inzestuöse Problematik hinweist. Ich wurde zur Verfolgerin, ich fühlte mich, als ob ich meine Gesprächspartner zu den Interviews überwältige.

Als ich einen meiner potentiellen Gesprächspartner am Bootsanlegesteg traf (ebd., S. 489) und er mich wieder für ein Gespräch vertrösten wollten, fragte ich, ob wir das Gespräch nicht gleich hier an Ort und Stelle führen könnten. Wie von der Tarantel gestochen sprang er auf und rief einen anderen jungen Mann, der in der Nähe stand, zu Hilfe. Am Ende des Gespräches bat er mich, einer jungen Deutschen, die in meinem Hotel wohnte, in die er verliebt sei, einen Brief unter der Tür durchzuschieben. Als ich einverstanden war, geriet er in Panik: nicht, dass ich den Brief unter der falschen Tür durchschieben würde, bei der alten Frau im Hotel, und er rannte davon. Die beiden Aspekte Verführung und Gefahr (jung und alt) der Mutter wurden inszeniert. Ich lief immer Gefahr zur mütterlichen Verfolgerin zu werden, wenn ich das Thema ansprach.

Was wir in unserer Kultur als individuelle Pathologie mit Transvestitismus und Transsexualität beschreiben, ist in Polynesien ein erworbenes kulturelles Sozialisationsmuster. Auch der Kannibalismus taucht in unserer Kultur im Zusammenhang mit Perversionen auf. Essstörungen dienen auch bei uns der Abwehr von sexuellen Konflikten. Kulturelle Sozialisation und individuelle

Variation bedienen sich der gleichen Abwehrvorgänge. Als Ritus dient die Abwehr – wie in der individuellen Variation letztendlich auch – der Bewältigung. Der Ritus verschafft aber soziale Anerkennung im Gegensatz zur individuellen Variation und regelt die Anpassung an die bestehende Kultur.

Palau (Mikronesien)

In Palau (Heinemann 1995, ▶ Kap.I.3. zu Gebärneid und Kastrationsangst) beginnt die Trennung der Geschlechter mit etwa sechs Jahren, wenn die Knaben dem Männerclub übergeben werden und die Mädchen bei den Frauen im Frauenclub bleiben. Die Trennung der Geschlechter wird wie in Polynesien durch eine äußere Trennung geregelt. Die Geschlechter arbeiten, schlafen und essen traditionell in der Geschlechtsgruppe.

Zahlreiche Essensregeln sichern in Mikronesien das Verhältnis der Geschlechter. Männer und Frauen dürfen nicht miteinander essen. Das Verbot des Essens des Totemtieres sichert das Inzesttabu und die Exogamie. Jeder Clan hat zwei Totemtiere, die er nicht essen darf. Mitglieder des gleichen Totems dürfen nicht untereinander heiraten. Mit dem anderen Geschlecht nicht zu essen, regelt die Sexualität. Die Geschlechtsorgane haben Bezeichnungen aus dem Nahrungsbereich. Keine Sexualität zu haben heißt übersetzt: nichts zu essen haben.

Traditionell entjungferten Mütter ihre Töchter in der Menstruationshütte und schickten sie anschließend zum Gelderwerb durch Sexualverkehr mit den wohlhabenden Titelhaltern. Sexualität wird reguliert durch Unterwerfung unter das Tauschprinzip. Sexualität gegen Geld, das galt und gilt auch heute noch in der Ehe.

Die Unterordnung unter das Tauschprinzip kontrolliert heftige Affekte wie oralen Neid oder auch Sexualität. Nicht individuelle Liebe und Autonomie, sondern Unterwer-

fung unter die Gruppe mit Hilfe des Tauschprinzips wird kulturell gefordert. Je mehr eine Frau durch Sexualität zum Gelderwerb eines Klans beitrug, desto angesehener war sie. Es war eine Ehre seine Sexualität anzubieten.

Für meine Gespräche mit Frauen musste auch ich mich Tauschhandlungen unterziehen: Ich gab Dosenmilch und Biskuits und erhielt einen geflochtenen Korb.

Was wir in unserer Kultur als Essstörung bezeichnen (die unbewusste Gleichsetzung von Essen und Sexualität mit der vermeintlichen Kontrolle der Sexualität über das Essen) wird in Palau in der Sozialisation kulturell anstelle des Ödipuskomplexes verankert. Die Entjungferung der Mädchen durch die Mütter und der rituelle Gelderwerb des Mädchens würden wir vermutlich als sexuellen Missbrauch und Sexualisierung (Prostitution) verstehen. In Palau versicherten mir meine Gesprächspartner (beiderlei Geschlechts), dass sie den Gelderwerb nach der Entjungferung als Ehre erlebt haben.

Jamaika (Karibik)

Einen ganz anderen Weg geht die psychosexuelle Entwicklung in Jamaika (Heinemann 1997b). Hier haben wir Sozialisationen, die durch die Gewalt der Versklavung entstanden sind. Heirat war den Sklaven verboten und noch heute werden viele Kinder von ihren Müttern ohne Väter erzogen, weil sich Bindungsmuster reproduzieren, in denen Väter die Verantwortung für die Kinder nicht übernehmen. Frauen leben in Frauenhaushalten und sind Mütter und Väter zugleich. Durch die Versklavung wurden kulturelle Regeln zerstört. Um den Widerstand zu brechen, hatte man bewusst Sklaven aus den verschiedensten Regionen gemischt, damit sie sich nicht verständigen konnten. Welche Auswirkungen hat die Sozialisation in Jamaika auf die männliche und weibliche Entwicklung?

Als ich mit einem Forschungsstipendium ein Jahr in Jamaika lebte und arbeitete, bemerkte ich an mir, dass ich mich nicht mehr als Frau fühlte, wenn ich nicht wie dort üblich, mit möglichst hohen Stöckelschuhen herumlief. Ich kaufte mir sogleich solche Schuhe und trug sie während meines gesamten Aufenthaltes. Ich fühlte mich androgyn, phallisch mächtig und begehrt. Als ich wieder nach Deutschland kam, landeten die Schuhe im Schrank, ich zog sie nicht mehr an. Mal abgesehen davon, dass man bei dem Tempo, in dem man sich in Deutschland fortbewegt, mit diesen Schuhen Schwierigkeiten hat, war das innere Bild der Weiblichkeit doch ein anderes. Hier löste das gleiche Bild Aggression aus. Ich hatte in meiner Habilitation über Kultur und Behinderung in Jamaika das szenische Verstehen an den Stöckelschuhen erklärt. Bei meinen Bewerbungen an verschiedenen Universitäten nach meinem Aufenthalt in Jamaika, erlebte ich Begrüßungen durch die Berufungsmitglieder wie: »Wir haben uns die ganze Zeit gefragt, ob Sie in Stöckelschuhen kommen werden«. Einer der Gutachter meiner Habilitation hat sich seitenweise über die Methode des szenischen Verstehens am Beispiel der Reflexion der Stöckelschuhe aggressiv ausgelassen.

Das Bild der phallischen, androgynen Frau ist gegenüber dem der afrikanischen, in den Beschneidungsritualen aufs grausamste kastrierten Frau, eine immense Befreiung. Die Sklavinnen wurden nicht zur Reproduktion in die Karibik entführt, sondern für sexuelle Vergnügungen. Es war billiger, einen Sklaven zu kaufen als einen großzuziehen.

Man könnte meinen, es handele sich um ein gelungenes Sozialisationsmodell, wären da nicht wiederum andere Seiten: Die häusliche Gewalt gegen Frauen (vgl. Yvonne, ebd., S. 35 ff.) und die starke Homophobie (vgl. Robert, ebd., S. 48 ff.). Robert, ein Gunman: »Ich würde lieber sterben als mit einem Homosexuellen in der Zelle eingesperrt zu sein. Wenn ein Homosexueller in die Zelle käme, würde ich ihn töten … Wir Gunmen sprechen nicht mit Homosexuellen. Die haben ihre eigene Gruppe. Ich würde jeden töten. Von einem Homosexuellen darfst du weder Geld noch Zigaretten nehmen« (ebd., S. 53 f.).

Die phallisch-androgyne Frau wird zwar von einem großen Teil der Männer begehrt, einige scheitern aber an der inzestuösen Bedrohung aufgrund der individuellen, familiären und sozialen Umstände und wenden die Aggression gegen Frauen oder Homosexuelle. Der Revolver sichert die Männlichkeit bei den Gunmen. Es gibt inzwischen sogenannte Elephant-Guns, die so groß sind, dass nur mehrere Männer zusammen sie tragen können.

Als individuelle Variation würden wir in unserer Kultur vielleicht vom Schuh-Fetischismus sprechen. Die Entwicklung in die Gewalt und Dissozialität – bei fehlender Identifikationsmöglichkeit mit einem anwesenden Vater – über hyperphallisches Verhalten (zur Abwehr inzestuöser Ängste) verläuft in unserer Kultur ähnlich (vgl. Heinemann 2008).

Die psychosexuelle Entwicklung wird kulturell und individuell geformt (eingeschrieben). Betrachten wir nun die Variationen psychosexueller Entwicklung in unserer Kultur rund um den Ödipuskomplex.

Fassen wir die bisherigen theoretischen Überlegungen zusammen, so ist ein Kind dem Begehren von Mutter *und* Vater ausgesetzt. Sowohl die Varianten von Männlichkeit und Weiblichkeit, als auch Perversionen, entstehen im *Beziehungsdreieck Mutter, Vater, Kind*. Sie werden – vereinfacht gesagt – von der Nähe und der Distanz zu Mutter und zu Vater bestimmt und reguliert – von einer sadistisch-gewalttätigen über eine hyperphallischen Position bis zur pseudofemininen sind alle Spielarten auf einer männlich-weiblichen Ebene möglich. Wichtig ist dabei festzustellen, dass solche Varianten vor dem Hintergrund von Übergriffigkeiten, Missbrauch und sadistischer Gewalt entstanden

sein können. Grenzverletzungen der Bezugspersonen lassen perverse Fantasien sowohl
bei Jungen als auch bei Mädchen entstehen;
der problematische Identifikationswechsel
verschärft – wie bereits zuvor erwähnt – für
Jungen das Problem.

Gemäß Berner (2011, S. 51) besteht der
Konflikt darin, dass einerseits eine intensive
Nähe zum begehrten Objekt gewünscht
wird, aber diese Nähe auch etwas Uner-
trägliches hat, weil sie mit dem völligen
Verlust individueller Identität, also einer
Selbstauflösung verbunden ist – dann wenn
es an einem aufmerksamen, triangulierenden, grenzsetzenden Vater fehlt.

Wann können wir im Jugendalter in
unserer Kultur abweichende, deviante oder
perverse Entwicklungen beschreiben? Von
einer »normalen« Heterosexualität kann –
zumindest bei männlichen Jugendlichen und
Männern – nicht gesprochen werden, vielmehr kommt es zu multiplen, von der Norm
abweichenden Fantasien und Varianten.
Männliche Jugendliche berichten während
der Adoleszenz von einer Vielzahl erotischer
Szenarien, von Fetischismus, transvestitischen Neigungen, Voyeurismus, Exhibitionismus, sadomasochistischen Tendenzen
aber auch gelegentlich von pädosexuellen
Fantasien (vgl. auch McDougall 1997,
S. 247). McDougall spricht von ›neosexuellen
Lösungen‹ statt von Perversionen. Den Begriff der Perversion verwendet sie lediglich bei
sexuellen Beziehungen, die einem Individuum
von einem anderen ohne dessen Zustimmung
aufgenötigt werden, wie bei Voyeurismus
und Vergewaltigung sowie bei Beziehungen,
in denen bei einem von zwei Beteiligten keine
Eigenverantwortlichkeit gegeben ist, wie bei
Kindern oder geistig behinderten oder ver-
wirrten Erwachsenen (ebd., S. 251).

Warum es einmal zur Entstehung von
Fetischismus, von Transvestitismus, von Pädophilie oder anderen abweichenden Entwicklungen kommt, hängt gemäß Berner
auch von den in der Kindheit erworbenen
Mustern der Erregung ab (Berner 2011,

S. 38). Diese müssen noch keineswegs eine
erotische Bedeutung haben. Oft führen erst
prägende Erlebnisse in der Adoleszenz dazu,
dass solche Ereignisse mit einem Orgasmus
verknüpft werden und an die Hauptstelle
sexuellen Begehrens geraten.

Der Umgang mit der kindlichen Sexualität
kann in einer Familie von starren dogmati-
schen Vorstellungen geleitet sein, Eltern
können sich mit dem Über-Ich, aber auch
mit dem Es verbünden. In stark religiösen,
fundamentalistischen Familien kann eine
rigide und sadistische Sexualmoral zerstörerisch wirken und zur Entwicklung von
ekklesiogenen Neurosen führen. Einige der
Achtundsechziger hingegen strebten die Auflösung aller Inzestgrenzen an, bis hin zur
möglichen straffreien Pädophilie. Ein solches
Dogma, das auch in Julias Familie vor-
herrschte, wirkte sich verheerend auf das
Mädchen aus, das aus Angst vor Überwältigung, sadomasochistische Fantasien und
Handlungen, exhibitionistische Tendenzen
sowie eine Fülle von weiteren Störungen
entwickelte.

Zusammenfassung

Im Fokus der psychosexuellen Entwicklung
steht in unserer Kultur der Ödipuskomplex.
Er sichert maßgeblich das Inzesttabu und die
Geschlechtsidentifikation. Dabei ist der Ödipuskomplex keineswegs universell. Sexualität und die gesamte psychische Struktur sind
ein Konstitutionsprozess, keine rein biologische Entwicklung. Interaktionserfahrungen,
innere Bilder, werden ein- und umgeschrieben. Zur Vermeidung von Diskriminierung
sprechen wir heute von mehreren Sexualitäten, Abweichungen werden intra- und interkulturell als Variation verstanden.

Ethnopsychoanalytische Forschungen
zeigen die extreme Variabilität in der
Bearbeitung des Inzesttabus und der
Geschlechtsidentifikation. Kannibalismus,
Transsexualität, hyperphallisches Verhalten,

Beschneidung von Frauen und Essenstabus können die sexuelle Entwicklung rituell und individuell regeln und inzestuöse Konflikte abwehren.

Fallbeispiel »Julia«

Die 18-jährige Julia war für ein Jahr als Austauschschülerin in den USA gewesen und hätte angeblich kaum unter der Trennung gelitten. Nach ihrer Rückkehr waren die Eltern allerdings entsetzt, als sie die Tochter wiedersahen: Julia hatte 15 kg zugenommen, wirkte aufgeschwemmt und unförmig. Mit eisernem Willen, Diät und Sport, schaffte es Julia wieder, ihr altes Gewicht zu erlangen. Einige Zeit später nahm sie wiederum zu, erreichte es aber aufs Neue abzunehmen. Dann fiel den Eltern auf, dass Julia stundenlang – überwiegend nachts – im Internet chattete. Hinterher wirkte sie meistens desorientiert und niedergeschlagen. Schließlich vertraute sie den Eltern an, dass sie sich überwiegend in Chatrooms von Internet-Nutzern mit sadomasochistischen Neigungen aufhielte und dort Kontakte schließen würde. Sie zeigte den Eltern auch selbst gefertigte Zeichnungen mit sadomasochistischen Geschehnissen, über Würgen, Aufschlitzen, Verletzen und Zerstückeln von Geschlechtsorganen, etc., so dass diese außerordentlich erschraken (sie hat mir ihre Zeichnungen später auch gezeigt): Entsetzt waren sie insbesondere über die ihnen unbegreifliche Gelassenheit des Mädchens beim Sprechen über seine bizarren sexuellen Wünsche und die völlige Ausblendung möglicher Gefahren. Die Eltern, sehr gebildet und beide in pädagogischen Berufen tätig, überzeugten Julia davon, dass sie therapeutische Hilfe bräuchte. Weil Julia erkannte, dass sie eine Essproblematik hatte und auch fürchtete, dass etwas mit ihr ›nicht in Ordnung‹ wäre, konnte sie die Ängste der Eltern nachvollziehen und erklärte sich bereit, eine Psychotherapie durchzuführen.

Julia meldete sich telefonisch zu ersten Kontakten an. Ihre Stimme klang recht selbstsicher, und ich erwartete eine sehr von sich überzeugte Jugendliche. Zum Gespräch kam – zu meiner großen Überraschung – ein zartes, engelgleiches Wesen, das mit sanfter Stimme sprach. Diese Stimme stand im schroffen Kontrast zu den monströsen Fakten, die sie beschrieb. Ich spürte, wie sie mich mit ihren Erzählungen über ihre sadomasochistischen Erlebnisse von Anfang zu attackieren suchte, mein Erschrecken deutlich wahrnahm und über mich mit leisem Vergnügen triumphierte. Ich bemerkte zudem, dass sie, auch um Macht über mich zu gewinnen, mich mit sexuellen Sequenzen zu stimulieren suchte. Ich hatte ein solches Maß an Schamlosigkeit – vor allem bei einer weiblichen Jugendlichen – bislang noch nicht erlebt.

Als ich ihr in einer der nächsten probatorischen Sitzungen die Tür öffnete, meinte sie kichernd, ich hätte unter Umständen nackt sein können. Jedenfalls würde bei ihnen zu Hause ständig jemand unbekleidet durchs Haus springen. Es gäbe bei ihnen auch keinerlei Geheimnisse, das sei schon seit frühester Kindheit so. Als ich vorsichtig meinte, dass das vielleicht zu viel Nähe sein könnte, begann Julia plötzlich zu weinen; sie würde immer impulsiv reagieren, wenn jemand kritische Bemerkungen über ihre Familie machen würde. Nach fünf probatorischen Sitzungen sagte Julia am Ende der Stunde, sie wäre heute zum letzten Mal bei mir. Ich war bestürzt. In meiner Gegenübertragung fühlte ich mich hinausgeworfen, entwertet, ja vernichtet. Später habe ich erfahren, dass alle Beziehungen der Jugendlichen so verliefen: Julia konnte sie ihrer Meinung nach beginnen und beenden, wann *sie* wollte, und auf diese Weise triumphierte sie über die jeweiligen Männer.

Julia äußerte, sie würde spüren, dass sie eine emotionale Beziehung zu mir entwickeln würde. Aber das wollte sie nicht, dann hätte sie nicht mehr die Macht. Darum würde sie sich rechtzeitig trennen. Als ich meinte, dass das ausschließlich ihre Entscheidung wäre, begann sie wiederum heftig zu weinen. Sie fürchtete, ich sei ihr jetzt böse, und das könnte sie nicht ertragen. In der nächsten Stunde teilte sie mit, dass sie die Behandlung jetzt doch wollte. Mittlerweile war sie von einem Traum existentiell geschreckt worden:

»Ich habe ein Kind auf dem Arm getragen. Dann bin ich in einem Freizeitpark angekommen. Jemand muss die Türen der Käfige offen gelassen haben, denn sie waren leer. Das hat mich entsetzt. Ich bin dann weitergegangen, das Kind hatte ich immer noch auf meinem Arm. Plötzlich bin ich durch Morast gewatet. Mit einem Mal habe ich festgestellt, dass dieser üble Schlamm aus Resten der verwesten Tiere bestand. Ich bin maßlos erschrocken. Plötzlich kamen wilde Tiere und haben mich bedroht«. Julia fügte noch hinzu, dass sie glaubte, das Kind stamme wohl aus der Beziehung mit mir.

Wer hat die Käfigtüren aufgelassen und damit nicht auf erforderliche Grenzen geachtet? Ich ahnte, dass sich im Traum der Wechsel zwischen Triumph und Wertlosigkeit abbildete. Andererseits stellte Julia auch fest, dass sie in einem Schlamm aus Trieb und Lust, Ekel und Schuld watete. Aber nicht die Lust dominierte, nicht der Triumph, sondern ein panikartiger Schrecken darüber, dass die Triebimpulse nicht zu kontrollieren waren. Andererseits wurde auch eine inzestuös-ödipale Übertragung erkennbar, als Julia meinte, es sei unser gemeinsames Kind.

Dann gewann sie wiederum Macht über mich, als sie mich über ihre sexuellen Gewohnheiten informierte. Zum einen würde sie sich in einem Chat-Room mit Männern zum Telefon-Sex verabreden, was sie jeden Abend vor dem Schlafengehen täte. Danach erzählte sie mir Details aus ihren sadomasochistischen Beziehungen. Am vergangenen Wochenende habe sie sich mit einem etwa 50-jährigen Sadomasochisten verabredet, den sie in einem Chat-Room kontaktiert habe. Sie sei zu ihm ins nahe gelegene Ausland hingefahren und habe sich fesseln lassen. Der Mann habe stundenlang mit ihr sadomasochistische sexuelle »Spiele« veranstaltet bis zum jeweiligen Orgasmus. Ich war entsetzt, nicht aus moralischen Gründen, sondern aus allergrößter Sorge!

Ich will darum über meine intensiven Gegenübertragungsgefühle sprechen. Von Anfang an stellte ich – anders als bei bisherigen Behandlungen von perversen Entwicklungen – fest, dass Julias Fantasien und Aktionen mich nur geringfügig stimulierten, jedoch auch nicht abstießen oder gar ekelten. Ich nahm vielmehr ein kleines Mädchen wahr, dass vom Vater als Mädchen geliebt und anerkannt werden und offensichtlich alles dafür tun wollte. Julia war ein höchst liebenswertes, intelligentes und zugewandtes Mädchen. Ich fühlte mich wie ein Vater, der seine Tochter beschützen wollte, denn sie hatte keinen schützenden Vater verinnerlicht. Ich hatte immer mehr Angst, dem Mädchen könnte etwas Schlimmes geschehen. Das sagte ich auch zu ihr. Dabei stellte ich fest, dass sie das kurz erfreute, andererseits ihr aber sehr unrecht war.

Julia meinte dass sie es von ihrem Vater gewohnt war, ständig Kommentare über ihr Gewicht zu hören, statt einmal ein Kompliment. Immer habe sie das Gefühl, sie sei ihm zu dick. Sie sei nicht so schlank wie ihre Mutter und würde es wohl nie sein, aber es falle ihr schwer, das zu akzeptieren. Sie habe ständig das Gefühl, dem Vater niemals zu gefallen, was immer sie auch täte. Da wurde mir plötzlich deutlich, dass ich ebenfalls ein solcher Vater war. Zwar aus anderen Motiven heraus, aber Julia fasste meine Besorgnis um sie so auf, als würde sie mir nicht gefallen. Sie meinte, es falle ihr schwer, meine Fürsorge auszuhalten – und beendete die Therapie, wie sie meinte, jetzt endgültig.

Dieses Mal rief sie nach einigen Wochen an und bat mich, die Therapie fortzusetzen. Sie entschuldigte sich und meinte, dass es ihr unangenehm sei, ja große Angst mache, sich jemandem seelisch auszuliefern. Obwohl sie sich doch so sehr nach der absoluten Liebe, nach absoluter Nähe sehne und diese sich wünsche. Trotzdem habe sie bisher jede Beziehung frühzeitig beendet, in der sie das Gefühl hatte, zu viel von sich preisgeben zu müssen – oder aus der etwas ›Ernstes‹ hätte werden können.

Zwangsläufig flößte Julia die analytische Situation große Angst ein, ob der emotionalen Nähe und Intimität, die zwischen uns entstand. Dies führte dazu, dass Julia die Behandlung auch später immer wieder abbrach, wie schon während der Probatorik, wenn sie Gefühle für mich empfand. Immer wieder nahm sie wenig später die Beziehung wieder auf. Emotionalität und Sexualität mussten getrennt bleiben.

In weiteren Sitzungen erfuhr ich, dass es zwischen Vater und Tochter so gut wie keine Grenzen gab. Julia teilte dem Vater immer alles mit. Nacktheit war in der Familie Zeichen einer grenzenlosen Intimität. Auch während und nach der Pubertät traf sich die Familie gemeinsam im Bad und in der Sauna, um miteinander alles auszudiskutieren. Zunehmend war mir klar geworden, dass mich meine Deutungen der Sexualisierungen immer wieder in die Rolle des kritischen Vaters versetzten, der die Tochter nicht wertschätzte. Dennoch blieb ich beharrlich dabei, dass es unsere Arbeit nicht weiter brächte, wenn sie mich immer wieder mit sexuellen Verführungen verunsichern wolle. Viele Stunden konnten wir immer besser an Ihren Sehnsüchten arbeiten, an ihren Fantasien, junge

Männer betreffend, an ihren beruflichen Hoffnungen. Schon dachte ich, die Sexualisierungen hätten sich etwas verringert, da kam es zu der folgenden Sitzung.

Julia kam aufgeregt in die Stunde und meinte, sie habe etwas ganz Besonderes erlebt. Sie habe sich piercen lassen. Ein lauerndes Schweigen ihrerseits trat ein, meinerseits ein abwartendes. Dann meinte Julia, ob ich das Piercing denn nicht sehen wolle. Ich antwortete, dass ich es nicht sehen wollte, dass sie es mir aber unbedingt zeigen wolle. Ich ahnte wenig Gutes. Über Julias Gesicht flog ein Leuchten, dann meinte sie, sie habe sich einen Ring durch die Klitoris ziehen lassen. Ich war wieder einmal entsetzt, denn als erstes ging mir durch den Kopf, dass diese frische 19-jährige Jugendliche einem professionellen Piercer ihre Intimbereiche gezeigt hatte und sie sich von ihm »bearbeiten« ließ. Aber Julia setzte noch einen darauf: Wollen Sie das Piercing nicht sehen? Ich glaube, ich habe heftiger reagiert, als ich es wollte. Darüber hätten wir doch oft gesprochen, dass sie schon mit dieser Frage die therapeutische Beziehung stören, ja zerstören würde. Aber Julia ließ nicht nach. Lachend erzählte sie, dass Sie heute Mittag den Ring ihrem Vater gezeigt habe. Julia: »Der hat aber nur gemeint, dass er es so genau gar nicht wissen wollte.«

Und dennoch: In meinen Gegenübertragungen empfand ich für Julia durchgehend väterliche Gefühle. Ich wünschte mir natürlich nichts mehr, als dass sie von ihren perversen Fantasien und gefährlichen Unternehmungen lassen könnte. In der 32. Stunde kam es zu einer intensiven Begegnung.

Julia erzählte gleich zu Beginn den folgenden Traum. Ich habe ihn an anderer Stelle ausführlich interpretiert, darum möchte ich hier nur auf einige zentrale Konflikte eingehen (Hopf, 2007a).

»Bin in unserem Bad, Sie sind auch da. Sie kommen mir mit Ihrem Gesicht ganz nahe. Ihr Gesicht ist geschminkt, die Augen schwarz mit Kajalstift bemalt, erinnert an

Gothic. Sie sehen aus wie Dracula, ich habe große Angst vor Ihnen. Ich bin nackt und bin gespannt, was Sie dazu sagen werden, wenn Sie meinen Körper sehen. Sie haben jedoch nur gemeint, dass alle Menschen gleich seien, wenn sie nackt seien. Ich war enttäuscht von Ihnen, da waren Sie nämlich wie mein Vater, weil Sie nichts Besonderes an mir finden konnten. Sie waren auch nackt, jedoch von mir abgewandt. Da sah ich eine Wunde an Ihrer Seite, die entsetzlich blutete. Ich wachte mit großer Angst auf, dachte sofort, Sie müssten das gleiche geträumt haben.«

Zwei Jahre nach Ende der Behandlung hat Julia diesen Traum noch einmal selbst interpretiert. »Der Kajalstift um die Augen meines Therapeuten gefällt mir eigentlich, so schrieb Julia, alles an ihm wirkt irgendwie düster, einschüchternd und so mächtig mir gegenüber. Er erinnert mich in diesem Traum an Dracula, was für mich nicht nur etwas Beängstigendes bedeutet, sondern vielmehr Sinnlichkeit verkörpert, absolute Hingabe und Offenheit.« Der Therapeut war leidender Jesus und blutsaugender Dracula, Erlöser und Täter zugleich. Entscheidend war jedoch, dass ich in den intimen Raum ›Bad‹ eingedrungen war und alle Grenzen verletzt hatte. Julia empfand das wie folgt:

»In meinem Traum war es nun so, dass mir mein Therapeut zu nahe kam. Eine mir eigentlich fremde Person hatte Zutritt gefunden zu einem Raum, in den sie nicht hinein gehörte. Sie hatte nicht das Recht ihn zu betreten und tat es trotzdem. Mit dem Gesicht kommt er direkt auf mich zu. Ich mag es nicht, wenn man mir zu nahe kommt. Manche Menschen kommen einem im Alltag sehr nahe, wenn sie mit einem sprechen. Ich mag das nicht. Das ist mir zu viel. Ich fühlte mich in diesem Moment völlig hilflos und klein.«

Subjektstufig ist das Bad aber auch der Körper des Mädchens, in den ein Fremder eindringt, der das nicht darf. Julia inszenierte mit dieser Traumsequenz auch die therapeutische Situation: »In dem Moment, in dem

mein Therapeut (im Bad) anwesend ist, fühle ich mich mehr als körperlich nackt. Ich fühle mich völlig seelisch ausgeliefert und durchschaut. Als ob er alles über mich wüsste und dies gegen mich verwenden könne.« Ich denke, dass Julia mit diesem Traum die wesentlichen Konflikte darstellte, vor allem jedoch die inzestuöse Grenzverletzung.

Im letzten Drittel der Behandlung traten die Sexualisierungen zunehmend in den Hintergrund. Vor allem spielten sie innerhalb unserer Beziehung keine Rolle mehr. In den Vordergrund traten hingegen leise Trauer, Resignation und immer wieder generelle Zweifel am Körper und ihrer Wirkung als eine ausreichend attraktive Frau. Ich vermutete, dass der Abwehrmechanismus Sexualisierung die zugrunde liegende Depression nicht mehr ausreichend abwehren konnte.

Die Behandlung dauerte etwa zwei Jahre, dann begann Julia mit dem Studium und zog von zu Hause weg. Anfänglich bat sie regelmäßig, wenn sie in der Nähe war, um einen Termin. Sie berichtete mir in einer der letzten Stunden von einem jungen Mann, zu dem sie eine erste Beziehung aufgebaut hatte. Ich konnte Julia lange Zeit nicht vergessen, sie »haftete« in mir. Ich habe auch nie ganz das Gefühl verloren, für sie jener aufmerksame Beschützer sein zu müssen, den sie mit ihrem Vater – zumindest nicht ausreichend – erlebt hatte.

Interpretation

Psychodynamik

Was an diesem Fall deutlich wird, ist, dass inzestuöse Grenzüberschreitungen in einer Familie zum Dauerzustand werden und sich langfristig wie ein überwältigender Übergriff auswirken können. Ich sehe bereits in dem Akt, als Julia ihre »schamlosen« und gewalttätigen Bilder den Eltern zeigte, die Wiederholung einer traumatischen Szene. Von früh an suchte sie Subjekt-Objekt-Grenzen aufzubauen, was wegen der überwältigenden Nähe zu den Eltern und deren Verletzung von Inzestgrenzen ständig misslang. Die Überstimulierung musste vermutlich einst so erschreckend und bedrohlich auf sie gewirkt haben, wie jetzt ihre sadomasochistischen Fantasien und bildnerischen Akte auf die Eltern. Darum konnten sich auch keine ausreichenden Schamschranken entwickeln, welche das kleine Individuum geschützt und abgegrenzt hätten. Um nicht mit den Elternobjekten zu verschmelzen, entwickelte Julia sadomasochistische Mechanismen, deren Funktion es war, eine sie bedrohende Nähe über Machtausübung zu kontrollieren. Somit fühlte sie sich beim Eingehen von klar geregelten sadomasochistischen Beziehungen sicher, hatte allerdings panische Ängste vor emotionalen Liebesbeziehungen, weil sie sich dann in Abhängigkeit erlebte. Sie konnte schamlos über ihre sexuellen Aktivitäten berichten, musste sich jedoch schämen, wenn sie über Gefühle sprach.

Nach Wurmser (1990, S. 393) ist Schamlosigkeit nicht einfache Regression auf ein Stadium *vor* der Errichtung einer Schamschranke. Vielmehr handelt der Schamlose so, um das Zeigen von Gefühlen zu vermeiden, weil er fürchtet, dass jeder der sie wahrnähme, auch Macht über ihn gewinnen würde. Gefühle zu zeigen, bedeutet somit auch Selbstverlust. Dies hatte sich bei Julia nachhaltig beobachten lassen.

Julias Eltern wollten sich »grenzenlos« in ihr Kind einfühlen und verleugneten auf diese Weise alle Grenzen, insbesondere die Inzestgrenzen. Julia konnte den ödipalen Konflikt in der Adoleszenz nicht lösen. Aus Angst vor der Nähe zum Vater fürchtete sie jede emotionale Nähe und entwickelte Mechanismen, um Macht über die Objekte auszuüben. Im Bereich von sexuellen Wünschen, Betätigungen und Kontakten erschien sie darum völlig schamlos zu sein, weil sich keine manifesten Schamängste zeigten, sie entwickelte im Gegenteil exhibitionistische Tendenzen, wie oben beschrieben. Andererseits

suchte sie sich einen »Vater«, der zum eigenen, grenzenlos-empathischen Vater das genaue Gegenteil darstellte, ihm vom Alter zwar ähnlich, mit dem sie jedoch ein sadomasochistisches Beziehungsmuster leben konnte, das durch übermäßige Strenge, jedoch auch durch klare Regeln strukturiert war.

Ihr Chatten, die Kontaktaufnahme zur sadomasochistischen Szene und ihre Essstörungen waren gleichzeitig radikale Versuche, den adoleszenten Loslösungsprozess zu bewältigen. Da Julia – auch – über das grenzenlos-empathische Verstehen ihrer Eltern massiv festgehalten wurde, war ihre Autonomiesuche für die Eltern besonders ängstigend, weil sie in solch beunruhigender Weise in Szene gesetzt wurde.

Weibliche Jugendliche kommen nur vereinzelt wegen einer perversen Symptomatik in eine psychoanalytische Behandlung, solche Störungen werden in der Literatur auch nur selten beschrieben. Berner (2011, S. 85) geht jedoch davon aus, dass alle Erscheinungsformen, die bei Männern auftreten, in etwas abgewandelter Form auch bei Frauen anzutreffen seien. Nach meinen Erfahrungen sind inzestuöse Grenzüberschreitungen sowohl bei Jungen als auch bei Mädchen die zentrale Ursache für die Entstehung einer perversen Entwicklung. Als männlicher Kinderanalytiker konnte ich zwar viele Erfahrungen mit den abweichenden Fantasien männlicher Jugendlicher machen, jedoch nur wenige mit weiblichen (H. H.). Das Problem der Desidentifizierung wiegt bei Frauen wesentlich geringer, weshalb die Mutterproblematik viel weniger in eine Sexualisierung der Abwehr mündet (vgl. auch Berner 2011, S. 86). Die perversen Fantasien oder Handlungen der Männer richten sich zudem häufiger auf äußere belebte und unbelebte Objekte, die der Frauen auf die eigenen Kinder (Münchhausen bei proxy, Missbrauch) oder den eigenen Körper, der feindselig attackiert wird, wie im obigen Fallbeispiel mittels Essstörungen, Selbstverletzungen oder masochistischen Tendenzen. Kaplan fordert darum konsequenterweise neue Definitionen von Perversion bei Frauen (1991). Als typisch weibliche Perversionen beschreibt sie Kaufrausch und Kaufsucht, Kleptomanie sowie Selbstverstümmelungen. Vor allem erkennt sie eine perverse Entwicklung auch in der zwanghaften Unterwerfung einer Frau unter den Mann.

Bei Jugendlichen ist generell zu beachten, inwiefern das Geschehen eher der adoleszenten Ablösung dient und möglicherweise durch weitere Beziehungserfahrungen noch modifiziert werden kann. Von einer manifesten Perversion wollen wir in der Adoleszenz nicht sprechen, eher – analog der Definition der Borderline-Störung – von einer Entwicklungsstörung mit sexualisierendem Verhalten. Erfahrungsgemäß bleiben Reste der sexualisierten Abwehr ein Leben lang erhalten, können aber durch weitere Erfahrungen modifiziert werden.

Diagnose

ICD-10 F 50.9	Essstörung nicht näher bezeichnet
ICD-10 F 65.5	Störung der Sexualpräferenz
ICD-10 X 84	Vorsätzliche Selbstbeschädigung auf nicht näher bezeichnete Art und Weise

---

Die therapeutische Arbeit

Berner (2011, S. 126) hat einige Prinzipien für die Behandlung von perversen Störungen herausgearbeitet, von denen ich im Folgenden drei zitieren möchte.

Sexualisierung: Bekanntlich bereiten die Behandlungen von Perversionen große Schwierigkeiten, weil die Patienten ständig versuchen, die therapeutische Beziehung zu erotisieren und zu sexualisieren. Ich bemerkte von Anfang an, dass Julia, um Macht über mich zu gewinnen, mich mit sexuellen Se-

quenzen regelrecht zu stimulieren suchte. Julia hatte anfänglich noch eine andere Methode entwickelt, den psychoanalytischen Rahmen anzugreifen und zu unterminieren. Sie erzählte Träume, Fantasien und über alle Interaktionen aus der Behandlung ihren Eltern oder ihrem Freund und mied auf diese Weise lange die Etablierung einer eindeutigen und stabilen Übertragungsbeziehung. Es erforderte eine lange Arbeit, um erste Widerstände zu verändern, denn auch diese spiegelten ihr Unvermögen, strukturierende Grenzen anzuerkennen. Von Anfang an sah ich es darum als zentrale Aufgabe, den Rahmen zu schützen und immer wieder eine analytische Situation herzustellen.

Übertragung-Gegenübertragung: Die Übertragungs-Gegenübertragungs-Situation war sehr eindrücklich, denn ich bekam von Beginn an die inzestuöse Vater-Tochter-Rolle zugeschrieben. Ich war der Vater, der sexuell erregt werden sollte, und ich war gleichzeitig der präödipale Vater, der das kleine Mädchen schützen, aufwerten und bewundern sollte. Berner (ebd., S. 126) weist darauf hin, dass Sexualisierungen immer gedeutet werden müssen, denn sie sind die zentrale Abwehr. Jede Deutung, und sei sie noch so einfühlsam und offen formuliert, ist für den Patienten eine narzisstische Kränkung und kann beschämen, die Deutungen von Sexualisierungen sind besonders heikel. Der ödipale Konflikt war gescheitert, die Mutter wurde wegen ihres Aussehens und ihres Gewichtes ständig beneidet. Ein guter Vater liebt seine Tochter grenzenlos, jedoch in allen Grenzen. Das väterliche Gesetz, das Inzestverbot war in dieser Familie völlig missachtet worden. So versuchte Julia unentwegt, den Vater über ihre sexuellen Reize zu erobern, weil seitens beider Eltern nie Einhalt geboten worden war.

Spaltung: Julia hatte vor Nähe große Angst. Darum lautete ihr Leitsatz: Weil Du mich nicht um meiner selbst willen liebst, muss ich Dich sexuell verführen. Später meinte sie einmal, dass es ihr generell schwer falle, Nähe aushalten zu können. Dies sei besonders bei Männern der Fall, auch bei ihrem Vater. Zwar möge sie ihn, sie habe ihm jedoch in der Vergangenheit nie Gefühle zeigen können. Es falle ihr generell schwer, jemanden zu lieben, weil sie nur selten das Gefühl habe, dass ihre Liebe erwidert würde. Ihre Ambivalenz dem inzestuösen Geschehen gegenüber äußerte sie in ihrer Fresssucht, nicht so werden zu wollen, wie die verführerische Mutter, ihre Sexualität diente auch dem Erschrecken und Abstoßen des Vaters, so wie sie ihn mit ihrer gepiercten Klitoris auch zurückwies. Ziel war es, die Spaltung nicht nur zu erkennen, sondern die beiden extremen Pole – zumindest teilweise – zu integrieren. Das entscheidende Therapieziel war darum, dass Julia bewusst erkennen sollte, dass der Vater nicht ausschließlich über Körper und Sexualität zu gewinnen ist, sondern über Emotion, über Liebe – wie alle anderen Männer auch.

2 Sexualisierung (Perversionen)

Im Einzelnen gibt es für das Kindes- und Jugendalter Störungen der Geschlechtsidentität wie Transvestitismus, Transsexualismus und Störungen der Sexualpräferenz wie Exhibitionismus Voyeurismus, Pädophilie, Sadomasochismus und Fetischismus.

Beim Transvestitismus besteht ein sexueller Lustgewinn durch das Tragen von Kleidung des anderen Geschlechts. Es besteht kein ständiges Bemühen, die Identität des anderen Geschlechts zu übernehmen. Für das Kindes- und Jugendalter liegen keine Zahlen zur Verbreitung vor. Bei Erwachsenen geht man von einem Fall auf 100 000 bei Männern und einem Fall auf 400 000 bei Frauen aus (Remschmidt 2000, S. 290).

Bei der Transsexualität besteht der scheinbar unabänderliche Wunsch, dem anderen Geschlecht anzugehören mit der Konsequenz einer operativen Geschlechtsumwandlung. Es wird von einer seltenen Erscheinung mit ca. 2 Fällen auf 100 000 und einer größeren Häufigkeit bei Männern 2:0 ausgegangen (Sigusch 1997, S. 332).

Störungen der Sexualpräferenz wie Exhibitionismus und Fetischismus kommen fast ausschließlich beim männlichen Geschlecht vor. Exhibitionismus ist das Zurschaustellen der Geschlechtsorgane gegenüber dem anderen Geschlecht. Meist wird eine sexuelle Befriedigung während oder nach der exhibitionistischen Handlung durch Onanieren erreicht. In der polizeilichen Kriminalstatistik von 1997 sind bei diesem Delikt 11,5 % der verdächtigten Täter Kinder und Jugendliche (Remschmidt 2000, S. 293). Beim Fetischismus kommt es durch das Berühren oder Vorhandensein bestimmter Gegenstände wie Damenwäsche, Damenschuhe etc. zur sexuellen Befriedigung, die durch Onanieren herbeigeführt wird. Die jeweiligen Objekte dienen als »Pars pro toto« als Ersatz für den Partner, der vielfach hinzufantasiert wird. Es gibt keine Angaben zur Häufigkeit.

Sexuelle Funktionsstörungen werden unter *F52*, Störungen der Sexualpräferenz werden unter *F65* codiert.

Theorie der Sexualisierung (Perversionen)

»Die Neurose ist sozusagen das Negativ der Perversion« (Freud 1905d, S. 65), diese These galt lange Zeit als Kernstück der Theorie sexueller Perversionen. Freud glaubte, dass es sich bei Perversionen um eine bis ins Erwachsenenalter aufrechterhaltene Fixierung an ein Stück infantiler Sexualität handle. Wahrscheinlich die Hysterie im Auge habend, beeindruckte ihn der Gegensatz zur Neurose. Während die Hysterie die sexuelle Befriedigung deformiert zugunsten der Objektbeziehungen, ist es bei der Perversion umgekehrt.

Die Perversion ist durch Sexualisierung gekennzeichnet und kann mit einer neurotischen, Borderline-Struktur oder psychotischen Struktur zusammenfallen. Bei der Perversion ist die Tiefe der Regression, die Intensität der Aggression, die Tiefe der Spaltung, der Charakter der inneren Objekte und die Funktion einer Plombe (zur Abwehr einer Psychose) zu beachten (Berner 2011, S. 105 f.).

Betrachten wir Perversionen im Kindes- und Jugendalter als Sexualisierungen, so lassen sich die gleichen Mechanismen von Angstabwehr und Konfliktlösung durch Kompromisse finden wie bei anderen psychischen Störungen, und die künstliche Zweiteilung zwischen Neurosen und Perversionen kann aufgegeben werden (Stoller 1998, S. 136). Im Zentrum der Abwehr steht der Abwehrmechanismus der Sexualisierung. Goldberg (1975) beschreibt Sexualisierung in Anlehnung an Kohut als Abwehr pathologischer narzisstischer Konstellationen. Die Sexualisierung dient der Abwehr schmerzhafter Affekte. Gefühle, von Angst überwältigt zu werden, werden abgewehrt, indem die ganze narzisstische Konfiguration sexualisiert wird. Durch aktive sexuelle Handlung kann die Situation dann toleriert werden. Durch Wendung von der Passivität in die Aktivität werden traumatische Erfahrungen über Sexualisierung psychisch verarbeitet: »Die passive Erfahrung, von schmerzhaften Affekten überwältigt zu werden – nicht nur Angst, sondern auch klar geschilderte Gefühlszustände – kann über die Sexualisierung der ganzen Situation in dieser aktiven Weise toleriert und bewältigt werden« (Goldberg 1975, S. 337; unsere Übersetzung E. H., H. H.). Nach Goldberg kann sogar die Antizipation seelischen Schmerzes, nicht nur die reale Erfahrung etwa sexuellen Missbrauchs, zur Sexualisierung führen, was neue Impulse für die Diskussion von Freuds Verführungstheorie (▶ Kap. II. 1) gibt.

Stoller (1998) spricht von der Perversion als einer erotischen Form des Hasses, einer Fantasiebildung, die meistens ausagiert wird, gelegentlich auf einen Tagtraum beschränkt bleibt. Die in der Perversion liegende Feindseligkeit nimmt die Gestalt einer Rachefantasie an, die sich in den Handlungen, welche die Perversion ausmachen, verbirgt und die dazu dient, ein Kindheitstrauma in den Triumph des Erwachsenen zu verwandeln. Um höchste Erregung hervorzurufen, muss sich die Perversion darüber hinaus als ein riskantes Unternehmen darstellen. Da die feindselige Haltung bei Stoller im Mittelpunkt steht, definiert er Perversion über den Wunsch, dem Objekt der Erregung, dem Mann, der Frau, dem Hund, dem Körperteil oder dem leblosen Gegenstand zu schaden. In der perversen Handlung wird Sexualität entmenschlicht und ein Triumph gefeiert. Das in der Perversion abgebildete Kindheitstrauma hat sich tatsächlich ereignet. Es handelt sich um ein Trauma, das gegen die Geschlechtsidentität gerichtet war. Die Vergangenheit soll in der perversen Handlung ungeschehen gemacht und in einen Sieg verwandelt werden (ebd., S. 25 ff.).

Bei der Entwicklung sexueller Auffälligkeiten geht es nicht um eine beliebige narzisstische Kränkung, sondern Voraussetzung für die Sexualisierung scheint das Erleben von Aggression und Angst mit einer sexuellen Erregung zu sein (vgl. Anna Freud 1922). Dass es sich bei der Perversion um eine meist männliche Reaktion handelt, weist allerdings auf einen anderen wesentlichen Aspekt hin, nicht nur, dass Männer Aggression eher nach außen wenden (Stoller 1998, S. 31 f.). Die männliche Angst, die Geschlechtsidentität zu verlieren, umfasst die Kastrationsangst und ist mehr als diese, es ist die Furcht der Männer, ihre Identität zu verlieren, indem sie der Anziehungskraft erliegen, erneut mit der Mutter zu verschmelzen. Diese Angst wird in der Perversion verleugnet (ebd., S. 191). Die Knaben waren zu lange und zu nah dem Körper der Mutter ausgesetzt und die Mutter erfüllte alle Wünsche (Stoller 1968, S. 152).

217

Dies weist auf einen entscheidenden Punkt bei der Entstehung sexueller Auffälligkeit hin, den Identifikationswechsel des Knaben und seiner Suche nach männlicher Identifikation, um sich von der primären Identifikation mit der Mutter abgrenzen zu können (▶ Kap. I.3). In der Entwicklung zur Perversion betonen alle Autoren (Chasseguet-Smirgel 1987, 1986; McDougall 1985; Stoller 1968) die verführerische Haltung und die Komplizenschaft der Mutter mit dem Kind. Der intensive Austausch zwischen Mutter und Sohn vollzieht sich in einem geschlossenen Kreis, aus dem der Vater ausgeschlossen ist. Die Mutter verleitet ihren Sohn zu dem falschen Glauben, er sei mit seiner infantilen Sexualität der perfekte Partner für sie, und er müsse den Vater nicht beneiden, wodurch sie ihn in der Entwicklung hemmt. Die Erkenntnis des Unterschiedes der Geschlechter ist mit der Erkenntnis des Unterschiedes der Generationen verknüpft. In der Perversion findet eine Einebnung des doppelten Unterschiedes statt. Der Perverse versucht, sich aus der väterlichen Welt und von den Zwängen des Gesetzes zu befreien. Die Perversion ist eine Rebellion gegen das universelle Gesetz des Ödipuskomplexes. Der Inzestwunsch des Knaben beruht auf dem narzisstischen Motiv der Wiedervereinigung mit der Mutter. Die Vereinigung mit der Mutter verlangt kein Erwachsenwerden. Der Perverse lebt in der Illusion, am Vater sei nichts zu beneiden. Es besteht aber eine Vorstellung des väterlichen Universums, sonst müsste der Perverse sich nicht hinter der Maske der Idealisierung verbergen (Chasseguet-Smirgel 1986, S. 42, S. 46, S. 224). Indem der Ödipuskomplex in der Perversion umgangen und die Illusion, mit der Mutter ein Paar zu bilden, aufrechterhalten wird, wird der Umweg der Identifizierung mit dem Vater vermieden. Furcht und Hass werden über Idealisierung abgewehrt. Die Perversion schützt vor der Psychose (McDougall 1985; Chasseguet-Smirgel 1986, S. 192), der grenzenlosen Verschmelzung im oralen Universum. McDou-

gall (1985) zufolge wird der Unterschied zwischen den Geschlechtern und die Urszene zur Abwehr von Kastrationsangst verleugnet, wobei sich hinter der Kastrationsangst die Trennungsangst von der Mutter verbirgt. Die Illusion der Bisexualität soll die Trennungsangst aufheben. Auch nach Glasser (1986) sind es die polaren Ängste, Trennungsangst und Verschmelzungsangst, mit der Folge des Auslöschens der eigenen Identität, die den Kern der perversen Entwicklung ausmachen. Die Sexualisierung wandelt Aggression in Sadismus um und in der Wendung gegen das Selbst in Masochismus. Die Aggression wird verleugnet.

Nach Günter (2001) dient das sexuell deviante Verhalten der Abwehr von Unterlegenheitsgefühlen, Minderwertigkeitsgefühlen, Demütigungserlebnissen, Rachegefühlen und unterdrückten aggressiven Größenfantasien. Unterdrückte Aggressionen und Ängste, dominiert zu werden, führen dazu, dass Gewaltsituationen aufgesucht und inszeniert werden. In der Genese der Patienten finden sich häufig eine nicht gelöste Bindung an eine als dominierend und vernachlässigend empfundene Mutter und eine mangelhafte Identifikation mit einem väterlichen Objekt, das nicht als stabile innere Instanz verinnerlicht werden konnte. Väterliche Objekte wurden oft als verfolgend, sadistisch und überstreng angesehen oder sie wurden aus verschiedenen Gründen negiert. »Die Sexualdelinquenz würde so gesehen einen untauglichen Versuch darstellen, eine Lösung für depressive und paranoide Ängste zu finden« (ebd., S. 44).

Zusammenfassung

Perversionen sind Störungen, die den Abwehrmechanismus der Sexualisierung verwenden. Durch Wendung von der Passivität in die Aktivität werden traumatische Erfahrungen und schmerzhafte Affekte abgewehrt, indem aktives aggressives und sexualisiertes

Verhalten gezeigt wird. Dieses kann sich in provozierendem, sexualisiertem Verhalten äußern, aber auch in einer zwanghaften Entmenschlichung des Sexualobjektes, das für eine sexuelle Erregung benutzt wird. Der Triumph besteht darin, als Sieger, nicht als Opfer aus der Situation zu gehen.

Die Perversion kann mit einer neurotischen, Borderline-Struktur oder psychotischen Struktur zusammenfallen. Bei der Perversion ist die Tiefe der Regression, die Intensität der Aggression, die Tiefe der Spaltung, der Charakter der inneren Objekte und die Funktion einer Plombe (zur Abwehr einer Psychose) zu beachten (Berner 2011, S. 105 f.).

Gebunden in eine verführerische inzestuöse Beziehung zur Mutter, bestehen Verschmelzungswünsche und Ängste nebeneinander. Die Angst herrscht vor, durch die Verschmelzung mit der Mutter die männliche Geschlechtsidentität zu verlieren. Der Perverse glaubt, den Umweg über den Ödipuskomplex nicht gehen zu müssen, mit seiner infantilen Sexualität der perfekte Partner für die Mutter zu sein. Die Aggression der Mutter gegenüber, die sich in der Psychose oft ungeschützt äußert, wird in der Perversion über Sexualisierung abgewehrt.

Auch in der Genese von Sexualdelinquenz finden sich meist ungelöste Mutterbindungen und insuffiziente Vaterintrojekte. Das sexuell deviante Verhalten dient der Abwehr von Unterlegenheitsgefühlen, Minderwertigkeitsgefühlen, Demütigungserlebnissen, Rachegefühlen und unterdrückten aggressiven Größenfantasien.

Fallbeispiel »Pascal«

Von einem Kollegen einer psychologischen Beratungsstelle wurde mir ein 14-jähriger Jugendlicher angekündigt, der unter einer schweren Zwangssymptomatik leide. Zum ersten Kontakt erschien ein schmächtiger Junge mit bleichem Gesichtsausdruck. Pascal zeigte noch keinerlei Merkmale von Pubertät. Er wirkte retardiert und zugleich feminin, sah zudem überaus ängstlich und schüchtern aus. Trotzdem konnte er mir über seine schwerwiegende Symptomatik und seinen bisherigen Leidensweg einfühlsam und gleichzeitig erstaunlich reflektierend berichten.

Schon als Pascal etwa sieben Jahre alt war, hatten sich erste Zwangssymptome in Gestalt von Ängsten vor Schmutz mit entsprechenden Waschritualen gezeigt. In regelmäßigen Abständen habe er zudem an Hautausschlägen des ganzen Körpers gelitten und immer wieder wäre es in allen sozialen Schwellensituationen zu Trennungsängsten gekommen mit heftiger Anklammerung an die Mutter. Mit 13 Jahren wurde die Zwangssymptomatik immer gravierender, schließlich litt der Junge an schweren Vergiftungsängsten mit stundenlangen Waschritualen. Er hatte die Fantasie, überall Hundekot – es konnten auch beschmutzte Taschentücher sein – vorzufinden, den oder die er wie unter einem Zwang berühren müsste, sich dabei beschmutzte, was er dann mit andauerndem Waschen entfernen müsste. Pascal, der bislang mit seiner Mutter in enger Zweisamkeit gelebt hatte, geriet mit dieser immer häufiger in Streit. Ich traute es dem schmächtigen, unsicheren Jungen nicht zu, doch er bestätigte, dass er die Mutter häufig mit sexuellen Ausdrücken bedachte, sie anschrie und gelegentlich sogar schlug. Dies täte ihm danach unendlich leid, doch diese Situationen häuften sich in den vergangenen Monaten und er wisse einfach nicht warum.

Pascals Mutter war eine schon ältere, ungemein gepflegte und äußerst attraktive Frau. Ich war überrascht, als sie mir berichtete, dass sie selbst im schlimmsten Schmutz und in Unordnung groß geworden und aus der Familie mit ihrem Chaos regelrecht geflüchtet sei. Seither waren ihr Ordnung, Sauberkeit und Kleidung überaus wichtig und sie setzte diese Vorstellungen von Anfang an auch bei ihrem Kind durch. Ihre eigene Mutter sei sehr abergläubisch gewesen und habe ihr noch als erwachsener Frau vorgehalten, dass sie einen zweimal geschiedenen Mann geheiratet hätte. Sie habe ihr vorausgesagt, dass sie damit schwere Schuld auf sich geladen habe und dass ihr Kind dafür einmal büßen werde. Pascals Vater hatte sich von seiner zweiten Ehefrau scheiden lassen, um die Mutter von Pascal zu heiraten. Diese wurde ungewollt mit Pascal schwanger und für den Vater blieb der Sohn, den er nie wollte, ein ewiger Störenfried. Der Vater wollte die Mutter ausschließlich für sich haben, und es kam zu absonderlichen Auseinandersetzungen. Während des zweiten bis dritten Lebensjahres zeigte Pascal heftige Trotzanfälle, die jedoch rasch verschwanden, weil der Vater sie gewaltsam unterdrückte. Wenig später begann der Junge nachts aus Angstträumen hochzuschrecken, zu schreien, wollte ins Bett der Eltern, was vom Vater abgewehrt wurde, indem er den Jungen beschimpfte oder sogar schlug. Er geriet auch in Zorn, wenn der Junge dazwischen redete, wenn er mit seiner Frau sprach, und er stellte im Hinblick auf Sauberkeit, Ordnung und Gehorsamkeit von früh an extrem hohe Ansprüche an das Kind, die er mit großem Druck und gelegentlich auch handgreiflich durchsetzte. Dann erkrankte er an Leberkrebs, war längere Zeit bettlägerig und starb, als Pascal 10 Jahre alt war. Der qualvolle Tod des Vaters blieb ein nur teilweise verarbeitetes Trauma.

Den jetzigen Zustand hielt Pascals Mutter für unerträglich. Wegen seiner Zwangssymptome suchte Pascal dauernd ihre Nähe. Sie habe keine Minute Zeit für sich, weil sie immer mit ihm und seinen Fantasien beschäftigt sei. Dann fingen die schrecklichen Beschimpfungen an, in denen er sie als Hure und mit noch schlimmeren Schimpfworten bedachte. In seinen Zuständen von grenzenloser Wut schrie er oft wie ein Tier und attackiere sie sogar körperlich. Im Gegenzug hätte sie ihn schon oft als Teufel in Menschengestalt beschimpft. Diese fürchterlichen Auseinandersetzungen voll psychischer und körperlicher Gewalt häuften sich. Was sie jedoch völlig unerträglich fand, war, dass aus den Misshandlungen unvermittelt und befremdlich wirkende Anklammerungswünsche entstehen konnten, indem sich Pascal nach besonders wüsten Auseinandersetzungen in den Schoß seiner Mutter zu kuscheln suchte. Dabei habe sie ihn schon häufig weggestoßen, was einen wiederholten Wutanfall zur Folge hatte.

Ich begann mit der psychotherapeutischen Behandlung von Pascal, als die Konflikte bereits weit eskaliert waren. Die Mutter drängte auf mehr Elterngespräche, rief pausenlos an, obwohl ich dies zu unterbinden suchte und schließlich wurde Pascal stationär von einer Kinderpsychiatrie aufgenommen. Von dort rief er mich an, klagte darüber, dass es ihm schlecht gehe und dass er zu mir wolle. Nach seinem Aufenthalt in der Psychiatrie setzten wir die Therapie fort, und ich bemerkte, dass Pascal, für einen Jugendlichen ungewöhnlich, Sexualität offensichtlich völlig ausklammerte. Aber auch weiterhin wurde deutlich, wie eng Mutter und Sohn in geradezu inzestuöser Weise miteinander verbunden waren und wie sie versuchten, sich mit ihren Auseinandersetzungen gewaltsam voneinander zu befreien.

Pascal hatte großes Vertrauen zur mir. Mit großer Offenheit erzählte er, und es setzte ein produktiver psychoanalytischer Prozess mit vielerlei sehr auffälligen Träumen ein. Pascal glaubte, mit Hänsel und Gretel in den Wald zu gehen, und der Wald war voller Hexen, die ihn ängstigten. Die

Hexen waren alt und hässlich. Eine dieser Hexen, das sei »ganz pervers« gewesen, hatte ein langes, sehr dickes Glied, sicherlich einen halben Meter lang. Dies habe waagerecht weg gestanden, wie die Zunge einer Schlange, und er hätte Angst gehabt, dass ihn die Zunge erreichen könne, und sei in Panik weggerannt. Mit einem Seil habe er sich schließlich über einen Abgrund geschwungen, das sei ein tolles Gefühl gewesen. Im Wald waren auch noch Fliegenpilze, die bis zu einem Meter groß waren. In der Realität hatte Pascal in den vergangenen Tagen die Mutter besonders häufig als Hexe beschimpft, diese ihn wiederum als Teufel, von dem sie hoffe, dass er bald sterben werde.

Ich erlebte die Mutter in diesen Wochen wieder extrem übergriffig und eindringend, sie suchte ständig einen Schiedsrichter für die Auseinandersetzungen und drohte gelegentlich sogar, die Polizei einzuschalten. Nach diesem eigenartigen, deutlich sexuell gefärbten Traum, voller Wollust und Angst, erzählte Pascal einen anderen Traum. Er stand mit zwei Männern auf der Bühne, und sie wurden vom Publikum bewundert. Sie spielten Gitarre und sangen. Davon tagträumte der Junge in der Tat ständig. Stockend fügte Pascal hinzu, dass sie vor allem deshalb bewundert wurden, weil sie Frauenkleider trugen. Nach längerem Schweigen sagte Pascal schließlich, und die Scham stand ihm ins Gesicht geschrieben, dass er mir etwas anvertrauen müsste. Dazu müsse er zunächst in die Vergangenheit zurückgehen. Als er in die erste Klasse gekommen sei und unter schweren Trennungsängsten gelitten habe, hätte er eines Nachmittags die Schuhe seiner Mutter entdeckt. Diese faszinierten ihn eigenartig, ganz anders als vorher. Er wäre in die Schuhe hineingeschlüpft und unvermittelt nicht nur völlig angstfrei gewesen, sondern erlebte auch ein unglaublich fantastisch-schönes Gefühl. Dann sei er mit diesen Schuhen auf und ab spaziert, und er habe sich

grandios gefühlt. Seither habe er dies immer wieder heimlich getan. Dies zog sich über Jahre so hinweg, und er nutzte jede Gelegenheit, mit den Schuhen auf und ab zu laufen, das sei zur regelrechten Sucht geworden. Als er so etwa 11–12 Jahre alt gewesen wäre, sei er eines Tages, als die Mutter abwesend war, an deren Kleiderschrank gegangen und hätte deren Unterwäsche angezogen, was ihn augenblicklich noch mehr erregte. Beim nächsten Mal habe er sich ein Kleid angezogen und habe dabei zum ersten Mal einen fantastischen Orgasmus erlebt. Voller Scham und Entsetzen versuchte er das Kleid der Mutter zu reinigen und hängte es danach in den Schrank zurück. Aber Scham und Angst verschwanden bald, die Sehnsucht nach dem Erleben von Grandiosität und orgiastischen Gefühlen begleiteten ihn jetzt wie ein Zwang. Seine gesamten Fantasien drehten sich von nun an fast ausschließlich darum, wann er endlich wieder Frauenkleider tragen könne. Zunehmend wünschte er sich auch, nicht mehr nur die Kleider der Mutter, sondern auch andere Frauenkleider zu tragen, aus Angst vor Entdeckung, aber auch weil, der Reiz langsam schwand. Er wagte es jedoch nicht, sich in einem Geschäft Kleider zu kaufen oder sie in einem Versandhaus zu bestellen. Darum sah sein Tagesablauf in der Regel so aus, dass er sich in sein Zimmer zurückzog. Um ihn herum lag eine Auswahl von Kleidern der Mutter. Er wählte sorgsam eines aus, veränderte es, indem er es umnähte und war stundenlang damit befasst, sich aufreizende Kleidung herzustellen und Schmuck und Schminke anzulegen. Dabei steigerte er sich in einen außerordentlichen Rauschzustand hinein. Es kam zu Schweißausbrüchen, er atmete immer heftiger, die Erregung wurde immer größer und mündete schließlich in einen grandiosen Orgasmus. Schlagartig kam die Ernüchterung und er war danach voller Schuld und Scham, schwor sich, nie mehr Ähnliches zu tun. Aber es war zur regelrechten Sucht geworden, bereits am nächsten Tag wiederholte sich das Spiel von grandiosem Orgasmus bis hin zur schamvollen Ernüchterung. Dabei interessierte er sich durchaus für Mädchen, erlebte sich eindeutig als heterosexuell, konnte aber von seinen Fantasien und deren Umsetzung nicht lassen – und darum fehlte auch der Impetus, sich um Mädchen zu bemühen.

Dies zog sich in dieser Weise über Monate dahin und es kam, wie es kommen musste. Die Mutter entdeckte, dass sich Pascal jeden Tag in sein Zimmer zurückzog und dieses abschloss. Als er morgens in der Schule war, schaute sie einmal nach, und fand in einer versteckten Schachtel ihre völlig veränderte Unterwäsche und Bekleidung wieder, völlig befleckt von Pascals Sperma. In einem Gespräch teilte sie mir von ihrer Entdeckung mit. Sie fühlte sich, als sei sie Zeuge eines Verbrechens ihres Sohnes geworden. Ihr Ekel war grenzenlos und sie musste sich beinahe übergeben.

Der Zusammenhang mit Pascals ehemaliger Angst vor verschmutzten Taschentüchern und den befleckten Kleidern der Mutter war mittlerweile deutlich und Pascals Schuldgefühle und Scham waren natürlich groß, als ihn die Mutter mit ihrem Fund konfrontierte. Die Wünsche des Jungen, Kleider zu tragen und ganz einer Frau ähneln zu wollen, wurden nun zum Mittelpunkt der Therapie. Die Zwangsgedanken und Zwangshandlungen waren inzwischen völlig verschwunden, sie hatten sichtlich dazu gedient, Psychose und Perversion zu vermeiden. Pascal verbrachte weiterhin viele Stunden mit dem Nähen und Umändern von Kleidern, damit sich zu schmücken und litt hierunter schrecklich. Denn nach dem rauschartigen Orgasmus kam jedes Mal die schlimme Ernüchterung, sein Leben zu verschwenden und zu vergeuden. Vor allem begann er sich gegenüber seiner Mutter, die ja wusste, was er hinter verschlossenen Türen tat, heftig zu schämen. Er konnte sie kaum mehr ansehen, insbesondere als er wahr-

nahm, wie sehr sie unter seinem Tun litt. Jetzt traten wieder Zwänge auf, in veränderter Form, als Ängste, den Herd nicht ausgeschaltet zu haben, es könnte etwas abbrennen oder explodieren. Im Zuge dessen wurde Pascals Lust auf Verkleidung geringer, und er bereitete sich auf das Abitur vor, das er – wie sein Studium – trotz gelegentlicher Zwangsgedanken gut bewältigte.

Die Therapie Pascals dauerte beinahe zehn Jahre, von ihm privat finanziert. Am Ende machte er eine Tanzstunde und hatte zum ersten Mal Geschlechtsverkehr mit einer erwachsenen Frau. Zwar ekelte er sich im Anschluss daran noch, sie berührt zu haben, doch verringerte sich diese Angst von Mal zu Mal. Pascal war schließlich so gut wie frei von Symptomen, konnte eine dauerhafte Beziehung zu einer Frau eingehen, die von seinen Fantasien wusste. Denn die Fantasien von den Frauenkleidern waren geblieben, aber Pascal hatte sich mit seiner ehemaligen Leidenschaft arrangiert.

Interpretation

Psychodynamik

Pascal wurde wegen seiner Zwänge vorgestellt. Der Junge war mit der Mutter eng und inzestuös verstrickt, so dass die Zwänge der Abwehr einer Psychose dienten. Bezeichnenderweise begannen diese mit 13 Jahren, also mit Beginn der Pubertät und der Verschärfung der Inzestproblematik nach dem Tod des Vaters, der als triangulierendes Objekt zwar schon vorher kaum zur Verfügung stand, nun aber gänzlich fehlte. Noch unmittelbarer auf den Tod des Vaters folgte mit 11–12 Jahren die Entwicklung einer perversen Symptomatik, indem Pascal die Unterwäsche der Mutter anzog. Wie beschrieben, dient die Perversion der Aufrechterhaltung der Verleugnung des Gesetzes des Ödipuskomplexes und der Abwehr der Psychose. Pascal erlebte die verführerische Haltung der

Mutter. Und er erlebte einen grausamen, kastrierenden Vater, der die Trennungsangst verstärkte und Pascals Wunsch, sich mit ihm zu identifizieren, rasch vernichtete. Pascal konnte dem ödipalen Konflikt ausweichen, konnte klein und dennoch in der Fantasie Partner der Mutter bleiben. Seine kindliche, feminine Gestalt war ein Ergebnis hiervon. Der reale Tod des Vaters bereitete zwar Schuldgefühle, verstärkte jedoch andererseits die Allmachtsfantasien des Jungen. In seinen Zwängen dämmte er sowohl die Schuldgefühle als auch seine angstmachenden Impulse ein. So kam es zu jener explosiven Mischung von inzestuösen Wünschen und massiver destruktiver Wut, um sich von der Mutter wiederum zu befreien – Sexualisierung wurde von unverhüllter Destruktivität abgelöst. Die Mutter wünschte ihrem Teufelssohn den Tod.

Wie der Traum deutlich macht, waren Frauen für Pascal verführerische Hexen, die sich das Kind, das durch den Wald des Unbewussten wandert, wieder einverleiben. Und sie waren mit einem Penis ausgestattet, der furchterregend war und der Zunge einer Schlange glich. Die Vorstellung der Mutter mit dem Penis ist dabei, wie bei Chasseguet-Smirgel ausgeführt, eine männliche Abwehr der Kastrationsangst sowie eine Abwehr der Trennungsangst.

Die Schuhe der Mutter, später die Kleider der Mutter, wurden zum Pars pro toto, mit welchen Pascal zeitweise inzestuös verschmelzen konnte. Als grandioser Herrscher wurde er mit einem ekstatischen Orgasmus belohnt. Der perverse Akt als Symptom ist ein Kompromiss zwischen Inzestwunsch und Inzestangst. Indem er mit der Mutter im Sinne des Pars pro toto verkehrt, er zieht stellvertretend ihre Kleider an, übt er Inzest aus. Gleichzeitig ist er der aktive, wird nicht passiv überwältigt und schließlich ist es eben doch nicht die Mutter, sondern das perverse Objekt, eine Kompromissbildung, d. h. doch kein realer Inzest.

Diagnose:

F65.1 fetischistischer Transvestitismus
F42.2 Zwangsgedanken und -handlungen gemischt
F45.2 Hypochondrie

Die therapeutische Arbeit

Der Therapeut war in der Übertragung lange Zeit die symbiotische Mutter. Pascal vertraute ihm rückhaltlos alles an und schuf eine große Nähe, die jedoch durch den analytischen Rahmen immer ihre Grenzen erfuhr. Der Therapeut war zudem eine Mutter, die Pascal nicht sexuell begehrte und mit welcher er darum gefahrlos die Konflikte der präödipalen Phase wiederholen konnte. Erst dann konnte der Therapeut in der Übertragung zum Vater werden, mit welchem er sich identifizieren wollte. Dies fand seinen Höhepunkt im Wunsch, auch Psychotherapeut werden zu wollen. Die Identifikation gleicht noch einer Introjektion. Die Trennung von Selbst und Objekt, von männlich und weiblich müssen in der Therapie bearbeitet werden, ohne dass es zum Zusammenbruch aufgrund psychotischer Ängste und Wünsche kommt. Ein Containing dieser Ängste ist dabei unumgänglich.

Die Länge der Behandlung von 10 Jahren zeigt, welch langwieriger Prozess notwendig ist, um diese Geschlechtsidentifikation zu ermöglichen und die Sexualität von der Inzestangst und dem Inzestwunsch zu befreien. Pascal und andere Patienten zeigen, dass eine psychoanalytische Therapie den Patienten von der Alleinherrschaft seiner perversen Neigung befreien und zu einem normalen Leben hinführen kann. Aber Erinnerungen bleiben in der Regel zurück, an herrliche Fantasien und an grandiose Orgasmen, die der Koitus mit der Frau in ihrem Erleben nicht bieten kann.

Fehlt der Vater, unmittelbar oder mittelbar, so kann eine große Nähe zur Mutter entstehen. Ihre Verwöhnung und Neigung, den Jungen von früh an zum Partner zu machen, können sich – wie beschrieben – massiv auswirken: Kann sich der Sohn nicht von ihr lösen und verbleibt in ihrem Einflussbereich, kann er von der Mutter dauerhaft stimuliert und sexualisiert werden. Ein zentrales Behandlungsziel ist es darum, Inzestgrenzen und Generationenunterschiede zu etablieren bzw. wieder herzustellen.

Da so gut wie immer Triangulierungsstörungen vorliegen und der Vater als gesetzgebender Grenzsetzer ausgefallen ist, muss die Behandlung eine triangulierende Funktion einnehmen. Dazu gehört auch, dass in der Psychotherapie von Kindern, im gewissen Maß auch bei Jugendlichen immer der Vater einbezogen werden sollte.

Es ist zudem eine wichtige Rahmenbedingung, dass Kinder und Jugendliche nicht mehr im Bett der Eltern oder mit einem Elternteil schlafen. Zum einen entsteht eine dauerhafte Regression, Kinder und Jugendliche müssen sich dann nicht mehr mit ihren Konflikten und den daraus entstehenden Ängsten auseinandersetzen. Die übergroße und intime Nähe zu den Eltern – vor allem zum anderen Geschlecht – kann inzestuöse Fantasien begünstigen, welche Ängste noch verschärfen und die psychosexuelle Entwicklung eines Kindes massiv stören werden.

3   Sexueller Missbrauch

Zur Definition des sexuellen Missbrauchs im Kindes- und Jugendalter gibt es eine breite Diskussion. Am häufigsten wird der Begriff »sexueller Missbrauch« verwendet. Bange (2002a, S. 47) nennt drei Vorteile dieses Begriffes. Erstens wirke er jeglichen Assoziationen entgegen, die eine Verantwortung der betroffenen Kinder an den Geschehnissen beinhalten. Zweitens entspricht er der juristischen Terminologie und drittes hat er sich in der (Fach-)Öffentlichkeit durchgesetzt. Kritisiert wird an dem Begriff, dass er einen »richtigen« bzw. »legitimen« (sexuellen) Gebrauch von Kindern suggeriere. Außerdem habe der Begriff stigmatisierende Wirkung.

Die Begriffe sexuelle Gewalt oder sexualisierte Gewalt weisen zwar auf den Macht-Ohnmacht-Komplex hin, sie suggerieren aber wiederum, dass Gewalt verwendet wird. Dies ist aber nicht immer der Fall. Den Gewaltbegriff so auszuweiten, dass alles als Gewalt bezeichnet wird, weil ein Abhängigkeitsverhältnis besteht, erscheint uns kein wirklicher Ausweg.

Wegen der Betonung des Missbrauchs des Abhängigkeitsverhältnisses haben wir uns für die Beibehaltung des Begriffes sexueller Missbrauch entschieden. Ein Einverständnis kann es aus unserer Sicht nicht geben.

Ferner wird unterschieden in »weite« und »enge« Definitionen. »Weite« Definitionen versuchen sämtliche als potenziell schädlich angesehene Handlungen zu erfassen. So werden auch sexuelle Handlungen ohne Körperkontakt zum sexuellen Missbrauch gezählt bis hin zu Übergriffen ohne Körperkontakt wie sexualisierte Blicke. »Enge« Definitionen versuchen nur bereits als schädlich identifizierte Handlungen einzubeziehen (Bange 2002a, S. 48 f.). Hirsch (1993) unterscheidet realen und latenten Missbrauch, letzterer entspricht der weiten Definition.

Weitere Definitionsversuche betreffen den Altersunterschied zwischen Opfer und Täter. Meistens wird ein Altersunterschied von mindestens 5 Jahren genannt. Damit wird aber sexuelle Gewalt unter Jugendlichen nicht erfasst.

Bange (2002a, S. 51) betont, dass nicht jeder sexuelle Missbrauch traumatisch ist. Nicht bei allen Kindern lassen sich direkte Folgen in Form von Verhaltensauffälligkeiten feststellen. Eine Definition, die an den Folgen orientiert ist, entfällt somit ebenfalls.

Die Altersgrenze von 14 Jahren weist Probleme auf, bei Menschen mit geistigen Behinderungen entfällt sie zudem, da eine lebenslange Abhängigkeitssituation besteht.

Für das Ausmaß des sexuellen Missbrauchs liegen keine verlässlichen Daten vor. Allein schon die verwendete Definition führt bei empirischen Studien zu unterschiedlichen Ergebnissen. Die polizeiliche Kriminalstatistik wertet nur angezeigte Fälle aus. Die Dunkelziffer ist hoch. Bange (2002b, S. 25) fasst zusammen: Es kann davon ausgegangen werden, dass 10–15 % der Frauen und 5–10 % der Männer bis zum Alter von 14 oder 16 Jahren mindestens einmal einen sexuellen Kontakt erlebte haben, der unerwünscht war oder durch »moralische« Übermacht einer deutlich älteren Person oder durch Gewalt erzwungen wurde.

Folgen des sexuellen Missbrauchs werden in Kurzzeitfolgen und Langzeitfolgen unterschieden. Moggi (2002, S. 117) nennt folgende Kurzzeitfolgen:

- Emotionale Reaktionen wie Angststörungen, Posttraumatische Belastungsstörungen, Depressionen, niedriger Selbstwert, Schuld- und Schamgefühle, Aggression, Autoaggression
- Somatische und psychosomatische Folgen wie Verletzungen im Genitalbereich, chronische Bauchschmerzen, Ess- und Schlafstörungen, Einnässen und Einkoten
- Unangemessenes Sexualverhalten, frühe sexuelle Beziehungen, offenes Masturbieren, Exhibitionismus, sexualisiertes Verhalten
- Auffälligkeiten im Sozialverhalten, Weglaufen von Zuhause, Schulschwierigkeiten, Schulabsentismus, Rückzugsverhalten, ADHS, delinquentes Verhalten, Aggression, Suchtmittelkonsum

Als Langzeitfolgen führt er auf (ebd., S. 118):

- Posttraumatische Belastungsstörung
- Emotionale und kognitive Störungen: Depression, Ängstlichkeit, Zwangsstörungen, Schuld- und Schamgefühle, Hilflosigkeits- und Ohnmachtsgefühle, niedriges Selbstwertgefühl
- Borderline-Persönlichkeitsstörungen
- Selbstschädigendes Verhalten
- Psychosomatische Symptome: Bauchschmerzen, Durchfall, Übelkeit, Brustschmerzen, Schmerzen im Genitalbereich
- Dissoziative Störungen, Amnesien, Multiple Persönlichkeitsstörungen
- Schlafstörungen
- Suchtverhalten
- Essstörungen, vor allem Magersucht und Bulimie
- Sexuelle Störungen
- Störungen interpersonaler Beziehungen, wie Feindseligkeit, Furcht, Misstrauen und Tendenz, Opfer zu werden

Während männliche Opfer eher zu externalisierenden Folgen neigen, zeigen weibliche Opfer eher internalisierende Folgen. Dies mag mit geschlechtsspezifischer Sozialisationen zu tun haben, kann aber auch Folge davon sein, dass Mädchen eher früheren und schwereren Missbrauchssituationen ausgesetzt sind (ebd., S. 119).

Bei Störungen nach sexuellem Missbrauch sind mehrere Ziffern der ICD-10 möglich, u. a. *Reaktionen auf schwere Belastungen und Anpassungsstörungen F43* (vgl. auch Häußler 2007, S. 466).

Theorie des sexuellen Missbrauchs

Berner (2011, S. 72) unterscheidet zwischen echten Pädophilen sowie zwischen opportunistischen. Echte Pädophile oder Kernpädophile zeichnen sich durch ein durchgehendes sexuelles Interesse an Kindern aus. Viele leben ihre Neigungen ausschließlich in der Fantasie aus. Bei den opportunistisch orientierten Missbrauchstätern ist die Hemmfunktion oft durch Alkoholkonsum reduziert, sie zeigen mangelnde soziale Geschicklichkeit und nicht selten soziopathische Züge (ebd., S. 72). Ihre Partnerschaften sind unbefriedigend. So ähnlich strukturiert waren auch die meisten Missbrauchstäter, denen ich als Kinderpsychoanalytiker – vor allem im stationären Rahmen – begegnet bin: Einsame Männer, Arbeitslose, Alkoholiker, sie befriedigten sich an einem Kind, weil es gerade zur Verfügung stand.

Inzest, eine Sonderform des sexuellen Missbrauchs, findet in unserer Kultur innerhalb von Familien statt, oft zwischen Vätern und Töchtern bzw. Stiefvätern und Stieftöchtern oder wie im folgenden Fallbeispiel durch wechselnde Freunde der Mutter. Kommt es zu direkten sexuellen Handlungen durch Mütter, so sind diese einst oft als Kind von Mutter oder Vater selbst missbraucht worden und reinszenieren im Hier und Jetzt die damalige Situation über Umkehrung des Traumas. Die Folgen für die sexuelle Entfaltung und Persönlichkeitsentwicklung eines Kindes sind dramatisch, bis hin zur transgenerationalen Weitergabe und der Zuschreibung, Missbräuchliches zu wiederholen: Ich war einst Supervisor der psychoanalytischen Behandlung eines 11-jährigen Mädchens aus der Oberschicht, das von seiner Mutter über viele Jahre missbraucht worden ist. Seit Generationen waren in dieser Familie Töchter von ihren Müttern missbraucht worden.

Kreß u. a. (2012) haben mehrere Arbeiten innerhalb einer eigenen Untersuchung gesichtet und zusammengefasst. Mütter, die in ihrer Kindheit sexuell oder körperlich missbraucht worden sind, missbrauchen entweder selbst ihre Kinder, lassen sie verwahrlosen oder sie machen das Kind zum Täter. Wenn sexuell missbrauchte Frauen nicht selbst zu Täterinnen werden, ist es möglich, dass sie den Gewaltkreislauf dadurch aufrechterhalten, dass sie ihre Kinder dem Missbrauch durch Ehepartner oder Liebhaber aussetzen. Ganz offensichtlich schaffen es die missbrauchten Personen nicht, eine für das Kind protektive Familienumgebung zu schaffen und so dem Risiko eines Missbrauchs vorzubeugen. Die intergenerationale Weitergabe psychosozialer Risiken stellt eindeutig eine Bedrohung für die Kindesentwicklung dar und hat damit große Relevanz für unsere Gesellschaft (ebd., S. 274).

Als Folgen des sexuellen Missbrauchs beschreibt Hirsch (2002, S. 62) Identitäts-, Selbstwert und Beziehungsstörungen, massive Schuldgefühle, masochistische Charakterzüge, Störungen im Sinne posttraumatischer Symptomatik und Somatisierungen wie Konversion und psychogenem Schmerz. Die einzig spezifische Folge auf sexuellem Missbrauch ist die Sexualisierung von Beziehungen. Internalisierung und Dissoziation sind die Hauptabwehr- und Bewältigungsmechanismen. Die Gewalt wird internalisiert, das Opfer fühlt sich schuldig. Über die Gestaltung der Sexualisierung wird man immer wieder Opfer, insbesondere weibliche Jugendliche neigen zu dieser Form von Verarbeitung. Nach Hirsch (ebd., S. 65) haben ca. 75 % der Prostituierten, die in Berlin eine Beratungsstelle aufsuchten, in ihrer Kindheit sexuellen Missbrauch erlebt. Aber auch die Identifikation mit dem Aggressor, die Entwicklung zum Täter, kann als Folge der Abwehr von sexuellem Missbrauch gesehen werden. Dabei kommt es häufig zur Idealisierung der frühen sexuellen Erlebnisse. Als Gründe für den Wiederholungszwang, mit dem immer wieder sexuelle Gewalt aufgesucht wird, nennt Hirsch (ebd., S. 66):

- die Suche nach dem prätraumatischen Vater
- die Hoffnung auf »ein Wunder«
- der Versuch, die Situation zu kontrollieren
- ein offener oder verborgener masochistischer Triumph
- Idealisierung und anschließende Abwertung des Täterobjektes

Männliche Homosexualität kann die ichsyntone Fortsetzung der frühkindlichen Verführung durch einen Mann sein, weibliche Homosexualität kann als Verweigerung der Forderungen von Männern verstanden werden. Daneben ist die Ablehnung von sexuellem Kontakt als Folge des Missbrauchs zu nennen (ebd., S. 70).

Sexualisiertes Verhalten ist bei Kindern mit Verhaltensauffälligkeiten häufig zu finden. Ständige sexuell obszöne, provozierende Äußerungen, etwa die Lehrerin als Nutte anzureden, die Lehrer als Hurenböcke und das Lehrerzimmer als Nuttenstall, und direkte den Geschlechtsverkehr andeutende Gesten sind dann nicht nur aggressive Gesten, sondern auch eine Form, die Angst vor sexueller Überwältigung durch aktives, die Täterseite ausagierendes Verhalten abzuwehren. Während Mädchen nach sexuellem Missbrauch oder latentem Missbrauch (Hirsch 1993) eher in der Opferposition verbleiben, sich in Prostitution oder in Partnerschaften neuen Missbrauchssituationen aussetzen, wehren Männer eher die Opferposition ab und identifizieren sich mit dem Angreifer, werden selbst verbal und real zum Täter. Sexualisiertes Verhalten ist eines der wichtigsten Anzeichen für realen oder latenten Missbrauch. Dass es sich bei der Sexualisierung um eine Form der Aggressionsabwehr handelt, ist an der Gegenübertragung spürbar, die sexualisierte Kinder auslösen. Heftigste Aggressionen, Fantasien, das Kind an die Wand zu klatschen, werden ausgelöst durch Bemerkungen wie »Ich bin der Tittenlecker« und entsprechende Gesten der Pädagogin oder Therapeutin gegenüber.

Zusammenfassung

Die Definition des sexuellen Missbrauchs ist uneinheitlich. So wird von weiten und engen Formen, latenten und realen, von Missbrauch mit und ohne Körperkontakt, von sexueller bzw. sexualisierter Gewalt gesprochen. Je nach Definition ist die Prävalenz unterschiedlich, die Dunkelziffer ist hoch. Es kann davon ausgegangen werden, dass ca. 10–15 % der Frauen und 5–10 % der Männer bis zum 14. oder 16. Lebensjahr ungewollten sexuellen Kontakt hatten.

Fast alle psychischen Störungen können in der Folge auftreten: Depressionen, Aggressionen, Autoaggressionen, Sucht, unangemessenes Sexualverhalten, körperliche Beschwerden sowie Essstörungen u. a.

Im Sinne der Wendung von der Passivität in die Aktivität kann die passiv erlebte Missbrauchssituation in der Täterposition reinszeniert werden. Macht und Kontrolle werden über Sexualisierung erlangt. Es werden immer neue Opfer gesucht. Auch die Internalisierung von Gewalt und Schuldgefühlen können zu Reinszenierungen in der Realität als Opfer führen.

Fehlende Grenzziehungen und deren Verinnerlichung in der nächsten Generation können über Generationen in Familien einen Missbrauchskreislauf in Gang halten.

Fallbeispiel »Marianne«

Die Erzieherin einer Außenwohngruppe eines Kinderheimes rief mich an, ob ich eine 15-jährige Jugendliche wegen ihrer psychischen Auffälligkeiten in Therapie nehmen könnte. Eine Viertelstunde zu früh läutete jene Erzieherin an meiner Praxistüre. Im ersten Moment hatte ich den Eindruck, dass sie von einer alten Frau begleitet wurde, sah dann aber eine eher vorpubertäre, kindliche Jugendliche. Ich besprach zunächst mit beiden formale Angelegenheiten, dann war ich mit Marianne allein im Zimmer. Klein und zusammengekauert saß sie im Sessel. Marianne war als fünftes Kind von einer Alkoholikerin nichtehelich geboren worden, war während ihrer frühen Kindheit körperlich und psychisch vernachlässigt und von den sogenannten Liebhabern der Mutter immer wieder missbraucht worden. Nachdem sie kurze Zeit beim Vater war, kam sie mit 12 Jahren in ein Kinderheim, später in eine Außenwohngruppe. Während der kurzen Zeit, die sie bei ihrem Vater lebte, wurde sie auch vom leiblichen Vater missbraucht.

Von der Erzieherin der Einrichtung wusste ich bereits, dass Marianne von jedem Menschen alles mit sich machen ließ. Sie konnte sich nicht abgrenzen, wie unter Hypnose ließ sie alles mit sich geschehen. Erst nach längerer Zeit wäre bekannt geworden, dass jede Nacht Jungen in ihr Zimmer gingen, an ihren Genitalien manipulierten oder sogar mit ihr schliefen. Seither bekam Marianne die Pille. Ständig wurde bekannt, dass sie sich vor anderen Jungen auszog, von ihnen berühren und immer wieder auf's Neue missbrauchen ließ, einmal sogar für eine Packung Zigaretten. All dies ging mir durch den Kopf, als ich jene depressive, naiv und unschuldig wirkende Jugendliche vor mir sah. Offensichtlich bekam sie immer wieder sexuelle Beziehungen aufgedrängt, weil ihre Beziehungswünsche als sexuelle Hingabe und obszöne Angebote missdeutet wurden. Unbewusst wurde so das Trauma des frühkindlichen Missbrauchs wiederholt, indem sie alles mit sich geschehen ließ. In der sogenannten Wunschprobe hatte sie der untersuchenden Psychologin gesagt: »Mein erster Wunsch ist ein Freund, der nicht mit mir schlafen will.«

In jener ersten Stunde spürte ich die Traurigkeit, die Sehnsüchte, aber auch ihre Gefährdung, in die Verwahrlosung abzugleiten. Ich fragte Marianne, ob sie die Therapie wollte. Sie sah mich abweisend, ärgerlich an, meinte schließlich, dass Psychologen viel reden würden, aber es nützte nur wenig. Es war deutlich, dass mir Marianne mit jener kritischen Aussage ein klares Signal setzen wollte – frag mich nicht immer das Gleiche, handle!

Wir begannen mit der Therapie. Schon nach kurzer Zeit zeigte sich Marianne vollständig anders als in der ersten Sitzung. Die depressive Stimmung wandelte sich in manische Getriebenheit. Marianne zeigte sich überdreht, laut kreischend, distanzlos und berichtete schamlos von vielen sexuellen Ereignissen. Ich fühlte mich extrem unwohl, in widerlicher Weise angemacht, doch alle meine Interventionen halfen nicht, die ständigen Regelverletzungen von Marianne einzudämmen. Meist kam sie etwas zu früh, ich öffnete die Türe, und sie setzte sich ins Wartezimmer. Als ich mit Stundenbeginn zur Wartezimmertür ging, wurde sie von Marianne blitzartig aufgerissen, und sie lachte mich an. Sie habe durchs Schlüsselloch geschaut und mich kommen sehen. Ich erschrak und verstand, dass Marianne ständig Schrecken und Grenzüberschreitungen inszenierte. Sie holte den Würfelbecher, um mit mir zu würfeln, schrie und kreischte dabei, aber alles wirkte aufgesetzt und künstlich. Dabei gab sich Marianne völlig ungeniert, rülpste und furzte sogar. Sie lachte laut darüber, es hätte bei ihnen heute Bohnen gegeben, da sei das halt so. Ich fühlte mich ununterbrochen bedrängt, bedroht und beschämt. Plötzlich sprang sie auf, sie müsse auf's Klo, kam zurück und deutete auf ihre Hose. Sie habe sich gerade nass gepinkelt. Ich suchte immer aufs Neue den Rahmen wiederherzustellen, zu betonen, dass wir uns auch hier an bestimmte Regeln halten müssten, aber alles schien keinen Wert zu haben. Immer wieder überschritt Marianne alle Grenzen, war schamlos und unverschämt. Immer wieder suchte sie mich anzumachen, fasste mich an, schlug mir auf den Rücken, meinte, wenn Dummheit weh täte, dann würde ich ja wohl den ganzen Tag herumschreien. Gleichzeitig erzählte mir Marianne von ständigen Erfolgen bei Jungen, die alle um sie werben und sie sogar heiraten wollten. Ich wusste, dass die Jungen alle nur das eine von ihr wollten und ihnen das Mädchen als Person völlig gleichgültig war, dass sie über sie nur lachten. In den Inszenierungen im Heim wiederholten sich ununterbrochen jene frühen Schrecknisse, dass Marianne benutzt und dann weggeworfen wurde.

Dann begann sich die Situation zu verändern. Marianne verliebte sich in den Sänger einer Boy-Group und dieses Thema wurde zum Mittelpunkt vieler Stunden. Sie sammelte alles an Informationen, hängte Bilder und Poster von jenem Sänger auf und steigerte sich in eine regelrechte Fantasie- und Traumwelt hinein. Wochenlang überlegte sie, was sie dem jungen Mann schreiben sollte und sie war fest davon überzeugt, dass er sie heiraten werde. Marianne verlor jeden Bezug zur Realität. Ich fühlte mich einigermaßen hilflos, wie ich mit den Tagträumereien und abgehobenen Fantasien umgehen sollte, die fast psychotisches Ausmaß hatten. Sie hatte sich jenen Mann natürlich auch ausgewählt, weil sie sicher sein konnte, dass er sie nicht berühren und benutzen würde. Es war zu spüren, dass sie sich so aufzuwerten suchte, und dass die Realität für Marianne grausam und unerträglich war. Es kam zu einer Sitzung, in der sie wie in der ersten Stunde wirkte, grau und bedrückt. Sie schwieg lange und sagte dann: »Ich habe heute nacht einen blöden Traum gehabt. Der Joe – das war der Sänger jener Boy-Group – hat mit einer anderen Tussi rumgemacht. Das war ganz schlimm. Ich hatte so eine Wut, erst auf die Tussi, dann auf Joe. Aber dann war ich traurig. Der Traum war schrecklich. Ich spüre das schlechte Gefühl noch jetzt.« Während mir Marianne den Traum erzählte, tat sie mir sehr leid. Ich spürte den drängenden Impuls, ihr übers Haar streicheln zu wollen oder sie sogar kurz in den Arm zu nehmen. Gleichzeitig erschrak ich über diese Fantasien, denn ich würde sie in dem Moment – aus ihrer Sicht – genauso missbrauchen wie alle anderen vorher. Ich erlebte in meiner Gegenübertragung, wie die Angst vor Sexualität eine normale Beziehung verhinderte. Andererseits war Sexualität für Mari-

anne zur einzigen Möglichkeit geworden, Nähe zu erfahren. Es war ein schlimmer Teufelskreis. Ich sagte darum zu Marianne: »Und in dem Traum, da warst Du allein mit Deiner Wut, wie schon so oft.« Marianne tauchte wieder aus ihrer Depression auf, blitzte mich kumpelhaft an und sagte ohne jegliche sexuelle Anmache: »Da hast Du recht, Alter. Du hast oft recht. Aber jetzt spielen wir weiter«, und sie griff nach einem Kartenspiel, das unsere Beziehung wieder neutralisierte. Es war zu erkennen, dass sie sich – zumindest momentan – nicht mehr allein mit ihrer Verzweiflung und ihrer Wut fühlte.

Was im Traum passierte, geschah wenig später in der Realität. Marianne lernte einen jungen Mann kennen, von dem sie mir wochenlang vorschwärmte, dass er sie wohl bald zur Frau nehmen wolle, da war sie übrigens 17 Jahre alt. Stundenlang erträumte sie sich, wie ihr Schlafzimmer aussehen würde, wie sie sich die Küche einrichten und wie sie mit dem Freund leben wolle. Bald werde er um ihre Hand anhalten, sie würde freudig ja sagen und ihn heiraten. Dann kam Marianne entsetzt zur nächsten Stunde, völlig zusammengebrochen, niedergeschlagen und erzählte, dass sie heimlich bei dem Freund war, denn im Heim durfte man ja davon nichts erfahren. Bei ihm waren dieses Mal mehrere Kumpel und er erwartete von ihr, dass sie mit diesen schlafe, weil sie ihn dafür gut bezahlten. Marianne verweigerte das, ging einfach weg und erzählte niemandem, nur mir in der Stunde, hiervon. Ich erlebte Mariannes Verweigerung als glänzenden Triumph über die Macht des Traumas. Denn die frühen Traumatisierungen waren immer wieder reinszeniert worden, weil Gefühle von Wut, Enttäuschung und Erinnerungen an Beschämungen noch nicht zugänglich waren.

Nach diesem Vorfall mit dem vermeintlichen Freund erzählte mir Marianne aus ihrer frühen Kindheit, wie sie regelmäßig Zeuge vom Geschlechtsverkehr der betrunkenen Mutter mit unterschiedlichen Bekannten sein musste und wie diese, während die Mutter schlief, sie selbst beständig manipulierten und missbrauchten. Sie hatte das immer wieder der Mutter erzählt, aber diese wollte nichts davon hören. Marianne erzählte das Vergangene scheinbar noch ohne jegliches Gefühl, lachte darüber und aller Schrecken, aller Ekel waren ausschließlich bei mir. Danach konnte sie immer besser auch über ihre Gefühle sprechen, über ihre Enttäuschung und ihren Hass, dass sie immer wieder verraten und ausgenutzt worden sei. Die zugrunde liegende Depression mit Selbstanklagen, mit Scham- und Schuldängsten wurde langsam spürbar. Vor allem kam es zu unerträglichen Ängsten vor der Zukunft. Marianne berichtete, beim Voltigieren vom Pferd gestürzt zu sein. Weinend erzählte sie mir, dass niemand sie gehalten habe und dass sie darum abgestürzt wäre. Das sei aber typisch. Bis jetzt hätte sie niemand richtig geliebt, alle hätten immer nur das eine von ihr gewollt, aber das wolle sie jetzt nicht mehr.

Die Therapie Mariannes dauerte drei Jahre. Eine Sozialpädagogin der Wohngruppe, die mit ihrem Mann mehrere Kinder betreute, nahm sie später zu sich. Marianne machte eine Lehre als Friseuse und begann, ihr Leben einigermaßen in den Griff zu bekommen.

Interpretation

Psychodynamik

Marianne ist eine Jugendliche, die neben körperlicher und psychischer Vernachlässigung, körperlichen und seelischen Misshandlungen auch noch sexuell missbraucht wurde. Dieses Konglomerat von Traumatisierungen führt in der Regel zu schweren strukturellen Ich-Defiziten, zu Persönlichkeitsstörungen mit erheblichen Beziehungsproblemen. Diese äußern sich zumeist in Sexualisierung und Beziehungsunfähigkeit mit ständigen Abbrüchen oder in einer Distanzlosigkeit, in der scheinbar schamlos das Trauma immer wieder reinszeniert wird, allerdings in der Wendung von der Passivität in die Aktivität.

Marianne suchte Beziehungen, setzte dabei ihre sexuelle Attraktivität ein, von der sie erlebt hatte, dass sie dabei wirksamstes Medium war. Jedes Mal kam es jedoch zum selben Ende. War die sexuelle Lust des Mannes gestillt, bestand kein weiteres Interesse an einer Beziehung. Die sexuellen Signale dieses Mädchens waren also auch Ausdruck einer Beziehungssuche, die jedoch jedes Mal mit Enttäuschung und Entwertung endete. Marianne war von Freunden der Mutter während ihrer gesamten Kindheit missbraucht worden. Beim Missbrauch durch den leiblichen Vater kommt noch jene Double-bind-Situation hinzu, dass dies von einem Menschen verursacht wird, den sie liebt. Verdrängungsmechanismen reichen hier nicht mehr aus, es kommt häufig zu dissoziativen Zuständen und Spaltungen, vor allem aber zur Sexualisierung des gesamten Verhaltens, das eine Mischung aus Aggressivierung und Sexualisierung darstellt.

Während bei sexuell missbrauchten Jungen deutlicher die Identifikation mit dem Aggressor in der Sexualisierung dominiert, ist bei Mädchen, wie bei Marianne zu sehen, oft eine Mischung aus Sexualisierung und Reinszenierung der Opfersituation anzutreffen. Sexuell missbrauchte Mädchen, gerade auch mit zusätzlicher Verwahrlosungssituation, suchen oft unbewusst immer wieder Partner, die selbst missbraucht wurden und so den Missbrauch in der Familie in der Identifikation mit dem Aggressor über mehrere Generationen an die eigenen Kinder weitergeben.

Diagnose:

Bei Störungen nach sexuellem Missbrauch sind mehrere Ziffern der ICD-10 möglich, ich wählte hier:

F92.9 nicht näher bezeichnete kombinierte Störung des Sozialverhaltens und der Emotionen

F94.2 Bindungsstörung des Kindesalters mit Enthemmung

Die therapeutische Arbeit

Je nach Ausmaß der Vernachlässigung und der Fähigkeit der Eltern zur Umstrukturierung muss die Therapie geplant werden. Eine Herausnahme aus der Familie kann unvermeidlich sein. Einrichtungen, die eine intensive therapeutische Betreuung anbieten, sind allerdings nicht leicht zu finden. Ziel der ambulanten Therapie mit Marianne war es, in der Beziehung im Hier und Jetzt daran zu arbeiten, dass menschliche Beziehungen möglich sind, ohne den anderen auszubeuten und so die Neigung des Mädchens zum Inszenieren der grausamen Vergangenheit zu durchbrechen. Teilziel war es dabei, die verdrängten oder abgespaltenen Gefühle wieder erlebbar werden zu lassen. Wichtig ist es, einen deutlich strukturierenden Rahmen zu haben und den Patienten zur Einhaltung dieser Regeln anzuhalten. Das Aushalten der Gegenübertragungsfantasien und

Gefühle ist nicht leicht, vor allem, dass sich nicht Enttäuschungen und Verachtung wiederholen.

Besonders schwierig ist aber sowohl in der therapeutischen wie in der pädagogischen Arbeit das Aushalten der Gefühle, die durch die Sexualisierung ausgelöst werden. In der Gegenübertragung entstehen genau die Gefühle, die das Kind im Missbrauch erlebte, eine Mischung aus sexueller Stimulierung, unbändiger Wut und Aggression. Das Nicht-Einhalten der Abstinenzregel wird immer wieder von den missbrauchten Kindern provozierend herausgefordert. Es entsteht eine Mischung aus dem Wunsch, das Kind loswerden zu wollen, und dem Versuch, den Rahmen einzuhalten. Wie bei Marianne zeigt sich im Laufe der Therapie, dass erst mit der Verinnerlichung der Abstinenzregel, diese gibt es auch im pädagogischen Rahmen, eine Arbeit an den Gefühlen und das Durcharbeiten des Traumas möglich ist. Diesen Rahmen aufrechtzuerhalten, sich nicht durch eigene Scham, Ekel, eigenen Inzestängsten und -wünschen zu aggressiven Gegenreaktionen provozieren zu lassen, ist eine schwierige Aufgabe in der Arbeit mit missbrauchten Kindern. Wie sehr sich Marianne eine ödipale Beziehung, in der das Tabu eingehalten und nicht agiert wird, wünschte, macht der Verlauf der Therapie eindrücklich deutlich. Wie ein pubertäres Mädchen schwärmte sie von einem unerreichbaren Mann, der sie heiraten und lieben wird.

4 Sexualität, Sexualisierung und Sexueller Missbrauch bei Menschen mit geistiger Behinderung

Eine breit angelegte bundesweite repräsentative Befragung von Frauen mit Behinderungen von 2011 im Auftrag des Bundesministeriums für Familien, Senioren, Frauen und Jugend gibt folgende Prävalenz von sexuellem Missbrauch in der Kindheit und Jugend an: Gehörlose Frauen (52 %), blinde Frauen (40 %), psychisch erkrankte Frauen (36 %), schwerstkörper-/mehrfachbehinderte Frauen (34 %) und geistig behinderte Frauen (25 %) (Schröttle und Glammeier 2014, S. 288). Menschen mit Behinderungen sind in erschreckendem Maße Opfer sexuellen Missbrauchs.

Menschen mit Behinderungen sind für Täter, die über Sexualisierung Macht ausüben wollen, nicht nur wegen der fehlenden Widerstandsfähigkeit besonders interessant. Die Behinderung selbst macht den Menschen zum Ziel der sexuellen Begierde. Nicht sehen zu können, keine Arme zu haben, nicht wissen, worum es geht, das erregt, da es die Möglichkeit für sexualisierte Handlungen und Machterleben eröffnet.

Menschen mit geistigen Behinderungen werden einer anderen Studie zufolge schätzungsweise viermal so häufig sexuell missbraucht wie Menschen ohne Behinderungen (Becker 1995, S. 79). Bei Menschen mit geistigen Behinderungen werden psychische Störungen vier bis fünfmal häufiger diagnostiziert (Heinemann 2007, S. 435). Psychopharmaka werden bei diesem Personenkreis fünfmal häufiger verschrieben (Gerspach 2009, S. 156). Vorschnell wird die Verhaltensproblematik auf die organische Behinderung geschoben und das Problem medizina-

lisiert. Gleichzeitig haben wir auch kein angemessenes therapeutisches Angebot für die Betroffenen und ihre Familien.

Sinason (1993, S. 74) gibt an, dass von insgesamt 200 Kindern und Erwachsenen mit geistiger Behinderung und emotionalen Schwierigkeiten, die an die Londoner Tavistock Klinik überwiesen wurden, 70 % sexuellen Missbrauch erlebt hatten. Kein einziger Täter wurde strafrechtlich verfolgt, auch wenn die Schuld erwiesen war.

Die Problematik haben wir auch in Deutschland. Gerade bei der Anwendung des Erwachsenenstrafrechts erscheint das Verhalten von Menschen mit geistiger Behinderung oft als Einwilligung. Geht die geistig behinderte 40-jährige Frau »freiwillig« zum Wohnungsnachbar, so gilt dies als einvernehmlicher Sexualverkehr.

Menschen mit geistiger Behinderung haben in der Regel nicht gelernt »nein« zu sagen. Sie können leicht kognitiv beeinflusst werden und glauben Erklärungen des Täters. Der Täter muss keine Gewalt anwenden, das Erwachsenenstrafrecht greift so oft nicht. An den psychischen Folgen können wir aber erkennen, dass es um kein Einvernehmen sondern um sexuellen Missbrauch geht.

Wir plädieren für die Anwendung des Begriffs sexueller Missbrauch bei Menschen mit geistigen Behinderungen auch im Erwachsenenalter. Bei nichtbehinderten Erwachsenen hat sich der Begriff sexuelle Gewalt etabliert, der aber für Menschen mit geistigen Behinderungen fatale Folgen hat. Da sich Menschen mit geistigen Behinderungen meist nicht wehren, wird ihnen Einwilligung unterstellt und damit eine Verurteilung des Täters verhindert. Wir wollen nicht sagen, dass geistig behinderte Erwachsene wie Kinder zu betrachten sind, es geht um die Ausnutzung eines Abhängigkeitsverhältnisses, das in diesem Begriff ausgedrückt wird.

Intelligenzminderungen werden unter F70–79 nach Schweregraden unterteilt. Mit der vierten Stelle kann das Ausmaß einer Verhaltensbeeinträchtigung klassifiziert werden, wenn sich diese nicht auf eine andere Störung bezieht. Ansonsten ist diese zu klassifizieren.

Theorie zur Sexualität, Sexualisierung und sexuellem Missbrauch bei Menschen mit geistigen Behinderungen

Ein angemessenes Angebot an Therapie und Diagnostik für Menschen mit geistiger Behinderung fehlt. Wir (E. H., H. H.) plädieren dafür, die Approbation für Kinder- und Jugendlichenpsychotherapeuten auch für erwachsene Menschen mit geistiger Behinderung zu öffnen, obwohl wir nicht der Ansicht sind, dass geistig behinderte Menschen als Kinder zu betrachten sind. Diese unsägliche medizinische Diagnostik (IQ und Lebensalter gleichzusetzen) ist glücklicherweise ad acta gelegt. Strukturell gesehen gibt es Ähnlichkeiten in der Behandlung (Kooperation mit Eltern und Pädagogen wegen der Abhängigkeit). Aber auch die Kommunikation jenseits der Sprache wie Unterstützte Kommunikation, Bilder, Zeichnungen etc. (vgl. Heinemann 2007) erfordert einen Umgang mit den verschiedensten Formen der Symbolisierung. Eine Herausforderung, die auch in der Kindertherapie eine Rolle spielt. Erfahrungsgemäß interessieren sich auch Pädagogen eher für den Personenkreis, wenn sie berufliche Erfahrungen mit ihm gesammelt haben, so dass zu hoffen wäre, dass mit einer Erweiterung der Approbation mehr psychoanalytische Psychotherapeuten für die Behandlung zur Verfügung stehen könnten. Diese Erkenntnisse sollten in die Psychotherapie-Richtlinie einfließen.

Herausforderndes sexualisiertes Verhalten bei Menschen mit geistigen Behinderungen resultiert vor allem aus drei Problembereichen, die unterschiedliche Lösungen erfordern. Eine Kooperation von Therapie und (psychoanalytischer) Pädagogik ist aber immer notwendig. Vordergründig äußern sich die Störungen in scheinbar ähnlichen sexualisierten Verhaltensweisen. Diagnostisch lassen sich aber über die Analyse der Gegenübertragung im szenischen Verstehen affektive Unterschiede und andersgelagerte Konflikte erkennen.

• Die psychosexuelle Entwicklung von Menschen mit geistigen Behinderungen verläuft unter erschwerten Bedingungen. Das Trauma der Behinderung schreibt sich tief in das Selbst ein. Das behinderte Kind sieht im »Auge der Mutter« nicht den Glanz (Kohut), sondern die Trauer und die Unerwünschtheit (Sinason 2000, S. 198, S. 204). Anale Autonomie ist durch die erhöhte Pflegebedürftigkeit und die Verwaltung des Körpers von Außen (Mutter, Krankengymnastik, Pädagogik) oft erschwert. Die verlängerte Kontrolle führt zum Fehlen von Schamgrenzen. Pflegerische Tätigkeiten und bisweilen sogar das Schlafen im elterlichen

Bett bis ins Erwachsenenalter werden nicht unter sexuellen Aspekten reflektiert (Rühling und Kassebrock 2002, S. 33). Die körperliche Intimität und die Autonomie werden allzu oft nicht geschützt (Sinason 2000, S. 188 f.) Auch die ödipale Entwicklung verläuft im Zeichen der Behinderung. Eine Patientin (Korff-Sausse 1997, S. 70) sagte in der Behandlung: »Antoine (ihr Bruder) hat einen Penis und ich bin mongoloid.« Die symbolische Kastration durch das »Nein« des Inzesttabus wird als reale Kastration (Behinderung) erlebt. Menschen mit geistigen Behinderungen sind oft in hospitalisierenden Einrichtungen, ihnen fehlt die Peergroup zur sexuellen Sozialisation, sie haben kaum Kontaktmöglichkeiten in der Freizeit. Fonagy u. a. (2002, S. 58 ff.) haben die Bedeutung der Peergroup für Verbalisierung und Mentalisierung eindrücklich beschrieben.

- Menschen mit geistigen Behinderungen leben oft ihr Leben lang in einer großen Nähe und Exklusivität zu den Eltern, meist im Besonderen zur Mutter. Die Ablösung und Suche nach einem Partner erfolgt selten. Dies ist besonders für Männer mit geistiger Behinderung eine inzestuöse Bedrohung und Verführung. Das Inzesttabu wird umgangen, damit kann es psychisch nicht verarbeitet werden. Verschärft ist das Problem bei alleinerziehenden Müttern zu finden. Die Ablösung von den Eltern über einen Partner wird nicht nur durch die fehlende Peergroup erschwert, sondern auch durch die Widerstände der Eltern. Speziell die Mütter haben verständlicherweise große Ängste vor möglichen Schwangerschaften ihrer behinderten Kinder.
- Menschen mit geistigen Behinderungen sind gehäuft Opfer sexuellen Missbrauchs und zwar oft mehrfach im Leben. Es fehlen Verbalisierungsmöglichkeiten und Unterstützung zur Bewältigung. Pädagogische Einrichtungen, meist auf-

grund unbewusster Schuldgefühle und Ängste bezüglich verletzter Aufsichtspflicht, gehen eher vertuschend mit dem Thema um. Die Auffälligkeiten werden dann der primären Behinderung zugeschrieben (Hackenberg 2001, S. 3). Frank (Heinemann 2007, S. 437), dem geistig behinderten Jungen, der nicht sprechen konnte, wurde in der kirchlichen Einrichtung der Computer, über den er sich mitteilte (Gestützte Kommunikation), weggenommen, nachdem er von einem sexuellen Übergriff eines andern Jugendlichen der Einrichtung an ihm berichtete. Die Begründung war, dass er den Computer zum Lügen missbrauche. Nicht er wurde missbraucht, sondern er missbrauchte den Computer.

Drei Beispiele zur erschwerten psychosexuellen Entwicklung:

- Ich erhielt einen Anruf von Wildwasser. In einer Förderschule für Kinder und Jugendliche mit geistiger Behinderung gebe es einen Fall von sexuellem Missbrauch. Die Lehrer der Schule waren beunruhigt, da sie das Verhalten eines Schülers als sexualisiertes Verhalten interpretierten. Im Gespräch mit dem 15-jährigen Jungen mit Down-Syndrom, nennen wir ihn Moritz, schilderte dieser, dass er jede Minute in der Schule nutze, sich vor die Mädchentoilette zu stellen und alle aus der Toilette kommenden Mädchen zu küssen. Er schilderte die Situation voller Stolz, Lust und Neugier. Es fehlte das zwanghaft, aggressive Element in der Gegenübertragung, das bei Sexualisierungen ausgelöst wird. In mir lösten die Szenen eher Gefühle von Amüsement und Neugier aus. Auch die Gespräche mit Eltern und Lehrern ergaben keinen Hinweis auf eine echte Sexualisierung. Moritz wusste einfach nicht, wie er seinen pubertären Gefühlen nachgehen kann. Er nahm nun an den pädagogischen

Angeboten der Region teil. Wir bieten Erwachsenenbildungsseminare zu den Themen Liebe, Sexualität, Körper, Liebe und Freundschaft an sowie Flirtkurse, Missbrauchspräventionskurse, Partnervermittlung und Singlepartys. Bender (2012) dokumentiert in ihrer Arbeit ausführlich, wie mit psychoanalytischer Pädagogik eine Unterstützung der psychosexuellen Entwicklung gelingen kann. Was in der nichtbehinderten Entwicklung die Peergroup leistet, muss hier pädagogisch unterstützt werden.

- Auf einer der Singlepartys für Menschen mit geistiger Behinderung wurde ich von einem Mann mit Down-Syndrom mittleren Alters angesprochen. Wir haben in unserer Region auf den Partys das Angebot von sogenannten Kontakt-Coaches. Menschen mit geistigen Behinderungen können diese, die mit speziellen T-Shirts kenntlich sind, ansprechen und um Assistenz bitten. Manchmal geht es um Probleme, wie man sich wiedersehen kann, manchmal muss eine unglückliche Verliebtheit verarbeitet werden. Im Sinne von Life-Space Interviews (Redl 1971) können diese an Ort und Stelle bearbeitet werden (vgl. Bender 2012, S. 160 ff.). Der Mann sprach mich an, obwohl ich kein T-Shirt anhatte, ob ich ihm helfen könne, und er wiederholte immer wieder den Satz »Telefonnummer haben«. Ich folgte ihm über die Tanzfläche im Glauben, dass der Austausch von Kontaktdaten das Problem sei. Als wir die Tanzfläche betraten, sah ich am anderen Ende der Tanzfläche eine etwa gleichaltrige Frau mit Down-Syndrom, die deutlich erschrak, als sie uns kommen sah und sich zur Wand drehte. Während sie zur Wand schaute und ihn ignorierte, redete er immer wieder auf sie ein: »Los, Telefonnummer haben, Telefonnummer haben.« Ich versuchte nun die Situation zu klären. Ich deutete ihr, dass sie sagen kann, wenn sie die Telefonnummer nicht geben möchte.

Man dürfe »nein« sagen. Ihm musste ich verständlich machen, dass sie nicht wollte, was nicht wirklich gelang. Er ging mit mir dann in einen anderen Raum der Party und wiederholte weiter, dass er die Telefonnummer haben wolle. In mir löste die Szene keine aggressiven, sexualisierten Gefühle einer Macht-Ohnmacht Konstellation aus, eher Erstaunen über das Fehlen des »Neins« auf beiden Seiten.

- Ein drittes Beispiel habe ich andernorts schon beschrieben (Heinemann 2007, S. 438 f.). Frau C. kam mit ihrer 17-jährigen Tochter, die ich Susanne genannt habe, und einer pädagogischen Bezugsperson zu einem Erstgespräch. Seit einem halben Jahr wurde sie medikamentös mit Anti-Psychose-Medikation behandelt, nachdem sie ein Jahr zuvor in der WfbM (Werkstatt für behinderte Menschen) plötzlich erheblich auffällig wurde. Sie wurde plötzlich aggressiv und »völlig verbockt.« Da die Psychiaterin eine stationäre Behandlung vorschlug, aber schon äußerte, dass man keine Erfahrung mit Menschen mit geistiger Behinderung habe, wandte sich die Mutter an mich. Susanne weigerte sich zuerst, in mein Zimmer zu kommen, ließ sich dann überreden und saß die ganze Zeit mit vor der Brust verschränkten Armen mir gegenüber. Auf meine Versuche, Sie anzusprechen, reagierte sie nicht. Sie hörte aber aufmerksam dem Gespräch mit Mutter und Pädagogin zu. Ich fragte sie schließlich, ob sie mit mir alleine sprechen möge. Zu meiner Überraschung stimmte sie sofort zu. Auf meine Frage, was denn vor einem Jahr passiert sei und einigem Nachfragen, erzählte sie schließlich, dass sie sich in einen Arbeitskollegen in der WfbM verliebt habe. Sie habe noch nie mit ihm oder irgendjemand darüber gesprochen und wolle ihn gerne küssen. Mit ihrem Einverständnis redeten wir anschließend mit der Mutter und Pädagogin über das Problem. Die Mutter wurde still und erzählte nun von ihren sexuellen Problemen mit ihrem Mann, der sie seit zehn Jahren betrüge.

Während des Gespräches löste die Schilderung von Susanne bei mir nur fürsorgliche wohlwollende Gefühle ihren Wünschen gegenüber aus. Von einer Sexualisierung und Aggressivierung war nichts zu spüren. Auf den stationären Aufenthalt konnte verzichtet werden, die Medikamente wurden abgesetzt und Susanne nahm an den Angeboten der Bildungsseminare teil. Mit Unterstützung der Pädagogin nahm sie Kontakt zu dem Mann in der WfbM auf.

In den drei Beispielen sehen wir nur vordergründig sexualisiertes Verhalten, man könnte vielleicht sagen pseudosexualisiertes Verhalten. Die sexuellen Wünsche werden ungebremst geäußert und es fehlt an einer kulturell angemessenen Vorstellung, wie diese in Beziehung gesetzt werden können. Fehlt das ödipale Begehren im elterlichen Beziehungsdreieck, ist das Begehren nicht durch ein »Nein« gebremst, kann sich Sexualität schwer in einer neuen Beziehung entfalten. Da die sexuelle Matrix aber umgeschrieben werden kann (Quindeau 2014), kann das »Umschriften« auch in Seminaren vor allem mit der Peergroup stattfinden. Die berechtigte Angst der Eltern vor einer Schwangerschaft ihrer geistig behinderten Kinder kann in Elternseminaren bearbeitet werden

Zwei Beispiele zur ungelösten ödipalen Mutterbindung:

- Über Anton habe ich andernorts (Heinemann 2007, S. 438) berichtet. Die Mutter kam aus einem 300 km entfernten Ort mit ihrem schwerstbehinderten Sohn von 23 Jahren. Anton kann nicht sprechen. Anton war ein paar Monate zuvor in der WfbM plötzlich zusammengebrochen und halbseitig gelähmt, so dass er nicht mehr laufen konnte. Eine Mitarbeiterin der WfbM hatte der Mutter gesagt, dass

die Lähmung vielleicht mit dem Tod des Vaters zusammenhängen könne. Die Mutter hatte mit ihrem Sohn die verschiedensten neurologischen Fachkliniken aufgesucht, ohne einen Befund zu erhalten. Der Anblick von Anton löste in mir Angst wegen seiner ausfahrenden Bewegungen im Rollstuhl und Ekel aus, da er ständig in der Nase bohrte und den Popel aß. So wundert es nicht, dass ich keine psychische Ursache fand und die Mutter erneut in eine Fachklinik schickte. Der Vater war bereits seit sieben Jahren tot. Erst in einem zweiten Gespräch fragte ich genauer nach, und nun berichtete die Mutter, dass nach dem Tod des Mannes sich dessen Freund sehr um Anton gekümmert habe. Kurz vor Antons Zusammenbruch sei dieser gestorben. Wir besprachen die übergroße Nähe, Anton schlief teilweise mit der Mutter in einem Zimmer, und wir besprachen die Notwendigkeit der Ablösung. Während eines Reha-Aufenthaltes verschwanden die Lähmungen, und Anton rief mehrmals täglich die Mutter an. Er hatte große Sehnsucht nach ihr. Diese war sichtlich betroffen von dem deutlichen Beweis der psychischen Bedingtheit seiner Lähmung (hysterische Lähmung). Sie nahm Kontakt zu Einrichtungen auf und die Ablösung gelang.

- Frau X und ihr geistig behinderter Sohn mittleren Alters, den ich Herrn R. nennen möchte, kamen zum Erstgespräch. Frau X ist eine attraktive, intelligente und sehr reflektierte Frau. Sie ist seit Herrn R.s Kindheit alleinerziehend. Sie kam mit ihrem Sohn zu mir mit der Frage nach einem Therapieplatz. Herr R. wurde aus dem Wohnheim und der zum gleichen Träger gehörenden WfbM geworfen. Er habe andere Bewohner sexuell belästigt. Nun lebt er wieder bei der Mutter. Während des Gespräches mit der Mutter sprang Herr R. immer wieder auf, umarmte und küsste seine Mutter heftig, die dies zu genießen schien. Dann wieder, wenn sie von der Einrichtung sprach, führte Herr R. Selbstgespräche. Er schlug sich gegen die Stirn oder auf die Hand und äußerte Sätze wie: »Lass das, du Schwein«. Beeindruckt von der sexualisierten Bindung zur Mutter war ich im Glauben, das Problem sei die inzestuöse Bindung an die alleinerziehende Mutter, und ich riet zu einer pädagogischen Lösung mit der Möglichkeit zu gelegentlichen Gesprächen mit mir. Der Auszug aus der Wohnung der Mutter in eine neue Einrichtung der Behindertenhilfe wurde psychoanalytisch-pädagogisch intensiv begleitet. Die Widerstände auf Seiten der Mutter und des Sohnes wurden gedeutet. Speziell Herr R. betonte immer wieder, dass er eigentlich lieber bei der Mutter wohnen bleiben würde. Der Versuch scheiterte, es kam zu weiteren Übergriffen in der neuen Einrichtung. Erst jetzt konnte die Mutter über ihren Verdacht sprechen, dass ein Mann ihres Umfeldes den Sohn in der Kindheit missbraucht habe. Die inzestuöse Bindung diente so auch der Abwehr eines realen sexuellen Missbrauchs. Dieser Missbrauch musste nun therapeutisch bearbeitet werden.

Die beiden Beispiele der ungelösten Mutterbindung sind recht unterschiedlich. Anton verlor nach dem Tod des Vaters und dessen Freundes das schützende triangulierende ödipale Objekt, er war nun schutzlos der Beziehung zur Mutter ausgeliefert. Die Ambivalenz der inzestuösen Bindung drückt sich im Symptom aus: Die Lähmung führt zu einer erhöhten Pflegebedürftigkeit und damit zu noch größerer Nähe zur Mutter.

Gleichzeitig macht das Symptom ihn handlungsunfähig, was sein Über-Ich befriedigt. Er kann nicht wegrennen, also ist er nicht schuldig am Geschehen. Die Mutter konnte aber konsequent die Ablösung angehen, als ihr die Problematik bewusst wurde.

Anders im zweiten Beispiel. Der sexuelle Missbrauch und die daraus folgende Sexualisierung der Beziehung zur alleinerziehenden Mutter machten eine therapeutische Arbeit notwendig.

Zusammenfassung

Menschen mit Behinderungen sind in erschreckendem Ausmaß sexuellem Missbrauch in der Kindheit und Jugend, aber auch im weiteren Leben, ausgesetzt. Einerseits haben Täter leichtes Spiel wegen der oft fehlenden Widerstandsfähigkeit (körperlich oder kognitiv), andererseits ist auch die Behinderung selbst sexuell erregend für Täter, die sexualisiertes (perverses) Verhalten zeigen, d. h. bei denen Machterleben und Aggression erotisiert sind.

Menschen mit geistigen Behinderungen erleben zusätzlich eine psychosexuelle Entwicklung unter erschwerten Bedingungen. Narzisstische Kränkungen durch die Behinderung, fehlende Autonomie, kein ödipales Begehren, da die Sexualität verleugnet wird, und die Peergroup fehlt. Die Nähe zur Mutter wird nicht durch ein »Nein« begrenzt, da das sexuelle Begehren verleugnet wird und die Behinderung im Vordergrund steht. Sexuelle Missbrauchserlebnisse können aufgrund fehlender therapeutischer Angebote nicht bearbeitet werden.

Fallbeispiel »Herr A.«

Herr A., ein Mann mit geistiger Behinderung mittleren Alters, kam mit seiner pädagogischen Begleiterin aus dem betreuten Einzelwohnen zum Erstgespräch. Die Pädagogin erzählte, dass Herr A. dringend eine Therapie benötige. Er musste das Wohnheim des Trägers verlassen, da er mehrfach sexuelle Übergriffe an jüngeren männlichen Kindern im Wohnheim mit erheblicher Aggressivität versuchte. Der Träger blieb aber in der Verantwortung für Herrn A. und nahm ihn im betreuten Einzelwohnen auf. Die Pädagogin ist mir auch von anderen Fällen her als sehr einfühlsam und engagiert bekannt. Herr A. machte einen recht verwahrlosten Eindruck, war schmuddelig bekleidet und hatte nur noch zwei Zähne im Mund. Die Pädagogin erzählte, dass Herr A. von seinem 6. Lebensjahr an schwer von mehreren Männern aus dem familiären Umfeld der leiblichen Mutter fast täglich sexuell missbraucht wurde. Er lebte bei Pflegeeltern, die das nicht erkannten oder nicht verhindern konnten. Bereits im Erstgespräch äußerte Herr A., dass er gerne eine Therapie machen würde. Er war zu differenzierten Verbalisierungen von Gefühlen gut in der Lage. So nahm er seine Pflegeeltern in Schutz, meinte aber, dass er bis heute die Lehrer seiner Förderschule hasse und nicht verstehen könne. Er konnte sich zum Beispiel beim Schwimmen nicht ausziehen. Statt zu fragen, warum, wäre er vom Schwimmunterricht befreit worden. Wir einigten uns bereits im ersten Gespräch auf eine Therapie. Die Pädagogin sollte Herrn A. bis er selbständig mit öffentlichen Verkehrsmitteln fahren konnte zur Therapie und nach Hause bringen.

Zur ersten Therapiesitzung kamen die Pädagogin und Herr A. pünktlich wie vereinbart. Herr A. saß mir gegenüber und verbreitete einen Geruch, den ich nicht ertragen konnte. Ich riss das Fenster auf, konnte nur am Fenster stehend und würgend mit ihm reden. Ich hatte extreme Scham- und Schuldgefühle, mich einem Patient gegenüber so als Psychoanalytikerin zu verhalten. Er dagegen schien zu genießen, welche Macht er mit seiner »Waffe« über mich hatte. Ich verbalisierte, dass er Probleme mit der Körperpflege habe. Er sagte, dass er sich nicht waschen und auch nicht zum Zahnarzt gehen könne. Das erinnere ihn an die Penetrationen seiner Peiniger, die ihn auch zum Oralverkehr zwangen. Am Fenster stehend und würgend fragte ich ihn, ob es möglich wäre, dass er sich, bevor er zur Therapie komme, wasche und etwas Sauberes anziehe. Er stimmte bereitwillig zu und ich bat die Pädagogin ins Zimmer. Ich bat sie, wenn sie Herrn A. zur Therapie abhole, so rechtzeitig bei ihm vorbeizukommen, dass sie ihn auffordern könne, noch unter die Dusche zu gehen und sich etwas Sauberes anzuziehen. Das Waschen der Kleidung müsste dann ebenfalls pädagogisch unterstützt werden. Das Arrangement hielt bis zum Ende der Therapie, irgendwann brauchte er die Aufforderung und Begleitung der Pädagogin zur Therapie nicht mehr.

Indem ich mich vor dem in meinen Körper unfreiwillig eindringenden extremen Geruch schützte, hatte Herr A. erstmals ein Objekt, das »nein« sagt und sich wehrt. Da es mit ihm besprochen war und auf Einsicht bei ihm stieß, überwältigte ich ihn nicht.

Ich musste in der Realität zu einem schützenden Objekt (für ihn und mich) werden und dies ging nur mit Unterstützung der Pädagogin. Irgendwann im Laufe der Therapie, als wieder sein Umgang mit dem Körper Thema war, sprachen wir über die Ängste vor der Zahnbehandlung. Die Pädagogin hatte einen Zahnarzt in der Region ausfindig gemacht, der auf Zahnbehandlungen mit phobischen Patienten spezialisiert war und unter Narkose Zahnbehandlungen durchführte. Die Narkose ist natürlich ein erneutes hilflos machen. Wenn Herr A. aber selbst einen Entschluss fasst, seine beiden Zähne retten zu wollen und, mit der Pädagogin während der Behandlung neben ihm sitzend, freiwillig dort hingeht, übernimmt er Fürsorge für seinen Körper.

Die ersten Monate der Therapie waren gezeichnet von immer neuen Schilderungen seiner Torturen. Vier Männer hatten ihn über Jahre sexuell missbraucht. Seine Schilderungen waren kaum zu ertragen. Die Details sollten mich sexuell erregen, was zu dem Wunsch führte, das erlösende Stundenende möge rasch kommen. An die Stelle des Ekels trat der hilflose Wunsch, die Stunde möge schneller zu Ende gehen.

Nach den endlosen Schilderungen seiner Opfererlebnisse begann er von seinen Erlebnissen als Täter zu erzählen. Ich spürte, wie ihn die Macht sexuell erregte. Ich erwachte aus meiner Hilflosigkeit und setzte ihm eine Deutung entgegen, die ich bewusst einfühlsam und auf keinem Fall Schuldgefühle erzeugen wollend formulierte. Ich fragte Herrn A., ob er, wenn er das anderen Kindern antue, nicht das mit den Kindern mache, was die vier Männer mit ihm gemacht hätten. Herr A. überlegte einen Moment und ich schaute ihn an. Er griff langsam in seinen Rucksack, der neben ihm auf dem Boden lag. Blitzschnell zog er eine Schere heraus und setzte sie an sein Handgelenk an. Ich reagierte genauso blitzschnell und hielt, bevor er sich schneiden konnte, beide Handgelenke fest und sagte: »Nein, nein, nein. Ich möchte nicht, dass sie sich das antun. Ich habe das nicht gesagt, um ihnen Schuldgefühle zu machen. Es geht darum, zu verstehen, warum sie das tun, damit sie es künftig vielleicht nicht mehr tun müssen.«

In der Realität war Herr A. gut geschützt und Andere vor ihm. Im betreuten Wohnen hatte er eine gute Beziehung zur Pädagogin, in der WfbM war er immer unter Aufsicht, so dass es nicht zu neuen Reinszenierungen

kam. Wir hatten einen stabilen Rahmen für die Bearbeitung seiner Erlebnisse.

Irgendwann begann er zu erzählen, dass er in seiner Freizeit zu einem Treffpunkt gehe, wo er Kontakt zu schwulen Männern finde. Es war eine etwas dubiose Lokalität, interessanterweise nicht an seinem Wohnort, sondern am Ort der Therapie, also quasi »vor meinen Augen«. So deutete ich auch die Beziehungen als Reinszenierung des Missbrauchs mit der Frage, ob ich hinschaue oder wegschaue. Meine Deutungen lösten erwartungsgemäß heftigen Widerstand aus. Ich sah ihn gefährdet, wie seine leibliche Mutter wahllos sexuelle Beziehungen einzugehen. Beharrlich deutete ich seine Erlebnisse mit den Männern in diese Richtung. Irgendwann erzählte er von einem Mann, der ihm Möbel für sein Zimmer gekauft habe. Als ich erneut die Frage nach der Qualität der Beziehung stellte, wurde er nachdenklich und meinte, nein das sei jetzt anders. Er mache das freiwillig und ohne Zwang. Er sei halt homosexuell geworden. Er liebe den Mann und dieser ihn. Ich blieb zwar skeptisch, vor allem, da der Partner offenbar nicht behindert war, die Beziehung hatte aber Bestand und Herr A. schien zufrieden zu sein.

Interpretation

Psychodynamik

Herr A. wurde in seiner Kindheit schwerst sexuell missbraucht. Die Pflegeltern konnten ihn nicht schützen. Er reinszenierte den Missbrauch in der Täterposition. Gleichzeitig schützte er sich vor weiteren Übergriffen mit seinem Geruch. Die abgespaltene Aggression richtete er gegen seinen Körper und brachte sie in der sexualisierten Täterposition unter. Die Aggression in den Beziehungen wurde mittels Sexualisierung verleugnet. Die Gefühle von Ekel in der Gegenübertragung deuten auf Ausstoßung anstatt Vereinigung. Die Hülle aus Schmutz und Geruch ähnelt vielleicht einem Büßerkleid aus Scham und Schuld, was im Suizidimpuls dann zur Sprache kommen konnte.

Die Trennung von Sexualität und Aggression, die Wendung der Aggression nach außen gegen die Täter über Verbalisierung, die Arbeit an der Verleugnung von Macht-Ohnmacht-Konstellationen waren möglich unter der zunehmenden Verinnerlichung guter schützender Objekte (die Pädagogin und Therapeutin). Die Fähigkeit, gute schützende Objekte zu verinnerlichen und eine stabile Beziehung zur Pädagogin und Therapeutin aufrechtzuerhalten, geht möglicherweise auf die Beziehung zu den Pflegeeltern zurück. Diese guten inneren und äußeren Objekte trugen zur allmählichen Integration der verleugneten und abgespaltenen aggressiven Anteile bei.

Ob die Beziehung zum Freund weiterhin eine »perverse Allianz« darstellte oder im Sinne von mehreren Sexualitäten (Rauchfleisch) eine nicht auf Sexualisierung beruhende Partnerschaft, kann schwer beantwortet werden. Da es sich bei Herrn A. um eine leichte geistige Behinderung handelt, besteht durchaus die Chance, dass es sich nicht vorrangig beim neuen Freund um eine Sexualisierung der Behinderung handelt, sondern um eine Beziehung, in der beide Partner sich gegenseitig respektieren. Die Schilderungen der Beziehung ließen mich eher letzteres vermuten. Herr A. erzählte vom Freund, dass er ihm Möbel gekauft habe und er sich um ihn kümmere. Es gab keine Schilderungen, die sexualisierte Spannungen in der Therapie auslösten.

Diagnose

ICD-10 F70   leichte Intelligenzminderung

ICD-10 T 74.2   **Sexueller Missbrauch**

Gemäß Fegert u. a. (2013, S. 31) können laut der im deutschen Gesundheitssystem gültigen ICD-10 Misshandlungs-, Missbrauchs- und Vernachlässigungserfahrungen als relevante, die Gesundheit des Betroffenen beeinflussende Faktoren dokumentiert werden. Die bei ambulanztätigen Ärztinnen/Ärzten erlaubte Möglichkeit der Dokumentation besteht darin, Misshandlung, Vernachlässigung und Missbrauch im Kapitel T 74 der ICD-10 als Diagnosen zu kodieren.

Die therapeutische Arbeit

Die Therapie zeigt die Notwendigkeit der Zusammenarbeit mit der Pädagogik. Aus aktuellem Anlass werden zu Problemen in der Realität mit dem Einverständnis des Patienten gemeinsame Gespräche geführt. Die Erwachsenheit und Autonomie des Patienten soll so trotz realer Abhängigkeiten herausgehoben werden. Dies ist im Grunde der einzige Unterschied zur Therapie nichtbehinderter Menschen. Deutungen werden selbstverständlich in einfacher Sprache gegeben. Meiner Erfahrung nach können Menschen mit geistiger Behinderung sehr gut mit dem Setting umgehen.

Das Unerträgliche des Missbrauchs in der Kindheit wurde von Herrn A. zunächst körperlich, im Geruch, ausgedrückt, dann über Sexualisierung der analytischen Situation und es konnte schließlich durch das therapeutische Gespräch mentalisiert werden.

Die starke Sexualisierung der analytischen Situation durch die detailreichen Schilderungen seiner Tortur führte in mir zu einem ständigen Ringen um meine Deutungskompetenz. Das Aussprechen der Sexualisierungen und der Erlebnisse auch in der Übertragung (Quindeau 2014, S. 104) ist bei sexuellem Missbrauch unabdingbar. Die abgewehrte Aggression seinen Peinigern gegenüber und den versagenden Objekten der Realität (Lehrern) konnte bearbeitet werden, indem die Analytikerin nicht wegschaute und die Aggression benannte.

Dass Nein gegenüber seiner Aggression (Geruch), sowie gegenüber seiner Autoaggression, im besonderem dem Suizidimpuls, als auch das Fehlen des Neins gegenüber dem Missbrauch, mussten in der Therapie verbalisiert und sogar real durchgesetzt werden. Ich musste seine Handgelenke halten.

Die Frage nach dem Übergang einer »suchtartigen« (Berner 2011, S. 126 f.) Reinszenierung des Missbrauchs in immer neuen realen Beziehungen in eine Partnerschaft, die vielleicht nicht dem Ideal der Entwicklungstheorie der Psychoanalyse entspricht, aber der Offenheit für andere Lösungen (Homosexualität, andere Sexualpraktiken) und einer Toleranz, wie sie Rauchfleisch fordert, musste immer wieder auf eine mögliche Verleugnung aggressiver Anteile in den Beziehungen hinterfragt werden. Nur die Übertragungs-Gegenübertragungsanalyse   kann uns hier die Affekte spüren lassen und eine Antwort liefern. Herr A. hat mich diesbezüglich hart auf die Probe gestellt.

Fallbeispiel »Frau D.«

Frau D., eine 23-jährige Frau mit geistiger Behinderung (vgl. Heinemann 2007, S. 439 ff.) kam mit dem Pädagogen des betreuten Einzelwohnens, Herrn K., zum Erstgespräch. Herr K. war der Meinung, dass Frau D. eine Therapie benötige. Sie musste aus dem Wohnheim ausziehen, weil sie ständig aggressive Konflikte bis hin zu Schlägereien mit anderen Bewohnerinnen hatte. Sie zog daraufhin ins betreute Einzelwohnen. Meist drehte es sich um einen Mann, den alle beteiligten Frauen für ihren Freund hielten. Herr K. sah auch ihren Platz in der WfbM gefährdet, da dort die gleichen Personen arbeiteten und damit die gleichen Konflikte auftraten. Frau D. zeigte schwere Autoaggressionen, biss und kratze sich heftig in die Arme. Sie stotterte, wenn sie sich angegriffen fühlte. Sie hatte starkes Übergewicht. Bereits im Erstgespräch konnte sich Frau D. gut über ihre emotionalen Probleme äußern, schilderte ihre Wut auf die anderen Frauen, die ihr den Mann weggenommen hätten. Sie schilderte auch, wie sie sich mit den Frauen um den Mann prügelte.

Nach einer langen Anfangsphase der Therapie, in der es immer wieder um die Verbalisierung der Konflikte ging, bat ich schließlich den Pädagogen der WfbM, mit den Konflikten so umzugehen, dass Frau D. die Möglichkeit erhielt, ihren Ärger zu verbalisieren. Mit dieser pädagogischen Unterstützung nahmen die Autoaggressionen erheblich ab. Frau D. konnte nämlich schildern, dass sie immer, wenn sie sich über jemand geärgert habe, in die Umkleidegarderobe gehe und sich dort, wenn sie allein sei, kratze und beiße.

In dieser Zeit erhielt ich einen Anruf der Eltern, die mich um ein Gespräch zusammen mit Frau D. baten. Die Eltern waren liebenswürdige, freundliche und um Frau D. besorgte Eltern. Der Vater eröffnete das Wort und schilderte, dass er kürzlich bemerkt habe, dass nachts Männer bei Frau D. erscheinen und dort übernachten. Frau D. habe auch ihr Handy verschenkt. Angesprochen auf die Ereignisse erzählte Frau D. nun, dass sie einen Freund habe. Die Eltern warfen ein, dass es kein Freund sei, sondern ein

Obdachloser, der die warme Wohnung nutze und sich von ihr Geld und Alkohol geben lasse. Frau D. mochte das nicht so sehen. Die Eltern waren tief bestürzt. Gemeinsam besprachen wir, dass der Vater von Frau D. nun regelmäßig abends zur Kontrolle zu Frau D. gehe und auch mit den Besuchern, später stellte sich heraus, dass es mehrere waren, sprechen werde, dass sie ihre Besuche zu unterlassen haben.

Einige Wochen später erhielt ich von der Mutter einen Anruf, ich möge doch Frau D. fragen, was sie mit ihrem Geld gemacht habe, sie habe das Sparkonto geleert und erzähle nicht, warum. In der nächsten Sitzung erzählte ich Frau D. von dem Anruf und fragte sie, ob sie es mir erzählen könne. Ich wies auch auf meine Schweigepflicht hin. Sie erzählte, unter Druck geraten, dass sie von einem Mann auf dem Rückweg von der WfbM beim Umsteigen am Bus angesprochen wurde. Er nahm sie mit in ein bestimmtes Haus, das Frau D. auch genau benennen konnte und vergewaltigte sie vor laufender Kamera. Frau D. schilderte dieses Erlebnis nicht mit sexuellen Details, sondern mit dem für sie furchterregenden Aspekt, dass der Mann eine Maske aufhatte. Schließlich habe er ihr gesagt, sie könne das Video haben, wenn sie ihm ihr Geld gebe. Ich brauche wohl nicht zu erwähnen, dass Frau D. zwar das Geld gab, aber kein Video erhielt.

Ich bat sie nun, dass wir mit der Mutter und ihrem sie betreuenden Pädagogen, der sie zur Therapie gebracht hatte, darüber sprechen können. Es dauerte die ganze Sitzung, bis sie schließlich einwilligte. Sie schämte sich sehr, vor allem vor dem Pädagogen. Im Gespräch zu viert, klappte die Mutter blass in sich zusammen. Als ich vorschlug, dass man Anzeige bei der Polizei stellen solle, sagte sie sofort, das könne sie nicht. Ich wandte mich an Herrn K., der sofort verstand, dass es wichtig für Frau D. war, sich zumindest in dieser Form zu

wehren. Herr K. und Frau D. gingen zusammen zur Polizei und erstatteten Anzeige, was diese auch sehr ernst nahm. Von dem Moment der Anzeige an, hörten bei Frau D. die Autoaggressionen auf. Sie begann nun von anderen Vorfällen zu erzählen, die sich durch ihr Leben zogen: Von einer Vergewaltigung hinter den Büschen des Schulhofes, was sie der Mutter erzählt habe, aber diese habe nichts gemacht, von einem Nachbar, der sie als Erwachsene viele Monate in dessen Wohnung gelockt und missbraucht habe.

Die Schilderungen hatten nie etwas Sexualisiertes, es ging mehr um die Enttäuschung, keinen Freund zu haben. Sie hatte eine übergroße Sehnsucht nach einem Mann, das sagte sie wörtlich bereits im Erstgespräch.

So sorgte ich für den väterlichen Schutz (Pädagogen und realer Vater) und versuchte, die Sehnsucht nach einem Mann realistisch werden zu lassen, in dem ich das Missbräuchliche ihrer Erfahrungen nicht verleugnete, sondern verbalisierte. Gleichzeitig bot ich ihr einen Weg, ihre Sehnsucht zu erfüllen. Ich erzählte ihr von den Singlepartys der Region. Sie war begeistert, auch wenn es einige Stunden kostete, dass es auch ein geistig behinderter Mann sein könne. Die Sehnsucht nach einem Mann und eigenem Kind diente auch der Verleugnung der Behinderung. Auch das galt es zu verbalisieren. Die Behinderung auszusprechen bedeutete auch eine enorme Entlastung für Frau D. Sie konnte sich jetzt einen Mann ihrer Peergroup suchen und musste kein eigenes Kind bekommen. Ich war überrascht und erleichtert, dass sie das Ansprechen der Behinderung und der Überforderung durch ein Kind nicht als Kränkung erlebte.

Sie brachte ihren Vater dazu, sie zu den Partys zu fahren und abzuholen. Den Termin machte sie immer schon Wochen vorher mit ihm aus und freute sich auf das Ereignis. Sie lernte schließlich dort einen anderen Mann mit geistiger Behinderung kennen, die Beziehung hielt noch all die Jahre, in denen ich hin und wieder Kontakt zur Familie hatte.

Interpretation

Psychodynamik

Frau D. reinszenierte die Missbrauchssituationen in der Realität, aber überwiegend in der Opferposition, sieht man von den aggressiven Auseinandersetzungen mit den Bewohnerinnen des Heims ab. Von einer Sexualisierung war bei ihr nichts zu spüren, mehr die große Sehnsucht nach einem Mann. Um einen Mann zu erhalten, musste sie sich sexuell anbieten, so ihr Verständnis, was die Männer auszunutzen wussten, wie das schon im Fall »Marianne« zu beobachten war. Die aggressiven Anteile waren abgespalten und verleugnet. Sie konnte das Missbräuchliche der Beziehungen nicht erkennen. Einerseits war dies eine Verleugnung im Sinne eines psychischen Abwehrmechanismus, andererseits auch bedingt durch ihre kognitive Beeinträchtigung.

Indem der Vater und seine Stellvertreter in der Pädagogik väterliche Funktionen übernahmen, konnte die ödipale Erfahrung ein stückweit nachgeholt werden. Die Sehnsucht nach dem Partner enthielt wohl auch die Sehnsucht nach einer Mutter, die unerfüllt blieb. Die Mutter schützte sie nicht. Zu ihren Essproblemen sagte Frau D., dass es bei ihrer Mutter so gut schmecke. Es gibt einen stabilen guten Kern, aber keine Grenzen.

Die Verleugnung der Aggression in der Missbrauchsbeziehung geht einher mit der Verleugnung der Behinderung. Indem sie und die Eltern einen geistig behinderten Partner akzeptierten, konnten die Vorstellungen von Selbst und Objekten realistischer werden.

Kinderwunsch und die Sehnsucht nach einem nichtbehinderten Partner waren Abwehrformen (Idealisierung) von Traumati-

sierung durch die Behinderung. Wir haben es mit einer doppelten Traumatisierung zu tun. Aus beidem suchte sich Frau D. über einen Mann zu retten.

Die Mutter von Frau D. lies ihre Tochter doppelt verhüten, so groß war ihre Angst vor einer Schwangerschaft von Frau D.: Mit Monatsspritze und Kondomen. Der Vater brachte sie zu den Single-Partys und unterstützte sie so bei der Suche nach einem geeigneten Mann. Frau D. konnte ihre Sexualität entwickeln und eine Partnerschaft eingehen, ein enormer Entwicklungsschritt für einen geistig behinderten Menschen, noch dazu mit einer derart massiven missbräuchlichen Vergangenheit.

Diagnose:

ICD-10 F 71	mittelgradige Intelligenzminderung
ICD-10 F 50.9	nicht näher bezeichnete Essstörung
ICD-10 F 98.41	Stereotype Bewegungsstörungen mit Selbstverletzungen
ICD-10 F 98.5	Stottern

Die therapeutische Arbeit

Auch diese Therapie zeigt die Notwendigkeit des Einbeziehens von pädagogischer Unterstützung und Mitarbeit der Eltern. Nicht in regelmäßigen Terminen, wie in der Kindertherapie, sondern aus aktuellem Anlass. Behandlungstechnisch musste ich mehr Gespräche mit Eltern und Pädagogen führen als bei Herrn A. Die Verleugnungstendenz der Patientin war stark, ihr Agieren ebenfalls. Vielleicht lag es auch an der stärkeren geistigen Behinderung, dass ich von vielen Erlebnissen erst durch die Eltern erfuhr. Einmal angesprochen auf die verleugneten Ereignisse war Frau D. aber sehr offen, ihre Gefühle zu verbalisieren.

Bei Frau D. stand im Zentrum, die Opferposition nicht weiter zu verleugnen, die abgespaltene Aggression zu verbalisieren. Sie konnte erfahren, dass man sich wehren kann. Die Wendung der Aggression nach außen, in der WfbM bei Konflikten, aber vor allem auch nach dem Missbrauch gegenüber der Polizei, waren wichtige Schritte in der Integration ihrer Aggression.

Die Sexualisierung der analytischen Situation fand nicht statt. Ich fühlte mich gleichbleibend in meiner Fähigkeit, sie zu schützen gefordert. Sie verfügte über hinreichend gute innere Objekte aus der Beziehung zu den Eltern, die es ihr ermöglichten, ein eigenes Leben in ihrer Wohnung, in der WfbM und mit einem Partner zu leben. Pädagogik und Therapie mussten allerdings auch dabei »Geburtshelfer« spielen.

Sinason (2000) betont, dass in jeder Therapie mit geistig behinderten Menschen die Behinderung an- und ausgesprochen werden muss, um die Traumatisierung durch die Behinderung zu bearbeiten. Als Therapeutin fällt es mir immer schwer, die Behinderung anzusprechen, da eine solche Bewusstmachung als kränkend erlebt werden kann. Ich war überrascht, dass Frau D. mit Erleichterung reagierte, als ich ihren Wunsch nach einem Kind mit der Realität der Behinderung deutend konfrontierte. Eine Familienangehörige hatte gerade ein Kind bekommen. Sie fühlte sich im Grunde auch überfordert, ein Kind zu bekommen. Gerade bei der Partnersuche wird das Trauma der Behinderung reaktiviert. Angst vor Ablehnung, Ansprüche an den Partner, unerfüllte Sehnsüchte führen zur Neubearbeitung ödipaler Gefühle – wie bei nichtbehinderten Menschen auch.

Frau D. agierte in der Realität. Die Therapie und das Umfeld, vor allem der Vater, übernahmen schützende Funktionen. Während der Wartezeit nach den probatorischen Sitzungen hörte Frau D. eine männliche Stimme, die ihr sagte, dass sie sich umbringen soll. Da sie mehrmals im Wohnheim auf Fenster und Balkon stieg, erhielt sie in dieser Zeit eine psychiatrisch-medikamentöse Behandlung. Schuld, Angst und Aggression waren so groß, dass auch bei Frau. D Sexualität die Funktion einer Plombe hatte. In diesem Sinne kann auch bei ihr von einer Sexualisierung gesprochen werden. Im Vordergrund steht aber das Triebobjekt, das sie suchtartig suchte, nicht das Triebziel.

V   Psychosomatische Störungen

1 Psychosomatik

Psychosomatische Symptome – körperliche Beschwerden wie Schmerzen, Funktionsstörungen wie Einnässen oder Schlafstörungen sowie Erkrankungen mit Organschädigung – kommen bei Kindern und Jugendlichen sehr häufig vor (Bürgin und Rost 1997, S. 151). Dies liegt einerseits an der noch größeren Nähe zum Ausgangsstadium psychischer Entwicklung, der Entwicklung des Selbst aus dem Körper-Selbst und der damit verbundenen leichteren Reaktivierung körperlicher Reaktionen, andererseits an dem stärkeren Zwang zur Anpassung an die äußere Umwelt durch die reale Abhängigkeit des Kindes von den Eltern und seiner Umwelt. Die Entwicklung einer psychosomatischen Krankheit kann unter diesem Aspekt einen sinnvollen Versuch darstellen, Konflikte mit Hilfe der körperlichen Erkrankung zu lösen. Dies geschieht im Sinne einer Anpassungsleistung oder eines Selbstheilungsversuches. Die körperlichen Symptome dienen, wie die neurotischen Symptome, der Konfliktabwehr, der kompromisshaften oder ersatzweisen Abfuhr sowie der Kompensierung struktureller Mängel. Meist erweisen sie sich auf Dauer als unzulänglich. Die Konfliktabwehr, die kompromisshafte oder ersatzweise Abfuhr und die Selbststabilisierung erfolgen in der psychosomatischen Störung durch körperliche Funktionen, Reaktionen oder Organe. Welches sind die Mechanismen, die psychische Konflikte, unangenehme Gefühle oder widersprüchliche Impulse in körperliche Erscheinungen umwandeln?

Im ersten psychoanalytischen Modell (Alexander 1951) sind psychosomatische Symptome bloße mechanische Korrelate ohne psychologischen Sinn. Psychische Tendenzen werden unbewusst gemacht und ihr psychophysiologisches Korrelat wird als Dauererregungszustand bestimmter Anteile des vegetativen Systems aufrechterhalten. Diese vegetative Dauerirritation führt schließlich zu Funktionsstörungen und Organschädigungen. Psychische Gefühle wie Furcht, Scham, Angst, Ekel, Trauer etc. entwickeln sich aus körperlichen Befindlichkeiten. Schur (1955) nannte dies Desomatisierung. Als Abwehrvorgang kann es regressiv zur Resomatisierung kommen, d. h. zur Rückkehr in die Körpersprache. Der Vorteil ist, dass Konflikte und unlustvolle Gefühle nicht mehr auf der psychischen Ebene existieren, es kommt aber zu Ich-Einschränkungen. Mitscherlich (1966) spricht von einer zweiphasigen Abwehr. Zuerst versucht das Ich, Konflikte oder unlustvolle Gefühle mit psychoneurotischen Modi abzuwehren, und erst in einer zweiten Phase kommt es zur Resomatisierung. Ein psychosomatisches Leiden kann sich bei Mitscherlich nur aufgrund einer neurotischen Fehlanpassung entwickeln.

Die Resomatisierung ist aus heutiger Sicht bei allen Konflikten möglich. Bei schweren Erkrankungen scheinen aber frühe Konflikte wie Trennung und Autonomie, Verlassenwerden und Abhängigkeit vorherrschend zu sein. Wir wissen allerdings nicht, warum einige Patienten mit Psychosen, andere psychosomatisch oder neurotisch reagieren (Mentzos 1984, S. 248). Angesichts ein und desselben Konfliktes entwickelt der eine Mensch eine Neurose, die anderen eine Perversion, einen Wahn oder eine psychosomatische Krankheit (McDougall 1998, S. 24).

Die Annahme einer spezifischen Persönlichkeitsstruktur bei Patienten mit psychosomatischen Erkrankungen ist höchst umstritten. Die von einigen Autoren (M'Uzan 1974) beschriebene spezifische Fantasielosigkeit, die Haftung am Konkreten, die Unfähigkeit zur Symbolisierung (Alexithymie) wird bestritten. Andere Autoren (Overbeck und Biebl 1975) betonen die Überangepasstheit an die Erwartungen der Umwelt, die Angewiesenheit auf ein äußeres Objekt und die Reaktion mit körperlicher Erkrankung auf Trennung und Verlust.

Mentzos (1984, S. 242 ff.) zufolge ist die Umwandlung des Psychischen ins Körperliche eine Körpersprache, die archaischer ist als die in der Konversionshysterie. Auch die Organreaktion ist eine Art Ausdrucksgebung, nicht nur Abfuhr oder bloßes Korrelat. Deshalb unternimmt Mentzos keine scharfe Trennung mehr zwischen Psychosomatik und Konversion. Er spricht von einer frühsymbolische Darstellung in der Organssprache oder im Organmodus. Das somatopsychisch-psychosomatische Modell geht von einem somatischen Entgegenkommen aus, weil bei einigen Patienten Dauerirritationen zu Organläsionen führen, bei anderen nicht. Es gibt anscheinend eine somatische Disposition mit einer komplizierten kreisförmigen Wechselwirkung. Somatische Veränderungen können psychische Entwicklung beeinflussen und umgekehrt.

McDougall (1998, S. 11) sieht die psychosomatische Abwehr als Ausdruck einer Verwerfung. Konfliktbehaftete Affekte und die damit verbundenen Vorstellungen werden nicht verdrängt, sondern wie bei Psychosen verworfen, d. h. unmittelbar aus dem Bewusstsein getilgt. Die ältesten psychischen Strukturen eines Säuglings bilden sich um nonverbale Signifikanten. Der Säugling erlebt den Körper der Mutter und seinen als eins. Bei Erwachsenen können bei bedeutsamen Affekten die Körpergrenzen wieder unscharf werden. Der Versuch, die Wahrnehmung bestimmter Gedanken, Phantas-

men oder Konflikte, die starke Gefühle hervorrufen könnten, zu verhindern, kann eine somatische Explosion auslösen. Somatisierungen enthüllen sich oft als äußere Zeichen verbotener libidinöser Wünsche und dienen zugleich als Abwehr gegen aggressive und prädipale sadistische Antriebe, gegen archaische Phantasmen, die auf der Angst gründen, die subjektive Identität zu verlieren. Die unbewusste Angst, die Körpergrenzen zu verlieren, ist eine psychotische Angst, die oft hinter der Psychosomatik steht. »Mit anderen Worten, die Psychosomatose nähert sich in bezug auf die mit ihrer Entstehung verbundenen Ängsten stark der Psychose« (ebd., S. 21), auch wenn die psychosomatischen Patienten ganz und gar nicht psychotisch sind. Bei psychosomatischen Erkrankungen ist eine körperliche Schädigung vorhanden, aber die Symptome lassen auf den ersten Blick keine neurotischen oder psychotischen Konflikte erkennen. Ihr Sinn ist präsymbolisch und umgeht die Repräsentation in Sprache. In psychosomatischen Zuständen ist es der Körper, der sich »wahnhaft« verhält; er betreibt eine »funktionale Überfüllung« oder hemmt vielmehr normale Körperfunktionen in einem Ausmaß, das physiologisch sinnlos erscheint. Hier ist also, so McDougall, der Körper verrückt geworden. Die emotionslose Art des Denkens, die Alexithymie und das operative Denken, sieht McDougall (ebd., S. 28) als Abwehrleistung. Seelischer Schmerz und psychotische Angst werden abgewehrt.

In der Lebensgeschichte später psychosomatisch Erkrankter finden sich oft Mütter, die aufgrund eigener Sorgen die Wünsche und Bedürfnisse des Kindes nicht wahrnehmen konnten. Aus dem Gefühl, sich gegen überwältigende Affektstürme selbst schützen zu müssen, kommt es zu einer Art primitiver Abwehr emotionaler Erregbarkeit und eine frühe Selbständigkeit (beim Laufenlernen, Spracherwerb, Sauberkeit). Die Entscheidung über die Entwicklung in eine Psychose oder Psychosomatose hängt vermutlich von der Rolle des Vaters in der Entwicklung ab, der meist nur eine schwache Bedeutung im Erleben der Mutter hatte. Die Neurose ist dann eine Schutzfunktion gegen den psychosomatischen Krankheitsausbruch. Es fehlt ein inneres Bild der Mutter, die tröstet und pflegt. Im Erleben »eines Körpers für zwei« kann der Patient nicht nur Körpergrenzen nicht mehr unterscheiden, sondern erlebt sich auch als schuldig, beispielsweise für die Krankheiten des Anderen. Die psychosomatische Erkrankung dient der besseren Wahrnehmung von Getrenntheit; die Verwerfung affektbesetzter Gedanken kann aber auch ein Versuch sein, einen Bruch zwischen Mutter und Kind zu verhindern.

Die angstauslösenden Erlebnisse haben keine seelische Repräsentanz in einer symbolischen, also verbalen und denkbaren Form erlangen können. Das Soma muss in der Analyse zur Sprache gebracht werden, seine Botschaften in psychisch verbalisierte Repräsentationen übersetzt werden (ebd., S. 192). Die Aufgabe des Analytikers besteht dann darin, die verdrängten Phantasmen von jenen zu unterscheiden, die es zu rekonstruieren gilt, weil sie noch nie Eingang in den Code der Sprache gefunden haben. Erst dann kann er entscheiden, ob ein Symptom einer neurotischen Angstproblematik entspricht, oder ob er es mit psychotischen Ängsten zu tun hat (ebd., S. 21). Auch bei den psychosomatischen Störungen spielen Mentalisierungsstörungen eine entscheidende Rolle (vgl. Fonagy und Target 2001).

Innerhalb der Psychosomatik werden mittlerweile folgende Krankheitsgruppen nach Terminologie und Ätiologie beschrieben:

Psychosomatosen sind Körpererkrankungen mit seelischer Teilursache. Des weiteren können *reaktive Störungen* auf der Basis von psychosozialen Belastungen diagnostiziert werden sowie *posttraumatische Belastungsstörungen* mit somatischen Symptomen nach psychischer Traumatisierung.

Zu den neurotischen Störungen zählen die so genannten *somatoformen Störungen* mit Organfunktions- und vegetativen Störungen. Hier werden die beiden Untergruppen *Somatisierungs- und Konversionsstörungen* (▶ **Kap. II.1**) unterschieden (vgl. Ermann, Frick, Kinzel und Seidl 2006, S. 36). Somatisierung ist die Verschiebung des Erlebens von den Affekten zu den körperlichen Begleitprozessen. Bei einer Konversion werden seelische Inhalten mit der Körpersprache symbolisiert (ebd., S. 64 f.).

Wir möchten uns in den folgenden Kapiteln auf Essstörungen und Störungen der Ausscheidungsfunktionen beschränken. Diese Störungen haben wir ausgewählt, da sie weit verbreitet sind und/oder in der pädagogischen Praxis zu erheblichen Problemen führen.

Die somatoformen Störungen werden in der ICD-10 unter F45 (F45.0 – F45.9), die Konversionsstörungen werden unter F44.8 – sonstige dissoziative – Störungen klassifiziert.

2   Magersucht

Die häufigsten Essstörungen des Jugendalters sind Magersucht, genauer auch Puber-
tätsmagersucht genannt (Anorexia nervosa),
und Bulimie (Bulimia nervosa) sowie verschiedene Mischformen der beiden Störungsbilder. Da beide Störungen zu ca. 95 % bei
weiblichen Jugendlichen auftreten, sprechen
wir im Folgenden lediglich von Mädchen
oder jungen Frauen. Beide Essstörungen, vor
allem die Bulimie, haben in den letzten 20
Jahren stark zugenommen.

Von Magersucht spricht man bei einem
Mindergewicht von mindestens 15 % des
Normalgewichtes, zuweilen liegt der Gewichtsverlust sogar bei 50 % (Willenberg
1997, S. 271).

Der Altersgipfel des Beginns der Erkrankung liegt bei 14 Jahren, die meisten Erkrankungen liegen in der Zeit von 14–18
Jahren. Bei den 15–24-Jährigen wird eine
Prävalenz der Magersucht zwischen 0,3
und 1 % (Remschmidt 2000, S. 244 f.) angenommen. Etwa 10–15 % der Mädchen sterben an der Erkrankung (Schepank 1991,
S. 215 f.).

Die Magersucht kann ausgelöst werden,
wenn junge Mädchen mit einer Diät beginnen. Äußerungen, dass sie zu dick seien oder
dass sie jetzt weiblicher aussehen, können der
Anlass für den Beginn des Abmagerns sein.
Die Überzeugung, zu dick zu sein, oder die
panische Angst davor, dick zu werden,
stellen die spezifische psychische Störung
der Magersucht dar. Während der Erkrankung kommt es zu Körpermissempfindun-
gen, der Körper wird als extrem dick wahrgenommen, wenn beispielsweise nur ein
halber Apfel gegessen wurde. Die Mädchen

denken unentwegt ans Essen, beherrschen
sich aber und kochen oft für die ganze
Familie. Um schlanker zu werden, werden
Abführmittel eingenommen und exzessiv
Sport getrieben, wie Joggen oder Fahrrad-
fahren. Gelegentlich kommt es auch zu
Heißhungerattacken, die dann mit Erbrechen beendet werden. Die Mädchen haben
Appetit, möchten aber keine Rundungen am
Körper erhalten, möchten keine weiblichen
Formen wie einen Busen haben. Die Mäd-
chen sind in der Regel sehr fleißig, ehrgeizig,
beharrlich und zäh, bei näherem Kontakt
erscheint aber ein Bild von tiefsitzender
Ineffektivität, von Unfähigkeit, Entscheidun-
gen zu treffen, und von beständiger Furcht.
Sie tun in der Regel, was andere von ihnen
erwarten. Sie haben eine gute bis überdurch-
schnittliche Intelligenz. Es gibt aber auch
Erscheinungen bei niedriger Intelligenz
(Bruch 1982).

Neben dem Drang zur Gewichtsabnahme
und der Angst vor Gewichtszunahme finden
sich Körperschemastörungen. Häufig werden Hüften, Gesäß und Oberschenkel
zwanghaft gemessen und kontrolliert, aus
Angst, zu dick zu sein. Der Körper wird zum
gehassten und bekämpften Objekt (Munz
2006).

Die somatischen Folgen der Magersucht
sind trockene, schuppige Haut, Amenorrhoe,
Lanugobehaarung, Haarausfall, Minder-
wuchs, Blutbildveränderungen, Elektrolytstörungen, Erhöhung von Tranaminasen,
Veränderungen im Lipidstoffwechsel, Erniedrigung des Gesamteiweißes, Zinkmangel, Störungen der Hypothalamus-Hypophysen und Osteoporose. Durch Abführmittel

können weitere Schädigungen entstehen, wie Obstipation u. a. (Remschmidt 2000, S. 245 ff.).

Alle Essstörungen (F50) finden sich in der ICD-10 bei den Verhaltensauffälligkeiten mit körperlichen Störungen und Faktoren.

Für die Anorexie gibt es folgende Klassifizierungen:

> **F50.0   Anorexia nervosa**
> **F50.1   atypische Anorexia nervosa**

Theorie der Magersucht

Bei einer Essstörung steht auf dem ersten Blick die orale Problematik im Vordergrund und damit die Frage nach der frühen Mutter-Tochter-Beziehung. Die tiefsitzende Ablehnung der weiblichen Identifikation in der Pubertät ist ein weiterer Hinweis auf eine Störung der Primärbeziehung. Bei einer Untersuchung Willenbergs (1989, S. 178 f.) von 85 magersüchtigen Patienten hatten 82 % eindeutige Hinweise auf frühe Störungen der Primärbeziehung: Offene Ablehnung durch die Mutter, frühe Misshandlungen sowie schwere psychische oder körperliche Erkrankungen der Mutter während der ersten Lebensjahre, die zu einer frühen Deprivation geführt hatten.

In der Adoleszenz kommt es nach Hirsch (1989b) durch die Forderungen nach Trennung von den Eltern zu einer Wiederbelebung des Trennungs- und Autonomiekonfliktes der frühen Kindheit. Die Magersucht erscheint als ein Versuch, frühe Trennungs- und Verschmelzungsängste zu beherrschen. Körper und Nahrung können manipuliert und die Selbst-Objekt-Grenzen scheinbar aufrechterhalten werden. Der Körper der magersüchtigen Mädchen repräsentiert das Mutter-Objekt, normal und übergewichtig das böse, das verschlingt und mit Verschmelzung droht und die Autonomie behindert, der untergewichtige Körper repräsentiert dagegen das idealisierte Mutter-Objekt, eine gute Anti-Mutter, Nicht-Mutter, die nicht bedroht. Panik und Depression stellen sich ein, wenn durch Gewichtszunahme die Fusion mit der bösen Mutter droht, manisches Hochgefühl dagegen, wenn das böse Objekt beherrscht wird. Das Eins-Sein mit der Nicht-Mutter verschafft ein Gefühl der Omnipotenz und Autonomie. Das Überschreiten der Körpergewichtsgrenze wird als Katastrophe erlebt. Das Trauma ist bei Hirsch die Behinderung und Bestrafung der ersten Autonomiebestrebungen durch eine überfürsorgliche und kontrollierende Mutter. Die jungen Mädchen passen sich den Forderungen der Umwelt an, zeigen keine sichtbare Aggression.

Die Grenze zur Mutter wird im Selbst aufgebaut. Anstelle des eigenen Körpers wird häufig die Mutter gefüttert, wenn magersüchtige Mädchen opulente Mahlzeiten kochen. Die Abmagerung ist auch eine gegen das Selbst gerichtete Destruktion und ein Versuch, die inneren Objekte unter Kontrolle zu halten. Die Nahrung ist bei Hirsch eine Art Übergangsobjekt. Bevor in der frühen Entwicklung ein äußeres Übergangsobjekt gewählt wird, können Teile des Körpers als Vorläufer des Übergangsobjektes verwendet werden, z. B. beim Daumenlutschen. Ihre Funktion ist, dass sie beherrscht und manipuliert werden können. Die Magersucht knüpft nach Hirsch an diesen Modus an (▶ Kap. III. 4).

Die Betonung der Störung der frühen Mutterbeziehung lässt außer Acht, dass in der Adoleszenzkrise nicht nur die Übernahme weiblicher Identität als Entwicklungsaufgabe ansteht, sondern auch die Integration der Sexualität. Die Angst, der Körper werde zu schwer, heißt auch, er wird erwachsen, weiblich und sexuell. An Gewicht zunehmen bedeutet für viele magersüchtige Mädchen, widerliches Sich-Gehen-Lassen und sexuelle Vulgarität, wohinter sich abgewehrte aggressive, sadistisch-sexuelle und exhibitionistische Impulse verbergen (Boothe 1991, S. 252). Auch nach Willenberg (1989) wird die orale Symptomatik überbewertet. Dem Vater werde oft eine unbedeutende Rolle zugeschrieben. Diese hatte er nach Willenberg nicht in der Kindheit des später magersüchtigen Mädchens. Im Gegenteil, durch einen verfrühten Objektwechsel habe er eine prägende Bedeutung in der Entwicklung der Tochter. In der schon genannten Untersuchung Willenbergs hatten 47,2 % der Patienten eine besonders enge und herzliche Beziehung zum Vater, bei 63 % war der Vater in der Kindheit eine idealisierte und entwicklungsprägende Persönlichkeit. 1/4 der Patientinnen wollten als kleine Mädchen lieber ein Junge sein. Die oft wahrgenommene Entwertung der Väter durch Mütter oder andere weibliche Angehörige findet nach Willenberg erst in der Pubertät der Mädchen statt. Um die Beziehung zum Vater zu sichern, versucht das Mädchen, seine biologische Realität zu verleugnen. In der Pubertät kommt es zu einer Wiederbelebung eines intensiven Ödipuskonfliktes, der entscheidend für die Dynamik der Magersucht ist. Die Mädchen kämpfen nicht gegen das Essen, sondern dagegen, die weibliche Rolle zu akzeptieren.

Die Verleugnung der ödipalen Bindung wird in der Pubertät durch ein verführerisches Verhalten des Vaters verstärkt. In den Herkunftsfamilien findet sich Prüderie, aber auch exhibitionistisches Verhalten. Die Eltern respektieren den Intimbereich der Töchter nicht. Die Sorge um die Gesundheit der Tochter wird vorgeschoben, um voyeuristische Neigungen zu befriedigen, wenn der Körper gemustert wird, ob er wieder dünner

geworden sei. In der schon erwähnten Untersuchung Willenbergs fanden sich bei 25,8 % der Familien eine deutlich erotisierte Familienatmosphäre. Bei der Abmagerung wird der Körper seiner Attraktivität beraubt, die weiblichen Attribute werden dem sexuellen Interesse des Vaters entzogen, das magersüchtige Mädchen sieht eher aus wie ein hagerer Junge. Oft seien Enttäuschungen durch den Vater der Auslöser der Magersucht. Dabei können allerdings auch entwertende Äußerungen oder abwehrendes Verhalten des Vaters durch dessen Befangenheit gegenüber der pubertierenden Tochter überinterpretiert werden.

Die Integration von Sexualität und die weibliche Identifikation finden nicht statt. Der knabenhafte Körper stellt einen Phallus dar, die Triebhaftigkeit (Erektion) kann über die Kontrolle des Körperumfanges kontrolliert werden (ebd., S. 194 f.; Bruch 1982, S. 89 f.), das Mädchen kämpft um die Illusion einer männlichen Identifikation. Die Voraussetzung für die Identifikation mit dem Phallus ist bei Willenberg die Entmachtung des Vaters.

Die Magersucht tritt auf, wenn es bei der Besetzung der Genitalien zu einer Störung kommt und zwar bei Mädchen, die ihre Beziehung zum Vater von Grund auf ändern müssen (Dolto 1989a, S. 249 ff.). Es findet eine Verschiebung des Verbotes des Über-Ich für sexuelles Begehren auf den Mund statt. Die magersüchtigen Mädchen geben den ödipalen Wunsch auf den Vater nicht auf, weil das Inzestverbot nicht klar genug ausgesprochen und weil der Tochter nur unzureichend deutlich gemacht wurde, dass der Vater seiner Frau und anderen Frauen den Vorzug gibt. Verbote und eifersüchtige Überwachung jedes genitalen Aufblühens der Tochter führt bei dieser zu Schuldgefühlen. Die verdrängten Genitaltriebe rufen dann ein Übermaß an oraler Lustsuche und Esslust hervor. »Da sie sich nicht den Penis des Jungen in ihre Vagina verschaffen kann, kehrt ihr Begehren zum Esstrieb zurück. Da diese jungen Mädchen den Verzicht auf den Vater nicht kennen, haben sie die eigentliche genitale Reife nicht erreicht« (ebd., S. 251). Mund und Vagina sind Orte zentripetaler Triebkräfte, der Mund verlangt nach Nahrung, die Vagina nach dem Penis. »Die Verneinung des weiblichen genitalen Wunsches trifft sich mit dem oralen Bedürfnis, das durch die Verdrängung der Lust im vaginalen Bereich und die Verschiebung auf den oralen Bereich verleugnet wird« (ebd., S. 267). Das Ich beschränkt sich auf den Narzissmus. Sind die Triebe stillgelegt, ist das Mädchen ohne Angst und ohne Schuldgefühle

In der Gegenübertragung werden über projektive Identifizierungen die anderen zu archaischen destruktiven, externalisierten Über-Ich-Introjekten, gegen die sich die magersüchtigen Mädchen mit Körperkontrolle wehren. Gleichzeitig provozieren sie ein überwältigendes Helferverhalten, weil Todesängste durch Verhungern angesprochen werden. Der Körper setzt ein Zeichen, das die Mitwelt stark emotional involviert. Obwohl diese Gegenübertragungsreaktionen auf frühe Spaltungen hinweisen, ist Willenberg (1989) der Ansicht, dass die magersüchtigen Mädchen in der Mehrzahl neurotisch sind, Spaltungen kommen nicht nur bei einer Borderline-Störung vor.

Die Magersucht löst überwältigendes Helferverhalten aus, aber die Fähigkeit der Askese löst auch Faszination aus, so wie dies bei den Mädchen selbst Stolz hervorruft (Schepank 1991).

Hinter der Qual der Askese lauern allerdings schwere Unwert-, Scham- und Schuldgefühle. Das magersüchtige Mädchen erwartet Versorgungsaktivitäten vom Therapeuten und stellt die Abgrenzung auf der Ebene der Essensverweigerung dar, weil sie davon ausgeht, dass das Gegenüber nicht auf Versorgungsaktivitäten verzichtet. Ein scheinbar unlösbarer Konflikt zwischen Abhängigkeitswunsch und Abhängigkeitsangst (Boothe 1991).

Branik (2005) fasst die speziellen Probleme in der Behandlung von Mädchen mit Anorexie zusammen: direkte oder versteckte Abweisung des Behandlungsangebotes, starke Abhängigkeitsängste, Angst vor Selbstverlust, Begrenztheit reflexiver Fähigkeiten, schützende narzisstische Größenfantasien, Unsicherheit über die eigenen Grenzen und Ängste, die den Behandler leicht zum verfolgenden Objekt werden lassen. Eine Nähe-Distanz-Regulation ist in der Behandlung unabdingbar. Im stationären Setting können Neid und Eifersucht bei den Angehörigen entstehen, wenn die Patientin Behandlungsfortschritte macht. Ein konstruktiver Umgang mit der Verleugnung der Behandlungsbedürftigkeit und der extremen Ambivalenz, etwas zu ändern, ist von Nöten.

Die Gleichsetzung von Essen und Sexualität hat eine lange kulturgeschichtliche Tradition. Weinstein und Bell (1982) und Bell (1985) stellten die These auf, dass die weiblichen, lebenden Heiligen des 13. und 14. Jahrhunderts im Grunde adoleszente, magersüchtige Mädchen waren, die das Leben im Kloster der Heirat mit einem vom Vater ausgesuchten, ungewollten Mann und der Sexualität vorzogen. Etwa 48 % der Heiligen trafen die Entscheidung, ins Kloster zu gehen, in der Adoleszenz. Sie kämpften als Heilige gegen die Versuchungen des Fleisches. Im Kloster fasteten sie freiwillig. Einige folterten sich, indem sie sich mit Peitschen zur Austreibung innerer Dämonen schlugen. Sie sahen sich in einer mystischen Verbindung zu Christus und gaben an, nur von Hostien oder ganz ohne Essen zu leben. Habermas (1990, S. 46 ff.) bemerkte, dass diesen Frauen, im Gegensatz zu den heutigen magersüchtigen Mädchen, immerhin eine gewisse Autonomie gelang, indem sie ins Kloster gingen.

Wenn wir die Gleichsetzung von Essensverweigerung mit Sexualunterdrückung voraussetzen, so können wir in den lebenden Heiligen zwar eine Triebabwehr durch Askese erkennen, aber die Frauen bestanden auch auf einer Verbindung zu Christus, betrachteten sich als Bräute Christi, lehnten die Identifikation mit der Jungfrau Maria ab, die eine prägenitale Sexualität verkörperte in der Jungfrauengeburt. Der Trieb wurde zwar abgewehrt, aber immerhin ein männliches Objekt gewählt. Insofern waren sie zwar asketisch, sie lehnten aber eine noch triebfeindlichere Lösung ab (Heinemann 2000, S. 124 ff.). Die lebenden Heiligen wurden vom Volk für ihre übernatürlichen Fähigkeiten verehrt, allen voran wegen ihrer Nahrungslosigkeit. Sie besiegten den Teufel. Sie taten Wunderheilungen und es gab zahlreiche Prozessionen für sie. Mit dem aufkommenden Zweifel an einem Leben ohne Nahrung im 15. und 16. Jahrhundert wuchs die Angst vor der Hexe, der Frau, die keine asketische Selbstkasteiung vornahm. Die Hexe gibt sich dem Teufel hin und ist ein Bild totaler Gegensätzlichkeit, d. h. ein Bild des Abgespaltenen und Abgewehrten der Heiligen. Das Bild der Hexe ist eine Verkehrung ins Gegenteil. Wenn Frauen nicht weinen können, sind sie eine Hexe, das Charisma der Tränengabe dagegen ist ein Zeichen für Heiligkeit, Hexen schänden Hostien, Heilige leben von ihnen. Die eine geht den Bund mit dem Teufel ein, die andere mit Christus. Die eine hat Visionen von Christus, die andere vom Teufel. Die Stigmata der Wunden Christi am Körper der Heiligen entsprechen dem Hexenmal. Die Wunden Christi (Dornenkranzabdruck, Hand- und Fußmale) bluten, die der Hexen nicht. Schadenzauber steht gegen Krankenheilung, Keuschheit gegen sexuelle Ausschweifung, die eine ist jung, die andere alt. Auf dem Weg der projektiven Identifizierung wurden dann in der Frühen Neuzeit reale Frauen als Hexen beschuldigt (Heinemann 1998b, S. 136).

Die Nahrungsverweigerung der lebenden Heiligen diente in erster Linie der Abwehr der Angst vor der sexuellen Triebhaftigkeit der Frau. Historisch betrachtet erscheint die gegenwärtige Entwicklung der Essstörungen in einem anderen Licht, als es Medien verbreiten. Es sind nicht einfach plötzlich aufkommende neue Schlankheitsideale, die zur Magersucht über Identifikation mit diesen Idealen führen. In den 1960er Jahren gab es eine sexuelle Revolution durch die Studentenbewegung. Erst diese sexuell befreite Frau löste Angst aus, bei Männern, aber auch bei unsicheren Mädchen selbst, die sich in der Adoleszenz nicht mehr Forderungen nach Triebunterdrückung gegenübergestellt sahen, sondern Forderungen nach Autonomie und sexueller Aktivität. Die aufkommenden Ideale, etwa das Twiggy-Idol, waren neue Angebote, den Triebabwehrkonflikt durch Verschiebung auf das Essen erneut zu installieren. Nicht mehr die Sexualität, sondern das Essen der Frauen führte zu neuer Triebkontrolle. Teile der Frauenbewegung dagegen identifizierten sich mit den Hexen zur Stärkung ihrer sexuellen Aggressivität. Eine die oralen Triebe beherrschende und kontrollierende Frau mindert die Angst vor Sexualität. Insofern stimmen wir Bruch (1985) zu, dass die Magersucht als Nebenprodukt nicht der Unterdrückung der Frau, sondern ihrer Befreiung auftauchte.

Auch interkulturell lässt sich die Unterdrückung sexueller Ängste über die Gleichsetzung mit Essen immer wieder finden. Freud (1912) zeigte schon die Gleichsetzung von Essen und Sexualität im Totemismus auf. Die Essensregeln sorgten für die Einhaltung der Exogamie. In Palau (Heinemann 1995), einer totemistischen, mutterrechtlichen Kultur, wird die Geschlechtsidentifikation über getrenntes Essen und Arbeiten der Geschlechter aufrechterhalten. Die Geschlechtsteile sind nach Bezeichnungen des Essens benannt. Die Sexualität der Adoleszenten wird über das Schwärzen der Zähne kontrolliert und, keinen Sexualpartner zu haben, heißt, nichts zu essen zu haben.

Die täglich stattfindende Kava-Zeremonie Polynesiens (Heinemann 1998a), bei der Männer zusammen den berauschenden Kava trinken, stellt eine symbolische Verspeisung der inzestuös bedrohlichen Mutter dar. Die erste Kava-Pflanze wuchs aus dem Leichnam einer Frau, die einem Herrscher zum Verspeisen angeboten wurde. Sexuelle Angst, aber auch die Angst, mit der Mutter erneut zu verschmelzen, männliche Geschlechtsidentität zu verlieren, wird über das Ausüben oral-kannibalistischer Aggression abgewehrt, gleichzeitig aber auch durch die Symbolisierung und Ritualisierung kanalisiert. Die Abwehr sexueller Ängste über das Essen zeigt sich besonders deutlich in den ursprünglichen, kannibalistischen Riten, an denen ebenfalls nur Männer teilnahmen, die ausgewählten Opfer dagegen waren Männer, Frauen und Kinder. Sie wurden vor der rituell genau geregelten Verspeisung in einem Tanz sexuell missbraucht (Heinemann 1998a). Die Teilhabe am Ritus ermöglicht Aktivität, anderen wird angetan, was man selbst am meisten fürchtet. Das anschließende Essen ist erneut eine Verschiebung der Aggression von der Sexualität auf die Oralität. Die sexuelle Bedeutung wird verschleiert.

Es ist vorrangig die Angst der Männer vor der sexuell überwältigenden Frau (Mutter), die beschwichtigt wird, wenn die Frauen zur Selbstbeherrschung greifen, d. h. ihre orale und damit sexuelle Triebhaftigkeit zügeln. Ein in seiner Geschlechts- und Identitätsentwicklung unsicheres, adoleszentes Mädchen mag sich mit dieser Angst identifizieren und damit verständlich machen, warum vor allem Frauen von den Essstörungen betroffen sind.

Zusammenfassung

Bei magersüchtigen Patientinnen finden sich häufig gestörte sexuelle Entwicklungen, in die frühe Kindheit zurückreichende konflikthafte Bindungs- und Beziehungsmuster, Störungen der Autonomieentwicklung und der Nähe-Distanz-Regulation sowie die ausgeprägte Selbstwertproblematik. Die anorektische Symptomatik kann im Rahmen von Konflikten auf neurotischem, Borderline- oder psychotischem Strukturniveau auftreten (vgl. Branik 2005, S. 217).

Fallbeispiel »Rebecca«

Die 14½-jährige Rebecca wurde von ihrer Mutter telefonisch wegen einer Magersucht »im Anfangsstadium« angemeldet. Als Rebecca zum ersten Termin kam, erschrak ich allerdings sehr. Vor mir stand ein bedürftiges, männlich aussehendes und ausgezehrtes Wesen. Große Augen schauten aus einem schmalen Gesicht, und das Auftreten Rebeccas erschien irgendwie passiv und infantil. Rebecca sprach mit leiser piepsiger Stimme. Als sie zu erzählen begann, war ich allerdings überrascht über einen eher zupackenden Ton und über ihre Fähigkeit, Zusammenhänge zu erkennen und zu reflektieren. Später erfuhr

ich, dass das Mädchen einen IQ von beinahe 130 hatte und das Gymnasium besuchte, was ich beim ersten Eindruck kaum für möglich gehalten hätte. Im Verlauf der probatorischen Sitzungen erzählte mir Rebecca ihr bisheriges Leben, und ich war überrascht, wie überzeugend ihr das gelang.

Rebecca wurde als drittes von drei Mädchen geboren und die Eltern verhehlten nicht, dass das eine kolossale Enttäuschung für sie war. Insbesondere der Vater war lange traurig, keinen Sohn zu haben, und er hatte immer Schwierigkeiten, Rebecca anzusehen und anzunehmen. Überwiegend kümmerte er sich um die beiden älteren Töchter, so dass Rebecca Augapfel der Mutter wurde. Sie sei sehr lieb gewesen, immer angepasst und habe sich immer am liebsten zu Hause aufgehalten, was der Mutter entgegengekommen sei. Vor der Schule, vor Klassenarbeiten und vor Prüfungen hatte sie immer Angst. Sie war – weil auch noch ein Jahr zu früh eingeschult – stets die Kleinste und Schwächste in der Gruppe, was sie jedoch mit ihrem Verstand wettmachte.

Die Mutter Rebeccas machte zunächst einen verhaltenen, depressiven Eindruck. Doch bald wurde mir klar, dass sie alle Fäden in der Hand hielt und die Familie mit starker Hand regierte. Rebeccas Vater war ein rauhbeiniger, mitunter hitzköpfiger Mann, der eine kleine Baufirma besaß. Offensichtlich hatte er früher stark dem Alkohol zugesprochen, war dann auch gelegentlich streitsüchtig und gewalttätig in der Familie. Seit einigen Jahren mied er jeden Tropfen, trank jedoch exzessiv Kaffee und rauchte viel. Er war selten zu Hause, arbeitete bis zu 60 Stunden in seiner Firma, während die Mutter den Haushalt führte und die drei Mädchen versorgte. Rebecca hatte immer gut funktioniert. So war sie bereits mit 15 Monaten sauber und trocken und blieb in allen Bereichen unauffällig und angepasst. Seit ihrem sechsten Lebensjahr fiel den Eltern allerdings auf, dass sie anfing, sich wie ein kleiner Junge zu gebärden und auch so zu kleiden. Mit etwa 12 Jahren begann sie auffallend viel zu putzen und aufzuräumen. Alles musste in ihrer Umgebung überschaubar und geordnet sein. Schließlich erlitt Rebecca bei einem Schulunfall eine Gehirnerschütterung und brach sich das Nasenbein, das operiert werden musste. Seither fürchtete sie, nicht mehr so attraktiv wie früher zu sein, fand sich zunehmend hässlich und begann immer häufiger zu grübeln. Ohne dass es die Eltern so recht merkten, fing sie auch an, immer weniger zu essen. Während der großen Ferien fuhr sie für vier Wochen auf einen Bauernhof. Als sie zurückkehrte, war die

Familie hell entsetzt; die Schwestern und die Mutter brachen in Weinen aus. Rebecca war zum Skelett abgemagert, hatte ein bekümmertes »Totenkopf-Gesicht« und wirkte im Polohemd und den Shorts wie ein Biafra-Kind. Die Mutter drängte ihre Tochter, wieder mehr zu essen, was Rebecca auch folgsam tat. Die Mutter fing jetzt an, sie rigide zu kontrollieren. Zum Zeitpunkt der Kontaktaufnahme bei mir hatte Rebecca zwar wieder etwas zugenommen, zeigte jedoch noch immer erhebliches Untergewicht. Die Menstruation war mittlerweile ausgeblieben. Rebecca, die früher gerne draußen gespielt hatte, vor allem mit Jungen Fußball, begann, sich wieder mehr an die Mutter zu klammern. Sie ging mit ihr zum Einkaufen, half ihr bei allen häuslichen Angelegenheiten, kochte und backte, bis es dieser so richtig lästig wurde. Die Mutter cremte Rebecca – auf ihren Wunsch – ein, weil die Haut sehr rauh war, und erst als Rebecca sogar bei ihr schlafen wollte, zog sie einen energischen Schlussstrich. Rebeccas Mutter vertraute mir an, dass sie sich an der Abnehmerei Rebeccas mitschuldig fühlte. Sie und ihr Mann wären Schlankheitsfanatiker und verabscheuten alle dicken Menschen. Sie achteten immer sehr darauf, nicht zuzunehmen, um modische Kleidung tragen zu können. Sehr früh habe sie den Hang Rebeccas zu Süßigkeiten etwas bremsen wollen, indem sie immer wieder warnte, dass sie zu dick werde. Einmal hätte sie auch gemeint, dass Rebecca doch recht stramme Schenkel habe. Diese Äußerung habe Rebecca sichtlich verletzt, sie wäre rot angelaufen und sie selbst wäre darüber erschrocken, Rebecca so tief gekränkt zu haben.

In den ersten Therapiestunden wurde das Harmonisieren Rebeccas und ihre grundlegende Angst vor aggressiven Auseinandersetzungen überdeutlich. Es war kaum auszuhalten, wie sie die Eltern idealisierte. Insbesondere den Vater schilderte sie mir in glühenden Farben, wie stark er sei, wie souverän er in seiner Baufirma tätig und dass sie ihm oft helfen würde. Keine Stunde wäre ihr zu viel, ihm Steine zu reichen, Mörtel anzurühren usw. Ich spürte die chronische Trauer des Mädchens darüber, dass sie vom Vater trotz aller Anstrengungen so wenig gesehen und beachtet wurde. Da der Vater so gerne Kaffee trank, backte sie ihm jeden Tag einen Kuchen, damit er abends nach dem Essen etwas Süßes bekomme.

Die Mutter wirkte in den Augen der Tochter streng, zwanghaft und wenig glücklich, so dass sie kaum Verlockendes ausstrahlte, mit dem sich Rebecca identifizieren mochte. Rebecca hatte sich bislang lediglich unterworfen, denn ein phallisches Rivalisieren bereitete ihr zu viel Angst. Dies war auch bei dem Test »Familie in Tieren«, den sie bei der psychodiagnostischen Untersuchung zeichnete, deutlich geworden. Sie malte die Mutter als riesigen Elefanten, der seinen Rüssel drohend erhob, den Vater – obwohl in der Realität ein Muskelprotz – als kleine Schildkröte. Es war schwer für sie, sich mit der Mutter zu identifizieren, aber sie kämpfte innerlich auch mit der ödipalen Enttäuschung am Vater, der sich wie eine Schildkröte zurückzog.

So setzten wir die Therapie fort, die mir Freude bereitete, denn Rebecca suchte auch mich in der Übertragung rundum zufrieden zu stellen. So war sie es gewohnt. Sie suchte die Aufmerksamkeit des Vaters, und im Zuge dieser positiven Übertragungen war sie natürlich auch eine folgsame Patientin, die reichhaltiges unbewusstes Material ablieferte. Gleich in der ersten Stunde nach den Vorgesprächen erzählte Rebecca den folgenden Initialtraum. »Ich sah viele Leute, sie standen vor einem großen Loch. Es war irgendwie eine halbe Baugrube. Ich habe darin eine weiße Hühnerfeder gesehen, aber kein Hühnchen. Ich dachte, es ist tot und es tat mir leid.«

Es ist kaum zu beschreiben, welch traurigdepressive Stimmung sich beim und nach dem Erzählen dieses Traumes mit einem Mal breit machte. Rebecca zeigte mir die Baugrube des Vaters, der sie nie sah und nicht einmal das kleine Hühnchen genügend beachtete, das abgemagert und gerupft vom Bauernhof zurückgekehrt war. Nur eine weiße Hühnerfeder war noch von ihr übriggeblieben. Ich erschrak über die Leere, über die zugrunde liegende depressive Entwicklung und eine nicht mehr zu übersehende Todessehnsucht. Das hatte ich bislang so noch gar nicht wahrgenommen, da Rebecca mit ihrer hohen Intelligenz und ihrem Funktionieren ja immer genügt und beschwichtigt hatte – auch in der Therapie. Ein Abgrund tat sich jetzt auf. Ich spürte, dass das Mädchen so nicht mehr weiterleben konnte. Rebecca erzählte viel von der Schule. Sie hatte überall die besten Leistungen und war nicht nur fleißig, sondern vor allem auch sehr ehrgeizig. Ich gewann den Eindruck, dass mittlerweile überall, wohin Rebecca kam, bereits ein Vater war, dem sie gefallen wollte. Doch überall geschah auch Ähnliches. Keiner nahm sie so recht zur Kenntnis. Sie war nur ein kleines, unsicheres Mädchen, das man nicht sonderlich ernst nehmen musste. Jedermann wusste, dass sie trotzdem alles bestens machen werde.

In einer der nächsten Stunden erzählte Rebecca den folgenden Traum: »Ich bringe einen selbstgebackenen Kuchen in die Schule mit. Er schmeckt nicht, er ist nicht süß genug.« In diesem Traumbild wird zum einen ihre andauernde Beschäftigung mit dem Essen, Backen und Kochen erkennbar, aber auch ihre zentrale Problematik, es immer allen recht machen zu wollen. Doch letztendlich gelang es ihr nie, den Vater zufriedenzustellen – der Kuchen war nicht süß genug –, sie selbst erschien ihm nie als seine »süße« Tochter. Ich sprach in diesem Zusammenhang die Enttäuschung Rebeccas an, dass sie es immer recht machen wolle, aber trotzdem so wenig Anerkennung erhielte. Das wäre zu spüren, wenn sie mir bedeutsame Träume mitteilte, mit denen wir sie immer besser verstehen könnten. Rebecca lief rot an und strahlte.

Über Wochen erzählte sie mir, dass sie sich in einen Jungen verliebt habe, der sie jedoch nicht zur Kenntnis nahm, so wie ihr das bislang immer widerfahren sei. Rebecca setzte wiederum ihren Grundkonflikt in Szene. Doch nahm sie das nicht mehr einfach hin, sie war jetzt zutiefst unglücklich, und ich spürte, wie sie immer vernehmlicher in der Übertragung um mich warb. Dann erzählte sie wieder einen recht erschreckenden Traum. »Ein Junge aus ihrer Klasse, den man ›Zipfel‹ nannte, habe das Gesicht ihrer Freundin Carmen mit den Füßen zertrampelt. Carmen sei danach im Gesicht ganz blutig gewesen.« Die Assoziationen über »Zipfel« führten zu einer eigenartigen Geschichte. Rebecca wusste, dass der Junge wegen eines Hodenhochstandes mit Hormonen behandelt worden war. Das hatte den Jungen in ihrer Fantasie so gefährlich gemacht. Hormone, welche auch die Pubertät ausgelöst hatten, ließen diesen Jungen ausrasten, und eben dieselben Hormone hatten auch ihre bisherige Normalität zerstört. Mir wurde deutlich, welchen Schock Rebecca empfunden hatte, als sie feststellen musste, dass sie es nicht geschafft hatte, als Tochter geliebt zu werden, dass sie es aber noch weniger schaffte, der geliebte Sohn des Vaters zu werden.

In einem weiteren Traum, etwa um die dreißigste Stunde, deutete sich ein erster Entwicklungsschritt an. Rebecca träumte, sie wäre in einem Zimmer, vielleicht auch in einem Keller – wie im Schullandheim – von einer bösen Frau eingesperrt worden. In diesem Zimmer war auch eine fleischfressende Pflanze. Rebecca fürchtete sich vor ihr, doch die fleischfressende Pflanze nickte ihr zu und verbündete sich mit ihr. Dann ging die Tür auf, und die Frau kam mit einem alten Arzt. Der alte Arzt war der Kinderpsychiater, der Rebecca zu mir verwiesen hatte und der sie mit seiner gütigen, väterlichen Art sehr beeindruckt hatte. Sie war im Haus eingesperrt, von der fleischfressenden Pflanze bedroht und wurde dennoch nicht zerstört.

Doch dann kam die – ehemals böse – Frau, die Mutter, mit einem Mann, um sie aus der Gefangenschaft zu erlösen. Rebecca zeigte ihren künftigen Weg auf. Weder die Symbiose mit der Mutter, noch die »fleischfressende« Magersucht waren eine konstruktive Lösung, sondern der Vater, der sie aus der Gefangenschaft befreien würde, damit sie eine Frau werde. Dieser Vater war ich mittlerweile in der Übertragung.

In einem letzten Traum deutete sich die beginnende Heilung an. Rebecca hatte mittlerweile zugenommen und beinahe Normalgewicht, fühlte sich recht wohl und hatte vielerlei Kontakte zu Klassenkameraden aufgebaut. Sie träumte das folgende: »Ich bin mit einem anderen gleichaltrigen Mädchen in ein Haus verbannt, weil wir aussätzig sind. Gleichzeitig weiß ich, dass ich wieder gesund werde.« Zum Aussätzigsein fiel ihr ein Witz ein. Ein Leprakranker habe Fleischbrocken aus sich gezupft, um sich geworfen und gerufen: Sie liebt mich, sie liebt mich nicht, sie liebt mich. Sie war jener Leprakranke, der sein Fleisch verlor, weil er wissen wollte, ob er geliebt werde. Musste sie nicht mehr weiter abnehmen, weil diese Frage mittlerweile für sie geklärt war?

Die Therapie lief über etwa 150 Stunden. In jener Zeit entwickelte sich Rebecca zu einem ausgesprochen hübschen Mädchen, das nicht nur vom Vater, sondern von vielen Jungen entdeckt wurde. Die ehedem harmonische positive Übertragung war sehr kritischen und aggressiven Auseinandersetzungen gewichen. Später, als sich Rebecca ihrer Weiblichkeit immer sicherer wurde, suchte sie weniger zu rivalisieren, sondern mich zunehmend zu verführen. Auf dem Höhepunkt dieser Phase kam sie eines Tages aus dem Schwimmbad, setzte sich mir provokant gegenüber, so dass ich unausweichlich sehen musste, dass sie keine Unterhose trug. Ich sprach diese Attacke auf meine männliche Wollust natürlich sofort an. Rebecca tat scheinheilig, als sei ihr das versehentlich passiert. Sie konnte allerdings einsehen, dass sie ihren einstigen »Defekt«, nur ein Mädchen zu sein, mittlerweile recht geschickt einzusetzen versuchte, um Männer auf sich aufmerksam zu machen und deren Zuwendung zu erreichen. Sie hatte die Machtverhältnisse umgekehrt, auch beim Vater, den sie mittlerweile regelrecht um den Finger wickelte. Rebeccas Essstörungen bildeten sich schließlich völlig zurück, sie legte das Abitur ab und begann zu studieren. Nach dem Abitur kaufte sie sich vom geschenkten Geld ein Motorrad.

Interpretation

Psychodynamik

Rebecca ist eine intelligente, sehr differenzierte Jugendliche mit gut entwickelten und durchaus belastbaren Ich-Kräften, bei jedoch deutlich gestörter psychosexueller Entwicklung. Beide Elternteile hatten eine ausgeprägte Suchtstruktur, der Vater hatte Alkoholprobleme, die Mutter war, was der Therapeut erst nach dem Ende der Therapie erfuhr, medikamentenabhängig. Wahrscheinlich fühlte sich Rebecca von klein auf für die Mutter verantwortlich, suchte sie immer zufriedenzustellen, Harmonie zu erreichen und verzichtete auf jegliche Autonomie. Sie wurde der Augapfel der Mutter, d. h. beide waren zu »einem Körper für zwei« (McDougall) verschmolzen. Die herannahende Adoleszenz reaktivierte den Autonomie-Abhängigkeitskonflikt, und bezeichnenderweise begannen die Symptome der Magersucht nach einem ohne die Familie verbrachten Urlaub auf einem Bauernhof. Die Erfahrung von Autonomie löste Angst, Schuldgefühle und die Symptombildung aus. Mit regressiven Wünschen nach Wiederannäherung an die Mutter, bis hin zum Wunsch, bei dieser schlafen zu wollen, wehrte Rebecca ihre Autonomiewünsche ab. Rebecca fiel in die analsadistische Phase zurück, sie entwickelte Zwangssymptome

und suchte weiterhin alle aggressiven Strebungen unter Kontrolle zu halten. Die mütterliche Kritik an den Oberschenkeln und der Unfall beschädigten schließlich das labile Körperselbst des Mädchens schwer. Rebecca regredierte noch weiter, in die Oralität, und suchte wieder mit der Mutter zu verschmelzen. Gleichzeitig befriedigte sie ihre Autonomiewünsche, indem sie Kontrolle über ihren Körper erlangte. Rebecca fand ihren Körper hässlich, die Aggression gegen die Mutter richtete sie gegen den weiblichen Körper. Nur der männliche Körper der Nicht-Mutter war ein Körper, der Autonomie und Selbstkongruenz ermöglichte.

Trotz der engen Beziehung zur Mutter, dem männlichen Werben um die Mutter, wurde der Vater idealisiert und begehrt. Sowohl als Kind als auch als Adoleszente umwarb Rebecca ihren Vater, kochte, backte und schleppte Steine für ihn. Ein ödipaler Konflikt durfte aber nicht aufkommen, es ging mehr um die narzisstische Anerkennung, die Rebecca beim Vater suchte und nicht fand. Über eine Intellektualisierung suchte sie weiter narzisstische Bestätigung.

Der Triebansturm der Pubertät konnte von Rebecca nicht bewältigt werden. Über die Kontrolle des Essens kontrollierte sie ihre sexuellen Triebe. Der Traum vom Loch zeigt vermutlich in erschreckendem Maße Rebeccas innere Repräsentanz ihres Geschlechtsorgans, in dem nur Platz ist für ein totes Huhn und eine Hühnerfeder, die kein Gewicht hat und scheinbar schwerelos schwebt. Im tiefsten Innern kämpft Rebecca mit ihrer Depression. Auch der Traum vom »Zipfel« zeigt, dass Geschlechtsverkehr von Rebecca als gewaltsam fantasiert wird und die Hormone als Bedrohung ihres labilen Körper-Selbst empfunden werden. Der Traum von der fleischfressenden Pflanze ist ein weiterer Beleg für die als aggressiv und zerstörerisch empfundenen libidinösen Kräfte. Einerseits stellt die fleischfressende Pflanze sicher die kontrollierende Mutter dar, die keine Autonomie zulässt, sie ist aber auch ein Symbol für die sexuelle Triebhaftigkeit Rebbecas, die von ihr selbst nur als zerstörerisch erlebt werden kann. Sexualität wird auf die Oralität verschoben und wie im Märchen von Hänsel und Gretel, wenn die Hexe den geschlechtsreifen Hänsel verzehren will, oder die Männer der Kava-Zeremonie Polynesiens die inzestuös überwältigende Mutter verzehren, wird im Kannibalismus die inzestuöse Bedrohung symbolisiert. Das Verbünden mit der fleischfressenden Pflanze im Traum wäre dann ein Zeichen für die Integration ihrer sexuellen Wünsche, die nicht mehr so bedrohlich sind, weil das triangulierende Männliche eine ödipale Lösung ermöglichte.

Diagnose:

F50.0   Anorexia nervosa

Die klinischen Merkmale einer Anorexia nervosa – ein absichtlich herbei geführter oder aufrecht erhaltener Gewichtsverlust – sind leicht erkennbar, so dass zwischen Klinikern leicht Übereinstimmung erreicht wird (Dilling u. a. 2005, S. 199).

Die therapeutische Arbeit

Bei Rebecca können wir das Durcharbeiten ihrer Störung der Geschlechtsidentität sehr schön an den verschiedenen Träumen erkennen. Der Initialtraum machte die schwere depressive Störung des Mädchens deutlich und ihre grundlegende Angst, nicht zu genügen. Es war ein Traum, der einen grandiosen Defekt und die Ursache des langsamen Verschwindens, sprich Abmagerns dar-

stellte. Alle im Traum standen vor einem Loch, und allen war deutlich geworden, dass ein Mädchen niemals genügen könne. Anders hatte es Rebecca, trotz aller Bemühungen, nicht wahrhaben können. In der weiteren Traumserie des Mädchens werden die Konflikte bzw. der Heilungsprozess, aber auch die autoaggressiven Tendenzen deutlich. Sie kann nicht genügen, weder als Mädchen, aber schon gar nicht als Junge. Die Pubertät bedeutet vor allem Wahnsinn und Bedrohung. Im Traum von »Zipfel« wird das Gesicht der Freundin blutig getreten, was sicherlich auch Ängste vor der männlichen Welt, vor Blut und Vergewaltigung, widerspiegelt. Die Distanzierung von der Magersucht und die Integration der »fleischfressenden Pflanze« und der Lepraerkrankung, zwang sie auch, sich wiederum mit der eigenen Weiblichkeit auseinanderzusetzen. Höhepunkt dieser Auseinandersetzung war der Verführungsversuch, als Rebecca ohne Unterhose zur Therapie kam. Agierte sie hier nicht ihre traumatisch verarbeitete sexuelle Identifikation? Sexualität ist inzestuöse Verführung. Zumindest diese Szene, aber vielleicht auch schon das Szenario, von der Mutter am ganzen Körper eingecremt werden zu wollen, sind Hinweise auf die für Magersuchts-Familien beschriebene erotisierte Familienatmosphäre. Die inzestuösen Grenzen werden als nicht stabil empfunden, genau dies inszeniert Rebecca in der Therapie. Sie präsentiert sich im Sinne der Identifikation mit dem Aggressor in grenzüberschreitender Weise. Indem der Therapeut dies in der Übertragungsbeziehung ansprechen und durcharbeiten kann, ist der Weg frei für eine Sexualität, die den ödipalen Konflikt bewältigt und das Inzesttabu verinnerlicht hat.

3   Bulimie

Die Bulimie wurde 1979 von Russell erstmals als Bulimia nervosa beschrieben. Auf die Symptomatik war man zuerst im Kontext der Magersucht gestoßen (Habermas 1990, S. 13). Bei der Bulimie wird geschätzt, dass sie bei 2–3 % aller jungen Mädchen und Frauen auftritt. Die Bulimie ist verbreiteter als die Magersucht (Remschmidt 2000, S. 245). 95 % der Betroffenen sind Frauen. Bei Männern mit Bulimie gibt es einen hohen Anteil von Homosexualität oder bisexueller Identität. Der typische Altersbeginn liegt etwa bei 18 Jahren, also später als bei der Magersucht. Das Körpergewicht liegt anfangs im Normalbereich, später sind die Betroffenen leicht übergewichtig. Der Mittelwert der Dauer der Erkrankung liegt bei 6 Jahren (Habermas 1990, S. 15 f.). Die Bulimie bezeichnet eine Störung des Essverhaltens nicht durch Abmagern, sondern durch wiederholte Anfälle von Heißhunger. Es besteht eine unwiderstehliche Gier nach Nahrungsmitteln, die in enormen Mengen verschlungen und anschließend erbrochen werden. Wegen des unauffälligen Gewichts ist die Dunkelziffer hoch. Es wird auch von der heimlichen Krankheit Bulimie gesprochen. Auch bei der Bulimie besteht eine panische Angst vor Gewichtszunahme (Willenberg 1997, S. 271 f.).

Bei einem Heißhungeranfall werden durchschnittlich 3000 bis 4000 Kalorien, im Einzelfall bis zu 10 000 Kalorien meist kohlehydratreiche und andere fettmachende, bevorzugt breiige oder flüssige Speisen verschlungen, deren sich dann anschließend durch selbstinduziertes Erbrechen und mit Abführmitteln wieder entledigt wird. Viele Betroffene bereiten die Anfälle genau vor, planen die Einkäufe, gehen in mehrere Läden, damit die großen Mengen von Nahrungsmitteln nicht auffallen. Die Ausgaben für Lebensmittel können zu Schulden und Diebstählen führen (Habermas 1990, S. 17). Durchschnittlich werden 11,7 Anfälle pro Woche angegeben. Etwa 50 % der bulimischen Frauen geben an, täglich mindestens einen oder mehrere Heißhungeranfälle zu haben. Bei der anderen Hälfte muss man davon ausgehen, dass sie pro Woche drei bis fünf Anfälle haben. Dieser ist meist in den Abendstunden und dauert bis zu zwei Stunden. Teilweise wird in ritualisierter, zwanghafter Weise der Essanfall geplant und durchgeführt, manchmal ist es ein unkontroliertes In-Sich-Hineinstopfen. Das Hauptmerkmal ist die Heimlichkeit. Die Anwesenheit eines Dritten würde den Anfall verhindern (Schulte und Böhme-Bloem 1990, S. 37).

Etwa 1/3 der Betroffenen zeigte vorher Symptome der Magersucht. Im Vergleich zu magersüchtigen Mädchen haben bulimische Mädchen und Frauen relativ normale sexuelle Beziehungen. Allerdings nimmt das sexuelle Interesse mit dem Fortschreiten der Symptomatik ab. Bulimische Frauen finden sich weniger hübsch und anziehend als Gleichaltrige ohne Essstörungen, sie schämen sich ihres Körpers (Habermas 1990, S. 17 ff.). Ähnlich wie bei der Magersucht wird ein höheres Bildungsniveau bei den Betroffenen angegeben. Die Angaben der Heilungs- und Remissionsraten schwanken zwischen 30–50 % (Schulte und Böhme-Bloem 1990, S. 35 u. 39). Es gibt heute auch zahlreiche Mischformen von Magersucht und Bulimie, es wird dann von Bulimarexi gesprochen.

Somatische Veränderungen bei der bulimischen Symptomatik sind: Lanugobehaarung, ausgeprägte Karies, Verletzungen der Speiseröhre, Elektrolytstörungen, Zinkmangel, Erhöhung von Transaminasen, Erniedrigung von Gesamteiweiß, Störungen der Hypothalamus-Hypophysen, Haarausfall, Osteoporose u. a. Durch Abführmittel können schwere Komplikationen wie Obstipation auftreten (Remschmidt 2000, S. 247).

Als Klassifizierungen kommen in Frage:

F50.2	Bulimia nervosa
F50.3	atypische Bulimia nervosa
F50.4	Essattacken bei anderen psychischen Störungen
F50.5	Erbrechen bei anderen psychischen Störungen

Theorie der Bulimie

Auslöser der Heißhungeranfälle sind Gefühle von Einsamkeit und Alleinsein, Stress, Gefühle von Lähmung oder Unterdrückung durch andere, Zustände innerer Leere oder Langeweile. Trennungen, Gefühle, von Eltern oder Partnern bevormundet zu werden, aber auch Fortschritte in der Autonomieentwicklung wie bestandene Prüfungen können die Symptomatik auslösen (Hirsch 1989b; Schulte und Böhme-Bloem 1990, S. 56 f.). Eine als unerträglich empfundene Enttäuschung durch ein Liebesobjekt setzt ein, wenn das Objekt, real oder vom Patienten fantasiert, Forderungen stellt, Kritik übt oder sich den Wünschen des Patienten versagt (Ettl 1988).

In der Lebensgeschichte bulimischer Frauen scheinen gehäuft Krankheiten, Scheidungen, Todesfälle oder andere Formen von Trennungen vorzukommen. Angesichts der Unzuverlässigkeit der Eltern und einer hochgradig ambivalenten Mutter-Tochter-Beziehung flüchten die Mädchen in die Autonomie. Mit der Autonomie und Selbstkontrolle wehren sie in der Adoleszenz aggressive und sexuelle Regungen ab. Trotzdem versuchen sie die Illusion des familiären Zusammenhaltes und eine Anpassung an die Forderungen der Umwelt aufrechtzuerhalten (Habermas 1990, S. 21).

Die auffallend starke Ablehnung von Sexualität bzw. das teilweise promiskuöse Verhalten und die Ablehnung des eigenen Körpers weisen auf einen Zusammenhang zu Fragen der Konfrontation mit sexuellen Erfahrungen oder sexuellem Missbrauch in der Kindheit hin. Essstörungen scheinen bei Frauen eine Form der Bewältigung sexuellen Missbrauchs zu sein. Der mutmaßliche Zusammenhang zwischen sexuellem Missbrauch und Essstörung zeigt sich bei Bulimie durchweg deutlicher als bei der Magersucht. Bei Steiger und Zanko wurden 1990 von 30 % der essgestörten Patientinnen sexuelle Traumata in der Kindheit berichtet, von diesen hatten 6 % eine Magersucht und 94 % eine Bulimie (zit. n. Willenberg 1997, S. 278). Bei der Bulimie gibt es eine signifikant erhöhte Rate von sexuellem Missbrauch im Kindesalter (Schulte und Böhme-Bloem 1990, S. 86).

Der Körper ist bei der bulimischen Frau ein Schutzwall gegenüber der Außenwelt, er tarnt gegenüber der Umwelt durch die Unauffälligkeit, während der Körper bei dem magersüchtigen Mädchen provoziert und starke emotionale Reaktionen herausfordert. Bei der Bulimie wird heimlich agiert, während die Magersucht eine offene Protesthaltung darstellt (Willenberg 1989).

Hirsch (1989b) hält die Magersucht für die archaischere Störung, bei der Mutter und Körper nicht genügend differenziert sind (vgl. »ein Körper für zwei«, McDougall), der Körper dient als Übergangsobjekt, während bei der Bulimie die Nahrung, also ein äußeres Objekt, als Übergangsobjekt dient. Die Bulimie habe einen höheren Symbolgehalt. Die Nahrung übernimmt die Aufgabe von Objekten, die in der psychischen Innenwelt fehlen. Bei der Bulimie wird die Nahrung beherrscht, nicht der Körper. Die scheinbare Beherrschung des Körpers bzw. der Nahrung dient den Anforderungen der Adoleszenz, sich in eine sexuelle und soziale Identität hinein zu entwickeln.

In Zuständen innerer Leere oder Angst entsteht der Wunsch, ein gutes Objekt (die Nahrung vor dem Essanfall) zu inkorporieren. Der Essanfall bedeutet Verschmelzung mit der Mutter durch den Übergangsobjektcharakter der Nahrung (Hirsch 1989b). Allein schon durch das Denken an das Essen wird die Angst reduziert. Es gibt eine Hoffnung auf das nährende und Befriedigung spendende gute Objekt. Der Beginn des Essens wird in der Regel noch als lustvoll erlebt. Es entsteht dann aber ein körperliches Ohnmachtsgefühl gegenüber der Gier und Triebhaftigkeit, ein Erleben von Kontrollverlust und drohender Dekompensation (Schulte und Böhme-Bloem 1990, S. 56 ff.). Nach dem Essanfall stellt sich Panik vor der bedrohlichen Fusion mit dem dann bösen Objekt (Nahrung nach ihrer Aufnahme) ein. Mit dem selbstinduzierten Erbrechen wird aktiv Autonomie wieder hergestellt. Körper und Nahrung können manipuliert und die Selbst-Objekt-Grenzen scheinbar aufrechterhalten werden. Magersucht und Bulimie können als Versuch gesehen werden, die in der Adoleszenz wieder auftretenden Ver-

schmelzungs- und Trennungsängste zu beherrschen.

Der Körper kann die Funktion eines guten Objektes übernehmen, wenn das Böse besiegt und ausgestoßen ist. Das Dilemma ist, dass die symbiotische Nähe als gefährlich erlebt wird, die Loslösung aber genauso gefürchtet wird. Bevor der Körper zum Bösen wird, wird die Nahrung erbrochen (Hirsch 1989b). Scham und Reue stellen sich nach dem Erbrechen ein. Es entsteht ein inneres Verbot, auf dessen Übertreten Schuldgefühle und der Versuch des Ungeschehenmachens folgt. Die Frauen bestrafen sich selbst. Die bulimische Frau schämt sich ihres »hässlichen« Körpers und der unkontrollierbaren Äußerungen (Habermas 1990, S. 92).

Das Erbrechen zum Zwecke eines narzisstischen Autonomiegewinns beschreibt McDougall (1985) am Symptom des Meryzismus bei Säuglingen, die den Mageninhalt immer wieder erbrechen und dann wieder verschlucken. Sie kommen so scheinbar ohne Mütter aus. Das Fehlen der Mutter wird verleugnet, der Säugling hat sich einen Schutz gegen ihre Abwesenheit geschaffen. Inkorporieren und Exkorporieren gilt als frühester Kontroll- und Abgrenzungsmodus.

Die Schamaffekte betreffen den Kontrollverlust, können aber auch im Zusammenhang mit verdrängten oder abgespaltenen sexuellen Erfahrungen stehen. Schulte und Böhme-Bloem (1990, S. 59) vergleichen den Essanfall mit einem Geschlechtsverkehr. Es gebe eine autoerotische Befriedigung an der Mundschleimhaut. Nicht selten würden Frauen gleichzeitig zum Essanfall onanieren. Auch die Manipulation mit dem Finger im Hals sei einer masturbatorischen Tätigkeit ähnlich. Das »Rein-Raus« der Nahrung stelle unbewusst einen Geschlechtsverkehr dar. Durch die hochgradig ambivalente Beziehung zur Mutter und einem vorzeitigen Objektwechsel mit einer Gier nach dem Vater erringe das Mädchen scheinbar einen ödipalen Sieg. Über Sexualisierung kann der narzisstische Defekt abgewehrt werden. Das Essen wird erotisiert, der eigene Körper phallisch überbesetzt. Das Essen erscheint als ein unverfänglicheres Medium zur Darstellung sexueller Konflikte.

Ettl (1988, S. 63) sieht die Bulimie als eine Vermeidung einer hochambivalenten Objektbeziehung. Das Essverhalten entspreche dem Beziehungsverhalten und der Übertragungsbeziehung in der Analyse. Äußert sich der Heißhunger in der Objektbeziehung als Anklammern, so äußert sich Erbrechen als ein Fortstoßen des Objektes. Erbrechen heißt: Abbrechen der Beziehung. Nach einer Phase des Anklammerns gehen die Patientinnen in Beziehungen oft abrupt auf Distanz. Die Distanzierung erfolgt aktiv wie das Erbrechen.

Trennungsängste und Gefühle der Leere werden abgewehrt und betäubt durch die Einverleibung, es wird sich dann des Objektes aktiv entledigt. Entsteht zu große Nähe, wird die Beziehungsstörung zwischen Mutter und Tochter aktiviert. Die männliche Identifikation kann auch gegen einen Identitätsverlust bei der Fusion mit der Mutter schützen.

Die Frage der psychischen Struktur bei der Bulimie wird sehr weit gefasst. Ettl (1988, S. 57) rechnet die Bulimie der Depression zu. Hirsch (1989b) zufolge gibt es Fälle auf neurotischem Niveau, meistens liege aber ein Borderline-Strukturniveau vor. Auch Schulte und Böhme-Bloem (1990, S. 67) beschreiben weitgefächerte neurotische und narzisstische Formen, speziell wiederum die Borderline-Störung. Diebel-Braune (1991) zufolge handelt es sich bei der Bulimie lediglich um einen Adoleszenzkonflikt, eine phasenbedingte Ich-Schwäche, keine Borderline-Störung.

Wir teilen die Einschätzung, dass bei einem Teil der Frauen vermutlich eine Borderline-Störung zu finden ist, dass bei der Häufigkeit der Störung aber auch andere Strukturen, angefangen von einer Ich-Schwäche durch die Adoleszenzkrise, über depressive und narzisstische Formen (▶ Kap. II.2,

Fallbeispiel Vanessa) hin zu den schweren Ich-Störungen, zugrunde liegen können.

Probleme bei der Behandlung bulimischer Patienten beschreibt Munz (2006): Die Patientinnen wirken distanziert, sprechen kaum über ihre Essstörung und es fällt ihnen schwer, über ihre Gefühlswelt differenziert zu berichten. Neben aufkommenden Ängsten, das verschlungene Objekt zerstört zu haben, es zu verlieren, tauchen Ohnmachtsgefühle, Hilfs- und Hoffnungslosigkeit auf gegenüber der eigenen Gier und der unbeherrschbaren Wut. Es folgen Selbsthass und selbstschädigende Handlungen. In der Gegenübertragung kommt keine Empathie, eher Langeweile, ein Wegdriften der eigenen Gedanken und Nicht-zuhören-wollen auf. Die Patientinnen erleben sich als ekliges Wesen und Monster. Erbrechen und Ekel sind aggressive Reaktionen auf die Enttäuschung der infantilen Verschmelzungsfantasie. Nicht der Autonomiewunsch der Patientin, sondern die Selbstzerstörung rufen beim Therapeuten Aggression hervor, dies muss differenziert und verdeutlicht werden. Im stationären Setting übernehmen die Gruppe oder auch die Körpertherapie triangulierende Funktionen.

Wittenberger (2005) beschreibt als spezifische Übertragung: es gibt nur Verklebung oder Trennung. Verklebung, wenn die Patientin da ist, und Trennung, indem sie wegbleibt. Die Widerstandsanalyse gerade des Wegbleibens führt zum Bewusstwerden zentraler Ängste und zur Erfahrung, dass die Therapeutin die Aggression überlebt. Beim Verkleben und Wegbleiben geht es um die Verleugnung der Angst vor Objektverlust. Durch das Fassen in Sprache mildert sich der archaische Charakter der Aggression.

Zusammenfassung

Frauen mit Bulimie flüchten aus hochgradig ambivalenten Beziehungen in die Autonomie. Mit dem Heißhungeranfall wird unbewusst

Aggression und Sexualität kontrolliert. Folgende psychische Mechanismen werden verwendet: Empfinden von Leere – Gier – Inkorporation des ersehnten Objektes – Schuld und Panik angesichts der Fusion und

Gier – Exkorporation – Ungeschehenmachen – Wiederherstellung von Autonomie und Kontrolle. Die hochgradige Ambivalenz führt oft zum Abbruch von Behandlungen. Die Autonomie muss wieder hergestellt werden.

Fallbeispiel »Jasmin«

Als Jasmin an einem kalten Wintertag vermummt und trotzdem fröstelnd vor meiner Praxis stand, wusste ich nicht, ob ich ein Kind oder eine greise Person, ob ich ein männliches oder weibliches Wesen vor mir hatte. Später wirkte überwiegend die knabenhafte Erscheinung auf mich, unter ihrer unvorteilhaften Kleidung vermochte ich nach einiger Zeit angedeutete weibliche Formen erkennen. Jasmin hatte ein spitzes Gesicht, dessen Ausdruck jedoch lange Zeit völlig starr blieb. Sie hatte ein wenig Lidschatten aufgetragen, zunächst hatte ich allerdings geglaubt, es handle sich um tiefe Schatten in ihrem Gesicht. Die Körperhaltung blieb verkrampft, Jasmin hatte wohl einen stark ausgeprägten Rundrücken. Während sie sprach, kam es immer wieder zu einem angedeuteten Initialstottern. Beim Sprechen fielen mir ihre verfärbten, kariösen Zähne auf.

In den ersten Stunden erzählte mir Jasmin von ihren Eltern, aus ihrem Leben, vom immerwährenden Scheitern aller Ablösungsversuche und von der Entwicklung ihrer Symptomatik. Es war, als öffneten sich Schleusen eines Dammes und lange Aufgestautes breche heraus. In der Tat fürchtete ich, ich könnte von den zahllosen Details regelrecht überschwemmt werden und mir nichts merken. Ihre Kindheit sei eigentlich eher unauffällig verlaufen, außer, dass sie schon immer das Gefühl hatte, nichts Besonderes, weniger wert als die anderen zu sein. Während der ersten vier Klassen im Gymna-

sium hatte sie eine sehr enge Freundschaft zu einem Mädchen, die jedoch nach einem heftigen Streit in die Brüche ging. Sie war damals 14 Jahre alt und fing nach der Trennung von der Freundin an, immer weniger zu essen. Ohne dass sie es zunächst bemerkte, sei sie stark abgemagert. Die Periode blieb schließlich aus, und die erschreckten Eltern stellten sie einem Kinderpsychiater vor, der Antidepressiva verordnete. Danach nahm sie zwar wieder etwas zu, jedoch begann sie auch gleichzeitig, gelegentlich große Mengen Nahrung gierig hinunterzuschlingen und anschließend zu erbrechen. Dies tat sie immer dann, wenn sie alleine in der Wohnung war und wenn sie ihre Einsamkeit und Sehnsüchte nicht mehr ertragen konnte. Dann verschlang sie alles, was verfügbar war – einmal sogar eine größere Ration Rindertalg.

Mit 16 Jahren lernte sie bei einem Tunesienurlaub mit den Eltern einen Kellner kennen, der mit ihr zu flirten begann und sie an einem Abend sogar küsste. Zurückgekehrt, konnte sie diesen Mann nicht mehr vergessen, drängte und quälte sie ihren Vater solange, bis er im Spätherbst nochmals mit ihr hinflog. Alles war jedoch ganz anders als im Sommer. Es waren keine Touristen mehr da, der Strand war verödet und es bliesen heftige Sandstürme. Tatsächlich fand sie den Kellner wieder, dieser erkannte sie jedoch nicht mehr, lachte sie aus und meinte grob, sie solle doch wieder nach Hause verschwinden. Ohne noch ein einziges Wort darüber zu sprechen, flog sie mit dem Vater nach Hause. Der Vorfall habe ihr endgültig bestätigt, dass niemand außerhalb der Familie sie haben wolle. Sie habe seither keine Wünsche mehr nach einer Beziehung zu einem Mann, noch verspüre sie sexuelle Bedürfnisse.

Die Symptomatik verstärkte sich. Jasmin begann immer häufiger die einverleibten großen Nahrungsmengen zu erbrechen, indem sie nach Fressattacken den Finger in den Mund steckte. Sie magerte ab, fühlte sich schlaff und müde. Es kam zu Durchschlafstörungen. Jasmin klagte über eine chronische innere Leere, dass sie überhaupt nichts mehr wolle oder fühle. Völlig unabhängig von äußeren Temperaturen, fröre und fröstelte sie ständig. Trotz dieser körperlichen Schwächen begann Jasmin, jeden Tag mindestens zwei bis drei Stunden zu joggen, um in dauernder körperlicher Bewegung zu bleiben.

Jasmin wandte sich an mich, weil sie große Ängste hatte, was nach dem Abitur mit ihr geschehen würde. Sie lebte mit den Eltern und ihrer älteren Schwester in einem Haus, das einst den Großeltern mütterlicherseits gehört habe. Der Vater war wesentlich älter als die Mutter, sah sich selbst als aufrechten Deutschen und äußerte sich ungehemmt ausländerfeindlich. Jasmin schilderte ihn als einen Mann ohne Empathie und Feingefühl, dennoch hätte er sich immer um sie bemüht und ängstigte sich wegen ihrer Zukunft. Mit seiner Meinung hätte er ihr gegenüber allerdings noch nie hinter dem Berg gehalten. So hätte er unter anderem geäußert, sie weder für intelligent einzuschätzen noch in irgendeiner Weise für einen praktischen Beruf geeignet zu halten. Aus seiner Sicht wäre sie einfach zu schwach, das Leben zu meistern. Jeden Tag aufs Neue würde er ihr das unmäßige Herunterschlingen der Nahrung vorwerfen, vor allem wegen der unnötigen Geldausgaben. Seit sie sich zurückerinnern könnte, litte ihr Vater an Magengeschwüren und Verdauungsbeschwerden. Trotzdem wäre er ihr letztendlich von beiden Eltern

der Liebere, weil er sich immer um sie gekümmert hätte.

Im Laufe der Therapie wurde deutlich, dass die immerhin 18-jährige Jasmin in einer geradezu grotesken Weise gegängelt und kontrolliert wurde. Der Vater nahm ihr jeden Weg, jeden Anruf, jeden Brief ab und wollte alles über sie wissen. Aber auch die Mutter wurde von Jasmin als überaus neugierig und sich in alles einmischend geschildert. Einerseits wäre die Mutter dem Vater gegenüber hörig, petzte ihm alles, auf der anderen Seite behandelte sie die Mutter mit verhätschelnder Überfürsorge. Jasmin meinte zudem, dass sie, als sich die Freundin mit 14 von ihr abgewandt hatte, in einen regelrechten Dornröschenschlaf gefallen wäre und sich den Eltern willenlos ausgeliefert hätte. Erst als sie dem Kellner in Tunesien begegnete, hätte sie entdeckt, dass es auch noch ein Draußen gab. Doch als sie sich auch von ihm nur schamlos betrogen sah, hätte nichts mehr für sie irgendeinen Wert gehabt.

Während mir Jasmin alles erzählte, litt ich mit, fröstelte, ängstigte ich mich und war wütend. Danach war mir aber auch klar, dass eine ambulante Therapie – schon wegen der sich chronifizierenden körperlichen Schäden – nicht ausreichen würde. Auch um innere Distanz von der Familie zu schaffen, schien mir zunächst eine stationäre Psychotherapie aussichtsreicher, worauf sich Jasmin auch einlassen konnte. Jasmin verbrachte vier Monate in einer psychosomatischen Klinik. Mittlerweile hatten sie die Eltern jedoch – ohne dies mit ihr abzusprechen – an einer Fachschule für Pharmazeutisch Technische Assistentinnen angemeldet. Damit keine Zeit vergeudet würde, brachen sie die stationäre Psychotherapie – im Einvernehmen mit der Tochter – ab. Jasmin meldete sich bei mir, um die ambulante Therapie wieder aufzunehmen.

Sie sah jetzt gesünder aus, hatte etwas zugenommen und wirkte vor allem nicht mehr so hektisch wie vorher. Wir begannen mit einer psychoanalytischen Therapie. Jasmin saß mir gegenüber, schaute mir aber nie in die Augen und sprach mit wenig modulierter affektloser Stimme. In der Regel erzählte sie von zu Hause, von den grotesken Auseinandersetzungen mit den Eltern, die sie auch weiterhin kontrollierten. Ich spürte rasch, dass sich an den zugrunde liegenden Konflikten im Grunde genommen noch nicht viel verändert hatte. Jasmin berichtete zwar in einem vorwurfsvollen Ton über die befremdenden Auseinandersetzungen mit den Eltern, doch letztendlich verteidigte sie sie und stellte sich selbst als die Ursache allen Übels dar. Beispielsweise erzählte Jasmin, dass sie sich auf's WC zurückgezogen hatte. Der Vater öffnete das Schloss von außen mit einem Schraubenzieher, um zu kontrollieren, ob sich Jasmin erbräche. Daraufhin schlug Jasmin mit der Klobürste nach dem Vater, der wiederum in helle Wut geriet und sie ohrfeigte. Was ich in den nächsten Monaten zu hören bekam, erschütterte mich aufs Tiefste, war scham- und würdelos und ließ mich erkennen, dass das Mädchen in der Familie niemals Wertschätzung erfahren oder gar ein autonomes Dasein hatte führen können.

Jasmin kam pünktlich zu den Sitzungen, doch wurde ich mit der Zeit unzufriedener und unglücklicher. Ich spürte zunehmend den auffallenden Mangel Jasmins zu fantasieren, zu assoziieren, Träume zu erinnern usw. Zudem versuchten jetzt die Eltern, in die Therapie regelrecht einzudringen, setzten die Tochter unter Druck, abzubrechen, wieder eine medikamentöse Behandlung aufzunehmen, wollten sie über einen Psychiater (der mich darüber informierte) in eine psychiatrische Klinik einweisen lassen usw. Obwohl anfänglich nicht vorgesehen, musste ich einige Gespräche mit den Eltern führen, um den Rahmen der Therapie zu schützen.

Der Vater war kleinwüchsig und von einer unerträglichen Geltungssucht. Es drehte sich alles darum, was er selbst im Leben schon geleistet hatte und um schwache und darum wertlose Menschen, die das niemals können

würden, wie Ausländer, Frauen und insbesondere seine Töchter. »Keinen Zahn hat sie jetzt schon mehr im Maul«, sagte er über die kariösen Zähne von Jasmin. Die Mutter wirkte unscheinbar, grau und in sich zusammengefallen. Sie ließ mich fühlen, dass es nichts im Leben gab, was Freude bereitete und dass es zudem ein großes Unglück sei, eine Frau zu sein. Das Elternpaar lebte eine erkennbare sadistisch-masochistische Kollusion.

Der Druck der Eltern wurde trotz der Gespräche zunehmend stärker. Parallel hierzu verstärkte sich zunächst die Symptomatik. Doch mit der Zeit wurde Jasmin stabiler und konnte sich immer besser gegenüber den elterlichen Kränkungen und Beschämungen abgrenzen. Wir arbeiteten an ihrer Gier, welche letztendlich die ungestillte Sehnsucht nach einem guten Objekt ausdrückte, und an der Enttäuschung nach der Einverleibung, wenn sie entdecken musste, Böses inkorporiert zu haben. Langsam begann sich der Zustand Jasmins zu verbessern. Sie bekam wieder ihre Periode, fasste mehr Zutrauen in sich und arbeitete ehrgeizig in der Schule.

Endlich äußerte Jasmin, dass sie es nicht mehr in der Familie aushalten und sich ein Zimmer suchen wollte, um in einer Apotheke in einer entfernten Stadt zu arbeiten. Über längere Zeit spürte ich immer noch paranoide Befürchtungen, dass ich sie lediglich aushorchen wolle und mich mit den Eltern gegen sie verbünden würde. Sie musste natürlich diesen gemeinsamen Nenner von Mutter und Vater auf mich übertragen. Um die achtzigste Stunde etwa erzählte sie den ersten Traum. Riesige, schwere Lastwagen wären auf sie zugefahren, sie fürchtete, überfahren zu werden und geriet in große Angst. Am Steuer der Lastwagen saßen ungehobelte, undifferenzierte Männer, Bauarbeiter, die sie gegenüber ihrer neuen Wohnung gesehen hatte. Aber sie konnte den gefährlichen LKWs rechtzeitig ausweichen. Dieser Initialtraum kündete eine entscheidende Wende an. Die Patientin – sie war mittlerweile 21 Jahre alt – begann eine Freundschaft mit einem etwas älteren Mann – mit dem gleichen Beruf wie der Vater –, der ihr zum ersten Mal das Gefühl gab, wertgeschätzt zu werden. Doch erst als mich ihr Freund anrief und verzweifelt meinte, dass er mit mir als Rivalen niemals bei Jasmin eine Chance habe, erkannte ich, dass sich Jasmin mit ihrer feindseligen Haltung vor ihrer Übertragungsliebe zu schützen suchte. Sie hatte Liebe bislang nicht anders als zerstörerisch erlebt, was mit ihrem Initialtraum deutlich geworden war. Erst als ich die positive, erotisierte Übertragung zuließ und wir sie durcharbeiteten, wurde es möglich, an den komplexen Konfliktbereichen zu arbeiten. Die Symptomatik hatte sich mittlerweile stark zurückgebildet.

Interpretation

Psychodynamik

Beide Elternteile waren schwer gestörte Persönlichkeiten, der Vater narzisstisch und die Mutter depressiv. Die Eltern lebten in einer Art sadistisch-masochistischer Kollusion. Gemeinsam war ihnen, dass sie keine Grenzen einhalten konnten, extrem übergriffig waren und ihre Kinder nicht als autonome Wesen ertragen konnten. So wusste der Vater von den bulimischen Heißhungeranfällen. Bulimischen Frauen gelingt es in der Regel, dieses Wissen für sich zu behalten, die Erkrankung zu verheimlichen. Dies erinnert an die erotisierten Grenzüberschreitungen bei Familien mit magersüchtigen Töchtern und weist darauf hin, dass es nicht nur »Reinformen« bulimischer und magersüchtiger Erkrankungen gibt.

Die symbiotische Nähe zur Mutter wurde von dem Kind wahrscheinlich sehr bedrohlich erlebt, die frühen Bedürfnisse wurden nicht gestillt. Jasmin fror und fröstelte als Ausdruck ihrer »inneren« Temperatur, als ob sie sagen wollte, dass sie warm gehalten

werden möchte. Die Beziehung zur Mutter war vermutlich bereits früh von Ambivalenz gezeichnet, einer Sehnsucht nach Verschmelzung mit einem guten Objekt und der Aggression, sich nicht in Richtung Autonomie entwickeln zu können. Den Vater erlebte Jasmin als den »Lieberen«, ihm wandte sie sich vermutlich früh mit ungestillten präödipalen Bedürfnissen zu. Beim Vater errang sie scheinbar einen ödipalen Sieg.

Ihre präödipalen und ödipalen Wünsche wurden aber mit heftiger Abwertung von Seiten des Vaters beantwortet. Er verachtet Frauen und Ausländer. Die Mutter, identifiziert mit dieser Abwertung, erlebt es als Unglück, Frau zu sein. Sie kann ihrer Tochter kein positives weibliches Identifikationsobjekt sein. Jasmin kleidet sich unattraktiv, wirkt eher männlich. Die männliche Identifikation schützt sie vor den Übergriffen des Vaters, aber auch vor dem Identitätsverlust durch ein Auflösen der Grenzen mit der Mutter.

So wundert es nicht, dass bei Jasmin eine tiefe Störung des Körper-Selbst vorliegt. Aggression kann sie nicht nach außen wenden, was sich auch im angedeuteten Stottern äußert. Erst in der Therapie gelingt es ihr, den Vater mit einer Klobürste zu attackieren. Über Joggen und Erbrechen traktiert und manipuliert sie ihren geschundenen Körper. Jasmin wurde von den Eltern kontrolliert und manipuliert, nun behandelt sie ihren Körper in gleicher, liebloser Weise.

Auslöser der anorektischen Phase war die Zurückweisung der Freundin mit 14 Jahren. Es ist davon auszugehen, dass die Freundin zu ihrem Selbstobjekt wurde, welches zunächst zur Stabilisierung beitrug und half, das trostlose Leben in der Familie zu überleben. Zum Scheitern kam es mit beginnender Adoleszenz. Die traumatisch erlebte Trennung von der Freundin zog Scham und Schuld nach sich. Vermutlich erlebte Jasmin die von ihr geäußerte Aggression im Streit mit heftigen Schuldgefühlen, so dass sie

Aggression gegen sich selbst wenden musste. Die Trennung reaktivierte die Enttäuschung, von der Mutter abgewiesen worden zu sein. Den Verlust des Selbst-Objektes kompensierte sie, indem sie ihren Körper manipulierte und beherrschte. Aus der Anorexie entwickelte sich schließlich eine Bulimie, wenn sie alleine war, Einsamkeit und Sehnsucht nicht mehr ertragen konnte. In der Gier der Heißhungeranfälle drückten sich ihre Sehnsüchte aus, für die sie sich anschließend im Erbrechen bestrafte. Die Bulimie erscheint so als verzweifelter Versuch, nicht der Depression zu verfallen.

Wie wenig Jasmin in der Lage war, ödipale Wünsche beim Vater unterzubringen, zeigte sich in der pubertären Inszenierung ihrer Wünsche beim tunesischen Kellner. Immerhin grenzte sie sich vom Vater so weit ab, dass sie ein Objekt wählte, das vom ausländerfeindlichen Vater nicht gebilligt werden konnte. Übergroße Sehnsucht, sie flog erneut zu ihm, und schroffe Zurückweisung sind vermutlich die Reinszenierungen ihrer ödipalen Welt. So zurückgewiesen, versank sie in einen Dornröschenschlaf, d. h., sie konnte ihre Sexualität nur abwehren. Die Suche nach einem unerreichbaren, idealisierten ödipalen Objekt, die hysterische Lösung, gelang ihr nicht, Jasmin ist von der Zurückweisung des Vaters zu traumatisiert, sie zog sich narzisstisch zurück, entwickelte eine Essstörung. Mit dem Gefühl, den Körper beherrschen und manipulieren zu können, autonom zu sein, wehrte sie ihre sexuellen Wünsche ab. Anklammern und Fortstoßen erlebte sie beim Kellner, vermutlich bei Vater und Mutter, und in der Wendung von der Passivität zur Aktivität ist sie im Symptom nun diejenige, die anklammert und aktiv fortstößt, Nahrung erbricht.

Diagnose:

F50.2 Bulimia nervosa

Auch die Bulimie ist – wie die Anorexie – relativ leicht zu diagnostizieren. Es sollte allerdings auf die in der ICD-10 genannten Differentialdiagnosen geachtet werden.

Die therapeutische Arbeit

Lange Zeit fühlte sich der Therapeut als Zeuge von sadistischen Attacken und Übergriffen, doch wurde er gleichzeitig außen vorgehalten. Jasmin wollte Hilfe, gleichzeitig fürchtete sie, von den verdrängten Triebenergien überrollt zu werden. Auf diese Weise suchte sie ihre libidinösen Wünsche zu kontrollieren. Sie gab dem Therapeut stets das Gefühl, ihr gefährlich und feindselig gegenüberzusitzen, es ihr nie rechtzumachen und sie ebenfalls nur zu beschämen. Lange Zeit schaffte er es nicht, sich von den elterlichen Übertragungen frei zu machen, eine entscheidende Wende trat erst ein, als er die abgewehrte Übertragungsliebe erkannte und bearbeitete.

Anfänglich sprang ins Auge, wie verfestigt, ja chronifiziert die pathologischen Konflikte bereits waren, so dass die Prognose äußerst ungünstig erschien, sie noch im ambulantem Rahmen bewältigen zu können. Deutlich waren Fixierungen in der oral-sadistischen Phase und in der paranoid-schizoiden Position. Es waren zudem erhebliche Strukturdefizite zu erkennen, schwere Selbstwertstörungen, und es machte sich ein rigides, sadistisches Über-Ich bemerkbar, das immer wieder Schuld- und Schamängste induzierte. Im Bereich des psychosexuellen Erlebens dominierte Passivität, die Neigung zur Unterwerfung und passiver Bedürfnisbefriedigung.

Auch wenn die stationäre Behandlung abgebrochen wurde, so ist dieses scheinbare Scheitern nicht unbedingt negativ zu sehen. Die erlebte reale Trennung hatte den Ablösewunsch so weit gesteigert, dass eine ambulante Therapie von Jasmin begonnen werden konnte. Die Ablöseprobleme der Adoleszenz erfordern gelegentlich eine reale Trennung, um psychische Entwicklung zu ermöglichen. Der Kampf um die Autonomie machte es notwendig, dass der Therapeut den Rahmen gegenüber den Eltern durchsetzen musste. Er entlastete Jasmin und schuf ihr einen Raum für Entwicklung. Sie konnte den bedrohlichen LKW-Fahrern jetzt ausweichen.

4   Einnässen (Enuresis)

Das Einnässen tritt als nächtliches Einnässen (Enuresis nocturna), als Einnässen am Tag (Enuresis diurna) oder bei Tag und Nacht auf. Von Enuresis spricht man nur, wenn keine organische Ursache vorliegt und das 4. Lebensjahr überschritten ist. Es wird zwischen primärer Enuresis und sekundärer Enuresis unterschieden. Bei der sekundären Enuresis waren die Kinder im Gegensatz zur primären Enuresis bereits in der Lage, ihren Harndrang zu kontrollieren, nässten dann aber wieder ein. Betrachten wir die unterschiedlichen Formen des Einnässens getrennt, so wird für das nächtliche Einnässen eine Häufigkeit von 80 %, für das Einnässen am Tag 5 % und für die Kinder, die sowohl am Tag als auch in der Nacht einnässen, ein Anteil von 15 % angegeben. Die primäre Enuresis tritt etwa zweimal häufiger auf als die sekundäre. Die Frequenz des Einnässens ist dabei unterschiedlich (Steinhausen 1996, S. 186).

Enuresis ist eine der häufigsten psychosomatischen Erkrankungen im Kindesalter. Für die Altersgruppe der Fünfjährigen wird eine Häufigkeit von 10–20 %, bei Zehnjährigen 3–5 %, bei Zwölf- bis Vierzehnjährigen noch 2 % und im Erwachsenenalter immerhin noch 1 % angegeben. Bis zum Alter von 5 Jahren ist die Geschlechterverteilung noch ausgewogen. Im Alter von 11 Jahren sind Jungen doppelt so häufig betroffen. Die Enuresis diurna ist bei Mädchen ausgeprägter. Während der Pubertät kommt es meist zur Spontanremission (Eggers 1994, S. 264; Remschmidt 2000, S. 126).

Störungen der Ausscheidungsfunktionen werden in der ICD-10 den Verhaltens- und emotionalen Störungen mit Beginn in der Kindheit und Jugend (F 98) zugeordnet.

> F98.0   nichtorganische Enuresis

Theorie des Einnässens

Eine gute Zusammenfassung psychoanalytischer Theorien zum Einnässen im historischen Kontext des letzten Jahrhunderts findet sich bei Schmid-Boß (2005).

Das Einnässen ist eine psychosomatische Störung, der unterschiedliche Konflikte zugrunde liegen können. Die primäre Enuresis ist häufig eine Entwicklungsstörung. Das Kind weigert sich unbewusst, in seiner Ent-

wicklung fortzuschreiten, Separations- und Autonomiekonflikte bestehen. Auf der ödipalen Ebene wird Kastrationsangst, Angst vor Rivalität und eine Geschlechtsidentifikation mit dem gegengeschlechtlichen Elternteil abgewehrt. Häufig sind einnässende Kinder sogenannte Nesthäkchen und werden von den Müttern als Ehepartnerersatz gebunden (Haar 1986). Das Mädchen wirbt phallisch um die Mutter, während der Junge in weiblicher Identifikation massive Kastrationsängste abwehren muss.

Dolto (1973) sieht im Symptom des Einnässens ein Stagnieren oder eine Rückkehr zur urethral-sadistischen Phase, die der phallischen vorausgeht. Masturbationen oder diesbezügliche Fantasien sind verboten, und es entsteht eine erotisierte sadomasochistische Abhängigkeit zur Mutter. Bei einnässenden Mädchen fällt auf, dass sie offen, häufig und exzessiv masturbieren, so dass nicht selten Scheideninfektionen entstehen. Das Eincremen der Scheide durch die Mutter kann unbewusst als eine Form sexueller Kontrolle durch die Mutter verstanden werden. In einem sadomasochistischen Abhängigkeitsdilemma kann das Mädchen nicht mit der Mutter rivalisieren und den Vater zum Liebesobjekt nehmen. Jungen zeigen meist ein unsicheres, weiches, mädchenhaftes Gehabe oder brüske Ablehnung von Zärtlichkeit und betont männliches Verhalten. Oft zeigen die Väter entweder narzisstisch abwertendes Verhalten ihren Söhnen gegenüber, oder sie sind durch Schläge und Gewalt gefürchtete und somit als kastrierend erlebte Väter (▶ Kap. I.4, Fallbeispiel Florian). Der einnässende Junge ist verhaftet in einem Streben nach passiver Verführung des gleichgeschlechtlichen Elternteils, er kann nicht ödipal rivalisieren, leidet unter Kastrationsangst und Selbstbestrafungstendenzen für sein libidinöses Verhalten. Der Ödipuskomplex ist nicht überwunden, daher die Regression. Die Kastrationsangst des einnässenden Kindes kann von äußeren oder verinnerlichten Drohungen kommen, aber auch von der Angst, die entsteht, wenn das Kind wahrnimmt, dass libidinöse Triebe »ambisexuiert« (Dolto 1973, 135 ff.) sind, und die praktische Anpassung an die Realität es notwendig macht, dass es sich gemäß dem männlichen oder weiblichen Geschlecht verhalten muss. Die Enuresis kann bedeuten, dass das Kind sich unbewusst weigert, groß zu werden, um nicht auf diese »ambisexuellen« Vorrechte verzichten zu müssen.

Die Enuresis des Knaben ist nach Dolto doppelt determiniert: Sie ist der aggressive Protest angesichts der Drohung sexueller Verstümmelung und zweitens Ersatz der phallischen Masturbation nach dem urethral-sadistischen regressiven Modus. Am Fallbeispiel Alain (ebd., S. 228 ff.) zeigt Dolto, dass mit der Lösung ödipaler Ängste und der männlichen Identifikation, Alain ging mit Unterstützung der Mutter und gegen den Widerstand des Vaters schließlich zu den Pfadfindern, die Symptome der Enuresis verschwanden. Beim Mädchen drücken nach Dolto die Symptome die Weigerung aus, die Abwesenheit eines Penis hinzunehmen. Der Harndrang dient der Rache gegen die phallische Mutter. Indem Claudine (ebd., S. 267 ff.) sich am Ende der Therapie eine Handtasche als Symbol für das weibliche Genital malte – wie die der Mama nur kleiner –, entscheidet sie sich für die Weiblichkeit. Vorher hatte sie auf den Zeichnungen im Gegensatz zu ihrem Bruder »nichts«.

Auf der ödipalen Ebene spielen Kastrationsangst und Penisneid, Angst vor dem Gewahrwerden des eigenen Geschlechts, Angst vor ödipaler Rivalität und eine daraus folgende Störung der Identifikation mit dem gleichgeschlechtlichen Elternteil in der Genese der Enuresis eine Rolle. Da zum Symptom gehört, dass die Kinder nicht, wie oft vermutet, im Tiefschlaf einnässen und noch dazu im vollen Strahl, erscheint das Symptom als eine Kompromissbildung zwischen phallischer Aggression – auch im Tierreich markieren die Männchen mit dem Urin ihr Revier, kleine Kinder erlangen phallische Potenz über das Wettpinkeln im Spiel – und Selbstbestrafung in Form beschämender Selbstkastration. In sadomasochistischer Weise übernimmt ein Erwachsener die Kontrolle über das Geschlechtsorgan. Die autonome Kontrolle über das Geschlechtsorgan wird verwehrt.

In der Gegenübertragung ist diese sadoma-sochistische Beziehung deutlich zu spüren. Im Rahmen einer Supervision erzählte ein Pädagoge aus einer Heimsituation, dass er die Aufgabe hatte, nachts die Klingelhose eines 12-jährigen Mädchens zu kontrollieren. Er wechselte jede Nacht die Windeln des Mädchens und war wütend über die Erfolglosigkeit seiner Bemühungen. Die Sexualisierung in dieser Situation war für ihn nicht spürbar. An deren Stelle spürte er heftige Aggression gegen das Mädchen, das »einfach nicht sauber wurde«.

Hinter dem Machtkampf steht die verdrängte, vielleicht im Sinne von McDougall verworfene Sexualität. Der Kampf um sexuelle Autonomie wird über das Symptom Einnässen verschleiert, Sexualität darf nicht psychisch repräsentiert sein. Oft haben die Mütter einnässender Mädchen unserer Beobachtung nach eine sexuell problematische Beziehung zum Ehemann, oder Sexualität ist in besonderer Weise tabuisiert. Im Jugendalter endet in der Regel das Einnässen, da sich sexuelle Ängste nicht mehr über die psychosomatische Abwehr lösen lassen. Triebdruck und Scham werden zu groß, die psychische Repräsentation lässt sich nicht weiter verwerfen oder verleugnen.

Calef u. a. (1980) sehen die zentrale Dynamik des Einnässens in einer Ich-Spaltung, die der Spaltung in der Perversion entspricht. Bei enuretischen Jungen fanden Calef u.a heftige Kastrationsängste. Diese Kastrationsängste äußerten sich in der Angst vor Verlusten jeglicher Art, etwa durch ein Verleugnen, dass bei Abbildungen Dinge fehlten oder dass Teile des Körpers verloren gehen könnten, zum Beispiel beim Hörverlust. Dahinter sehen Calef u. a. die Angst vor dem Gewahrwerden sexueller Differenzen bei Mann und Frau. Das Urinieren ist dann eine fetischistische Erfahrung, wobei der Urinstrahl selbst das fetischistische Objekt zu sein scheint (ebd., S. 298), er kann allerdings auch eine Ersatzbefriedigung für Masturbationen darstellen.

Beim Einnässen ist ein ödipaler Sieg in eine Niederlage verwandelt worden, um Schuldgefühle zu befriedigen. Die Scham und Abwertung, die einnässende Kinder beim Kontrollverlust des Einnässens erleben, verbirgt als Selbstbestrafung den ödipalen Konflikt.

Dieser Entwicklung geht voraus, dass einnässende Kinder nicht offen Lust empfinden dürfen, Masturbationen als Ungehorsam erlebt werden. Masturbation wird mit Ungehorsam und katastrophalen Konsequenzen assoziiert. Um die Unterwerfung zu gewährleisten, wird auf Kosten der Realitätsprüfung eine Ich-Spaltung vorgenommen, deren Folge eine Konfusion zwischen Schlaf- und Wachzustand, real und unreal ist. Fantasien können dann wie real erscheinen, eine archaische unintegrierte Art des Denkens tritt in Erscheinung, welche wiederum als struktureller Mangel bezeichnet werden kann.

Wenn wir diese Annahmen mit Goldbergs (1998) Sicht der perversen Abwehr vergleichen, dass in der Perversion eine Sexualisierung vorgenommen, d. h. eine sexuelle Besetzung einer nicht-sexuellen Funktion vorgenommen wird, mit dem Ziel der Minderung von Angst oder Vermeidung schmerzhafter Affekte, verbunden mit dem Vorliegen eines strukturellen Mangels und einer vertikalen Spaltung des Ich mit einem Nebeneinander unbewusster Ich-Anteile anstelle der horizontalen Spaltung in bewusst und unbewusst, so ist unserer Betrachtung nach streng genommen die Enuresis eine Mischung aus perverser Abwehr, nämlich der Sexualisierung des Urinierens, um einen strukturellen Mangel zu verleugnen, aber auch eine psychosomatische Störung, da im Gegensatz zur perversen Lösung das Sexualisierte unbewusst bleibt. Von der Konversion unterscheidet sie sich durch die Qualität der Kastrationsangst. Bei der Konversion geht es um eine ödipale Angst, für ödipale Wünsche bestraft zu werden, während es bei der Enuresis um eine archaischere Angst im Sinne von McDougall (1998) geht, bei der Ängste, Teile des Körpers zu verlieren, mit extremen Verlustängsten vermischt werden.

Betrachten wir psychosomatische Störungen auch als Ausdruck archaischerer Konflikte, so ist der Autonomie-Abhängigkeitskonflikt und die Selbstentwicklung der Kinder bedeutsam. Die frühe Familiensituation einnässender Kinder wird sehr unterschiedlich beschrieben. Haar (1986) gibt an, dass in der frühen Entwicklung einnässender Kinder diese oft einem Wechsel von Verwöhnung und Vernachlässigung ausgesetzt waren. Während der Sauberkeitserziehung im 2. und 3. Lebensjahr gab es wenig aktive Bemühungen von Seiten der Eltern um die Sauberkeitserziehung des Kindes. Die Eltern zeigten keine Grenzen setzende Haltung gegenüber dem Kind. Unsicherheit, Inkonsequenz, Ambivalenz und Willkür gegenüber dem Kind seien vorherrschend gewesen. Die auslösende Situation des Einnässens sind oft Trennungen der Eltern, die Geburt eines Geschwisterkindes oder andere reale Veränderungen der Familienbeziehungen. Binét (1979) beschreibt die Familien einnässender Kinder als gekennzeichnet durch eine inadäquate Einmischung der Eltern auf die Triebbedürfnisse der Kinder, also ein zu früher und zu rigider äußerer Zwang, der die Selbstkontrolle des Kindes behindert, das Kind erlebt widerstreitende Tendenzen. Zudem bestehe in den Familien eine Vermischung der Generationen, eine gewisse Strukturlosigkeit.

Die anale Selbstkontrolle steht prototypisch für die Loslösung und Individuation des Kindes aus der symbiotischen Beziehung zur Mutter. Eine rigide, enge symbiotische Verwöhnung der Kinder schwächt diese in ihrem Streben nach Autonomie. Verstehen wir die verschiedensten konventionellen Therapieversuche als agierte Gegenübertragungsreaktion – Diäten, wie beispielsweise nach 16 Uhr nichts mehr zu trinken, Klingelmatratze und Klingelhose etc. – so ist ein Schwächen der Selbstkräfte des Kindes und in der Regel ein Verstärken der Ambivalenz der Mutter gegenüber zu spüren. Es entsteht mit zunehmendem Alter ein Autonomiekampf mit der Mutter, der sich meist direkt um das Einnässen dreht. Die Eltern fordern wütend Eigenständigkeit und das Kind hat das Gefühl, ungenügend zu sein. Offener Protest ist bei den Kindern selten. Haar (1986) beschreibt den Grundkonflikt des einnässenden Kindes als ein Gegeneinander von unterwerfender Hingabe und Autonomiestreben. Folglich ist die Selbst-Objekt-Abgrenzung der Kinder unzureichend. Binét (1979, S. 1114) spricht von einer schwachen Ich-Abgrenzung und Störung der Selbstregulierungsfunktion, ein Konflikt zwischen Anklammerung und Loslösung, Selbständigkeit und Abhängigkeit. Enuresis ist bei Binét ein Konflikt zwischen Individuation und regressivem Überfließen des Ich. Vielleicht können wir dies als ein Erleben »eines Körpers für zwei« (McDougall) verstehen, der über das Einnässen etwas verwirft, das nicht in Sprache ausgedrückt werden darf: Autonomie und ödipale Triebentwicklung.

Ein anderer Aspekt der Enuresis bezieht sich auf die Beobachtung, dass Enuresis ein sehr häufiges Symptom bei Heimkindern ist, d. h. ein Hospitalismussymptom. Das häufige Vorkommen der Enuresis bei Heimkindern erklärt Binét (1979) mit der langsameren Entwicklung von Ich-Grenzen bei Heimkindern, weshalb diese leichter mit Regression und einem Verhaften in Partizipation reagieren anstelle von Autonomieentwicklung. »Die Enuresis der im Heim lebenden Kinder ist vermutlich eine schwache Revolte gegen die Fusion mit wenig geliebten und häufig wechselnden Personen, ein hoffnungsloser Kampf um persönliche Autonomie. Insofern ist sie auch ein Versuch der Selbstheilung« (ebd., S. 1124).

Bei Heimkindern kann das Symptom vielleicht auch Ausdruck der gegen das Selbst gewendeten Aggression gegen die Eltern sein, die das Kind ins Heim schickten und somit sicher heftige Aggression auslösten. Die Aggression gegen die abwesenden Eltern läuft ins Leere, wie der Urin. Ein anderer Aspekt scheint uns, dass im Heim oft ältere Jungen die Rolle des bedrohlichen, kastrierenden Vaters übernehmen. Oft haben gerade die jüngeren und schwächeren Jungen Angst vor den Älteren und müssen sich quasi weiblich (im negativen Ödipuskomplex) einer rigiden Hackordnung unterwerfen. Zu den Unterwerfungsritualen gehört dann etwa das In-der-Gruppe-Stehlen-Gehen, Rauchen und andere Männlichkeitsbeweise. Auch sexueller Missbrauch der jüngeren Kinder durch ältere Jungen ist im Heim eine Bedrohung. Die Angst vor den bedrohlichen Älteren äußert sich dann in Kastrations- und anderen Ängsten. So ist es unserer Erfahrung nach nicht selten, dass Jungen mit Einweisung in die Einrichtungen der Erziehungshilfe plötzlich mit dem Einnässen anfangen.

Zusammenfassung

Das Einnässen des Kindes ist ein vielschichtiges psychosomatisches Symptom. Die Phase der Loslösung und Individuation erscheint mangelhaft gelöst, die Kinder bleiben in der Beziehung zur Mutter verstrickt, oft vermischen sich Generationsgrenzen und sowohl der Junge als auch das Mädchen übernehmen die Rolle eines Ersatzelternteils. Ödipales Rivalisieren, Autonomie und die Geschlechtsidentifikation misslingen, es kommt zur Regression auf eine sadomasochistische Beziehung, meist zur Mutter. Das Urinieren kann auch im Sinne einer perversen Abwehr gedeutet werden, wobei der sexualisierte, phallische Urinstrahl Kastrations- und Körperverlustängste abwehrt. Sexuelle Differenzen müssen verleugnet werden.

Gerade die konventionellen Therapieverfahren und spontanen pädagogischen Reaktionen spiegeln diesen Kampf um Autonomie wider. Im präödipalen Kampf zwischen Unterwerfung und Autonomie scheint ein anderer Konflikt verleugnet oder verworfen zu werden: Der zwischen sexueller Autonomie, Aggression und Kastrationsangst mit der Möglichkeit der Identifikation mit dem gleichgeschlechtlichen Elternteil.

Fallbeispiel »Sabine«

Sabine war fünfeinhalb Jahre alt, als sie mir wegen ihres nächtlichen Einnässens vorgestellt wurde. Tagsüber war das Mädchen nach Aussagen der Mutter seit ihrem zweiten Lebensjahr trocken. Während eines Urlaubs wollte Sabine, dass die Windeln tagsüber weggelassen würden, was rasch zum gewünschten Erfolg führte. Als Sabine dreieinhalb Jahre alt war, wollte sie auch nachts keine Windeln mehr tragen, doch erbrachte das dieses Mal kein Ausbleiben der nächtlichen Missgeschicke. Sabine nässte weiterhin jede Nacht ein. Regelmäßig wachte sie nachts gegen zehn Uhr aus einem Angsttraum auf, mochte dann nicht mehr alleine schlafen und schlüpfte ins Bett der Eltern, in welchem sie – zumeist gegen Morgen – nochmals deutlich ihre Spuren hinterließ. In ihren Träumen, die sie in der Regel den Eltern erzählte, versuchten zumeist Wölfe oder Füchse nach dem Mädchen zu schnappen. Tagsüber wollte Sabine ihre nächtlichen Traumbilder ständig spielerisch darstellen, wobei sie die Rollen an sich und die Mutter verteilte.

Nach Aussagen der Mutter, die zum ersten Gespräch alleine kam, war Sabine immer ein ausgesprochen liebes Kind. Auffällig bei Sabines Entwicklung war, dass sie im ersten Lebensjahr heftig fremdelte, keine Trotzphase hatte und mit etwa drei Jahren über längere Zeit stotterte.

Die Mutter war Erzieherin, arbeitete seit einem Jahr wieder morgens in einem Kindergarten. Sabine und die Mutter pflegten ein überaus inniges Verhältnis. Das Mädchen verbrachte den ganzen restlichen Tag mit der Mutter, bastelte mit ihr, ließ sich von ihr vorlesen und machte mit ihr begeistert die schon erwähnten Rollenspiele. Am liebsten spielte sie selbst die Prinzessin, die Mutter musste der Prinz sein und sie wollte die Mutter heiraten. Mit anderen Kindern kam Sabine allerdings schlecht zurecht, denn die wollten nicht pausenlos Rollenspiele machen und das wiederum fand Sabine blöd. Der Vater führte mit einem Kollegen einen kleinen Computer-Software-Handel, arbeitete viele Stunden in der Woche und war selten zu Hause. Gelegentlich beklagte er sich darüber, dass Mutter und Tochter ein solch enges Verhältnis hätten und dass die Tochter zu allem Überfluss auch noch nachts ins Bett komme. Offensichtlich störte ihn, dass für ihn selbst kaum mehr Raum in der Familie zur Verfügung stand. Als Sabine mit vier Jahren in den Kindergarten sollte, weigerte sie sich hinzugehen. Ein erneuter Versuch im nächsten Jahr klappte schließlich.

Sabine war ein Mädchen, das man gemeinhin als »süß« bezeichnet. Sie hatte eine etwas stämmige Figur, ein engelgleiches Gesicht und lange blonde Haare. Die Mutter meinte im Vorgespräch, dass sich Sabine wohl kaum von ihr trennen werde, aber Sabine ging ohne zu zaudern mit mir ins Therapiezimmer. Die Mutter reagierte hierauf überrascht, sichtlich enttäuscht, und ich spürte deutlich, dass die Mutter sich nur schwer von dem Mädchen trennen konnte. Sabine war in der Tat ein liebes, nach außen hin aggressionsfreies Mädchen, das sofort mit mir in einen spielerischen Kontakt trat. Auf meine Frage hin erzählte Sabine einen Traum. Mehrere Kinder spielten miteinan-

der. Da ist ein Wolf gekommen und wollte eines der Kinder fressen. Ein Mann kam hinzu. Das war ein Jäger und der schoss auf den Wolf. Allerdings habe er nicht den Wolf, sondern einen Jungen getroffen, der bei den Kindern war.

Eine analytische Psychotherapie war für dieses Mädchen mit seinen ausgesprochen kreativen Fähigkeiten, aber auch wegen seiner lebhaften Fantasie, genau das Richtige, und Sabine kam von jetzt an begeistert zu den therapeutischen Sitzungen. Hier nutzte sie alles, was da war, malte, tonte und bastelte so wie zu Hause mit ihrer Mutter und stellte eindrücklich ihre aktuellen Probleme und unbewussten Konflikte dar. Zwischen uns beiden entwickelte sich eine harmonische Beziehung, von keinem Missklang gestört, so wie sie – vordergründig – zwischen ihr und der Mutter bestand. Tatsächlich war während dieser ersten Phase nichts Aggressives zu spüren, weil jeder den anderen in Watte hüllte und nicht verletzen wollte. Dann begann ich langsam zu spüren, wie Sabine mit mir regelrecht zu kokettieren begann, mich mit ihren dunkelbraunen Augen anfunkelte und gelegentlich verschämt lächelte. Sie putzte sich zu den Stunden richtiggehend heraus. Im Gespräch erfuhr ich von der Mutter, dass sie ständig an ihre Stunden dachte und über sie sprach. Schon lange vorher überlegte sie, was sie wohl anziehen würde. Ich hätte das in dieser Intensität nicht für möglich gehalten, aber zwischen uns beiden entfaltete sich eine ausgesprochen erotische Spannung, und ich spürte, wie Sabine um mich warb und mit mir zu flirten begann. Dabei war das Mädchen gerade sechs Jahre alt geworden. Ich fragte mich, wie das weitergehen sollte.

Inzwischen hatte sich der Ärger des Vaters verschoben. Anfänglich hatte er immer wieder über die Mutter geschimpft, dass deren Verhältnis zu Sabine so eng sei, dass sie zu wenig streng zu dem Mädchen sei und zu wenig fordern würde. Mittlerweile war ich in sein Visier geraten. Offenkundig hielt er

Sabines Beziehung zu mir für zu eng, und er versuchte, einen kräftigen Keil hineinzutreiben. Sabine suchte sichtlich ihre ödipalen Wünsche mit mir auszuleben, weil es mit dem Vater bislang nicht geklappt hatte und mit der Mutter doch nicht so viel Spaß machte. Der Vater war bislang ständig abwesend, zum anderen hatte die Mutter ein engeres Verhältnis auch nicht zugelassen. Jetzt begann er sich intensiv um seine Tochter zu bemühen, und es entstand eine viel innigere Beziehung als zuvor. Sabine hatte jetzt den Vater, und der hatte sie entdeckt.

Es war aber keineswegs so, dass darum Sabines Kokettieren und Werben weniger wurde, ganz im Gegenteil. Die Atmosphäre während der Stunden war intensiv erotisch aufgeheizt. Sabine bastelte und werkte, machte Rollenspiele, erzählte Träume, lieferte Material und tat alle jene Dinge, welche einem Therapeuten gefallen. Zu Hause sprach sie in einem schwärmerischen Ton von mir, wobei die Eifersucht des Vaters immer größer wurde. Auf dem Höhepunkt jener erotischen Übertragung brachte mir Sabine ein Herz, das sie zu Hause für mich gebastelt hatte. Im Inneren des Herzens hatte sie sich selbst als Prinzessin und mich als ihren Prinzen gemalt. Dieses Herz schenkte sie mir und wünschte, dass ich es im Praxiszimmer aufhängen solle. Alle sollten von ihrer Eroberung wissen. Ich besprach mit ihr, dass ich das nicht tun könnte, weil ich nicht wollte, dass andere Kinder und Eltern erführen, was sie mir während der Therapie über sich mitteilte. Ich spürte, dass ich sie damit kränkte und das Aufrechterhalten des Rahmens fiel mir an jener Stelle schwer.

Die Sommerferien kamen, und Sabines Mutter erzählte mir später, dass das Mädchen die Tage gezählt hatte, bis sie endlich wieder zu mir kommen konnte. Sabine kam zur ersten Stunde, erzählte stolz, dass sie demnächst in die Schule gehen würde und brachte mir ein kleines Geschenk mit. Ich stellte fest, dass mir Sabine ebenfalls gefehlt hatte und, dass ich mich auf das Wiedersehen freute. Natürlich wusste ich, dass es bereits bei kleinen Mädchen zu heftigen erotischen Gefühlen kommen kann. Eine derart sinnliche Spannung, eine solch flirrende Atmosphäre hatte ich jedoch bislang mit keinem Kind erlebt. Vor allem staunte und erschrak ich über meine Gegenübertragung, die mich zunehmend irritierte. Sabine schaute mich mit ihren strahlenden dunkelbraunen Augen an und meinte beiläufig, ich sollte mich einmal zu ihr herunter bücken, weil sie mir etwas sagen müsste. Ich tat das folgsam, im gleichen Augenblick stürzte sich Sabine auf mich, gab mir einen schmatzenden Kuss auf die Backe und biss mich liebevoll. Jetzt erschrak ich doch sehr über die Vehemenz des Begehrens dieses kleinen Mädchens, und ich zuckte zurück. Es war nicht zu übersehen, Sabine hatte sich in mich verliebt. Ich ließ diese Sitzung von einem Kollegen supervidieren.

Mittlerweile hatten sich die meisten Probleme Sabines verändert. Sabine war selbständig geworden, hatte Kontakte zu anderen Kindern geknüpft, begann in der Schule, wie nicht anders zu erwarten, fleißig mitzulernen und war hell begeistert vom Unterricht. Sie nässte nicht mehr regelmäßig ein. Trotzdem blieb das Einnässen bestehen und bildete sich nicht vollständig zurück. Schließlich erkrankte Sabine an einer Grippe, konnte vierzehn Tage nicht zur Therapie kommen und danach setzte eine heftige Phase von Widerstand ein, weil sie sich mit einem Mal weigerte, noch zu »diesem blöden Menschen« zu gehen. Sabine klammerte sich wieder an die Mutter, nässte verstärkt ein und alles schien so, wie zu Beginn unserer Behandlung geworden zu sein. Die Eltern sprachen mit mir darüber, ob wir nicht die Therapie beenden sollten, da sie augenscheinlich nicht zu dem erhofften Ziel geführt habe. Ich bestand darauf, dass wir weitermachten und dass die jetzige Phase des Widerstands durchgestanden und durchgearbeitet werden müsse. Bald kam es wieder zu den alten Liebesbeweisen, aber die Beziehung war von nun an ambivalent. Sabine mochte mich, flirtete immer wieder mit mir, doch auf der anderen Seite wurde ich gedemütigt, entwertet, verachtet und kontrolliert. Ich musste ausführen, was Sabine anordnete und wenn ich mich ihren Anweisungen entzog, kam es zu wütenden Auseinandersetzungen bis hin zu wüsten Drohungen. Das Einnässen schwankte wiederum, doch es verschwand wieder nicht und das bereitete mir Sorgen, weil ich mir das psychodynamisch nicht erklären konnte.

Wiederum wollte der Vater die Therapie abbrechen. Er hatte sich in den vergangenen Monaten wieder stärker entzogen und reagierte mit unverhohlener Eifersucht auf mich. Wenig später wünschte die Mutter ein Gespräch mit mir, zu welchem sie allein kam, wie zu Beginn der Therapie. Jetzt verriet sie ein Geheimnis, teilte mir mit, was bislang niemand wusste. Die Ehe bestand letztendlich schon lange nicht mehr, seit Sabines Geburt hätte der Vater nicht mehr mit der Mutter geschlafen und sich all ihren Annäherungen entzogen. Die Mutter konnte sich nicht erklären, warum dies so war, weil sich der Vater auch weigerte, mit ihr darüber zu sprechen. Sie hatten bereits beschlossen, sich zu trennen, wollten aber wegen Sabine zusammenbleiben. Natürlich wurde mir jetzt klar, warum Sabine ihr Einnässen nicht (ganz) verlieren konnte, weil sie ja mit ihrem Symptom neben dem regressiven Vermeiden von Ödipalität auch die Eltern zusammenhielt. Sabine erkannte, dass es eine Möglichkeit war, die Macht über die Familie, vor allem über das Fortbestehen der Familie, zu behalten. Eine Pattsituation war eingetreten, das jetzige Symptom war ein Kompromiss nach allen Seiten – auch im Hinblick auf mich. Verlor sie ihr Symptom ganz, würden sich die Eltern trennen. Sollten die Eltern wenigstens zum Schein zusammenbleiben, musste Sabine weiterhin einnässen, denn eine neuerliche Annäherung der Eltern aneinander erschien mittlerweile unmöglich. Aus

dieser Angst heraus hatte sich Sabine bestmöglich entwickelt, alle Konflikte schienen gut bewältigt, jedoch ihr Einnässen musste sie partiell beibehalten, um das Weiterbestehen der Familie zu sichern.

Interpretation

Psychodynamik

Sabines Mutter hielt ihre Tochter in einer innigen Beziehung, ja sie wurde sogar zum Partnerersatz. Der abweisende Vater zog sich zurück, die enttäuschte Mutter klammerte sich verstärkt an die Tochter, der es darum nicht gelingen konnte, ödipales Niveau zu erreichen. Hinzu kam, dass der Vater ebenfalls tief deprimiert war, fühlte er sich doch mittlerweile ausgeschlossen, so dass er sich nicht mehr ausreichend um seine kleine Tochter kümmerte, sie nicht liebevoll sah und umwarb. Dies führte dazu, dass die Mutter zum begehrten Liebesobjekt wurde, was in den fortwährenden Rollenspielen zum Ausdruck kam. Die unterschwellige Wut auf die Mutter konnte sich nicht als normaler Trotz entladen und machte sich in Gestalt von Füchsen und Wölfen im Traum bemerkbar.

Die gesamte Therapie zeigt, wie sehr sich das Unbewusste mit Sexualität auseinandersetzte, das psychosomatische Symptom aber dazu führte, dass über das Einnässen, nicht über Sexualität gesprochen wurde. Sexualität barg ein Familiengeheimnis. Die Mutter konnte erst gegen Ende der Therapie darüber sprechen, dass ihr Mann sich sexuell verweigert und nicht darüber sprechen kann. Dieses Geheimnis übertrug Sabine in der Therapie. Sie schenkte dem Therapeuten ein Herz. Dieser erschrak und machte ein Geheimnis daraus. Das Herz sollte niemand sehen. Wie im Fallbeispiel Jennifer (▶ Kap. II.2), die ebenfalls einnässte, gab es auch hier eine hochgradig tabuisierte, sexuell abweisende Beziehung zwischen Vater und Mutter und eine erotisierte Beziehung zwischen Mutter und Tochter.

Sabine lebte im inneren Konflikt, sich dem Vater nicht zuwenden zu dürfen, die Mutter als phallisch begehrtes Objekt zu wählen, wobei diese Beziehung aber immer von unterdrückter Aggression (den Füchsen und Wölfen) bedroht war. Auch das Stottern (▶ Kap. VII.2) zeugt von einer heftigen Aggressionsproblematik, die unbewusst bleiben muss. Sabine konnte sich nicht von der Mutter abgrenzen, ihr fehlte der Vater zur Triangulierung.

Im Initialtraum des Mädchens erschießt der Therapeut anstelle des Wolfes den Jungen, vielleicht ein Selbstbild des phallisch identifizierten Mädchens, das seiner Triebhaftigkeit wegen fürchtet, bestraft zu werden. Kastration heißt im Unbewussten des Mädchens, vernichtet zu werden. Der Traum vom Jäger macht zudem deutlich, dass der Vater als triangulierendes und ödipales Objekt nicht zur Verfügung stand. Hatte er doch nicht den Wolf, sondern den kleinen Jungen getötet (nicht den Trieb, sondern das Selbst des Kindes). Der nächtliche Urinstrahl sichert im Sinne einer perversen Abwehr die phallische Identifikation, die auch der Abgrenzung zur Mutter dient.

> **Diagnose:**
>
> **F98.0 nichtorganische Enuresis**

Die therapeutische Arbeit

All jene libidinösen Gefühle, die etwas halbherzig auf die Mutter gerichtet waren, wurden mit einem Mal auf den Therapeuten übertragen. Dies wiederum ließ den Vater eifersüchtig werden, er bemühte sich um die Tochter, so dass die ödipale Entwicklung endlich eintreten konnte. Indem Rivalität, damit auch Aggression, zugelassen wurde, konnte Sabine sich von der Mutter abgrenzen. Allerdings wurde die erotische Übertragung so heftig, spitzte sich diese bis zur Szene, in der Sabine dem Therapeuten das Herz schenkte, regelrecht zu. Auch er machte erschrocken ein Geheimnis daraus. Der Schreck und die Angst über die Triebhaftigkeit des Mädchens, wie ihn diese wohl selbst erlebte, konnte sich so darstellen, einen Ausdruck finden, musste nicht weiter verworfen werden. Bezeichnenderweise fiel es dem Therapeuten schwer, in diesem Moment den Rahmen aufrecht zu erhalten, d. h. er fürchtete, dass das Triangulierende verloren geht und er von der inzestuösen Nähe überschwemmt wird. Aber er hielt den Rahmen aufrecht und hielt die Schuldgefühle, mit seiner Zurückweisung das Mädchen narzisstisch zu kränken, aus. Vielleicht war dies auch ein Missverständnis des Vaters, das sich hier in der Übertragung widerspiegelte.

Nach der Unterbrechung durch die Grippe, vermutlich einer psychosomatischen Reaktion, und damit dem Erleben von Trennung, konnte Sabine selbst ihrer Aggression in narzisstischer Abwertung Ausdruck geben. Damit flossen jetzt auch negative Übertragungen in die Beziehung zum Therapeuten. Die nicht bewältigte Wiederannäherungsphase, der damals ausgebliebene Trotz, kamen in das therapeutische Geschehen und der Therapeut wurde sowohl Liebes-, aber vor allem auch Hassobjekt. Sabine versuchte ihn zu kontrollieren, um Abhängigkeit zu vermeiden, wollte ihn aber gleichzeitig für sich behalten. Indem sein Wert als Objekt herabgewürdigt wurde, konnte sie ihre Abhängigkeit von ihm besser ertragen. Das Einnässen wurde seltener, aber es konnte nicht ganz verschwinden, denn es war auch ein Medium, um die Eltern zusammenzuhalten. Jetzt kam es somit darauf an, die Paardynamik zu verändern, um die Symptomatik völlig verschwinden zu lassen.

In dieser Therapie wird sehr deutlich, wie leidenschaftlich ödipale Prozesse und die korrespondierenden Übertragungs- und Ge-

genübertragungsprozesse sein können und wieviel Fähigkeiten zur Reflexion und Notwendigkeit zur Distanzierung dieser Umstand vom Therapeuten erfordert. Die Therapie bietet aber die Chance, das als Geheimnis Verworfene (McDougall) auszudrücken und der sprachlichen Bearbeitung zugänglich zu machen.

5 Einkoten (Enkopresis)

Wie beim Einnässen unterscheidet man auch beim Einkoten zwischen primärem und sekundärem Einkoten. In der Altersstufe der 7- bis 8-jährigen Kinder ist das Einkoten bei schätzungsweise 1,5 % der Kinder verbreitet, wobei das Symptom bei den Jungen wesentlich häufiger vorkommt mit einer Geschlechterverteilung von 2,3 % zu 0,7 %. Bei den 10- bis 12-Jährigen koten noch ca. 1,3 % der Jungen und 0,3 % der Mädchen ein. Eingekotet wird meist in die Unterwäsche, gelegentlich auch in die Wohnräume. Es kann auch mit Kotschmieren verbunden sein. Im Gegensatz zum Einnässen geschieht das Einkoten meist tagsüber (Remschmidt 2000, S. 129; Knölker u. a. 2000, S. 342).

Das Einkoten tritt häufig zusammen mit Einnässen auf. Bei 47 % der Kinder mit primärer Enkopresis und bei 24 % der Kinder mit sekundärer Enkopresis (Schmid-Boss 2005, S. 334 f.) liegt auch Einnässen vor. Einkoten tritt als Symptom nach dem 16. Lebensjahr nur noch selten auf (ebd., 344).

Nach der ICD-10 wird klassifiziert:

F98.1   nichtorganische Enkopresis

Als wesentliches diagnostisches Merkmal wird in der ICD-10 die unangemessene Platzierung von Faeces genannt. Sie tritt als Folge unzureichenden Toilettentrainings auf, als psychologisch begründete Störung sowie als Ergebnis von Auseinandersetzungen zwischen Eltern und Kind beim Darmtraining, etwa durch Zurückhaltung des Stuhls wegen schmerzhafter Defäkation.

Theorie des Einkotens

Das Einkoten ist bisher psychoanalytisch wenig untersucht. Eine gute Zusammenfassung bisheriger Ansätze findet sich bei Schmid-Boss (2005).

Im Grunde beschränkt sich das Verständnis auf eine triebtheoretische Erklärung. Der Stuhl als anales Produkt wird psychisch über die Entwicklungsreihe Brust-Kotsäule-Penis (Jones 1928; 1933) repräsentiert. So können Kastrationsängste regressiv über das Festhalten der Kotsäule abgewehrt werden, aber auch ein traumatischer Verlust der Mutterbrust und der damit verbundenen Sicherheit kann über den Umgang mit der Kotsäule reaktiviert und reguliert werden. Das Kind erfährt im Umgang mit seinem Kot Ambivalenz, es freut sich über sein Produkt, erfährt aber auch die Abwertung des Produktes in der Ekelreaktion der Umwelt. Die Ekelreaktion der Umwelt führt zur Intensivierung von Schamkonflikten, verstärkt die Selbst-Objektabgrenzung und Autonomie.

Häufig beginnt das Symptom Einkoten nach einer länger bestehenden Obstipation. Das Kind hält den Kot zurück und kann diesen irgendwann nicht mehr kontrollieren. Das Einkoten beginnt. Kinder mit Obstipation zeigen häufig phobieartige Angstanfälle, binden im Spiel alle Spielsachen zusammen, damit diese nicht auseinander fallen. Sie klammern sich angstvoll an die Mutter. Hier zeigt sich die unzureichende Körperintegration dieser Kinder. Die Defäkation gefährdet das sich bildende Körperschema. Sie fürchten, mit der Defäkation Teile des Körpers bzw. die Mutter selbst zu verlieren. Die Defäkation reaktiviert die Erfahrung des Verlustes der Mutter. Nach McDougall (1998) sind solche Körperängste Grundlage der psychosomatischen Reaktion.

Das einkotende Kind ist tief regrediert, es spürt die Angst nicht mehr, es hat scheinbar aufgegeben, gegen seine Verlustangst anzukämpfen. Stuhlinkontinente Kinder fallen durch eine apathische Selbstaufgabe auf. »Das Kind wird von einem Separationstrauma oder einer entsprechenden Traumaserie betroffen, muss die Trennung von der Mutter hilflos und erniedrigt ertragen. In dieser Situation trifft es der Befehl, sich zu schämen, und dieser Befehl fixiert die Selbstaufgabe und das Symptom. Das Kind fühlt sich dann ausgeliefert und gedemütigt … Die Enkopresis erweist sich so als Symptom eines Sich-selbst-Aufgebens« (Binét 1979, S. 1116 f.).

Binét sieht die Ursache der Störungen der Sphinkterkontrolle in einem zu früh einsetzenden äußeren Zwang, der die Entwicklung der Selbstkontrolle behindert. Alle Mütter der Kinder mit Obstipation wandten ihrer Erfahrung nach rigide Zwangsmittel an. Sie beschreibt das Erziehungsklima als gewalttätiges, sich in die Angelegenheiten der Kinder einmischendes Verhalten. Während das einnässende und den Stuhl anhaltende Kind noch gegen den äußeren Zwang zumindest unbewusst kämpft, habe das stuhlinkontinente Kind aufgegeben. »Bei enuretischen und obstipierenden Kindern äußert

sich der Kampf der widerstreitenden Tendenzen in ihren Verhaltenswidersprüchen. Die Enkopresis hingegen entspricht der vollkommenen Subordination. Hier kommt es zu keinem Kampf, das Ich ist waffenlos« (ebd., S. 1123), und: »Die Enkopresis ist das hilflose Loslassen des verlorenen Objektes, die Obstipation das krampfhafte Sich-anklammern, das Zurückhalten des Objektes« (ebd., S. 1124).

Alle stuhlinkontinenten Kinder haben, wie dies für psychosomatische Störungen typisch ist, Schwierigkeiten, Aggression zu zeigen. Neben der Verlustangst sollten wir auch das Einkoten des Kindes als Ausdruck mangelhafter Individuation sehen, so dass Konflikte psychosomatisch über »einen Körper für zwei« (McDougall 1998) gelöst werden. Um diese innere Dynamik zu verstehen, müssen wir uns der Übertragung und Gegenübertragung zuwenden. Einkotende Kinder lösen heftige Ekelreaktionen aus, d. h. eine Aggression, die das Objekt ausspucken, exkorporieren möchte. Die Aggression der Kinder drückt sich im Geruch aus, der in den Körper des Anderen gewaltsam eindringt. Aggression wird sozusagen über gewaltsame Inkorporation und Exkorporation ausgedrückt.

An zwei Szenen aus der Sonderschule möchten wir die Heftigkeit des analen Übertragungsgeschehens aufzeigen: Robert war ein achtjähriger Schüler der Sonderschule für Lernbehinderte, der regelmäßig im Unterricht einkotete. Kaum war der Geruch spürbar, sprangen alle Schüler mit heftigen Ausdrücken wie »der Spasti soll gehen« oder ähnlichen Worten auf, hielten sich demonstrativ die Nasen zu und öffneten die Fenster. In aller Schnelle packte der Schüler seine Sachen und wurde von der Klassenlehrerin nach Hause geschickt. Seine Anwesenheit schien für alle unerträglich zu sein.

Eine andere Szene: Als Sonderschullehrerin sollte ich Vertretungsunterricht in einer mir fremden Klasse für geistig- und körperbehinderte Kinder durchführen. Als ich den

Klassenraum betrat, sprang sofort einer der Schüler auf, rannte in Blitzesschnelle im ganzen Klassenzimmer umher und hinterließ im Nu einen »Saustall«. Er warf die Blumenerde umher, schüttete den Kaffee im ganzen Zimmer aus usw. Er strahlte und ich wunderte mich über meine Reaktion. Im ersten Moment überkam mich ein lustvolles Lachen und ich spürte keine Wut, wie ich es erwartet hätte. Als ich am nächsten Tag mit der Klassenlehrerin über meine Erfahrung sprach, entschuldigte sie sich schmunzelnd, dass sie mich nicht gewarnt habe, fügte dann hinzu, dass dieser Junge keinen Schließmuskel habe. Auf diese Weise, d. h. über projektive Identifikation, kommunizierte dieser Junge mit mir über seine Erfahrungen, die er nicht verbalisieren konnte.

Lang-Langer (2005) beschreibt an einem eindrücklichen Fallbeispiel eines Jungen mit primärem Einkoten wie der Kot als unverzichtbarer Teil des Körpers erlebt wird. Gleichzeitig kann der Kot nicht kontrolliert werden, die Bindung zur Mutter, die in der Regel das Kind nach dem Einkoten wäscht, wird intensiviert. Die Ungetrenntheit zur Mutter wird wiederhergestellt. Die Mutter wird anal beherrscht und kontrolliert. Unabhängigkeit wird verleugnet und Trennung ungeschehen gemacht. Der Vater als trennender Dritter ist meist ausgeschlossen, so wie der Therapeut in die Gefahr gerät, als trennender Dritter erlebt zu werden, mit der Folge eines Behandlungsabbruchs, der nach Lang-Langer bei Kindern mit primären Ein-

koten signifikant hoch ist. Da die Kinder keinen Kindergartenplatz erhalten, aus der Schule »ausgeschlossen« werden, wie obige Szene verdeutlicht, wird das trennende Dritte immer wieder verunmöglicht oder als verfolgend inszeniert. Der Kot steht auch für die unbewusste Aggression gegen die Mutter, die verleugnet werden muss, sich aber unkontrolliert äußert.

Zusammenfassung

Der Kot kann von Kindern libidinös besetzt und als innerer und äußerer Besitz zur Körper-Selbst-Abgrenzung verwendet werden oder um durch das Einhalten und unkontrollierte Loslassen Trennung zu verleugnen.

Trennungs- und Verlusterlebnisse lösen oft die Symptomatik aus. Die Autonomieentwicklung scheitert. Der Kot kann gerade auch über die auslösende Ekelreaktion unbewusste Aggression gegen die Mutter äußern. Die Väter werden oft als fehlend oder wenig psychisch präsent beschrieben. Die Gruppe der Kinder mit Einkoten als Symptom gilt als deutlich schwerer gestört als die Gruppe der Kinder mit Einnässen. Kennzeichnend für das Einkoten ist, dass das Symptom so heftige Ablehnung und Wut auslöst, dass das Verständnis für psychische Prozesse verloren gehen kann (vgl. Schmid-Boss 2005).

Fallbeispiel »Katharina«

Katharina wurde mit sieben Jahren zur stationären Psychotherapie aufgenommen, weil alle Beteiligten ahnten, dass sie in einer Regelschule mit ihrer bizarren Symptomatik nicht tragbar sein würde. Sie war das einzige Kind ihrer Eltern, die Mutter hatte aus einer früheren Ehe noch drei erwachsene Kinder, zu denen loser Kontakt bestand. Bereits nach kurzer Anwesenheit war das Mädchen wegen seines extrem ängstlichen und unselbständigen Verhaltens im Kindergarten aufgefallen. Sie machte einen ungepflegten Eindruck, das Haar war zerzaust und ungekämmt, und sie roch vor allem stark nach Kot und Urin. Beim Elterngespräch mit den Erzieherinnen berichtete die Mutter, dass sich Katharina nicht kämmen ließe, sich auch weigere, zum Friseur zu gehen, und sie war aus den gleichen Gründen auch noch nie beim Zahnarzt gewesen. Tatsächlich waren die Zähne des Kindes erkennbar kariös und dringend behandlungsbedürftig. Katharina weigerte sich, sowohl im Kindergarten als auch zu Hause eine Toilette zu benutzen, hockte sich – wenn sie ihre Ausscheidungen nicht mehr zurückhalten konnte – in eine Zimmerecke und nässte und kotete ein. Aufforderungen, doch die Toilette zu benutzen, beantwortete sie mit heftigem, trotzigem Schreien. Den Erzieherinnen fiel auf, dass Katharina immer dann massive Rückschläge in ihrer Entwicklung zeigte, wenn sie – wie das regelmäßig geschah – alleine mit dem Vater in Urlaub gewesen war. Sie kotete und nässte dann verstärkt ein, bekam besonders heftige Wutausbrüche, wenn sie jemand berühren oder gar waschen und umziehen wollte. Katharina besaß sichtlich keinerlei Selbstvertrauen oder emotionale Stabilität. Ständig brauchte sie die Hand einer Bezugsperson. Ließ diese sie auch nur für kurze Zeit los, führte dies ebenfalls zu den bekannten Wutausbrüchen. Sie stampfte, schrie, rannte kurz weg, kam aber bald zurück, um wieder nach der Hand zu suchen. Katharina spielte ausschließlich mit schwächeren und jüngeren Kindern und war nicht bereit, andere Meinungen gelten zu lassen oder gar Kompromisse einzugehen.

Natürlich stand bald der Verdacht im Raum, der Vater habe das Mädchen sexuell missbraucht. Die Eltern machten beim Erstkontakt in der Tat einen sonderbaren Eindruck. Der Vater zeigte ein völlig maskenhaftes Gesicht, wirkte wie erstarrt und sprach ununterbrochen mit lauter, jedoch völlig affektloser Stimme. Er ließ sich nicht unterbrechen, ging auf Interventionen nicht ein, richtete seine Äußerungen auch keineswegs auf ein Gegenüber, sondern schimpfte vor sich hin: An allem habe die Mutter Schuld, weil sie das Kind maßlos verwöhnt hätte. Er konnte mir nicht in die Augen sehen, wirkte hinter seinem Panzer unerreichbar und suchte, allen konflikthaften Situationen auszuweichen. Die Mutter war eine schmuddelige, korpulente Frau, die lautlos weinend dasaß. Ich gewann mit der Zeit den Eindruck, sie würde regelrecht zerfließen. Sie war untröstlich und konnte nichts berichten oder gar reflektieren. Gelegentlich sprach sie leise flüsternd über die Symptome des Mädchens, doch über deren Entstehung zeigte sie sich ahnungs- und hilflos. Was am auffallendsten erschien, es gab absolut keine Kommunikation zwischen dem Paar, und auch mir erschien ein manifester Missbrauch durch den Vater inzwischen recht wahrscheinlich.

Katharina war ein blondes, sehr dünnes Mädchen mit eigenartigen »Spinnenfingern«, das beim Erstkontakt ängstlich die Hand seiner Mutter festhielt. Sie löste spontan Mitleid aus und ein Gefühl, alles für sie tun zu wollen. Immer näher rutschte sie zur Mutter hin. Schließlich lehnte sie sich an sie, und es war, als würden die beiden vor meinen Augen körperlich verschmelzen. Auf meine Fragen hin reagierte Katharina absolut mutistisch, begann jedoch, als ich Blickkontakt aufnahm, heftig zu grimassieren. Aus der innigen Verklebung mit der Mutter war sie nicht herauszuholen.

Dieses Verhalten behielt Katharina noch lange Zeit, nachdem sie im Therapiezentrum aufgenommen worden war. Sah sie Fremde, riss sie angstvoll die Augen auf und hielt die Hand ihrer Erzieherin fest. Auf alle wirkte sie scheu, zart, zerbrechlich und löste starke Helferimpulse aus. Anfänglich wirkte sie völlig kraftlos und passiv, dass auch erfahrene Erzieherinnen glaubten, man dürfte keinerlei Anforderungen an sie stellen oder sie gar unter irgendwelchen Druck setzen, weil sie daran zerbrechen könnte. Sie nahm keinerlei Blickkontakt auf, schien auch motorisch völlig unsicher und war in der Tat dauerhaft auf die reale Anwesenheit einer Beziehungsperson angewiesen. Anfänglich sprach sie keine Sätze, sondern lediglich ein, zwei Substantive; mehrmals täglich nässte und kotete sie ein. Beim Saubermachen und Umziehen zitterte sie am ganzen Körper und wirkte schließlich wie erstarrt. Abends weinte sie häufig, hatte sichtlich Heimweh. Mit der Zeit lebte sie sich jedoch recht gut ein und wurde ein wenig offener. Jetzt stellte sich heraus, dass sich hinter dem schwachen Äußeren ein ungemein trotziger Wille verbarg, der sie mit unglaublicher Sturheit reagieren ließ. Dies machte sich beispielsweise so bemerkbar, dass sie sich immer nur einer ganz bestimmten Erzieherin zuwandte, diese dann auch ganz für sich beschlagnahmte. Die anderen ignorierte sie völlig. Forderten diese etwas von ihr, reagierte Katharina mit massiven trotzigen Schreianfällen. Als sie feststellen musste, dass das nicht akzeptiert wurde, versuchte sie eine Erzieherin nach der anderen in ihren Bann zu ziehen, um sie gegeneinander auszuspielen, so wie sie das ganz offensichtlich zu Hause mit den Eltern gemacht hatte. Katharina hatte die Eltern niemals als Einheit erlebt, sondern extrem unterschiedlich und einander ununterbrochen bekämpfend. Die verwahrloste, jedoch auch verwöhnende Mutter hatte Katharina in einem Maße alles abgenommen, alle Frustrationen ferngehalten und ihr keinerlei Selbständigkeiten eingeräumt, wie ich es bislang noch kaum erlebt hatte. Katharina war auf diese Weise absolut unselbständig geblieben und hatte auch für sich und ihre Körperfunktionen keine Verantwortung übernommen. Wie zerstörerisch dieses Verhalten der Mutter letztendlich gewesen war, zeigte sich beispielsweise an dem Umstand, dass die Zähne des Kindes fast völlig ruiniert waren, weil die Mutter nie mit ihr zum Zahnarzt ging und sie unentwegt mit Süßigkeiten versorgte. Auf der anderen Seite gab es zwar den strengen und dominanten Vater,

den jedoch Mutter wie Tochter völlig ignorierten, weshalb seine verzweifelten Versuche, Ordnung zu schaffen, an beiden völlig abprallten. In gleicher Weise erlebten dies die Erzieherinnen.

Das größte Problem blieb jedoch von Anfang an das ununterbrochene Einnässen und Einkoten des Mädchens, was ihr weder ein Problem zu sein noch sie gar zu beschämen schien. Sie weigerte sich konstant, auf das WC zu gehen. Als sie dennoch immer wieder geschickt wurde, weigerte sie sich, dort ihre Notdurft zu verrichten und reagierte mit ihren trotzigen Schreianfällen. Sie brüllte die jeweilige Erzieherin an, dass sie nicht mehr ihre Freundin wäre. Weil sie auch in der Schule mehrmals täglich einnässte und einkotete, war es bald nicht mehr möglich, sie dort zu unterrichten, so dass sie im Haus bleiben musste. Aber auch jetzt war keinerlei Betroffenheit zu spüren, allen Wünschen und Forderungen von außen verweigerte sich Katharina rundum.

In den psychodiagnostischen Untersuchungen konnten überraschenderweise nicht die geringsten Hinweise auf einen Missbrauch durch den Vater gefunden werden. Festgestellt wurden jedoch die Auswirkungen einer extrem verwöhnenden Haltung der Mutter, welche das Mädchen unfähig machte, auch nur schrittweise Autonomie für sich selbst zu übernehmen. In einer Therapiestunde zeichnete sie ein eigenartiges Bild. Am oberen Bildrand waren der Mond und die Sonne. Auf der linken Seite gab es Pflanzen, eine Blume und einen Baum. Aber sie waren befremdlich unvollkommen, wie halbiert. Auf der rechten Seite tummelte sich ein Seehund, er sah jedoch aus wie ein Wurm oder ein Embryo, primitiv und fragmentarisch. Zwei Welten waren da aufeinandergeprallt, eine vegetative auf eine animalisch triebhafte. Aber diese Welten blieben – vertikal – streng durch eine unüberbrückbare Grenze getrennt. Es waren zwei Hälften ihres Lebens, wobei Katharina immer nur in einer sein konnte. Männliches und Weibliches,

Väterliches und Mütterliches blieben völlig voneinander getrennt, so wie es auch in der Realität war. Anforderungen und Aktivitäten aus der väterlichen Welt beantwortete Katharina darum immer wieder mit Regression auf einen vegetativen Zustand und beschnitt damit die eigenen Entwicklungsmöglichkeiten. Sie war von der Ausstrahlung und Macht ihrer Mutter fasziniert, wollte sich zwar auf keinen Fall zum Baby gemacht wissen, konnte die vorhandene Trennungsaggression jedoch nicht für Weiterentwicklung und Selbstbehauptung nutzen. Trennung, Unabhängigkeit und Selbständigkeit entfernte sie zu weit von der mütterlichen Welt und stürzte sie in tiefe Hilflosigkeit.

Katharina wurde von der Mutter jedoch nicht nur extrem verwöhnt, sie hatte auch von ihr gelernt, Anforderungen einer väterlichen Welt völlig an sich abprallen zu lassen und passiven Widerstand zu üben. Fragen beantwortete sie mit mutistischem Schweigen, Anforderungen unterlief sie, als würde sie nichts hören, und sie schien es regelrecht zu genießen, die Beziehungspersonen hilflos zu machen. Gleichzeitig fiel auf, dass sie keinerlei Schmerzen zu empfinden schien. Als sie endlich zu einem Zahnarztbesuch bereit war, schien sie sich danach auf weitere Eingriffe regelrecht zu freuen und die Schmerzen in erkennbar masochistischer Weise zu genießen. Immer wieder löste sie auch mit ihrer Art Aggressionen bei anderen Kindern aus, ja sie bot sich ihnen regelrecht an, geärgert und geschlagen zu werden. Dann heulte und zitterte sie, rief nach den Erwachsenen und schien gleichzeitig glücklich darüber zu sein, alles im Griff zu haben.

Mit der Zeit kam es zu stetigen Besserungen, Einnässen und Einkoten bildeten sich langsam zurück, und Katharina entwickelte Schamgefühle. Sie wurde etwas strukturierter und war leichter zu erreichen. Die koprophile Lust Katharinas blieb jedoch lange Zeit erhalten. Wurde sie beispielsweise gebadet,

kotete sie regelmäßig in die Badewanne ein und schien es zu genießen, regelrecht im Kot zu schwimmen. Das gleiche war auch an ihrem Verhältnis zu ihren Unterhosen abzulesen, von denen sie sich kaum trennen mochte, sie klebten regelrecht an ihr. Immer wieder gab es Rückfälle, wenn die Eltern zu Besuch kamen. Manchmal genügte es schon, wenn Katharina mit der Mutter nur telefonierte, dass sie gleichzeitig oder wenig später einnässte oder einkotete. Der Kontakt zur Mutter war immer wieder ein unheimlich regressiver Sog, in welchen sie geriet, und sie schien dann alles bereits Erlernte aufzugeben.

Katharina vermochte sich kaum zu trennen, oft blieb sie wie erstarrt stehen, wirkte beinahe stuporös. Dies wurde in der Einzeltherapie durchgearbeitet, wo sie sich am Stundenende regelmäßig nicht trennen konnte. Sie spielte viele Male »Kleben«, wie sie das nannte. Dabei versuchte sie, die Therapeutin zu umschlingen und sich an ihr festzuhalten, was diese als abstoßend und übergriffig erlebte, so, als wollte Katharina in sie hineinkriechen. Letztendlich gab es bei Katharina nur rücksichtsloses Eindringen oder gleichgültiges Auseinanderfallen.

Zum Eklat kam es, als die Mutter bekannt gab, dass sie schon lange einen Freund habe und sich vom Vater scheiden lassen wolle. Dies bedeutete für Katharina einen erheblichen Einschnitt, setzte aber gleichzeitig neue therapeutische Impulse. Bei aller Trauer war die Situation für Katharina auch berechenbarer geworden, und es fiel ihr leichter, jene Bereiche aus der väterlichen Welt zu übernehmen, die sie bislang geängstigt hatten. Inzwischen waren Einkoten und Einnässen völlig verschwunden. Allerdings war auch klar geworden, dass Katharina weder bei der Mutter, noch beim Vater leben könnte, so dass für sie eine passende Einrichtung gesucht und gefunden wurde, in welcher sie bis zu ihrer Berufsausbildung leben konnte.

Interpretation

Psychodynamik

Der Anfangsverdacht, Katharina sei über längere Zeit vom Vater sexuell missbraucht worden, bestätigte sich nicht. Mütterliche und väterliche Welt waren bei Katharina absolut getrennt – die Mutter allmächtig versorgend und symbiotisch verschmelzend, der Vater schizoid und unempathisch. Darum musste sich Katharina zwischen den beiden entscheiden, denn die Grenze war nicht zu überschreiten. Sie verharrte im Bannkreis der Mutter. Der Vater blieb außerhalb dieser Symbiose und konnte natürlich niemals abgrenzend und triangulierend wirken. Dies wiederum führte dazu, dass sich die Aggressionen des Vaters und sein Druck auf die Mutter noch verstärkten, was einen Circulus vitiosus zur Folge hatte, denn die Mutter benutzte das Kind auch als Waffe, um sich am Mann zu rächen. Mit dem Verdacht, er habe das Kind missbraucht, wäre das beinahe gelungen.

Regression war für Katharina ein Abwehrmechanismus, mit dem sie generell allen Konflikten ausweichen konnte. Die Trennung von der Mutter und die stationäre Therapie brachten endlich Weiterentwicklung. Doch trat Katharina in Kontakt mit der Mutter, wurden die alten Loyalitäten rasch wiederbelebt, das Mädchen regredierte wieder in vollständige mütterliche Abhängigkeit und wehrte alle väterlichen Strukturanteile wie Ordnung, Körperbeherrschung usw. ab. Ihr Einkoten, das Sich-mit-dem-Kot-beschmieren, den warmen Urin spüren und riechen waren Versuche, Fantasien aufrecht zu halten, die reale Mutter immer bei sich zu tragen. Im warmen Badewasser schwamm sie zusammen mit Urin und Kot in einer autoerotischen, lustvollen Welt. Weil intime Grenzen nicht existierten, konnte sie auch keine Scham- und Schuldfähigkeit aufbauen, so dass therapeutische Interventionen anfänglich nur schwer durchzuführen waren. Mit Hilfe eines bereits sexualisierten Masochismus, mit Schmerzlust oder Schmerzunempfindlichkeit und einer Tendenz, alles Gute, also auch immer wieder Behandlungserfolge zunichte zu machen, suchte Katharina am Zustand der frühen Mutterbindung festzuhalten. Dies geschah auch über Externalisieren, indem sie die Umwelt entweder zum verführerischen Es oder zum sadistischem Über-Ich nach jeweiligem Bedürfnis machte.

Mit ihren heftigen Wünschen nach Verschmelzung, ihrem anklammernden Verhalten konnte Katharina keine Autonomie und Kontrolle über ihren Körper gewinnen. Katharina klammerte sich an den Händen der Bezugspersonen fest, der Therapeut nahm ihre Finger als »Spinnenfinger« wahr, was ihre Verschmelzung mit einer symbiotisch verstrickenden Mutterimago, der Spinne, die ihre Opfer fängt und aussaugt, zeigt. Nur mit ihrem Geruch konnte sie Aggression und Abgrenzungswünsche unbewusst äußern. Aufgrund heftigster Ekelgefühle bei einzelnen Erzieherinnen musste Katharina mehrmals die Gruppe wechseln.

Die äußere Verwahrlosung, die Schmerzunempfindlichkeit, der situative mutistische Rückzug sind möglicherweise auch eine Abwehr gegen den Vater, zu dem Katharina zwar keine ödipale oder triangulierende Beziehung hatte, mit dem sie aber immerhin alleine in Urlaub fuhr. Da ihre Symptome verstärkt nach den Urlauben mit dem Vater auftraten, mag das Einnässen und Einkoten auch eine Aggression sein, sich den Vater vom Leib zu halten. Die Fantasie des sexuellen Missbrauchs kann als Gegenübertragungsreaktion eine Identifikation mit erlebten, aber auch unbewussten Ängsten und Wünschen Katharinas oder mit latenten Fantasien des Vaters sein. Das Einkoten und Einnässen führte im Urlaub sicher auch zur Übernahme pflegerischer Aufgaben durch den Vater, die vermutlich inzestuös erlebt und durch die

Verschiebung auf die Analität unbewusst gemacht wurden. Die Aggression gegen den Vater kann sich dann nur in Form des Geruches äußern.

Diagnose:

F98.0 nichtorganische Enuresis
F98.1 nichtorganische Enkopresis

Gemäß ICD-10 sind Enuresis und Enkopresis häufig assoziiert. In einem solchen Fall sollte die Klassifizierung der Enkopresis den Vorrang haben.

Die therapeutische Arbeit

Die Nähe der Mutter hatte das Mädchen immer wieder auf eine frühe Ebene von Abhängigkeit und Konfliktvermeidung regredieren lassen, so dass ein ständiges Zusammenleben mit ihr nicht möglich war. Alle drei ihrer bereits erwachsenen Kinder waren arbeits- und berufslos und lebten von Sozialhilfe. Aber auch beim leiblichen Vater konnte Katharina nicht dauerhaft leben. Zwar forderte er Rahmen und äußere Regeln ein, jedoch fehlte es ihm aufgrund einer schizoiden Struktur an der notwendigen Empathie.

So war eine stationäre Behandlung unumgänglich.

In den pädagogischen und therapeutischen Beziehungen übertrug Katharina ihre Anklammerungswünsche. Sie klebte an den Händen der Erzieherinnen oder am Stundenende bei der Therapeutin. Sie externalisierte ihre gespaltene innere Welt, indem sie in gute und böse Erzieherinnen spaltete. Mit diesen Übertragungsanteilen umzugehen, d. h. sie zu reflektieren und nicht mit einem Agieren zu reagieren, war vergleichsweise einfach. Große Schwierigkeiten machte der Umgang mit den Ekelreaktionen durch die Geruchsbelästigung. Katharina forderte eine archaische Aggression heraus, die sie dann wiederum masochistisch zu genießen schien. Nur allmählich gelang es, über Rituale die Aggression zu kontrollieren. Katharina übernahm mehr und mehr fürsorgerische Aspekte im Umgang mit sich selbst, wusch sich selbst, putzte sich die Zähne und zog sich die verkoteten Hosen selbst aus. Für die Erzieherinnen stellte sich eine Gratwanderung her. Sie zeigten ihren Ekel und bauten so eine Schamgrenze auf, sie kontrollierten aber die heftigen aggressiven Anteile, die in ihrer Ekelreaktion ebenfalls enthalten waren. So konnte Katharina allmählich ertragen werden und ein Stück Autonomie und Individuation erlangen.

VI Borderline-Störungen, Psychosen und Autismus

1   Borderline-Störungen

Borderline heißt übersetzt Grenzfall, gemeint ist damit ein Grenzfall zwischen Neurose und Psychose. Die Borderline-Störung ist keine psychische Störung, deren Diagnose primär am Symptom orientiert ist, sondern eine Diagnose, die sich auf die Ich-Struktur und die Abwehrmechanismen bezieht. Sie kann von daher den verschiedensten Störungsbildern zugrunde liegen, bei schweren Aggressionen und antisozialem Verhalten ist sehr häufig eine Borderline-Störung die grundlegende psychische Struktur.

Angaben zu Häufigkeiten bei Kindern und Jugendlichen fehlen, im Erwachsenenalter geht man von einer Häufigkeit von 2–3 % der Bevölkerung (Gunderson und Sabo 1993) aus. Im Kindesalter erhalten mehr Jungen die Diagnose Borderline-Störung, im Erwachsenenalter scheint der Anteil der Frauen mit etwa 75 % (Gunderson und Sabo 1993; Diepold 1992, S. 210) höher zu sein, wobei zu berücksichtigen ist, dass der hohe Anteil der Männer mit Borderline-Störung und Dissozialität nicht psychiatrisch erfasst wird, sondern in den Kriminalitätsstatistiken auftaucht.

Die Frage, ob eine Borderline-Störung bereits im Kindes- und Jugendalter auftreten kann, ist umstritten. Im kürzlich erschienenen Handbuch der Borderline-Störungen (Kernberg u. a. 2000) gibt es – trotz eines Umfanges von 837 Seiten – keine Arbeit über Borderline-Störungen bei Kindern, als ob klar sei, dass diese im Kindesalter nicht vorkomme. Da Kernberg (1978, S. 22) das Störungsbild nur für Patienten anwenden wollte, bei denen eine chronische Charakterorganisation vorliegt mit typischen Symp-

tomkomplexen, typischen Abwehrmechanismen, typischen Störungen im Bereich der verinnerlichten Objektbeziehungen und charakteristischen genetisch-dynamischen Besonderheiten, war von Anfang an scheinbar klar, dass eine solche Störung bei Kindern nicht vorkommen kann, da deren psychische Struktur noch nicht chronisch gefestigt ist. Bis heute gibt es Vertreter, die an dieser Ansicht festhalten (Shapiro 1990), es mehren sich aber die Stimmen, dass auch bei Kindern von Borderline-Störung gesprochen werden kann (vgl. Pauline Kernberg 1990; Diepold 1992; Cohen 1997), und zwar im Sinne einer Strukturdiagnose, die aber keine Aussage über eine chronische Charakterstörung macht. Von einer Persönlichkeitsstörung sollte tatsächlich erst im Erwachsenenalter gesprochen werden.

Als Symptome des Erwachsenenalters gelten: Chronisch frei flottierende, diffuse Angst, verschiedene Neurosen wie Polyphobien, Zwangssymptome, multiple Konversionssymptome, dissoziative Reaktionen, Hypochondrie, paranoide Züge, polymorph-perverse Tendenzen im Sexualverhalten, klassisch präpsychotische Persönlichkeitsstrukturen, Impulsneurosen und Süchte, extreme Aggression und Autoaggression, eine Unfähigkeit, sich in andere Menschen einzufühlen, und unrealistisch verzerrte Wahrnehmungen anderer Personen sowie dem Selbstschutz dienende Flachheit emotionaler Beziehungen (Kernberg 1978, S. 26 ff.; S. 48, S. 59). Als Symptome des Kindesalters gelten: Schwierigkeiten, zwischen Selbst und Objekt, zwischen Realität und Fantasie zu unterscheiden, paranoide Ängste, beispielsweise die Angst, von den Erzieherinnen geschlagen zu werden, Schwierigkeiten zwischen den Zeitdimensionen Vergangenheit, Gegenwart und Zukunft zu unterscheiden, ein Fehlen der Fähigkeit zum symbolischen Denken bei normaler Intelligenz, übertriebene Abhängigkeit von äußeren Objekten (Cohen 1997). Diepold (1992, S. 211) gibt ferner als Symptome bei Kindern an: Panische Angst, Selbstbeschädigungen, keine zuverlässigen Objektbeziehungen, Tendenz, die Bezugspersonen zu idealisieren oder bei Frustration abzuwerten. Nicht die Symptome sind für die Diagnose von ausschlaggebender Bedeutung, sondern der Nachweis der charakteristischen Ich-Störung.

Streeck-Fischer (2007) schlägt vor, im Kindesalter von Borderline-Entwicklungsstörung zu sprechen, weil ein Kind noch nicht auf eine schwerwiegende Pathologie und Persönlichkeitsstörung festgelegt werden kann. Diepold (1995) spricht von Borderline-Risiken. Die Klassifizierung der ICD-10 sollte daher auch erst bei älteren Jugendlichen oder jungen Erwachsenen zur Anwendung kommen.

F60.3	emotional instabile Persönlichkeitsstörung
F60.30	impulsiver Typ
F60.31	Borderline-Typ

Theorie der Borderline-Störung

Bei Borderline-Störungen ist die Struktur des Ich gekennzeichnet durch unspezifische Anzeichen von Ich-Schwäche, dazu zählen mangelhafte Angsttoleranz, mangelhafte Impulskontrolle, mangelhaft entwickelte Sublimierungen, mehr oder minder mangelhafte Differenzierung zwischen Selbst- und Objektrepräsentanzen und die damit verbundene Auflösung der Ich-Grenzen, mangelhafte Ausbildung von Sublimierungen und primärprozesshafte Denkformen (Kernberg 1978, S. 40 ff.). Das Ich verwendet archaische Abwehrmechanismen, in erster Linie die Spaltung, mit deren Hilfe Angst vermieden und die positiven Introjektionen geschützt werden sollen. Während bei der Psychose Selbst- und Objektrepräsentanzen regressiv verschmelzen, werden diese in der Borderline-Störung gespalten und getrennt. Folge ist eine in »gut« und »böse« gespaltene Selbst- und Objektwahrnehmung.

Die Spaltung ist der zentrale Abwehrmechanismus der Borderline-Störung. Die Spaltungsvorgänge erscheinen gewöhnlich in Kombination mit einem oder mehreren der folgenden Abwehrmechanismen. Die primitive Idealisierung schützt vor den Aggressionen und bösen Objekten, äußere Objekte werden idealisiert und mit Allmachtsfantasien verbunden. Es wird eine Frühform der Projektion eingesetzt, die projektive Identifizierung. Der Patient projiziert seine Aggression auf ein Objekt, bleibt aber noch mit seinen Aggressionen verbunden. Es entsteht eine empathische Bindung. Der Projizierende versucht das Objekt zu beherrschen und zu kontrollieren, bevor es ihn angreift, wie er glaubt. Sein Impuls bleibt weiterhin im Erleben präsent, anders als bei reiferen Projektionen. Die Einfühlung in den Anderen wird so verhindert. Ein weiterer Abwehrmechanismus ist die Verleugnung. Jeweils konträre Zustände werden verleugnet, um die Spaltung aufrechtzuerhalten. Allmacht, Omnipotenz und Entwertung charakterisieren weiterhin die Abwehrvorgänge. Zeitweise dominiert eine ansprüchliche, anklammernde Haltung zu einem magisch überhöhten Objekt, zu anderen Zeiten sind es Fantasien eigener Omnipotenz (ebd., S. 44 ff.)

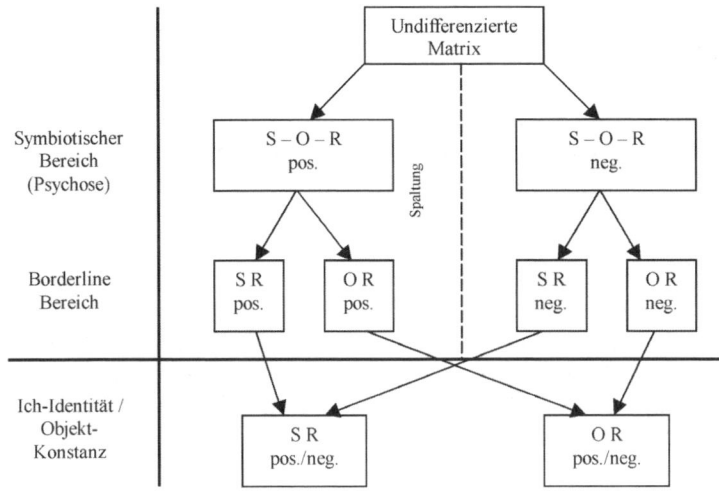

SR = Selbstrepräsentanz
OR = Objektrepräsentanz

Abb. 4: Selbst- und Objektrepräsentanzen bei Borderline-Störung

Die Spaltung in konträre Ichzustände beruht auf der mangelhaften Integration verinnerlichter Objektbeziehungen. Ursache davon ist eine mangelhafte Angsttoleranz und übermäßige Aggression. Die Abgrenzungen zwischen Selbst- und Objektrepräsentanzen sind ausreichend und damit ist auch eine entsprechende Integrität der Ichgrenzen vorhanden. Lediglich in Bereichen, in den eine projektive Identifizierung oder Verschmelzung mit idealisierten Objekten besteht, sind die Ich-Grenzen labil.

Das Fortbestehen total guter und total böser Objektimagines, die nicht zur Integration gebracht werden können, bedeutet auch ein schwerwiegendes Hindernis für die Überich-Integration. Primitive Überich-Vorläufer sadistischer Art, die sich aus verinnerlichten bösen Objektimagines im Zusammenhang mit prägenitalen Konflikten gebil-

det haben, sind derart übermächtig und unerträglich, dass sie wieder auf äußere Objekte projiziert werden müssen, die dadurch ihrerseits zu bösen Objekten werden. Der Konflikt wird reexternalisiert, es entstehen Konflikte mit der Umwelt. Aber auch die überidealisierten Objektimagines und die total guten Selbstimagines können nur fantastische Ideale von Macht, Größe und Vollkommenheit hervorbringen, nicht aber realistische Ansprüche und Ziele. Auch das Ich-Ideal behindert die Über-Ich-Integration. Die Über-Ich-Funktionen bleiben weitgehend personifiziert, entwickeln sich nicht zu einer abstrahierten Über-Ich-Struktur und werden leicht auf die Außenwelt zurückprojiziert. Die Umwelt muss dann aufgrund der paranoiden Ängste beherrscht und unter Kontrolle gebracht werden (ebd., S. 55 ff.).

In allen Arbeiten über Borderline-Störungen wird betont, dass in der Vorgeschichte dieser Patienten – im Gegensatz zur Psychose beispielsweise – fast immer reale, schwere Traumata zu finden sind (Rauchfleisch 1992, S. 7; Kernberg 1978, S. 63). Bei einer ausführlichen Befragung gaben 81 % der Borderline-Patienten schwerwiegende Kindheitstraumen an, 71 % berichteten von physischen Misshandlungen, 68 % von sexuellem Missbrauch und 62 % wurden Zeugen von Gewalt. Frauen erreichten einen doppelt so hohen Trauma-Wert als Männer (Herman et al. 1989). Gast (1997, S. 250) verglich die Ergebnisse von sieben Studien über Borderline-Störungen und stellte fest, dass bei allen Studien ein signifikant höherer Anteil an Erfahrungen von sexuellem Missbrauch vorlag. Sowohl bei Männern als auch bei Frauen fanden sich signifikant häufiger schwere Formen sexuellen Missbrauchs. Diepold (1992, S. 211) fand bei Kindern mit Borderline-Störungen gehäuft eine affektive Erkrankung in der Herkunftsfamilie, Erfahrungen von Krankheiten und Schmerz sowie wiederholte Trennungen in der frühen Entwicklung.

Die therapeutische und pädagogische Arbeit mit Kindern und Jugendlichen mit Borderline-Störungen ist aufgrund der spezifischen Neigung, Konflikte zu externalisieren, sehr schwierig. Entwertungen und Aggressionen spielen in der Behandlung eine große Rolle, die Gegenübertragung ist sehr heftig. Die archaische Abwehr spiegelt sich auch in der Gegenübertragung (Diepold 1992). Die Übertragung beruht in der Regel auf projektiven Identifizierungen, d. h. der Therapeut oder Pädagoge identifiziert sich unbewusst mit den bösen Selbst- und Objektrepräsentanzen des Patienten und erlebt heftige Gefühle, meist aggressiver Natur. Beim Analytiker können starke Zweifel entstehen, ein narzisstischer Rückzug mit Verlust der Empathie oder die Entwicklung unrealistischer Vorstellungen, diesem Patienten besonders helfen zu können als eine archaische Omnipotenzfantasie (Kernberg 1978, S. 81).

Im pädagogischen Setting können sadistische Strafimpulse entstehen, Aggressionen und der Wunsch, das Kind in eine andere Einrichtung verlegen zu wollen; vor allem aber besteht die Gefahr der Spaltung im Team, der Therapeut wird von den Pädagogen abgewertet und umgekehrt, die Schule wertet das Heim ab und das Heim die Schule etc. Einige Mitarbeiter werden vom Patienten als kalt und sadistisch erlebt, andere überidealisiert.

Als Behandlungsprinzipien möchten wir einige aus dem Erwachsenenbereich aufführen, die wir auch in der Arbeit mit Kindern und Jugendlichen für relevant halten. Ziel ist immer die Verbesserung der Ich-Funktionen und die Arbeit an den Entwicklungsdefiziten, nicht primär das Deuten von Trieb-Abwehr-Konflikten: Konsequentes Herausarbeiten der latenten und manifesten negativen Übertragung ohne vollständige genetische Rekonstruktionen, entschiedene Strukturierung der therapeutischen Situation, Nutzen von Einrichtungen, die einen äußerlich strukturierenden Rahmen bieten (Tagesklinik, Heim etc.), selektive Fokussierung auf die Bereiche, in denen die pathologischen Abwehrformen zum Ausdruck kommen, die das Ich schwächen und die Realitätsprüfung beeinträchtigen, Nutzen der positiven Übertragungsanteile für die Aufrechterhaltung des Arbeitsbündnisses (Kernberg 1978, S. 88 ff.), variables Setting, Steuerung der Mitteilungen des Patienten in Richtung verbesserten Realitätsbezuges anstelle der Aufforderung zur freien Assoziation, statt genetischer Deutungen überwiegend Deutungen, die den Realitätsbezug verbessern, insbesondere Deutungen der Abwehrmechanismen, Kontrolle des Agierens außerhalb der Behandlung, Konfrontation mit verleugneten Inhalten, vor allem mit realen Gefahren, wiederkehrende Bestätigung der grundsätzlichen Liebesfähigkeit des Patienten und Entzerren der Bilder von den frühen Bezugspersonen (Entteufelung und Entidealisierung) (Mertens 1981, S. 191 ff.).

Eine Borderline-Störung liegt häufig dem antisozialen Verhalten zugrunde, sie ist bei Bulimie zu finden, bei selbstverletzendem Verhalten, sie kann Folge von sexuellem Missbrauch sein oder Grundlage einer Posttraumatischen Belastungsstörung (vgl. Streeck-Fischer 2007; Sachsse 2002).

Zusammenfassung

Die Borderline-Störung ist keine Diagnose, die sich am Symptom orientiert, sondern eine Bezeichnung für eine spezifische Ich-Störung. Wird diese Ich-Störung nicht als pathologische Charakterstörung gesehen, sondern auch als Entwicklungsstörung, kann die Diagnose im Kindes- und Jugendalter angewendet werden.

Ursache der Borderline-Störung sind ein Vorherrschen von extremen Ängsten und Aggressionen aufgrund schwerer realer Traumata. Frühe Trennungen, schwere körperliche und sexuelle Misshandlung finden sich häufig in der Vorgeschichte der Patienten. Die Symptome sind paranoide Ängste, heftige Aggressionen und Autoaggressionen, Tendenz, andere abzuwerten oder zu idealisieren, fehlende Einfühlung, Fehlen der Fä-

higkeit, symbolisch zu denken, übertriebene Abhängigkeit von äußeren Objekten im Wechsel mit Allmachtsfantasien sowie Schwierigkeiten, zwischen Realität und Fantasie zu unterscheiden.

Hervorgerufen werden die Symptome durch die charakteristische Ich-Störung, durch die Verwendung archaischer Abwehrmechanismen, vor allem der Spaltung. Neben der Spaltung werden zur Unterstützung der Abwehr projektive Identifizierung, Verleugnung, primitive Idealisierung, Allmacht und Entwertung verwendet. Die mangelhafte Integration führt auch zu Störungen des Über-Ich, das eher sadistisch ist und ein unerreichbares Ich-Ideal ausbildet.

Die Behandlung ist an der Verbesserung der Integrationsfähigkeit und Entwicklung realistischer Wahrnehmungen orientiert. Die pathologischen Abwehrformen und Aggressionen müssen gedeutet werden; Deutungen sollten überwiegend den Realitätsbezug verbessern, Entteufelung und Entidealisierung leisten, nicht primär auf eine genetische Rekonstruktion zielen. Für die Arbeit mit Menschen mit Posttraumatischen Belastungsstörungen hat Sachsse (2002) ein eigenes Konzept entwickelt, das einer psychotherapeutischen Arbeit seiner Ansicht nach vorausgehen sollte.

Fallbeispiel »Angelika«

Ein mir bekannter Psychiater rief mich an, ob ich mit einer 18-jährigen Jugendlichen eine psychotherapeutische Behandlung durchführen könne. Sie leide unter der zwanghaften wie irrealen Vorstellung, ihren Freund betrogen und mit einem andern Mann geschlafen zu haben, außerdem unter anhaltenden Ängsten, jemanden mit dem Auto überfahren

und dabei getötet zu haben. Angelika rief wenig später an, und wir vereinbarten einen ersten Termin.

Es erschien eine hübsche, etwas blasse Jugendliche, die in erkennbar respektvollem Abstand in einem Sessel Platz nahm. Angelika hatte nach der zehnten Realschulklasse mit einer Ausbildung zur Fotografin begonnen, doch konnte sie sich immer schlechter auf die Arbeit konzentrieren. Seit einigen Monaten quälten sie unerträgliche Zwangsgedanken, mit einem anderen Mann geschlafen und den Freund betrogen zu haben. Wurde sie von diesen Fantasien überwältigt, litt sie unter immensen Scham- und Schuldängsten, weinte stundenlang und war nicht mehr zu beruhigen. Unentwegt suchte sie in Tagebüchern nach Beweisen für ihre Untreue, blätterte Zeitungen durch, um potentielle Todesopfer ihrer Unfälle zu finden, quälte sich mit anhaltenden Grübeleien und war zutiefst unglücklich.

Die ängstigenden Gedanken hatten begonnen, als Angelika im Alter von 15 Jahren von ihrem ersten Freund, der »übertrieben gläubig« war, zu einer Missionsveranstaltung mitgenommen wurde. Dort führte sie mit einem »Missionar« ein Einzelgespräch. Sie wurde über alle ihre Sünden, insbesondere in sexuellen Bereichen, ausgefragt und fühlte sich unter psychischen Druck gesetzt. Von jetzt an fürchtete sie, »böse« zu sein. Sie reagierte mit Ängsten, Durchfällen, Erbrechen und erstmalig mit den zuvor beschriebenen Zwangsgrübeleien. Damals seien die Gedanken jedoch nach einiger Zeit verschwunden.

Während Angelika von ihrem Leiden und ihren ängstigenden Symptomen berichtete, geriet sie in heftiges Weinen. In meiner Gegenübertragung spürte ich Mitleid und den Wunsch, ihr helfen zu wollen. Als wir später über die Modalitäten und den Rahmen einer möglichen psychoanalytischen Behandlung sprachen, bemerkte ich, wie sich Stimmung und Haltung bei ihr zu verändern begannen. Sie wirkte zurückhaltender, wurde zunehmend unsicherer und sprach immer weniger. Dabei rutschte Angelika mit ihrem Sessel immer weiter von mir weg, ihr Gesicht begann sich zu röten und ich vermutete, dass sie sich immer unwohler fühlte. Schließlich meinte Angelika unvermittelt: »In letzter Zeit habe ich häufig gelesen, dass Psychoanalytiker ihre Patientinnen missbrauchen. Kann

ich mich sicher fühlen, wenn ich über längere Zeit zwei Stunden in der Woche so nahe bei Ihnen bin?« Ich erschrak, kam mir wie der lüsterne Missionar und als ertappter Täter vor und fühlte mich – allein durch diese Annahme – zugleich angegriffen. Andererseits bekam ich Angst. Was könnte geschehen, wenn die Patientin mit ihrer insuffizienten Realitätsprüfung sexuelle Übergriffe fantasierte und sie als reales Erleben ausgeben würde? Würde mir jemand glauben? Mit einem Male fürchtete ich sogar, Angelika könnte mich sexuell begehren und mir diese Wünsche unterstellen. Nach diesen spontanen wie heftigen Affekten beruhigte ich mich wieder, sah die kranke, unsichere Jugendliche und nahm die Realität wieder deutlicher wahr. Ich sagte also: »Ihre Frage nach meiner Zurückhaltung und nach Abstinenz ist berechtigt, vor allem nachdem Sie offensichtlich schon manches erlebt, viel gehört und gelesen haben. Ich bin mir aber sicher, dass dieser Gedanke auch mit unserer Beziehung zu tun hat, wenn Ihnen das gerade jetzt einfällt. Vielleicht werden wir später einmal besser begreifen, was mit dieser Frage noch gemeint war.«

Von dieser Stunde an war Missbrauch innerhalb von Analysen kein Thema mehr. Angelika arbeitete engagiert mit und begann mich mehr und mehr zu idealisieren. Sie erzählte detailliert von ihren Ängsten und Befürchtungen, davon, dass sie immer wieder glaubte, mit anderen Männern geschlafen und den Freund betrogen zu haben, und von Menschen, die sie wahrscheinlich getötet habe. Die daraus resultierenden Schuldgefühle quälten sie ungemein, und sie gerieten zunehmend in das Zentrum unserer therapeutischen Arbeit. Dabei spürte ich rasch, dass ich der Patientin keineswegs sagen durfte, ihre Befürchtungen seien lediglich Fantasien, weil sie das verunsicherte. Andererseits wusste Angelika, dass ich zu keiner Zeit annahm, sie habe mit ihren Befürchtungen recht. Ich wertete ihre Fantasien eindeutig als innere Realitäten, jedoch nicht als

Bestandteile einer äußeren Wirklichkeit. Später sagte sie einmal, es habe ihr so gut getan, dass ich nicht einfach sagte, alles sei Unsinn, wie die Verwandten und Freunde. Andererseits beruhigte es sie ungemein, dass ich dennoch zu keiner Zeit den geringsten Zweifel hinterließ, dass ich mir sicher war, dass nichts so war, wie von ihr befürchtet. Dieser Bereich unserer analytischen Arbeit führte stetig zur verbesserten Realitätsprüfung, so dass es wieder möglich wurde, an den Übertragungen im Hier und Jetzt zu arbeiten.

In einer der ersten Stunden erzählte Angelika einen Initialtraum. Angelika hielt ein Kind in der Hand, das immer mehr schrumpfte, bis es lediglich ein Embryo war, schließlich durch das Gitter eines Einkaufswagens rutschte und tot am Boden lag. Der Traum war von unheimlichen Ängsten begleitet, sie weinte und sprach von Befürchtungen, verrückt zu werden. Ich wurde jetzt ihr Halt, die Stunden rückten zeitweise in den Mittelpunkt ihres Lebens. Was ich sagte, wurde von ihr regelrecht aufgesogen, ich wurde bewundert und idealisiert. Angelika öffnete sich, berichtete viele Einzelheiten ihres Lebens, sprach über intime Dinge, auch sexueller Art. Sie begann mit mir zu kokettieren, zu werben und zu flirten. Selbstverständlich war es mir immer weniger wohl, denn ich erinnerte unsere erste Stunde, und ich spürte, wie sich eine erotisch gefärbte Übertragung zu entfalten begann. Häufig wies ich sie darauf hin, dass sie mich wie jemanden behandelte, der unfehlbar sei, aber Angelika lachte darüber.

Der Vater wurde von Angelika als intellektualisierend, zynisch und unerbittlich beschrieben. Außerdem könne er keine Gefühle zulassen. Andererseits verteidigte ihn Angelika trotzig gegen alle vermuteten Angriffe. Die Mutter wurde von ihr als affektualisierend, gleichzeitig unglücklich und depressiv beschrieben. Sie hatte als Jugendliche an einer Essstörung gelitten, die Krankheit war nie behandelt worden. Angelika hatte ihre

frühe Kindheit bei Onkel und Tante verbracht, weil beide Eltern berufstätig waren. Den Onkel beschrieb sie als unbeherrscht und ständig Grenzen überschreitend. Angelika erfuhr vielerlei dramatische Traumatisierungen, welche sie mir in mannigfaltigen schlimmen Details schilderte. Fantasien und reale Erfahrungen waren allerdings oft nur schwer zu trennen, ein sexueller Missbrauch durch den Onkel kann aber angenommen werden.

In den Mittelpunkt ihrer Berichte geriet zunehmend der Vater. Er war ihrer Meinung nach so unempathisch, wie ich empathisch war. Er war grob, brüllte sie an, und ich war einfühlsam und verstand sie. Mit der Pubertät des Mädchens hatten heftige häusliche Auseinandersetzungen begonnen, weil der Vater sie abends nicht weggehen lassen wollte. Die Eltern selbst hatten sehr jung geheiratet, weil Angelika unterwegs war, und der Vater sprach deutlich aus, dass er nicht wolle, dass seine Tochter auch so früh ein Kind bekomme. Regelmäßig gerieten die Eltern in heftigen Streit, weil die Mutter das Mädchen bei seinen Ausgehwünschen unterstützte. Wenn Angelika schließlich doch wegdurfte, tat sie es voller Schuldgefühle. Sie glaubte sich schuldig, dass ihre Eltern wegen ihr ständig stritten und eine schlechte Ehe führten. Andererseits provozierte Angelika den Vater ständig und ließ keine Gelegenheit verstreichen, mit ihm zu streiten. Diese Streitereien waren allerdings unverkennbar erotisch-sexuell getönt. Beim Abendbrottisch, als er beispielsweise kritisierte, dass die Butter voller Brösel sei und er sich davor ekle, meinte Angelika, sie könne sich nicht vorstellen, dass ein solcher Prinzipienreiter wie er überhaupt einer Frau einen Zungenkuss geben könne. Ein anderes Mal zählte sie heimlich seine Kondome im Nachttisch, um herauszufinden, wie oft er mit der Mutter schlafe. Mit dem Vater führte sie nicht nur aggressive Auseinandersetzungen, sondern es verbanden sie vor allem inzestuöse Fantasien.

Alle diese Geschehnisse erzählte sie mir mit diebischer Freude und vermittelte mir das Gefühl, der Liebste, der Größte und geradezu unfehlbar zu sein. Die idealisierende Übertragung wurde immer intensiver, unerträglicher und ich überlegte, welche aggressiven Affekte in unserer Beziehung überhaupt zu spüren waren. Angelika war Deutungen zugänglich, auch wenn sie unsere Beziehung betrafen. Ihre Beziehung zu mir wurde noch enger und blieb weiterhin von keinerlei aggressiven Zwischentönen getrübt. Griff ich etwas Aggressives innerhalb unserer Beziehung auf, wurde dies von ihr beinahe lächelnd weggewischt. Angelika wollte ihre gute Beziehung zu mir ganz offenkundig nicht durch destruktive Aggression gefährden.

Inzwischen machte Angelika ohne Probleme ihr Examen als Fotografin und war so gut wie symptomfrei. Ich war überrascht darüber, war es mir doch nicht ausreichend gelungen, die bislang abgewehrte aggressive Thematik in der Beziehung zu bearbeiten. Die Sommerpause brachte den ersten Einbruch. Freudig, ohne spürbaren Abschiedsschmerz, kam Angelika zur letzten Stunde. Nach wenigen Wochen rief sie mich an. Sie war in einem desolaten Zustand, weinte und verlangte unbedingt nach einer Stunde. Die Symptomatik war wieder in voller Stärke da, Angelika glaubte sich inzwischen mit Aids infiziert zu haben, weinte ununterbrochen und hatte Angst, bald sterben zu müssen. Nach zwei Stunden ging es ihr wieder besser, und sie kam nach meinem Urlaub fröhlich und symptomfrei zurück. In dieser Stunde erzählte sie mir, dass sie eine Arbeitsstelle, relativ weit weg von zu Hause, bekommen habe, und dass wir die Therapie darum im Herbst beenden müssten. Es traf und verletzte mich eigenartig, dass sie die Trennungsaffekte so völlig verleugnete. Andererseits sorgte ich mich um Angelika. Sie war nicht ausreichend autonom und konnte Trennungen nicht ertragen, das hatte die Sommerpause drastisch gezeigt. Andererseits glaubte

ich, sie nicht festhalten und die Abhängigkeit von mir noch verstärken zu dürfen. Trotzdem deutete ich die Ferien als Einbruch von alten Unsicherheiten und Abhängigkeiten und fantasierte, wie es im künftigen Wohnort sein werde. Angelika war in Aufbruchsstimmung, fühlte sich stark, selbstsicher und freute sich, endlich von den Eltern unabhängig zu werden.

Einige Wochen hörte ich nichts mehr von ihr. In der Woche nach den Weihnachtsfeiertagen rief Angelika wieder bei mir an. Es hatte zuhause einen heftigen Streit mit dem Vater gegeben, und mit einem Mal traten die alten Ängste mit voller Wucht wieder auf. Angelika hatte panische Angst, allein zu sein, und wollte nicht mehr in ihrem neuen Wohnort bleiben. Sie rief abends bei mir an, weinte und wollte nicht mehr aufhören, mit mir zu sprechen. Ich konfrontierte sie damit, dass dies keine Lösung sei. Entweder müssten wir die abgebrochene Therapie hier fortsetzen, oder sie müsste sich an ihrem Wohnort eine andere Therapeutin oder einen anderen Therapeuten suchen. Am nächsten Tag rief sie wieder an. Sie war bei einer Psychologin und hatte mehrere Therapeuten angerufen. Alle hatten lange Wartezeiten, außerdem wollte sie mit mir besprechen, was zu tun sei. Wir vereinbarten eine Stunde, deren Verlauf ich im Folgenden etwas ausführlicher beschreiben möchte.

Zu meiner Überraschung brachte Angelika zur Therapiesitzung eine Freundin mit und meine spontane Fantasie war, sie würde sie zur Verstärkung mit ins Sprechzimmer nehmen wollen. Die Freundin ging jedoch schweigend ins Wartezimmer, was ich kommentarlos geschehen ließ. Angelika schien völlig verändert. Sie wirkte verweint, die Mimik erstarrt, sie nahm im Sessel Platz, rückte aber auffallend von mir ab. Ich erinnerte sofort unseren Erstkontakt. Zunächst erzählte sie von ihrer Suche nach einem neuen Therapeuten, und ich fühlte meine Enttäuschung, dass sie offensichtlich überhaupt nicht daran dachte, wieder bei mir zu beginnen, sie, die mich einst so idealisiert hatte. Es waren wohl ähnliche Gefühle, wie sie der Vater hatte, als seine Tochter mit beginnender Adoleszenz eigene Wege ging. Dann berichtete sie von ihrem Kontakt mit der Psychologin. Diese habe ihr gesagt, wenn die Symptomatik wieder aufgetreten sei, so sei das eine schlechte Therapie bei einem unfähigen Therapeuten gewesen. Außerdem sei das kein Wunder bei einer Psychoanalyse. Sie solle bei ihrer Symptomatik unbedingt eine Verhaltenstherapie machen, dann sei sie bald psychisch gesund. Sie hatte sich darum inzwischen mit verschiedenen Verhaltenstherapeuten in Verbindung gesetzt, doch entweder hatten sie lange Wartezeiten oder sie wollten privat abrechnen, was für sie nicht in Frage kam. Auch ihr Vater habe gesagt, zu dem »Pfuscher« solle sie auf keinen Fall mehr gehen. Das hatte wiederum zum Streit zwischen den Eltern geführt, weil die Mutter meinte, manches sei doch nach der Therapie bei mir gut gewesen.

Ich erkannte, dass Angelika nichts ausließ, um mich zu verletzen, und ich spürte eine große Sorge, sie könne nach dieser Stunde den Kontakt zu mir abbrechen. Dann wäre nicht mehr der Vater, sondern ich der ausschließlich und alleinige Böse. Ich sagte: »Sie sehen jetzt nichts Gutes mehr in unserer zurückliegenden gemeinsamen Arbeit.« Angelika zögerte ein wenig, ich erlebte sie kalt und feindselig. Dann meinte sie: »Ich will wissen, was sie mit mir gemacht haben.« Ich erschrak, ob des Vorwurfes, der dabei mitschwang. Es klang, als hätte ich sie missbraucht. Ich antwortete, indem ich fragend zurückgab: »Was ich mit Ihnen gemacht habe?« – »Ja, die Psychologin hat doch auch gesagt, Psychoanalyse ist eine schlechte Therapie.« Sie warf mir vor, ich hätte während der zurückliegenden Therapie verlangt, dass sie sich mir bedingungslos ausliefere, ich hätte ihr nie erklärt, wie diese Therapie überhaupt funktioniere. Das wolle sie jetzt von mir wissen, sonst müsste sie fürchten,

sich weiterhin willenlos von mir behandeln zu lassen. Ich fühlte mich nur schlecht, als Versager und fürchtete, sie könnte mich diskriminieren und denunzieren. Ich sagte: »Sie wollen, dass ich Ihnen meine Arbeit erkläre. Ich denke, wenn Ihnen das wirklich wichtig wäre, hätten sie mich schon früher danach gefragt, oder sie hätten darüber nachgelesen. Ich meine, es ist etwas anderes. Sie fühlen im jetzigen Moment, dass sie sehr abhängig von mir waren. Und das macht Sie unsicher und gleichzeitig wütend.« Angelika überlegte kurz und meinte dann: »Sie sind wie mein Vater. Immer müssen Sie Recht behalten.« Ich entgegnete, dass es mir nicht darum gehe, im Recht zu sein. Ich hielte es aber für notwendig, zu verstehen, was gerade mit uns beiden geschehe. Ich hätte schon einmal das Gefühl gehabt und auch geäußert, dass wir etwas, was sich zwischen uns ereignet habe, nicht ganz verstanden hätten, damals in der ersten Stunde, als sie fürchtete, während der Therapie sexuell missbraucht zu werden. Ich würde die momentane Situation so wie damals erleben. Ich spürte ein berechtigtes Misstrauen. Immerhin seien ja die Symptome wieder aufgetreten, und sie zweifle jetzt an der Wirksamkeit der Therapie. Ihr Misstrauen gehe aber darüber hinaus. Sie sei von mir ganz persönlich enttäuscht, dass ich ihr nicht geholfen und sie nicht gesund gemacht habe. Das habe sie von mir, ihrem allmächtigen Vater erwartet. Sie meinte daraufhin, ich hätte sie über meine wahren Absichten im Unklaren gelassen. Sie frage sich darum jetzt, was ich mit ihr gemacht habe. Ich entgegnete, dass ein guter Vater nichts mit seinem Kind machen würde, was diesem schaden könnte. Angelika meinte daraufhin, sie wolle nicht mehr, dass mit ihr etwas getan werde, was sie nicht begreife. Dann hätte ich unbegrenzte Macht über sie. Sie würde sich gut überlegen, was sie machen wolle. In jedem Fall müsse sie etwas tun, so könne sie nicht weiterleben. Wir vereinbarten, dass sie mich über ihre Absichten informieren würde.

Ich war nach dieser Stunde wie zerstört und bemerkte erst hinterher, dass die Patientin alle Gefühle von Angst, Enttäuschung und Unsicherheit in mir untergebracht hatte, die sie in Abwesenheit von mir gequält hatten. Nach einigen Tagen rief Angelika an, sie wolle die Therapie bei mir wieder aufnehmen, wir würden sicherlich eine zeitliche Lösung finden. In der ersten Stunde meinte sie, ich sei in der vergangenen Stunde so seltsam gewesen. Sie hätte mich kalt und feindselig wahrgenommen. Auch ihre Freundin, sie hätte sie mitgebracht, weil sie sich nicht imstande sah, selbst zu fahren, habe gemeint, sie erlebe mich ausgesprochen distanziert und kühl. Aber heute würde ich schon wieder ganz anders auf sie wirken. Ich würde ihr sicher helfen.

Ich möchte an dieser Stelle die Darstellung dieser Behandlung beenden. Natürlich hatte der vermeintliche ödipale Konflikt mit dem Vater, der so zäh in der Behandlung agiert wurde, die frühen Ängste, von der präödipalen Mutter verlassen zu werden, lediglich kaschiert. Neid, Wut und Hass aus dieser Beziehung konnten im weiteren Verlauf der sehr langen Therapie der Bearbeitung zugeführt werden. Schließlich kam Angelika nur noch gelegentlich zu einigen Stunden. Die Trennungsängste mit entsprechenden Zwangsgedanken traten noch einmal heftig auf, als das Mädchen erfuhr, dass ich beabsichtigte, umzuziehen. Wir besprachen, dass Angelika noch einige Stunden zu einer Kollegin gehen werde, was die Symptomatik rasch verschwinden ließ.

Interpretation

Psychodynamik

Es handelt sich bei dem vorliegenden Fall um eine Borderline-Störung mit einem vordergründig hysterischen Modus. Frühe und schwere reale Traumata haben in der Entwicklung der Jugendlichen vor allem bei Onkel und Tante stattgefunden. In der Adoleszenz kam es beim Versuch, Sexualität zu integrieren, zu einem heftigen Konflikt. Mörderische Aggressionen wurden freigesetzt und in den Zwangsvorstellungen, Menschen durch Unfälle zu töten, abgewehrt. Gleichzeitig erschien der Missionar als Sexualität verdammendes rigides Über-Ich, Angelika musste sich selbst bestrafen. Ihre inzestuösen Wünsche, für die sie sich bestraft, erscheinen in der Fantasie, untreu zu werden. Die Begegnung mit dem Missionar, seine Lüsternheit und sein Verdammen der sexuellen Impulse führten dazu, dass der Konflikt nicht mehr zu bewältigen war und dass sich neurotische Symptome bildeten. Es kam zu Selbstanklagen und Befürchtungen, z. B. mit einem anderen Mann geschlafen oder sich mit Aids infiziert zu haben.

Aufgrund der hochkomplexen elterlichen Beziehungen hatte sich ein strenges und überforderndes archaisches Über-Ich konstelliert, bei überhöhtem Ich-Ideal. Den massiven aggressiven Fantasien gelang zwar immer wieder der Durchbruch, sie wurden jedoch überwiegend autoaggressiv abgeleitet. Dies geschah in Form von Selbstvorwürfen und Anklagen, insgesamt jedoch mittels jener quälerischen und masochistischen Zwangsbefürchtungen. So gesehen dienten die Zwangssymptome auch dazu, eine zugrunde liegende Depression zu unterdrücken, deren Symptome sich phasenweise auch zeigten.

Das Mädchen war unerwünscht geboren, Abtreibungsfantasien hatten die Eltern umgetrieben, die sich vermutlich im Initialtraum äußerten. Die frühe Kindheit wurde von massiven gewalttätigen Auseinandersetzungen begleitet, von denen Angelika in der Therapie erzählen konnte. Von der Mutter abgewertet, im Stich gelassen und zu Onkel und Tante gegeben, flüchtete Angelika in eine hysterische, sexualisierte ödipale Lösung. Sie sexualisierte die Beziehung zum Vater als rettendem Objekt. Die Sexualisierung des ödipalen Objektes diente der Abwehr eines in diesem Fall vermutlich real erlebten frühen Missbrauchs. Bereits in der ersten Sitzung öffnete sich der Vorhang zur initialen Szene mit Ängsten vor sexueller Überwältigung durch den Therapeuten. Vordergründig imponiert eine ödipale Konfliktsituation. Der eifersüchtige Vater möchte verhindern, dass die Tochter in der Pubertät sexuelle Kontakte zu anderen Männern aufnimmt. Die Streitereien der Eltern bewirken unübersehbar Scham und Schuld, und das rigide Über-Ich des Mädchens wird immer unduldsamer.

Enttäuschungen beim Vater führten zur Spaltung in ein total gutes Objekt und ein total böses Objekt, abwechselnd Vater und Therapeut. Dahinter stehen natürlich die frühen Enttäuschungen mit der Mutter, die beim Vater ebenfalls wiederbelebt werden. So wie sie in der Übertragung den Therapeuten mal als total gutes Objekt, mal als total böses Objekt, das missbraucht und eine Therapie durchführt, bei der sie im Unklaren über dessen Absichten (böse und missbrauchende) gehalten wird, sind auch ihre Selbstrepräsentanzen gespalten. Mal ist sie total böse, ein mörderisches Selbst, mal ist sie dem Vater gegenüber verführerisch, das heißt identifiziert mit dem Aggressor, mal die kranke, unsichere Jugendliche in der Therapie.

Spaltungen, Idealisierungen, Abwertungen und projektive Identifizierungen führten zu einem Verschwimmen der Realitätswahrnehmungen in den Bereichen, die vor allem mit Sexualität zu tun hatten. Jenes Verschwimmen von Realität und Fantasie war auch sehr typisch für die Gegenübertragungen, die nie klar und eindeutig erschienen, sondern meist neblig und irgendwie flirrend. War der Therapeut ein Missbraucher oder nicht? Zumindest missbrauchte er sie in ihrer Wahrnehmung, indem er die schlechte Therapie »Psychoanalyse« anwandte. Über Spaltungen konnte Angelika zumindest einen Teil ihrer mörderischen Aggressionen nach außen wenden, war der Therapeut ein Versager und die konkurrierende Verhaltenstherapie die

bessere Methode, konnte Angelika in der Abwertung Aggression zeigen, ohne Schuldgefühle zu empfinden.

Diagnose:

F60.31   Borderline-Typ

Einige Kennzeichen emotionaler Instabilität sind vorhanden, zusätzlich war das eigene Selbstbild unklar und gestört.

Die therapeutische Arbeit

Spaltungen und Idealisierungen wechselten ständig mit massiven Aggressionen und Entwertungen. Erkennbar wird auch, dass es zu irritierenden Gegenübertragungen kommen kann, mit Brüchen und mit ernsthaften Verwicklungen. Insofern stand im Vordergrund die Behandlung einer Borderline-Störung mit allen technischen Problemen. Es zeigt die Macht der projektiven Identifizierungen, wie die Konflikte dramatisch inszeniert werden und wie heftige Affekte das Reflektieren des Therapeuten beeinträchtigen können. Er konnte teilweise regelrecht erlebte oder fantasierte Szenen der Patientin erkennen, vom missbrauchten Opfer, über die flirtende Verführerin bis hin zur triumphierenden Rachegöttin, aber auch Szenen, die er mitagierte. Eine solche Therapie bedarf auch bei erfahrenen Therapeuten zumindest gelegentlicher Supervision.

Vorrangig erschien es wichtig, am Ich und seinen defizitären Funktionen zu arbeiten, beispielsweise an der Realitätsprüfung, also der Fähigkeit, Realität und Fantasie zu trennen. Unbewusste Konflikte genetischer Art wurden lange Zeit nicht gedeutet, sondern immer nur die Übertragung im Hier und Jetzt, gelegentlich verknüpft mit Geschehnissen der Vergangenheit; später konnten der Patientin auch genetische Verknüpfungen zugemutet werden. Es ist schwierig, mit idealisierenden

Übertragungen und den darauffolgenden, meist besonders heftigen Aggressionen umzugehen. Idealisierungen enthalten immer Verleugnungen, welche dazu dienen, Realitäten auszublenden. Die Idealisierungen gerieten ins Wanken, als Angelika nach der Trennung ihre Angst, Leere, Hilflosigkeit und ihre Abhängigkeit vom Therapeuten in sie zutiefst kränkender Weise erfuhr. Jetzt wurden ihm alle bösen Qualitäten zugesprochen, denn er hatte sie verlassen, und alle Wut und aller Hass wurden auf ihn gerichtet. Die omnipotente Kontrolle der Patientin verkehrte sich in Furcht vor Überwältigung, auch

sexueller Art. Über die Verknüpfung mit der Fantasie des Erstkontaktes wurde wieder Ambivalenz möglich, und die Patientin konnte sich auch an das Gute aus der Zeit vorher erinnern. Eine zunehmende Integration der guten und bösen Selbst- und Objektrepräsentanzen wurde möglich, diese wurden realistischer, weniger omnipotent und absolut. Hinter jeder Idealisierung, hinter allen positiven Übertragungen, verbergen sich feindselige Gefühle und aggressive Affekte. All diese Manifestationen sollten rechtzeitig erkannt, angesprochen und im Hier und Jetzt gedeutet werden.

2   Psychosen

Zu den psychotischen Erkrankungen zählen im Kindes- und Jugendalter vor allem die Schizophrenie und die affektiven Störungen mit psychotischen Symptomen. Hinzu kommen schizoaffektive Störungen, die schlecht von schizophrenen Psychosen abzugrenzen sind. Im Kindes- und Jugendalter sind auch bei der Schizophrenie erhebliche affektive Symptome vorhanden (Günter 2007, S. 505).

Etwa 0,4 % der Bevölkerung leidet an Schizophrenie (Steinhausen 1996, S. 73). Schätzungsweise 1 % aller Schizophrenien beginnen vor dem 10. Lebensjahr, 4 % vor dem 15. Lebensjahr, etwa 10 % beginnen zwischen dem 14. und 20. Lebensjahr und 42 % zwischen dem 21. und 30. Lebensjahr (Remschmidt 2000, S. 183). Die Angaben zur Geschlechterverteilung variieren von einem leichten Überwiegen bei Jungen (ebd., S. 183) bis zu einem dreimal häufigeren Auftreten bei Jungen. Bei den affektiven Psychosen wird von einer Häufigkeit von 0,5 % bis 3 % in der Bevölkerung ausgegangen, davon erkranken nur etwa 15–20 % vor dem 20. Lebensjahr. Vor der Adoleszenz ist diese Erkrankung äußerst selten, Frauen sind doppelt so häufig wie Männer betroffen (Steinhausen 1996, S. 73 ff.).

Im Vordergrund der Symptomatik steht bei der Schizophrenie eine Realitätsbezugsstörung, eine Störung des Antriebes, der Emotionalität, der Motorik und der Sprache.

Im einzelnen gehören dazu Zwangshandlungen und Zwangsgedanken, zunehmende Kontaktlosigkeit, Stereotypien, Manierismen, gelegentlich Iterationen oder Grimassieren, Störungen der Wahrnehmung, Sprachabbau und bizarre Wortbildungen, Ängste, Wutreaktionen, negativistisches Verhalten, Apathie oder dranghafte Unruhe, Aggression, Autoaggression, reduzierte intellektuelle Leistungen. Wahn und Halluzinationen sind vor dem 10. Lebensjahr selten zu beobachten (ebd., S. 73 ff.). Die Ängste sind besonders archaisch, es besteht Angst vor Desintegration, vor Identitätsverlust, Angst, zerstückelt, zerstört, verschlungen oder vernichtet zu werden (Klein 1930). Im Gegensatz zu den typischen Ängsten im Kindesalter, die sich in Phobien oder Zwängen äußern, bestehen bei psychotischen Kindern seltsame Ängste, bei einem neunjährigen Jungen beispielsweise die Angst, ein Schwarzer würde ihn zu Sodomie zwingen (Lebovici und McDougall 1960). Die affektiven Psychosen sind gekennzeichnet durch Angst und Depression sowie manischen Phasen mit gehobener Stimmung und Erregung (Steinhausen 1996, S. 77 ff.).

Schizophrenie, schizotype und wahnhafte Störungen werden in der ICD-10 von *F20 bis F29* klassifiziert.

Die Affektiven Störungen (teils mit psychotischen Symptomen) werden in der ICD-10 von *F30 bis F39* klassifiziert.

Theorie der Psychose

Wie bei keiner anderen psychischen Störung ist die Frage organischer Verursachung so naheliegend wie bei den Psychosen. Für das psychoanalytische Verstehen der Psychodynamik und der Behandlung psychotischer Störungen ist allerdings nicht maßgeblich, ob eine organische Beeinträchtigung vorliegt oder nicht. Die Beschreibung der Dynamik psychotischen Geschehens kann unabhängig von der Frage der Somato- oder Psychogenese geschehen. Auch der Nachweis einer biologischen Determiniertheit macht die Beschreibung des psychotischen Geschehens nicht überflüssig. Die Art, wie der psychische Organismus auf die hypothetischen biologischen Noxen und Veränderungen reagiert, hängt sehr wahrscheinlich auch von der erworbenen psychischen Struktur ab. Deshalb ist das psychotische Geschehen nicht allein organisch-biologisch fassbar (Mentzos 1984, S. 249). Einerseits scheinen konstitutionelle Störungen erst unter den Bedingungen gestörter Objektbeziehungen zu einer Disposition für eine spätere Erkrankung zu führen. Andererseits scheinen die im psychotischen Prozess auftretenden intrapsychischen Spannungen, Abwehr- und Kompensationsmechanismen ihrerseits psychosomatische Rückwirkungen auf körperliche Strukturen und Funktionen zu haben. Die Intensität und Qualität psychischer Vorgänge beeinflussen neuronale Strukturen nachhaltig (Mentzos 1995a, S. 18). Mentzos spricht von der Psychose als Psychosomatose des Gehirns.

Die Theorie der Psychose ist in der Psychoanalyse eng verknüpft mit der Entwicklung allgemeiner theoretischer Konzepte und verschiedener Schulen, die in der Regel den Ursprungsländern, in denen ihre bedeutendsten Begründer lebten, zugeordnet werden. Bei keiner anderen psychischen Störung wurden derart viele Konzepte und theoreti-sche Konstrukte über die Psyche entwickelt als bei der Psychosentheorie. Da die entsprechenden Schulen von teilweise unterschiedlichen Konzepten mit je eigenen Begrifflichkeiten ausgehen, stellen wir diese getrennt dar.

Die englische Schule um Melanie Klein

Melanie Klein äußerte bereits 1930 in ihrer Arbeit »Die psychotherapeutische Behandlung von Psychosen«, dass Psychosen im Kindesalter häufiger vorkommen als bisher angenommen. Die Symptome einer psychotischen Erkrankung werden ihrer Meinung nach bei Kindern nicht so auffällig wahrgenommen wie bei Erwachsenen. Melanie Klein war die erste, die psychotische Kinder therapierte, und sie hielt es für eine der Hauptaufgaben des Kinderanalytikers, Psychosen bei Kindern aufzudecken und zu heilen (1930, S. 374).

Sie geht bei der Psychose von einer Fixierung auf ein frühes Entwicklungsstadium, das sie die paranoide Position nennt, aus. Wenn Spaltungsprozesse und Desintegration zu stark sind, bleibt die Intensität der Verfolgungsängste und das Risiko der Fragmentierung des Selbst. Das ganze Objekt kann nicht introjiziert werden, es gibt keine Hoffnung auf Wiedergutmachung und die Fähigkeit, gute innere Objekte zu erhalten. Die projektive Identifizierung dient der Abwehr der primitiven Ängste, verfolgt, zerstört und zerstückelt zu werden. Teile des Selbst, die bedrohlich und als schlecht empfunden werden, werden vom Selbst abgespalten und in ein Objekt projiziert. Sehen wir dieses von Klein beschriebene Stadium nicht als Fixierung, sondern als, aus welchen Gründen auch immer, pathologische Entwicklung von

Ängsten (▶ **Kap. I.1**), die mit Hilfe der frühen Abwehrmechanismen Verleugnung, Spaltung, Idealisierung und projektive Identifizierung abgewehrt werden, haben wir ein wichtiges Konzept für das Verstehen der Psychose.

Bei der Zunahme projektiver Identifizierungen gewinnen nach Segal (1996, S. 49 ff.) konkrete Symbole die Oberhand, es entsteht das für die Psychose charakteristische konkretistische Denken. Dabei sind Symbol und das symbolisierte Objekt gleichgesetzt. Segal nennt dies die symbolische Gleichsetzung. Am Beispiel eines Musikers, der meinte, sein Geigespielen sei Onanieren, zeigt sie, dass im Konkretismus das Symbolische verloren geht. Das Symbol wird mit dem verwechselt, was es symbolisieren soll.

Melanie Kleins Augenmerk galt mehr der Funktion der projektiven Identifizierung für den Projizierenden, der Abwehr von Angst und Schmerz oder dem Versuch der Kontrolle dieser Teile durch die Kontrolle des Objektes als dem Gesichtspunkt, was der die Projektion Empfangende damit macht. Der Nutzen der projektiven Identifizierung in der Behandlung psychotischer Patienten wurde vor allem von Bion (1990, S. 26), Rosenfeld (1989) und Segal (1996) herausgearbeitet. Bion entwickelte auf den Grundlagen von Melanie Klein das Konzept des containing. Der Patient projiziert dabei nach Bion in den Analytiker hinein. Wenn der Analytiker die Gefühle verstehen kann, dann kann der Patient sie wieder in sich aufnehmen, d. h. reintrojizieren. Bion hat damit die Aufmerksamkeit auf die Seite des Empfängers der projektiven Identifizierung gelenkt. Dieser muss in der Lage sein, sich partiell mit dem Introjizierten zu identifizieren, ohne die Grenzen des eigenen Selbst zu verlieren. Nach Bion dient die projektive Identifizierung primär dazu, einen Bewusstseinszustand mitzuteilen, den der Patient nicht in Worte fassen kann. Durch Introjektion des Containers als eines verstehenden Objektes

entsteht psychisches Wachstum, durch Introjektion eines feindselig-abweisenden Objektes wird der Denkprozess gestört. Erst durch die Containing-Funktion des Objektes (Bion nennt dies die Alpha-Funktion) werden die projizierten Emotionen »verdaulich«, d. h. vom Nicht-Benennbaren zum Benennbaren sowie bewusst und unbewusst gemacht. Bei heftigen Spaltungen und projektiven Identifizierungen wird der Analytiker einem inneren Objekt gleichgesetzt, so dass fragmentierte und konkretistische Denkprozesse eine größere Rolle spielen.

Ein weiteres für die therapeutische Arbeit mit Kindern und Jugendlichen wichtiges Konzept, das in der Arbeit mit Erwachsenen entwickelt wurde, ist unserer Einschätzung nach das Konzept des Enactments, das, wie das Containing, auf den Vorgängen der projektiven Identifizierung beruht, die therapeutisch gedeutet und genutzt werden können (vgl. Rosenfeld 1989; Müller 1999). Ein Merkmal in der Behandlung psychotischer Patienten besteht darin, dass wesentliche Aspekte der psychotischen Übertragung nicht verbalisiert, sondern in Szene gesetzt werden (Enactment). Die Aktualisierungen in der Übertragung beruhen auf psychotischen, introjektiven und projektiven Identifizierungen. Sie gründen auf präverbalen und präsymbolischen Ereignissen, die es oft unumgänglich machen, dass diese unbewussten Objektbeziehungen in der analytischen Situation bis zu einem gewissen Grad ausgelebt werden. Das psychotische Enactment ist so gesehen eine kreative Ich-Leistung. Die Szenen kreisen um Überwältigung, Trennungen und Verlust des Selbst u. a. Das psychotische Enactment soll das Objekt sichern – im Sinne der omnipotenten Kontrolle und nicht im Sinne der Reparatur – und das narzisstische Gleichgewicht stabilisieren. Die Tragik dieser Abwehrorganisation liegt darin, dass das von Vernichtungsangst beherrschte Selbst zu protektiv-defensiven Mechanismen greift, die verstärken, wovor sie schützen sollen, wenn nicht ein Containing und Verstehen in der Szene stattfindet.

Vom Konzept des Containing zu unterscheiden ist das Konzept des Haltens von Winnicott (1984). Winnicott hat sich bereits in seinen ersten Arbeiten 1945 mit kindlicher Psychose beschäftigt. Wenn die Funktion des Haltens (holding) der Mutter versagt, entstehen nach Winnicott Ängste psychotischer Natur, die immer latent bestehen, gewöhnlich aber durch die Fürsorge der Mutter aufgefangen werden. Das Versagen der Mutter wird als Bedrohung der Existenz und als Vernichtung erlebt. Bei psychotischen Störungen gelingt es nach Winnicott der Mutter nicht, sich an die Frühstadien der primitiven emotionalen Entwicklung anzupassen. Sie kann keine stützende Ich-Funktion übernehmen und der Säugling bleibt isoliert. Die aggressiven Impulse werden unerträglich. Winnicott betont im Gegensatz zu Melanie Klein stärker die Rolle der Umwelt, während diese stärker die kindlichen Fantasien und Triebe, speziell den Todestrieb des Kindes, herausstellt. Indem Winnicott von latenten psychotischen Ängsten spricht, hat er sich bereits von Kleins Annahme einer normalen paranoiden Position entfernt, allerdings öffnet das Konzept des Versagens der Mutter einer einseitigen Schuldzuweisung bei der Entstehung der Psychose Tür und Tor, was aus heutiger Sicht nicht haltbar ist.

Das Konzept des Haltens als Introjektion eines guten Objektes setzt Containing voraus. Wichtig für die therapeutische Arbeit gerade mit psychotischen Kindern und Jugendlichen erscheint uns allerdings, dass Winnicott auch auf die heilsame Wirkung von Realität und Desillusionierung hinweist. Das Konzept des Haltens könnte sonst dahingehend missverstanden werden, dass es ausreiche, dem Kind oder Jugendlichen möglichst viel haltende Erfahrung zu ermöglichen. Die Realität bietet nach Winnicott nicht nur Versagungen, sondern auch Erleichterung und Befriedigung. Die Fantasie kenne keine Bremsen, und Liebe und Hass rufen beunruhigende Wirkungen hervor. Die äußere Realität habe eingebaute Bremsen, die man untersuchen und kennen lernen kann. Das Subjektive sei wertvoll, aber so beunruhigend und magisch, dass man es nur als Parallele zum Objektiven genießen könne (Winnicott 1976, S. 69). Die Entwicklung vollzieht sich nach Winnicott von der Fantasie zur Realität; mit diesem Konzept kommt Winnicott der Theorie des Mangels bei Lacan (siehe unten) nahe. Für die Arbeit mit psychotischen Patienten, bei denen die Gesetze der Realität zugunsten einer omnipotenten Verleugnung aufgegeben werden, ist die heilsame Wirkung von Realität und Desillusionierung ein wichtiger Gesichtspunkt in der Behandlung.

Die französische Schule um Lacan

Francoise Dolto (1988; 1989a,b) zufolge ist der Eintritt in die Psychose gleichzusetzen mit dem Todestrieb. Der Todestrieb ist nach Dolto (1989a, S. 172), anders als bei Freud, das ruhige, gesunde, vegetative Leben, der Sicherheit verleihende Verschmelzungszustand, in dem der Psychotiker regressiv Zuflucht sucht. Er, der Psychotiker, zielt, obwohl es unmöglich ist, inzestuös auf die Mutter oder die Urszene und tritt mit jedem, der die Begegnung akzeptiert, in eine Übertragungsbeziehung. Der Andere wird für den Psychotiker zu einem begehrten und zugleich gefährlichen Objekt.

In der Psychose wird die Dyade nicht auf den Dritten hin geöffnet, sondern an der totalen Befriedigung aller Wünsche festgehalten. Der Mangel wird verleugnet. Die Verwerfung in der Psychose, die Nicht-Annahme des Namens-des-Vaters, der als Träger des Symbolischen die drei Instanzen Reales, Symbolisches und Imaginäres scheidet, führt zur Regression in das Spiegelstadium und zur Triebentmischung (Widmer 1990, S. 118 ff.).

Das Imaginäre (das Anwesende, Vorstellbare, die Fantasie) fügt sich nach Dolto dem Symbolischen. Der Weg der Symbolisierung geht über das Spiegelstadium. Das Reale (das Abwesende, der Körper, das Unbewusste, das Unheimliche) wird vom Imaginären durch das Symbolische (Sprache) getrennt. Das Trauma widersetzt sich der Aufnahme ins Symbolische (Sprache). Nach Lacan erscheint, was nicht symbolisiert werden kann, im Realen (dem Körper, dem Unbewussten, dem Unheimlichen).

Im Zentrum von Doltos Theorie steht das Begehren. Das Begehren ist vom Verbot geprägt, das ermöglicht zu wachsen und sich zu entwickeln (Dolto 1989b, S. 63). Das Begehren ist Kreativität und nicht die unmittelbare Befriedigung von Wünschen. Das Begehren sucht seinen Weg, um durch schwere Arbeit zu einer Befriedigung zu kommen. Über das Begehren kann man sprechen. Dem Begehren wohnt der Mangel inne.

Wie der Mangel zum Begehren führt nach Dolto die Kastration zur Symbolisierung. Sie unterscheidet die Kastration durch die Geburt, die orale Kastration (Entwöhnung), die zum Sprechen führe, die anale Kastration, die zur Autonomie und zum Tötungsverbot führe, sowie die ödipale Kastration mit dem Inzestverbot und der Herrschaft über das Begehren.

Mit der Theorie der Verleugnung des Mangels und der Verwerfung des Vaters, des dritten Objektes, ergeben sich wichtige Aspekte für die Behandlung. In der Analyse müsse man sich einlassen, bis man den psychotischen Kern in sich selbst entdecke (Dolto 1989a, S. 178), den eigenen und den des Anderen. Der Kern der Psychose ist das Verschwiegene, das ausgesprochen werden muss (ebd., S. 189). Die Verwerfung ist Dolto zufolge streng genommen eine Bezeichnung für die Widerstände des Analytikers, das Verschwiegene auszusprechen (ebd., S. 165). Das Verschwiegene ist das Unaussprechbare, Undenkbare. In der Psychose sind dies oft archaische Aggressionen und Inzestfantasien.

Die Notwendigkeit des Aussprechens gerade auch mörderischer Aggressionen und Tötungsfantasien betont vor allem Maud Mannoni (1972) in ihren Arbeiten. Das psychotische Kind antworte auf den unbewussten Tötungswunsch der Mutter und auf seinen eigenen Tötungswunsch der Mutter gegenüber. Das psychotische Kind ist nach Mannoni wie bei Dolto von seiner Subjektivität, von der Realität und von der triangulären Struktur ausgeschlossen. Ihm ist der Zugang zum persönlichen Wunsch versperrt. Es kann sich keine Identität sichern und sucht, die Mutter-Kind-Symbiose zu verewigen.

Die ichpsychologische Arbeit Margret Mahlers

Margret Mahler hat in ihren Büchern »Symbiose und Individuation« (1972) und »Die psychische Geburt des Menschen« (1978) wichtige theoretische Annahmen entwickelt, von denen einige heute allerdings in Frage gestellt werden. Wie Melanie Klein geht sie von einer grundlegenden Ähnlichkeit der psychischen Struktur zwischen dem Säugling und dem psychotischen Kind aus. Sie entwickelte das Phasenmodell von der autistischen Phase, der symbiotischen Phase und der Loslösung und Individuation, das wir bereits kritisch betrachteten (▶ Kap. I.1). Die erste Phase sieht sie als Fixierungsstelle des Autismus, das psychotische Kind dagegen kann die zweite Phase nicht aufgegeben. Die Symbiose ist bei der kindlichen Psychose gestört oder fehlt wie beim Autismus ganz. In der symbiotischen Psychose sind die Grenzen zwischen Selbst und Nicht-Selbst schlecht erfasst und Trennungsängste überwältigen das kindliche Ich. Es folgt Identitätsverlust, Angst vor Desintegration und Verschlungenwerden durch das symbiotische Objekt. Noch 1951 nahm Mahler eine scharfe Trennung zwischen beiden Formen der Psychose vor, gab diese aber nach einer Untersuchung von 40 psychotischen Kindern auf (1972, S. 81 f.). Beide Formen beschreibt sie von da an als psychotische Abwehrorganisationen mit dem Vorherrschen der einen oder anderen Tendenz.

Wie ihre Grundannahmen einer Gleichsetzung früher Entwicklungsstufen mit psychotischen Prozessen heute nicht mehr in dieser Weise gesehen werden können, so ist auch ihr therapeutisches Vorgehen, orientiert an der Ich-Psychologie der 1940er Jahre, kaum mehr verständlich. Das symbiotischpsychotische Kind soll zur Realitätsprüfung angeregt werden. Das Kind soll sich Ich-Stärke vom Therapeut, der als Mutterersatz und Hilfs-Ich fungiert, oder von der Mutter borgen. Sie arbeitet nach einem sogenannten Dreiparteienplan. Der Therapeut soll die Symbiose mit dem Kind herstellen und diese dann auf die Mutter übertragen. Auf diese Weise soll eine korrigierende symbiotische Erfahrung ermöglicht werden. Die Mutter soll dann auch noch über die besonderen Bedürfnisse des psychotischen Kindes belehrt werden und eventuell selbst in Behandlung gehen. Es gibt keinen festen Rahmen, die Sitzungen dauern 2–3 Stunden und die Mutter ist anwesend (ebd., S. 185 ff.).

Mahler ist eingeschränkt auf einen Lernzielplan von Ich-Funktionen: Erweiterung von Ich-Funktionen, Entwicklung von Objektrepräsentanzen und Fähigkeit zur Triebneutralisierung. Eine Arbeit mit Übertragung, Gegenübertragung, der Bedeutung des Rahmens, wie wir sie in der heutigen Arbeit finden, ist bei ihr nicht entwickelt. Die korrigierende Erfahrung ist unserer Meinung nach besser durch das Konzept des Containing ausgedrückt, da dort mit den Übertragungen des Kindes gearbeitet wird und nicht mit einem fiktiven Modell

positiver Erfahrung des Kindes durch den Therapeuten.

Neuere Ansätze

Lebovici und McDougall (1960) sprechen von psychotischen und präpsychotischen Zuständen, unterscheiden nicht zwischen Autismus und Psychose. Einerseits sind sie an der Ichpsychologie orientiert, indem sie die Wichtigkeit der nicht konfliktbesetzten, sogenannten autonomen Bereiche des Ich betonen. Ziel der Therapie sollte sein, die autonomen Funktionen des Ich von Konflikten zu befreien. Gleichzeitig integrieren sie aber auch den Ansatz der englischen Schule, indem sie die psychotische Struktur als Vorgänge von magischer Identifikation mit einem allmächtigen Objekt und Spaltung zur Abwehr von Ängsten betrachten. Störungen bei der Errichtung der ersten Objektbeziehungen führen zu einem verwirrenden Mangel an Unterscheidungsfähigkeit in Bezug auf die Umgebung und auf die introjizierten Objekte. Lebovici und McDougall sehen vor allem in der Zwangsbildung einen heilenden Wert für das Kind.

In Abgrenzung zu Melanie Klein wandten sie sich bereits 1960 gegen deren Gleichsetzung von psychotischer und normaler Entwicklung und betonen wie Winnicott die positive Funktion der Realität und die haltende Funktion der Mutter. »Wir stimmen nicht mit den Ansichten Melanie Kleins überein, die meint, dass jedes Kind am Ende seines ersten Lebensjahres eine psychotische Phase durchmacht, die Narben hinterlässt. Aber wir glauben, dass die Erfahrung unvermeidlicher Frustrationen, die der Reifungsprozess verlangt, zur Entstehung primitiver Fantasmen führt, die allein durch den Gefühlsreichtum der Mutter, durch ihre Fähigkeit der Hingabe korrigiert werden können« (1960, S. 54). Ganz im Sinne Melanie Kleins ist ihre Behandlung an der Interpretation der Übertragungsbeziehung orientiert, die eine

Voraussetzung für eine progressive und strukturierende Entwicklung sei. Es erfolgt eine systematische Interpretation des internalisierten schlechten Objektes und das Kind wird angeregt, seine primitivsten Fantasmen zu äußern. In manchen Fällen könne die systematische Interpretation das einzig wirksame Mittel zur Erreichung des Kontaktes sein. Die primitivsten Fantasmen müssen geäußert, interpretiert und integriert werden.

Auch Stork (1994) verzichtet auf eine Differenzierung in Autismus und kindliche Psychosen. Er spricht davon, dass bei psychotischen Kindern eine existenzielle Konflikthaftigkeit vorliege, eine tiefe Widersprüchlichkeit, eine extreme Form innerer Zerrissenheit. Es gebe einen Wunsch und Gegenwunsch, mit dem anderen in Kontakt zu treten. Überwältigt vom primärprozesshaften Erleben wird der Andere Teil der Projektionen und verliert seine Eigenständigkeit. In der Fantasiewelt gibt es ebenfalls eine Zu- und Abwendung, Bejahung und Verneinung, eine Getriebenheit zwischen zwei Kräften, die beide eine maligne Anziehung auf das Kind ausüben. Der existentielle Konflikt besteht nach Stork aus überhöhten Wünschen nach Glückseligkeit, die vom primären Narzissmus geprägt sind, einem Wunsch nach Vollkommenheit, der mit Hilfe einer vereinnahmenden Liebe oder alles vernichtender Gewalt realisiert werden soll. Die ödipalen Fantasien haben hochgradig inzestuösen Charakter, da der Unterschied zwischen Fantasie und Handlung nicht klar ist. Gleichzeitig erlebt das Kind sich im Vorgang der existentiellen Konflikthaftigkeit als unauflösbar an die Mutter-Imago gekettet, es versucht aktiv, sie zu beherrschen. Über eine narzisstische Identifizierung kommt es zur narzisstischen Verklebung mit der Mutter, einer illusionären Zwei-Einheit und dem Gefühl einer Katastrophe, wenn die Mutter verloren geht. Die Kinder versuchen, die Fusion gegen alle Widerstände der Individuationskräfte und der Realität zu verwirklichen. Oft liegt dabei eine physische oder psychische Distanz oder Abwesenheit des Vaters vor.

Nach Stork hat das Kind nur zwei Möglichkeiten, die mangelnde Individuation anzugehen, eine Reaktion mit archaischer Aggression gegen die Mutter oder die Öffnung zum Vater hin. Bei einer übergroßen Sehnsucht nach dem Vater als Mittel der Individuation bestehe aber die Gefahr, den Prozess der Individuation mit Hilfe des Zauberers, ohne die Mühen der Trauerarbeit, vollziehen zu wollen. Zudem besteht die Gefahr der abgrundtiefen Enttäuschung über den Vater, weil er nicht vollbringt, was er sozusagen versprochen hat. Häufig entwickelt sich eine äquivalente Verklebung mit dem Vater wie mit der Mutter. Es entstehen neue Enttäuschungen, Resignation und Rückzug aus der Welt. Der Vater löst Bedrohung aus, weil er als Tertium der erklärte Feind der narzisstischen Verklebung ist. Somit bleiben oft die Aggressionen als einziges Mittel der Befreiung aus der Umklammerung von der Mutter-Imago. Es besteht eine primitive archaische Wut gegen die Mutter und gleichzeitig die größte Bewunderung und Verehrung für sie. Während bei den Arbeiten der englischen Schule der Vater als drittes Objekt eher als nicht existent angenommen und vernachlässigt wird, hat er in der französischen Schule und bei Stork die wesentliche Funktion der Befreiung aus der psychotischen Welt übernommen.

Die Bedeutung eines existenziellen Konfliktes in der Psychose wird auch von Mentzos geteilt. Bisher ging die Psychoanalyse davon aus, dass der Unterschied zwischen Neurose und Psychose darin besteht, dass den Neurosen ein Konflikt zugrunde liegt, während bei den Psychosen eine Ich-Schwäche oder ein Strukturmangel – gleich ob psychosozial oder somatisch-biologisch bedingt oder beides – das Wesentliche sei. Es wird zwar angenommen, dass Psychotiker Konflikte haben, diese würden aber im Vergleich zu den Ich-Defiziten nicht so schwer ins Gewicht fallen. Weder erkrankten die psychotischen Patienten an ihren Konflikten, noch konstituiere der Konflikt einen wesentlichen Anteil der psychotischen Symptomatik: »Längere und intensive therapeutische Erfahrungen mit psychotischen Patienten zwingen uns nun, diese Sichtweise zu revidieren«, so Mentzos (1995a, S. 9 f.). Oft komme es in der Therapie zu einer dramatischen Zuspitzung gegensätzlicher intrapsychischer Tendenzen. »Wir beginnen uns zu fragen, ob die Psychotiker tatsächlich so Ichschwach sind«, so Mentzos (ebd., S. 10). Mentzos gibt dieser antinomischen Konstellationen innerhalb der psychotischen Dynamik einen zentralen Stellenwert. Dies rechtfertige eine Schwerpunktverlagerung auf den Konfliktbegriff.

Wie Stork beschreibt Mentzos normale universelle Bipolaritäten, die unter bestimmten ungünstigen Bedingungen (akute oder chronische Traumatisierungen) ihre flexible Dynamik verlieren und sich zu einem rigiden Konflikt entwickeln. Der Begriff des Konfliktes wird so erweitert. Man könnte fragen, ob das legitim ist. Konflikt heißt dabei, das Gefühl, weder mit dem Anderen zusammen sein noch ohne ihn leben zu können. Das Problem werde durch komplizierte Abwehr- und Kompensationsvorgänge überlagert, die dann als defiziente Ich-Funktionen erscheinen. Es sind aber aktive Bewältigungsversuche und Kompromisslösungen, so Mentzos (ebd., S. 11).

Kritisch erscheint uns bei Mentzos, dass er Triebkonflikte in der Psychose vernachlässigt und damit auch die Bedrohung des Konfliktes von Inzestangst und Inzestwunsch, wie bei Stork ausgeführt, nicht ausreichend erfassen kann. Elzer betont, dass bei Ausbruch einer Psychose auch Triebkonflikte eine gewichtige Rolle spielen und nicht nur die Anerkennung einer prinzipiellen Existenz. Gerade der Triebschub in der Adoleszenz habe etwas genuin psychotisches an sich, da er eine Gefahr für die bisher erworbene psychische Struktur darstelle (El-

zer 1995, S. 123), wenn wir auch Elzers Einschätzung nicht teilen können, dass man vor Eintreten der Pubertät nicht von einer Psychose sprechen kann (ebd., S. 106 f.).

Unter dem Aspekt einer Symbolisierungsstörung betrachtet Pestalozzi (2001) in der Tradition Benedettis die Arbeit mit psychotischen Jugendlichen und leitet daraus Techniken für die Behandlung ab. Das konkretistische Denken des Patienten müsse konkret und metaphorisch verstanden werden, anfangs müsse der Therapeut sich auf die konkrete Bilderwelt des Patienten einlassen und in dieser antworten. Der Konkretismus sei mitverursachend für die Orientierungslosigkeit und mangelnde Einfühlung des psychotischen Patienten. Die Funktion des Konkretismus sieht sie in der Abwehr enormer Ängste. Er biete eine nützliche Orientierung. Auch die panischen Ängste sind seltsam konkret, wie etwa in Löcher zu fallen u. a. Die therapeutische Antwort auf die Symbolisierungsstörung ist nach Pestalozzi ein Hineinschlüpfen in die »autistische Hülle des Kranken« (ebd., S. 82), ein wenn auch reflektiertes Zulassen fusionärer Erfahrungen, bevor ein größeres Maß an Getrenntheit ausgehalten werden kann. Mit dem Fortschreiten der Getrenntheit entstehe symbolisches Denken.

Günter (2007) weist auf die Bedeutung der Rahmenbedingungen hin, die gerade bei der Psychosebehandlung mitreflektiert werden müssen. Die manchmal psychotisch identifizierten Gegenübertragungen müssen supervidiert werden, damit der Therapeut die Holding Funktion (Winnicott) und Reverie (Bion) aufrecht erhalten kann. Die Zumutung einer Realitätsorientierung sollte aufrecht erhalten bleiben, damit eine Differenz zwischen dem Denken des Therapeuten und dem des Patienten deutlich wird. Die Psychotherapie ist nach Günter zentriert auf das Durcharbeiten der Angstaffekte, der Ablöse- und Autonomie-Konflikte, Konflikte um körperliche und sexuelle Identität sowie um unintegrierte aggressiv-destruktive Fixierungen. Dabei ist die Kooperation mit intakt gebliebenen Ich-Funktionen notwendig.

Zu einer psychoanalytischen Therapie psychotischer Jugendlicher gehört nach Günter aber gleichermaßen die Reflexion des Umgangs mit medikamentöser Behandlung, die Eingliederung in das soziale Feld und Beziehungsgestaltung, gerade auch der Intimbeziehungen. Ein ausgewogenes Maß an aufdeckender und stützender Arbeit muss an der besonderen narzisstischen Verletzlichkeit der Patienten orientiert sein.

Als spezielle Behandlungsprobleme nennt Günter weiter: Die Bedrohung der Autonomieentwicklung durch extreme Nähe zu den Eltern und gleichzeitig bestehenden paranoiden Ängsten aufgrund der Nähe. Der Therapeut wird zum störenden Dritten. Neben der Arbeit an Selbst-Objekt-Differenzierung, Ablösung und Ambivalenz muss auch an angemessene äußere Verselbständigung gedacht werden. Eine manchmal auftretende tiefe Regression und der Zerfall von Ich-Strukturen macht eine stationäre Therapie nötig, in der Erfahrungen von Sicherheit und Gehalten-werden gemacht werden können. Bei Jugendlichen besteht oft eine ausgeprägte Instabilität der Symptomatik. Manchmal kann, so Günter, das Hinzuziehen neutraler Dritter vermitteln. Das Wahnerleben wird bei Jugendlichen oft verheimlicht. Es besteht eine schmale Gratwanderung zwischen Mäßigung paranoider Ängste und Anerkennung der lebensrettenden Bedeutung einer Fragmentierung. Konflikte der psychosexuellen Entwicklung werden durch die Pubertät verschärft. Psychotische Jugendliche leiden unter einer Kontaktschwäche und mangelhaften Integration in die Peergroup. Eine enge Zusammenarbeit mit therapeutischen Wohngruppen, beschützenden Werkstätten u. a. Institutionen ist angesagt. Die Therapie darf nicht als isoliertes Geschehen betrachtet werden. Negative Affekte bis hin zur Suizidalität erfordern eine Kooperation zwischen Therapie und äußeren Hilfsangeboten. Konkrete Hilfestellungen in der Außenwelt

sind erforderlich. Bei gleichzeitiger medikamentöser Therapie ist die Mitarbeit des Patienten erforderlich. Das Weglassen von Medikamenten z. B. kann dann in seiner Funktion, etwa als Realitätsverleugnung, in der Therapie bearbeitet werden. Die Arbeit mit den Eltern gehört ebenfalls zu den angesprochenen Rahmenbedingungen (ebd., S. 5081 ff.).

Zusammenfassung

Bei der Psychose wird an der symbiotischen Dyade festgehalten, Loslösung und Individuation als Entwicklungsaufgabe kann nicht gelingen. Die Dyade konnte nicht auf einen Dritten hin geöffnet werden. An der totalen Befriedigung von Wünschen wird festgehalten, Mangel und damit das Realitätsprinzip wird verleugnet. Das Gesetz der Realität (der Name-des-Vaters) wird nicht angenommen. Das Festhalten an der Symbiose dient dabei vermutlich der Abwehr primitiver, archaischer Ängste, vernichtet, zerstückelt oder zerstört zu werden, sowie der Abwehr archaischer Aggressionen und Inzestfantasien, die bereits Produkt einer pathologischen Entwicklung sind, deren Ursachen im Somatopsychischen liegen und die nicht Bestandteil der normalen Entwicklung sind. Es erfolgte keine Introjektion eines ganzen Objektes, es gibt kein gutes inneres Objekt, keine Hoffnung auf Wiedergutmachung. Folge sind frühe Abwehrmechanismen wie Spaltung, Idealisierung, Verleugnung und projektive Identifizierung. Aufgrund der projektiven Identifizierung wird das Denken konkretistisch und fragmentiert.

In der Psychose gibt es eine extreme Form innerer Zerrissenheit, eine existenzielle Konflikthaftigkeit, einen Wunsch mit der Mutter narzisstisch zu verkleben und den Gegenwunsch nach Individuation. Der Wunsch nach Zwei-Einheit und Symbiose ist mit dem Gefühl einer Katastrophe verbunden, falls die Mutter verloren geht. Wie beim Wunsch nach Verschmelzung und Individuation gibt es einen ödipal gefärbten Wunsch nach inzestuöser Verstrickung und den Gegenwunsch. Da der Vater als drittes Objekt verleugnet wird oder nicht zur Verfügung steht, werden als einziges Mittel, sich aus der Umklammerung zu befreien, archaische Aggressionen gegen die Mutter eingesetzt, die wiederum in Konflikt geraten mit der gleichzeitigen Verehrung für sie.

Für die Behandlung der Psychose ist das Konzept des Containing von besonderer Bedeutung. Der Patient projiziert, was nicht in Worte gefasst werden kann, in den Analytiker hinein, dieser entgiftet das Introjekt, d. h. reflektiert seine Gegenübertragung, und der Patient reintrojiziert den Analytiker als verstehendes gutes Objekt. Psychisches Wachstum wird möglich. Im Containing wird in Worte gefasst, was sonst nicht mitgeteilt werden kann; es ist ein Transformationsprozess vom Nicht-Benennbaren zum Benennbaren. Ein weiteres Konzept ist das Konzept des Haltens, die Introjektion eines guten Objektes. Dies setzt containing voraus. Als kreative Ich-Leistung, die in der therapeutischen Arbeit verstanden und gedeutet werden kann, ist das sogenannte Enactment zu verstehen. Durch projektive Identifizierungen entsteht eine Aktualisierung von Szenen in der Übertragung. Das sind wesentliche Ereignisse, die nicht mitgeteilt werden, die aber in Szene gesetzt werden können. Es entsteht ein Ausleben unbewusster Objektbeziehungen. Diese szenische Darstellung dient der Mitteilung, aber auch der omnipotenten Kontrolle der Objekte, um das narzisstische Gleichgewicht zu stabilisieren; es ist kein Agieren von Widerstand.

Für die Psychosetherapie von großer Bedeutung ist ferner das Aussprechen des Verschwiegenen, d. h. zum Beispiel auch der mörderischen Tötungsfantasien. Das Verschwiegene ist das durch Verwerfung – ein psychotischer Abwehrmechanismus – Abgewehrte. Genau genommen ist Verwerfung eigentlich der Widerstand des Analytikers, das Verschwiegene auszusprechen. Zur Bearbeitung der mörderischen Aggression und psychotischen Ängste ist die systematische Interpretation des internalisierten schlechten Objektes notwendig sowie die Anregung, auch die primitivsten Fantasien zu äußern.

Die Reflexion der Rahmenbedingungen sowie die Kooperation mit anderen Institutionen gehören nach Günter (2007) zu einer analytischen Therapie mit psychotischen Jugendlichen.

Fallbeispiele

Wir möchten die Psychodynamik bei psychotischen Störungen und deren Behandlung an drei Beispielen darstellen. Wir beginnen mit einer Krisenintervention bei einer 16-jährigen Jugendlichen und stellen anschließend die Behandlung eines 17-jährigen Jugendlichen und eines 11-jährigen Kindes dar. Die Beispiele aus der Adoleszenz zeigen die Bedrohung des Selbst durch den Triebansturm der Pubertät und die Gefährdung der Selbst-Objekt-Differenzierung durch die Verschärfung des Konfliktes zwischen Inzestwunsch und Inzestangst.

Fallbeispiel »Maria«

Maria wuchs in einem streng katholischen Elternhaus auf. Sie kam als Jugendliche wegen einer schweren ecclesiogenen Neurose mit Selbstwertzweifeln, Versündigungsfantasien und ausgeprägten Zwangssymptomen zu mir in analytische Therapie, die erfolgreich beendet werden konnte, als Maria 16 Jahre alt war. Maria besuchte das Gymnasium, machte das Abitur und begann mit einer Lehre. Dort verliebte sie sich in einen jungen Mann, sprach darüber mit einer Freundin, die das weitererzählte. Alle lachten über Maria, die sonst immer ein wenig spröde war, und neckten sie. Wenige Tage danach dekompensierte Maria, erzählte wirre Dinge und war desorientiert. Sie wurde in eine psychiatrische Klinik gebracht, wo sich die Symptomatik nach Medikation mit Neuroleptika bald wieder besserte. Danach wollte Maria wieder bei mir mit einer Psychotherapie beginnen, ein Vorgespräch hatte bereits stattgefunden, als mich der Vater von Maria eines Abends gegen 22 Uhr verzweifelt und weinend anrief. Maria äußere erneut verrückte Dinge, wolle weglaufen, und man müsse sie wohl wiederum in die Klinik bringen. Er fürchte, dass sie dann längere Zeit dort bleiben müsse und ihre Lehre nicht zu Ende bringe. Ob ich nicht kommen und mit Maria sprechen könne. Ich fuhr hin, weil mir Maria Leid tat. Als ich ankam, stand die ganze Familie um Maria herum. Maria grüßte mich leise und erfreut, aber flüchtig. Sie müsse weg. Unten im Park warte ein junger Mann auf sie. Sie müsse ihm doch eine Rose bringen. Maria wirkte sichtlich erregt, manisch getrieben und wollte immer wieder wegrennen. Nur mit Mühe gelang es mir, sie soweit zu bringen, dass sie sich zu mir an den Tisch setzte, mit mir sprach und mir Einzelheiten von dem jungen Mann erzählte, der doch schon längere Zeit auf sie warte. Mir wurde zunehmend unwohl, dass die ganze Familie und Großfamilie dabeisaß und zuhörte. Ich schlug darum Maria vor, in ihr Zimmer zu gehen. Im gleichen Moment spürte ich, dass ich etwas für Maria ganz Unfassliches und Entsetzliches gesagt hatte. Sie erstarrte, wurde schneeweiß im Gesicht und lief sofort puterrot an. Schließlich sagte sie abweisend und kalt: »In mein Zimmer darf nur mein künftiger Mann einmal hinein!« Mit Erschrecken wurde mir klar, dass Maria ihren Körper und ihre Vagina mit ihrem Zimmer gleichsetzte und meinen wohlmeinenden Vorschlag als schlimmen Übergriff wertete. Ich sagte also zu ihr: »Bitte entschuldigen Sie, ich bin Ihnen gerade zu nahe gekommen.« Maria konnte das gut annehmen, weil sie sich spontan von mir verstanden sah. Ich bat daraufhin die Familienangehörigen, sich zurückzuziehen und sprach längere Zeit mit der Jugendlichen, bat sie auch, ihre Medikamente zu nehmen. Maria war am nächsten Tag wieder klar orientiert und symptomfrei.

Interpretation

Psychodynamik

Die Indiskretion der Freundin mag Marias Konflikt, sich inzestuösen Wünschen und Bedrohungen gegenüber nur unzureichend abgrenzen zu können, ausgelöst haben. Sowohl die Freundin als auch die Familie hielten Intimitätsgrenzen nicht ein. Die Verliebtheit und der damit verbundene Triebansturm der Pubertät führten zur Dekompensation und Ich-Schwächung. Der Mann im Park ist dabei vermutlich eine konkretistisch erlebte ödipale Inszenierung, so wie sie auch konkretistisch Vagina und Zimmer gleichsetzte.

Diagnose:

F22.0 wahnhafte Störung

Die therapeutische Arbeit

In der Gesprächssituation mit dem Therapeuten kam es offenbar in der Übertragung zu einer Art symbolischen Gleichsetzung (Segal) von Zimmer und Vagina, aber auch zur Darstellung (Enactment) des Konfliktes zwischen inzestuösen Wünschen und gleichzeitigen Ängsten. Im Sinne eines Containing gelang es dem Therapeuten, den Konflikt zu verstehen und über die entgiftete Reaktion (Bion) der Jugendlichen verbal und durch seine Reaktion zu versichern, dass die Inzestschranke eingehalten wird. Die psychische Struktur Marias konnte sich so weit festigen, dass sie wieder symptomfrei wurde.

Fallbeispiel »Stefan«

Eine Frau mit einer jung klingenden Stimme rief bei mir an, ob ich wohl für ihren Sohn einen Therapieplatz frei habe. Es ginge ihm sehr schlecht. Seit er aus dem psychiatrischen Krankenhaus zurückgekehrt sei, verbringe er den Tag untätig, liege im Bett oder weine. Stefan sei 17 Jahre alt, und niemand könne ihm helfen. Ich hatte keinen Platz frei. Weil ich die große Not spürte, der junge Mann mich interessierte, schlug ich dennoch vor, er solle wegen eines Termins bei mir anrufen.

Stefan kam mit seiner sehr jung aussehenden Mutter. Sie wollte solange spazieren gehen, bis die Stunde vorbei wäre. Ich stellte fest, dass die Mutter des jungen Mannes bislang meine Aufmerksamkeit absorbiert hatte, so dass mir Stefan nicht so recht aufgefallen war. Er war ein schmächtiger Junge, von gekrümmter Gestalt, mit einem sehr blassen Gesicht. Er wirkte auch viel jünger als seine beinahe 18 Jahre, höchstens wie 14. Andererseits stimmte das so auch nicht, Mimik und Gestik waren eher die eines Greises. Die Augen waren relativ weit aufgerissen, was seinen Ängsten einen mimischen Ausdruck verlieh.

Auf meinen Hinweis, doch zu erzählen, was geschehen sei und was ihn bedrücke, trat Schweigen ein. Stefan saß im Sessel, ein ängstliches Häufchen Elend, er schien zu schwitzen und rang nach Worten. Mit einem Mal spürte ich, wie die Angst in mich kroch, wie sich meine Stimmung verschlechterte und sich Unheimliches auszubreiten schien. Mir war zunehmend unwohl, und ich hielt das Schweigen nicht mehr aus. Also stellte ich konkrete Fragen nach dem Symptom, nach seinem Beginn und der ganzen Vorgeschichte. Zwar wusste ich, dass dies einem analytischen Anspruch widersprach, ich spürte jedoch, dass ich aktiv werden musste, wollte ich nicht von den Ängsten des jungen Mannes überwältigt werden. Stammelnd und stockend begann Stefan zu erzählen, immer wieder von langen Schweigepausen unterbrochen; gelegentlich hatte er Tränen in den Augen, oder er weinte lautlos vor sich hin. Es ginge ihm sehr schlecht. Seit er aus der psychiatrischen Klinik zurückgekehrt sei, habe sich alles stetig verschlechtert. Morgens wache er zumeist mit entsetzlichen Ängsten auf, könne dann nicht aufstehen, wolle aber nicht mehr schlafen, weil er fürchte, es könnten Träume kommen, die wiederum schlimme Ängste nach sich ziehen würden. Meist stehe er ein wenig auf, könne sich aber auf nichts konzentrieren, in jedem Fall nicht die Planung seiner Zukunft ins Auge fassen, obwohl er doch die Schule mit der mittleren Reife abgeschlossen habe. Oft erscheine ihm die Welt wie hinter Glas, es sei dann, als stehe er neben sich, und dabei fühle er sich wie im Traum. Dieser Zustand bereite ihm immer wieder aufs Neue große Ängste, weil er inzwischen fürchte, wahnsinnig zu werden. Dann versuchte Stefan chronologisch die Entstehung seiner Problematik zu beschreiben.

Etwa eine Woche vor einer wichtigen Prüfung im Gymnasium habe er sich zunehmend niedergeschlagen gefühlt, habe sich nicht mehr konzentrieren können, seine Gedanken seien in alle möglichen Richtungen abgewandert. Er habe immer mehr Angst bekommen und nur noch wenig gesprochen. Die vertraute Umgebung wurde ihm fremd, er erlebte sie, so wie zuvor erzählt, gleichsam wie im Traum. Außerdem äußerte er im Hinblick auf die Wohnung seiner Eltern ständig Befürchtungen, er könne dem zunehmenden Durcheinander nicht mehr Herr werden. Seine Einschätzung, dass es im Haus unordentlich sei, wurde allerdings von niemandem in der Familie geteilt. Wegen seines Ordnungstics war Stefan vorher wiederholt in teilweise heftige Auseinandersetzungen mit der Mutter geraten. Sein Zustand besserte sich, so dass er wiederum regelmäßig lernen und seinen Tag wie gewohnt verbringen konnte. Am Himmelfahrtstag machten die Eltern mit den anderen Kindern einen mehrtägigen Ausflug, Stefan blieb allein zu Hause. Zunehmend geriet er in schwere Niedergeschlagenheit, fing an zu grübeln, ob ihn die Unordnung in der Wohnung womöglich übermannen könne und niemand mehr mit dem Chaos fertig werde. Die Welt begann sich von ihm zu entfernen. Es war alles wie in einem schrecklichen Traum. Weil die Eltern nicht da waren, suchte Stefan seine Hausärztin auf und erzählte ihr von seinen Ängsten und den unheimlichen Zuständen von Entfremdung. Vor allem wurde der Gedanke stärker, diesen Zustand nicht länger ertragen zu können und sich zu suizidie-

ren, um sich zu erlösen. Um dieser Gefährdung entgegenzuwirken, überwies die Hausärztin den jungen Mann in die jugendpsychiatrische Abteilung eines psychiatrischen Landeskrankenhauses.

In der Klinik fiel er auf, weil sein Antrieb stark reduziert war, seine Stimmungslage depressiv und die affektive Schwingungsfähigkeit eingeschränkt. Allerdings war gut mit ihm zu sprechen, er antwortete jedoch nur auf Fragen. Alles erlebte er weiterhin wie im Traum, die vertraute Umgebung blieb ihm fremd. Die Ungewissheit, ob seine Wahrnehmungen echt wären, machte ihm Angst. Ein Neuroleptikum brachte die beunruhigende Symptomatik relativ rasch zum Verschwinden, Stefan konnte seine Prüfung am Gymnasium von der Klinik aus abschließen. Zurück blieben jedoch weiterhin Ängste, sein zwanghaftes Grübeln und immer die Sorge, die unerträglichen Derealisationserscheinungen könnten wieder eintreten. Diagnostiziert wurde ein präpsychotisches Zustandsbild. Als sich die bedrohlichsten Symptome im Wesentlichen zurückgebildet hatten, wurde Stefan wieder nach Hause entlassen.

Ursprünglich hatte der junge Mann geplant, ein chemotechnisches Institut zu besuchen. Dies wäre mit einem Wohnungswechsel, zumindest mit einer längeren Fahrt verbunden gewesen. Stefan konnte inzwischen reflektieren und offen erzählen, dass ihm dieser Umstand große Angst bereitete, ob er der damit erzwungenen Selbständigkeit überhaupt gewachsen sei. Aufgrund seiner Erkrankung ließ er die ursprüngliche Absicht zunächst fallen, wusste jetzt aber überhaupt nicht, was er machen sollte und verbrachte die Tage gleichsam in Agonie. Andererseits wurde ihm deutlich, dass der Ausbruch der Krankheit auch die drohende Trennung verhinderte und dass er so in der Nähe der Mutter bleiben konnte. Er bestätigte, dass er überwiegend angstfrei sei, wenn die Mutter anwesend wäre.

Dann erzählte Stefan einen Traum, den er kurz vor dem Symptomausbruch geträumt hatte. Er war allein auf einer Insel, die mitten im Meer lag. Plötzlich bemerkte er, dass durch die Insel ein Bach floss. Er sah einen weiteren Bach, der den ersten durchkreuzte, die Bäche verästelten sich, und er entdeckte, dass sich die Insel zunehmend aufzulösen begann, weil sich immer mehr Rinnsale bildeten, die das Erdreich fragmentierten. Er geriet in Angst und Panik, während er sah, wie das Wasser der mittlerweile unendlich vielen Rinnsale die Insel zu überschwemmen drohte, so dass die Erde völlig verschwinden und er ertrinken würde. Stefans Traum von der Fragmentierung und Auflösung seines Selbst faszinierte und erschreckte mich gleichermaßen. Sein schwaches Selbst wurde auf Grund des Triebeinbruches regelrecht zerbröselt und vom Unbewussten überflutet.

Ich stellte nach dieser ersten Stunde mit Stefan fest, dass ich selbst dysphorisch wurde und die gedrückte Stimmung aus der Stunde mitnahm. Stefan wurde pünktlich von seiner Mutter abgeholt, die ihn nach Hause fuhr. Mit dem Einvernehmen von Stefan führte ich im Anschluss an unseren Erstkontakt ein Gespräch mit seinen Eltern, er wollte allerdings nicht mit dabei sein. Es war ihm aber sehr wichtig, dass die Eltern mit mir sprechen konnten, weil sie sich verständlicherweise um ihn und seine Zukunft sorgten. Die Mutter kannte ich ja bereits, sie wirkte noch jünger als damals, als sie mit dem Jungen kam; der Vater war ein kleiner, stämmiger Mann, nur unwesentlich älter, wirkte jedoch früh gealtert mit seinen grauen Haaren. Die Mutter war im Alter von 18 Jahren mit Stefan schwanger geworden, sie hatten danach sofort geheiratet. Der Vater war als Bahnbeamter tätig. Es stellte sich heraus, dass er ein rechter Workaholic war und neben seiner eigentlichen Tätigkeit noch in einer Fabrik arbeitete, einen Weinberg bestellte, in Vereinen tätig war etc. Stefan hatte noch zwei jüngere Brüder, die nach Angaben der Eltern völlig unauffällig waren. Stefans Vater war nichtehelich geboren, hatte immer ein sehr enges Verhältnis zu seiner Mutter. Erst im Erwachsenenalter hatte er zu seinem Vater Kontakt aufgenommen. Nach der Heirat von Stefans Eltern bekam der Vater einen Arbeitsplatz, weit weg vom Wohnort. Die Familie war getrennt und die Mutter zog erst nach, als Stefan etwa 5 Jahre alt war. Zehn Jahre zuvor war die Mutter von Stefans Vater gestorben, mit welcher dieser auch nach der Heirat noch eng verbunden war. Der Vater von Stefan geriet damals in eine schwere Depression, die eine psychiatrische Behandlung notwendig machte, mittlerweile jedoch, nach Aussagen des Vaters, gänzlich verschwunden sei. Die Mutter Stefans beklagte die Arbeitssucht des Ehemannes. Sie sei mit ihren Kindern zumeist sich selbst überlassen, und sie beschrieb ihren Mann nicht nur als unruhig, sondern auch sehr reizbar und aufbrausend. Mit seinen plötzlichen Wutausbrüchen hätte er Stefan als kleines Kind sehr geängstigt. Beide Eltern machten einen hilflosen Eindruck, sie wirkten wie zwei große Kinder, die ohne Absicht und Plan in etwas hineingerieten, dem sie sich nicht mehr gewachsen sahen. Die Mutter wirkte unglücklich, unzufrieden, sie sah sich vom Mann mit den Kindern allein gelassen; dieser wiederum betäubte seine Unruhe mit übermäßiger Arbeit, mit Vereinstätigkeit, und es war zu vermuten gelegentlich auch mit Alkohol. So hatte Stefan die Eltern erlebt. Eine überforderte Mutter, die dem ersten Sohn nicht das geben konnte, was dieser brauchte, und ein psychisch wenig präsenter, schwer depressiver Vater, der das Kind andererseits mit seinen Aggressionsausbrüchen ängstigte.

In der nächsten Stunde besprach ich mit Stefan den äußeren Rahmen. Er müsse zweimal in der Woche zur Therapiestunde kommen, auch wenn es ihm schlecht gehe. Nach Möglichkeit sei anzustreben, dass er allein komme und nicht von der Mutter gebracht werde. Um Infantilisierung und weitere maligne Regression zu verhindern, vereinbarten wir, dass zunächst keine Elterngespräche stattfänden, um dem Patienten ein eigenständiges Therapieerleben zu ermöglichen.

So begannen wir mit der Therapie. Anfänglich war alles ungemein zäh. Es kam zu endlos langen Schweigepausen, aber vor allem war die in der Gegenübertragung wahrnehmbare Angst kaum aushaltbar. Sie schien sich in allen Fugen des Therapiezimmers niederzuschlagen, und sie lastete noch lange nach dem Ende der Stunde schwer auf mir. Hinzu kam noch meine reale Besorgnis, ob es mir wohl gelänge, den Jugendlichen aus dem bedrohlichen Bereich seiner Gefährdung heraus zu begleiten. Stefan berichtete immer wieder aus seinem Alltag, dass er morgens lange schlafe, aber nicht zu lange, um nicht schlimme Träume zu erleben, dass er tagsüber der Mutter helfe, sich abends Vorträge im Rundfunk anhöre. Dabei berichtete er auch Skurriles. Da er immer nur eine Sendung anhören konnte, nahm er weitere per Kassette auf. Es war ihm jedoch nicht mehr möglich, alle von ihm aufgenommenen Kassetten anzuhören, und so war er mit Ordnen und Katalogisieren beschäftigt. Dabei kam es immer wieder erneut zu Befürchtungen, die Unordnung in der Familie hole ihn ein, und er könne ihrer nicht mehr Herr werden. Eine berufliche Ausbildung schien erst einmal in weite Ferne gerückt, und zunächst war es das vorrangige Therapieziel, dass Stefan seine zwei Stunden pro Woche regelmäßig einhielt. Anfänglich wurde er von der Mutter gebracht, was er jedoch nicht weiter erwähnte. Als die Tage wärmer wurden, kam er allein mit dem Fahrrad. Ritualhaft begannen die Stunden mit längerem Schweigen, in der Gegenübertragung wuchs immer wieder meine Besorgnis um ihn. Jedoch unterließ ich es anzufangen, um ihm die Möglichkeit zu lassen, für sich selbst einzustehen. In der 15. Stunde erzählte Stefan einen Traum. »Ich war auf einem Bahnhof, etwa dort, wo mein Vater arbeitet. Ein Zug ist mit großer Geschwindigkeit herein gefahren und konnte nicht mehr bremsen.« Eine lange Schweigepause entstand. Endlich erzählte Stefan weiter. »Der Lokführer weinte, aber er war auch zornig. Er dachte, er habe jemanden überfahren.« Blitzartig kamen mir Assoziationen über Stefans Verhältnis zu seinem Vater. Hatte er ihn nicht in seiner Kindheit mit seinem Zorn überfahren? Hatte er nicht später geweint, weil seine Mutter gestorben war, und war es nicht Stefans großes Problem, mit den eigenen Aggressionen und destruktiven Fantasien zu Rande zu kommen? In der Tat hatten ihn die adoleszenten Triebe und Fantasien überrollt, er konnte nicht mehr bremsen, nur noch indem er schwerste Ängste und psychosenahe Symptome entwickelte. Stefan beschrieb mit seinem Traum auch unsere Beziehung in der Therapie. Er schien sich oft von mir überfahren zu fühlen. Ich drang in ihn ein, wie der Zug in den Bahnhof. Tatsächlich ging es mir selbst oft schlecht, überwältigten mich Angst und Depression, aber auch oft Zorn, weil alles so stockte.

Wenig später berichtete Stefan, dass er sich in dem chemotechnischen Institut angemeldet habe und von jetzt an den Unterricht besuchen werde. Stefan fuhr jeden Tag zum Unterricht. Nach anfänglicher Anstrengung lief es ganz gut, und er war stolz auf sich, trotz seiner Ängste. Da er ein intelligenter junger Mann war, fielen ihm Lernen und Mitarbeiten leicht.

Mit einem Mal war es, als sei ein Damm gebrochen, und Stefan erzählte im Verlauf der kommenden Stunden weitere Träume. »Geträumt hab ich auch etwas. Da war so ein komischer Traum. Meine ganze Familie kam darin vor. Wir wanderten durch einen Sumpf hindurch, und dann kamen wir zu einer kleinen Burg. Dort gingen wir hinein, d. h. meine Familie ging hinein, ich bin draußen geblieben. Auf einmal wurde ich verfolgt und wollte ich auch rein in die Burg.« Ihm fiel schließlich dazu ein, dass es ein Räuber wie von den Bremer Stadtmusikanten gewesen sein könnte. Die gefährliche Destruktivität bekam mit dem Bild des Räubers auch menschliche Züge. Weiter fiel ihm ein, dass es im Urlaub bei einer Wanderung mit dem Vater zu einem heftigen Angstanfall gekommen sei.

Zur nächsten Stunde kam er und erzählte, dass er nicht zur Schule gehen konnte, weil er wieder einen schweren Angstanfall hatte. Er habe nachts längere Zeit wachgelegen, sei dann nochmals eingeschlafen und morgens mit Ängsten erwacht. Er hatte den folgenden »komischen« Traum: »Ich war in der Nachbarstadt bei der Fahrschule, aber der Fahrlehrer war nicht da. Ich habe darum daheim angerufen, dass mich jemand abholt. Da kamen auf einmal gruppenweise Skinheads und haben mich bedroht. Aber dann waren sie doch irgendwie weg. Dann war da ein Traum von einem Haus, ich weiß aber nicht, wie es weitergeht.« Bislang löste er Konflikte im Traum immer, indem er in eine Burg flüchtete, ein Haus aufsuchte etc. Ihm fiel zu dem Traum noch ein, dass er sich einsam und allein gelassen fühlte. In diesem Zusammenhang kamen wir darauf zu sprechen, dass er nie einen Freund hatte und immer einsam war.

Es kamen zwei Wochen Ferien und die Stunden fielen aus. Nach den Ferien berichtete Stefan, dass es ihm eine ganze Woche schlecht gegangen sei. Dass er glaubte, alles sei auf einmal wie früher. Ich ging natürlich davon aus, dass die Unterbrechung der Therapie zu großen Verlustängsten führte. Stefan erzählte wiederum einen so »komischen« Traum. »Ein Flugzeug flog über unsere Häuser, ganz dicht, in Kurven über die Dächer, und es war sehr gefährlich. Dann ist das Flugzeug plötzlich gesunken und in unsere Garageneinfahrt hinein geflogen. Ich hatte entsetzliche Angst, dass es mich trifft.« In der 20. Stunde schließlich erinnerte er sich wieder an den Urlaub, als er mit dem Vater alleine wandern war. Mit einem Male kamen schöne Erinnerungen, und er erinnerte sich an einen Traum, den er in der vergangenen Woche träumte: »Ich bin mit meinem Vater auf einem Floß den Fluss entlang gefahren. Es war irgendwie wunderschön.« Stefan hatte mittlerweile zum Vater ein engeres Verhältnis aufgebaut, beide spielten miteinander im Musikverein, waren bei Kursen, und er hatte mit ihm einen gemeinsamen Urlaub verbracht. Er konnte ihn jetzt aus der Nähe weich und menschlich erleben, und die frühere Angst vor ihm wich zurück. Sein Selbst wurde stabiler, und er begann sich zunehmend aus der gefährlichen Nähe zur Mutter zu entfernen.

Die Behandlung wurde etwa zwei Jahre lang fortgeführt. Während dieser Zeit besuchte Stefan die chemotechnische Schule und schloss das Examen erfolgreich ab. Es kam aber immer wieder zu gelegentlichen Angsteinbrüchen. Im zweiten Jahr erlebte sich Stefan stabiler und überwiegend angstfrei. Da er in der näheren Umgebung keine Stelle bekam, zog er in eine Stadt, etwa 300 km vom jetzigen Wohnort entfernt. Die Behandlung musste aus diesem Grunde (nach etwa 130 Sitzungen) abgebrochen werden, was ich auch positiv erleben konnte, denn Stefan fühlte sich jetzt stark und stabil. Nach einem Jahr rief er mich an, weil er eine Bescheinigung brauchte und teilte mir mit, dass es ihm gut gehe. Er hatte keinerlei Angsteinbrüche mehr und Anschluss an eine Gruppe von Gleichaltrigen gefunden.

Interpretation

Psychodynamik

Ausgelöst wurden Stefans Ängste durch die Prüfungssituation, einem Individuationsritus, der Stefans Ablöseproblematik reaktivierte. Bei Maria mobilisierte die Verliebtheit ihre Inzestangst, bei Stefan die Prüfung die Trennungsangst.

Die Adoleszenz forderte von Stefan, die Ablösung vom Elternhaus und damit auch von der Mutter zu bewältigen. Es mutet seltsam an, wenn im Bericht der Therapie das Alter eine so ungewöhnliche Bedeutung erhält. Die Mutter wirkte jünger, der Vater dagegen sehr alt, Stefan mal jung, dann wieder greisenhaft. Zeigt sich vielleicht die Abwehr (Verleugnung) des Ansturms der Triebhaftigkeit der Pubertät im Aussehen des Jugendlichen: Jung, wie ein präödipales Kind oder ein Greis, der nicht mehr von der Triebhaftigkeit kontrolliert wird? Die Eltern sind unversöhnlich gespalten in eine junge Mutter und einen alten Vater, ist so die Urszene verleugnet?

Der Triebeinbruch der Pubertät führte bei Stefan offenbar bei einem wenig strukturierten und autonomen Selbst mit defizitären Ich-Funktionen zu gefährlichen Überschwemmungen mit Es-Inhalten und in der Folge zu Verlust-, Vernichtungs- und Fragmentierungsängsten, wie in seinem Traum von der Insel. Die Angst vor dem Vater hatte vermutlich verhindert, dass sich Stefan aus der Symbiose mit der Mutter lösen konnte, so dass sich kein autonomes Selbst bildete.

Erst in der Therapie veränderte sich die innere Repräsentanz des Vaters. Flüchtete er anfangs bei Gefahr in die Mutter-Burg und war der Vater im Traum vom Fahrlehrer nicht anwesend, so wurde er im Traum vom Flugzeug und dem Lokführer ein bedrohliches phallisches Objekt, das Zerstörung bringt und mit dem man sich folglich nicht identifizieren kann. Die Verbalisierung dieser Fantasien führte zu einer realen Veränderung im Verhältnis beider, Vater und Sohn hatten sich entdeckt. Jetzt fuhr Stefan mit seinem Vater gemeinsam auf einem Floß. Interessant ist, dass Stefans Fantasien der mütterlichen Welt von überschwemmendem Wasser, Sumpf, Burgen und Inseln beherrscht ist, von der Gefahr, darin festzustecken, während die väterliche Welt immer eine motorische Bewegung enthält, das Autofahren, Zugfahren, Fliegen. Aggression und Motorik ermöglichen den Identifikationswechsel von der Mutter zum Vater, beides musste Stefan erst mühsam integrieren.

In der Klinik war ein »präpsychotisches Zustandsbild« diagnostiziert worden, eine Psychose kam jedoch nicht zum Ausbruch, so dass wie folgt klassifiziert wurde:

Diagnose:

F32.2 schwere depressive Episode ohne psychotische Symptome
F48.1 Depersonalisations- und Derealisationssyndrom

Die therapeutische Arbeit

Das Unheimliche, die Angst vor Verschmelzung mit der Mutter, erscheint in der Gegenübertragung des Therapeuten. Der Therapeut reagierte auf die Verschmelzungsangst mit der Fantasie, ich muss aktiv werden, um nicht von Ängsten überschwemmt zu werden, d. h. er musste sich, wie in den Traumbildern von Stefan, in Bewegung versetzen. Auf diese Weise konnte er die Angst aushalten und dies in seiner Reaktion vermitteln, im Sinne eines Containings.

Stefan konnte seine Ängste in der Therapie äußern, im Konkretismus erlebt er die Angst vor dem Chaos in seinem Inneren als Chaos in der Wohnung, das er mit Zwängen zu beherrschen suchte. Die Angst vor seinen unheimlichen Zuständen, wenn die Mutter nicht anwesend war, steigerte sich bis zur Suizidfantasie. In der Therapie konnte er die Fragmentierungsangst in seinen Träumen symbolisieren und äußern, das Unheimliche konnte in Sprache ausgedrückt werden.

Hinter der Verklebung mit der Mutter zeigte sich der abwesende Vater, der zuerst projektiv, magisch verzerrt als äußerst bedrohliche Imago erlebt wurde und im Laufe der Therapie realistischer wird. Der Vater erscheint in der Therapie zuerst in Träumen. Die Aggression, die Stefan beim Vater fürchtete, zeigte sich in den Träumen projektiv verzerrt, denn vermutlich enthalten sie auch die Aggression Stefans über die Ferienunterbrechung. Stefan konnte in der Therapie gefahrlos Aggression äußern und diese allmählich in sein Ich integrieren (in die Garage). Durch die konsequente Deutung der aggressiven Anteile konnte der Vater, im Erleben Stefans menschlicher geworden, nun auch in der Realität triangulierende Funktion übernehmen und so den Ablöseprozess ermöglichen. Indem der Therapeut in seiner Gegenübertragung Verschmelzungsangst aushielt, das Unheimliche der Sprache zugänglich machte, die Angst vor dem Vater von den darin enthaltenden eigenen Aggressionen Stefans entzerrte, konnte der Individuationsprozess voranschreiten.

Fallbeispiel »Björn«

Bereits die erste Begegnung mit der Mutter Björns wirkte befremdlich und berührte mich eigenartig. Sie rief wegen eines Gesprächs an, weil ihr Sohn demnächst wieder ambulante Therapie brauche. Über ein Jahr sei er bereits in der Kinderabteilung einer psychiatrischen Klinik, dort hätten sich jedoch die Symptome mittlerweile wieder verschärft. Sie überschüttete mich mit ihrem Redeschwall, teilte intimste Details mit und schien in großer Not zu sein. Ich schlug darum einen Termin vor, zu dem beide Eltern kommen könnten.

Etwa eine Stunde vor diesem Termin kam ich in meiner Praxis an und sah eine Frau auf der Straße stehen, die mich unverwandt ansah und offensichtlich sofort wusste, wer ich war. Sie läutete eine Viertelstunde vor dem verabredeten Termin, ich ließ sie jedoch bis zur genau vereinbarten Zeit im Wartezimmer warten. Sie war eine massige Frau, wenig vorteilhaft gekleidet, wobei während des Gesprächs deutlich wurde, dass ich es gleichzeitig mit einem kleinen Mädchen zu tun hatte, so infantil wie sie sprach und agierte, unterbrochen von beständigem Erröten, Weinen und Wüten. Sie sei allein gekommen, weil sie glaube, ihr Mann habe kein ausreichendes Verständnis für den Jungen, und sie wolle mich erst einmal alleine umfassend vorbereiten. In der Gegenübertragung machte sich ein eigenartiges Gefühl bemerkbar, ich erlebte die Situation irreal und bizarr. Tatsächlich begann die Frau zunächst ausschließlich von sich zu erzählen, von ihrer schweren Kindheit, von ihrer Erythrophobie, von ihren jahrelangen Bemühungen, sich von ihren quälenden psychischen Problemen zu befreien. Ihr Redeschwall wurde immer wieder abgelöst von heftigem Schluchzen, wenn sie ihre schlimme Kindheit beklagte und dass sie von den Eltern nie geliebt worden sei. Später sprach sie auch über ihre massiven Schuldgefühle gegenüber ihrem Sohn, aber diese Gefühle veränderten sich blitzschnell in unverhohlene Ablehnung und Wut gegenüber Björn, der sie zeitlebens bekämpfe und quäle. Außerdem lebe der Junge in ständiger Angst zu erkranken, fürchte sich vor ansteckenden Krankheiten und entwickle zunehmend zwanghafte Rituale. In diesem Moment erlebte ich die Mutter nahezu »kaltschnäuzig«, ablehnend und voller Hass. Ich schlug mit ambivalenten Gefühlen vor, dass Björn nach seiner Entlassung einmal zu einer Stunde komme solle und danach nochmals die Eltern zu einem Gespräch, dann könne man weitersehen.

Björn war ein schmächtiger Junge mit einem spitzen Gesicht, und ich hatte schlagartig ein schlechtes Gewissen, als er zum Erstgespräch kam. Er war mir höchst unsympathisch, ich mochte ihn nicht. So, wie er mich anblickte, erlebte ich ihn misstrauisch und heimtückisch. Dabei schien er über die Maßen bedürftig zu sein, und ich begriff nicht, warum ich diesen gerade mal 11-

jährigen Jungen ablehnte, ja beinahe fürchtete. Björn setzte sich in einen bereitstehenden
Schaukelstuhl, wippte hin und her und
berichtete einigermaßen ungerührt von seinem Alltag. Er sehe gerne spannende Horror-
Filme, aber seine Mutter erlaube das nicht. In
der Schule gefalle es ihm nicht, die Kinder
schauten ihn immer so seltsam an. Außerdem
habe er Angst, krank zu werden. An seinem
Fuß gebe es einen Fußpilz, die Mutter
behandele ihn mit einer Salbe. Das könne
ihn aber vielleicht vergiften. Ich fühlte mich
widerstrebenden Gefühlen ausgesetzt, wusste anfänglich nicht viel zu den Schilderungen
von Björn zu sagen und schlug ihm zum
Schluss der Stunde vor, dass wir uns noch
einmal treffen könnten, um miteinander zu
überlegen, was wir tun könnten.

Ich spürte wenig Neigung, diese schwere
Therapie zu übernehmen, von der ich wusste,
dass schon so viele Vorbehandlungen gescheitert waren und deren Prognose ich
relativ ungünstig einschätzte, nachdem ich
das pathogene Familienumfeld etwas kennen
gelernt hatte. Andererseits rührte mich etwas
von der Infantilität des Jungen, aber auch
von seiner unglücklichen Mutter an, ich sah
mich angesprochen und gleichzeitig herausgefordert. Was mich beim Nachdenken über
den Fall sehr erschreckte, waren die jeweiligen diffusen Bedrohungen, die sowohl von
der Mutter als auch von Björn ausgingen. Ich
hatte den Eindruck, dass jeder den andern
ungemein gefährlich erlebte und unmissverständlich die Macht über ihn behalten musste. Wenn das misslänge, so wusste jeder,
werde er vom andern überwältigt.

In einem weiteren Gespräch lernte ich
schließlich auch den Vater Björns kennen. Er
war grau und unauffällig, sah wie der
Buchhalter aus, der er tatsächlich war. Dabei
zeigte er auch weiche, feminine Seiten; gelegentlich spürte ich, wie ihn das Leiden seines
Sohnes an die eigene Kindheit zu erinnern
schien, die er vergessen wollte, weil sie ihn
immer noch entsetzte. Das Gespräch überließ
er völlig seiner Frau, was diese ungehemmt

nutzte. Berichtete die Mutter von ihrer
Kindheit, verzerrte sich sofort ihr Gesicht,
und der Ausdruck schwankte, wie beim
ersten Kontakt, zwischen Wüten und Weinen. Alle Berichte blieben bruchstückhaft
und waren kaum miteinander verbundene
Skizzen. Sie sei als Kind nie geliebt worden,
habe sich nur abgelehnt erlebt, insbesondere
von ihrem hartherzigen Vater. Wegen einer
schweren Erythrophobie fiel sie, als sie in die
Pubertät kam, in der Gruppe extrem auf,
wurde gehänselt und begab sich wegen ihrer
Kontaktschwierigkeiten bald in psychotherapeutische Behandlung. Nach ihren Ausführungen waren beide Großelternpaare
psychisch auffällig. Björns Vater erzählte,
dass sein Vater Alkoholiker war, die Mutter
mehrfach wegen einer Schizophrenie in der
psychiatrischen Klinik. Als er selbst acht
Jahre alt war, wollte sie ihn zum gemeinsamen Suizid überreden. Als Kind und als
Jugendlicher hatte er kaum Kontakte zu
anderen Menschen, später habe er seine Frau
kennengelernt und geheiratet.

Schwangerschaft und Geburt von Björn
waren unkompliziert. Der Junge war, nach
Erinnerung der Mutter, zwar von Anfang an
recht nervös und unruhig, aber dennoch eher
unauffällig. Als er acht Monate alt war,
stürzte er während einer kurzen Abwesenheit
der Mutter vom Tisch, erlitt einen Riss im
Schädeldach und wurde sechs Wochen stationär behandelt. Als die Mutter diesen
Vorfall berichtete, begann sie wieder heftig
zu weinen. Sie habe das wohl absichtlich
getan, denke sie heute. Sie konnte dieses Kind
nicht lieben, weil sie selbst nie Liebe erfuhr.
Danach gab es Rückschritte, und die weitere
Entwicklung verlief verzögert. Erst mit dreieinhalb Jahren habe Björn kleinere Sätze
gesprochen. Als Björn drei Jahre alt war,
musste die Mutter wegen der Schwangerschaft mit der Schwester ins Krankenhaus.
Während dieser Zeit war Björn 14 Tage bei
den Großeltern, die ihn jedoch, weil er ihnen
zu anstrengend wurde, in ein Kinderheim
brachten. Danach wurde Björn immer auf-

fälliger. Näherte sich ihm die Mutter, zitterte er bereits bei deren Erscheinen und grimassierte angstvoll. Er schien in einer Welt von Tieren zu leben, sich augenscheinlich mit starken Tieren zu identifizieren und gab unablässig entsprechende Laute von sich. In der ambulanten Therapie begann er, Tiere zu zeichnen, und ich gehe davon aus, dass es die exakten Abbilder seiner damaligen Fantasien waren. Es waren Panther, Löwen, Bären, Wölfe, Gorillas, welche stellvertretend für sein Selbst und seine aggressiven Regungen standen, mit denen er sich vor einer gefährlichen Mutter zu schützen suchte. Den Tieren ordnete er sein eigenes Lebensalter zu, die Texte auf den Zeichnungen brachen gelegentlich regelrecht auseinander.

Abb. 5: Wolf von Kanada

Abb. 6: Bär und Gorilla

Weil Björn im Alter von sechs Jahren immer noch einnässte und wegen der zuvor berichteten Absonderlichkeiten, wurde eine psychologische Beratungsstelle konsultiert. Es wurde eine erste ambulante Kinderpsychotherapie eingeleitet, die nach zwei Jahren endete. Das Bemühen der Mutter, ihrem Kind zu helfen, war durchgängig erkennbar. Trotzdem blieb der Eindruck, als lehne sie ihn immer mehr ab, und als könnte sich keinerlei tragfähige Beziehung mehr entwickeln. Sie drängte ihn immer stärker in die Rolle eines bösen, gefährlichen Kindes und brachte alle eigenen ungeliebten Seiten in ihm unter. Für den Vater hingegen wurde Björn zur gefährlichen schizophrenen Mutter, die ihn einst tödlich bedrohte.

Die Nähe zur Mutter schien Björn auch sexuell zu stimulieren. Wenn sie in seine Nähe kam, zeigte er ihr sein Glied und onanierte. Hierüber war die Mutter selbstverständlich entsetzt. Andererseits begann Björn, wenn sich die Mutter ihm näherte, immer mehr zu grimassieren, und er schlüpfte sofort in die Rolle seiner gefährlichen Tiere. Mit beiden Verhaltensweisen suchte er sichtlich Macht zu erlangen, um sich vor der bedrohlichen Mutter zu schützen. Noch ehe der Junge aus der Klinik nach Hause zurückkehrte, hatte die Mutter zu mir Kontakt aufgenommen, was ihre beträchtliche Angst vor dem Jungen veranschaulicht. Bei diesem wiederum hatte bereits die Ankündigung, dass er bald nach Hause komme, schwere Zwänge ausgelöst.

Die Chance für eine ambulante Therapie bestand darin, Björns Rudimente von Struktur weiterzuentwickeln und sein schwaches Selbst soweit zu stärken, dass ihn die Mutter nicht mehr so sehr ängstigte und mit Vernichtung bedrohte und er nicht in eine maligne Regression flüchten musste. Vielleicht konnte er dann die gefährlichsten Klippen der anstehenden Adoleszenz umsegeln, so dass es nicht zum Untergang käme. Ich erklärte mich mit den größten Bedenken bereit, es mit einer ambulanten Therapie zu

versuchen, schon um einen neuerlichen stationären Aufenthalt zu vermeiden, von dem ich annahm, dass er endgültig wäre.

Björns Symptome waren mittlerweile massiver und auch sozial störender geworden. Er fühlte sich ununterbrochen von anderen Kindern bedroht. Jeden Morgen verlangte er von den Eltern, dass sie ihn zur Schule begleiten. Wenn er morgens alleine hinging, versteckte er sich zumeist hinter Sträuchern, um zu schauen, ob ein Kind da ist. Oft wollte er Messer oder andere Waffen mitnehmen, um sich vor den gefährlichen Kindern zu schützen. Die Eltern beobachteten gleichzeitig, dass der Junge immer passiver wurde, sich immer mehr versorgen und pflegen lassen wollte. Er verweigerte alle Anforderungen, lag häufig auf dem Bett und schien vor sich hin zu träumen. Andererseits reagierte er mit heftiger Wut und kannte keinerlei Grenzen, wenn ihm etwas verweigert wurde. Als seine Schwester beispielsweise einmal Besuch von einer Freundin hatte und er sich zurückgesetzt sah, bedrohte er das entsetzte Mädchen mit einem Messer, was natürlich erhebliche Konflikte mit deren Eltern erzeugte.

Von zu Hause erhielt ich fortlaufend ausschließlich Horrormeldungen. Björn wollte sich nach Meinung der Mutter rundum versorgen und pflegen lassen, nässte wieder verstärkt ein, wusch sich nur auf massives Drängen. Er putzte sich auch die Zähne nur dann, wenn das gefordert wurde und kam des Abends kaum mehr zu Bett. Es entwickelte sich zunehmend eine Vielzahl von Zwängen, wenn er sich den Fußpilz eincremen ließ, sich auszog, waschen sollte etc. Auch vor dem Einschlafen häuften sich augenscheinlich die Rituale. Zunehmend gab es Konflikte mit der Schule, Björn fühlte sich permanent verfolgt, bedroht und arbeitete nur sporadisch mit. Die Mutter wurde in die Schule bestellt, man könne so mit Björn kaum weiterarbeiten und überlege sich, ob er nicht eine Sonderschule für Erziehungshilfe besuchen solle. Große Aufregung gab es in der Schule auch, als Björn einmal ein Messer mitbrachte und auch hier ein Mädchen bedrohte, von dem er sich vermeintlich angegriffen fühlte. Bald wurde er auch in der Schule zum Außenseiter und Sündenbock, über den sich die Eltern beschwerten und den die Lehrer loshaben wollten.

Es überraschte mich nicht, dass sich Björn recht gut in einen therapeutischen Prozess einlassen konnte, Therapien hatten ihn schließlich während des überwiegenden Teils seines Lebens begleitet. Er idealisierte mich, stilisierte mich zu seinem Retter, und erzählte zu Hause, ich werde ihn von all seinen Ängsten und Zwängen befreien. Das komme daher, dass ich alles zulieе, was er sich nur wünsche. Tatsächlich forderte er Befriedigung all seiner Wünsche von mir. Er wollte nicht im Therapiezimmer bleiben, sondern mit mir zu Vergnügungen, zum Einkaufen, zum Spielen gehen. Er wollte abends zu mir kommen und mit mir Horrorfilme ansehen. Er wollte bei mir übernachten, ich sollte am Sonntag mit ihm spazieren fahren. Ich war damit beschäftigt, ihm verständlich zu machen, dass wir hier im Praxiszimmer bleiben und über seine Wünsche und ihre Bedeutung nachdenken. Ich spürte, dass ihm diese Grenzsetzungen grandiose Wut bereiteten, weil ich ihm damit den Weg in das symbiotische Paradies verwehrte. Björn wurde drängender, bestand auf immer mehr Befriedigung seiner Wünsche. Ärger und Wut wuchsen sichtlich, und er wurde zunächst immer gieriger und neidischer. Trotzdem fanden wir nach einiger Zeit ein aushaltbares Setting, drei Stunden pro Woche, auf welche sich Björn, nach Aussagen der Eltern, ungemein freute. Björn hatte etwas entdeckt, was zum idealen Mittel der Kommunikation und Ventil für seine angstvollen Fantasien wurde. Er begann zu zeichnen, jedes Mal zumindest eine Viertelstunde, und er schuf während seiner therapeutischen Sitzungen eine Vielzahl von Zeichnungen.

Eines Nachmittags musste ich wegen eines Familienfestes alle Termine absagen, ledig-lich den Termin von Björn wollte ich einhalten, damit die Kontinuität gewahrt blieb. Ich hatte das Gefühl, für Björn dieses Opfer bringen zu müssen, obwohl ich es – und das wurde mir nach dieser Stunde recht klar – nicht gerne tat. Björn wurde, wie immer, etwas früher von seiner Mutter gebracht, wartete im Wartezimmer, bis die Stunde pünktlich begann. Bereits diese Anforderung war für den Jungen schwer einzuhalten, er war immer etwas wütend und gereizt, wenn er in die Stunde kam, weil ihm das Ausharren so schwer gefallen war. So kam er auch diesmal herein, setzte sich in den Schaukelstuhl und begann wie wild zu schaukeln. Dieser Modus, sich über ungesteuerte Bewegungen von Affekten zu entlasten, war typisch für ihn, nur dass er diesmal so heftig zu schaukeln begann, dass ich fürchtete, er würde nach hinten kippen. Im gleichen Moment wurde mir klar, dass ich davor Angst hatte, der verheerende Sturz aus der Kindheit könnte sich wiederholen. Björn schien dies zu spüren, und er schaukelte noch ungebärdiger, begann mit dem Schaukelstuhl gegen die Wand zu schlagen, was weder dieser noch dem Stuhl gut tat. Ich sprach an, dass ich mich sehr sorge, er könne hier etwas beschädigen und das bringe uns beide in eine schwierige Situation. Noch mehr befürchte ich, dass er sich dabei selbst verletzen könne. Kaum hatte ich dies ausgesprochen, ging ein Strahlen über sein Gesicht. Sein Wippen nahm noch mehr zu, und ich musste jede Sekunde fürchten, er könnte nach hinten fallen. Ich sprach an, dass er sich offensichtlich stark fühle, wenn ich mich um ihn ängstige. Ich spürte in diesem Moment, wie der chronische Machtkampf zwischen Mutter und Björn in unsere Beziehung kam. Ich begann mich tatsächlich hilflos zu fühlen und vor dem Jungen zu fürchten, denn ich wusste ihm nichts entgegenzusetzen. Das Strahlen in seinem Gesicht wandelte sich mit der Zeit zur wüsten, wütenden Fratze, und Björn begann, seine üblichen Forderungen zu stellen. Heute wolle er mit mir in mein

Büro gehen, und ich solle ihm dort alles zeigen. Insbesondere, was ich über ihn und andere Kinder aufgeschrieben habe. Wiederum sprach ich an, dass wir im Praxiszimmer bleiben und dass es unserer Beziehung nicht gut tut, wenn er mich zu Dingen zwinge, die ich nicht für richtig fände. Björn hielt abrupt mit dem Schaukeln inne, stand auf und ging schnurstracks auf die Tür zu, die in mein Arbeitszimmer führte. Ich stand ebenfalls auf und stellte mich davor. Björns Gesicht drückte jetzt nur noch Ablehnung, Entwertung und Wut aus, dass es mich regelrecht schauderte. Er riss aus dem daneben stehenden Schrank einige Blätter heraus und warf sie zu Boden. Seine Wut schien sich ins Unermessliche zu steigern, so wie meine Hilflosigkeit ebenfalls immer größer wurde. Ich sprach nochmals an, dass es schwer für ihn sei, auszuhalten, mit mir hier im Zimmer zu bleiben und nicht in meine Privaträume zu gehen. Sein Wunsch, mein Kind zu sein, sei groß, dennoch entspreche es eben nicht der Realität. Björn kam mir näher und ich wusste, er würde mich jetzt auch angreifen. Dennoch blieb ich stehen. »Hau ab!« schrie er, »lass mich durch, ich möchte deine Sachen sehen, ich möchte dein Haus anschauen, deine Kinder dürfen das auch dauernd, nur ich nicht.« Seine Gier und seine Wut wurden immer heftiger. Tatsächlich blieb er kurz vorher stehen, schaute mich finster an, setzte sich wieder in den Schaukelstuhl und begann heftig zu schaukeln, dabei immer wieder gegen die Wand stoßend und dabei meine Tapete zerstörend. Konnte er schon nicht in mich und mein Haus eindringen, so wollte er wenigstens zerstören. Jetzt spürte ich immer deutlicher, wie sehr ich mich über ihn ärgerte, dass er meine Praxis zerstörte, obwohl ich ihm diese Stunde gewährt und allen anderen abgesagt hatte. Dass er es mir so lohnte! Es hatte sich real in unserer Beziehung etwas wiederholt, was er immer wieder bei seiner Mutter zu spüren glaubt. Blitzartig tauchte immer wieder sein wütendes Gesicht auf, und ich ahnte, dass der kleine Björn genau so das

Gesicht seiner Mutter wahrgenommen hatte, wogegen er sich mit seinen animalischen Fantasien zu wehren suchte. Ich schlug ihm darum vor, ob er nicht zeichnen wolle, wie es ihm jetzt gehe. All seine Wut, die er jetzt spüre, könne er so aufs Papier bringen. Tatsächlich ließen Björns Attacken etwas nach, er schaukelte langsamer, stand schließlich auf, holte sich Papier und Bleistift und zeichnete. Ich war in jener Stunde dem teuflischen Gesicht begegnet, das Björn immer wieder in allen möglichen Varianten gezeigt hatte, das seine eigenen bösen Anteile, aber auch die bösen Anteile der Mutter repräsentierte.

Abb. 7: Teufelsgesicht

Stunden wie diese wechselten ab mit Sitzungen, in denen Björn klein und bedürftig war, mit matter Stimme von seinem Alltag erzählte und letztendlich gehalten und getröstet werden wollte. Ich hörte von Zuhause, dass die gewalttätigen Auseinandersetzungen und Bedrohungen weniger wurden, dass jedoch die Zwänge zunahmen. Ich spürte, dass Björn den destruktiven Fantasien wieder seine ordnenden Zwänge entgegensetzen musste, um nicht im Chaos zu versinken. Die Pubertät war eingetreten, verstärkte aggressive und sexuelle Wünsche und damit die Ängste, denn das Ich war immer noch zu schwach, die Abwehr nur archaisch – es standen kaum reife Abwehrmechanismen zur Verfügung. Mittlerweile war Björn aus der Schule ausgeschult worden, es war ihm schon längst nicht mehr möglich, dort hinzugehen. Die Rituale begannen schon morgens, das Frühstück zog sich endlos dahin. Die Nahrungsaufnahme wurde durch immer kompliziertere Zwangshandlungen behindert. Noch schlimmer wurde es, wenn Björn auf dem WC war. Er brauchte ewig, um fertig zu werden, und der Vorgang konnte nur dadurch beschleunigt werden, dass ihn die Mutter anschließend reinigte. Dies nahm Björn sichtlich freudig hin. Mittlerweile hatte der Junge seine Autonomie wieder aufgegeben und sich gänzlich dem regressiven Sog überlassen.

Abb. 9: Mensch auf der Pfote des King-Kong

Ich besprach mit den Eltern, dass Björn wieder stationär untergebracht werden müsste, weil die ambulante Therapie längst nicht mehr ausreichte. Doch dieses Mal wollte ihn die Mutter nicht mehr hergeben. Ich ahnte warum, denn mittlerweile war aus dem aggressiven Björn wieder ein pflegeleichtes Baby geworden, wie damals vor dem Sturz. Jetzt hatte die Mutter wieder Macht über ihn, er konnte sie nicht mehr bedrohen. Jetzt konnte sie ihn wieder versorgen und sich somit von Schuld entlasten. In einer Sitzung zeichnete Björn, wie er sich fühle und wie er die Zwänge wahrnehme. Er sei von vielfältigen Maschinen, Gestängen und Getrieben umgeben und müsse sich immer wieder bemühen, in einen Schlitz zu fassen. Die Symbolik war überdeutlich, und seine Zeichnung machte klar, dass sich der Junge zunehmend von der Fragmentierung seines Selbst bedroht und sich unheimlichen (inzestuösen) Mächten und Kräften ausgesetzt

Abb. 8: Björns Vorstellung von seinem Selbst

Abb. 10: Wal verschluckt Mensch

sah. Die Bildung von Zwängen war sein letzter verzweifelter Versuch, sich eine Pseudostruktur zu schaffen, um den drohenden Zerfall aufzuhalten. Er schuf die Zwänge auch, um destruktive Energien zu fesseln und zu knebeln.

Ich wusste, dass Björn dringend wieder stationäre Behandlung brauchte, doch alle Verbindungen zu kinderpsychiatrischen Einrichtungen, die ich herstellte, wurden von den Eltern boykottiert. Sie wollten, dass Björn bei ihnen bleibe und dieser wünschte das, insbesondere in seinem jetzigen Zustand, selbstredend auch. Dabei war deutlich geworden, dass Björn mittlerweile nicht nur vom psychischen, sondern auch vom physischen Tod bedroht war, denn er konnte immer schlechter essen und magerte rapide ab. Ein einziges Frühstück zog sich mittlerweile über Stunden hin. In einer der nächsten Sitzungen kam es zu einem schlimmen Zwischenfall. Ich wartete auf Björn, aber er kam nicht. Immer wieder schaute ich hinaus, blickte ins Wartezimmer, aber er schien nicht zu kommen. Schließlich stellte sich heraus, dass er das Wartezimmer betreten hatte, während ein anderer Patient hinausgegangen

war, und ich dies darum nicht bemerkt hatte. Er ging aufs WC und kam nicht mehr herunter. Er saß dort die ganze Stunde, konnte sich nicht bemerkbar machen, bis ich ihn nach Ablauf der Sitzung entdeckte. Es kam zu einem letzten Anflug von Zorn, als ich ihn von dort befreite, weil er mir extrem böse war, dass ich ihn nicht früher entdeckt hatte. Er drohte mir: »Das werden Sie mir büßen!« Ich fühlte mich entsetzlich, ihn nicht gefunden zu haben, dachte, dass ich verstrickt worden bin und hatte die Fantasie, ihn im WC runter spülen zu müssen, dass er nicht wichtig sei. Dann spürte ich den Impuls nach Wiedergutmachung und sagte: »Ich kann verstehen, dass Du wütend auf mich bist.«

Doch die autoaggressiven Kräfte siegten immer mehr über Björns vitale Energien, der Junge wurde sowohl psychisch wie körperlich immer schwächer. Björn hatte schon früher den Film »King-Kong« gesehen und war davon spontan fasziniert. Immer wieder während der vergangenen Therapiestunden erzählte er mir von dem Riesenaffen, der eine Frau entführt hatte. Diese Szene zeichnete er mehrfach, und es war deutlich, dass er damit

Abb. 11, 12, 13: Das Teuflische zerfällt

330

auf der Subjektebene die destruktiven Energien zeichnete, denen sein winziges und schwaches Selbst ausgeliefert war.

Andererseits entführt der King-Kong eine Frau. Damit war seine Zeichnung auch ein Abbild seiner Größenfantasien, dass ihm die Mutter total ausgeliefert sei und er endlich alles von ihr haben könne. Als Variation zu diesem Thema zeichnete er den Wal, der einen Menschen verschluckt. Es war die biblische Geschichte von Jonas und gleichzeitig sein letzter Versuch, sich die Mutter einzuverleiben. Doch es war umgekehrt, er fühlte sich von der Mutter aufgesogen.

Mittlerweile war der letzte Rest von Abwehr verschwunden. Björn sah sich nur noch den schrecklichsten Fantasien und destruktiven Zwängen ausgesetzt. Er bat seine Eltern, ihm eine Kugel in den Kopf zu schießen, um die schlimmen Fantasien auszulöschen, damit es ihm im Kopf drin besser gehe. Das Böse, das Teuflische, das ihn bedrohte, zeichnete er in allen Varianten, aber auch wie es langsam zerfiel. Ich vermutete, dass Fragmentierung und Zerfall der letzte Abwehrversuch waren, um sich vor dem bedrohlichen Bösen zu retten.

Björn nahm immer weiter ab. Erst als ich drohte, meine Zusammenarbeit mit ihnen aufzukündigen, erklärten sich die Eltern bereit, den Jungen wieder in eine psychiatrische Klinik zu bringen. Er war damals 12 Jahre alt.

Seitdem lebt Björn im Wechsel in psychiatrischen Kliniken und zu Hause. Während dieser Zeit kamen die Eltern zu Gesprächen, um den Jungen wenigstens ein bisschen zu verstehen und angemessen mit ihm umzugehen. Gelegentlich besuchte ich ihn auch zu Hause. Als ich ihn zum letzten Mal sah, lag er morgens auf der Couch, selig vor sich hin träumend. Er hatte eingenässt, und das Strahlen auf seinem Gesicht machte deutlich, dass er im Paradies der absoluten Regression angelangt war, dass er endlich von seiner Mutter so versorgt wurde, wie er es sich immer gewünscht hatte. Niemand, ich

ja auch nicht mehr, hatte es geschafft, dass die progressiven Kräfte über diese Wünsche gesiegt hätten. Als Björn seine Augen aufschlug, erkannte er mich sofort, strahlte mich an, stand auf, um sich zu waschen und herzurichten. Er sagte mir, dass es ihm sehr gut gehe.

Interpretation

Psychodynamik

Die Eltern machten den Eindruck, dass der Junge von seiner Geburt an für beide, vor dem Hintergrund ihrer Biographien, extrem ängstigend war. Zweifellos wollten die Eltern bewusst das Beste, wollten helfen, Björn von seinen schweren Symptomen zu befreien. Aber sie konnten es nicht, sie konnten nicht Ängste und Beunruhigungen des kleinen Kindes in sich aufnehmen, weil sie hierfür keinen ausreichenden Raum besaßen. Der Blick auf die Großelterngeneration, deren psychische Probleme und die Reaktion, Björn nach zwei Wochen in ein Heim zu geben, als die Mutter zur Geburt der Schwester im Krankenhaus war, lässt die defizitären emotionalen Entwicklungen der Eltern bei ihren Eltern ahnen.

Verstrickt in die symbiotische Beziehung zur Mutter, der Vater blieb außen vor, er konnte sich nach Ansicht der Mutter nicht in seinen Sohn einfühlen, entwickelte sich ein Teufelskreis von symbiotischen Verklebungs- und aggressiven Abgrenzungswünschen. Fantasie und Realität blieben vermischt. Kaum einer seiner Wünsche und keine seiner Sehnsüchte wurden gestillt, kein Trieb angemessen befriedigt, so dass Gier und Neid unendlich groß blieben, so jedenfalls erlebte es Björn. Hass und Wut projizierte der Junge in seine Mutter, vor deren realen und fantasierten Angriffen er sich ununterbrochen schützen musste. Der Sturz vom Tisch, der Fall in die grauenvolle

Unendlichkeit, die schmerzhafte Schädelverletzung, der Schock, der Krankenhausaufenthalt mit Trennung, der Rauswurf bei den Großeltern, alles das bestätigte seine trostlosen Beziehungserfahrungen und ließ sein Urmisstrauen und seine Aggression chronisch werden. Mutter und Sohn fühlten sich fortwährend vom anderen bedroht. Zwei Raubtiere (Bär und Gorilla) umschlichen sich ständig, darauf gefasst, sofort zuzubeißen, wenn sich beim andern eine Blöße böte. Mal ist Björn King-Kong oder der Wal, mal die Mutter. Selbst- und Objektrepräsentanzen bleiben verschmolzen. Ein gefährliches Tier zu sein, wurde zur vorläufig rettenden Ur-Fantasie für Björn.

Nur in dieser magisch verzerrten Welt gefährlicher Objekte kann er die Angst vor inzestuöser Nähe und Überwältigung mit der Mutter abwehren. Björn ist verstrickt in die existentielle Bipolarität. Er wünscht den Inzest im Symptom des zwanghaften Onanierens gegenüber der Mutter und fürchtet ihn. Er sehnt sich nach Nähe zur Mutter und möchte sie doch aggressiv zurückweisen. Sexualität und Aggression sind vermischt, Sexualisierung als Abwehrmechanismus dient vermutlich der Aufrechterhaltung seiner schwächer werdenden Abgrenzung gegenüber der Mutter. Auf omnipotente Weise, als King-Kong, sucht er Macht über die Mutter-Imago zu erlangen. Mutter und Sohn erscheinen als zwei Raubtiere, es ist kein drittes Objekt anwesend.

So konnte sich natürlich keine trennende Scheidewand zwischen Innen und Außen, zwischen Fantasie und Wirklichkeit bilden. Die psychische Struktur blieb fragil, ja desolat. Die anstehende Adoleszenz führte zum völligen Zusammenbruch. Die Ängste und Zwangsrituale, mit denen Björn die Fragmentierung seines Selbst und den Durchbruch von Libido und Aggressivität zu kontrollieren suchte, nahmen überhand.

Diagnose:

F20.0 paranoide Schizophrenie
F42.2 Zwangsgedanken und -handlungen gemischt
F98.0 nichtorganische Enuresis

Die therapeutische Arbeit

In der Gegenübertragung des Therapeuten stellten sich anfangs Gefühle von Ablehnung und Schuld ein, vermutlich eine Identifizierung mit den Gefühlen der Mutter, die im Sinne einer Parentifizierung von ihrem Sohn die Liebe erhoffte, die sie von den Eltern nicht bekommen hatte und in ihrer Enttäuschung mit Ablehnung und Wut reagierte. Björn scheint ganz in der omnipotenten magischen Überschätzung gefährlicher Objekte zu leben, die sowohl sein Selbst als auch die äußeren Teilobjekte repräsentieren. In den Bildern aggressiver Tiere kann er diese Aggression nach außen wenden, ausdrücken und damit konsequenten Deutungen zugänglich machen.

In der Therapie kommt es zur Inszenierung eines Kampfes um den Rahmen. Auch mit dem Therapeuten möchte Björn inzestuös verschmelzen, seine Privaträume sehen, die Realität und das dritte Objekt, den Rahmen, verleugnen. Der Therapeut führte einen verzweifelten »Kampf«, auf der Realität und der Inzestschranke zu bestehen, die Verleugnung des Mangels, wie Dolto es formuliert, nicht in symbiotischer Verstrickung aufrechtzuerhalten.

Es kommt zur Zuspitzung in zwei Szenen, die vermutlich als Enactment verstanden werden können. Mit dem Kippen des Stuhles inszeniert Björn vielleicht so etwas wie die Fantasie einer »Urschuld«. Die Mutter ist Schuld am Unfall, und das gibt ihm das Recht, die Urszene und die Realität zu verleugnen. Der Therapeut reagiert im Sinne des Containing, er hält den Rahmen ein.

Die zweite Szene ist die Situation, bei der Björn die Stunde über auf der Toilette sitzt und vermutlich unbewusst vom Therapeuten erwartete, dass dieser ihn – inzestuös – verstrickt reinigt, wie die Mutter. Vielleicht nahm der Therapeut unbewusst die Bedrohung durch diese Inzestfantasie wahr, ist es doch kein Zufall, dass er erst genau am Ende der Stunde den Jungen auf der Toilette entdeckte. Die Szene zeigt die Heftigkeit dieses psychotischen Übertragungsgeschehens. Der Therapeut wird verstrickt und muss doch immer wieder die Abgrenzung seines Selbst leisten und den Rahmen einhalten. Dass in dieser psychotischen Übertragung mörderische Aggressionen enthalten sind, zeigt sich an der Fantasie des Therapeuten, den Jungen im WC runter zu spülen. Indem der Therapeut die Aggression des Jungen deutete, in der Realität auf der Trennung bestand, d. h. nicht wie die Mutter den Jungen reinigte, konnte er sich abgrenzen und die Introjekte im Sinne des Containing entgiften.

Bei Björn wurde die Prognose zu günstig eingeschätzt. Deutliche Hinweise auf eine schwere Gefährdung waren die Persönlichkeitsstörungen beider Eltern, die kaum zu verändern waren, die Erkrankungen beider Großelternpaare, die erkennbare und nur gering kaschierte Ablehnung der Mutter und der frühe Ausbruch von schwerwiegenden, sehr bizarren Symptomen. Wahrscheinlich hätte der Hinweis mehr beachtet werden müssen, dass sich die Symptomatik unaufhaltsam verschlechterte, wenn Björn in die Nähe seiner Eltern kam. Eine rechtzeitige und fortdauernde Trennung Björns von seinen Eltern hätte vielleicht die chronische Erkrankung verhindert. Möglicherweise ist das bei entsprechend gefährdeten Kindern der einzige Weg, um ihnen eine schwere Dekompensation und ein Leben in einer Klinik zu ersparen.

3   Autismus und Geistige Behinderung

Der frühkindliche Autismus wird auf eine Häufigkeit von 0,4 Promille geschätzt mit einem Geschlechterverhältnis von 3–4 Jungen auf ein Mädchen (Knölker u. a. 2000, S. 200; Janetzke 1993, S. 34).

Der frühkindliche Autismus ist gekennzeichnet durch emotionalen Rückzug, Kontaktabwehr und eine Störung des Realitätsbezuges. Einzelne Symptome sind beispielsweise das Fehlen von Kontakt- und Bindungsverhalten, die Kinder verweigern Blickkontakt, möchten nicht berührt werden, sie zeigen kaum emotionales Einfühlungsvermögen oder Spielverhalten, keine Angst vor Gefahren, bei etwa der Hälfte der autistischen Menschen entwickelt sich keine Sprache, die Sprache besteht sonst meist aus Echolalie, Pronominalumkehr oder idiosynkratischem Sprachgebrauch mit Wortneuschöpfungen. Besonders auffällig ist das zwanghafte Bestehen auf der Gleicherhaltung der Umwelt und von Zeitabläufen, einzelne Gegenstände werden häufig rotiert, und die Kinder klammern sich zwanghaft an einen Gegenstand, den sie immer bei sich tragen. Eine ungewöhnliche und ausschließliche Beschäftigung mit Fahrplänen, Busrouten, Zahlen u. a. ist auffällig sowie heftige Angstaffekte, wenn gewohnte Gegenstände wie Möbel u. a. verrückt werden. Motorische Stereotypien wie Wedeln und Drehbewegungen, Zehenspitzengang sind genauso typisch wie das Riechen an Gegenständen, verminderte Schmerz- und Kälteempfindlichkeit sowie gelegentlich eine scheinbare Taubheit. Etwa 3/4 der autistischen Menschen sind gleichzeitig geistig behindert (Steinhausen 1996, S. 64 f.).

Psychiatrischerseits wird traditionell unterschieden in den Kanner-Autismus (frühkindlicher Autismus), benannt nach dem amerikanischen Kinderpsychiater Leo Kanner, und den Asperger-Autismus, benannt nach dem österreichischen Pädiater Hans Asperger, die beide zur gleichen Zeit (1943) Kinder mit autistischen Auffälligkeiten unabhängig voneinander beschrieben. Die Unterschiede liegen im Beginn der Auffälligkeiten (Asperger: vom 3. Lebensjahr an; Kanner: meist in den ersten Lebensmonaten), dem Sprachverhalten (Asperger: früher Sprachbeginn; Kanner: später Sprachbeginn, bei etwa 50 % Ausbleiben der Sprache), der Intelligenz (Asperger: gut bis überdurchschnittlich; Kanner: erheblich eingeschränkt) und der Motorik (Asperger: auffällige Motorik, Ungeschicklichkeiten, grob und feinmotorische Koordinationsstörungen; Kanner: keine Auffälligkeiten, sofern nicht zusätzliche Erkrankungen vorliegen) (vgl. Remschmidt 2000a, S. 23).

Bedenkt man, dass Kanner das Störungsbild an 11 Fällen, Asperger an vier Fällen beschrieb, so scheint es doch an der Zeit, diese Unterteilung in Frage zu stellen. Wir möchten hier den Begriff Autismus-Spektrum-Störung (vgl. Poustka u. a. 2004, S. 12) vorschlagen, der von einem eher quantitativ unterschiedlich ausgeprägten, aber sich auf einem Kontinuum befindlichen, einheitlichen Störungsbild ausgeht.

Gegenwärtig ist eine Tendenz festzustellen, narzisstische Störungen, AD(H)S und Hochbegabung zu vermischen mit einer fragwürdigen Diagnose von high-functioning Autismus und Asperger-Syndrom. Solche Verwirrungen entstehen unserer Einschätzung nach, weil nicht vom Konflikt, sondern vom Symptom ausgegangen wird.

Autismus fällt in der ICD-10 unter die tiefgreifenden Entwicklungsstörungen (F84). Die Unterscheidung in den so genannten Kanner-Autismus (frühkindlicher Autismus) und Asperger Autismus wird beibehalten.

F84.0   frühkindlicher Autismus
F84.1   atypischer Autismus
F84.5   Asperger-Syndrom

Theorie des Autismus

Wie bei keiner anderen psychischen Störung hält sich beim Autismus hartnäckig das Gerücht, die Psychoanalyse gebe der »abweisenden, kalten« Mutter die Schuld an dem autistischen Rückzug des Kindes. Vermutlich handelt es sich hier um ein Fantasma der Eltern, die auf das abweisende Verhalten des Kindes mit großen Schuld- und Schamgefühlen reagieren und diese auf diese Weise projektiv verarbeiten. Weder Mahler noch Bettelheim, die Pioniere der psychoanalytischen Autismustheorie, haben behauptet, dass Autismus eine Reaktion auf das abweisende Verhalten der Mütter sei. Bettelheim betont, dass es keinen Beweis dafür gibt, dass Mütter den autistischen Prozess auslösen, noch dass besondere Merkmale ihrer Pathologie jene des Kindes erklären. Er betont die Ähnlichkeit seines Standpunktes mit dem von Anna Freud, nicht die Einstellung der Mutter, sondern die entsprechende spontane Reaktion des Kindes sei es, die den Autismus herbeiführe. Das Kind betrachtet die Mutter als Verfolgerin. Dieser ursprüngliche Negativismus und die paranoide Einstellung bleiben im Autismus erhalten. »Dennoch sind die ursprüngliche Reaktion und das spätere autistische Verhalten spontane und autonome Reaktionen des Kindes« (Bettelheim 1983, S.91). Auch nach Mahler (1972, S.73) liegt ein angeborener Mangel des Kindes vor, der es unfähig macht, die Hilfe des symbiotischen Partners bei der Orientierung in der Außen- und Innenwelt zu nutzen. Tustin (1989, S.21) geht von einer Störung der primären Bindung aus, die durch eine Hypersensibilität des Kindes, welche die Entwicklung hemmt und blockiert, verursacht wird. »Die Kinder haben nicht Kälte, Verwahrlosung oder körperliche Gewalt von seiten der Eltern erfahren« (ebd., S.24).

Mahler (1972) geht bei der autistischen Psychose von einer Fixierung oder Regression auf jene erste primitivste Phase extrauterinen Lebens, die sie normale autistische Phase nennt, aus. Wir haben bereits darauf hingewiesen (▶ Kap. I.1.), dass, heutigen Erkenntnissen über die Säuglingsentwicklung folgend, von einer Phase des normalen Autismus nicht mehr gesprochen werden kann. Autismus ist von daher eine Abwehrreaktion des Kindes, das auf Störungen, zum Beispiel seiner Wahrnehmungsverarbeitung, in dieser Weise reagiert. Betrachten wir Mahlers Erkenntnisse als Abwehrprodukt, so ist die autistische Psychose eine archaische Abwehr aus Furcht vor menschlichem Kontakt. Sie ist eine wahnartige Verleugnung der menschlichen Objekte und der lebendigen Dimension. Die Mutter scheint nicht wahrgenommen, nicht libidinös besetzt zu werden. Folge ist der Verlust von Neugier und Lebendigkeit mit einer kompensatorischen, wahnartigen Besetzung der Eigenwelt. Die

335

Kontrolle der inneren und äußeren Reize erfolgt durch Verneinung und Verleugnung, Rückkehr zu Undifferenziertheit, Entmenschlichung und Entvitalisierung.

Ziel der Therapie soll nach Mahler (1972, S. 164 ff.) sein, das Kind zum Kontakt herauszulocken. Ihr methodisches Vorgehen nach dem Dreiparteienplan haben wir schon kritisiert (▶ Kap. VI.2), die Funktion des Therapeuten als symbiotisches Ersatzobjekt und Hilfs-Ich sehen wir sehr kritisch. Zudem hält sie autistische Kinder Gruppen gegenüber für völlig intolerant und betrachtet die Wirkung von Gruppen als schädlich. Dies entspricht weder der Erfahrung von Bettelheim (1983) noch unseren eigenen Erfahrungen. Im Gegenteil, wir haben die Erfahrung gemacht, dass autistische Kinder emotional intensiv am Gruppenleben teilnehmen, auch wenn sie dies in der Regel nicht zeigen. Sie kennen viele Details die anderen Kinder betreffend und nehmen regen Anteil, so dass sie auch emotional profitieren, wenn andere nicht-autistische Kinder immer wieder auf sie zugehen und ihnen Kontakt anbieten. Heiner (siehe unten) war jahrelang in seine neben ihm sitzende Arbeitskollegin in der Werkstatt für Behinderte verliebt, zeigte dies jedoch nicht und sprach kein Wort mit ihr.

Bruno Bettelheim leitete von 1944 bis 1972 die Orthogenic-School, eine Heimschule der Universität von Chicago. In seinen Büchern »Die Geburt des Selbst« (1983) und »Der Weg aus dem Labyrinth« (1978) entwickelt Bettelheim seine Milieutherapie vor allem aus der Arbeit mit psychotischen und autistischen Kindern. Er möchte eine Situation schaffen, aus der heraus das Kind Kontakt sucht und wünscht. Autistische Kinder seien überzeugt, von totaler Zerstörung bedroht zu sein. Je schwerer die Kommunikation gestört ist, desto mehr müsse eine Person auf innere Erfahrungen zurückgreifen, um die Realität zu interpretieren. Den Kern der Störung sieht Bettelheim nicht im Mangel an passiven Befriedigungen, sondern im Gefühl, durch die eigene Aktivität

keinen Einfluss auf die äußere Welt nehmen zu können. Man müsse die Kinder aktivieren, damit sie den Autismus aufgeben. »Sie kehrten erst ins Leben zurück, wenn es uns gelang, die Bedingungen zu schaffen, durch die sie veranlasst wurden, im eigenen Namen zu handeln, oder wenn es uns gelang, als entsprechende Katalysatoren zu wirken« (1983, S. 19). Seine Arbeit ist geprägt von der Empathie für die innere Welt seiner Patienten, was für ihn bedeutete, in die irrationale Welt des Psychotikers hinabzusteigen. Bettelheim hat keine Theorie der Psychose entwickelt, aber ein tiefes Verständnis für die zerstörerische Seite der psychotischen Wahrnehmung. Er kritisiert an Winnicott, dass dieser den Säugling im Anpassungsprozess für allzu passiv hält. Der Säugling sei von Anfang an aktiv und passe sich an (ebd., S. 32). Die Symptomtoleranz und Deutung der Symptome, die intensive therapeutische und pädagogische Arbeit über die Beziehung und die Arbeit mit der Übertragung zeigen beeindruckend die Sinnhaftigkeit der autistischen Symptome im Sinne einer Kompromissbildung. Beispielsweise versteht Bettelheim die Abwehr menschlicher Kontakte im Rotieren von Gegenständen, die der autistische Mensch selbst in Bewegung versetzt und von denen er glaubt, abhängig zu sein, er sucht aber auch nach Kontakt, der im Sinne der Kompromissbildung auf Nichtmenschliches verschoben ist. »Obgleich wir dafür sorgten, dass er (Joey, E. H.; H. H.) sich, was die Benutzung von Apparaturen anlangte, auch in anderen Lebensbereichen einschränkte, konnten wir sie nicht völlig ausschalten, bevor wir sie nicht durch menschliche ›Kontakte‹ ersetzt hatten« (ebd., S. 338). Die Abwehr muss respektiert und gedeutet werden, und sie kann nur nach dem Ermessen des Kindes und den Anregungen des Therapeuten allmählich vom Kind aufgegeben werden.

Tustin (1989) ging lange Zeit von der Theorie Mahlers, einer normalen autistischen Phase aus, arbeitete schließlich die

Erkenntnisse der Säuglingsforschung in ihre Arbeiten ein und sprach in einer ihrer letzten Arbeiten (1991) vom Autismus als einer pathologischen Reaktion, das Kind habe das Gefühl, sein Körper sei beschädigt. Im Zentrum ihrer Arbeit steht das Konzept der schwarzen Löcher und des Terrors. Die Mutter werde wie ein Teil des kindlichen Körpers, der plötzlich weg breche, erlebt. Im Moment des Wegbrechens erscheinen die schwarzen Löcher, das unbekannte »Nicht-Ich«. Die körperliche Getrenntheit von der Mutter werde als schwarzes Loch, eine Art psychosomatische Erfahrung, erlebt. Das Ich müsse nun die Löcher füllen, und das Nicht-Ich erscheine als narzisstische Wunde. Die Wahrnehmung der Getrenntheit sei traumatisch, die Omnipotenz müsse ungeheure Ausmaße annehmen, um den Schrecken, die Angst und die Aggression abzuwehren.

Aus den Beispielen in ihrer Arbeit kann man entnehmen, dass Tustin, anders als Mahler, am Rahmen des analytischen Settings festhält. Sie schreibt, dass der Therapeut aktiver sein muss, allerdings dürfe diese Aktivität nicht die Stelle der Deutungen einnehmen. Man müsse ständig versuchen, mit dem Kind in Berührung zu bleiben, den Kontakt nicht abreißen zu lassen. Die Worte des Therapeuten und seine Handlungen stellen den Container dar für die Erregung des Kindes, bis das Kind diese selbst integrieren kann. Man müsse den Eltern gegenüber bei der Sorge für ihr Kind praktische Hilfe geben, vorsichtig gelenkten Beistand leisten. Gefühle können strukturiert und in musikalischen, künstlerischen und kognitiven Äußerungen ausgedrückt werden. Ziel sei die Entwicklung innerer Strukturen. Gerade Einschränkungen könnten es dem Kind erleichtern, sich ein Bild von der Außenwelt zu machen. Solche Ge- und Verbote müssten allerdings mit Deutungen verknüpft werden. Das weiche, warme Selbst werde ständig vom harten, kalten Nicht-Ich abgesondert. Ziel sei, ein Bewusstsein für Sinnesintegration zu schaffen, nicht Sinnes-

erfahrung zu vermitteln, indem Kinder etwa gestreichelt werden. Das verkapselte autistische Kind wiederhole eine vorsprachliche, elementare Situation, die nicht erinnert werden kann. Das Gedächtnis müsse erst in der Therapie entwickelt werden. In der Übertragung stellen sich bei den Kindern extreme Gefühle von Wut, Schrecken und Angst ein.

Die Depression, von der Mutter getrennt zu sein, müsse in der Therapie durchgearbeitet werden, damit eine Bindungserfahrung in Gang komme. Man habe oft den Eindruck eines Kampfes um Leben und Tod. Die Übertragung ist sehr intensiv. Die psychische Geburt müsse ermöglicht werden. Um das psychotische Kind dauerhaft von seiner krankhaften Erfahrung eines durchlöcherten Körpers zu befreien, bedarf es nach Tustin eines festen und disziplinierten Behandlungsrahmens (Tustin 1989, S. 193 ff.).

Meltzer gab 1975 zusammen mit Kollegen das Buch »Explorations in Autism« heraus. Das Buch steht in der Tradition Melanie Kleins. Der Autismus versuche, einen Zustand ohne Leben und ohne äußeres Objekt aufrechtzuerhalten. Meltzer nennt dies »dismanteling« (Demontage). Alles zerfalle den Kindern in Stücke. Es gebe kein inneres Objekt. Die Wahrnehmungen werden nicht miteinander verbunden. Angst und Schmerz soll ausgewichen werden. Durch übermäßige zwanghafte Abwehr versuche der Autist, dem »dismanteling« entgegenzuwirken. Die adhäsive Identifizierung sei charakteristisch für das autistische und psychotische Kind. Dies ist eine Identifizierung, ein Verkleben mit dem Objekt, bei dem das Objekt nicht als getrennt existierend erkannt wird. Das Subjekt versucht, jede Distanz, jeden Abstand zwischen sich und dem Objekt aufzulösen. Meltzer nennt dies einen archaischen Mechanismus, der Leiden und Verlustangst abzuwenden sucht.

Da ¾ der autistischen Menschen gleichzeitig geistig behindert sind, ist es uns ein Anliegen, aufzuzeigen, dass auch mit geistig behinderten Menschen eine analytische Arbeit möglich ist. Maud Mannoni (1972) stellt mit ihren Arbeiten, die in den 1960er Jahren in Frankreich erschienen sind und in der Tradition von Lacan stehen, den Begriff der Debilität in Frage. Sie fragt nach der unbewussten Dynamik in der Familie mit einem geistig behinderten Kind und fragt, welchen Sinn die Behinderung für die Familie, für das Kind und vor allem für die Mutter haben kann. Schonungslos spricht Mannoni das Unaussprechbare aus: »In der Liebesbeziehung zwischen Mutter und Kind bleibt – unter solchen Bedingungen – der Tod immer gegenwärtig, der Tod, der gleichzeitig geleugnet wird. Er erscheint meist in der Gestalt sublimer Liebe, manchmal in der krankhaften Gleichgültigkeit, oder auch als bewusste Abwehr; aber die Mordgedanken sind sehr wohl da, auch wenn sie der Mutter nicht bewusst werden dürfen« (ebd., S. 20). Die Geburt eines behinderten Kindes erzeugt nach Mannoni Todeswünsche, die auch in Selbsttötungswünschen gegen die Mutter selbst gewendet werden können. Mutter und Kind sind eine Einheit, jede Abwertung des Kindes empfindet die Mutter als Schädigung ihrer eigenen Person. Die Mutter ist von nun an in ihrer eigenen Existenz verunsichert. Jede Frau wird, da sie sich nicht mit ihrem kranken Kind identifizieren kann, ihre eigenen Ängste wiedererleben, ihre eigenen Ängste von oraler, analer und phallischer Kastration. Was die Mutter im Moment der Behinderung ihres Kindes erlebt, ist ein Reflex auf das, was sie früher in ihrer Fantasie erlebt hat und wodurch sie geprägt wurde. »Beim zurückgebliebenen Kind entdeckt man einen ganzen Fächer von perversen Reaktionen (man kann sogar von einer perversen Disposition sprechen), phobischen und psychotischen Verhaltensweisen, die offenbar mit einer bestimmten Art der Mutter-Kind-Beziehung zusammenhängen, in der die Mutter auf das Kind mit ihren eigenen Fantasmen reagiert. Außerdem darf ein anderer Faktor nicht unterschätzt werden, nämlich die Weise, wie das Kind seinerseits

auch die normale Mutter formt und sie ihrerseits dazu bringt, eine sadomasochistische Beziehung herzustellen« (ebd., S. 25). Das Kind bringt aus der Geschichte der Mutter das zutage, was bei der Mutter nie symbolisiert worden ist, was nicht in Worte umgesetzt werden konnte. Die Mütter leugnen ihre Angst. »Das Drama der Mütter anormaler Kinder ist unter anderem gerade ihre Einsamkeit, die voll von Phantomen ist, über die sie nicht reden können« (ebd., S. 27). Der Vater ist aus dieser symbiotischen Beziehung des behinderten Kindes zur Mutter ausgeschlossen. »Sie sind durch ihren Zustand von Anfang an ausschließlich Objekte der mütterlichen Pflege, ohne dass das Gesetz, verkörpert durch einen Vater, Einfluss nehmen kann. In ihrer Schulzeit stellen sie den gleichen Typ von Zweierbeziehung mit einer Frau her, die wieder nur ganz für sie da ist und den Wunsch (sich anzupassen und voranzukommen) verkörpert. So stellt sich eine besondere Situation her, in der die Beziehung zum Anderen den Wunsch nach dem Anderen nicht symbolisiert: Das Kind wird durch die Fürsorglichkeit des Erwachsenen in Sicherheit gebracht und hat keine Möglichkeit, die Kastrationsdrohung zu erfahren. Die Botschaft des Vaters gelangt nie zu ihm« (ebd., S. 44 f.). Da die Kinder die Kastration nicht durchstehen, fehlt die Dimension des Symbolischen, so dass gerade Zeit- und Raumbegriffe schwer verstanden werden können. Bei den Kindern besteht eine panische Angst vor den eigenen Trieben, weil die väterliche Instanz nicht eingreift. Eine Panik, die sich in Apathie, Feindseligkeit oder als Aggressivität äußern kann. Die Behinderung ist bei Mannoni das symbiotische, duale Verhältnis zur Mutter ohne Intervention des untersagenden Vaters, die Verweigerung der symbolischen Kastration und die daraus folgende Schwierigkeit, zu den Symbolen vorzustoßen (ebd., S. 139).

Die Analyse des behinderten Menschen ähnelt, so Mannoni, der des Psychotikers, weil die Familie eine entscheidende Rolle spielt. Der Weg zum Verständnis führt über den Umweg der Gegenübertragung: Der Analytiker langweilt sich in der Gegenwart eines stupiden, gutwilligen Patienten, der Reales und Symbolisches nicht unterscheiden kann und dem daher der Sinn für Humor meist fehlt. Der Panzer schützt den Patienten vor unerträglicher Angst, die das Kind in der Analyse durchleben muss. Dies bedeutet, dass die analytische Arbeit den Todesvorstellungen nachgehen muss. »Er muss – ganz allgemein – einen Analytiker finden, dessen Geduld ausreicht, den Patienten jahrelang keinen Wunsch spüren zu lassen und schließlich in seinen Augen noch abgestorbener als er selbst zu werden, damit die Angst endlich aufbrechen kann« (ebd., S. 60).

Die Schwere der Behinderung hängt auch davon ab, wie sehr Eltern versklavt werden von der Materialisation des Mangels durch das Kind, also vom Familiensystem. Das behinderte Kind erlebt die Kastrationsdrohung in seiner körperlichen Realität und weicht ihr von daher ständig aus. Es kann sie nicht auf der symbolischen Ebene durchleben. »Die Mutter ist das Gesetz bei Psychotikern und Debilen« (ebd., S. 132). Oft besteht für das behinderte Kind ein großer, sekundärer Krankheitsgewinn, der Grund dafür ist, dass manche Behandlung scheitert. Manchmal darf es unbewusst keine Fortschritte machen, weil sonst die Gefahr besteht, dass die Depression der Mutter zutage kommt.

Eine internationale Arbeitsgruppe (Heinemann und de Groef 1997 und 1999) ist derzeit bemüht, die Diskussion um die psychoanalytische Arbeit mit Menschen mit geistigen Behinderungen und ihren Angehörigen aufzugreifen und fortzuführen. Die psychoanalytische Behandlung setzt keinen bestimmten Grad von Intelligenz oder Verbalisierungsfähigkeit voraus. Fallbeispiele und theoretische Überlegungen zur analytischen Psychotherapie mit Menschen mit geistiger Behinderung finden sich ausführlicher bei der Mitautorin (Heinemann 2007, S. 433 ff.).

Zusammenfassung

Der Autismus ist keine Fixierung auf eine normale autistische Phase, sondern eine aktive Abwehrreaktion des Kindes. Es besteht eine extreme Angst – Bettelheim spricht von Vernichtungsangst, Tustin von Terror –, die mit der Wahrnehmung der körperlichen Getrenntheit von der Mutter erfahren wird. Die Verlustangst wird abgewehrt, indem menschliche Objekte und die lebendige Dimension verleugnet werden. Verneinung, Verleugnung, Rückkehr zu Undifferenziertheit, Entmenschlichung, Entvitalisierung und omnipotentes Beharren auf der Beherrschung der Objekte durch ständiges Rotieren und in Bewegung versetzen sind zentrale Abwehrtätigkeiten des autistischen Kindes.

Trotz dieser massiven Kontaktabwehr besteht beim autistischen Menschen immer auch ein Wunsch nach Kontakt, der sich oft erst indirekt erschließt, wenn der autistische Mensch beispielsweise zur Wand die Worte spricht, die er seiner Lehrerin sagen möchte, es aber aus Kontaktangst heraus nicht kann.

Die reichhaltigen therapeutischen Erfahrungen mit autistischen Menschen zeigen, dass selbst mit den Kindern und Jugendlichen, die gleichzeitig geistig behindert sind, ein analytisches Arbeiten möglich ist, dass Deutungen der Übertragung und der Verschiebung der Affekte auf die leblose Welt zu einer besseren Kontaktfähigkeit führen, vor allem aber auch durch die Verinnerlichung eines Objektes, das ein Container für die panische Angst ist.

Fallbeispiel »Heiner«

Die Mutter von Heiner (vgl. Heinemann 1997a) rief mich an, mit der dringenden Bitte um einen Therapieplatz für ihren Sohn, der damals 23 Jahre alt war und nach dem plötzlichen Tod des Vaters in seinem Berufspraktikum erhebliche Verhaltensstörungen zeigte. Heiners Gesichtstics hatten sich verstärkt, und er lachte, wenn er auf den Tod des Vaters angesprochen wurde, völlig unkontrolliert. Die Mutter war der Meinung, dass Heiner den Tod des Vaters nicht richtig verarbeite, und fragte mich nach einem Therapieplatz.

Ich bestellte Mutter und Sohn zu einem Erstgespräch. Bei Menschen mit einer geistigen Behinderung führe ich die Erstgespräche zusammen mit dem Patienten und dessen Betreuer oder seiner Mutter bzw. den Eltern. Dies ist nötig, da in der Regel Menschen mit einer geistigen Behinderung nicht von sich aus einen Therapieplatz wünschen, sondern, ähnlich wie bei Kindern, von der Umwelt eine Therapie für notwendig angesehen wird. Zudem bestehen meist Artikulationsschwierigkeiten, so dass ich einige Zeit benötige, um die Sprache der geistig behinderten Menschen zu verstehen. So hat es sich bewährt, dass die Mutter oder der Betreuer in Gegenwart des Patienten über die vermeintlichen Probleme spricht, und ich dann während des Erstgesprächs dem Patient Gelegenheit gebe, sich zu äußern. Gelegentlich bitte ich dann Betreuer bzw. Eltern vor der Tür zu warten, so dass ich den Rest der Stunde mit dem Patienten alleine spreche, wenn ich in der Lage bin, die Sprache zu verstehen.

Heiner und seine Mutter erschienen pünktlich zum vereinbarten Termin. Heiners Mutter erzählte, dass Heiner in seinem Berufspraktikum immer mehr durch sein Verhalten auffalle. Er lache ohne jeden Grund, provoziere die Kollegen durch allerlei

Streiche und freue sich, wenn diese sich ärgern oder ein Arbeitsablauf durch seine Provokation nicht richtig funktioniert. Als ihm eine Arbeit vor einigen Tagen nicht gefiel, habe er sich einfach geweigert, diese durchzuführen. Heiner werde von dieser Arbeitsstelle nicht übernommen, so dass auch die Frage seiner beruflichen Zukunft im Raum stand. Ich wandte mich an Heiner und sagte, dass er nun gehört habe, warum seine Mutter der Meinung sei, dass er eine Therapie machen soll und fragte, was er dazu denke und ob er wisse, was eine Therapie sei. Heiner antwortete nicht und schaute in eine andere Richtung. Die Mutter antwortete an seiner Stelle: »Er meint, dass er kein Problem hat. Nach dem Tod des Vaters lacht er häufig, was jeden sehr irritiert. Der plötzliche Tod des Vaters muss ihn doch getroffen haben, aber er kann es nicht zeigen.« Ich erschrak, als die Mutter so unvermittelt und direkt über den Tod des Vaters sprach, und schaute zu Heiner, der unberührt schien.

Wie Heiner musste ich das Thema noch abwehren, ich fragte ihn nach seiner Realität, nach harmloseren Themen, z. B. über seine Arbeit und was er in seiner Freizeit mache. Heiner begann in knappen Sätzen zu sprechen. Er sagte, dass er nur fernsehe oder mit Bussen in der Stadt herumfahre. Das Gespräch konzentrierte sich nun auf die Frage, ob er in einer Werkstatt für Menschen mit Behinderungen angemeldet werden sollte. Ich besprach mit der Mutter und Heiner, den ich immer wieder aufforderte, sich zu äußern, dass Heiner zwar über viele Fähigkeiten verfüge – Heiner hatte eigentlich relativ realistische Berufswünsche, er wollte Gärtner oder Bäckergehilfe werden –, dass angesichts des Arbeitsmarktes es wohl realistisch sei, dass Heiner in einer Werkstatt für Menschen mit Behinderungen anfange zu arbeiten. Schließlich kamen wir auf das Thema der Therapie zurück. Ich erklärte Heiner, was eine Therapie sei, dass man in einer Therapie über alles sprechen könne, was ihn bewege, auch über den Tod des Vaters, und fragte ihn direkt, ob er eine Stunde pro Woche zur Therapie kommen wolle. Heiner antwortete freudig, dass er kommen möchte. Die Mutter war sichtlich erleichtert und erzählte nun, dass Heiner sehr störende Einschlafrituale habe, Straßen immer nur in eine Richtung gehe und dass er sein Geschirr nicht in die Küche räume. Er habe Angst vor geschlossenen Räumen. Als ich Heiner fragte, ob er Montag oder Donnerstag um 18 Uhr kommen möchte, überlegte er einen kurzen Moment und entschied sich für Donnerstag. In diesem Moment sah ich das entsetzte Gesicht der Mutter, die auch sogleich in ärgerlichem Ton zu Heiner sagte: »Ich weiß, warum Du Dich für Donnerstag entschieden hast, weil ich an diesem Abend nicht zu Hause bin. Aber ich werde einen Weg finden, zu sehen, wann Du nach Hause kommst.« Ich versuchte den Konflikt zu klären, deutete, dass die Mutter sich bedroht fühle, wenn sie die Kontrolle über Heiner verliere, der mit der Terminentscheidung ein ganzes Stück Eigenständigkeit und Individuationswunsch äußerte. Ich spürte die Nähe und Kontrolle in dieser symbiotischen Beziehung zwischen Heiner und seiner Mutter. Während anfänglich die Mutter eher als eine Art einfühlsames Hilfs-Ich für Heiner erschien – sie spürte sehr sensibel Heiners Gefühle und verbalisierte sie –, wurde jetzt das Einengende spürbar.

Nach dem Erstgespräch meldete die Mutter Heiner in einer Werkstatt für Behinderte an, wo er vor dem ersten Therapietermin auch schon anfing zu arbeiten. Zur ersten Stunde wurde Heiner noch einmal von seiner Mutter gebracht. Während der gesamten zweijährigen Therapie kam er dann alleine mit öffentlichen Verkehrsmitteln. Als Heiner in seiner autistischen Zurückgezogenheit vor mir saß, vor sich hin starrte und kein Wort sagte, spürte ich deutlich die Schwierigkeit einer auf Versprachlichung beruhenden Therapie. Ich empfand mich unter einem starken Druck, Heiner mit Worten zu erreichen. Um diesen Druck zu mildern, musste ich sehr viel reden. Ich erklärte Heiner noch einmal das Therapiesetting, sagte ihm, dass er, wenn er nicht sprechen wolle, malen könne oder wir auch Spiele spielen könnten. Er wollte gerne »Mensch-Ärgere-Dich-Nicht« spielen, was ich in dieser Situation als für ihn notwendigen Widerstand empfand. Ich fürchtete, dass wir in diesem Widerstand eine gemeinsame Allianz gegen das Unaussprechbare bildeten. Ich bot ihm an, dass wir vielleicht erst einmal versuchen sollten, in einer Stunde über das, was ihn bewege, zu sprechen und dass wir dann auch Spiele, die er spielen möchte, spielen könnten. So kreierten wir in der ersten Stunde ein für Heiner und mich erträgliches Setting. Während des gesamten ersten halben Jahres redeten wir etwa 30 Minuten über das, was Heiner bewegte und vorgefallen war. Heiner schaute in dieser Zeit immer wieder auf die Uhr, er selbst hatte die exakte zeitliche Begrenzung gewollt. Nach 30 Minuten war er dann erleichtert, »Mensch-Ärgere-Dich-Nicht« oder »Mau-Mau« spielen zu können. Nachdem wir in der ersten Stunde den Rahmen festgelegt hatten, war es möglich, dass Heiner über seine Erlebnisse sprach. Allerdings musste ich immer wieder nachfragen, ob ihn irgendetwas bewege, ob er etwas erlebt habe, ob er etwas Schönes oder etwas erlebt habe, was nicht so schön gewesen sei, so dass ich gezwungen war, aktiver zu sein als in anderen Therapien. Ich musste immer wieder Anstöße geben, damit Heiner sprach. Sprechen hieß, dass er auf meine Anstöße hin einen oder zwei Sätze sagte. In diesem Rahmen war es möglich, mit Heiner psychoanalytisch zu arbeiten.

In der ersten Stunde erzählte Heiner, auf meine Frage hin, ein wenig von seiner Arbeit. Schließlich malte er sein Zimmer mit einem großen Bett.

Abb. 14: Zimmer und Bett

Das Zimmer bestand aus lauter Vierecken. Mir fiel auf, dass lediglich ein Viereck nicht leer war. Ich konnte schlecht erkennen, was er in dieses Viereck hineinschrieb und fragte ihn danach. Er meinte, es sei der Wecker, der 18 Uhr anzeige. Ich deutete sofort, dass 18 Uhr die Uhrzeit seiner Therapiestunde sei, dass er damit vielleicht zeige, wie wichtig ihm die Stunde sei. Da sein Bett den größten Teil des Zimmers ausmachte, fragte ich Heiner nach dem Schlafen, ob er nachts Angst habe und nach seinen Einschlafritualen. Ähnlich wie die Mutter im Erstgespräch assoziierte ich und sprach ich anstelle von Heiner. Heiner erzählte, dass er die Geräusche mache, damit sein Bruder nicht einschlafe. Ich sprach an, dass er sich vielleicht manchmal über seinen Bruder ärgere und wütend auf den Bruder sei. Er wich der direkten Aussprache über seine Aggression auf den Bruder aus und fragte, ob nach ihm noch jemand komme. Wenn nicht, könne ich ihn ja zur Haltestelle bringen. Nachdem ich erklärte, dass dies nicht gehe, sprach ich seinen Wunsch an, mich ganz für sich zu haben, wie er vielleicht auch seine Mutter ganz für sich haben möchte und dass der Bruder ihm da vielleicht manchmal im Weg sei, so wie

hier die anderen Patienten. Er wünsche vielleicht, der einzige zu sein.

In der nächsten Stunde konnten wir am Geschwisterkonflikt weiterarbeiten. Es erforderte allerdings wieder die Überwindung einiger Widerstände, um an den emotionalen Konflikt heranzukommen. Zu Beginn der Stunde fragte ich ihn, worüber er heute reden möchte. Er sagte, dass bei ihm heute die Dachdecker auf dem Haus waren. Er erzählte, dass er bald eine eigene Wohnung im Haus der Mutter haben werde. Auf meine Frage, was das Schönste an der neuen Wohnung sei, antwortete er, dass er unabhängig sein werde. Er malte ein Haus mit einem Dach.

Als ich das Bild betrachtete, fiel mir sofort die Leere und Entseelung dieses Hauses auf. Die Fenster bestanden aus Vierecken. Es gab keinerlei Schmuck oder irgendetwas, was auf die Bewohner des Hauses hinwies. Er hatte sorgfältig das Dach gemalt und in Erinnerung, dass er von den Dachdeckern auf dem Haus sprach, sagte ich, dass er ein Dach, aber nicht die Dachdecker gemalt habe. Mit dieser Deutung blieb offen, ob er sich dazu äußern möchte oder ob er meine Deutung ignoriere. Er erwiderte: »Die kann ich auch malen.« Er malte zwei Dachdecker auf das Haus.

Abb. 15: Haus mit Dach

Abb. 16: Dach mit Dachdeckern

Schließlich malte er wieder sein Zimmer, und dieses Mal sind zwei Personen im Bild: Er

und sein Bruder. Über die Deutung der Entseelung, das Dach ohne Dachdecker, über den Umweg der Deutung seines Widerstandes gelang es uns, wiederum zum Konflikt mit seinem Bruder zu gelangen. Heiner sagte: »Mein Bruder stört mich manchmal.« Ich fragte genauer nach, und Heiner erzählte, dass der Bruder störe, wenn er CD's höre, vor allem ein spezielles Lied. Zu dem Lied sagte Heiner, das habe er gehört, als die Familie noch zu viert war. Ich deutete, dass ihn sein Bruder störe, wenn er das Lied höre, das ihn an seinen Vater erinnere. Heiner erzählte von seinem Vater. Ich konnte aber kein Gefühl von Trauer zwischen uns spüren.

In der Anfangszeit der Therapie malte Heiner immer wieder Bilder, die auf verschlüsselte Art und Weise die Möglichkeit boten, zu seinen eigentlichen Konflikten, die er zuerst nicht verbalisieren konnte, zu gelangen. So erzählte er beispielsweise, dass sie in der Werkstatt über Bäume geredet haben. Ich fragte nach, was ihn an Pflanzen so viel Freude mache. Heiner: »Die Blumen zu gießen und die verwelkten Blätter abzumachen.« Ich dachte, es geht um Leben und Tod. Er malte einen Baum, den Fikus meines Therapiezimmers.

Abb. 17: Zimmer mit zwei Personen

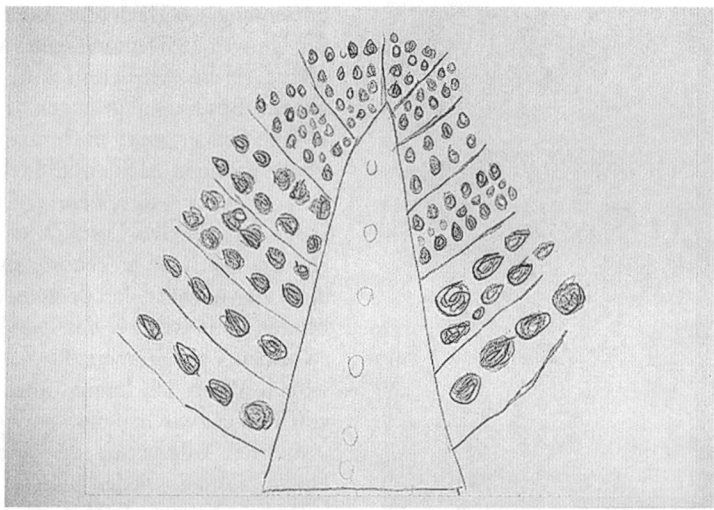

Abb. 18: 1. Baum

Auch hier assoziierte ich wiederum zu dem Bild. Mir fielen die Kreise im Stamm auf und ich fragte Heiner, was sie bedeuten. Er antwortete, dass dies die Stellen in der Rinde seien, wo die Rinde dicker ist. Nun stand Heiner auf und schaute aus dem Fenster. Offensichtlich war ihm das Thema zu nah. Er stand am Fenster und in gewohnter Echolalie sprach er immer wieder die Sätze, ob das die Straße so und so sei, der Turm sei das letzte Mal beleuchtet gewesen, heute nicht, und ob der Bus Nr. so und so dort lang fahre. Der Blick aus dem Fenster und die echolalische Beschreibung und Fragerei nach dem Draußen war ein Ritual, das er immer wieder in den Stunden zeigte. Nun wagte ich erstmals

Abb. 19: 2. Baum

eine Deutung zu geben und sagte, dass er sich immer wieder damit beschäftige, was draußen vor sich gehe. In der Therapie gehe es aber auch darum, was in ihm vor sich gehe. Zu meiner Überraschung setzte er sich hin und grinste: »Ich weiß.« Ich war völlig verblüfft über diesen spontanen Ausdruck und die Möglichkeit der direkten Kommunikation. Noch größer war mein Erstaunen, dass er mit dieser Deutung aufhörte, aufzustehen und zum Fenster zu gehen.

Auch hier konnte das Thema des eigentlichen Konfliktes in der nächsten Stunde weiter bearbeitet werden. Heiner malte wieder einen Baum mit Kreisen im Stamm. Ich holte das Bild vom Baum der letzten Stunde und legte beide Bilder nebeneinander. Ich hatte mir auf dem Nachhauseweg der letzten Stunde Gedanken über die Löcher im Baum gemacht und die Assoziation gehabt, dass dies vielleicht wunde Stellen, verletzte Stellen des

Baumes sind und damit vielleicht die von Heiner. So sagte ich zu den Baumbildern: »Der Baum ist am Stamm verletzt.« Heiner zeigte keine Reaktion. Wir sprachen über die Funktionen der Teile von Bäumen. Nachdem ich ihm die Funktion der Rinde erklärte, überlegte Heiner und sagte zu dem zweiten Bild erleichtert: »Der Baum braucht eine Rinde.« Er übermalte den Stamm mit den Kreisen mit brauner Farbe. Er schaute sich beide Bäume immer wieder an und sagte glücklich: »Der Baum (der zweiten Stunde) ist viel schöner als der andere. Der gefällt mir viel besser.« Ich sagte: »Der Baum ist jetzt geschützt.« Voll Erleichterung und Faszination für seinen zweiten Baum vergaß Heiner das erste Mal nach den 30 Minuten um das Regelspiel zu fragen, so dass wir erstmals 50 Minuten miteinander sprechen konnten.

In symbolischer Gleichsetzung (Segal) zwischen Baum und sich selbst schien Heiner in dieser Therapiestunde erfahren zu haben, dass es auch Schutzmöglichkeiten gegen Verletzungen gibt. Mit der Rinde ging es auch um die Begrenzung, vielleicht die Begrenzung zwischen zwei Objekten, die in dieser Stunde gestärkt wurde. So, wie wir über die Bäume über Abgrenzung sprachen, konnten wir in einer anderen Sequenz der Therapie über die symbolische Gleichsetzung von mir und meinem Auto zu Heiners Ängsten mir gegenüber gelangen. Heiner kam aufgeregt in die Stunde. Mein Auto stehe nicht auf dem gewohnten Parkplatz. Ich deutete, dass ihn das sehr beunruhige, und erklärte ihm die Realität, warum das Auto heute nicht am gewohnten Platz stand. Schließlich deutete ich die symbolische Gleichsetzung, indem ich fragte, ob er vielleicht auch gedacht habe, dass ich nicht da sei. Heiner sofort heftig: »Nein.« Die Verneinung schützte ihn weiter vor seinen Affekten, vor allem seiner Angst. In die nächste Stunde kam Heiner wiederum aufgeregt. Mein Auto stehe wieder nicht auf dem Parkplatz. Ich versuchte, lediglich seine Gefühle auszusprechen, indem ich sagte, dass ihn das offensichtlich wieder sehr beunruhige. Heiner erwiderte: »Ich habe nicht gedacht, dass Sie nicht da sind.« Heiner hatte sich mit meiner Deutung auseinandergesetzt und diese innerlich verarbeitet. Es gab eine innere Repräsentanz, eine Art Rückverschiebung seiner Gefühle vom Auto auf meine Person, die er aber in der Verneinung leugnen musste. Im Laufe der Stunde erzählte er, dass er am Sonntag alleine zu einer Musikveranstaltung am Ort der Therapie gegangen sei. Indem wir an seiner Angst, mich zu verlieren, arbeiteten, die er in seiner autistischen Entseelung verleugnete, wurde ich für Heiner innerlich präsent, was ihm offensichtlich ermöglichte, autonomer und selbständiger zu werden, z. B. alleine zu einer Musikveranstaltung zu fahren.

Wie sehr Heiner von inneren Ängsten überwältigt war, nicht nur der Angst, mich zu verlieren, sondern auch von Ängsten, die seine Wahrnehmung betrafen, wurde in den folgenden Stunden deutlich. Im Zentrum dieser Wahrnehmungsängste stand ein elementares Erschrecken. Die Arbeit an diesen Wahrnehmungsproblemen begann damit, dass ich, als ich die Tür des Behandlungszimmers öffnete, selbst erschrak, weil Heiner zusammen mit seiner Mutter vor der Tür stand. Die Mutter erzählte, dass sie zufällig gesehen habe, dass Heiner riesige Umwege fahre, wenn er zu mir komme, weil er mit einer bestimmten Buslinie nicht mehr fahre. Angesprochen auf die Buslinie erzählte Heiner in der Stunde, dass er Angst habe, mit diesem Bus zu fahren. Der Bus, ein Gelenkbus, habe einmal zu weit vom Bürgersteig entfernt gehalten. Da habe er Angst gehabt, beim Aussteigen umzuknicken. Er erzählte auch von seinen Ängsten, deretwegen er eine Straße immer nur in eine Richtung gehe. Eine bestimmte Straße gehe er nur in eine Richtung wegen der Rampe. Eine andere Straße gehe er ungern, weil es dort nachts so dunkel sei. Ein Laster sei dort einmal mit lautem Motor an ihm vorbeigefahren. Da habe er sich erschrocken.

Angst und Schrecken erlebte Heiner mit der unbelebten Umwelt, wobei diese Erfahrungen auch eine Art psychosomatischen Kern haben können, das heißt eine möglicherweise organisch bedingte Wahrnehmungsverarbeitungsstörung und eine psychische Erlebnisweise vermischen sich. Diese ist eng verstrickt mit der Beziehung zu seiner Mutter. Bezeichnenderweise hatte Heiner als Kind seine Mutter immer wieder in Angst und Schrecken versetzt, indem er beispielsweise äußerst geschickt, so dass die Mutter es nicht merkte, den Wasserhahn aufdrehte, die Autoschlüssel versteckte, die Wohnungstüre heimlich öffnete oder ähnliches. Heiner freute sich dann immer köstlich, wenn sich in der Wendung von der Passivität zur Aktivität seine Mutter erschrak.

Die Therapie hatte sich inzwischen zu einer fast »normalen« psychoanalytischen Therapie entwickelt. Wir konnten 50 Minuten miteinander sprechen. Ich konnte Heiners Widerstände und Äußerungen deuten, und Heiner konnte verstehen, was in ihm vor sich ging, aber es war noch immer notwendig, dass er die Botschaften über sein Gefühlsleben in einer Art verschlüsselten autistischen Weise von sich gab. So kam er einmal in eine Stunde mit den folgenden Worten: »Der 16. war schön, der 17. nicht.« Zahlen hatten für Heiner eine große Bedeutung. Er erinnerte sich genau an die Daten bestimmter Ereignisse, wann seine Mutter einmal verschlafen hatte, am wievielten Tag in welchem Monat die Therapie begann usw. Ich konnte zuerst den Satz nicht verstehen und fragte nach, was der 16. und 17. bedeuten. Heiner: »Am 16. waren wir vor einem Jahr noch zu viert.« Nun war mir klar, dass er über den Jahrestag des Todes des Vaters sprach. Ich forderte ihn auf, zu erzählen, wie er sich fühle. Er meinte, er habe es ganz gut in den Griff bekommen. Sie hätten in der Familie darüber gesprochen, was sie am Todestag machen. Am Todestag sei er traurig gewesen. Nur diesen einen Tag. Er erzählte vom Tod des Vaters. Nun entstand erstmals eine sehr traurige Stimmung in der Stunde. Ich konnte seine Trauer fühlen. Nach einer Weile fragte ich, ob Heiner eine Idee habe, was er machen könne, wenn er so traurig sei. Heiner antwortete nach längerem Überlegen: »Ich kann zum Grab gehen und dort beten. Ich kann den Grabstein putzen.« Ich erwiderte, dass ich dies für eine sehr gute Idee halte. Ich war beeindruckt davon, dass Heiner selbst eine Idee entwickelte, wie er seine Trauer besser verarbeiten konnte. Mir fiel auf, dass während unseres Gespräches über den Tod des Vaters die Gesichtstics bei Heiner fast völlig verschwanden. Indem er die Trauer zulassen, sich den Affekten annähern konnte, war es nicht mehr nötig, sie psychosomatisch in seinen Gesichtstics abzuwehren. Heiner wurde zunehmend fähig, Gefühle zuzulassen und mit mir zu sprechen. Die Beziehung zu seiner Mutter begann jetzt konfliktreicher zu werden. Heiner war inzwischen in eine eigene Einzimmerwohnung im Haus der Mutter gezogen und begann sich abzulösen. Nun rief mich die Mutter beispielsweise in Panik an, Heiner sei zur Zeit sehr schwierig, er komme manchmal zu den verabredeten Essenszeiten nicht. Statt um 8.00 Uhr komme er beispielsweise erst um 11.00 Uhr, oder sie erzählte, dass sie ihn angerufen habe und er einfach den Hörer auflegte, weil er einen Film zu Ende schauen wollte. Ich versuchte in diesen wenigen Telefongesprächen der Mutter die Notwendigkeit der Individuation und Selbständigkeit von Heiner verständlich zu machen. Ich spürte aber auch, wie symbiotisch verstrickt Mutter und Sohn miteinander waren und wie schwierig dieser Individuationsschritt war. Ich sprach auch mit Heiner über diese Szenen, indem ich deutete, dass er sich nun vermehrt von der Mutter abgrenzen möchte und gerne auch einmal »nein« sagen möchte, dies aber nicht könne und deswegen vielleicht einfach zu spät komme oder den Hörer auflege. Auf diese Weise suchte ich Heiners Individuationsprozess zu unterstützen und ihm das »Nein« als adäquateren Umgang zu ermöglichen.

Voller Stolz kam er in eine Stunde und erzählte, dass er sich jetzt alleine in seiner Wohnung rasiere. Mir fiel auf, dass er in diese Stunde mit offenem Reißverschluss in der Hose kam. Gegen Ende der Stunde bemerkte er dieses, errötete, zog den Reißverschluss hoch und erzählte, dass er die Jeans heute Morgen angezogen habe. In der anderen Jeans sei hier, er zeigte neben den Reißverschluss, ein Loch gewesen. Ich deutete, dass er vielleicht darüber reden möchte, wie es ist, ein Mann zu sein. Mit dem Individuationsschritt, sich selbst zu rasieren und nicht mehr von der Mutter rasiert zu werden, begann Heiner sich mit seiner Geschlechtlichkeit auseinanderzusetzen, mit der Frage, ob er Mann oder Frau (Phallus oder Loch) sei. Auch hier war es wieder nötig, über die szenische Darstellung und seine verschlüsselten Äußerungen zum eigentlichen Thema zu gelangen. Das Thema der eigenen Geschlechtlichkeit und Heiners Verwirrung diesbezüglich war Thema vieler Stunden, die nun folgten. Auch hier geschah der Einstieg in das Thema immer wieder über Szenen, Gesten oder verschlüsselte sprachliche Botschaften.

So kam Heiner mit einer Einkaufstasche in die Stunde. Er legte die Tasche auf den Tisch und streichelte zärtlich mit der Hand immer wieder über das Bild auf der Tasche. So fiel mein Blick auf dieses Bild.

Ich fragte ihn, ob ihm die Tasche gefalle. Heiner bejahte dies stolz. Ich fragte weiter, ob er die Tasche selbst gekauft habe, um zu sehen, ob das Bild eine tiefere Bedeutung hat. Auch dies bejahte Heiner. So fragte ich ihn nach dem, was er auf der Tasche sehe. Heiner: »Die küssen sich.« Ich fragte nach der Bedeutung der Herzen. Heiner wusste scheinbar nicht, was die Herzen bedeuten. Ich: »Die Herzen sollen sagen, dass die beiden Tiere sich gern haben. Ein Mann und eine Frau küssen sich und haben sich gern.« Ich fragte weiter: »Wer ist denn auf dem Bild Mann, und wer ist die Frau?« Heiner: »Die Schildkröte ist der Mann, der

347

Abb. 20: Tasche mit Frosch und Schildkröte

Frosch die Frau.« Ich war verwirrt, dachte, dass es anders herum ist. Ich fragte Heiner, warum er das meine. Heiner: »Wegen der Wimpern und Lippen bei der Schildkröte.« Nun war ich noch verwirrter. Ich dachte, dass genau deshalb die Schildkröte die Frau ist. Ich überlegte, dass meine Verwirrung, wer Mann und Frau ist, die Verwirrung in Heiner selbst ist. So fragte ich ihn, welches Tier er vielleicht sein könnte. Heiner sofort: »Die Schildkröte.« Ich dachte an seinen autistischen Panzer, aber auch daran, dass die Schildkröte eindeutig auf der Tasche die Frau ist. Ich fragte weiter, ob er vielleicht auch gerne jemand küssen möchte. Heiner antwortete errötend: »Meine Arbeitskollegin.« Auf diese Weise erfuhr ich, dass Heiner bereits seit längerer Zeit in seine Arbeitskollegin in der Werkstatt für Menschen mit Behinderungen verliebt war. Er saß jeden Tag neben ihr, hatte aber noch nie ein Wort mit ihr gesprochen. Immer wieder sprachen wir in den folgenden Stunden über seine Angst, mit jemandem zu sprechen, mit der Arbeitskollegin zu sprechen. Er erzählte, dass er sie gerne zu Kaffee und Kuchen zu sich nach Hause einladen möchte.

Ich selbst fantasierte in dieser Zeit, dass es schön wäre, wenn Heiner vielleicht heiraten und ein »normales« Leben führen

könnte. Auch wenn er während der 100-stündigen Therapie nicht mit der Arbeitskollegin sprach, änderte sich doch vieles in seinem realen Leben. Er war zufrieden und ging gerne zur Arbeit. Er war stolz auf seine Leistung bei der Arbeit. Er entwickelte eine Freundschaft mit einem autistischen Jungen, der ebenfalls in seiner Gruppe in der Werkstatt arbeitete. Diesen lud er zu sich nach Hause zu Kaffee und Kuchen ein, und beide jungen Männer trafen sich nun häufiger. Heiner konnte sich inzwischen auch besser von der Mutter abgrenzen, war sehr stolz auf seine eigene Wohnung, so dass wir nach 100 Stunden die Therapie beendeten. Bereits ein halbes Jahr vor dem Ende der Therapie sprach ich Heiner auf ein mögliches Therapieende an. Während dieses Gesprächs zeigte Heiner keine Regung, saß autistisch zurückgezogen auf dem Stuhl. Am Stundenende verließ er sprungartig den Therapieraum, und ich bemerkte, dass er seine Jacke über dem Stuhl hatte hängen lassen, so dass ich ihm mit der Jacke hinterherlaufen musste. Trennung war für ihn so angsterregend, dass er einen Teil von sich bei mir lassen musste, um die Trennung zu verleugnen. Es gelang aber, die bevorstehende Trennung immer wieder in den Therapiestunden zu besprechen. Heiner sah nun in verschiedenen Fernseh-Programmen besonders gerne Arztserien. Als ich ihn auf die Bedeutung, warum er so gerne Arztserien sehe, ansprach, sagte er, er möchte sehen, ob es gut ausgehe, ob die Menschen, wenn sie ins Krankenhaus kommen, wieder gesund werden. Ich sprach an, dass er sich vielleicht auch jetzt frage, ob er in der Therapie gesund geworden sei oder krank weggehen müsse. So war es möglich, im Sinne einer Antizipation, über die bevorstehende Trennung zu sprechen, was ermöglichte, dass sie für ihn nicht zu einer traumatischen Trennung wurde. Die Arztserien zeigten auch, dass bei Heiner eine Entwicklung von der symbolischen Gleichsetzung hin zu einer symbolischen Bearbeitung möglich wurde.

Er war nicht der Patient in der Arztserie, sondern er verglich den Ausgang der Arztserien mit dem Ausgang seiner Therapie. In einer der letzten Stunden brachte er ein kleines Telefonbüchlein mit, das er sich im Schreibwarenladen gekauft hatte. Er wollte darin die Telefonnummer meiner Praxis aufschreiben. Ich hatte ihm in den Stunden gesagt, dass, wenn es ihm schlecht gehe oder er mit dem Ende der Therapie nicht zurecht komme, er mich unter meiner Praxisnummer anrufen könne, wohlwissend, wie schwierig es für Heiner war, jemanden anzurufen. Die ganze Therapie über war er nicht in der Lage, an die Tür zu klopfen und einzutreten. Ich musste die Tür immer einen Spalt offen halten und an seinem Atmen erkennen, dass er draußen vor der Tür stand. Ich musste dann an die Tür gehen und ihn hereinlassen. Immerhin hatte Heiner inzwischen gelernt, seinen Friseur selbst anzurufen und einen Termin auszumachen, so dass ich die Hoffnung hegte, ihn mit der Anforderung, mich anzurufen, nicht völlig zu überfordern. Er kam mit dem Telefonbüchlein, das völlig leer war. Er trug sich meine Telefonnummer ein. Mein Blick fiel auf die Abbildung des Büchleins. Dort war Donald Duck mit einem riesigen Samuraischwert abgebildet und ein chinesischer Tempel im Hintergrund. Ich musste lachen und deutete seine Wut über das bevorstehende Trennungsende und auch seine Wut über meinen bevorstehenden Urlaub, den er wahrscheinlich mit dem chinesischen Tempel auf der Abbildung in Verbindung brachte. Aggression zu zeigen oder zu äußern war Heiner auch am Ende der Therapie in direkter Weise noch nicht möglich. Er kam noch mehrere Male nach Ablauf der Therapie in Abständen von mehreren Monaten zu einzelnen Gesprächen. Es rief mich allerdings jedes Mal die Mutter an. In einer der Stunden brachte er eine kleine, gedruckte Karte, wie sie bei Einladungen zu Kindergeburtstagen verschickt werden, mit. Ich fragte ihn, was das sei, und er zeigte mir die Karte. Etwas verlegen sagte er, dass er eine solche Karte gekauft habe und sie seiner Arbeitskollegin gegeben habe. Auf der Karte stand vorgedruckt »Hiermit lade ich Dich am ... um ... Uhr zu mir ... ein.« Ich war verblüfft über diese kreative Lösung seiner Schwierigkeit, seine Arbeitskollegin anzusprechen und anzurufen. Nach dem Ende der Therapie war es ihm offenbar gelungen, einen nicht-sprachlichen Weg zu finden, um seine Wünsche auszudrücken. Leider lehnte die Arbeitskollegin die Einladung ab. Aber Heiner hatte einen Weg gefunden, seine Wünsche und Bedürfnisse zu äußern.

Interpretation

Psychodynamik

Heiners emotionales Erleben war eingefroren in einer autistischen Schale, und es war nur sehr langsam möglich, Gefühle zu erleben und auszusprechen. Panische Angst vor Trennung und Selbstverlust, ein Erschrecken vor den geringsten Raum-Lage-Veränderungen oder lauten Geräuschen wurden über die Echolalie und mit der ritualisierten Gleichhaltung der Umwelt abgewehrt. Heiner fuhr die Buslinie nicht mehr, weil er beim Aussteigen erschrak. So vermied er den Affekt. Mit der Wendung von der Passivität in die Aktivität versetzte er andere in Schrecken oder ärgerte sie, indem er Arbeitsvorgänge sabotierte.

Wie ein psychotisches Kind war Heiner mit seiner Mutter symbiotisch verstrickt. Einerseits war es auf diese Weise möglich, dass die Mutter mit enormer Einfühlsamkeit Heiners Gedanken und Empfindungen verstand und auch hilfreich für Heiner äußern konnte. Sie wusste beispielsweise längst vor der Therapeutin, dass Heiner sich in seine Arbeitskollegin verliebt hatte. Einfühlsam verstand sie, dass Heiners zwanghaftes Lachen beim Erwähnen des Todes des Vaters Ausdruck seiner Hilflosigkeit war, Trauer zu bewältigen, und dass er eine Therapie benötigte. Sie ermöglichte auch, dass Heiner eine eigene Wohnung erhielt.

Andererseits hatte diese Symbiose etwas Hemmendes für Heiner. Ein »Nein« war nur schwer möglich, obwohl die Mutter ein ausgesprochen liebenswerter, einfühlsamer Mensch ist. Heiner konnte sich nicht abgrenzen, er hatte keine Rinde, Trennungsaggression war für Heiner undenkbar, lösten doch schon die kleinsten Verweigerungen, zu spät zum Essen zu kommen, bei der Mutter Panik aus. Die Panik der Mutter war dabei auch die Panik von Heiner, der sich von der Mutter nicht als unabhängig erleben konnte. Trennung wurde mit einer Katastrophe gleichgesetzt. Aggression durfte nicht gezeigt werden. Der Tod des Vaters hatte dabei den Konflikt noch verschärft, jetzt fehlte auch noch real das dritte Objekt, das für den Individuationsprozess so nötig ist. Trauer und Wut auf den Vater, der ihn mit seinem Tod im Stich ließ, mussten unbewusst gemacht werden und äußerten sich psychosomatisch in den Gesichtstics.

Ohne drittes Objekt blieb Heiner in einer Verwirrung über seine Geschlechtsidentität. Bis zum 24. Lebensjahr wurde Heiner von der Mutter gebadet und rasiert. Die inzestuöse Nähe und Bedrohung wehrte er über eine perverse Lösung ab. Er blieb bisexuell, männlich und weiblich, war es doch zu bedrohlich, männlich und damit der geeignete Partner für die Mutter zu werden. Im geschützten Raum der Werkstatt, die Trennung und analen Stolz über das Herstellen der Produkte vermittelte, konnte sich Heiner den Gefahren seiner Triebwünsche aussetzen und diese zulassen.

Diagnose: Autistische Störung mit einer Intelligenz im Grenzbereich von geistiger Behinderung und Lernbehinderung mit sogenannten Begabungsinseln (außergewöhnliche Gedächtnisleistungen bei Fahrplänen u. a.). Heiner könnte sowohl dem frühkindlichen Autismus aufgrund der Beeinträchtigungen in der kognitiven Entwicklung als auch dem

Asperger-Syndrom (Motorik, Sprache, Beginn der Auffälligkeiten) zugeordnet werden. Er ist eines der Beispiele, weshalb wir plädieren, diese Unterscheidung aufzugeben. Nach der ICD-10 müsste vermutlich eher klassifiziert werden:

> **Diagnose:**
>
> F84.5 Asperger-Syndrom

Die therapeutische Arbeit

Der Rahmen der Therapie musste mit dem Patienten erarbeitet werden. Heiner kam selbständig, er konnte aber nicht an die Türe klopfen, so dass die Therapeutin ihn jedes Mal ins Therapiezimmer hineinbitten musste. Anfangs waren er und die Therapeutin nicht in der Lage, den Druck auszuhalten, 50 Minuten zu sprechen. Auch hier wurde eine Ritualisierung eingeführt, ein Kompromiss zwischen Abwehr (Regelspiel) und Versprachlichung des Emotionalen. Auch wenn die verbalen Botschaften des Patienten manchmal schwierig zu entschlüsseln waren und die Therapeutin zu aktivem Nachfragen gezwungen war, gelang es, über das Verstehen der Szenen, konkretistischer Zahlenbedeutungen und Bilder eine Verbalisierung der inneren Konflikte und ein analytisches Arbeiten zu ermöglichen.

Die Übertragung stellte sich sofort ein. Heiner malte die Uhrzeit der Therapiestunde in seinen Wecker. Mit der Wahl des Donnerstags hatte er im Erstgespräch bereits gezeigt, dass er die Therapie für seine Individuation von der Mutter nutzen konnte. In der Übertragung bearbeitete er seine Aggression dem Bruder gegenüber und die Frage der Abgrenzung zwischen Selbst und Objekt, Außen und Innen. Er übertrug den Bruderkonflikt auf die anderen Patienten und malte den Fikus der Therapeutin. Am Fikus der Therapeutin konnte er ohne Schuldgefühle die Abgrenzung einführen. Mit der symbolischen Gleichsetzung von Auto und Therapeutin konnte seine zentrale Verlustangst verstanden und verbalisiert werden. Mit einer inneren Repräsentanz des Objektes musste er Trennung nicht mehr verleugnen, und er konnte sie aushalten. Die Trauer um den Vater wurde der Bearbeitung zugänglich, Heiner fand einen Weg, den Kontakt zum inneren Vater aufrechtzuerhalten. Die Individuation setzte im Schutz der Therapie ein. Heiner begann, nicht zu den verabredeten Zeiten zur Mutter zu gehen, oder hängte den Hörer ein. Gleichzeitig begann er, in die Therapie bis zu 30 Minuten zu spät zu kommen, was auch die Therapeutin in der Gegenübertragung in Rage versetzte. Aggression konnte nun verbalisiert werden, Trennungsaggression musste nicht mehr abgewehrt werden. Nach der Trennung von der Therapeutin ging Heiner weiter die mühsamen Schritte der Individuation und Progression.

VII   Sprachstörungen

1 Sprache

In den Anfangszeiten der Psychoanalyse gab es eine rege Auseinandersetzung um die Bedeutung von Sprache und Sprachentwicklung. Freuds erste Buch-Veröffentlichung ist die Arbeit »Zur Auffassung der Aphasien« (1891), in der er bereits eine funktionalistische Theorie der Aphasie anstelle der zerebralen Lokalisierung vorschlägt. Die berühmten ersten Fälle der Psychoanalyse, Anna O. (vgl. Jones 1960, S. 266 ff.), Emmy von N. (Freud 1895, S. 99 ff.) und Dora (1905e, S. 163 ff.), hatten bei der Vielzahl ihrer Symptome auch Sprachstörungen. Anna O. litt unter dem Verlust ihrer Muttersprache und hatte einen nervösen Husten, was Freud veranlasste, bei ihr eine fantasmatische Besetzung der Mund- und Rachenregion zu diagnostizieren. Emmy von N. stotterte und litt unter einem Zungenschnalzen, einem nervösen Tic. Dora hatte einen nervösen Husten und eine Aphonie (Stimmlosigkeit). Sprachstörungen waren bei Freud hysterische Konversionen. Aus der Blütezeit der Psychoanalytischen Pädagogik, den 1920er und 1930er Jahren, gibt es vielfältige Dokumente der Behandlung sprachgestörter Kinder (vgl. Braun 1997, S. 160 ff.; Schneider 1928, S. 335 ff.; Tamm 1928, S. 341 ff.; Meng 1928, S. 359 ff.).

Die Diskussion heute dreht sich mehr um die Fragen von Sprache und Unbewusstem. Lacans Theorie, das Unbewusste sei wie eine Sprache strukturiert, findet viel Beachtung; hier schließen wir uns allerdings eher der Einschätzung von Didier Anzieu (1982, S. 32) an, dass Lacan den Beweis dafür schuldig geblieben ist, sein Verständnis von Symbolisierung und Verwerfung halten wir jedoch für sehr bedeutsam. Bei Lorenzer (1973) sind szenische Interaktionserfahrungen in Erinnerungsspuren verinnerlicht, die erst in Verbindung mit Wortvorstellungen bewusst werden. So, wie die Inhalte des Unbewussten mit der Sprache verknüpft werden, um bewusst zu werden, werden sie bei der Verdrängung von den Wortvorstellungen abgetrennt. Sie bleiben dann als wieder unbewusste Erinnerungsspuren weiterhin wirksam. Die Sprache leistet das Bewusstmachen des Unbewussten. Verdrängung ist Abtrennung von Sprache. Sprache ist dabei immer mit Erfahrungen verknüpft, Übertragung stellt sich immer szenisch dar, von daher entwickelte Lorenzer das »szenische Verstehen«, das den heutigen Verstehensbegriff begründete.

Das Sprechen kann nur erworben werden, wenn das Kind die äußere und innere Wirklichkeit zueinander in eine analogische Beziehung setzt und dabei gleichzeitig den Unterschied feststellt. Winnicott (1971) spricht von dem Übergangsraum, aus dem sich Sprache, Spiel und Kultur entwickelt. Pelikan (2004) beschreibt in Anlehnung an Winnicott ausführlich den Übergangscharakter der Sprache. Sprache ermöglicht Trennung zu überbrücken und hat tröstende Funktionen. Einschlafrituale wie abendliches Vorlesen sind Übergangsphänomene in der kindlichen Entwicklung. Das Tagebuchschreiben adoleszenter Mädchen versteht sie als kreativen Akt und Übergangsraum.

Spitz (1954; 1957) macht den Erwerb des Sprechens von der Fähigkeit zur Fortbewegung abhängig. Sich aktiv fortzubewegen, sieht er als Bedingung des Sprechens, nämlich der Möglichkeit, auf Distanz zu kommunizieren. Das Kind muss Trennungsangst überwunden haben und fähig sein, sich räumlich von der Mutter zu trennen. Wenn das Kind sich fortbewegt, setzt es sich Gefahren aus und hört Verbote, eine andere Reaktion der Mutter als die Spiegelung innerhalb der narzisstischen Dualunion. Die Verneinungsgeste steht am Anfang bewussten Denkens und des Spracherwerbs. Mit dieser Theorie nimmt Spitz vorweg, was Lacan (▶ Kap. VI.2.) als orale Kastration bezeichnet. Erst die orale Kastration führt zum Sprechen.

Mit Sprache bewältigt das Kind die Trennung von der Mutter. Der vielzitierte Satz aus Freuds »Drei Abhandlungen zur Sexualtheorie«: »Tante sprich mit mir, … wenn jemand spricht, wird es hell« (Freud 1905d, S. 126), zeugt von dieser frühen Bedeutung von Sprache. Ähnlich das von Freud (1920g, S. 11 ff.) beschriebene Garnrollenspiel seines Enkels: Der 1½-jährige Enkel hatte eine Holzspule, die mit einem Bindfaden umwickelt war. Er warf sie mit großem Geschick immer wieder über den Rand seines Bettchens, bis sie verschwand, um sie mit großer Freude wieder hochzuziehen. Er sagte dazu: »o-o-o«, was nach dem Urteil der Mutter »fort« bedeutete. Das Erscheinen der Spule begrüßte er mit einem freudigen »da«. Freud sah darin das kindliche Inszenieren des Fortgehens und Wiederkommens der Mutter als Schritt von der Passivität zur Aktivität, als Bewältigung der Trennung in der Verschiebung auf die Garnrolle im Spiel. Wir würden hier ergänzen: und mit Hilfe der Sprache, die die Souveränität unterstreicht.

Anzieu (1991; 1993) betont nicht nur den Aspekt des Sehens im mütterlichen Spiegel der frühen Entwicklung, sondern auch die Bedeutung der Worte, er spricht von einer Lauthülle und einem melodischen Bad oder auch einem Geräusch-Spiegel. Der frühe Austausch ist ein Austausch von Berührung und Geräuschen. Die Wahrnehmung der mütterlichen Stimme, die schon nach der Geburt möglich ist, gehört zur frühesten Entwicklung des Ich und Selbst. Nach Anzieu steht die Verinnerlichung der Lauthülle noch vor den optischen Erfahrungen des Spiegelns. Worte sind eine symbolische Haut.

Sprache verkörpert die Aufnahme und Verleugnung von Trennung (Gori 1982, S. 124). Sprache entwickelt sich in der Dualunion mit der Mutter, Sprachstörungen können durch einen gestörten Prozess des mütterlichen Spiegelns entstehen (D. Anzieu 1982, S. 16). Sebastian (Heinemann 2003, S. 89 ff.), der den abrupten Verlust des Vaters durch ein zwanghaftes Aufbehalten der vom Vater geschenkten Mütze verleugnete, konnte weder Lesen, Schreiben noch Rechnen. Der Verlust des Vaters war für ihn nicht zu bewältigen, da der Verlust die Angst vor einem noch größeren Verlust aktivierte. Die Mutter drohte ständig, Sebastian ins Heim zu geben. Als er nach monatelangem spielerischem Inszenieren des Wiederfindens guter Eltern sein Trennungstrauma mittels eines scheinbar zufälligen Verlierens seiner Mütze beim Schwimmunterricht durcharbeiten konnte, begann er fast spielerisch zu lesen und zu rechnen.

Sprache ist in der Psychoanalyse Versprachlichung unbewusster Prozesse. Melanie Klein hat die sublimierende und wiedergutmachende Funktion der Sprache beschrieben und das Sprechen durch das Spiel in der Kinderanalyse ersetzt (vgl. D. Anzieu 1982, S. 24 ff.). Bei Giballo (1982, S. 58) haben Sprachstörungen immer drei Ursachen: Anomalien des körperlichen Handelns, da sich Sprache aus dem körperlichen Handeln entwickelt, Verlassenheitsängste und ödipale Kastrationsangst. Wir möchten der Frage nach einem Verstehen von Sprachstörungen nun anhand von drei Fallbeispielen nachgehen, ohne den Anspruch zu erheben, hinter allen Sprachstörungen psychische Ursachen vermuten zu wollen.

2   Stottern

Stottern ist eine Störung des Redeflusses mit tonischen, klonischen und kombiniert tonisch-klonischen Formen. Beim tonischen Stottern wird die Atmung, Stimme und Artikulation gepresst und blockiert, beim klonischen Stottern kommt es zur Unterbrechung mit Wiederholungen von Einzellauten, Silben oder Worten, besonders am Wortanfang. Sekundär treten häufig Atemverschiebungen, Schmatz- und Schluckgeräusche, Flickworte, Mitbewegungen von Gesicht und Extremitäten sowie vegetative Symptome, wie Schweißausbruch, Erröten und unregelmäßige Atmung auf.

Der zeitliche Schwerpunkt des Entstehens liegt in der Phase der Sprachentwicklung (3. bis 6. Lebensjahr). In dieser Zeit spricht man auch vom Entwicklungsstottern, das noch keinen Krankheitswert hat und meist spontan verschwindet. Weitere Schwerpunkte der Entstehung sind die Zeit der Einschulung und während der Pubertät (Steinhausen 1996, S. 129; Remschmidt 2000, S. 164). Während etwa 2–4 % der Kinder stottern, tritt das Symptom mit unter 1 % bei Erwachsenen wesentlich seltener auf, die Spontanremission ist also sehr hoch. Bei 70–90 % aller stotternden Menschen tritt das Symptom vor dem 8. Lebensjahr erstmals auf (Fiedler und Standop 1994, S. 21). Das Geschlechterverhältnis beim Stottern geht deutlich mit einem Verhältnis von 4:1 zu Lasten der Jungen (Mielke u. a. 1993, S. 47; Fiedler und Standop 1994, S. 42).

Stottern wird unter *F98 andere Verhaltens- und emotionale Störungen mit Beginn in der Kindheit und Jugend* eingeordnet.

F98.5   Stottern

Theorie des Stotterns

Freud (1895, S. 99 ff.) entwickelte in der Krankenbehandlung der Emmy von N., die noch weitgehend auf hypnotischen Verfahrensweisen beruhte, eindrucksvolle erste Erkenntnisse über die Dynamik des Stotterns und des Zungenschnalzens. Emmy von N. erinnerte sich in Hypnose, dass das Zungenschnalzen erstmals aufgetreten sei, als sie am Krankenbett ihrer jüngeren Tochter saß. Sie habe dieses Kind gehasst, es sich aber nicht anmerken lassen. Dieses Kind galt lange als »idiotisch«, es habe immer geschrien und nicht geschlafen, eine Lähmung des linken Beines bekommen, es begann spät zu laufen und spät zu sprechen. Emmy gab an, dieses Kind gehasst zu haben, weil sie wegen dieses Kindes nicht genug Zeit für die Pflege ihres Ehemannes hatte, der plötzlich vor ihren Augen an einem Herzinfarkt gestorben war. Als sie am Krankenbett saß, sagte sie sich, dass sie leise sein müsse, damit das Kind nicht aufwache. Da begann das Zungenschnalzen.

Freud sah diesen Tic als »Objektivierung einer Kontrastvorstellung« (ebd., S. 148). Der Gegenwille setzt sich durch, wenn die Person unsicher ist, ihren Vorsatz durchhalten zu können. Unschwer lässt sich der Gegenwille als mörderische Aggressionsfantasie verstehen, die Emmy unterdrücken musste.

Die spastische Sprachhemmung, wie Freud das Stottern Emmy von N.s bezeichnete, sei in einer anderen dramatischen Situation erstmals aufgetreten. Während eines Gewitters sind die Pferde des Wagens, in dem die Kinder saßen, durchgegangen. Ein Blitz schlug direkt vor dem Wagen der Kinder ein. Auch jetzt dachte sie: Du musst ganz stille bleiben, sonst erschreckst du die Pferde noch durch dein Schreien, und der Kutscher kann sie nicht mehr zurückhalten. Freud nannte das Stottern eine Konversion psychischer Erregung ins Motorische, eine Hemmung der Sprechmuskulatur. Er sah auch bereits den Wunsch, schreien zu wollen, hinter der Hemmung der Sprechwerkzeuge. Auch hier ist also wieder ein unbewusster Tötungswunsch den Kindern gegenüber, für den sie sich schuldig fühlte und den sie unterdrücken wollte.

In der Vorgeschichte der Emmy von N. ließen sich viele Ereignisse rekonstruieren, die die Symptomentwicklung verständlich werden lassen. Emmy von N. litt in ihrer Kindheit unter starken Ängsten, ihre Geschwister warfen ihr öfter tote Tiere nach, einmal fiel sie in Ohnmacht aus einem solchen Anlass. Die Tante habe ihr damals gesagt, dass es sich nicht gehört, solche Anfälle zu haben, da habe sie damit aufgehört. Sie erzählte, meist in Hypnose, noch andere Ereignisse, die sie erschrocken hatten: Als die Schwester im Sarg lag, als sie einen Stein hob und eine tote Kröte darunter lag, als eine Cousine in ein Irrenhaus kam, als die Tante tot im Sarg lag und ihr plötzlich der Unterkiefer herunter fiel. Bei einigen der Ereignisse konnte sie stundenlang danach nicht mehr sprechen.

Die besondere Bedeutung des Mundes und der Sprache wird auch in zwei weiteren Erzählungen deutlich. Sie erzählte Freud, dass sie in der Zeitung gelesen habe, dass ein Lehrling einen Knaben gebunden und ihm eine weiße Maus in den Mund gesteckt habe. Dieser sei vor Schreck gestorben. Emmy von N. grauste der Gedanke an so ein Tier im Bett, eine »an-ge-nagte« tote Ratte. Die sexualisierte, phallische Assoziation, die orale Aggression, die sich im sprachlichen Zerstückeln der Ratte äußert, die fantasmatische Besetzung des Mundes und der Sprache erscheinen aus heutiger Sicht wesentliche Vorbedingungen für die Symptomwahl des Stotterns. Dabei ist es kaum relevant, ob die Erzählungen der Realität oder der Fantasie des Mädchens, oder wahrscheinlich beidem, entsprangen. In jedem Fall geht es um ein inneres Thema der Patientin. Freud las tatsächlich in der genannten Zeitung nach, in der die Geschichte eines Schuljungen stand, der misshandelt wurde, von Ratten oder Mäusen war jedoch nicht die Rede.

Ein weiteres Ereignis schien ebenfalls von Bedeutung zu sein. Emmy von N. erzählte, dass die Eltern bei einem sonderbaren Cousin hätten sämtliche Zähne auf ein Mal ziehen lassen.

Bei Emmy von N. zeigten sich massive, fast phobische Ängste vor toten Tieren und eine überstarke Hemmung von Sexualität und Aggression (die Tante, die Anfälle verbietet; die Eltern, die Zähne ziehen lassen). Die tote Ratte im Mund des Knaben lässt an eine Fellatiofantasie denken, Freud gibt hierzu aber keine weiteren Erklärungen. Emmy von N.s unbewusste Symptomwahl zeugt von der besonderen Besetzung des Mundes und Sprache, der Hemmung von Aggression, die sich, wie in einer Zwangsneurose, in der Darstellung von Abwehr und Abgewehrtem äußert.

Fenichel (1975, S. 168 ff.) knüpfte an Freuds Überlegungen an. Er sah das Stottern als eine dritte Art von Neurose, neben der

Hysterie und der Zwangsneurose, und bezeichnete sie als prägenitale Konversionsneurose. Die Symptomatik hat Konversionscharakter, die seelische Struktur entspricht aber den Zwangsneurosen. Wie bei der Zwangsneurose tauchen erhöhte Ambivalenz und Bisexualität auf sowie eine Sexualisierung der Denk- und Sprachprozesse und eine partielle Regression auf die Stufe des magischen Denkens. Das Stottern ist dann Ergebnis eines Konfliktes einander widerstreitender Bestrebungen. Der Patient will etwas sagen und will es nicht sagen. Er hat unbewusst einen Grund, nicht sprechen zu wollen. Das kann an dem liegen, worüber gesprochen werden soll, oder an der Aktivität des Sprechens selbst. Das Sprechen selbst kann als eine Äußerung obszöner, insbesondere analer Wörter und als ein aggressiver Akt, der gegen den Hörer gerichtet ist, verstanden werden. Das Sprechen kann unbewusst als eine sexualisierte Defäkation vorgestellt werden. Die Äußerung und Zurückhaltung von Worten hat dann die Bedeutung einer Ausscheidung oder einer Verhaltung der Faeces. Es kann eine Versicherung gegen ihren Verlust darstellen oder eine autoerotische lustvolle Aktivität. Stottern ist bei Fenichel die Verlegung der Analität nach oben, auf den Mund. Hinter dem Stottern verbirgt sich oft eine feindselige oder sadistische Neigung, seinen Gegenspieler mit Worten zu töten. Das Stottern ist dann sowohl eine Blockierung dieser Neigung, wie auch eine Bestrafung für sie. Das Stottern resultiert aus einer Entwicklungsstufe, in der Worte noch als magisch gesehen werden. Auch eine Sexualisierung des Sprechens kann zum Stottern führen, das Sprechen ist dann eine unbewusste Versuchung, obszöne oder profane Worte zu sprechen, die unbewusste Absicht, den Hörer gewalttätig oder sexuell anzugreifen. Die Sexualisierung besetzt das Sprechen phallisch. Die Unfähigkeit zu reden, bedeutet, kastriert zu sein. Die Zunge herauszuschneiden ist, so Fenichel, in Mär-

chen und Mythen oft ein Kastrationssymbol. Das Sprechen und dessen Hemmung kann also orale, anale und phallische Bedeutung haben. Der Patient kann Trotz und Aggression befriedigen, die in seinem Symptom vorhanden sind. Ein Kompromiss zwischen Trotz und Gehorsam ist erreicht.

Auch die das Stottern oft begleitenden Tics sind bei Fenichel Konversionsvorgänge. Die willkürliche Muskulatur verweigert dem Ich den Dienst. Der Tic handelt unabhängig vom Willen, verdrängte Situationen kehren im Tic wieder, entweder als Begleiterscheinung der Erregung oder der Tic ist die Abwehr des Affektes. Fenichel sieht als Bedingung einen besonders ausgeprägten Narzissmus und Analcharakter bei Tics wie Husten, Spucken, Zucken, Fluchen und Koprolalie.

Mahler (1944, S. 103) unterscheidet zwei Hauptelemente der kinetischen Funktion des Ich. Die Ausdrucksmotilität, also die expressiven und affektiven motorischen Funktionen, und die Leistungsmotorik. Die Ausdrucksmotilität stehe dem Es viel näher, dagegen sei die Leistungsmotorik integraler Bestandteil des autonomen reifen Ich. Diese beiden Teilbereiche sind zu Beginn des Lebens noch ungetrennt. Gesichtsmimikry, ausdrucksvolle Sprache und andere symbolische Verständigungsmittel gehören zum affektiv-motorischen Teil.

Der Konflikt zwischen einer magisch überschätzten, weil erotisierten oder aggressivierten Motilität und dem Kontrollanspruch, einer Steigerung der Triebspannung und des Schuldgefühls, liegt bei tickranken Kindern wie beim Stottern vor. Dient die Gesichtsmuskulatur sowohl dem Sprechen als auch dem Ausdruck von Affekten, so ist ihre Nähe im Symptom verständlich.

Während Freud die Sprachstörungen seiner hysterischen Patientinnen als Konversionen verstand, rückte Fenichel die Sprachstörungen stärker in die Nähe der Zwangsneurose und betonte zugrunde liegende orale und anale Fantasien. Er versuchte, den Widerspruch von hysterischer Symptomwahl und zwangsneurotischer Struktur beim Stottern zu lösen, was ihm wohl nicht recht gelang, seine Arbeit ist aber ein Beispiel für die triebtheoretisch orientierte Theorie und Behandlung des Stotterns bis in die 1970er Jahre (vgl. Ablon 1988; Schneider 1928; Tamm 1928; Meng 1928). Bei Tamms (1928) Behandlung des 12-jährigen Edward zeigten sich in der Analyse kannibalistische Wünsche, die Mutter und Schwester essen zu wollen, und die Furcht, wie bei Hänsel und Gretel, von dieser verzehrt zu werden. Im Glauben an die Allmacht der Gedanken löste diese Fantasie heftige Ängste und Erbrechen aus. Es finden sich aber gleichzeitig auch andere triebtheoretische Erklärungen des Stotterns, der Junge empfand seine Spannung im Mund und Hals wie bei Erektionen, erlebte das Stottern wie einen Wasserfall, wie ein Urinieren, das er nicht eindämmen könne. Oder Usher (1944, S. 68) über das Stottern: »Sprechen kann für Defäzieren und Urinieren stehen wie auch für andere orale Aktivitäten wie Beißen und Saugen« (unsere Übersetzung E. H., H. H.). Sie sah allerdings bereits psychotische und paranoide Ängste neben den neurotischen als determinierend für das Symptom Stottern. Der interne Verfolger wird über zerstückelte Worte ausgestoßen. Glauber (1958) betonte die Rolle früher traumatischer Fantasien, die Urszene, Trennung und Kastration betreffend, die im Stottern lebendig gehalten werden und aus einer traumatischen Verlusterfahrung, zurückgehend auf die Entwöhnung an der Mutterbrust, entstanden sind. Klaniczay (2001) sieht als wesentlichen Faktor für die Entstehung des Symptoms die Frustration des Anklammerungswunsches des Kindes an die Mutter. In ungefähr 55 % der über 150 Fälle, die sie behandelt hat, ging dem Auftreten der Störung eine längere Trennung von der Mutter voraus. Das kritische Alter für die Entstehung des Symptoms sei das dritte

Lebensjahr, die Zeit der Individuation, was ihre These unterstütze.

Annie Anzieu (1982, S. 131 ff.) sieht das Stottern mehr in Richtung einer zwangsneurotischen Erscheinung, die, wie die Zwangsneurose, die Funktion der Abwehr einer Psychose haben kann. Das Stottern symbolisiert bei Anzieu ein in sich zerstückeltes widersprüchliches Ich, das von prägenitaler Libido überflutet wird und Angst hat. Der Stotterer erlebt jede Beziehung als Verfolgung, hat eine innere Verfolgungshaltung. Das Fantasma des Stotterers ist: Meine Worte werden in Dich eindringen, Dich angreifen, Du wirst mich meiner Worte berauben, ich behalte meine Worte (ebd., S. 140). Der Stotterer spricht gleichzeitig bewusstes Denken und unbewusste Verbote aus und kann ein orales Verfolgungsgefühl nicht kontrollieren. Die Zerstückelung des Objektes in der abgehackten Sprache ist dann vielleicht ein psychotisches Moment. Die Abwehrmechanismen und die Struktur sind zwanghaft, so ist er gegen die Psychose geschützt.

In einer engen Bindung an die Mutter ist das stotternde Kind gefangen in der Spaltung von Inzest-Verbot und Inzest-Wunsch. Das Verbot wird von der Sexualität auf die Äußerung des Wunsches verschoben. Worte auszusprechen bedeutet Gefahr. In der Weigerung, den Wunsch zu verdrängen, nimmt es die reale Kastration im Stottern in Kauf. Die Worte werden magisch zu zerstörenden, aggressiven und todbringenden Objekten. Das stotternde Kind ist zwischen der Absicht, der Mutter den Wunsch mitzuteilen, und der Notwendigkeit, sich vor Beschädigung schützen zu müssen, gespalten. Das Stottern ist eine Reaktionsbildung.

Die Mütter versuchen meist eine totale Abhängigkeit des Kindes aufrechtzuerhalten, es in der Fixierung auf die Dualbeziehung zu halten. Stotternde Kinder haben meist überfürsorgliche Mütter oder Väter. Sie sind lange in einer oralen Erotik verblieben unter

Ausschluss des Dritten. Die Mütter sind unzufrieden mit dem Kind und sprechen für das Kind. Das Kind dagegen hat eine hohe narzisstische Anspruchshaltung als Gegenstück zur mütterlichen Unzufriedenheit. Oft ist das Kind zur Passivität verdammt und provoziert den Gesprächspartner, der in Ungewissheit warten muss, wenn das Kind zu sprechen versucht. Aufgrund oraler Zerstörungsangst und Schuldgefühle, so Anzieu, kann das Kind das ödipale Verbot nicht annehmen. Statt einer genitalen Besetzung kommt es regressiv zur Besetzung einer Vermischung von Oralität und Analität. Im somatischen Symptom übernimmt das Über-Ich das orale Verfolgungssystem und reinszeniert eine sadomasochistische Abhängigkeit und Bestrafung.

Bei Anzieu finden wir Lacans Gedanken wieder, dass Sprache durch orale Kastration möglich wird. Was nicht symbolisiert werden kann, erscheint im Realen, im Körper, im Unbewussten. In der Dualunion mit der Mutter verhaftet, kann das stotternde Kind seine magisch überhöhte, mörderische Aggression nicht äußern, Autonomiewünsche lösen Schuldgefühle aus. Es ist zwischen Inzestwunsch und Inzestangst hoffnungslos hin- und hergerissen. Das Unaussprechbare erscheint hier in der Störung der Sprache selbst. Die Sprache soll aussprechen und darf es doch nicht.

Ein stotternder Junge spielte während der Therapie mit sich immer weiter steigernder Erregtheit das Auftauchen des Kasperls, das Hinzukommen des Polizisten, das Erschlagen des Kasperls durch den Polizisten, der Kasperl kommt wieder usw. Die Therapeutin saß in der ersten Reihe vor dem riesigen Kasperltheater und konnte gerade noch zur Seite springen, als das ganze Kasperltheater, durch die Erregung des Jungen im Kampf instabil geworden, auf sie zu flog.

Wir sehen hier einen sadomasochistischen Kampf zwischen den Autonomiewünschen des Knaben und seinem sadistischen Über-Ich, der im Inneren des Kindes, in seinem Sprachsymptom, tobt, der in dieser Szene, noch als Versehen getarnt, als Aggression in die Beziehung kam und versprachlicht werden konnte.

Stottern löst beim Gegenüber Ungeduld und den Drang aus, die Worte für den anderen auszusprechen, d. h. ihm den Sprachraum zu beschneiden. Bleibt das Gegenüber in der Ungewissheit und muss warten, entstehen Aggressionen. Verstehen wir dies als Reinszenierung des inneren Themas, so provoziert der Stotternde eine aggressive Überwältigung auf der sprachlichen Ebene.

Krause (1981) hat mit vor allem retrospektiven Befragungen folgende empirische Befunde erhoben, die die psychodynamischen Thesen unterstützen: Herausragende Interaktionsstile in den Familien stotternder Menschen waren im Vergleich zu kompetenten Sprechern, dass Eltern die Familie nach außen abschirmten (Stotternde Menschen: 50 %/Kompetente Sprecher: 14 %), sowie, dass sie ihre Gefühle im Beisein der Kinder nicht zeigten (75 %/25 %). Stotternde Menschen waren häufiger älteste in einer Geschwisterreihe (50 %/27 %). Aus Krauses Interviews ergab sich zudem das Bild eines Vaters, der sich von der Familie eher fernhielt. Mütter wurden häufiger besorgt und kontrollierend beschrieben. Erleichternd wurden Singen oder Gespräche mit Tieren empfunden, erschwerend waren Gespräche vor oder mit vielen Leuten. Begeisterung und Freude wirkten sich beim Sprechen erleichternd aus, erschwerend Unsicherheit, Schreck, Angst, Spannungszustände, schlechtes Gewissen, Wichtigkeit der Situation, Schamgefühle oder Erschöpfung.

361

Fallbeispiel »Klaus«

Klaus, 12 Jahre alt, war von seiner Mutter wegen schweren Stotterns zur psychotherapeutischen Behandlung angemeldet worden. Zur ersten Kontaktaufnahme erschien ein hübscher Junge mit prächtigen gewellten Haaren. Ich erlebte ihn altersgerecht, sympathisch, aber auch irgendwie verweichlicht und verhätschelt. Klaus sprach langsam, beinahe sicher und hatte gelernt, auf diese Weise nicht ins Stottern zu geraten. Berichtete er jedoch von Konfliktsituationen, begann er sofort, extrem zu stottern. Er nahm dann immer wieder Anlauf, um ein bestimmtes Wort zu formulieren, wiederholte es mehrfach und brachte den Satz nur mühselig zu Ende. Insgesamt erlebte ich den Jungen im Vergleich zu seinen Altersgenossen viel zu ruhig, weich, passiv und sichtlich ohne rechte Eigeninitiative. Andererseits spürte ich, wie mir Klaus in der Gegenübertragung gut gefiel. Ich ging davon aus, dass dieses Phänomen etwas von der narzisstischen Bestätigung bzw. Bewunderung durch seine Mutter widerspiegelte. In diesem Zusammenhang fiel mir aber auch ein, dass Klaus bei der psychodiagnostischen Untersuchung gesagt hatte, dass er sich vor Spinnen ekle und fürchte.

Klaus hatte einen älteren Bruder, den er glühend bewunderte und der ebenfalls stotterte. Das Stottern bei Klaus begann, als dieser Bruder mit 11 Jahren in ein Internat kam und Klaus darüber sehr traurig war. Die Eltern hatten sich mit Klaus ein Mädchen gewünscht und im Hinblick auf Aussehen und Emotionalität war er das bis zum 5. Lebensjahr auch. Er habe ein klein wenig getrotzt, wegen seiner Trennungsprobleme musste er später gelegentlich vom Kindergarten abgeholt werden. Er wollte nie auffallen, er wollte immer genauso wie die anderen Kinder gekleidet und zurecht gemacht sein. Er wollte allen gefallen, zeigte

wenig Selbstbehauptung und hatte große Ängste vor Auseinandersetzungen. Andererseits brauchte er unendlich lange für seine Hausaufgaben, was die Mutter als passiven Protest begriff und was sie mittlerweile ungeheuer aufregte. Klaus scheute zudem Schmutz, war immer etwas übertrieben sauber, gepflegt und erkennbar wurde anale Schmutzlust ins Gegenteil verkehrt.

Der Vater von Klaus wirkte zart, sprach leise und mischte sich kaum in unsere Gespräche ein. Daneben erschien die Mutter beinahe wuchtig, vollschlank und vital bis lebenslustig. Im weiteren Gesprächsverlauf wurde allerdings auch deutlich, dass die Mutter eine dominierende, jegliche Individuation im Keim erstickende Frau war, die phasenweise zu depressiven Verstimmungen neigte und sich dann besonders eng an den Jungen klammerte. Sie sagte das auch deutlich: Ihren Klaus wolle sie noch möglichst lange behalten, denn der Große habe sie ja bereits verlassen. Sie betonte auch, dass sie sich mit ihrem Mann nie streite, weil man das mit ihm nicht könne. Er sei unendlich sanft, gebe immer sofort nach, was sie in Wut versetze, ihr aber auch regelmäßig Schuldgefühle bereite, weil sie selbst so emotional sei. Sie sei der Meinung, der Vater ihrer Söhne stünde irgendwie außerhalb der Familie, was dieser sofort eilfertig bestätigte. Nach ähnlichem Modus schien die Beziehung zwischen Mutter und Sohn zu verlaufen, der offenbar auch immer nur nachgab. Trotz seines Alters von bereits 12 Jahren verbrachte Klaus viel Zeit gemeinsam mit der Mutter, die er augenscheinlich abgöttisch zu lieben schien. Er litt immer noch unter Trennungsängsten und fürchtete ständig, die Eltern könnten sich scheiden lassen oder die Mutter könnte überfahren und getötet werden, wenn sie einmal abwesend war. Schon dieses Symptom zeigte, wieviel verdrängte Wut existierte, die allerdings nicht in die direkte Beziehung gebracht werden durfte.

Dieses Phänomen wiederholte sich anfänglich auch in der Beziehung von Klaus zu mir. Er war von einer devoten Zuvorkommenheit, die ich allerdings unterschwellig aggressiv erlebte und die mich wütend machte. Zu Beginn der Therapie erinnerte sich Klaus an zwei Angstträume, die er vermutlich mit 10 oder 11 Jahren träumte. »Ich habe den Film ›Der Wachsblumenstrauß‹ mit Miss Marple gesehen. Darin kommt eine Szene vor, in der Miss Marple auf der Couch liegt und mit einer Hutnadel erstochen werden soll, weil sie herausgefunden hat, wer die Mörderin ist. Es war eine dreißigjährige Frau, welche nicht besonders hübsch war. Ich träumte, dass ich wie Miss Marple auf der Couch liege. Da kam die Frau, die Mörderin, auf mich zu. Sie war im Traum etwas älter, so um die 40 (wie meine Mutter) und versuchte, mich zu umschlingen und nicht mehr loszulassen. Ich schrie vor lauter Angst.«

Der zweite Traum: »Vor einiger Zeit habe ich geträumt, dass meine Mutter der Dracula ist. Sie lag auf der Couch, schlug ganz langsam die Augen auf, machte langsam ihren Mund auf, und da sah ich, dass sie Zähne von Dracula hatte, spitz und lang. Sie wollte bei mir Blut saugen.«

Die aktuelle Konfliktsituation sowie die Wurzel aller Ängste wird durch die manifesten Trauminhalte der beiden Träume eindrücklich beschrieben. Die Mutter, die Klaus bewusst so sehr liebt, dass er nicht von ihr lassen kann, ist eine Mörderin. Sie klammert sich an ihn, umschlingt ihn, hält ihn fest und versucht ihn auszusaugen. Er selbst erlebt sich als wehrloses Opfer. Er hasst und liebt die Mutter. Wir können diese Ambivalenz in seinem Stottern wiederfinden, wenn das gerade gesprochene Wort sofort zurückgenommen wird.

Wie sehr sich jedoch die destruktiven Impulse, aus Angst ansonsten die Mutter zu schädigen oder gar zu zerstören, gegen das eigene Selbst richten, zeigt ein weiterer Traum. Nach dem Film »Die Vögel« von Alfred Hitchcock, den Klaus mit gemischten Gefühlen, voller Angstlust und Faszination im Fernsehen angeschaut hatte, träumte der Junge Folgendes: »Ich war mit Freunden in einem Turm, und wir konnten nicht mehr hinaus, weil die Tür unten zu war. Da kamen von oben zwei Meter lange Echsen, ganz viele, die haben nach uns geschnappt und versuchten Fleisch herauszureißen. Ich habe große Angst gehabt.« Der Traum erinnerte den Jungen spontan an eine Szene des zuvor genannten Filmes, in der sich viele Vögel auf eine Frau stürzten und sie mit ihren Schnäbeln schwer verletzten. Die Angst von Klaus wurde also größer, wenn er sich von der Mutter entfernen und mit Freunden zusammen sein wollte. Dann wurde nicht, wie im Film, die Frau zum Opfer, dann schnappten die gefährlichen Echsen nach ihm.

An seinen Selbstverlustängsten, seiner Abhängigkeit von der Mutter und an seiner Angst vor Aggressionen arbeiteten wir weiterhin, und das war recht mühselig. Es überraschte mich, wie wenig intime Grenzen und Scham selbst jetzt mit beginnender Pubertät und Adoleszenz erkennbar waren. Klaus kam eines Tages zur Therapiestunde und teilte mir völlig unbefangen mit, dass er gestern Abend seinen ersten Samenerguss hatte. Nun pflegen Jungen in der Pubertät mit einem männlichen Psychotherapeuten selbstverständlich über ihre Sexualität zu sprechen, doch meistens beschämt und immer mit ein wenig schlechtem Gewissen. Aber es kam noch befremdlicher: Er sei, als es geschehen, begeistert zu den Eltern ins Schlafzimmer gegangen und habe ihnen davon erzählt. Sie freuten sich darüber, jetzt einen großen Jungen zu haben. Nun war jene Reaktion, so arglos mit Sexualität umzugehen, vielleicht erfreulich, jedoch keineswegs stimmig. Die fehlende Scham machte mir deutlich, wie unabgegrenzt Klaus noch immer von seiner Mutter war. Es war also noch viel therapeutische Arbeit nötig, damit Klaus die im Stottersymptom eingebundene Aggression zur Loslösung einsetzen konnte.

Etwa um die 40. Stunde kam es zu einer größeren häuslichen Auseinandersetzung. Die Mutter wünschte, dass Klaus sein Zimmer aufräumen solle, was der Junge aber in einem Anflug von Widerspruch keck verweigerte. Daraufhin wurde die Mutter sehr wütend: Wenn er weiter so frech wäre, dann würde er bald sehen, wer der Stärkere von beiden sei. Daraufhin fügte sich Klaus und räumte auf. In der folgenden Nacht hatte er den nachstehenden Traum, den er in der nächsten Stunde erzählte: »Ich bin in mein Zimmer hinaufgegangen. Es war dunkel auf der Treppe, und da stand auf einmal meine Mutter. Ihr Gesicht war so fremd, schrecklich und wutverzerrt. In der Hand hatte sie ein langes Messer, und das hat sie mir ohne Warnung in die Brust gestochen. Ich habe einen furchtbaren Schmerz gespürt und wusste, dass ich jetzt sterben muss. Von dem Schmerz in der Brust bin ich aufgewacht.«

Der Junge spürte den Schmerz in der Brust noch den ganzen folgenden Tag und glaubte, dass dieser Traum der schlimmste war, den er je hatte. Der todbringende Phallus der Mutter hatte sich in sein Herz gebohrt, welches den zentralen Ort der Liebe symbolisiert. Die Machtprobe mit der Mutter, bei der Klaus unterlag, war der aktuelle Anlass und lieferte den Tagesrest, der sich mit allen möglichen frühen Erinnerungsbildern, Affekten und Ich-Zuständen vermischte. Die Mutter ist aufgespalten in ein gutes und in ein böses Objekt. Sie wird zum gefährlichen, übermächtigen Wesen, ja zur bedrohlichen Rachegöttin, welche über Leben und Tod entscheidet, indem der Junge seine aggressiven und sadistischen Impulse in sie hineinprojizierte. Alle Wünsche nach Loslösung, Individuation und Verselbständigung bedeuteten dann aber folgerichtig auch den Tod. In seinem Traumbild spiegelten sich sowohl der Hass auf die Mutter, als auch die Ängste vor Vergeltung.

Damit eine Lösung aus der im wahrsten Sinne mörderischen Symbiose möglich erschien, war es notwendig, dass der Junge die beiden Bilder, gute und böse Mutter, zu einem einzigen verschmolz und endlich Ambivalenz gegenüber einem einzigen Objekt erleben konnte, Ambivalenz meint bekanntlich die gleichzeitige Anwesenheit von einander entgegengesetzten Strebungen, Haltungen oder Gefühlen, also beispielsweise von Liebe und Hass in der Beziehung zu einer Person. Natürlich ist es bei einem solch bedrohlichen Traum sehr wichtig, erst einmal den Patienten vor seinen eigenen sadistischen Impulsen zu schützen und die Angst mit ihm gemeinsam auszuhalten. Der Traum bietet jedoch auch die Gelegenheit, den Jungen mit seinen eigenen Aggressionen, die er abspaltete und auf die Mutter projizierte, zu konfrontieren. Ich sagte also etwa: »Du hast Dich geärgert, dass Deine Mutter gesagt hat, dass Du aufräumen sollst.« Klaus antwortete: »Ja, ich hab eine Wut auf sie gehabt, aber nur ganz kurz, ich hab sie ja eigentlich sehr lieb.« Darauf ich: »Das gibt es oft, dass man jemanden sehr gern hat und trotzdem auf ihn sehr wütend wird. So war es auch bei Dir kürzlich.« Ich sprach dabei einen Vorfall an, der in ähnlicher Weise schon einmal vor wenigen Stunden zwischen mir und ihm stattfand. Tatsächlich verhielt sich Klaus immer noch überwiegend unterwürfig und angepasst. Trotzdem kam es gelegentlich schon einmal zu kleinen aggressiven Durchbrüchen, mit welchen ich ihn hinterher regelmäßig konfrontierte. Klaus wollte das dann immer herunterspielen.

Nachdem sich seine intrapsychischen Konflikte in aller Klarheit in seinen Träumen niedergeschlagen hatten, bildete sich das Stottern in seiner Ambivalenz auch in unserer Beziehung ab – im steten Wechsel von Wut, Schuld, Angst, Wendung gegen das eigene Selbst, Wut. Es fing damit an, dass es Klaus auffiel, wann es zu Angstträumen kam, nämlich immer in jenen Nächten, wenn er vor dem Einschlafen masturbiert hatte. Er bestand allerdings nach wie vor darauf, dass er wegen des Masturbierens kein schlechtes Gewissen hatte. Als ich ihn fragte, wie er sich das Zustandekommen der Alpträume mit den unübersehbaren Hinweisen auf Schuldgefühle denn erkläre, wurde er auf mich sehr wütend und rastete beinahe aus. Immer wolle ich alles besser wissen. Er habe eben kein schlechtes Gewissen, weil er solch verständnisvolle Eltern habe. Damit versuchte er insbesondere die Mutter vor mir zu schützen. Zunehmend erlebte er mich als Angreifer, welcher die vorhandene Symbiose bedrohte. Eine neue Phase setzte ein, als wir Kartenspiele, Poker und Black Jack, spielten, die mit der Zeit in massive Zweikämpfe ausarteten. Klaus tat, als ob ihm Verlieren nichts ausmache, doch an seinem dabei aufflammenden Stottern stellte ich fest, wie sehr es ihn aufwühlte. Gewann er jedoch, war er voller Spott und ätzender Häme, so dass er mich gelegentlich wirklich fast bis ins Mark traf. War er der strahlende Sieger, stotterte er niemals, sondern sprach mit klarer und fester Stimme. Von den Eltern erfuhr ich, dass Klaus mich genauso erlebte. Er sagte, wenn er mich so sitzen sähe, wenn ich gewonnen hätte, würde er mir am liebsten eine in die Fresse hauen, so überlegen und profitlich, wie ich da täte. Prompt setzte darauf wieder Bestrafung ein. Kleinlaut und bedürftig erzählte mir Klaus wenig später einen Angsttraum. Ich sei ihm im Traum begegnet. Ich habe getobt, geschrien und ihn bedroht: Er habe geglaubt, ich sei wahnsinnig, und seine Angst war wieder unermesslich groß. Er hatte Wut und Aggression, die ihn immer noch so sehr ängstigten, in mir untergebracht und so richteten sie sich wieder gegen das eigene Selbst. Wir konnten das gut besprechen.

Dies ging lange Zeit so hin und her, wie die Impulse beim Stottern: Wut und Aggressionen wurden schuldhaft erlebt, weil sie die – immer noch – innige Beziehung zur Mutter bedrohten. Im Laufe der Analyse kamen jedoch deutlicher zunächst Kritik, Entwer-

tung, später phallisches Rivalisieren in unsere Beziehung, denn diese Affekte hatte Klaus mit seinem Vater bislang nicht leben können. Er kritisierte mein Äußeres, meine Kleidung und schließlich sogar meine Stimme und meine Art zu sprechen. Damit wurde deutlich, wie sehr er fürchtete, wegen seines Stotterns angegriffen zu werden, etwas, was er lange Zeit geleugnet hatte. Jetzt konnte ich ihn damit konfrontieren, dass er die entsprechende Scham bislang verdrängt hatte, und er konnte Deutungen, die unsere Beziehung betrafen, immer besser annehmen.

Die Therapie wurde nach 120 Stunden beendet. Klaus hatte sich verselbständigt und einen Freundeskreis gefunden, mit welchem er seine Freizeit verbrachte. Die Mutter begann wegen ihrer depressiven Symptome mit einer eigenen Therapie. Der Vater war weiterhin mit allem, so wie es war, zufrieden. In schwerwiegenden Konfliktsituationen kam Klaus gelegentlich noch in leichtes Stottern, doch hatte er inzwischen Mechanismen entwickelt, damit gut fertig zu werden

Interpretation

Psychodynamik

Klaus war bereits vor seiner Geburt in einem Fantasma der Mutter gefangen. Er sollte ein Mädchen sein, übrigens häufig bei stotternden Jungen anzutreffen, von dem sich die Mutter erhoffte, dass es sich nicht wie der ältere Bruder von ihr trenne. Klaus suchte unbewusst diesem Wunsch der Mutter zu entsprechen, er wirkte verweichlicht und passiv. Bis etwa zum Alter von fünf Jahren war er wie ein Mädchen, sagte Klaus von sich selbst. In dieser weiblichen Identifikation umwirbt er den Therapeuten zu Anfang der Therapie (negativer Ödipuskomplex), will er allen gefallen, er fühlt sich aber gleichzeitig von der Spinne bedroht. Wie er allerdings auch mit diesen oral aggressiven Aspekten der Mutter identifiziert ist, zeigt sein Traum von Dracula. Seine Mutter liegt als Dracula auf der Couch, obwohl doch Klaus sinngemäß in seiner Kinderanalyse auf der Couch liegt. Er ist von der Mutter noch ungetrennt und weiblich.

Klaus spaltete die Mutter in ein nur gutes sowie in ein böses, verfolgendes Objekt, was wir eindrücklich in den Träumen erkennen können. Das Mutterbild ist gezeichnet von oraler Aggression, die Spinne lähmt und verzehrt ihre Opfer, wie Dracula mit den spitzen und langen Zähnen und die Echsen, die nach Klaus schnappen und Fleisch herausbeißen wollen. Klaus hat unbewusst Angst, dass diese Aggression ihn wie bei Miss Marple tötet, wenn er sich von der Mutter trennt, was er gemäß seiner Entwicklung auch möchte. Er wünscht und fürchtet den Tod der Mutter bei deren Abwesenheit. Wie im Traum möchte er die Mutter mit Hitchcocks Vögeln angreifen, fürchtet aber dafür selbst von den Echsen zerstört zu werden. Impuls und Gegenimpuls bestehen wie im Symptom des Stotterns nebeneinander.

Da der Vater für eine Triangulierung nicht zur Verfügung steht, er steht außerhalb der Familie, ist Klaus in diesem Dilemma gefangen. Er bewundert den Bruder, der dies scheinbar geschafft hat, der aber auch stottert und somit dem Dilemma ebenfalls nur mühselig entronnen zu sein scheint. Die Erfahrung, dass der Bruder in ein Heim kam, war für Klaus vermutlich so angsterregend, dass er auf seine Individuationsschritte verzichtete, die Aggression unterdrückte und den Konflikt in der Symptombildung zu lösen suchte, er begann zu stottern. Möglicherweise identifizierte er sich auch mit dem Bruder und verleugnete die Trennung, indem er ebenfalls zu stottern begann.

Die ungeheure orale Aggression als unbewusstes Fantasma in dieser Familie ist in den Träumen von Klaus sehr schön symbolisiert. Sprache ist mit dieser Aggression assoziiert, und der Vater, der nachgibt und nicht mit der Mutter diskutieren kann, ist ein kastrierter Vater. Die Mutter wird zum phallischen, sprechenden und stechenden Objekt. Der Geräusch-Spiegel (Anzieu) ist der einer sprachlich dominierenden Mutter.

Immerhin gelingt es Klaus, allmählich im schützenden Raum der Therapie und bald auch bei der Mutter Individuationsschritte und Aggression zu zeigen. Die Szenen um die Freude über den Samenerguss sind sicher ein Zeichen großer Unabgegrenztheit und Intimität mit der Mutter, sie sind aber auch eine Freude über seine vielleicht durch die Therapie gewonnenen Entwicklungsschritte in die männliche Identifikation, die glücklicherweise von den Eltern respektiert zu werden scheint und so die Freude von Klaus verständlich werden lässt. Hier zeigt sich wieder einmal mehr die besondere Entwicklungssituation des männlichen Kindes, sich von der Mutter lösen zu müssen und eine andere, nämlich männliche Identifikation zu erhalten. Dass gerade das stotternde Kind aufgrund seiner massiven Aggressionsproblematik daran scheitert, macht verständlich, warum Jungen so viel häufiger von diesem Symptom betroffen sind.

Diagnose:

F98.5 Stottern

Die therapeutische Arbeit

In der Übertragung auf den Therapeuten konnte Klaus seinen Aggressionskonflikt und seine Ängste vor Individuation durcharbeiten. Schon der Initialtraum zeigte, dass er in weiblicher Identifikation als Miss Marple fürchtete, auf der Couch liegend von dem Therapeuten (in der Übertragung die Mutter) mit der Hutnadel phallisch zerstört zu werden. Wie bei Initialträumen üblich, nimmt der Traum viel der Entwicklung der Therapie vorweg. Später wird der Traum der stechenden Mutter, weil er sein Zimmer nicht aufräumte, d. h. in der Realität

Autonomie und Trotz zeigte, diesen Konflikt der therapeutischen Bearbeitung zugänglich machen. Immerhin weiß Klaus, wer die Mörderin ist, d. h. er weiß um seinen Autonomiekonflikt. Er hatte die Ich-Stärke eines neurotischen Kindes, konnte in Träumen symbolisieren und verbalisieren. In der Übertragung unterwarf er sich erst dem Therapeuten wie seiner Mutter, konnte dann allerdings die Aggression und narzisstische Abwertung in die Übertragung bringen, damit Trennungsaggression ausdrücken und später auch ein phallisches Rivalisieren inszenieren, was einen deutlich positiven Einfluss auf seine Sprache hatte. Er konnte eine klassische Kinderanalyse gut nutzen, auch wenn das Stottern nicht ganz verschwand. Stottern gilt als resistentes Symptom, welches nur schwer psychotherapeutisch zu bewältigen ist. Nach der Pubertät lindern Therapien in der Regel die Symptomatik zwar immer noch, jedoch bildet sie sich selten ganz zurück. Die den symptomatischen Manifestationen zugrunde liegende Konfliktdynamik kann durchaus aufgearbeitet sein, das Symptom kann dennoch weiter bestehen, weil es sich verselbständigt hat und mittlerweile im Verhalten fest verankert ist.

3   Mutismus

Mutismus bezeichnet das Verstummen nach Abschluss der Sprachentwicklung bei erhaltenem Sprechvermögen. Es wird zwischen elektivem (in bestimmten Situationen oder bei bestimmten Personen) und totalem Mutismus unterschieden.

Der totale Mutismus ist im Kindesalter extrem selten, er tritt eher in Verbindung mit einer psychotischen Störung bei Erwachsenen auf. Beim elektiven Mutismus handelt es sich um eine Störung, die meist im Kindesalter zwischen fünf und neun Jahren mit einer Häufigkeit in diesem Alter von 1:1000 in Erscheinung tritt. Die Geschlechterverteilung liegt etwa bei 2:1 Mädchen zu Jungen (Süss-Burghart 1999, S. 116). Bahr (1998, S. 39 f.) zufolge sind in den zwölf umfangreichsten Studien durchschnittlich 38 % der mutistischen Kinder männlich, 62 % weiblich. In 62 % der Fälle liegt der Beginn im frühen Kindesalter, bei 38 % in der Zeit des Eintritts in die Schule.

Mutismus gehört zu den Störungen sozialer Funktionen mit Beginn in der Kindheit und Jugend *(F94).*

> **F94.0   elektiver Mutismus**
> (das Kind zeigt Sprachkompetenz in einigen Situationen, in anderen jedoch nicht)

Die ICD-10 unterscheidet nicht zwischen elektivem und totalem Mutismus.

Theorie des Mutismus

Mutismus kann als untergeordnetes Symptom bei psychotischen Störungen, speziell beim Autismus, auftreten, aber auch als Sprachstörung mit neurotischen oder narzisstischen Ursachen. Die Kinder mit elektivem Mutismus sprechen in der Regel mit den nächsten Angehörigen zu Hause, aber nicht mit fremden Personen in Kindergarten oder Schule. Oft flüstern die Kinder, wenn sie sprechen. Sie verweigern oft sogar, mit anderen Kindern zu spielen oder nonverbal zu kommunizieren, und wenden den Blick ab, wenn sie angesprochen werden (Yanof 1996, S. 79; Hartmann 1997, S. 15).

Der elektive Mutismus beginnt meist beim Eintritt in eine ungewohnte Gruppe mit fremden Erwachsenen und zusätzlichen (Leistungs)Anforderungen, typischerweise Kindergarten und Schulbeginn. Obwohl eine hohe Spontanremission besteht und die Kinder zu Hause meist sehr redselig bleiben, sind die Kinder in der Regel mehrere Monate oder länger von ihrem mutistischen Verhalten betroffen und von daher therapiebedürftig. Bis zu 75 % der Kinder hatten bereits im Vorschulalter Verhaltensprobleme, die vor allem aus einem sozialen Rückzug, Unsicherheit, geringem Selbstwertgefühl, spezifischen und generalisierten Ängsten bestanden. Es fand sich gehäuft primäre Enuresis nocturna (Süss-Burghart 1999).

Allgemein wird angenommen, dass Mutismus das Resultat eines akuten Traumas ist. Auch wenn akute Traumen in einzelnen Fällen berichtet werden (vgl. Ambrosino und Alessi 1979), sind sie doch nur in einer Minorität der Fälle die Ursache (Black und Uhde 1995).

Der Schrei des Säuglings ist der Auslöser der mütterlichen Reaktion, der ein Überleben bei totaler Hilflosigkeit gewährleistet. Die Stimme bekundet Trennung und schafft Abhilfe. Das Herbeirufen setzt eine momentane Abwesenheit voraus. Das Kind befindet sich in einem differenzierten präverbalen Dialog mit der Mutter. Schweigen ist bei Annie Anzieu (1982) die Sublimierung der Verneinung. Um einer unerträglichen Realität zu entrinnen, wird alles, was an ein früheres schmerzhaftes Erlebnis erinnert, durch stumme Abwesenheit getilgt. Schweigen ist die Verneinung der Existenz der Menschen, die normalerweise als Objekte oder Subjekte betrachtet werden. Schweigen dient der Affektabwehr.

Unbewusste Erinnerungsspuren werden zuerst als semantische Repräsentation externalisiert, bevor sie ins Bewusstsein dringen. Indem Sprache vermieden wird, schützt sich das Kind nicht nur gegen Stimuli, die durch das gefürchtete Objekt hervorgerufen werden, sondern auch gegen unerträgliche Affekte, die eingeschlossen und mit der Mutter verbunden waren. Es bleibt fixiert auf eine präverbale Zeit mit fantasierten Eltern, deren Stimmen nur die präverbalen Zeichen von Gefühlen herübertrugen und die keine Antwort erwarteten (Peller 1966; Shreeve 1991). Wenn Affekte über die Sprache ins Bewusstsein gelangen, ist eine Möglichkeit der Affektabwehr die Symptomentwicklung in der Sprache. Nach Usher (1944, S. 69) sind Worte für das Unbewusste Objekte. Diese Wort-Objekte können inkorporiert und wieder ausgestoßen werden. Beim Stottern werden sie durch Beißen zerstückelt, beim Schweigen, so möchten wir hinzufügen, werden sie verleugnet, um die dazugehörigen Affekte zu verleugnen.

Es wird beim Mutismus auch von einer Sprachphobie gesprochen (Yanof 1996, S. 85; Ambrosino und Alessi 1979, S. 252), die der Schulphobie ähnelt. Ambrosino und Alessi sehen die Ähnlichkeit zur Schulphobie in der Unterdrückung aggressiver Strebungen gegen die Mutter, um die Abhängigkeit von ihr aufrecht zu erhalten. Die Beziehungen sind dabei sehr ambivalent, die Trennungsangst ist hoch. Sie berichten von einem 41/2-jährigen Mädchen, das nach dem Tod des Vaters aufhörte zu sprechen und nur noch mit den engsten Familienangehörigen sprach. Ihrer Meinung nach ist die Abwehr des Kindes ein Versuch, die Zeit einzufrieren, sich einzumauern, um zu verleugnen, was geschah. Wenn das Kind stumm bleibt, glaubt es, dass sich nichts ändern und es sicher sein werde.

Alle Beispiele mutistischer Kinder zeigen extrem hohe Trennungsängste verbunden mit einer oralen Fixierung. Die Kinder malen oft Menschen oder Tiere mit offenen Mündern und Zähnen oder geschlossene Münder. Die Kinder wenden sich exzessiv den Müttern zu, wenn die frühe Fremdenangst mobilisiert wird. Es entsteht ein Stadium spezieller früher Intimität, eine exklusive Mutter-Kind-Beziehung, die jenseits von Worten ist. Mutter und Kind verstehen sich ohne Worte und benutzen eine nonverbale Sprache des Sehens und der Gestik. Diese nonverbale Kommunikation ist näher am Primärprozess, ist eine Regression im Dienste der Abwehr von Trennungsangst. Die intensivste Kommunikation ist in Momenten der Stille in der Therapie spürbar (Shreeve 1991, S. 492).

Die starke Trennungsangst zeigte sich bei der 4-jährigen Clara (ebd.) in einer heftigen Fremdenangst und einer Insektenphobie. Die Sprache selbst war normal, sie flüsterte allerdings mehr, wenn sie mit den Eltern sprach. In der Vorschule sprach sie nicht. In der frühen Entwicklung war Clara lauten Streitereien der Eltern ausgesetzt, fürchtete wahrscheinlich, diese könnten sich trennen. Bei den Therapiestunden wollte sich Clara nicht von den Eltern trennen, sie reagierte regelrecht mit Panik. Nach einem Streit mit der Mutter klammerte sich Clara an der Mutter fest und wollte nicht in die Therapiestunde. Die Mutter zeigte Unzufriedenheit mit der Tochter, war über die Exklusivität der Beziehung aber auch stolz. Clara wollte jeden zufriedenstellen, fürchtete sie doch die Konsequenzen von Aggressionen. Als der Therapeut einmal zu spät zur Stunde kam, wollte sie nicht in das Therapiezimmer gehen, und der Vater musste mitkommen. Sie saß die ganze Stunde auf dem Schoß des Vaters und flüsterte ihm ins Ohr. Das Schweigen gegenüber dem Therapeuten verleugnete die Angst, es war aber auch kränkend und bestrafend. Die Mutter bzw. die Eltern werden zum versorgenden und befriedigenden Objekt, der Therapeut zu Beginn der Therapie zum gefürchteten und bedrohlichen. Ungewollte Aspekte der Beziehung zur Mutter, beispielsweise die Bedrohung durch Trennung, werden auf den Fremden, d. h. Therapeuten projiziert. Durch selektive Nichtbeachtung wird das dann ungemütliche Objekt hinweggewünscht.

Auch beim 4½-jährigen Jeremy (Yanof 1996), der in der Vorschule nicht sprach und zu Hause nur mit den Eltern, Geschwistern und Großeltern, waren frühe Trennungserfahrungen und Trennungsängste vorhanden. Die Mutter selbst hatte zur Zeit der Geburt einen schweren Verlust erlitten. Mit 18 Monaten reagierte Jeremy mit heftigen Wutanfällen auf die Geburt einer Schwester und den Verlust der Vorschullehrerin, die wegen Schwangerschaft wegging. Später unterdrückte er die Aggression, wurde außerhalb des Hauses ängstlich und zeigte heftige Trennungsängste. Zu Hause dagegen hatte Jeremy viele Ansprüche, Wutanfälle und war schwer zufriedenzustellen. Er hatte bestimm-

te Rituale und alles musste so geschehen, wie er es wollte.

Nach einer Anfangsphase zeigten beide oben genannten Kinder Aggressionen und Kontrollwünsche in der Therapie. Clara (Shreeve 1991) wurde dominierend, als sie anfing in der Therapie zu sprechen. Sie forderte beispielsweise Ruhe und schrie: »Sei still.« Jeremy (Yanof 1996) spielte, er sei ein omnipotenter böser Boss. Seine Sicht der Aggression war magisch. Ein Tornado beförderte ihn ins Weltall, wo er isoliert und verloren schwebte. Er wiederholte dieses Spiel stereotyp: seinen inneren Konflikt zwischen destruktiven Wünschen und dem Versuch, mit dem Tornado diese zu unterdrücken. Er bestrafte Puppen mit Kastrationsfantasien, sie bekamen alles abgeschnitten, weil sie böse waren. Der Affe wollte schreien, ihm wurde aber geraten, ruhig zu sein, während ihm Teile abgeschnitten wurden.

Die Selbstbestrafung für fantasierte magische Aggression ist die Zerstörung des Körpers. Ähnlich wie bei McDougalls Ausführungen über die psychosenahe Körperverlustangst in der psychosomatischen Reaktion (▶ Kap. V.1) zeigt Jeremy hier Ängste, Teile des Körpers zu verlieren, vielleicht eine in den Körper projizierte Angst des Kontaktabrisses, wie er ihn zur Zeit der Geburt der Schwester mit der Mutter erlebte. Möglicherweise liegen dieser Zerstückelung Spaltungen zugrunde.

In der Analyse äußerte er diese Aggression der Therapeutin gegenüber und geriet außer Kontrolle. Es war schwierig, ihn in Grenzen zu weisen, ohne ihn zurückzustoßen. In einem Gespräch über ein Bild, »Liebes-Stadt« genannt, fragte die Therapeutin, ob es auch eine »Hass-Stadt« gebe, worauf er antwortete, dass es einen Tunnel mit einer Million Türen und Schlössern gebe, damit niemand dorthin gelange. Neben dieser inneren Spaltung reinszenierte Jeremy auch seine Verlusttrauma. Als er glaubte, die Therapeutin habe ein Schwangerschaftskleid an, zeigte er panische Angst, verlassen zu werden, die er mit sadomasochistischer Dominanz zu kontrollieren suchte. Die Therapeutin habe sich ihm, dem Boss, zu unterwerfen.

Beide Fallbeispiele zeigen die frühen Verlustängste, die Abwehr durch Verleugnung, eine phobische Fremdenangst, eine Regression in eine frühe symbiotische, präverbale Kommunikation mit der Mutter oder den Eltern. Die panische Angst vor Kontrollverlust bei magischer omnipotenter Aggression löst fast psychosenahe Ängste vor Zerstückelung des Körpers aus, auch die Insektenphobie der kleinen Clara zeigt diese frühen Körperängste. Wir können hinter dem Mutismus eine phobische Abwehr sehen, Shreeve (1991, S. 499) weist noch auf eine mögliche Depression des Kindes hin: »Der Mutismus mag die unausgesprochene Klage einer schweren Depression sein. Das Kind mag jeder Energie mangeln, die Außenwelt zu erreichen.«

Neuere Fallbeispiele (Green 2001; Staehle 2007) beschreiben in beeindruckender Weise die Funktion des Sprechens als körperlich-konkrete Verbindung zur Mutter. Das Sprechen mit Fremden bedeutet die Erfahrung des Getrenntseins, die verleugnet werden muss. Staehle (2007) zufolge setzt das Symptom ein konkretes und nicht-symbolisches Erleben von Worten voraus. Der elektive Mutismus schützt vor der Erfahrung der Getrenntheit indem jeder Kontakt mit anderen Menschen durch das Nicht-Sprechen unter Kontrolle gehalten wird. Nach einer Phase der aggressiven Auseinandersetzung mit der Therapeutin erlebte sich Staehles Patientin zunehmend als getrennt und begann über ein Telefon mit der Therapeutin zu sprechen. Worte empfand die Patientin als Eindringlinge, was sie

im Laufe der Therapie symbolisch spielen konnte, indem sie der Therapeutin eine Stoff-Spinne, den Schwanz eines Krokodils und eines Wolfes in den Mund schob. Greens (2001) Patient schloss die Therapeutin anfangs konkretistisch aus dem Behandlungszimmer aus. Es gab keinen dritten Raum, die Aggression und Kontrollversuche blieben in der dualen Beziehung zur Therapeutin, die kontrolliert werden musste. Auch Greens Patient begann über das Telefon mit ihr zu sprechen. Der Vater unterstützte ihn bei diesem Anruf und konnte jetzt zur Triangulierung verwendet werden.

Die Gegenübertragung auf das mutistische Verhalten wird einheitlich beschrieben. Der Therapeut empfindet sich wie ausgeschlossen, besiegt und erlebt eine Abwertung seiner Bemühungen. Auch die sich entwickelnde Dominanz und die Kontrollversuche fühlen sich isolierend und zurückweisend an. Das Schweigen wird als kränkend erlebt, man gehört nicht zum engen Kreis der Vertrauten, ist ausgeschlossen (Shreeve 1991). Yanof (1996) sprach mit Jeremy anfangs in einer Babysprache, um ihn zu erreichen und nicht hilflos ausgeschlossen zu sein. In der Phase omnipotenter Dominanzversuche fühlte sie sich schläfrig und abwesend. In der Übertragung und im Spiel konnten allmählich die Konflikte verbalisiert und bearbeitet werden. Jeremy spielte Verlorengehen und Wiederfinden trotz Geburt von (Hunde)kindern. Staehle (2007, S. 37) und Green (2001, S. 45) betonen die Notwendigkeit des Verstehens der Übertragung als Gesamtsituation, da wir es in der Anfangsphase mit nicht verbalisierter Übertragung zu tun haben.

Fallbeispiel »Sandra«

Ein mir bekannter Mitarbeiter einer Beratungsstelle rief an, ob ich ein 9-jähriges mutistisches Mädchen in Therapie nehmen könne. Die alleinerziehende Mutter meldete sich für ein erstes Gespräch an, zu welchem sie pünktlich kam. Es war eine Frau Mitte Dreißig. Sie wirkte recht auffällig, denn sie war so festlich gekleidet, als sei sie zu einer Hochzeit oder einer ähnlichen Feier geladen. Sie legte mit einem gewaltigen Wortschwall los und überschwemmte mich mit ihrer nicht enden wollenden Sprache so nachhaltig, dass ich nur noch schweigen konnte. Mir wurde bereits jetzt klar, wie ein Kind so zur Passivität und Ohnmacht gedrängt werden konnte. Andererseits hatte die Frau auch allen Grund, sich von all dem Schrecklichen, das ihr widerfahren war, wenigstens ein Stückchen zu befreien, indem sie es, mit allen begleitenden Affekten, in mir unterbrachte.

Sandra wurde in katastrophale familiäre Verhältnisse hineingeboren. Sie hatte noch drei ältere Geschwister und einen jüngeren Bruder. Der Vater gab der Mutter stets nur wenig Geld, so dass die Familie immer unter dem Existenzminimum leben musste. Er misshandelte seine Frau im Zustand der Volltrunkenheit auch vor den Augen der Kinder, einmal vergewaltigte er sie sogar im Beisein von Sandra und misshandelte sie anschließend schwerst. Als dieser Mann endlich auszog und sich trennte, geriet die Familie erst recht in tiefste Not, denn der Vater zahlte keinen Unterhalt. Sandra war damals vier Jahre alt. Aus Unerfahrenheit, aber auch aus Angst und Scham suchte die Mutter das Sozialamt sehr spät auf. Zum Zeitpunkt unseres Gespräches lebte die Mutter wieder mit einem Freund zusammen, die finanziellen und räumlichen Verhältnisse erschienen mittlerweile einigermaßen befriedigend.

Aber nicht nur die Mutter, auch die Kinder hatten unter emotionaler Vernachlässigung und – wegen der gewalttätigen Ausbrüche des Vaters – unter ständigen schweren Ängsten gelitten. Bereits im Kindergarten war Sandra wegen ihres schüchternen, stillen Verhaltens aufgefallen. Sie hatte keinen Kontakt zu anderen Kindern, sprach gelegentlich ein leises Wort, antwortete jedoch niemals, wenn sie angesprochen wurde. Nach der Einschulung zeigte sie das gleiche Verhalten wie im Kindergarten. Sie sprach jetzt so gut wie nicht mehr. Wurde sie von der Lehrerin aufgerufen, geriet sie augenfällig in große Ängste und begann sofort zu weinen. Mit der Zeit wurde sie von den anderen Kindern ignoriert, gelegentlich verspottet. Weil ihr Schweigen als Trotz angesehen wurde und ihre Unfähigkeit zu antworten als mangelnde Intelligenz, wurde Sandra schließlich in eine Sonderschule für Lernbehinderte umgeschult. Die Mutter berichtete noch, dass sie keinerlei Trennungen von ihr ertragen könne. Schon wenn sie Sandra gelegentlich beim Einkaufen allein im Auto lasse, fände sie sie nach ihrer Rückkehr angstvoll weinend vor. Nach der Scheidung musste sich die Mutter wegen psychosomatischer Beschwerden stationär behandeln lassen. Sandra wurde während dieser sechs Wochen in einem Kinderheim untergebracht. Dort wurde sie vollkommen apathisch und appetitlos, lag zumeist im Bett und konnte ganz offensichtlich die lange Trennung von der Mutter nicht verkraften. Nach diesem Heimaufenthalt verstärkten sich Sandras Symptome. Nach der Einschulung erlitt Sandra auch noch einen schweren Fahrradunfall, bei dem sie sich den Kiefer brach. Seither zeigten sich Mutismus und Ängstlichkeit in der jetzigen Intensität. Auch die anderen Geschwister Sandras wiesen erhebliche Auffälligkeiten auf, die Jungen vor allem im Bereich von Aggressivität und Dissozialität. Die größte Sorge bereitete der Mutter jedoch Sandra, die keinerlei Freunde hatte, ein beliebtes Prügel- und Hänselobjekt geworden war und sich schließlich weigerte, in die Schule zu gehen. Ich war nach dieser ersten Stunde restlos erschöpft. Die Mutter hatte ununterbrochen auf mich eingeredet, so dass ich das Gefühl hatte, keinen Fuß in die Türe zu bekommen, um auch einmal etwas zu sagen.

Die erste Stunde mit Sandra war der völlige Kontrast. Sie betrat mit der Mutter das Spielzimmer bzw. sie wurde von ihr regelrecht zu mir hingeschoben und reichte mir zögerlich eine schlaffe, feuchte Hand. Auf der Stelle begann die Mutter wieder zu reden. Sie habe noch einige Tatsachen vergessen, mir zu berichten und mochte sich erkennbar nicht trennen. Ich bat sie, mich mit Sandra allein zu lassen, was sie zögernd tat. Widerstandslos und schweigend blieb Sandra an der selben Stelle stehen, an der sie die Mutter hingeschoben bzw. abgestellt hatte. Sandra war ein dünnes, hochgeschossenes Mädchen. Die Fingernägel waren bis auf winzige Reste abgenagt. Sie trug einen kurzen, roten Rock und ein hochgeschlossenes Kunststoffblouson von gleicher Farbe, das sie trotz der sommerlichen Schwüle nicht ablegen mochte. Sie setzte sich zu mir an den Tisch, ohne mich anzusehen und schaute desinteressiert den von mir vorbereiteten Sceno-Kasten an. Meinen Hinweis, dass sie mit allem, was hier sei, allein oder mit mir spielen könne, schien sie völlig zu überhören. Mit ausdruckslosem Gesicht und leeren Augen saß sie vorne auf der Stuhlkante, und ich hatte das Gefühl, als seien alle Eigenheiten Sandras in einem Wattebausch versteckt.

Ich kam mir wie ausgestoßen vor, wie einer, der die Trennung von der Mutter gewaltsam herbeigeführt hatte und spürte Schuldgefühle. Nach endlosen zehn Minuten voll bedrückender Schweigsamkeit begann sie schließlich, sich scheu im Zimmer umzusehen, ohne den Platz zu verlassen, beugte sich vor, um die Sceno-Figuren zu betrachten und sah mir zum ersten Mal in die Augen. Dabei erkannte ich ein verhuschtes Lächeln. Langsam sah sie sich um, endlich blieb ihr Blick lange an einem Behälter mit Soldaten, Indianern und Tierfiguren haften. Ich spürte ihren Wunsch, fragte, ob sie die Figuren anfassen wolle und stellte den Behälter auf den Tisch. Sie beugte sich vor, schaute ihn von allen Seiten an, lächelte mich wieder an und entdeckte schließlich einen geschlossenen Zaun in der Form eines Dreiecks. Vorsichtig versuchte sie den Zaun zu öffnen. Sandra wirkte bislang mit ihrem maskenhaften Gesicht, ihrem beinahe schmerzhaftem Schweigen und ihren zeitlupenhaften Bewegungen auf mich so gut wie unerreichbar. Jetzt trat etwas Farbe in ihr Gesicht, sie schien ein wenig lebendiger zu werden. Sie begann, in dem Behälter weiter zu suchen und fand schließlich ein Schwein, das sie mit der linken Hand fest umklammerte. Mit der rechten wühlte sie weiter und fand mehrere kleine Schweinchen. Dabei lächelte sie mich fast glücklich an. Jetzt baute sie an der äußersten linken Ecke des Tisches den Zaun auf, links war ein Abgrund, rechts waren die Zäune. Sie stellte das große Schwein hinein, baute die kleinen rings herum auf, vier hatte sie bisher gefunden, nach einem weiteren suchte sie. »Es sollen fünf sein«, sagte ich. Sandra nickte eifrig. Sie wühlte hastiger, sie spürte den Zeitdruck und wurde immer ängstlicher. Ich half ihr dabei, denn die Zeit drängte. Wir fanden keines mehr. Sandra musste sich zum Schluss mit der Muttersau und vier Jungen zufrieden geben. War eines der Jungen verloren gegangen? Als sie ging, flüsterte sie mir immerhin ein leises Ade zu.

Acht Wochen später, die Behandlung war mittlerweile befürwortet worden, war Sandras nächste Stunde. Sie verlief ähnlich wie die erste. Sandra suchte wieder nach den Schweinchen und stellte sie mit traumhafter Sicherheit an die gleiche Stelle des Tisches, wie in der ersten Stunde. Die Schweine wurden allerdings inzwischen von einer Bäuerin gehütet. Der ehemals leere Tisch füllte sich in zwei Feldern mit Tieren. Auffallend waren dabei zwei nach links gerichtete Krokodile.

In der dritten Stunde schließlich wurde der gesamte Tisch mit einer unglaublichen Fülle von Mitteilungen aus Sandras Unbewusstem bedeckt, lange Aufgestautes und Verdrängtes schien hervorzubrechen. In der vierten Stunde wurden Farben und Formen noch vielfältiger, differenzierter. Immer wieder gab es Zäune, Grenzen und Abschirmungen. Ich verstand sie als verzweifelte Versuche, sich vor einem überwältigenden Bösen und schlimmen Enttäuschungen schützen zu müssen. Leitmotive klangen wiederholt an: Aggression und Trieb dargestellt mit Tieren wie Krokodile und Flusspferde. Säugen, Trinken, Füttern und Gefüttertwerden: Ein Kalb trank bei der Mutterkuh, das Pferd fraß aus dem Napf, die Frau fütterte das Flusspferd. Und auf zwei Podesten standen, ich vermutete aus der Sicht des Kleinkindes wahrgenommene und deshalb überhöhte, Gorillas und zankten sich. In der fünften Stunde begann Sandra, mit mir zu sprechen, es waren geflüsterte Zweiwortsätze und sie duzte mich ganz selbstverständlich. Lange Zeit stellte Sandra immer wieder neue Sequenzen mit Hilfe von Figürchen, Bausteinen und anderen Teilen szenisch dar und ganz langsam begannen wir, darüber zu sprechen. Die erlebten Traumata hatten tiefe Erinnerungsspuren hinterlassen, und mit der Zeit gelang es Sandra, ihre Ängste vor dem zerstörerischen Männlichen zu verbalisieren. »Jungen und Männer sind grässlich«, sagte sie einmal zu mir und schaute mich dabei ganz liebevoll an. Offensichtlich hatte sie mich mittlerweile davon ausgenommen.

Die Gespräche mit der Mutter verliefen zunächst wie beim ersten Kontakt. Sie überwältigte mich mit ihrem Sprachverhalten und erzählte mir eine schreckliche Geschichte an die andere gereiht. Was diese Frau alles hatte mit sich machen lassen! Mir wurde immer einsichtiger, warum sich Sandra so sehr vor einer bedrohlichen Umwelt zurückgezogen hatte. Sie musste versuchen, wieder eins zu sein mit ihrer Mutter, die gleichzeitig stellvertretend für ihre Sprache stand.

Mit der Zeit lernte ich jedoch eine völlig andere Seite von Sandras Mutter kennen. Sie war eine warmherzige, gütige Frau, was ich in den ersten Stunden wegen ihrer »Lautheit« und des Schreckens, den sie in mir untergebracht hatte, so gar nicht gemerkt hatte. Sie lächelte glücklich, wenn sie Sandra nach der Stunde in ihre Arme schloss. Sie fuhr zweimal in der Woche mit öffentlichen Verkehrsmitteln zu meiner Praxis, war drei Stunden außer Haus und war immer ganz pünktlich zu den Stunden hier. Auch kam sie zu jedem Elterngespräch. Sie strahlte eine regelrechte Wärme aus, die ein Gefühl von Schutz und Sicherheit vermittelte. In ihren ersten Szenen hatte Sandra diesen Aspekt der Beziehung symbolisch dargestellt, aber auch dass, wenn jene Symbiose droht verloren zu gehen, große Ängste entstehen.

Bald kam es zu einer geradezu stürmischen Weiterentwicklung. Es gelang Sandra immer besser, über ihre Probleme zu sprechen. Sie schloss Kontakte zu Gleichaltrigen, bezeichnenderweise meist zu Außenseitern, wie sie selbst einer war, und sprach inzwischen in der Schule, in der Freizeit und vor allem in der Familie mit jedem. Allerdings blieb ihr Selbst noch weiterhin verletzlich, auch wenn inzwischen die schlimmsten seelischen Verletzungen auszuheilen begannen. Sehr früh kam es zur ersten Menses. Sandra war von der Mutter, weil diese nach wie vor mit sich selbst befasst war, überhaupt nicht vorbereitet worden. Der Vorfall stürzte Sandra in Angst und Schrecken. Sie verheimlichte der Mutter das erschreckende Geschehen, stopfte sich Toilettenpapier in die Hose und ging so in die Schule, wo sie natürlich entdeckt wurde. Sie hatte wiederum versucht, mit dem Schrecklichen selbst fertig zu werden, und war beschämt worden. Es war deutlich, wie sehr ihr Urvertrauen letztlich erschüttert war, so dass sie sich in ihrer Not nicht einmal der Mutter mitteilen mochte.

Im gleichen Maße, wie sich eine positive Entwicklung bei Sandra einstellte, wurden allerdings die Brüder immer schwieriger. Der

Jüngste wurde schließlich in einer kinderpsychiatrischen Klinik wegen seines beginnenden dissozialen Verhaltens untergebracht. Auch weiterhin führten äußere belastende Ereignisse immer wieder dazu, dass Sandra sich in ihren Kokon zurückzog und schwieg. Zu verstummen, sich tot zu stellen, waren ihre charakteristischen Mechanismen, um sich vor äußeren, realen wie fantasierten Bedrohungen zu schützen.

Sandra war ein intelligentes Mädchen, dennoch blieb sie wegen ihres ängstlichen Verhaltens zunächst auf der Sonderschule. Lange Zeit nach Abschluss der Therapie, Sandra war inzwischen 17 Jahre alt, schrieb sie mir noch einmal. Sie besuchte die Berufsschule, machte dort den Hauptschulabschluss und strebte an, Kinderpflegerin zu werden.

Interpretation

Psychodynamik

Kumulative Traumata während der ersten Lebensjahre, die immer wieder neuen dramatischen Erlebnisse führten dazu, dass Sandra sich in narzisstisch-autistischer Weise mit einem Zaun abschirmte. Sie verneinte die Existenz der anderen Menschen und verleugnete die unaussprechbaren Affekte durch Schweigen. Sandra hatte keine Bilder gefunden, um mit Jemanden in einen Dialog zu treten, andererseits zwang sie auch der fortwährende Redefluss der Mutter zum Schweigen. Diese wurde wiederum gleichzeitig zu ihrem Sprachrohr. Sandra konnte sich ohne eigene Sprache natürlich auch nicht von ihr trennen. In ihrem ersten Bild stellte Sandra die Familie als Randgruppenfamilie dar, als eine Mutter-Horde ohne Vater von wenig differenzierten Tieren, alle waren Schweine. Sie formulierte damit auch das gnadenlose Urteil ihrer Umwelt. Dieses Bild war aber auch Ausdruck ihrer tiefen Scham, weshalb sich das Mädchen zu verkriechen suchte, um

diesen schlimmen Gefühlen nicht ausgesetzt zu sein. Die Darstellung der Schweine am Abgrund war auch ein Bild für ihre innere Hilflosigkeit und infantile Abhängigkeit. Auf der linken Seite bedrohte sie der tiefe Abgrund, auf der rechten, der Realität zugewandten Seite, musste sie sich mit Zäunen abschirmen. Dass sie das fünfte Schwein, die Darstellung ihres eigenen Selbst, nicht finden konnte, versetzte Sandra in panikartige Unruhe.

Während die Mutter Sprache zur Abgrenzung und als Aggression verwandte, richtete Sandra die Aggression gegen sich selbst, verstummte, und rief so das gleiche abwertende und aggressive Verhalten bei den Mitschülern hervor, wie die Mutter zu Hause beim Vater. Aggression tauchte nur in der Sprache der Mutter auf. Die Sprache der Mutter diente der Abgrenzung nach außen und dem Mann gegenüber, den sie sich so vielleicht ein Stück vom Leib hielt, der Therapeut hatte jedenfalls das Gefühl, bei ihr keinen Fuß in die Türe zu bekommen. Die Sprachverweigerung diente Sandra aber auch dem Aufrechterhalten einer präverbalen Nähe zur Mutter, die für sie spricht. Die umzäunte Schweinefamilie ohne Vatertier zeugt von einer präverbalen, harmonischen Nähe zur Mutter.

Sandra verklebte narzisstisch mit der Mutter. Nach der traumatisch erlebten Trennung durch den Heimaufenthalt verstärkten sich die Symptome, und Sandra hatte einen Fahrradunfall, vielleicht eine Wendung der Aggression gegen das Selbst, die bezeichnenderweise das Sprachorgan traf, den Kiefer. Meist verletzen sich Kinder an anderen Körperteilen bei einem Fahrradunfall. Die Aggression der oralen Welt, auch dargestellt in den Krokodilen, den abgenagten Fingernägeln, wird gefürchtet und in die Sprache projiziert. Nicht zu sprechen bedeutet dann, Aggression zu kontrollieren.

Die Nähe zur Schulphobie wird bei Sandra sichtbar, die bald nicht mehr zur Schule gehen wollte. Während das phobische Kind die Aggression aber noch fantasieren kann, in der Befürchtung jemand könnte etwas zustoßen, ist die Aggression bei Sandra nicht symbolisiert.

Die orale Bedürftigkeit des Mädchens zeigte sich in den vielen Spielen, in denen Tiere tranken oder aßen. Die Spiele zeigten aber auch die Sehnsucht nach einer präverbalen Zeit, in der es mit der Mutter ein besseres Verständnis gab. Denn immerhin gibt es in ihrer Erlebniswelt eine beschützende Bäuerin, einen positiven oralen Aspekt, den sie sofort auf den Therapeuten übertrug. Auch möchte sie später Kinderpflegerin werden, was wiederum auch auf einen frühen positiven pflegerischen Aspekt in der Beziehung zur Mutter schließen lässt, natürlich auch auf den Aspekt, anderen das zu geben, was sie sich immer wünschte, aber nicht bekam.

Diagnose:

F94.0   elektiver Mutismus

Die therapeutische Arbeit

Im Spiel fand Sandra jene Bilder, die es ihr ermöglichten, mit dem Therapeuten zu kommunizieren. Mit der Zeit konnten die Bilder versprachlicht werden, und es begann ein verbaler Dialog. Aber auch in der Arbeit mit der Mutter musste der Therapeut versuchen, Sprache wieder zum Dialog und nicht zur Ausübung von Aggression und zur Abwehr von Kontakt zu führen. Die von der Mutter so dramatisch geschilderten Szenen mussten einen Container finden, und die Mutter musste dieses zulassen können. Erst dann konnte auch sie sich verstanden fühlen. Indem Sprache nicht mehr der Affektabwehr diente, sondern dem Affektaustausch, konnte die Mutter auch wieder für Sandra emotional zur Verfügung stehen.

Im Bild der schützenden Bäuerin war eine präödipale frühe positive Beziehung zur Mutter ausgedrückt, ein Aspekt, den Sandra auf den Therapeuten übertrug. Diese erstaunlich frühe positive Übertragung erleichterte die analytische Arbeit zunächst, der Therapeut fühlte sich aber auch immer wieder ausgeschlossen, machtlos, glaubte abzuprallen. Dies führte zu Gefühlen von Wut, weil sich alles so langsam und so wenig zu verändern schien. Die von Sandra über den fantasierten paradiesischen Zustand, mit der Mutter präverbal verbunden zu sein, verleugnete Wut und die Trennungsangst konnten verbalisiert werden. Indem Sandra ihre eigene Sprache fand, konnte sie sich besser abgrenzen und autonomer werden.

4 Stammeln (Dyslalie)

Unter Stammeln (Dyslalie) versteht man eine Störung der Artikulation, bei der einzelne Laute oder Lautverbindungen entweder völlig fehlen, durch andere ersetzt oder entstellt gebildet werden. Am häufigsten ist die Fehlartikulation beim Aussprechen des Buchstaben »S« (Sigmatismus, Lispeln) und des »R« (Rhotazismus). Man unterscheidet das partielle (einfache), das multiple (mehr als zwei Laute) und das universelle Stammeln (eine Vielzahl von Lauten) (Remschmidt 2000, S. 163). Stammeln ist eine häufige Sprachentwicklungsstörung und findet sich bei etwa 7 % der 5-jährigen Jungen und 2 % gleichaltriger Mädchen.

Ein Teil der Sprachstörungen wird sehr detailliert unter *F80 umschriebene Entwicklungsstörungen des Sprechens und der Sprache* klassifiziert.

F80.0	Artikulationsstörung
F80.1	expressive Sprachstörung
F80.2	rezeptive Sprachstörung
F80.8	sonstige Entwicklungsstörungen des Sprechens und der Sprache
F80.9	nicht näher bezeichnete Entwicklungsstörung des Sprechens und der Sprache

Theorie des Stammelns

Im englischen Sprachkreis wird Stammeln oft synonym mit Stottern (Stuttering – Stammering) verwendet, und auch in der deutschen Umgangssprache wird Stammeln oft im Sinne einer Unterbrechung des Redeflusses verstanden. Jemand stammelt, d. h. kommt ins Stocken. Stammeln ist sprachheilpädagogisch aber keine Redestörung, sondern eine Störung der Aussprache. Eine psychoanalytische Diskussion zum Problem des Stammelns gibt es unserer Kenntnis nach nicht. Wir möchten am folgenden Fallbeispiel aufzeigen, dass auch hier frühe psychische Konflikte eine Rolle spielen können, die über eine Sprachstörung abgewehrt werden. Frühe Störungen der Selbst-Objekt-Differenzierung, massive Trennungsängste und heftige, für das Kind unkontrollierbare, magisch überhöhte Aggression werden im Symptom der Sprachstörung über eine Kompromissbildung abgewehrt. Das Symptom hat regressive Funktion, indem das Kind auf ein frühes Sprachniveau regrediert oder fixiert bleibt. Das Symptom kann auch der Aggressionskontrolle dienen. Der Interaktionspartner wird beschwichtigt, da der Anschein eines Kleinkindes erweckt wird.

Fallbeispiel »Daniel«

Der achtjährige Daniel war das jüngste von drei Kindern aus einer geschiedenen Ehe. Nach Erzählungen der Mutter hatte sie der Vater bereits vor der Eheschließung im Alkoholrausch brutal misshandelt. Rasch kam ein Kind nach dem anderen. Der Vater arbeitete nicht, trieb sich in Gaststätten herum und trank immer mehr. Daniel war ein unerwünschtes Kind, und der Vater drängte in den ersten Monaten der Schwangerschaft auf Abtreibung. Eine vierte eheliche Schwangerschaft, bereits in der Trennungsphase, wurde schließlich durch Abtreibung beendet. Nach einer katastrophalen Zeit voller Streitereien, unerträglichen Spannungen und körperlicher Misshandlungen trennte sich die Mutter vom Vater. Rückblickend konnte sie sagen, dass der Wunsch, jemanden für sich zu haben und nicht allein sein zu müssen, stärker war und sie für die unerträgliche Realität blind machte. Bereits als Säugling und noch als Kleinkind schrie Daniel sehr viel, fand nachts kaum Schlaf und bekam schon damals gelegentlich Beruhigungsmittel verabreicht. Daniel begann mit der Zeit, alles mit seinem tyrannischen Schreien zu erzwingen, beherrschte auf diese Weise die Familie, war aber andererseits auch ein anhängliches, ängstliches Kind, welches die Mutter über ihr Alleinsein hinwegtröstete. Immer häufiger ging er jedoch völlig unmotiviert auf kleinere Kinder los, schlug sie, gelegentlich auch seine Geschwister, sogar die Mutter. Mittlerweile hielt er auch keinerlei Enttäuschungen, weder Grenzsetzungen noch Niederlagen beim Spielen mehr aus. Er konnte sich im Kindergarten nicht einordnen, neigte zu Neid und Eifersucht, und er konnte sich nicht von seiner Mutter trennen. Katastrophal entwickelte sich alles, als Daniel eingeschult wurde. Schon geringste Anforderungen beantwortete der Junge mit erbärmlichem Schreien, so dass ein regulärer Unterricht nicht

mehr möglich war. Manchmal schlug er wie wild um sich, verletzte während der Pause auch andere Kinder, und die Mutter wurde schließlich mit der Tatsache konfrontiert, dass Daniel wohl nicht in der öffentlichen Grundschule gehalten werden könnte.

Bereits während der Kindergartenzeit war eine ambulante analytische Psychotherapie eingeleitet worden. Schon beim ersten Kontakt fiel auf, dass Daniel sich nicht von seiner Mutter trennen wollte, sich ängstlich an sie schmiegte und festklammerte. Er wirkte scheu, redete nicht – von seinen Schreiattacken, körperlichen Übergriffen und Wutausbrüchen war erst einmal nichts festzustellen. Ohne den Therapeuten zunächst zu beachten, begann Daniel sofort, mit den Ritterfiguren zu spielen. Die Guten kämpften gegen die Bösen, aber es fiel auf, dass der Kampf immer sehr schnell zu Ende war. Offensichtlich hielt der Junge die dabei entstehenden Spannungen nicht aus. Dann versuchte er sich beim Armbrustschießen, Gorillas, Löwen und andere gefährliche Tiere wurden überwältigt und erschossen. Immer hastiger löste eine Sequenz die nächste ab. Daniel bewaffnete sich schließlich bis an die Zähne mit den vorhandenen Waffen. Dann forderte er den Therapeuten zum Schwertkampf auf. Für diesen war nichts mehr übriggeblieben, und er spürte sofort, dass er keine Chance gegen den Jungen haben werde. Im Test »Familie in Tieren« hatte Daniel die Mutter als Pferd, seine Geschwister als Maus und Frosch und sich selbst als Löwen dargestellt. In den folgenden Stunden wurden die Bösen immer radikaler auf die grausamste Art und Weise vernichtet, und Daniel forderte mit seinem provozierenden und destruktiven Verhalten immer deutlicher einen stabilen Rahmen und eindeutige Grenzsetzungen. Mittlerweile war die Eskalation in der Schule fortgeschritten. Daniel zerstörte mit seinen ständigen Schreianfällen immer häufiger den

Unterricht, schlug rücksichtslos um sich, und er war schließlich nicht mehr zu beschulen. Der Junge kam kurzzeitig in eine Kinderpsychiatrie, Neuroleptika wurden verordnet, die zur gewissen Beruhigung führten. Schließlich wurde Daniel zur stationären Psychotherapie in einer Therapieeinrichtung aufgenommen.

Bei der ersten Kontaktaufnahme saß der Junge ängstlich klammernd auf dem Schoß seiner Mutter, war nicht bereit, die Einrichtung anzusehen und seine Ängste, aber auch die Neigung, die Mutter zu beherrschen, waren unübersehbar. In der Tat hatte die Mutter inzwischen alles getan, was der Junge einforderte, denn mittlerweile hatte sie panische Ängste vor seinen Wutausbrüchen und noch mehr vor seinen Schreiattacken. Geriet er in jenen beinahe ekstatischen Zustand, versuchte er, inzwischen, alles kurz und klein zu schlagen. Oft musste man ihn mit Gewalt zurückhalten, sonst hätte er auch auf seine beiden älteren Schwestern rücksichtslos eingeschlagen, die ihn mittlerweile nur noch fürchteten.

Als der Junge im Therapiezentrum aufgenommen wurde, spitzte sich die Situation wieder schlagartig zu. Schon als er seine Kleider auspackte, gab Daniel dermaßen freche und beleidigende Antworten, dass die Erzieherinnen entsetzt zurückwichen. Wurde versucht, zu zweit mit ihm zu reden, zeigte er sich abweisend, beleidigt, sichtlich enttäuscht und traurig. Alle gut gemeinten Worte prallten an ihm ab. Die ersten Tage waren sehr schwierig, weil die Stimmungen des Jungen beständig schwankten und es immer wieder zu seinen ungesteuerten aggressiven Attacken und zum grenzenlosen Schreien kam. Dieses Schreien war ganz eigenartig. Anfangs klang es wie ungeheure Wut, ging dann immer mehr in eine schrilles Klagen und Anklagen über. Dabei konnte der Junge gelegentlich auch nett sein, und seine warmen Augen machten ihn den Erzieherinnen sogar spontan sympathisch. Daniel lispelte und gebrauchte eine extrem kindliche Sprache. Dadurch wirkte er einiges jünger

und außerordentlich bedürftig. In der Tat zeigte sich langsam auch eine einfühlsame Seite, wenn er den Erzieherinnen seine Hilfe anbot und manchmal kleinere Dienste übernahm. So wurde aus dem kleinen, doch so gefürchteten Monster langsam jenes bedürftige, einsame und verschreckte Kind, das niemand mehr gesehen hatte. Deutlich wurde in den ersten Tagen auch, wie stark der Junge unter Ängsten litt. Ihn beschäftigte vieles, was er im Fernsehen gesehen hatte, geheimnisvolle Geschichten, brutale Figuren und seltsame Fantasiegestalten. Er versuchte, sich psychisch zu entlasten und seine eigenen Ängste zu verringern, indem er sie in andere Kinder unterbrachte. Insbesondere kleineren Kindern erzählte er unheimliche und grausame Geschichten, so dass diese anfänglich in große Ängste gerieten. Als ihm seine Stories niemand mehr glaubte, provozierte er die Kinder, oder er schlug sie so brutal, dass es sogar einmal zu erheblichen Verletzungen kam.

Schwierig wurde es, wenn von Daniel etwas verlangt wurde, wenn er beispielsweise eine Problemstellung bei den Hausaufgaben nicht gleich verstand oder eine Übung nicht konnte. Er schrie und weinte dann, beschimpfte sich selbst, und dabei wurde deutlich, dass er überhaupt nichts von sich hielt. Am Telefon beklagte er sich mit weinerlicher Stimme bei seiner Mutter, dass es ihm hier sehr schlecht gehe. Doch die Mutter fühlte sich nur befreit, zufrieden damit, ihn nicht mehr bei sich zu haben, trotz gewisser Trauer, dass sie ihren kleinen Lebensgefährten nicht mehr hatte, der sie jedoch zum Schluss so misshandelt hatte wie einst der Vater.

In der Schule war er nicht mehr auszuhalten. Bei der geringsten Anforderung begann Daniel, höllisch zu schreien und hörte nicht mehr auf. Dies dauerte manchmal über eine Viertelstunde, so dass die Lehrerin kaum mehr unterrichten konnte. Versuchte sie, ihm etwas zu erklären, geriet sie recht schnell in eine Falle. Denn sämtliche Tröstungen, Beschwichtigungen machten alles noch schlimmer, so dass Daniel immer lauter schrie. Es ging anfänglich nicht anders, als dass Daniel zeitweise einzeln beschult werden musste.

In seiner Einzeltherapie erfolgte die Kontaktaufnahme ähnlich wie vorher in der ambulanten Therapie. Daniel wandte seiner Therapeutin den Rücken zu und begann, im Sandkasten zu spielen. Er überschwemmte den Sand, verschmutzte die gesamte Umgebung, ließ auch Sand auf den Boden fallen, und über sein Gesicht zuckte ein breites, herausforderndes Grinsen, das die Therapeutin abgrundtief reizte. Wieder einigermaßen gefasst, versuchte sie trotzdem einen äußeren Rahmen zu vermitteln. Sie meinte, dass Daniel die Dinge wieder in Ordnung bringen müsse, sonst könnte sie nicht in dieser Weise mit ihm spielen. Dabei sei es eine Hilfe, wenn sie verstünden, was ihn wohl so ärgerlich mache.

Der Junge lebte sich langsam ein und konnte immer besser Regeln annehmen. Immer wieder kam es aber auch zu Rückfällen und neuen Problemen. Nach dem ersten Besuch der Mutter weinte Daniel unaufhörlich und geriet wieder häufiger in sein unkontrolliertes, hilfloses Schreien. Trotzdem war das Schreien jetzt anders als am Anfang. Die Betreuerinnen konnten intervenieren, ihn beruhigen und von seinem großen Schmerz ablenken, was einst undenkbar war. Der erste Besuch machte auch deutlich, dass Daniel von der Mutter sehr verwöhnt worden war und dass dies wegen ihrer Schuldgefühle, aber auch aus Angst geschah. Daniel machte ihr fortlaufend ein schlechtes Gewissen, dass sie ihn weggegeben habe, und rührte dabei an einer empfindsamen Stelle der Mutter. So bot sich jetzt die Gelegenheit, an dem verwöhnenden, überprotektiven und letztendlich unterschwellig ablehnenden Verhalten der Mutter zu arbeiten. Denn immer deutlicher war, dass das Selbstwertgefühl des Jungen zutiefst gestört war. Auch nach seinem ersten Aufenthalt zu Hause fiel es Daniel wieder schwer, sich

einzulassen. Er begann aufs Neue, andere Kinder zu stören und zu ärgern, beschimpfte sie wüst und abwertend mit obszönen Ausdrücken. Reagierte dabei ein Kind in seiner Wut ebenfalls verletzend, so schlug Daniel rücksichtslos auf den vermeintlichen Gegner ein. Es war wieder recht schwer, mit dem Jungen konflikthafte Situationen zu besprechen. Er fühlte sich gleich angegriffen und suchte die Schuld überall, nur nicht bei sich. Dieses paranoide Verhalten zeigte Daniel auch bei ihm fremden Menschen und Besuchern, die in die Einrichtung kamen. Er beschimpfte, beleidigte und attackierte sie. Auch beim Mittagessen dominierte der Junge die ganze Runde, indem er pausenlos sprach, niemanden zu Wort kommen ließ und andere Gesprächsansätze sofort zerstörte. Mit sich allein konnte er nach wie vor nichts anfangen. Er war unentschlossen und ständig auf der Suche nach etwas, was ihn reizen und anregen konnte.

Mit der Zeit veränderte sich sein Verhalten ein wenig. Es war schon daran zu erkennen, dass Daniel gelegentlich seine Hausaufgaben auch dann weitermachte, wenn er einen Fehler fand. Auch entwickelten sich erste Beziehungen zu den Gruppenmitgliedern und langsam begann eine tiefergehende Freundschaft mit einem anderen Jungen.

In der Einzeltherapie machte Daniel mittlerweile gerne Regelspiele. Hatte er anfänglich versucht, alle Regeln so umzumodeln, dass sie ihm zu Nutze kamen, konnte er jetzt einigermaßen nach Regeln spielen. Musste er befürchten, zu verlieren, geriet er immer noch unter große Spannungen. Gelegentlich begann er dabei zu schreien, das Spielbrett auf den Boden zu werfen und das Spiel abzubrechen. Zunehmend hielt er es jedoch auch aus, in die Gefahr zu geraten, zu verlieren. Am schönsten war es für ihn jedoch immer noch, wenn die Therapeutin verlor. Dann war er der Größte, und er freute sich hämisch über die dumme Therapeutin, die das Spiel nicht konnte. Seine Schreiattacken bildeten sich zurück, auch wurden die unkontrollierten Wutanfälle seltener. Es blieb jedoch eine dauernde Reizbarkeit, die immer wieder zu kleineren Zornesausbrüchen führen konnte. Dann überschlug sich seine Stimme, er brüllte, der Kopf färbte sich dunkelrot und der Hals wurde dick. In solchen Momenten musste abgewartet werden, bis er sich wieder beruhigte, ehe ihm etwas erklärt werden konnte.

Dennoch konnten ihn seine Erzieherinnen inzwischen annehmen, denn eine weiche Seite, etwas Mädchenhaftes und Einfühlsames zeigte sich und hatte sich sogar noch verstärkt. In seiner Beziehung zu Erwachsenen, auch zu seiner Mutter, hatte sich vieles verändert. Seine anfängliche Respektlosigkeit und Rücksichtslosigkeit waren verschwunden. Die Hemmschwelle, Erwachsene anzugreifen oder zu beschimpfen, war deutlich gewachsen. Oft setzte er sich bei seinen Erzieherinnen auf den Schoß, ließ sich vorsingen, legte einen Arm um sie und erzählte von seinen Wünschen und Vorstellungen. Dann war er ein bedürftiges kleines Kind, das gesehen und gehalten werden wollte. Auch in der Therapie war mittlerweile deutlich, dass sich die Stimmungen des Jungen verändert hatten. Früher kam er mürrisch, gereizt, zornig und mit finsterem Gesicht in die Stunde. Mittlerweile kam er oft lächelnd, geradezu heiter, ins Zimmer. Er entdeckte den Märklin-Baukasten, begann zu bauen, und die Therapeutin nahm staunend wahr, wie konzentriert und ausdauernd er dabei sein konnte. Wurde das Ganze schwieriger, geriet er sichtlich unter Spannung und hätte am liebsten alles in eine Ecke geworfen. Aber mittlerweile konnte er die Hilfe der Therapeutin annehmen und beruhigt weiterbauen. Das gleiche geschah auch, als er ein Namensschild für die ganze Familie tonte. Beinahe hätte er wieder zerstört, was fast schon gelungen war, weil eine Kleinigkeit nicht so gelang, wie er es sich vorgestellt hatte. Auch bei den Regelspielen konnte

Daniel Spannungen besser aushalten, geriet nur noch in seltenen Fällen in die Versuchung, aufzugeben und die Flinte ins Korn zu werfen. Daniels Fähigkeit, mit negativen Gefühlen und Spannungen umzugehen, wuchs langsam. Der Junge wurde wieder in die öffentliche Schule umgeschult, und die Ferienaufenthalte zu Hause hatten mittlerweile gezeigt, dass das Zusammenleben mittlerweile beinahe reibungslos vonstatten ging. So konnte der Junge nach Hause entlassen werden, nachdem es über längere Zeit zu keinerlei Schreiattacken und Wutanfällen mehr gekommen war. Auch sein Lispeln war mittlerweile verschwunden.

Interpretation

Psychodynamik

Bereits die früheste Beziehung zur Mutter war bei Daniel erheblichen Störungen ausgesetzt. In der Schwangerschaft waren die Konflikte der Eltern so massiv, dass der Vater auf eine Abtreibung drängte. Wir können vermuten, dass der früheste psychophysische Dialog zwischen Daniel und der Mutter bereits belastet war. Entsprechend konnte Daniel als Säugling nicht schlafen und schrie so sehr, dass die Mutter ihm Beruhigungsmittel gab. In der allerersten Phase kam es bereits zu Störungen im präverbalen Dialog. Die Mutter erlebte Daniels Schreien nur als Aggression, fühlte sich hilflos seiner Tyrannei ausgeliefert und sedierte ihn.

Gleichzeitig war Daniel auch auf die Fürsorge der Mutter angewiesen, hing an ihr und konnte sich nicht trennen, beide schienen sich gegenseitig getröstet zu haben. Wuchs die Trennungsangst und die Angst, die Mutter zu verlieren, reagierte Daniel mit narzisstischer Wut, er suchte seine Umwelt im Sinne eines Selbst-Objektes unter Kontrolle zu bringen. Misslang dies, kam es zu seinen Schreiattacken, seine Stimme war seine Waffe.

Daniels Lautäußerungen wurden von der Mutter bereits von frühester Zeit an als Aggression empfunden. Daniels Selbst war gespalten in ein kleines hilfloses, ängstliches anklammerndes, lispelndes Kind und in den Löwen, der mit Aggression alles unter Kontrolle bekommen möchte. Einen Vater gab es in seiner Entwicklung nicht, der ihm hätte eine Identifikationsfigur sein können. Vermutlich schrie der Vater auch viel bei den beschriebenen Streitereien, so dass Daniel schon früh einer aggressiven »Klanghülle« ausgesetzt war und sich das Schreien als Aggressionsausdruck anbot.

Das Lispeln und seine extrem kindliche Sprache erscheinen dann als Ausdruck des anderen Selbst, des kleinen, hilflosen Kindes, das Anerkennung und Liebe möchte. Wenn er lispelte, wirkte er jünger und außerordentlich bedürftig. Wenn Daniel diese Seite zeigte, konnten die Erzieherinnen ihn annehmen, war er ihnen sympathisch. Seine beiden Sprachen, das Schreien und Lispeln, sind Ausdruck eines gespaltenen Selbst. Das Lispeln hat dabei vielleicht auch die Funktion, die andere, die aggressive Seite zu unterdrücken und sein kindliches Selbst zum Vorschein zu bringen.

> **Diagnose:**
>
> F80.8 sonstige Entwicklungsstörungen des Sprechens und der Sprache

Die therapeutische Arbeit

Bei Daniel handelt es sich um ein Kind mit heftigen, archaischen Aggressionen, die eine stationäre Behandlung notwendig machten. Ein Kind wie Daniel verführt über sein aggressives Verhalten zu Beziehungsabbrüchen und Gegenaggressionen im Sinne sadistischer Strafen oder zur Beschämung seines ohnehin schwachen Selbst durch die Reaktionen auf seine Sprachstörung.

In der Gegenübertragung lösen stammelnde Kinder gespaltene Reaktionen aus. Sie werden von Gleichaltrigen oft nachgeäfft, gehänselt, aber sie lösen bei Erwachsenen auch Reaktionen aus, dass diese mit der gleichen Kindersprache antworten und das Kind »niedlich« oder »süß« finden. Beide Reaktionen sind wenig hilfreich, lösen Aggression und Beschämung durch Gegenaggression aus und das Eingehen auf die Kindersprache fördert die Illusion, sich nicht entwickeln zu müssen, den Zustand von narzisstischer Dyade und Exklusivität im Dienste der Abwehr aufrechterhalten zu können. Diese Spaltung der Erzieherreaktionen zeigte sich im Heim, wobei es gelang, beide Aspekte auszuhalten und zu integrieren. Daniels Sprachstörung war für ihn eine Kompromissbildung zwischen archaischer Aggression und seiner ungestillten, emotionalen narzisstischen Bedürftigkeit, beides konnte er nicht verbalisieren, sondern nur im Sprachausdruck selbst vermitteln.

Literatur

Ablon, S. L. (1988), Psychoanalysis of a Stuttering Boy. In: Int. Rev. Psycho-Anal., 15, S. 83–91

Ahlheim, R. und Eickmann, H. (1999), Wirkfaktoren in der Arbeit mit den Eltern. In: Analytische Kinder- und Jugendlichen-Psychotherapie, 3, S. 381–397

Ahlheim, R. (1998), Das »normale« Setting: zwei Wochenstunden für das Kind. In: U. Jungbloed-Schurig und A. Wolff (Hrsg.), »Denn wir können die Kinder nicht nach unserem Sinne formen«. Beiträge zur Psychoanalyse des Kindes- und Jugendalters, Frankfurt/M, S. 131–148

Ahlheim, R. (2007), Die begleitende tiefenpsychologisch fundierte Psychotherapie der Bezugspersonen. In: H. Hopf und E. Windaus (Hrsg.), Lehrbuch der Psychotherapie, Bd. V, Tiefenpsychologisch fundierte und analytische Psychotherapie bei Kindern und Jugendlichen, München, S. 253–269

Aichhorn, A. (1971), Verwahrloste Jugend. Die Psychoanalyse in der Fürsorgeerziehung, Bern, Erstausgabe 1925

Albert, R. und Horn, K. (1999), Hyperkinetische Störungen im Kindes- und Jugendalter. Das hyperaktive Kind in Schule und Familie. In: Zeitschrift für Heilpädagogik, 7, S. 326–331

Alexander, F. (1951), Psychosomatische Medizin. Grundlagen und Anwendungsgebiete, Berlin

Als, H. und Butler, S. (2008), Die Pflege des Neugeborenen: Die frühe Gehirnentwicklung und die Bedeutung der frühen Erfahrungen. In: K. Brisch und T. Hellbrügge (Hrsg.), Der Säugling – Bindung, Neurobiologie und Gene: Grundlage für Prävention, Beratung und Therapie, Stuttgart, S. 44–87

Alvarez, A. (2001), Zum Leben wiederfinden. Psychoanalytische Psychotherapie mit autistischen, Borderline-, vernachlässigten und missbrauchten Kindern, Frankfurt/M

Ambrosino, S. V. und Alessi, M. (1979), Elective Mutism: Fixation And The Double Bind. In: The American Journal of Psychoanalysis, 39, S. 251–256

Anzieu, A. (1982), Vom Fleisch zum Wort: Mutismus und Stottern. In: D. Anzieu u. a., Psychoanalyse und Sprache. Vom Körper zum Sprechen, Paderborn, S. 131–165

– (1995), Beunruhigende Weiblichkeit. Zum Thema Adoleszenz. In: Psyche 49, S. 886–902

Anzieu, D. (1982), Für eine psychoanalytische Psycholinguistik: kurze Bestandaufnahme und Vorüberlegungen. In: Psychoanalyse und Sprache. Vom Körper zum Sprechen, Paderborn, S. 11–39

– (1991), Das Haut-Ich, Frankfurt/M

– (1993), Autistic phenomena and the skin ego. In: Psychoanal. Inq., 13, S. 42–48

Arbeitskreis OPD (Hrsg.) (2003), Operationalisierte Psychodynamische Diagnostik im Kindes- und Jugendalter. Grundlagen und Manual, Bern Göttingen, Toronto, Seattle

Bahr, R. (1998), Schweigende Kinder verstehen. Kommunikation und Bewältigung beim elektiven Mutismus, Heidelberg

Balint, M. (1937), Frühe Entwicklungsstadien des Ichs. Primäre Objektliebe. In: Ders., Die Urformen der Liebe und die Technik der Psychoanalyse, Frankfurt/M, Berlin, Wien 1981, S. 93–115

Bange, D. (2002a), Definitionen und Begriffe. In: D. Bange und W. Körner (Hrsg), Handwörterbuch Sexueller Missbrauch, Göttingen, S. 47–52

Bange, D. (2002b), Ausmaß. In: D. Bange und W. Körner (Hrsg), Handwörterbuch Sexueller Missbrauch, Göttingen, S. 20–25

Battegay, R. (1988), Autodestruktion, Bern

Becker, M., (1995), Sexuelle Gewalt gegen Mädchen mit geistiger Behinderung. Daten und Hintergründe, Heidelberg

Becker, S. (Hrsg.) (1995), Helfen statt Heilen, Gießen

Becker, U. (2001), Zur Integration und sonderpädagogischen Förderung von Schülern mit dem Förderschwerpunkt »emotionale und soziale Entwicklung«. In: Z. f. Heilpäd., 51, S. 13–21

Bell, K. (1996), Mütter und Töchter – die schwierige Balance. In: Forum der Psychoanalyse, 12, S. 128–141

Bell, R. M. (1985), Holy anorexia, Chicago und London

Bender, S. (2012), Sexualität und Partnerschaft bei Menschen mit geistiger Behinderung. Perspektiven der Psychoanalytischen Pädagogik, Gießen

Benedetti, G. (1978), Psychodynamik der Zwangsneurose, Darmstadt

Berger, M. (1993), »Und die Mutter blickte stumm auf dem ganzen Tisch herum«. Anmerkungen zur Diskussion über das hyperkinetische Syndrom. In: Kinderanalyse, 1, S. 131–149

Bergman, A. (2009), Aspekte von Bindung und Trauma in der langjährigen Behandlung eines autistischen Kindes. In: K. Brisch und T. Hellbrügge (Hrsg.), Bindung und Trauma. Risiken und Schutzfaktoren für die Entwicklung von Kindern, Stuttgart, 3. Auflage, S. 209–223

Bergmann, M. V. (1998), Die Angst vor Retraumatisierung und die Abwehrfunktion der negativen therapeutischen Reaktion. In: A.-M. Schlösser und K. Höhfeld (Hrsg.), Trauma und Konflikt, Gießen, S. 33–49

Berna, J. (1967), Ich-psychologische Deutungstechnik und Kinderanalyse. In: G. Biermann (Hrsg.), Handbuch der Kinderpsychotherapie, Bd. I, München 1973, S. 321–332

– (1973), Kinder beim Analytiker, München

– (1996), Liebe zu Kindern, Frankfurt/M

Berna-Glantz, R. (1972), Beginn einer Kinderanalyse. Überlegungen zur Technik. In: Stuttgarter Akademie für Tiefenpsychologie und analytische Psychotherapie e. V. (Hrsg.), Psychotherapie bei Kindern, Stuttgart, S. 56–68

Berner, W. (2011), Perversion. Gießen

Bernfeld, S. (1921), Kinderheim Baumgarten – Bericht über einen ernsthaften Versuch mit neuer Erziehung. In: L. v. Werder und R. Wolff (Hrsg.), Siegfried Bernfeld. Antiautoritäre Erziehung und Psychoanalyse, Bd. 1, Frankfurt/M 1974, S. 94–215

Berns, U. (2014), Deutung. In: W. Mertens und B. Waldvogel (Hrsg.), Handbuch psychoanalytischer Grundbegriffe, Stuttgart, S. 176–182

– (2002), Der Rahmen und die Autonomie von Analysand und Analytiker. In: Forum Psychoanal 18, S. 332–349

Bettelheim, B. (1971), Liebe allein genügt nicht. Die Erziehung emotional gestörter Kinder, Stuttgart

– (1973), So können sie nicht leben, Stuttgart

– (1975), Die symbolischen Wunden. Pubertätsriten und der Neid des Mannes, München

– (1978), Der Weg aus dem Labyrinth. Leben lernen als Therapie, Frankfurt-Berlin-Wien

– (1983), Die Geburt des Selbst, Frankfurt/M

– (1997), Liebe allein genügt nicht. Die Erziehung emotional gestörter Kinder, Stuttgart

Bick, E. (1968), Das Hauterleben in frühen Objektbeziehungen. In: E. Bott-Spillius (Hrsg.), Melanie Klein Heute, Bd.1, Beiträge zur Theorie, München und Wien 1990, S. 236–240

Biermann, G. (Hrsg.) (1973–1981), Handbuch der Kinderpsychotherapie, Bd. I–IV, München

Binét, A. (1979), Zur Genese von Störungen der Sphinkterkontrolle. In: Psyche 33, S. 1114–1126

Bion, W. R. (1990), Lernen durch Erfahrung, Frankfurt/M

Bittner, G. (1967), Psychoanalyse und soziale Erziehung, München 1972

Bittner, G. und Heller, P. (1983), Eine Kinderanalyse bei Anna Freud, Würzburg

Black, B. und Uhde. T.W. (1995), Psychiatric characteristics of children with selective mutism: a pilot study. In: J. Amer. Acad. Child Adolesc. Psychiatry, 34, S. 847–856

Boehm, F. (1930), Über den Weiblichkeitskomplex des Mannes. In: Int. Z. Psychoanalyse, 16, S. 185–209

Bois, du R. (2007), Emotionale Entbehrung und narzisstische Regulation – Zur Entstehung und Behandlung depressiver Krisen bei Kindern und Jugendlichen. In: Praxis der Kinderpsychologie und Kinderpsychiatrie 56, S. 206–223

Bonaparte, M. (1935), Passivität, Masochismus und Weiblichkeit. In: Int. Z. Psychoanalyse, 21, S. 23–29

Boothe, B. (1991), Grenzen psychotherapeutischer Wirksamkeit bei magersüchtigen Patientinnen. In: Zsch. psychosom. Med., 37, S. 249–258

Bornstein-Windholz, S. (1937), Mißverständnisse in der psychoanalytischen Pädagogik. In: Zeitschrift für psychoanalytische Pädagogik, 11, S. 81–90

Borowski, D. (2007), Vorwort zu den Leitlinien für analytische Kinder- und Jugendlichen-Psychotherapie. Unveröffentlichtes Manuskript

Bott-Spillius, E. (Hrsg.) (1990), Melanie Klein Heute, Bd. I und II, Stuttgart

Bovensiepen, G. (2007a), Theoretische Grundlagen der psychoanalytischen Therapie bei Kindern und Jugendlichen. In: H. Hopf und E. Windaus (Hrsg.), Lehrbuch der Psychotherapie, Bd. V, Tiefenpsychologisch fundierte und analytische Psychotherapie bei Kindern und Jugendlichen, München, S. 195–211

– (2007b), Zwangsstörungen. In: H. Hopf und E. Windaus (Hrsg.), Lehrbuch der Psychotherapie, Bd. V, Tiefenpsychologisch fundierte und analytische Psychotherapie bei Kindern und Jugendlichen, München, S. 291–301

Bowlby, J. (1975), Bindung. Eine Analyse der Mutter-Kind-Beziehung, München

– (1976), Trennung. Psychische Schäden als Folge der Trennung von Mutter und Kind, München

– (1983), Verlust, Trauer und Depression, Frankfurt/M

Brandau, H., Pretis, M., Kaschnitz, W. (2003), ADHS bei Klein- und Vorschulkindern, München, Basel

Branik, E. (1990), Depressive Syndrome in der Adoleszenz. In: Praxis der Kinderpsychologie und Kinderpsychiatrie 39, S. 126–132

– (2004), Zum Umgang mit sich selbst schneidenden Jugendlichen im stationären Setting. In: Kinderanalyse 1, 12.Jg., S. 1–21

– (2005), Anorexia nervosa – Die Krankheit der Widersprüche. Anmerkungen zur Frage der Behandlungsmotivation. In: Analytische Kinder- und Jugendlichenpsychotherapie, 126, 2, S. 213–235

Braun, O. (1997), Der pädagogisch-therapeutische Umgang mit stotternden Kindern und Jugendlichen, Berlin

Brisch, K. H.(1999), Bindungsstörungen. Von der Bindungstheorie zur Therapie, Stuttgart

– (2002), Hyperaktivität und Aufmerksamkeitsstörung aus Sicht der Bindungstheorie. In: G. Bovensiepen, H. Hopf und G. Molitor (Hrsg.), Unruhige und unaufmerksame Kinder. Psychoanalyse des hyperkinetischen Syndroms, Frankfurt/M, S. 45–69

– (2009), Bindungsstörungen und Trauma-Grundlagen für eine gesunde Bindungsentwicklung. In: K. Brisch und T. Hellbrügge (Hrsg.), Bindung und Trauma. Risiken und Schutzfaktoren für die Entwicklung von Kindern, Stuttgart, 3. Auflage, S. 105–135

– (2010), SAFE. Sichere Ausbildung Für Eltern, Stuttgart

Bruch, H. (1982), Der goldene Käfig. Das Rätsel der Magersucht, Frankfurt/M

– (1985), Four decades of eating disorders. In: D. M. Garner und P. M. Garfunkel (Hrsg.), Handbook of psychotherapy for anorexia nervosa und bulimia, New York, S. 7–18

Bruns, G. (2006), Was ist psychoanalytische Sozialarbeit. In: Kinderanalyse, 1, 14. Jg., S. 4–20

Bürgin, D. (1998), Drum zwinge, wem ein Zwang gegeben? In: Praxis der Kinderpsychologie und Kinderpsychiatrie 47, S. 66–80

Bürgin, D. und Rost, B. (1997), Psychische und psychosomatische Erkrankungen bei Kindern und Jugendlichen. In: T. Egle, S. O. Hoffmann und P. Joraschky (Hrsg.), Sexueller Mißbrauch, Mißhandlung, Vernachlässigung, Stuttgart, S. 133–154

Buxbaum, E. (1931), Fragestunden in einer Klasse. In: Zeitschrift für psychoanalytische Pädagogik, 5, S. 263–265

– (1960), Hair pulling and fetishism. In: Psychoanalytic Study of the Child 15, S. 243–260

Calef, V. u. a. (1980), Enuresis: A Functional Equivalent of a Fetish. In: International Journal of Psycho-analysis, 60, S. 295–305

Chasseguet-Smirgel, J. (1974), Die weiblichen Schuldgefühle. In: J. Chasseguet-Smirgel (Hrsg.), Psychoanalyse der weiblichen Sexualität, Frankfurt/M, S. 134–191

– (1986), Kreativität und Perversion, Frankfurt/M

– (1987), Das Ich-Ideal. Psychoanalytische Essays über die »Krankheit der Idealität«, Frankfurt/M

Chodorow, N. (1985), Das Erbe der Mütter. Psychoanalyse und Soziologie der Geschlechter, München

Cohen, Y. (1997), Borderline-Kinder – Die Anwendung psychoanalytischer Konzepte in der Heimbehandlung (Residential Treatment) als eigenständige Behandlungsmethode. In: Zeitschrift für psychoanal. Theorie und Praxis 12, S. 22–57

– (2004), Das misshandelte Kind. Ein psychoanalytisches Konzept zur integrierten Behandlung von Kindern und Jugendlichen, Frankfurt/M

Dammasch, F. und Katzenbach, D. (Hrsg.) (2004), Lernen und Lernstörungen bei Kindern und Jugendlichen, Frankfurt/M

Datler, W. (1995), Bilden und Heilen. Auf dem Weg zu einer pädagogischen Theorie psychoanalytischer Praxis, Mainz

Delgado, R. A. und Mannino, F. V. (1969), Some observations on trichotillomania. In: J. Am. Acad. Child Psychiatry, 8, S. 229–246

Deutsch, H. (1925), Psychologie des Weibes in den Funktionen der Fortpflanzung. In: Int. Z. Psychoanalyse, 11, S. 40–53

– (1930), Der weibliche Masochismus und seine Beziehung zur Frigidität. In: Int. Z. Psychoanalyse, 16, S. 172–184

Diebel-Braune, E. (1991), Einige kritische Überlegungen zum Stand der psychoanalytischen Bulimie-Diskussion. In: Zsch. psychosom. Med., 37, S. 292–304

Diepold, B. (1989), Psychogene Aspekte der Depression bei Kindern. In: Kind und Umwelt 64, S. 1–18

– (1984), Depression bei Kindern. Psychoanalytische Betrachtung. In: Praxis der Kinderpsychologie und Kinderpsychiatrie, 33, S. 55–61

– (1992), Probleme der Diagnostik bei Borderline-Störungen im Kindesalter. In: Praxis der Kinderpsychologie und Kinderpsychiatrie, 41, S. 207–214

- (1995), Borderline-Entwicklungsstörungen bei Kindern. In: Praxis Kinderpsychologie und Kinderpsychiatrie, 44, S. 270–279
- (2005), Spielräume. Erinnern und Entwerfen. Universitätsdruck Göttingen
Dilling, H., Mombour, W. und Schmidt, M. H. (Hrsg.) (2005), Internationale Klassifikation psychischer Störungen ICD-10, Klinisch diagnostische Leitlinien, 5., durchgesehene Auflage, Bern
Doepfner, M. und Lehmkuhl, G. (1995), Elterntraining bei hyperkinetischen Störungen. In: H.-Chr. Steinhausen (Hrsg.), Hyperkinetische Störungen im Kindes- und Jugendalter, Stuttgart, S. 178–208
Dolto, F. (1985), Praxis der Kinderanalyse. Ein Seminar, Stuttgart
- (1987), Das unbewußte Bild des Körpers, Weinheim, Berlin
- (1988), Über das Begehren, Stuttgart
- (1989a), Fallstudien zur Kinderanalyse, Stuttgart
- (1989b), Alles ist Sprache. Kindern mit Worten helfen, Weinheim, Berlin
- (1989c), Psychoanalyse und Kinderheilkunde, Frankfurt/M
- (1995), Das Unbewußte und das Schicksal des Kindes, Stuttgart
Dornes, M. (1993), Der kompetente Säugling, Frankfurt/M
Eggers, Ch. u. a. (1994), Kinder- und Jugendpsychiatrie, Berlin, Heidelberg, New York
Eggert-Schmid Noerr, A. (1991), Geschlechtsrollenbilder und Arbeitslosigkeit. Eine gruppenanalytische Studie, Mainz
Elhardt, S. (1971), Tiefenpsychologie. Eine Einführung, Stuttgart
Eliacheff, C. (1994), Das Kind, das eine Katze sein wollte. Psychoanalytische Arbeit mit Säuglingen und Kleinkindern, München
Elzer, M. (1995), Psychose und Adoleszenz. Zur Bedeutung von Triebkonflikten für die Manifestation psychotischer Störungen. In: St. Mentzos (Hrsg.), Psychose und Konflikt, Göttingen, S. 103–126
Erikson, E.H. (1966), Inner and Outer Space; Reflections on Womanhood. In: Daedalus, 93, S. 582–606
- (1968), Kindheit und Gesellschaft, Stuttgart
Ermann, M., Fritz, E., Kinzel, C. und Seidl, O. (2006). Einführung in die Psychosomatik und Psychotherapie. Ein Arbeitsbuch für Unterricht und Eigenstudium, Stuttgart
Eskalinen du Folch, T. (1991), Kommunikation und Behälter-Funktion in der Kinderanalyse. Zur Frage des Abschlusses. In: E. Bott Spillius

(1991): Melanie Klein Heute, Weinheim, S. 277–292
Ettl, Th. (1988), Bulimia-nervosa – die heimliche unheimliche Aggression. In: Zeitschr. f. psychoanal. Theorie und Praxis, 3, S. 48–76
Faber, R. und Haarstrick, R. (2005), Kommentar Psychotherapie-Richtlinien, München, Jena
Fatke, R. (1974), Einleitung. In: F. Redl (Hrsg.), Erziehung schwieriger Kinder, München, S. 11–23
Fegert, J. H., Rassenhofer, M., Schneider, T., Seitz, A. und Spröber, N. (2013), Sexueller Kindesmissbrauch – Zeugnisse, Botschaften, Konsequenzen, Weinheim, Basel
Fenichel, O. (1975), Psychoanalytische Neurosenlehre, Bd. II, Olten
Ferenczi, S. (1908), Psychoanalyse und Pädagogik. In: Bausteine zur Psychoanalyse, Bern, Stuttgart 1964
- (1913), Ein kleiner Hahnemann. In: Schriften zur Psychoanalyse, Bd. 1, S. 164–171, Frankfurt/M
Feuling, M. (2006), Verharren in Sackgassen. Aspekte der Dialektik von Herr und Knecht in der psychoanalytischen Sozialarbeit. In: Kinderanalyse, 1, 14. Jg., S. 21–42
Fiedler, P. und Standop, R. (1994), Stottern. Ätiologie, Diagnose, Behandlung, Weinheim
Fleck, L. (1969), Die Beurteilung der orgastischen Kapazität der Frau und ihrer Störungen aus psychoanalytischer Sicht. In: Psyche, 23, S. 58–74
Flitner, A. (1972), Spielen Lernen. Praxis und Deutung des Kinderspiels, München
Fonagy, P. (2009), Bindungstheorie und Psychoanalyse, Stuttgart
Fonagy, P. und Sandler, A. M. (1997), Zur Übertragung und ihrer Deutung. In: Analytische Kinder- und Jugendlichen-Psychotherapie, 4, S. 373–396
Fonagy, P., Gergely, G., Jurist, E. L. und Target, M. (2002), Affektregulierung, Mentalisierung und die Entwicklung des Selbst, Stuttgart
Fonagy, P. und Target, M. (2001), Mentalisation und sich ändernde Ziele der Psychoanalyse. In: Kinderanalyse, 9. Jg., S. 229–244
- (2002), Zum Verständnis von Gewalt: über die Verwendung des Körpers und die Rolle des Vaters. In: Kinderanalyse, 3, 10. Jg., S. 280–307
Frenken, R. (2011), Gefesselte Kinder. Geschichte und Psychologie des Wickelns, Badenweiler
Freud, A. (1922), Schlagefantasie und Tagtraum, Gesammelte Schriften Bd. I, München
- (1926), Einführung in die Technik der Kinderanalyse, München 1973

– (1936), Das Ich und die Abwehrmechanismen. Neuausgabe München 1964
– (1965), Wege und Irrwege der Kinderentwicklung. In: Schriften der Anna Freud, Bd. VIII, München 1980
– (1973), Einführung in die Technik der Kinderanalyse, München
– (1980), Furcht, Angst und phobische Phänomene (1977), Gesammelte Schriften Bd. X, München
Freud, S. (1891), Zur Auffassung der Aphasien, Wien
– (1895), Studien zur Hysterie (zus. mit J. Breuer), GW Bd. I
– (1905d), Drei Abhandlungen zur Sexualtheorie, GW Bd. V
– (1905e), Bruchstück einer Hysterie-Analyse, GW Bd. V
– (1907), Zwangshandlungen und Religionsausübung, GW Bd. VII
– (1909), Analyse der Phobie eines fünfjährigen Knaben, GW Bd. VII
– (1910), Über Psychoanalyse, GW Bd. VIII
– (1911), Formulierungen über die zwei Prinzipien des psychischen Geschehens, GW Bd. VIII
– (1912), Totem und Tabu, GW Bd. IX
– (1913), Die Disposition zur Zwangsneurose, GW Bd. VIII
– (1914), Zur Einführung des Narzißmus, GW Bd. X
– (1915c), Triebe und Triebschicksale, GW Bd. X
– (1915f), Mitteilung eines der psychoanalytischen Theorie widersprechenden Falles von Paranoia, GW Bd. X
– (1917c), Über Triebumsetzungen, insbesondere der Analerotik, GW Bd. X
– (1917e), Trauer und Melancholie, GW Bd. X
– (1920a), Über die Psychogenese eines Falles von weiblicher Homosexualität, GW Bd. XII
– (1920g), Jenseits des Lustprinzips, GW Bd. XIII
– (1923b), Das Ich und das Es, GW Bd. Bd. XIII
– (1923e), Die infantile Genitalorganisation, GW Bd. XIII
– (1924d), Der Untergang des Ödipuskomplexes, GW Bd. XIII
– (1925), Geleitwort zur ersten Auflage. In: A. Aichhorn, Verwahrloste Jugend. Die Psychoanalyse in der Fürsorgeerziehung, Bern, Stuttgart, Wien 1971
– (1925j), Einige psychische Folgen des anatomischen Geschlechtsunterschiedes, GW Bd. XIV
– (1926d), Hemmung, Symptom und Angst, GW Bd. XIV
– (1930), Das Unbehagen in der Kultur, GW Bd. XIV
– (1931b), Über die weibliche Sexualität, GW Bd. XIV
– (1933a), Neue Folge der Vorlesungen zur Einführung in die Psychoanalyse, GW Bd. XV
Freyberg, Th. und Wolff, A. (Hrsg.) (2006), Störer und Gestörte. Konfliktgeschichte als Lernprozeß, Frankfurt/M
Füchtner, H. (1979), Einführung in die Psychoanalytische Pädagogik, Frankfurt/M
Gast, U. (1997), Borderline-Persönlichkeitsstörungen. In: Egle, U. u.a. (Hrsg), Sexueller Mißbrauch, Mißhandlung, Vernachlässigung, Stuttgart, S. 237–258
Gay, P. (1989), Freud. Eine Biographie für unsere Zeit, Frankfurt/M
Geissmann, C. und Geissmann, P. (1994), Hermine Hug-Hellmuth. Die erste hartnäckige Schülerin Freuds. In: Kinderanalyse, 1, S. 28–59
Geleerd, E. R. (1972), Kinderanalytiker bei der Arbeit, Stuttgart
Gerspach, M. (2009), Psychoanalytische Heilpädagogik. Ein systematischer Überblick, Stuttgart
Giballo, B. (1982), Phantasma, Sprache, Natur: Drei Realitätsordnungen. In: D. Anzieu u.a. (Hrsg.), Psychoanalyse und Sprache. Vom Körper zum Sprechen, Paderborn, S. 41–90
Gilbert, B. (2002), Gewalt in der Adoleszenz – zwei Fallstudien über männliche jugendliche Messerstecher. In: Kinderanalyse, 3, 10. Jg., S. 227–252
Gillespie, W. (1975), Freuds Ansichten über die weibliche Sexualität. In: Psyche, 29, S. 789–804
Glasser, M. (1986), Identification and its Vicissitudes as Observed in the Perversions. In: Int. J. Psycho-Anal., 67, S. 9–17
Glauber, P. (1958), Freud's contributions on stuttering: their relation to some current insight. In: J. Amer. Psychoanal. Assn., 6, S. 326–347
– (1982), Stuttering: A Psychoanalytic Understanding, New York
Goldberg, A. I. (1975), A Fresh Look at Perverse Behaviour. In: International Journal of Psycho-Analysis 56, S. 335–342
– (1995), The Problem of Perversion. The View from Self Psychology, New Haven, London
– (1998), Perversion aus der Sicht psychoanalytischer Selbstpsychologie. In: Psyche 52, S. 709–730
Gori, R. (1982), Zwischen Schrei und Sprache: Der Sprechakt. In: D. Anzieu u.a. (Hrsg.), Psychoanalyse und Sprache. Vom Körper zum Sprechen, Paderborn, S. 91–130
Green, A. (1976), »Die Hysterie«. In: Eicke, D. (Hrsg.), Die Psychologie des 20. Jahrhunderts, Bd. 2, Zürich, S. 623–651

– (1993), Die tote Mutter. In: Psyche 47, S. 205–240

– (2000), Chiasmus: Hysterie und Grenzfälle. In: Psyche, 54, S. 1191–1221

Green, V. (2001), Die analytische Behandlung eines Jungen, der es vorzog zu verstummen. Erfahrungsgebundene Vorstufen sich wandelnder Selbst-Objekt-Repräsentanzen. In: Analytische Kinder- und Jugendlichenpsychotherapie 109, 1, S. 43–62

Greenson, R. R. (1968), Dis-identifying from Mother. Its Special Importance for the Boy. In: Int. J. Psycho-Anal., 49, S. 370–374

Greenson, R. R. (1973), Technik und Praxis der Psychoanalyse, Stuttgart

Grinberg, L. (1975), Introduction to the Work of Bion, Perthshire

Grunberger, B. (1974), Gedanken zum frühen Über-Ich. In: Psyche, 29, S. 508–529

– (1974b), Beitrag zur Untersuchung des Narzißmus in der weiblichen Sexualität. In: J. Chasseguet-Smirgel (Hrsg.), Psychoanalyse der weiblichen Sexualität, Frankfurt/M, S. 97–119

Günter, M. (2001), Die Behandlung jugendlicher Straftäter aus psychoanalytischer Sicht. In: Kinderanalyse, 9. Jg., S. 419–458

– (2006), »Leicht beieinander wohnen die Gedanken, doch hart im Raume stoßen sich die Sachen.« (Wallenstein) – Die Quadratur des Kreises in der psychoanalytischen Sozialarbeit: das Unbewusste, der Kühlschrank, das Spiel und die Werkstatt. In: Kinderanalyse 1, 14. Jg., S. 44–62

– (2007), Psychotische Erkrankungen bei Kinder und Jugendlichen. In: H. Hopf und E. Windaus (Hrsg.), Lehrbuch der Psychotherapie, Bd. V, Tiefenpsychologisch fundierte und analytische Psychotherapie bei Kindern und Jugendlichen, München, S. 505–516

Günter, M. und Heinzmann, B. (1987), Psychoanalytische Sozialarbeit in der Psychiatrie. Die Behandlung eines psychotischen Jugendlichen. In: Psychosozial, 32, 10. Jg., S. 48–62

Gunderson, J. G. und Sabo, A. N. (1993), The phenomenological and conceptual interface between borderline personality disorder and PTSD. In: Am. J. Psychiat., 150, S. 19–27

Habermas, T. (1990), Heißhunger. Historische Bedingungen der Bulimia nervosa, Frankfurt/M

Hackenberg, W. (2001), »Missbrauchte Behinderte können sich nicht wehren«. Zur psychotherapeutischen Arbeit mit einer geistig behinderten Frau nach sexuellem Missbrauch In: Geistige Behinderung, 40, 1, S. 3–13

Häußler, G. (2007), Missbrauch und Misshandlung. In: H. Hopf und E. Windaus (Hrsg.), Lehrbuch der Psychotherapie, Bd. V, Tiefen-

psychologisch fundierte und analytische Psychotherapie bei Kindern und Jugendlichen, München

Hamann, P. (1993), Kinderanalyse. Zur Theorie und Technik, Frankfurt/M

Hartmann, B. (1997), Mutismus. Zur Theorie und Kasuistik des totalen und elektiven Mutismus, Berlin

Hartmann, H. (1939), Ich-Psychologie und Anpassungsproblem. In: Internationale Zeitschrift für Psychoanalyse, 24, S. 62–135

– (1955), Notes on the theory of sublimation. In: Psychoanal. Study of the Child, 10, S. 9–19

Hartmann, H. u. a. (1946), Comment on the Formation of Psychic Structure. In: Psychoanal.Study of the Child, 2, S. 11–38

Heigl, F. (1978), Indikation und Prognose in Psychoanalyse und Psychotherapie, Göttingen

Heinemann, E. (1995), Die Frauen von Palau. Zur Ethnoanalyse einer mutterrechtlichen Kultur, Frankfurt/M

– (1997a), Psychoanalytische Therapie und Autismus. In: E. Heinemann und J. de Groef (Hrsg.), Psychoanalyse und Geistige Behinderung. Fallstudien aus Belgien, Deutschland, England, Frankreich und den USA, Mainz, S. 27–44

– (1997b), Das Erbe der Sklaverei. Ethnopsychoanalytische Studie in Jamaika, Frankfurt/M

– (1998a), »Fakafefine«: Männer, die wie Frauen sind. Inzesttabu und Transsexualität in Tonga (Polynesien). In: Psyche, 52, S. 472–498

– (1998b), Hexen und Hexenangst. Eine psychoanalytische Studie des Hexenwahns der frühen Neuzeit, Göttingen

– (2000), Witches. A Psychoanalytical Exploration of the Killing of Women, Free Association Books, London

– (2003), Psychoanalyse und Pädagogik im Unterricht der Sonderschule. In: E. Heinemann u. a. (Hrsg.), Gewalttätige Kinder. Psychoanalyse und Pädagogik in Schule, Heim und Therapie, Düsseldorf, S. 70–112

– (2007), Psychische Störungen bei geistiger Behinderung. In: H. Hopf und E. Windaus (Hrsg.), Lehrbuch der Psychotherapie, Bd. V, Tiefenpsychologisch fundierte und analytische Psychotherapie bei Kindern und Jugendlichen, München, S. 433–442

– (2008), Männlichkeit, Migration und Gewalt. Psychoanalytische Gespräche in einer Justizvollzugsanstalt, Stuttgart

Heinemann, E. und de Groef, J. (Hrsg.) (1997), Psychoanalyse und Geistige Behinderung. Fallstudien aus Belgien, Deutschland, England, Frankreich und den USA, Mainz

– (Hrsg.) (1999), Psychoanalysis and Mental Handicap. Free Association Books, London

Heinemann, E., Rauchfleisch, U. und Grüttner, T. (2003), Gewalttätige Kinder. Psychoanalyse und Pädagogik in Schule, Heim und Therapie, Düsseldorf

Heinemann, E. und Hopf, H. (2006), AD(H)S. Symptome, Psychodynamik, Fallbeispiele, Psychoanalytische Theorie und Therapie, Stuttgart
– (2010), Psychoanalytische Pädagogik. Theorien, Methoden, Fallbeispiele, Stuttgart

Henseler, H. (1984), Narzißtische Krisen. Zur Psychodynamik des Selbstmordes, Opladen

Herbert, E. L. (1961), Die Anwendung von Gruppenverfahren in der Lehrerbildung, Psyche, 14, S. 317–335

Herman, J. L. et al. (1989), Childhood trauma in borderline personality disorder. In: Am. J. Psychiat., 146, S. 490–495

Hermann, I. (1936), Sich-Anklammern – Auf-Suche-Gehen. In: Int. Z. Psychoanal, 22, S. 349–370

Hermann L. M. (1992), Jaques Berna. Mein Weg mit der Psychoanalyse. In: Ders. (Hrsg.), Psychoanalyse in Selbstdarstellungen, Tübingen, S. 11–47

Hilke, I. (2000), Was heilt – die Perspektive der psychoanalytischen Selbstpsychologie. In: Analytische Kinder- und Jugendlichen-Psychotherapie, 1, S. 23–40

Hirsch, M. (1989a), Der eigene Körper als Übergangsobjekt. In: Ders. (Hrsg.), Der eigene Körper als Objekt. Zur Psychodynamik selbstdestruktiven Körperagierens, Berlin, Heidelberg, S. 9–32
– (1989b), Körper und Nahrung als Objekte bei Anorexie und Bulimie. In: Praxis der Kinderpsychologie und Kinderpsychiatrie, 38, S. 78–82
– (1993), Latenter Inzest. In: Psychosozial, 16, S. 25–40
– (2002), »Gibt es die kleinen Lolitas denn?« Auswirkungen inzestuösen Missbrauchs auf die sexuelle Entwicklung im Kindes- und Jugendalter. In: Analytische Kinder- und Jugendlichenpsychotherapie, 113, S. 61–73
– (2004), Psychoanalytische Traumatologie – Das Trauma in der Familie. Psychoanalytische Theorie und Therapie schwerer Persönlichkeitsstörungen, Stuttgart

Hirschmüller, B., Hopf, H., Munz, D. und Szewkies, J. (1997), Dauer und Frequenz analytischer Psychotherapie bei Kindern und Jugendlichen. Daten und Fakten, VAKJP-Schriftenreihe Bd. 5, Mannheim

Hirschmüller, B. (2000), Von der Säuglingsbeobachtung zur analytischen Psychotherapie von Müttern mit Säuglingen und sehr kleinen Kindern. In: Analytische Kinder- und Jugendlichen-Psychotherapie, 4, S. 419–449

Hocke, R. (1993), Zur Problematik des hyperkinetischen Syndroms. In: Kinderanalyse, 1, S. 118–130

Hofmann, A. und Besser, L. U. (2009), Psychotraumatologie bei Kindern und Jugendlichen. In: K. Brisch und T. Hellbrügge (Hrsg.), Bindung und Trauma. Risiken und Schutzfaktoren für die Entwicklung von Kindern, Stuttgart, 3. Auflage, S. 172–202

Hoffmann, S. O. (1979), Charakter und Neurose, Frankfurt/M

Hohage, R. (2011), Analytisch orientierte Psychotherapie in der Praxis, Stuttgart, New York

Holder, A. (2002), Psychoanalyse bei Kindern und Jugendlichen. Geschichte, Anwendungen, Kontroversen, Stuttgart

Holderegger, H. (1993), Der Umgang mit dem Trauma, Stuttgart

Homburger, E. (1930), Die Zukunft der Aufklärung und die Psychoanalyse. In: Zeitschrift für psychoanalytische Pädagogik, 4, S. 201–216
– (1931), Triebschicksale im Schulaufsatz. In: Zeitschrift für psychoanalytische Pädagogik, 5, S. 417–445

Hopf, H. (1976), Der Lehrer als Objekt für Übertragungen. Beispiele für den Umgang mit unbewußten affektiven Einstellungen des Schülers, Westermanns Pädagogische Beiträge, 11, S. 620–625
– (1979), Schülerträume. Angela träumt von ihrem Lehrer. Positive Übertragungsreaktionen einer Schülerin im Spiegel ihrer Träume. In: Päd.extra, 12, S. 36–39
– (1985), Träume in der Behandlung von Kindern und Jugendlichen mit präödipalen Störungen, Prax. Kinderpsychol. Kinderpsychiat., 34, S. 154–160
– (1998a), Aggression in der analytischen Therapie mit Kindern und Jugendlichen, Göttingen
– (1998b), »Angst vor dem Schwarzen Mann« – Die psychoanalytische Behandlung einer Schulphobie. In: M. Schulte-Markwort u. a. (Hrsg.), Psychische Störungen im Kindes– und Jugendalter. Ein psychodynamisches Fallbuch, Stuttgart, S. 9–15
– (2006), Vom Verschwinden von realer Angst und Scham. Zwei Jugendlichen-Behandlungen vor dem Hintergrund veränderter sozio-kultureller Verhältnisse. In: Analytische Kinder- und Jugendlichen-Psychotherapie, 130, S. 143–162
– (2007a), Träume von Kindern und Jugendlichen. Diagnostik – Therapie, Stuttgart
– (2007b), Angst und Angststörungen. In: H. Hopf und E. Windaus (Hrsg.), Lehrbuch der Psychotherapie, Bd. V, Tiefenpsychologisch fundierte und analytische Psychotherapie bei Kindern und Jugendlichen, München

– (2011), Angststörungen bei Kindern und Jugendlichen. Frankfurt/M, 2. Auflage

Hopf, H. und Windaus, E. (Hrsg.) (2007), Lehrbuch der Psychotherapie, Bd. V, Tiefenpsychologisch fundierte und analytische Psychotherapie bei Kindern und Jugendlichen, München

Horney, K. (1926), Flucht aus der Weiblichkeit. In: Int. Z. Psychoanalyse, 13, S. 360–374

– (1932), Die Angst vor der Frau. In: Int. Z. Psychoanalyse, 18, S. 5–18

– (1933), Die Verleugnung der Vagina. In: Int. Z. Psychoanalyse, 19, S. 372–384

Hug-Hellmuth, H. (1920), Zur Technik der Kinderanalyse. In: Kinderanalyse, 1994, 1, S. 9–27

Hurry, A. (2002), Psychoanalyse und Entwicklungstherapie. In: A. Hurry (Hrsg.), Psychoanalyse und Entwicklungsförderung von Kindern, Frankfurt/M, S. 43–88

Hüther, G. (2009), Die Auswirkungen traumatischer Erfahrungen im Kindesalter auf die Hirnentwicklung. Das allgemeine Entwicklungsprinzip. In: K. Brisch und T. Hellbrügge (Hrsg.), Bindung und Trauma. Risiken und Schutzfaktoren für die Entwicklung von Kindern, Stuttgart, 3. Auflage, S. 94–104

Ihle, W. und Esser G. (2002), Epidemiologie psychischer Störungen im Kindes- und Jugendalter: Prävalenz, Verlauf, Komorbidität und Geschlechtsunterschiede. In: Psychologische Rundschau, 53 (4), S. 159–169

Jacobson, E. (1950), Development of the Wish for a Child in Boys. In: Psych. Study Child, 5, S. 139–152

– (1937), Wege der weiblichen Über-Ich Bildung. In: Int. Z. Psychoanalyse, 23, S. 402–414

Jones, E. (1928), Die erste Entwicklung der weiblichen Sexualität. In: Int. Z. Psa, 14, S. 11–25

– (1933), Die phallische Phase. In: Int. Z. Psychoanalyse, 19, S. 322–357

– (1960), Das Leben und Werk von Sigmund Freud, Bd. 1, Bern und Stuttgart

Jordan, W. (1929), »Klassenkämpfe« in der Schule, Zeitschrift für Psychoanalytische Pädagogik, 3, S. 121–124

Kaplan, L. J. (1991), Weibliche Perversionen. Von befleckter Unschuld und verweigerter Unterwerfung. Hamburg

Katan, A. (1961), Some thoughts about the Role of Verbalization in Early Childhood. In: Psa. Study of the Child, 16, S. 184–188

Kennel, R. und Reerink, G. (Hrsg.) (1997), Klein – Bion. Eine Einführung, Tübingen

Kernberg, O. F. (1978), Borderline-Störungen und pathologischer Narzißmus, Frankfurt/M

– (1989), Objektbeziehungen und Praxis der Psychoanalyse, Stuttgart

Kernberg, O. F., Dulz, B. und Sachsse, U. (2000), Handbuch der Borderline Störungen, Stuttgart

Kernberg, P. F. (1990), Resolved: Borderline personality exists in children under twelve. In: J. Am. Acad. Child Adolesc. Psychiatry, 29, S. 478–482

Khan, M. R. (1977), Das Werk von D. W. Winnicott. In: D. Eicke (Hrsg.), Tiefenpsychologie, Bd. 3, Weinheim, Basel 1982, S. 219–253

Kind, J. (1992), Suizidal. Die Psychoökonomie einer Suche, Göttingen

King, V. (1996), »Halbierte Schöpfungen«. Die Hysterie und die Aneignung des genitalen Innenraumes: Urszenenfantasien in der Adoleszenz. In G. H. Seidler (Hrsg), Hysterie heute. Metamorphosen eines Paradiesvogels, Stuttgart

Klaniczay, S. (2001), Über kindliches Stottern und die Theorie der Anklammerung. In: Kinderanalyse 1, 9. Jg., S. 60–80

Klein, M. (1928), Frühstadien des Ödipuskonfliktes. In: Int. Z. Psychoanalyse, 14, S. 65–77

– (1930), Die Psychotherapie von Psychosen. In: Dies. (1985), Frühstadien des Ödipuskomplexes. Frühe Schriften 1928–1945, Frankfurt/M

– (1934), Über die Kriminalität. In: Dies. (1985), Frühstadien des Ödipuskomplexes. Frühe Schriften 1928–1945, Frankfurt/M

– (1962), Die psychoanalytische Spieltechnik, ihre Geschichte und Bedeutung. In: G. Biermann (Hrsg.), Handbuch der Kinderpsychotherapie I, München/Basel 1973, S. 151–168

– (1972), Das Seelenleben des Kleinkindes und andere Beiträge zur Psychoanalyse, Reinbek bei Hamburg

– (1973), Die Psychoanalyse des Kindes, München

Klitzing, K. von (2002a), Jenseits des Bindungsprinzips. In: Steinhardt, K. u. a. (Hrsg.), Die Bedeutung des Vaters in der frühen Kindheit, Gießen, S. 87–99

– (2002b), Frühe Entwicklung im Längsschnitt. Von der Beziehungswelt der Eltern zur Vorstellungswelt des Kindes. In: Psyche, 56, S. 863–887

Klüwer, R. (1983), Agieren und Mitagieren. In: S. O. Hoffmann (Hrsg.), Kritische Beiträge zur Behandlungskonzeption und Technik in der Psychoanalyse, Frankfurt/M, S. 132–145

– (2003), Psychoanalytische Haltung bei der Behandlung suizidaler Patienten. In: Analytische Kinder- und Jugendlichenpsychotherapie, 119, 3, S. 395–408

Knölker, U., Mattejat, F. und Schulte-Markwort, M. (Hrsg.) (2000), Kinder- und Jugendpsychiatrie und -psychotherapie systematisch, Bremen

Körner, J. und Ludwig-Körner, Ch. (1997), Psychoanalytische Sozialpädagogik. Eine Einführung in vier Fallgeschichten, Freiburg

Kohut, H. (1973), Narzißmus. Eine Theorie der psychoanalytischen Behandlung narzißtischer Persönlichkeitsstörungen, Frankfurt/M

– (1975), Die Zukunft der Psychoanalyse, Frankfurt/M

– (1981), Die Heilung des Selbst, Frankfurt/M

Kolansky, H. (1960), Treatment of a Three-Year-Old Girl's Severe Infantile Neurosis. Stammering and Insect Phobia. In: The Psychoanalytic Study of the Child, 15, S. 261–285

Kolk, B. van der (1998), Zur Psychologie und Psychobiologie von Kindheitstraumata. Prax. Kinderpsychol. Kinderpsychiat., 47, S. 19–35

Korff-Sausse, S. (1997), Ein psychoanalytischer Ansatz bei geistiger Behinderung. In: E. Heinemann und J. de Groef (Hrsg.), Psychoanalyse und Geistige Behinderung, Mainz, S. 58–73

Krause, R. (1981), Sprache und Affekt. Das Stottern und seine Behandlung, Stuttgart

Kreß et al. (2012), Mütterliche Affektabstimmung von Müttern mit Missbrauchserfahrungen in der Mutter-Kind-Interaktion. In: Prax. Kinderpsychol. Kinderpsychiat., 61, S. 271–285

Kreuzer-Haustein, U. (2006), Feindselige Gegenübertragungen und die Aggressionskonzepte des Analytikers. In: Psyche – Z Psychoanal, 62, S. 525–551

Küchenhoff, J. (1998), Trauma, Konflikt, Repräsentation. Trauma und Konflikt – ein Gegensatz? In: A.-M. Schlösser und K. Höhfeld (Hrsg.), Trauma und Konflikt, Gießen, S. 13–31

Kuendig, W. (1927/28), Psychoanalytische Streiflichter aus der Sekundarschulpraxis. In: Zeitschrift für psychoanalytische Pädagogik, 2, S. 69–82, S. 225–233, S. 275–289, S. 324–334

Kuiper, P. C. (1969), Die seelischen Krankheiten des Menschen, Bern, Stuttgart

Kurts, N. (2001), Die Problematik der Deutung in der Psychoanalyse des Kindes. In: Kinderanalyse, 9, 4, S. 387–394

Kurz, F. (1993), Zur Sprache kommen. Psychoanalytisch orientierte Sprachtherapie mit Kindern, München, Basel

Lampl de Groot, J. (1927), Zur Entwicklungsgeschichte des Ödipuskomplexes der Frau. In: Int. Z. Psychoanalyse, 13, S. 269–282

Lang-Langer, E. (2005), Primäres Einkoten. Ein Fallbericht. In: Analytische Kinder- und Jugendlichenpsychotherapie, 127, 3, S. 371–391

Laplanche, J. und Pontalis, J.-B. (1972/73), Das Vokabular der Psychoanalyse. Bd. I u. II, Frankfurt/M

Lazar, R. A. (2000), Erforschen und Erfahren: Teilnehmende Säuglingsbeobachtung. In: Analytische Kinder- und Jugendlichen-Psychotherapie, 4, S. 399–417

Leber, A. (1986), Psychoanalyse im pädagogischen Alltag. Vom szenischen Verstehen zum Handeln im Unterricht. In: Westermanns Pädagogische Beiträge, 11, S. 14–19

– (1988), Zur Begründung des fördernden Dialogs in der psychoanalytischen Heilpädagogik. In: G. Iben (Hrsg.), Das Dialogische in der Heilpädagogik, Mainz, S. 41–61

Lebovici, S. und McDougall, J. (1960), Eine infantile Psychose. Fallstudien eines schizophrenen Kindes, München

Löchel, M. (1984), Das präsuizidale Syndrom bei Kindern und Jugendlichen. In: Praxis Kinderpsychologie Kinderpsychiatrie, 33, S. 214–221

Lorenzer, A. (1973), Sprachzerstörung und Rekonstruktion, Frankfurt/M

Lüpke, H. von (1983), Der Zappelphilipp. Bemerkungen zum hyperkinetischen Kind. In: R. Voß (Hrsg.), Pillen für den Störenfried?, München, Basel, S. 65–71

Maass, D. (1999), Psychoanalytische Pädagogik und Frühförderung. In: Analytische Kinder- und Jugendlichenpsychotherapie. Zeitschrift für Theorie und Praxis der Kinder- und Jugendlichen-Psychoanalyse, 30, S. 575–600

Mahler, M. S. (1944), Tics und Triebdurchbrüche bei Kindern: Eine Untersuchung der Motilität. In: Dies., Studien über die drei ersten Lebensjahre, Frankfurt 1992

– (1946), Folgen des Tic-Syndroms. Untersuchungsergebnisse. In: Dies., Studien über die drei ersten Lebensjahre, Frankfurt 1992

– (1949), Psychoanalytische Beurteilung des Tics in der kindlichen Psychopathologie: Symptomatischer Tic und Tic-Syndrom. In: Dies., Studien über die drei ersten Lebensjahre, Frankfurt 1992

– (1972), Symbiose und Individuation, Bd.1: Psychosen im frühen Kindesalter, Stuttgart

– (1978), Die psychische Geburt des Menschen. Symbiose und Individuation, Frankfurt/M

Mannoni, M. (1972), Das zurückgebliebene Kind und seine Mutter, Olten

Mansmann, V. und Schenck, K. (1983), Vordergründige Motive und langfristige Tendenzen zum Suizid bei Kindern und Jugendlichen. In: I. Jochmus und E. Förster (Hrsg.), Suizid bei Kindern und Jugendlichen, Stuttgart, S. 38–44

McDougall, J. (1974), The Psychosoma and Psychoanalytic Process. In: Int. Rev. Psychoanal., 1, S. 437–454

– (1985), Plädoyer für eine gewisse Anormalität, Frankfurt/M

– (1997), Die Couch ist kein Prokrustesbett. Zur Psychoanalyse der menschlichen Sexualität. Stuttgart

– (1998), Theater des Körpers. Ein psychoanalytischer Ansatz für die psychosomatische Erkrankung, Stuttgart

McFarlane, A. und Kolk, B. van der (Hrsg.) (2000), Traumatic Stress. Theorie, Praxis und Forschung zu posttraumatischem Stress sowie Traumatherapie, Paderborn

Meltzer, D. u. a. (1975), Explorations in Autism, Clunie Press, London

Meng, H. (1928), Aus Analysen von stotternden Kindern. In: Ztschr. f. Psa. Päd., II, S. 359–369

Mentzos, St. (1980), Hysterie. Zur Psychoynamik unbewußter Inszenierungen, Frankfurt/M

– (1984), Neurotische Konfliktverarbeitung. Einführung in die psychoanalytische Neurosenlehre unter Berücksichtigung neuer Perspektiven, Frankfurt/M

– (1988), Angstneurose. Psychodynamische und psychotherapeutische Aspekte, Frankfurt/M

– (1991), Psychodynamische Modelle in der Psychiatrie, Göttingen

– (1995a), Einführung. In: Ders. (Hrsg.), Psychose und Konflikt, Göttingen

– (1995b), Depression und Manie. Psychodynamik und Therapie affektiver Störungen, Göttingen

– (1996), »Affektualisierung innerhalb der hysterischen Inszenierung. In: Seidler, G. H. (Hrsg.), Hysterie heute – Metamorphosen eines Paradiesvogels, Stuttgart, S. 159–179

Mentzos, St. und Münch, A. (Hrsg.) (2000), Die Bedeutung des psychosozialen Feldes und der Beziehung für Genese, Psychodynamik, Therapie und Prophylaxe der Psychosen, Göttingen

Mertens, E. (2002), Psychoanalyse der Lese-Rechtschreibschwäche, Frankfurt/M

Mertens, W. (1981), Psychoanalyse, Stuttgart

– (1990), Einführung in die psychoanalytische Therapie, Bd. 2, Stuttgart

– (1992), Entwicklung der Psychosexualität und der Geschlechtsidentität, Bd. 1, Stuttgart

Meyenburg, B. (1997), Geschlechtsidentitätsstörungen im Kindes- und Jugendalter. In: V. Sigusch (Hrsg.), Sexuelle Störungen und ihre Behandlung, Stuttgart, S. 312–326

Mielke, U. u. a. (1993), Stottern. Ursachen, Bedingungen, Therapie, Berlin

Mitscherlich, A. (1966), Krankheit als Konflikt, Bd. I und II, Frankfurt/M

Mitscherlich-Nielsen, M. (1975), Psychoanalyse und weibliche Sexualität. In: Psyche, 29, S. 769–788

Moggi, F. (2002), Folgen. In: D. Bange und W. Körner (Hrsg.), Handwörterbuch Sexueller Missbrauch, Göttingen, S. 116–121

Müller, T. (1999), Über die Bedeutung unbewußter Inszenierungen in der psychoanalytischen Behandlung schizophrener Psychosen. In: Psyche 53, S. 711–740

Müller-Braunschweig, C. (1926), Zur Genese des weiblichen Über-Ichs. In: Int. Z. Psychoanalyse, 12, S. 375–378

– (1936), Die erste Objektbesetzung des Mädchens in ihrer Bedeutung für Penisneid und Weiblichkeit. Int. Z. Psychoanalyse, 22, S. 137–176

Müller-Brühn, E. (1998), Geschichte und Entwicklung der analytischen Kinder- und Jugendlichen-Psychotherapie. In: U. Jungbloed-Schurig und A. Wolff (Hrsg.), »Denn wir können die Kinder nicht nach unserem Sinne formen«. Beiträge zur Psychoanalyse des Kindes- und Jugendalters, Frankfurt/M, S. 17–52

– (2002), Psychoanalytische Identität und analytische Kinderpsychotherapie. Analytische Kinder- und Jugendlichen-Psychotherapie, 114, S. 231–253

Müller-Küppers, M. (1983), Der ärztlich-ethische Aspekt des Suizids von Kindern und Jugendlichen. In: I. Jochmus und E. Förster (Hrsg.), Suizid bei Kindern und Jugendlichen, Stuttgart, S. 1–7

Munz, D. (2006), Der Körper als Objekt des Agierens. Therapeutischer Umgang mit Affekt und Abwehr bei Essstörungen (Anorexie und Bulimie). In: Analytische Kinder- und Jugendlichenpsychotherapie, 129, 1, S. 31–46

M'Uzan, M. de (1974), Psychodynamic Mechanisms in Psychosomatic Symptom Formation. In: Psychother. Psychosom., 23, S. 103–110

Neidhardt, W. (1977), Kinder, Lehrer und Konflikte. Vom psychoanalytischen Verstehen zum pädagogischen Handeln, München

– (1988), Wer hat Angst vorm Schwarzen Mann? Verborgenes und Unverborgenes der Kinderanalyse und Kinderpsychotherapie. In: Psychoanalyse in Deutschland nach Kriegsende am Beispiel Stuttgart, Wissenschaftliches Symposium zum 40jährigen Bestehen der Stuttgarter Akademie für Tiefenpsychologie und analytische Psychotherapie e. V., Tagungsbericht 1988

Nissen, G. (2005), Kulturgeschichte seelischer Störungen bei Kindern und Jugendlichen, Stuttgart

Orbach, I. (1990), Kinder die nicht leben wollen, Göttingen

Overbeck, G. und Biebl, W. (1975), Psychosomatische Modellvorstellungen zur Pathogenese der Ulcuskrankheit. In: Psyche, 29, S. 542–567

Parens, H. (1996), Zur Epigenese der Aggression in der frühen Kindheit. In: AKJP, 89, S. 17–49

Pelikan, J. (2004), Der Gebrauch von Sprache als Übergangsphänomen in der kindlichen Entwicklung. In: Kinderanalyse, 2, 12. Jg., S. 136–166

Peller, L. E. (1966), Freud's contribution to language theory. In: Psychoanalytic Study of the Child, 21, S. 448–467

Pestalozzi, J. (2001), Symbolisch und konkret. Psychotische Jugendliche in psychoanalytischer Psychotherapie. In: Analytische Kinder- und Jugendlichenpsychotherapie, 1, 109, S. 63–88

Piaget, J. (1980), Das Weltbild des Kindes, Frankfurt/M, Berlin, Wien

Pine, F. (1990), Die vier Psychologien der Psychoanalyse und ihre Bedeutung für die Praxis. In: Forum Psychoanalyse 6, S. 232–249

Plaßmann, R. (1989), Artifizielle Krankheiten und Münchhausen-Syndrome. In: M. Hirsch (Hrsg.), Der eigenen Körper als Objekt, Berlin, Heidelberg, S. 118–154

Poustka, F., Bölte, S., Feineis, S. und Schmötzer, G. (2004), Autistische Störungen, Göttingen

Pozzi, M. E. (2002), Wie können wir das Bedürfnis nach Ritalin in der psychodynamischen Beratung von Familien verstehen. In: Analytische Kinder- und Jugendlichen-Psychotherapie, 112, S. 519–541

Quindeau, I. (2014), Sexualität, Gießen

Quint, H. (1984), Der Zwang im Dienste der Selbsterhaltung. In: Psyche, 38, S. 717–737

– (1987), Die kontradepressive Funktion des Zwanges. In: Forum Psychoanal., 3, S. 40–50

– (1988), Die Zwangsneurose aus psychoanalytischer Sicht, Berlin Heidelberg

Rauchfleisch, U. (1981), Dissozial, Göttingen

– (2003), Einleitung. In: E. Heinemann, U. Rauchfleisch und T. Grüttner (Hrsg.), Gewalttätige Kinder. Psychoanalyse und Pädagogik in Schule, Heim und Therapie, Düsseldorf, S. 7–12

– (2003), Psychotherapie mit aggressiven, dissozialen Kindern, Jugendlichen und Erwachsenen. In: E. Heinemann, U. Rauchfleisch und T. Grüttner (Hrsg.), Gewalttätige Kinder. Psychoanalyse und Pädagogik in Schule, Heim und Therapie, Düsseldorf, S. 168–258

– (2011), Schwule, Lesben, Bisexuelle. Lebensweisen, Vorurteile, Einsichten, Göttingen

Raue, J. (2000), Übertragung, Gegenübertragung und Widerstand. In: Analytische Kinder- und Jugendlichen-Psychotherapie, 1, S. 5–21

Redl, F. (1932), Erziehungsberatung, Erziehungshilfe, Erziehungsbehandlung. In: Zeitschrift für psychoanalytische Pädagogik, 6, S. 523–532

– (1971), Erziehung schwieriger Kinder, München

Redl, F. und Wineman, D. (1984), Kinder, die hassen, München

– (1986), Steuerung aggressiven Verhaltens beim Kinde, München

Reiser, H. (1972), Identität und religiöse Einstellung, Grundlagen für einen schülerorientierten Religionsunterricht, Hamburg

Remschmidt, H. (2000), Kinder und Jugendpsychiatrie. Eine praktische Einführung, Stuttgart

– (2000a), Autismus. Erscheinungsformen, Ursachen, Hilfen, München

Remschmidt, H. und Kamp-Becker, I. (2006), Asperger-Syndrom, Heidelberg

Riedesser, P. (2009), Entwicklungspsychopathologie von Kindern mit traumatischen Erfahrungen. In: K. H. Brisch und T. Hellbrügge (Hrsg.), Bindung und Trauma. Risiken und Schutzfaktoren für die Entwicklung von Kindern, Stuttgart, 3. Auflage, S. 160–171

Rohse, H. (1989), Zwangsneurose und Adoleszenz. Der therapeutische Prozeß bei einer Jugendlichen Patientin mit Zwangsneurose. In: Praxis der Kinderpsychologie und Kinderpsychiatrie, 38, S. 241–250

Rosenfeld, H. A. (1989), Zur Psychoanalyse psychotischer Zustände, Frankfurt/M

Rühling, H. und Kassebrock, F. (2002), Behinderung und sexuelle Gewalt. In: D. Bange und W. Körner (Hrsg.), Handwörterbuch Sexueller Missbrauch, Göttingen, S. 31–36

Rupprecht-Schampera, U. (1996), »Hysterie«– eine klassische psychoanalytische Theorie? In: G. H. Seidler (Hrsg.), Hysterie heute. Metamorphosen eines Paradiesvogels, Stuttgart

Sachsse, U. (1994), Selbstverletzendes Verhalten, Göttingen

– (2002), Trauma, Trauma-Coping und Posttraumatische Belastungsstörung. Geschichte, aktuelle Theorie und therapeutische Ansätze. In: Analytische Kinder- und Jugendlichenpsychotherapie, 116, 4, S. 477–513

Salzberger-Wittenberg, I. (1994), Psychodiagnostik anhand von Übertragungs- und Gegenübertragungsprozessen. Eine Darstellung an Erst-Interviews mit Jugendlichen. In: Arbeitskreis DGPT/VAKJP für analytische Psychotherapie bei Kindern und Jugendlichen, Heft 6, S. 6–27

Sandler, J. und Joffe, W. G. (1980), Zur Depression im Kindesalter. In: Psyche, 34, S. 413–429

Sandler, J., Kennedy, H. und Tyson, R. L. (1982), Kinderanalyse. Gespräche mit Anna Freud, Frankfurt/M

Schäberle, H. F. (1995), Zur Funktion der Sprache in der Psychoanalyse von Kindern. In: Analytische Kinder- und Jugendlichen-Psychotherapie, 1, S. 5–18

Schäfer, G. E. (1985), Fantasieren, Spielen, Lernen. Über einige Möglichkeiten psychoanalytischer Pädagogik

– (1989), Spielfantasie und Spielumwelt. Spielen, Bilden und Gestalten als Prozesse zwischen Innen und Außen, Weinheim, München

Schepank, H. (1991), Dem Themenheft zum Geleit. Anmerkungen zum Faszinosum »Anorexia nervosa«. In: Zsch. psychosom. Med., 37, S. 215–219

Schmid-Boß, S. (2005), Enuresis und Enkopresis – eine Übersicht. In: Analytische Kinder- und Jugendlichenpsychotherapie, 127, 3, S. 311–348

Schmideberg, M. (1935), »Bad habits« in childhood; their importance in development. In: Int. J. Psychoanal., 16, S. 455–461

Schmidt, W. (1923), Das Kinderheim-Laboratorium. In: W. Schmidt u. a. (Hrsg.), Antiautoritäre Erziehung, Hamburg, Berlin, Havanna 1971, S. 3–16

Schneider, E. (1928), Über den Sinn des Stotterns. In: Ztschr. f. Psa. Päd., II, S. 335–340

Schneider, S. (2004), Angststörungen bei Kindern und Jugendlichen. Grundlagen und Behandlung, Berlin, Heidelberg

Schröttle, M. und Glammeier, S. (2014), Gewalt gegen Mädchen und Frauen im Kontext von Behinderung, Migration und Geschlecht. In: G. Wansing und M. Westphal (Hrsg.), Behinderung und Migration. Inklusion, Diversität, Intersektionalität, Wiesbaden, S. 285–308

Schulte, M. J. und Böhme-Bloem, Chr. (1990), Bulimie. Entwicklungsgeschichte und Therapie aus psychoanalytischer Sicht, Stuttgart

Schulte-Markwort, M. (2007), Depression und Suizidalität. In: H. Hopf und E. Windaus (Hrsg.), Lehrbuch der Psychotherapie, Bd. V, Tiefenpsychologisch fundierte und analytische Psychotherapie bei Kindern und Jugendlichen, München, S. 311–325

Schur, M. (1955), Comments on the metapsychology of Somatization. In: The Psychoanalytic Study of the Child, 10, S. 119–164

Segal, H. (1996), Traum, Fantasie und Kunst, Stuttgart

Seiffge-Krenke, I. (2007), Psychoanalytische und tiefenpsychologisch fundierte Therapie mit Jugendlichen, Stuttgart

– (2007a), Depression bei Kindern und Jugendlichen: Prävalenz, Diagnostik, ätiologische Faktoren, Geschlechtsunterschiede, therapeutische Ansätze. In: Praxis der Kinderpsychologie und Kinderpsychiatrie, 3, 56, S. 185–205

Seiler, K. (1998), Aggression aus der Perspektive der psychoanalytischen Selbstpsychologie. In: H. Hopf (Hrsg.), Aggression in der analytischen Therapie mit Kindern und Jugendlichen, Göttingen, S. 92–108

Shapiro, Th. (1990), Resolved: Borderline personality exists in children under twelve. Negative. In: J. Am. Acad. Child Adolesc. Psychiatry, 29, S. 480–483

Sherfey, M.J. (1974), Die Potenz der Frau, Köln

Shreeve, D. F. (1991), Elective mutism: Origins in stranger anxiety and selective attention. In: Bulletin of the Menninger Clinic, 55, S. 491–504

Sigusch, V. (1997), Transsexuelle Entwicklungen. In: V. Sigusch (Hrsg.), Sexuelle Störungen und ihre Behandlung, Stuttgart, S. 327–346

Sinason, V. (1993), Psychotherapie mit mißhandelten geistig behinderten Kindern. In: K. Hennicke und W. Rotthaus (Hrsg.), Psychotherapie und Geistige Behinderung, Dortmund, S. 71–93

– (2000), Geistige Behinderung und die Grundlagen menschlichen Seins, Neuwied

Spitz, R. A. (1954), Die Entstehung der ersten Objektbeziehungen, Stuttgart 1973

– (1957), Nein und ja, Stuttgart 1970

– (1969), Vom Säugling zum Kleinkind. Naturgeschichte der Mutter-Kind-Beziehungen im ersten Lebensjahr, Stuttgart

Staehle, A. (2007), Zwischen Kuscheln und Beißen – Anfang einer Analyse mit einem elektiv mutistischen Kind. In: Kinderanalyse, 1, 15. Jg., S. 20–40

Steinhausen, H.-Chr. (1996), Psychische Störungen bei Kindern und Jugendlichen. Lehrbuch der Kinder- und Jugendpsychiatrie, München, Wien, Baltimore,

Stephan, I. (1992), Die Gründerinnen der Psychoanalyse, Stuttgart

Stern, D. (1983), The early development of schemas of self, other, and »self with other«. In: J. Lichtenberg und S. Kaplan (Hrsg.), Reflections on Self Psychology, Hillsdale, S. 49–84

– (1985), The Interpersonal World of the Infant. A View from Psychoanalysis and Developmental Psychology, New York

Stoller, R. J. (1968), Sex and Gender. On the Development of Masculinity and Feminity, New York

– (1998), Perversion. Die erotische Form von Haß, Gießen

Stork, J. (1976), Die seelische Entwicklung des Kleinkindes aus psychoanalytischer Sicht. In: Eicke, D. (Hrsg.), Tiefenpsychologie, Bd. 2, Weinheim, Basel 1982

– (1993a), Suizid und Inzestwunsch bei Adoleszenten. In: Kinderanalyse, 1. Jg., S. 12–23
– (1993b), Über die psychischen Hintergründe des hyperkinetischen Verhaltens. In: Kinderanalyse, 1. Jg., S. 203–230
– (1994), Zur Entstehung der Psychosen im Kindesalter. In: Kinderanalyse, 2, S. 208–248
– (2000), Die Psychoanalyse in der Kinder- und Jugendpsychiatrie. Kinderanalyse, 3, S. 215–225
– (2001), Die Deutungsarbeit und andere Aktivitäten zur Aufrechterhaltung des psychoanalytischen Prozesses. In: Kinderanalyse, 9. Jg., S. 347–357
Strauß, B. (Hrsg.) (2008), Bindung und Psychopathologie, Stuttgart
Streeck-Fischer, A. (1988), Zwang und Persönlichkeitsorganisation im Kindes- und Jugendalter. In: Praxis der Kinderpsychologie und Kinderpsychiatrie, 37, S. 366–373
– (1989), Zwang, Ichorganisation und Behandlungsvorgehen. In: Praxis der Kinderpsychologie und Kinderpsychiatrie, 38, S. 236–241
– (1998), Zwangsstörungen im Kindes- und Jugendalter – neuere psychoanalytische Sichtweisen und Behandlungsansätze. In: Praxis der Kinderpsychologie und Kinderpsychiatrie, 47, S. 81–95
– (2006), Trauma und Entwicklung. Frühe Traumatisierungen und ihre Folgen in der Adoleszenz, Stuttgart
– (2007), Borderline-Risiken – Persönlichkeitsstörungen im Kindes- und Jugendalter. In: H. Hopf und E. Windaus (Hrsg.), Lehrbuch der Psychotherapie, Bd. V, Tiefenpsychologisch fundierte und analytische Psychotherapie bei Kindern und Jugendlichen, München
Streeck-Fischer, A. u. a. (2003), »Wehe, du kommst mir zu nahe« – Entwicklungsorientierte Psychotherapie eines gefährlich aggressiven Jungen mit frühen und komplexen Traumatisierungen. In: Praxis der Kinderpsychologie und Kinderpsychiatrie, 52. Jg., S. 620–638
Stuttgarter Akademie für Tiefenpsychologie und Psychotherapie e.V. (Hrsg.) (1971), Psychotherapie bei Kindern, Stuttgart
Süss-Burghart, H. (1999), Elektiver Mutismus – Kasuistik und Übersicht. In: Frühförderung interdisziplinär, 18, S. 116–125
Tamm, A. (1928), Zwei Fälle von Stottern. In: Ztschr. f. Psa. Päd., II, S. 341–358
Thomä, H. und Kächele, H. (1985), Lehrbuch der psychoanalytischen Therapie, 1 Grundlagen, Berlin, Heidelberg, New York, Tokio
– (2006), Psychoanalytische Therapie. Grundlagen, Heidelberg
Tustin, F. (1989), Autistische Zustände bei Kindern, Stuttgart

– (1991), ‚Revised Understandings of Psychogenic Autism'. In: International Journal of Psychoanalysis, 72, S. 585–91
Usher, R. D. (1944), A Case of Stammering. Int. J. Psychoanal., 25, S. 61–70
Weinstein, D. und Bell, R. M. (1982), Saints and Society. The Two Worlds of Western Christendom 1000–1700, Chicago
Welter, N. und Seiffge-Krenke, I. (2006), Essstörung oder dissoziative Störung? Diagnostische Probleme und Verschiebung des Konfliktfokus im Verlauf einer Jugendlichentherapie. In: Kinderanalyse, 14. Jg.,4, S. 307–334
Widmer, P. (1990), Subversion des Begehrens. Jaques Lacan oder die zweite Revolution der Psychoanalyse, Frankfurt/M
Will, H. (2006), Psychoanalytische Kompetenzen. Standards und Ziele für die psychotherapeutische Ausbildung und Praxis, Stuttgart
Willenberg, H. (1989), »Mit Leib und Seel' und Mund und Händen«. Der Umgang mit der Nahrung, dem Körper und seinen Funktionen bei Patienten mit Anorexia nervosa und Bulimia nervosa. In: M. Hirsch (Hrsg.), Der eigene Körper als Objekt. Zur Psychodynamik selbstdestruktiven Körperagierens, Berlin, Heidelberg, S. 170–220
– (1997), Eßstörungen. In: U. Egle u. a. (Hrsg.), Sexueller Mißbrauch, Mißhandlung, Vernachlässigung, Stuttgart, S. 271–283
Windaus, E. (1999), Psychoanalytische Elternarbeit und szenisches Verstehen. In: Analytische Kinder- und Jugendlichen-Psychotherapie, 3, S. 307–338
– (2007a), Behandlungskonzepte der tiefenpsychologisch fundierten und analytischen Therapie bei Kindern und Jugendlichen. In: H. Hopf und E. Windaus (Hrsg.), Lehrbuch der Psychotherapie, Bd. V, Tiefenpsychologisch fundierte und analytische Psychotherapie bei Kindern und Jugendlichen, München, S. 231–251
– (2007b), Psychoanalytische Kurz- und Fokaltherapie bei Kindern, Jugendlichen und ihren Eltern. In: H. Hopf und E. Windaus (Hrsg.), Lehrbuch der Psychotherapie, Bd. V, Tiefenpsychologisch fundierte und analytische Psychotherapie bei Kindern und Jugendlichen, München, S. 535–551
Winkelmann, K. (2007), Posttraumatische und akute Belastungsstörungen bei Kindern und Jugendlichen. In: H. Hopf und E. Windaus (Hrsg.), Lehrbuch der Psychotherapie. Bd. V: Psychoanalytische und tiefenpsychologisch fundierte Kinder- und Jugendlichenpsychotherapie, München, S. 443–459
Winnicott, D. W. (1971), Vom Spiel zur Kreativität, Stuttgart

– (1973), Die therapeutische Arbeit mit Kindern, München

– (1976), Von der Kinderheilkunde zur Psychoanalyse, München

– (1980), Piggle. Eine Kinderanalyse, Stuttgart

– (1984), Reifungsprozesse und fördernde Umwelt. Studien zur Theorie der emotionalen Entwicklung, Frankfurt/M

Wittenberger, A. (2005), Zur Psychodynamik einer jugendlichen Bulimie-Patientin. In: Praxis Kinderpsychologie und Kinderpsychiatrie, 4. Jg., S. 337–353

Wolff, A. (1999), Bericht über die Arbeit mit den Eltern eines 12jährigen Mädchens. In: Analytische Kinder- und Jugendlichen-Psychotherapie, 3, S. 361–379

Wöller, W. und Kruse, J. (Hrsg.) (2001), Tiefenpsychologisch fundierte Psychotherapie. Basisbuch und Praxisleitfaden, Stuttgart, New York

Wurmser, L. (1990), Die Maske der Scham. Die Psychoanalyse von Schamaffekten und Schamkonflikten, Berlin, Heidelberg

Yanof, J. A. (1996), Language, Communication and Transference in Child Analysis. In: Journal American Psychoanalytic Association, 44, S. 79–116

Yates, S. L. (1931), Zur Psychologie des Lehrers, der Schuldisziplin und des Strafens. In: Zeitschrift für psychoanalytische Pädagogik, 5, S. 300–303

Zulliger, H. (1921), Psychoanalytische Erfahrungen aus der Volksschulpraxis, Bern

– (1926/27), Ein Mädchenstreit und seine tieferen Ursachen. In: Zeitschrift für psychoanalytische Pädagogik, 1, S. 77–89

– (1928), Aus den unbewußten Seelenleben unserer Schuljugend, Bern

– (1930a), Psychoanalyse und Führerschaft in der Schule. In: Imago, 16, S. 39–50

– (1930b), Versager in der Schule. In: Zeitschrift für psychoanalytische Pädagogik, 4, S. 431–441

– (1936), Über eine Lücke in der psychoanalytischen Pädagogik. In: Zeitschrift für psychoanalytische Pädagogik, 10, S. 337–359

– (1966), Die Spaziergang-Behandlung – eine Form des psychotherapeutischen Umgangs mit gefährdeten Jugendlichen. In: G. Biermann (Hrsg.), Handbuch der Kinderpsychotherapie, Frankfurt/M 1988, S. 250–258

– (1975), Heilende Kräfte im kindlichen Spiel, Frankfurt/M

Register

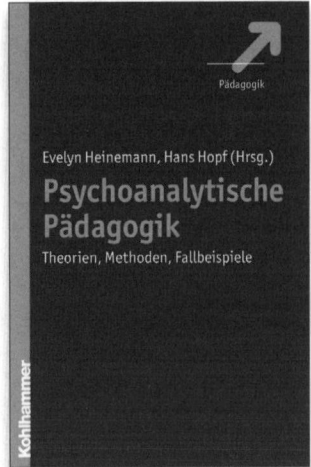

Evelyn Heinemann/Hans Hopf (Hrsg.)

Psychoanalytische Pädagogik

Theorien, Methoden, Fallbeispiele

2010. 300 Seiten. Kart.
€ 29,80
ISBN 978-3-17-020887-2

Das Buch gibt einen Einblick in die Probleme und Möglichkeiten der Anwendung psychoanalytischer Erkenntnisse und Methoden in den pädagogischen Arbeitsfeldern. In ersten Ansätzen schon in den 1920er Jahren entwickelt, bildet die Psychoanalytische Pädagogik heute eine etablierte Teildisziplin innerhalb des Faches. Die Beiträge dieses Bandes behandeln theoretische Fragen, erläutern methodische Probleme und machen an Fallbeispielen die Anwendung psychoanalytischer Erkenntnis im pädagogischen Kontext konkret nachvollziehbar. Die pädagogischen Handlungsfelder reichen dabei von der Frühförderung, über die Schule bis hin zur sonder- und sozialpädagogischen Praxis wie z.B. der Arbeit mit Migranten oder alten Menschen. Es sollen Möglichkeiten aufgezeigt werden, Konflikte und Probleme mit Hilfe der Psychoanalyse zu verstehen, und neue Handlungsperspektiven für die pädagogische Praxis geboten werden.

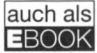

Leseproben und weitere Informationen unter www.kohlhammer.de

W. Kohlhammer GmbH · 70549 Stuttgart
Fax 0711/7863 - 8430 · vertrieb@kohlhammer.de

Kohlhammer